384-322 v. Chr Aristoteles

Aristotelis de Anima

384-322 v. Chr Aristoteles

Aristotelis de Anima

ISBN/EAN: 9783741129742

Manufactured in Europe, USA, Canada, Australia, Japa

Cover: Foto ©Andreas Hilbeck / pixelio.de

Manufactured and distributed by brebook publishing software
(www.brebook.com)

384-322 v. Chr Aristoteles

Aristotelis de Anima

ARISTOTELIS
DE ANIMA
LIBRI TRES,

Cum

AVERROIS COMMENTARIIS

et Antiqua tralatione ſuæ integritati
reſtituta.

*His acceſſit eorundem librorum Ariſtotelis noua tralatio,
ad Græci exemplaris veritatem, et ſcholarum vſum
accommodata,*

MICHAELE SOPHIANO INTERPRETE.

Adiecimus etiam

MARCI ANTONII PASSERI IANVAE
diſputationem ex eius lectionibus excerptam, in qua cum de
horum de Anima librorum ordine, tum reliquorum
naturalium ſerie pertractatur.

VENETIIS APVD IVNCTAS.
M. D. LXII.

MICHAEL SOPHIANVS:

FRANCISCO GONZAGÆ

ILL.^{MO} AC R.^{MO} S. R. E. CARD.

S. P. D.

Emini obscurum esse arbitror, Francisce Gonzaga Card. Amplis. ex iis, qui uel mediocriter in studiis literarum, doctrinæque uersati sunt, quàm difficilis opera suscipiatur ab iis, qui suam ad Aristotelis scripta de græco uertenda industriam conferunt. Id ego cum aliâs sæpe in uariis doctorum uirorum interpretationibus ad meam utilitatem conferendis, tum proxime in libris eius de Anima conuertendis expertus sum. Quem ut hoc tempore laborem susciperem, Iuntarum me fratrum honesta uoluntas adduxit, qui cum ad alia multa Auerrois, quem prope ex omni parte renouatum edebant, ornamenta, hoc etiam accedere uellent, ut Aristotelis libri, maxime qui de Anima inscribuntur, quàm emendatissimi exirent, me potissimum cui corrigendi negotium darent, delegerunt. Ego uero & si quantum ingenii industriæque ea res postularet, non ignorabam, tamen suscepi rem, quòd illis honesta petentibus nihil denegandum esse ducerem, & hac scilicet me spes aleret, si uetustam tralationem cum græco exemplari accuratius contulissem, fore ut cumulatissime meo promisso satisfacerem. Quæ me postea opinio longe fefellit. Etenim tralationem illam adeò fœdam, ac ineptam esse repperi, ut nec Aristotelis uerba fideliter exprimeret, & pluribus in locis eius sententiã peruerteret. Accedebat eo, quòd cum recentiores philosophi ueteris interpretis inscitiam perspicerent, atque huic incommodo remedium afferre cuperent, pro suo quisque ingenio hos libros emendare aggressi sunt, uerum cum leuiter græcis litteris essent imbuti, non modo quod uoluerunt asse cuti non sunt, sed cum multo maioribus tenebris, pluribusque difficultatibus, eos inuoluerint: tum uero, tam uaria et inter se discrepantia exēplaria reddiderunt, ut in germana illius auctoris interpretatione restituenda, non mediocriter esse laborandum uideretur. Sed tamen cum istis de caussis susceptam tam prouinciam deponere non possem, cœpi ut mihi aptissimum esse uidebatur, multa quæ perperam ingesta erant, delere: plura immutare: nonnulla quæ deerant, addere: ut aliqua orationis species emergeret, ex qua idonea sententia elici posset. Cum autem quò progrediebar longius, eò pluribus sordibus immergi me intelligerem, ad extremum eò rem deduxi, ut me ab integro potius Aristotelem conuertisse, quàm interpretationem ueterem emendasse animaduerterem. in quo tamen ita me temperaui, ut non ita longe me à ratione ueteris interpretationis, & usitatis scholarum uocabulis remouerim, quin illius uestigia in mea conuersione relinquantur. Quod eò feci, quia non institueram interpretationem nouam: nam multa fortasse aptius, multa limatius dici potuissent: sed necesse habui, quoad eius facere possem, uerba & genera loquendi, quæ ab hoc eodem auctore, & Auerrois elocutione iam inde ab initio in scholas irrepserant, quamuis horrida, parumque latina retinere: ac ueteris huius auctoris interpretationem corrigere. quæ quamuis incultus, nec admodum fidelis sit: tamen nescio quo modo, quòd perquàm religiose ad uerbum omnia de græco exprimat; ab omnibus habetur in manibus, & ad hoc tempus publice legitur. Cuius religio quamuis in hoc genere scriptorum necessaria sit, ita tamen à iudicio, omnisque politioris doctrinæ cognitione inops est, ut non modo singula græca singulis latinis, ordinem item, & constructionem uocum eandem reddi posse putauerit: sed græcas etiam loquendi formulas, perinde ac si idem latine sonarent, in latinum sermonem detrudendas esse censuerit. quasi uero linguarum ratio ita comparata sit, ut singulis cuiusque uerbis aliud in alia lingua, quod omnino idem declaret, respondeat: earumque differentia in simplicibus modo uocabulis, ac non multo etiam magis in dicendi ac eloquendi generibus posita sit: quod tamen usque eo uerum est, ut hæc ipsa totam uim linguarum sibi uendicent. Quamobrem qui fidi ac eruditi interpretis fungetur munere, cum præter rerum subiectarum intelligentiam, atque non uulgarem utriusque linguæ co-

gnitionem

gnitionem (quarum utroque minime instructum veterem interpretem fuisse constat) amplius acri iudicio praeditum esse oportet: ut ubi nomina, loquendique formae non idem valebunt, quae illis in altera lingua similitudine ac proportione respondeant, reperire ac discernere possit: nam ad hunc modum si sua quibusque vis tribuetur, & facilime sensum auctoris consequemur, & omnino ipsi orationi plus venustatis & splendoris accesserit. Qua facultate cum interpres iste, quicunque tandem ille fuit, (neque enim nomen est proditum) plane caruerit, omnia perabsurde vertit, nec in his duntaxat quae commemoravimus, eius imperitia perspicitur: sed etiam in expendenda vi partium orationis: cuiusmodi sunt coniunctiones, participia, praepositiones, caeteraque generis eiusdem. quae, perinde quasi unam eandemque rem ubique notarent, praeterit ac negligit. ex quo permulta vitia & errores in interpretanda ac continuanda orationis serie consequi necesse est. His tot tantisque incommodis cum aliqui ex nostris, qui post Constantinopolitanum excidium in Italiam se receperant, consultum esse cuperent: dederunt se huic generi studiorum, & praestantissimum quenque huius philosophi librum, e graeco in latinum transtulerunt. e quibus Theodorus Thessalonicensis ea complexus, ad quae caeteri propter immensam rerum varietatem se aspirare posse diffidebant, ita egregie in eo munere se tractavit, ut nemini imitandi sui spem, omnibus incredibilem suae eruditionis admirationem reliquerit. In eodem numero habendus est Bessario, qui libros primae philosophiae fideliter, nec ab usu scholarum abhorrente dictionis genere convertit. Eodem pertinet Ioannis Argyropyli industria, qui in his Acroamaticis libris vertendis praeclare operam navavit suam: & Hercule maximam in hoc genere laudem esset consecutus, nisi dum contra odiosam veteris interpretis religionem enixe admodum contendit, nimium sibi ipse indulgeret, nimiaque licentia pertractaret orationem Aristotelis. quod in aliis scriptoribus transferendis fortasse ferendum est: in his certe librorum generibus periculosum est & lubricum. solet.n. nonnulla de suo addere, multaque obscurius ac angustius, ut sui moris est, ab Aristotele dicta, ipse pluribus verbis explicare nititur: ac integras interdum clausulas ab explanatoribus, praesertim Themistio, & Simplicio, quem maxime sectatur, transfert in orationem

Aristotelis: quam rationem in iis maxime locis sequitur, quorum est ambigua, ancipsque sententia. Hæc si Argyropylo detraxeris, magnopere illius interpretatio, ut & grauissimi philosophi, & hominis sua lingua scientissimi, probanda est. quæ tametsi ob caussas iam explicatas in scholas recepta non est, princeps tamen ille fuit ostendendi luminis hominibus latinis, quo ad cognitionem librorum Aristotelis adire possent. Quamobrem cum hæc barbara, parumque fidelis interpretatio passim in Italiæ gymnasiis uersetur: omnesque in eo suam operam ponant, ut omnibus mendis uitiisq; sublatis, quæ sunt innumerabilia, ad commodiorem orationis formam redigatur, idem ego quoque oneris suscipiendum esse duxi: non equidem quo de cuiusquã laude aliquid delibarem: sed potius ut illorum exemplo monitus, conferrem ipse quoque aliquid ad hanc præstantissimam, & in primis utilem philosophiæ partem, quam uehementer à scholis desiderari iudicabam. Proinde in eam curam præcipue incubui, ut fidelissime auctoris sensa latine redderem, atque non modo uim uerborum explicarem, sed nisi uel res ipsa, uel linguæ proprietas respueret, etiam multitudinem græcorum nominum, pari numero latinorum exprimerem. Neque uero uel intuli usquam aliquid de meo, nisi græci uocabuli notio ita ostenderet esse faciendum: uel nominum structuram immutaui, nisi id postularet perspicuitatis ratio, uerbáque essent eiusmodi, quibus omnium interpretum consensu res aperta minimeque dubia subiiceretur. articulis uero, & participiis, cæterisque id genus orationis partibus uim suam, quæ multiplex est, restituere, & quoad eã latina oratio referre potuit, pro uiribus exprimere conatus sum. sed ante omnia sedulo operam dedi, ut ea quæ ita dicuntur ab Aristotele, ut in uarias sententias trahi possint, ita transferrem, ut eandem ambiguitatis speciem præ se ferrent, neque me uni definitæque sententiæ cuiusquam explanatoris addicerem. quod ne facerẽ si quo in loco linguæ latinæ ratio me impediuit, cum sensum reddidi, quem magis probabilem, magisque peruulgatum esse perspiciebam. quod ea mente feci, quòd cogitem aliquando hos eosdem, ac reliquos fortasse huius philosophi libros, qui publice enarrantur, cum annotationibus quibusdam iterum in publicum emittere: atque tum demum cur pleraque uel immutauerim, uel addiderim, ac certis in locis ab aliorum inter

pretatione

præfatione recessero, denique quam in quaque re secutus sim ratio-nem, pluribus aperiam. Hunc porrò Laborem meum Cardina. Am-pliss. in tuo nomine apparere uolui: ratus id esse officii mei, cum pro-pter incredibilem humanitatem tuam, qua me dum Patauii libe-ralium disciplinarum gratia commorarer, amplexus es: tum uel maxime quoniam si quid est, quod uel ratione institui, uel laudabi-liter confici a quoquam possit, præcipue in studiis doctrinæ, eius tibi fructus iure optimo deberi existimo. nam tui quidem animi excellen-tia, & ad omnem laudem impetus excelso & illustri loco sita est: quæ opes, quibus circumfluis: quæ cætera bona, quæ uel natura, uel fortuna tibi benignissime largita est: non in persequendis uoluptati-bus, quas plerique peruerse admirantur: sed cum omni uirtute com-paranda, tum uero conformando animo philosophiæ studiis, consumis. idque agis diligenter, ut præclaram uirtutis excolendæ consuetudi-nem, quæ uiguit in patre tuo Ferdinando Gonzaga sapientissimo & fortissimo imperatore, & in patruo Cardinali etiamnũ maxime elu-cet, constanter tuearis: usqueadeout omnium consensu tu unus exi-stas, ad quem omnes omnium rectæ cogitationes, honesti conatus, præclara denique opera referri debeant. Multa huius rei argumen-ta sunt, sed nullum grauius, nullum ad laudem tuam illustrius, Pii Pontificis Maximi testimonio: qui eximiis tuis uirtutibus commo-tus, summa omnium uoluntate, ad suorum te numerum adscribe-re, & in amplissimum sanctissimumque ordinem cooptare uoluit. Quamobrem cum omnium mentes in te conuersæ sint, omniumque de aliqua laude cogitantium te spectet industria, probabilem & satis idoneam caussam me habere sum arbitratus, cur hoc meæ operæ stu-diique monumentum, qualecunque id tandem foret, tuo nomini in-scribendum esse decreuerim. Quod quidem uel ob eam maxime caus-sam te non improbaturum esse confido, quòd coniunctum habeat stu-dium & industriam Marci Antonii Passeri mei eiusdemque tui do-ctoris, omniumque huius ætatis philosophorum facile principis: qui in hos eosdem ac reliquos Aristotelis Libros Auerrois Arrabis Com-mentarios, singulari diligentia certissimoque iudicio excussit, & in-finitis propemodum mendis inquinatos, suæ integritati restituit. quæ res quantum adiumenti philosophiæ cupidis hominibus sit allatura, tum est huius temporis exponere. Neque sane faciam, ut in eius viri laudes ingrediar, quòd & plane superuacaneam operam suscepturus sim, & nullum exitum inuentura sit oratio. Nam summam hominis doctrinam, ingenium planè diuinum, acerrimum iudicium, omnes nationes gentesque iam norunt, ac prædicant: usque eum e superiori loco de abditissimis philosophorum decretis audiant disserentem, frequentes quotannis Patauium confluunt.

Quod superest Clariss. Cardinalis, lucubrationem hanc meam, non ex ipsa re quam longe infra tuam dignitatem esse constat: sed ex mea in te obseruantia ponderes uelim.

Vale.

Patauii. VII. Kalen. iulii.

M D LXII.

DE ORDINE LIBRORVM NATVRALIVM ARISTOTELIS DISPVTATIO EX LECTIONIBVS M. A. PASSERI IANVÆ EXCERPTA.

Ibros naturales eo ordine digessit Aristoteles, quo natura ipsa in rerum naturalium generatione uti solet. Res .n. naturales, vt quę compositę sunt, ex principijs suis essentialibus, ijsq; primis, pendeant necesse est. quo in genere est materia prima, & mouens primum: ex quibus formæ eliciuntur: quæ res naturales vt actu sint efficiunt, quasq; proprij fines consequuntur. Quamobrem cum ex his tribus res naturales originem ducant, iure optimo primum in generatione locum habere debent. Hoc mirũ naturæ artificium imitatus Aristoteles, ordine doctrinæ libros de Auscultatione Physica primo loco audiendos esse voluit. in quibus pręcipue de materia prima, deq; mouente primo, doctrinam complexus est. Quibus proportione respondentes, libri de Coelo & simplicibus corporibus, secundum obtinent locum. nã coelestia corpora agentem causam & mouentem: grauia & leuia materiam, tametsi proprie magis, prę se ferunt: quippe quę proximè immediateq; res naturales constituant. Corpora simplicia illa sunt, quæ vt elementa cognoscuntur, quandoquidem ex eorũ mixtione naturalia, quæ uere pendent à principijs, componuntur: quibus elementa illa veluti materia subiiciuntur. Sol vero in obliquo circulo conuersus, cum motu mobilis primi, vt agens illis eisdem comparatur. Itaq; omnes istos libros de principijs appellandos esse censendum est. Quapropter libri de Generatione & interitu, tertium locum tenent, ita vt horum trium librorum ordini, quæ ab Aristotele in prologo de Physica auscultatione dicta sunt, facile respondere videantur, à principijs scilicet & causis, vsq; ad elementa. His demũ sic ordinatis liber Meteorologicorum annumeratur, ordine quartus: at primus naturalium, quæ vere ex principijs esse dicuntur & appellantur mixta. Et primo quidem quæ imperfecta sunt occurrunt: is .n. ordo naturę est, vt ab imperfectis exordiens in perfectiora ac demũ perfectissima generationem terminet. Post hunc qui de his tractat quæ ex terræ visceribus effodiũtur, quin-

tus sequitur liber. Quibus ad hunc modum distributis, qui loco sextus sequi debeat, non eadem est apud omnes opinio, cum de
animatis deinceps agendum sit. Qua de re dubium est, num de
anima prius, postea de animatis tractandum sit. Deinde si de
animatis ratio obtineat, prius ne de stirpibus quæ vegetatiua dũ
taxat viuunt uita, an de animalibus quæ præter hanc, etiam sensitiuam habent. Nam qui de anima agendum prius esse uoluere,
ac proinde sextum obtinere locum, fuere Auicenna & Latini, his
moti rationibus. Nam sermo de anima, vniuersalior est, quam de
eadem, vt vegetatiua, & vt sensitiua dicitur: quare de ea prius
agendum esse persuadet ratio, sicuti in libris de anima etiam obseruauit ordinem hũc Aristoteles, qui prius animã in communi,
mox vegetatiuam, sensitiuam, & rationalem definiuit. Altera ratio ab animatis veluti a causatis accepta est. Causata enim perfecta notitia cognosci non possunt nisi per suam causam, eamq;
formalem, vt ex Auerroe Post: primo. comm. trigesimoquinto
habetur. Ergo vt animata perfecte cognita sint, eorum causam &
formam quæ anima est, prius cognitam esse supponunt. Ex aduer
so sunt plereq; Aristotelis auctoritates. Nam in libello de par-
» tibus ad motum vtilibus, inquit, Quæ circa progressum anima-
» lium, & circa omnem secundum locum mutationem hoc modo
» se habent, his determinatis, consequens est speculari de anima.
Sequitur itaq; librum de partibus, animæ scientia. Idem in pri-
» mo de partibus animalium dicit, Sed cum satis de his egerimus,
» nostrámq; explicuerimus sententiam, restat ut de animãte natu-
» ra disseramus. Quare post libros de partibus, liber de Anima col-
locandus est. non itaq; sextus erit. Dubium hac ratione nascitur
quis tandem hic locus sit. Inter græcos & Auerroẽ conuenit locũ
libri de Anima octauum esse debere. At quomodo è sexto in octa
uum locum proficiscatur ordo, controuersia est. Auerroes Meteo
rorum primo cap. primo ordinauit, ut videtur sexto loco librum
de Plantis, septimo de Historia Animalium, octauo de partibus,
& de Anima. Alij vero sexto, libros de Animalibus, septimo de
Plantis, octauo de Anima. Ex horum dissensione uenit explican-
da hæc difficultas de ordine librorum, de stirpibus, & de animalibus: prius tamen positis vtriusq; sectæ rationibus, & illius quã
Auerroes sequi voluit. Nam simplicium notitia, eam quæ compositorum est, ordine præcedit. Quare liber de Stirpibus, librum
de animalibus præcedere debet. Præterea, ea proportione respõ
det animatum animato, qua animæ anima, secundum cognoscẽ
di ordinem: sed præponitur vegetatiuæ animæ notitia in libro

de

de Anima, cognitioni animæ sensitiuæ: quare eadem ratione & stirpes animalibus in cognitione præponi debent. Rationes deinde ex aduerso positæ sunt: Animalia stirpibus notiora nobis sũt, quare & illis in cognitionis ordine priora esse debent. Nam perinde se habet in ordine cognoscendi perfectum animal ad imperfectum, vt animalia ad stirpes. Habent enim quæ perfectiora animalia sunt conspicuas ac manifestas partes magis, quàm imperfecta: vt ex procedendi ordine in libro de Animalium historia colligitur: ubi de homine prius, quam de cæteris agit: quam eandem rationem animalia ad stirpes tenẽt: quinimo animalium veluti exemplaria quædã stirpes sunt: nam cutis corticem, & carō lignum preferunt. hoc Aristotelem voluisse dictum illud in fine de longitudine, & breuitate vitæ cõfirmat. Sed de hoc secundũ se in his quæ de plantis determinabitur. Postponitur itaq; plantarum notitia animalium cognitioni.

Quid autem in hac interpretum dissensione dicendum sit, Deo. Opt. Max. Fauente dicamus, præposita prius distinctione ex Auerroe, Meteororum primo capit. primo. collecta. Librorum qui de animatis tractant ordinem, partim habere quid necessarium, partim quid vt melius: quod & Auicenna voluisse videtur, dicens, cum posuerit animam in sexto loco, si quis ordinem hunc imitare voluerit, non calumniabimur illum. his positis, quẽ inter animata ordinem tenemus, tribus propositionibus complexi sumus, quarum prima sit, Plantarum notitia, vniuersæ quæ de animalibus est cognitioni postponenda est. Secunda, liber de animalium historia, sextum locum tenet. mox septimum, libri de partibus ac de incessu animalium. Tertia, liber de anima. His sic ordine dispositis octauum locum iure obtinere debet. Propositio prima ex Aristotele confirmatur, ex primo & nouissimo contextũ Meteororum. In primo inquit, secundum inductum modum de animalibus & plantis. In vltimo, & tandem ex his constitutũ hominem & plantam. Et aduertendum, quod si aliter reperiatur, ibi ordo non esset: nam sic ordinem esse inter ordinabilia cognoscimus, quando in principio uel medio uel fine librorum dicta cõcludit, & dicenda proponit: vt in dictis locis, atq; in fine de longitudine & breuitate vitæ obseruauit. Hac ratione quæ ex Auerroe in oppositum dicta sunt, facile diluuntur. Nam tunc a simplicioribus ordimur, quando quæ composita magis sunt, illis notiora nõ fuerint. incepit Aristoteles à compositis ad simplicium notitiam progrediẽs, vt notauit Auerroes primo de auscultatione Physica com. 3. quia principijs quæ simplicia sunt, cõposita sunt notiora.

Secundum quoque non vrget. quandoquidem in libris de Anima naturæ ordinem obseruare uoluit, acturus de eius partibus: ea ratione de vegetatiua prius egit: quæ, sensitiua posita, ipsa necessario ponitur. At contra non contingit. Hic uero cognitionis ordinem obseruandum esse voluit, quia sic melius esse cognouit, ut ex Auerrois distinctione posita manifestum est. Secunda etiam propositio manifesta est. Nam quæ in musica, v. g. vt quia sunt habentur, in Arithmetica propter quid sunt, demonstrantur: sic & de Geometria atq; Astrologia in pluribus apparet. Hac ratione subalternationem scientiarũ, quæ sic se habent, posteriorum primo Aristoteles esse voluit. At si duo hæc quæsita, Quia scilicet & Propter quid, diuersas inter se sciencias facere possunt, cur & in eadem scientia genere diuersas partes minime facere posfunt: præsertim cum sic requirat noster cognoscendi modus: qualis in animalibus conspicitur, vbi ea prius esse cognoscere oportuit, ut in libris de historia factũ est: mox ex quibus essentialiter cõponantur, quod cũ scimus, pp quid ipsa sunt cognoscimus. Neq; impedimẽto esse potest si quispiam dixerit in eadem parte scientiæ, & quia & propter quid eiusdem effectus esse: quandoquidem particulare aliquod quęsitum hoc modo sciri contingit, vt vbi de compositis omnibus, vt de animalibus, cum eorum proprietatibus, deinde de illorum causis agendum fuerit, non eandem, sed diuersas partes requirunt. confirmatur Aristotelis auctoritate, secundo de partibus animalium cap. primo. Ex quibus & quot numero membris singula animalia constarent libris historiarum qui de his scripti à nobis sunt planius explicauimus, nũc quas ob causas ita se habent cõsideremus. Idem in libello de incessu. Quod. n. hoc contingat modo ex naturali palam est historia. Quam autem ob causam, nunc est inuestigandum. Tertia propositio, & ratione & auctoritate confirmatur. At priusquam in hanc descendamus, notandum proponimus, quod uniuersa de animalibus disciplina, tribus cognitis absoluitur, atq; perficitur: quorum primum est essentia animalium cum sibi proprijs operationibus. Secundum animalium generatio, qua animal vnumquodque, & gignitur, & successiua perenniq; generatione conseruatur: tertium vita, & mors. Antecedit enim animalium essentia, mox sequitur generatio, postremo vita & mors. Tria plane hæc, cõfusa quadam ratione in libris de historia docuit Aristot. Etenim inter initia ad quintum vsq; librum quid sit essentia cũ proprietatibus: in quinto secundum posuit, de generatione scilicet: in octauo postremũ, quæ ad vitam attinent & mortem, perfecit. His respondentes es-

sentiales

sentiales causæ, in his qui sequuntur libris reperiuntur: Et prima quæ materialis causa est; mox sequitur forma. natura .n. hoc nimirum procedit modo in generatione rerum, cum materiam prius præparet, ex qua quidem forma in actum & perfectionem ducitur, ac demum compositum naturale resultat. Hunc etiam ordinem in primis principiis obseruauit. Primo .n. de materia prima in primo de Physica auscultatione pertractauit, mox de forma in secundo. Quapropter post de Historia libros, sequentur libri de partibus: Et de his quæ ad incessum faciunt vt materia, septimo loco determinauit: Post hunc, de anima octauo, vt de animalium forma disseruit. Vnde ex materia illa & forma ista tota animalium habetur essentia, atque animalium quæ consequuntur propria: quandoquidem quæ essentiales causæ sunt, & compositorum causæ sunt, & proprietatum quæ composita illa consequuntur. Quorum prima, sensus & motus sunt. his enim ipsis animatum ab inanimato differt ex Arist. sententia primo de anima 19 & secundo 14. 16. Veruntamen animalium cum propria magis operatio sentire sit, & his primo sensibus qui extrinsecus sentiendi occasiones suscipiunt: idcirco inter libros de propietatibus liber de sensu & sensili primum locum tenet. secundum qui de intrinsecus operantibus: qualis est liber de memoria ac reminiscentia. quos omnes sensus sua sequitur passio. Hac ratione liber de somno & vigilia tertium locum tenet. Quibus expeditis sequitur liber quarto loco, qui proprietatem alteram declarat quæ motus est, atque de illo in communi tractationem continet. De quibus omnibus proprietatibus confusa quadam notitia in quatuor primis de Historia egit Aristoteles. Quintum deinde locum tenent de generatione Animalium libri, quibus confusè admodum respondent libri de Historia quinto ad octauum vsque. In residuis eadem cognitione respondent his qui distinctè agunt libris de vita & morte, cum sibi cognatis: quorum primus de longitudine & breuitate vitæ differit. secundus de iuuentute & senectute. tertius de inspiratione & expiratione. vltimus de vita & morte. His sic demonstratis satis manifestum est de anima tractationem, octauum locum obtinere. Quod etiam

» Aristoteles persuadet in fine de progressu animalium dicens. His

» autem sic determinatis proximum est de anima contemplari. Isti sententiæ aduersari videtur ratio ex dictis Auerrois collecta primo de anima commento secundo, vbi de vtilitate agit inquiens, Necesse est vt scire de anima sit necessarium in cognitione animalium, non tantum vtile. Ex quibus dictis facile colligitur cognitionem de anima præcedere illam quę de animalibus habetur, si

A animalia perfecta notitia cognosci debeant. Altera ratio quæ est sententia nostra pugnat, hæc est: Nulla est animalis pars quæ animata non sit, vt ex paraphrasi Auerrois super primo de generatione animalium colligitur. Non enim ex pluribus partibus inanimatis corpus vnum animatum componi potest. itaq; cognitio de partibus animaliũ à cognitione de anima pendere videtur. Quare quæ de anima est notitia, prior illa est quæ de animalibus tractat. Quibus obiectis sic satisfaciendum esse puto. Primo totũ concedendo, scilicet ad perfectam animalium noticiam necessarium esse animam prius cognouisse: cum vero infertur, ergo liber de anima libros de animalium partibus præcedere debet, consequentia neganda est. Nam ad perfectam animalium notitiã cum ex materia & forma composita sint, vtranq; illam causam cognosci oportet, tum materiam tũ etiam formam: & materiam prius, si naturam generationis ordine sequemur. Quem eundem ordinẽ obseruauit in doctrina Aristoteles, ut dictum est: Animalium materia partes animalium sunt: eorundem forma anima est: quibus cognitis tota animalium substantia cognita est, cum ex his duabus partibus materia & forma essentialiter resultet. Tali itaq; ordine anima vt forma secundum perfectam notitiam animalia præcedet. Alterum quoque diluitur argumentum. Nam animalium partes & si animatæ sunt, non tamen vt tales in libris de partibus considerantur, sed vt similares dissimilaresque sunt, & quanta: non aũt ut animatæ sunt. Ad rationes quibus Auicenna & latini mouebãtur, dicẽdũ: Ad primã, quod ratio eodem modo non concludit: Diuersimode.n. comparatur anima animalibus, & partibus suis, quæ animæ sunt. Namq; anima animalibus vt pars est & forma: At suis cõparatur partibus vt totum quiddã est, & vniuersale. Hac plane ratione prius ipsam in vniuersali, mox secũdũ vnam quãque eius partem in secundo de anima definiuit Aristoteles. At considerata anima hoc ordine vt cũ animalibus cõparatur vt pars & forma, non sextum sed octauum locum vt dictũ est tenere debet. Ad reliquam rationem responsio ex dictis manifesta est. Non enim animalia vt causata cognosci perfecte possent, nisi eorum materia & forma cognitis: videlicet partibus & anima, ex quibus secundum essentiam animalia dependent. Quare anima hoc ordine octauum & non sextum locum obtinebit, ut probatum est.

INDEX SVMMARVM ac capitum librorum trium de Anima.

Summæ ac Capita Primi libri de Anima.

Summæ ac Capita Secundi libri de Anima.

Summa

Summæ ac Capita Libri Tertij de Anima.

Errata in Sophiani interpretatione corrigenda.

Pag.	4	A	æqui Corrige	equi
Pag.	13	A	hæberatione	hebetatione
Pag.	14	B	duinus	diuinius
Pag.	40	A	cum ens	cum ens
Pag.	41	C	lasionis	lasionis
Pag.	44	B	dissimilarū	dissimilarium
Pag.	46	B	patibile	partibile
Pag.	54	B	amisit	amisit
In eadem		F	ac de nima	ac de anima
Pag.	55	C	disetere	disterere
Pag.	57	F	ea partem	eam partem
Pag.	60	B	adulti oēs hęc	hæ adulti oēs
Pag.	67	B	perfecta sunt	perfecta sint
Pag.	71	C	sub est	subest
Pag.	76	C	aut impossibi, dictum	aut impossibile, dictum est
Pag.	82	B	duoquidem per se unum,	duo quidem per se, unum
Pag.	85	F	in quo ante	in quo autem
Pag.	91	D	qua pupilla obtegitur	quę pupillę obtenduntur,
Pag.	101	D	feridæ	feridæ
Pag.	107	F	statim peragque	statim ea tacta peraguntur
Pag.	112	F	tali illud	tale illud
Pag.	135	D	aialia alia,	aialia: alia,
Pag.	136	B	differentiam	differentiarum
Pag.	160	E	hæc adsunt	hæ adsunt
Pag.	167	F	induisibili	indiuisibili
Pag.	172	A	vt illa iter se,	vt illa inter se.
Pag.	187	F	est scientiale	& scientiale
Pag.	188	D	in postilla, esse sensibilium	esse sensibilia
Pag.	200	B	ne ingenerabilem quidem	ne ingenerabile quidem

ARISTOTELIS

DE ANIMA

LIBER PRIMVS,

Cum Auerrois Commentarijs.

SVMMAE LIBRI.

In Prima proponitur nobilitas, ac difficultas ſcientiæ Animæ.
In Secunda Antiquorum narrantur opiniones de Animæ eſſentia.
In Tertia eædem confutantur opiniones: Adducunturq́; nonnullæ circa Animæ veritatem quæſtiones.

SVMMAE PRIMAE. Cap. I.

Quas ob res Animæ cognitio & nobilis ſit, & difficilis.

ANTIQVA TRANSLATIO.

A BOnorum & honorabilium notitiam opinantes, magis autem alteram altera, aut ſecundum certitudinẽ, aut ex eo quòd meliorumq́; & mirabiliorum eſt, propter vtraq; hæc, animæ hiſtoriã rationabiliter vtiq; in primis ponemus.

MICHAELIS SOPHIANI INTERPRETATIO.

B *CVm omnem ſcientiam rem pulchram ac honõrabilem eſſe exiſtimemus, aliam tamen magis alia, vel quòd exquiſitior, vel quòd rerum præſtantiorum & admirabiliorũ ſit, propter vtraq; hæc, ſcientiam quæ de Anima habetur, iure optimo in primis ponendam eſſe duxerimus.*

* aſt præclarã, nobilẽ, ſpuoſam

ἱςορίαν

AVERROIS TEXTVS.

C QVoniam de rebus honorabilibus & delectabilibus eſt ſcire aliquid de rebus, quæ differunt ab inuicem, aut in ſubtilitate, aut quia ſunt cognitæ per res digniores, & nobiliores, rectum eſt propter hæc duo ponere narrationem de anima poſitione præcedenti.

1 INtendit per ſubtilitatem confirmationem demonſtrationis. Et intendit per hoc, quod dixit aut quia ſunt cognitæ per res digniores & nobiliores, nobilitatem ſubiecti. Artes enim non differunt ab inuicẽ, niſi altero iſtorum duorum modorum, ſcilicet aut cõfirmatione demonſtrationis,

Differẽtia in nobilitate ſcientiarum.

aut nobilitate subiecti, aut vtroq;. v. g. qm̃ Geometria excedit Astrologiam per confirmationem demonstrationis. Astrologia autem excedit illam nobilitate subiecti. Et dixit. necessarium est propter hæc duo, &c. idest necessarium est, quia hæc duo inueniuntur in scientia de anima, vt procedat sermo de ea ante alias scientias. Et manifestum est consyderantibus: quoniam subiectum huius scientiæ est nobilius alijs: & similiter demonstratio eius est magis firma. Et incœpit sermocinari ita. Qm̃ de rebus, &c. inducendo homines ad amorē scientię. & sermo eius est in forma syllogismi categorici. & quasi dicit &, quia nos opinamur ꝙ cognitio est de rebus honorabilibus, & delectabilibus, & ꝙ scientiæ superant se adinuicem, aut propter confirmationem demonstrationis, aut propter nobilitatem subiecti, aut propter vtrunq;, sicut inuenimus in scientia de anima, scilicet quia superat in his duobus alias scientias, præter scientiam Diuinam: necessarium est opinari ꝙ scientia animæ antecedit alias scientias: & ideo posuimus eam inter omnia quæsita positione præcedenti. D

Scia de aia oēs scias excedit in nobilitate subiecti, & certitudine demōstrationis, excepta diuina.

Videtur autem ad veritatē omnem cognitio ipsius multū proficere maxime aūt ad naturā: est enim tanquā principiū aīalium. E

SOPH.

Videtur autem cum ad omnem veritatem cognitio eius magnopere conferre: tum præcipue ad naturam: est enim quasi principiū animaliū.

Et nos videmus etiam ꝙ cognoscere eam adiuuat magno iuuamento in omni veritate: & maxime in natura: est enim quasi principium animalium.

*a.l. quoddam.

2 Cùm demonstrauit causam, propter quam debet esse hæc scientia magis honorabilis, & præcedens alias scientias nobilitate, incœpit etiam demonstrare vtilitatem huius scientiæ, dicendo Et nos videmus etiam ꝙ cognitio, &c. Et intendit per omnem veritatē scientias speculatiuas. & intendit per hoc, quod dixit & maxime in natura, idest & maxime in scientia Naturali. Deinde dedit causam, propter quam magis adiuuat Naturalem sciētiam q̄ aliam, dicendo est enim * quasi principium animaliū. & causa in hoc est, quia cognoscere de animalibus est maxima cognitio partium naturalium: & anima est principium animalium. vnde necessarium est vt scire de anima sit necessarium in cognitione animalium, non tantum vtile. Et debes scire ꝙ iuuamētum scientiæ animæ ad alias scientias inuenitur tribus modis. Quorum vnus est sm̄ ꝙ est pars illius scientiæ: immo nobilissima partium eius, sicut habet dispositionem cum scīa Naturali. Animalia enim sunt nobilissima corporū generabilium, & corruptibilium. anima autē est nobilius omnibus, quæ sunt in animalibus. F

*a.l. quoddam.

Documētum. Iuuamentū scię aię ad alias sciētias Inuenitur tribus modis.

Item. 12. Meta. 36. & 2. Cœli. c. 61 vide sc. p. huius c. 5. I solone q̄nis tertiæ.

Secundus est, quia dat pluribus scientijs plura principia: vt scientiæ Morali, s. regendi ciuitates, & Diuinæ. Moralis enim suscipit ab hac scientia vltimum finem hoīs, in eo ꝙ est homo, & scientiā suæ substantiæ, quę sit. Diuinus autem suscipit ab ea substantiam subiecti sui. hic enim declarabitur, qm̃ formæ abstractæ sunt * intelligētiæ, & alia multa de cognitione dispōnum consequentiū intelligentiam, in eo ꝙ est intelligētia & intellꝰ.

*a.l. intelligentes.

Tertius

A Tertius vero est commune iuuamentum: & est facere acquirere confirmationem in primis principijs. quoniam ex ea acquiritur cognitio causarum primarum propositionum, & cognitio alicuius per suam causam est magis firma, quàm sui esse tantum.

Inquirimus autem cõsiderare & cognoscere naturam ipsius & substantiam: postea quæcunq; accidunt circa ipsam: quorum aliæ propriæ passiones animæ esse videntur: aliæ autem communes et animalibus propter illam inesse.

Quærimus autem spectare & cognoscere naturam eius & substantiam: deinde quæ circa ipsam accidunt: quorum alia propria passiones animæ esse videntur: alia propter illam etiam animalibus inesse.

Et quæsitum est scire naturam, & substantiam eius: postea autem omnia, quæ accident ei. & existimatum est quòd horum accidentium quædam sunt passiones propriæ animæ, & quædam ac-
B cidunt corpori propter animam.

3 Cùm demonstrauit vtilitatem huius scientiæ, incœpit demonstrare intentionem suam dicendo. Et quæsitum est, &c. i. & illud, quod quærendũ est in hac scientia, & perscrutandum, est scire animæ naturam, i. substantiam eius. deinde scire omnia contingentia ei: sicut est de alijs considerandis in scientia Naturali *Cognitio enim cuiuslibet generis, & speciei nõ complebitur nisi per cognitionem substantiæ illius speciei, & per cognitionem eorum, quæ contingunt ei, vt dictum est in Posterioribus analyticis. D d. & existimatum est, &c. i. accidentium autem contingentiũ animæ quædam sunt, vt existimatur, passiones, quæ appropriantur animæ, s. qm̃ anima non indiget corpore in habendo has passiones, verbi gratia vt imaginatione per intellectum. quædam autem reputantur indigere corpore, & q non cõplebuntur nisi per vtrunq;, s. anima, & corpore. Et hoc intendebat, cùm dixit. & quædam contingunt corpori propter animam. & hæ sunt passiones attributæ virtuti concupiscibili, s. animæ, quæ desyde-
C rat, & fugit. Et induxit hanc diuisionem in accidentibus animæ: quoniã illud, quod est magis desyderatum de passionibus animæ, est vtrum possit esse de eis abstractum aliquid, aut non: quod impossibile est, nisi sit aliquod earum proprium animæ sine corpore. Et potest intendere per passiones proprias animæ, eas, quæ primitus existunt in anima, & secundo in corpore: vt sensus, & imaginatio. & intendit per alias, eas, quæ existunt in anima propter corpus, vt somnum, & vigilias. & sic comprehendit in hoc sermone omnia, quæ contingũt animæ, & attribuuntur ei.

Cognitio cuiuslibet gñis, et speciei ei nõ cõpletur nisi per cognitionẽ substãtię illi* spẽi p cognitionẽ eor. q cõtingũt ei. Idẽ 1. Post. t.c. 4. Illud, qđ magis dsideratũ est de passionibus aię ẽ vtrũ ꝗ eis possit esse aliqđ abstractũ, vł nõ. idẽ infra cõ. 12.

Omnino autem & penitus difficillimorum est, accipere aliquã fidem de ipsa: cùm enim sit quæstio cõis, & multis alijs: dico autẽ eam quæ est circa substantiam, & eam quæ quid est, fortassis alicui videbitur vna quædam methodus esse de omnibus, de quibus volumus cognoscere substantiam, sicut & eorum quę sunt secundum accidens propriorum, demonstrationem: Quare quærendũ D vtiq; erit methodum istam.

SOPH. *Verum vsquequaq; difficillimum est aliquam de ea fidem cõsequi: cum enim illa quæstio communis sit etiam alijs compluribus, intellige autem eam quæ circa substantiam versatur & ipsum Quid est, fortasse putauerit quispiam vnam esse methodum in ijs omnibus, de quibus volumus cognoscere substantiam, vt etiam propriorum eorum quæ ex accidenti sunt, demonstrationem: quare quærẽda fuerit hæc methodus.*

Et valde est difficile, & graue inuenire aliquid firmum in esse eius ex hac perscrutatione. Quoniam hęc perscrutatio, quia est cõmunis alijs multis modis, scilicet perscrutatio de substantia eius, & de ea quid sit, necesse est existimari q via in omnib⁹ rebus, quarum substãtiam volumus cognoscere sit eadem: quemadmodum via demonstrationis in passionibus contingentibus substãtiæ est E eadem. quapropter necesse est hanc viam declarare.

4 Cùm demonstrauit q quærenda in hac scientia sunt principia duorũ generum, quorum vnum est scire substãtiam animæ, & aliud est scire ea, quæ contingũt substantiæ, incœpit primo demonstrare ea, pp quę est difficile scire substantiam eius: & est difficultas cognitionis viæ & regulæ, ex qua põt quis inuenire suã definitionẽ. Et dixit. Et valde est difficile, &c. idest & valde est difficile in cognitione definitionis animæ habere regulam, & viã, ex qua possum⁹ scire definitionẽ veram, i. viam inducentẽ nos ad suã definitionem perfecte. qm̃, si talem regulam habuerimus, tunc facile erit cognoscere definitionẽ animæ. Deinde incœpit demõstrare modum, pp quem difficile est inuenire talem viã, & dare dubitationes, quæ contingunt pp hanc difficultatẽ, & dixit. Qm̃ hæc perscrutatio, quia est cõis, &c. i. & causa huius difficultatis est: qm̃ hæc perscrutatio de aĩa, quæ est quærere cognitionẽ substantiæ eius, quæ est cõis ei, & oĩbus rebus, quarum substantia est quærenda, põt quis dicere q via, qua vſr peruenimus F ad cognoscendũ definitiones rerũ, eadem est in quærendo cognitionem substantiæ eius, & aliarũ substantiarum omniũ rerũ quęrendarũ. Et dat rationẽ super hoc, dicendo, qm̃ quemadmodum via, qua fit demõstratio super passiones, quæ contingunt rebus, est eadem via in anima, & in alijs, ita est in via cognitionis substantię: vnde necesse est scire istam viam, quę sit, quod est valde difficile. Et, cùm narrauit difficultatẽ contingentẽ dicenti q ista via est eadem, qm̃ quærendum est ab eo scire illam viam, quę sit, incœpit demõstrare difficultatẽ cõtingentẽ dicẽti q ista via nõ ẽ eadẽ.

Si aũt non est vna quædam & cõis methodus de eo quod quid est, amplius difficilius ẽ negociari: oportebit enim accipere circa vnumquodq;, quis modus: cum autem manifestum fuerit vtrum demonstratio aliqua sit, aut diuisio, aut aliqua alia methodus, adhuc

huc

A huc multas habet dubitationes & errores, ex quibus oportet quęrere: alia enim aliorum principia, sicut numerorum & planorum.

SOPH. *Sin autem non vna sit & cõis methodus de ipso Quid est, longe difficilior fit pertractatio: oportebit enim inuenire in vnoquoq;, quis modus. Vbi autem manifestum fuerit, vtrum sit demonstratio, vel diuisio, vel etiam alia quadam methodus, adhuc multa sunt quæstiones & errores ex quibus oporteat quærere: alia enim aliorum principia sunt, velut numerorum & planorum.*

Si autem ista via non fuerit eadem, & cõis tunc erit magis difficile illud, quod quæsitum est. necessariam enim erit inuenire aliquam viam in vnaquaq; rerum, & scire illam viam, quæ sit. Et, si fuerit declaratum vtrum sit demõstratio, aut diuisio, aut alia via, post remanebunt plures dubitationes in eis, ex quibus debemus

B quærere. principia enim rerum diuersarũ sunt diuersa, verbi gratia principia numerorum, & superficierum.

3 Intendit, & si hæc via, qua imus in inueniendo definitiones rerũ, & cognoscendo substantias earũ, non fuit eadem, & cõis omnibus rebus, quarum definitiones sunt quærendæ, sed plures vna, tunc illud, quod quæsitũ est de cognitione substantiæ aiæ, magis erit difficile. necessariũ est enim tunc scire primitus in vnaquaq; rerũ, quarũ definitio est cognoscenda per aliquam viam propriam illis rebus, quarũ substantiæ sunt cognoscendæ. Et, cùm fuerit declaratũ à nobis illam viã esse, & esse vnam, tunc necessarium est nobis post scire illã viam, quæ sit: verum demonstratio, vt dicebat Hippocrates: aut diuisio, vt Plato dixit: aut alia via, vt via cõpositionis, quã Aristo. dedit in Posterioribus. &, cùm hoc fuerit declaratum, remanebunt post multæ dubitationes, & loca erroris in reb⁹, ex quibus, op; quærere cognitionẽ definitionũ rerum. necesse est enim cum cognitione istius viæ scire pricipia ꝓpria cuilibet generi generũ speculãdorũ.

C Principia enim rerũ diuersarũ genere sunt diuersa. vnde cognitio isti⁹ vię nõ sufficit in scire defiõnes rerũ, nisi scita fuerint principia propria illis rebus ꝓprijs. *nã defiõnes nõ cõponuntur nisi ex principijs proprijs, q̃ sunt in re.

De mõ veniẽdi definitionẽ triplex fuit opinio. Pro opinione Aris. vide et 6. Met. cõ. 1. Principia rerũ diuersarũ generũ sunt diuersa, quod quo sit intelligẽdũ. vide 12. Meta. cõ. 11. *Defiõnes non cõponuntur nisi ex principijs q̃ sunt in re. vide confir. 1. Phy. & 2. Phy. vtroque 13. c.

Primum autem fortassis necessarium est diuidere in quo generum, & quid sit. Dico autem vtrum hoc aliquid & substãtia, aut qualitas, aut quantitas, aut etiam quoddam aliud diuisorum prædicamentorum: adhuc autem vtrum eorum quæ sunt in potẽtia, aut magis entelechia quædam, differt enim non aliquid parum.

SOPH. *Principio fortè necessarium fuerit explicare, quo in genere sit, & quid sit: vtrum inquam hoc aliquid & substantia, an quale aut quantum, an ẽt aliud quidpiam de expositis prædicamẽtis. adhæc, vtrũ eorũ quæ in potẽtia sunt, an potius entelechia quadã: interest enim non parũ.*

Et dignū est & rectum vt primo determinemus in quo genere D existis, & quid est, scilicet vtrum sit hoc & substantia, aut quale, aut quantum, aut aliud prædicamentorum, quæ sunt determinata à nobis. Et amplius, vtrum sit ens in potentia, aut est dignior vt sit aliqua endelechia: qm̄ hæc duo non parum differunt.

6 Cum demonstrauit difficultatē contingentem ei, qui voluerit definire animam, incœpit demonstrare ea, quæ primo perscrutāda sunt ab eo, qui voluerit scire definitionem suam perfectam veram. Et dixit. Et dignū est, &c. idest necessarium est volenti scire definitionem suam scire primo in quo genere decem generum continetur, vtrū in substantia, aut in qualitate, aut in quantitate, aut in alijs. Deinde, cùm sciuerit genus, in quo collocatur, necesse est ei scire vtrum sit in illo genere fm potētiam: aut sit in eo fm q̄ est endelechia, s. in actu. Differētia enim inter hæc duo est magna, s. opinari q̄ est in aliquo prædicamentorum, si non erit determinatū hac determinatione. *potentia enim & actus sunt dīæ, quæ contingunt omnibus prædicamentis: & sunt valde oppositæ. E

* Potentia & act⁹ sūt diīę valde oppositæ; cōtingētes oīb⁹ pdicamētis. Idē 12. Met. t. c. 8. & cō. 26. & 8. met. 15. 7. met. c. 31. & 5. Phy. cō. 9. & 5. meta. 14.

Considerandum autem & si partibilis sit, aut impartibilis. & vtrum sit similis speciei omnis anima, aut non. si autem non sit similis speciei, vtrum specie differant aut genere. Nunc quidē enim dicentes & quærētes de anima, de humana vident̄ solū intēdere.

IOPH. *Considerandum etiam num partibilis, an impartibilis sit. & vtrū eiusdem speciei omnis sit anima, an non. si vero non eiusdē speciei, vtrū specie differant an genere. iam enim qui de anima disputant, & quærunt, de humana sola videntur considerare.*

Amplius autem consyderandum est vtrum sit diuisibilis, aut non: & vtrum omnes animæ vniuocentur in specie, aut non. Et, si non conueniunt, vtrum differant in specie, aut in genere. nos autē inuenimus omnes loquentes, & perscrutantes de anima q̄ non videntur consyderare nisi tantum de anima hominis. F

7 Cùm incœpit numerare qōnes perscrutandas ab eo, qui vult consyderare de anima, & demonstrauit primo q̄ substantia eius est quærenda, incœpit ēt dicere quid est quærendum post hoc, & dixit. Amplius consyderandum est vtrum sit diuisibilis, i. fm subiectum, aut non diuisibilis per diuisionem eius. Plato enim dicebat q̄ virtus intelligibilis est in cerebro, & concupiscibilis in corde, & naturalis, s. nutritiua in hepate. Aristo. aūt opinat̄ ea esse vnam subiecto, & plures fm virtutes. D. d. & vtrum oēs animæ, &c. idest, & consyderandum est post vtrum aīa est eadem in specie in omnibus animatis, verbi gratia anima hominis, & equi: aut sunt diuersę. D. d. Et, si non conueniunt, &c. idest & consyderādum est, si apparuerit q̄ sint diuersæ in specie, vtrum illa diuersitas sit in specie tantum, & tñ cōueniunt in genere: aut illa diuersitas sit in vtroque. dimittere enim hanc perscrutationem est causa, pp quam Antiqui non consyderauerunt nisi

Plato posuit virtutē rōnalē i cerebro, cōcupiscibilē in corde, & nālē in hepate: sed Arist. opinat̄ q̄ sunt idem subiecto, & plures fm virtutes.

Idē cō. 71. & 74. cō. sup̄ p̄ lo cāucop̄ d opinione Arist. vide ēt infra in hoc 1. cō. 89. & 90. & 92. & 93.

tantū

A tancû de anima hoīs: existimando q̄ consyderatio de hoc sit cōsyderatio de aīa simplr. Et hoc esset verum, si alę essent eędē in specie: modo aūt, quia sunt diuersę, necesse est consyderare si conueniant in genere: q̄m tūc debemus solicitari primo circa definitionē illius generis, deīde post circa ea, quæ appropriantur vnicuiq; animæ: sicut fecit Aristo. & indifferenter siue illud genus fuerit prædicatum vniuoce, aut s̄m prius, & posterius: sicut est in definitione, quam post inducet de anima.

Formidandum aūt quatenus nō lateat vtrum vna ratio ipsius est, sicut animalis: aut s̄m vnūquodq; altera, vt equi, canis, hominis, dei. quod animal autem vle, aut nihil est, aut posterius: similiter autem & si aliquod commune aliud prædicetur.

SOPH. *Cæterū cauendū est ne nos lateat, vtrū eius vna sit ratio, vt aīalis: an in vnoquoq; diuersa. vt equi, canis, hoīs, Dei. Aīal aūt vniuersale, aut nihil est, aut posterius. similiter ēt si aliud quippiam cōe p̄dicetur.*

B Et oportet nos præseruare ne ignoremus vtrum definitio eius sit eadē, vt definitio viui: aut sit alia in quolibet, verbi gratia definitio equi, & canis, & hoīs, & dei. Viuum aūt vle, aut nihil est, aut est postremum. silr etiā & si est hic aliud, de quo prædicał vle.

2 Cùm narrauit q̄ necesse est dn̄m huius artis ponere suam consyderationem in aīa vniuersali, incœpit demonstrare q̄, cùm quæsiuerit definitionem aīæ vlis, oportet non ignorare vtrum illa definitio sit de numero definitionū generum, aut de numero definitionū specierum, sicut ignorauerūt Antiqui. Et dixit. Et oportet nos præseruare, cùm quæsiuerim' eandem definitionem vlem ei, ne ignoremus verū vniuersalitas illius definitionis in oībus animalibus sit sicut vniuersalitas animalis in oīb' suis speciebus: aut sicut vniuersalitas definitionis hoīs, & definitionis equi in omnibus suis indiuiduis. q̄m, cùm hoc fuerit cōsyderatum, non cōtinget nobis, cùm locuti fuerimus de aīa hominis, vt existimemus nos loqui de omni anima: sicut contingit Platoni. D.d. Viuum autem vniuersale, &c.

Docum. Aris. non opinat' q̄ definitiones generū & specierū sunt definitiones rerū vl'um existentiū extra animam: sed in tex. 8 4 facit virtute in eis. vide 11. met. c. 4. 37. & 2. huius cō. & 3. huius. c. 18. & 1. met. c. 6. & 16. & 17. c. & 3. meta. c. 20. & 11. meta. 14. & 18. & 7. met. 57. & 10. meta. c. 6. Vide pro hoc c. 20. 7. met.

C Demonstratūr per hoc q̄ ipse non opinatur q̄ definitiones generū, & specierum sint definitiones rerum vniuersalium existentium extra animā: sed sunt definitiones rerū particularium extra intellectū: sed intellectus ē, qui facit in eis vniuersalitatem. Et quasi dicit & non attribuitur esse definitionum speciebus & generibus, ita q̄ illæ res vles sint existentes extra intellectum, viuum enim vle, aut nihil est oīno, aut esse ei' est posterius ab esse rerum sensibilium: si est aliquid vle eus per se. Et dixit hoc, quia apparet hic q̄ definitiones sunt de illis rebus sensibilibus existentibus extra intellectum: & tunc aut non sunt res vles existētes per se, vt Plato dicebat: aut, si sunt, esse earum non est necessarium in intelligendo substantias rerum sensibiliū. & quasi dicit q̄ non curat in hoc loco quomodocunq; sit, cùm appareat q̄ istę definitiones nō sunt nisi in reb' particularibus existētibus extra aīam: sed qd apparet hic, est q̄ aut nō sunt oīno, aut si sunt, postremum sunt, q. sunt posteriores à rebus sensibilibus. q̄m, si præcederent eas, ita φ essent causæ earum, non possemus intelligere substantias rerum sensibilium, nisi postq̃ habuissemus fidẽ sui esse: sicut est dispõtio de alijs causis rerum existentibus in eis, s. forma, & materia. D

Amplius autem si nõ multæ animę, sed partes, vtrum oportet prius quærere totam animam, aut partes: difficile autẽ & harum determinare quales aptæ natæ alteræ ad inuicem esse.

SOPH. *Præterea si non multæ sint animæ, sed partes, vtrum oporteat quærere prius totam animam an partes: Quin harum etiam quænam inter se diuersæ sint, explicare difficile est.*

Et ẽt, si aĩæ nõ fuerint multę, sed ſm partes, vtrũ est quærendũ primo de aĩa ſm totũ, aut de partibus suis. Et quod est valde difficile ad distinguendũ, est, quę earũ differũt ab inuicẽ ſm naturam.

9 Dicit & ẽt cùm declaratũ fuerit φ aĩæ non sunt plures ſm subiectũ, sed ſm partes, rñ eodẽ subiecto, oportet pscrutari vtrũ debeamus ponere principiũ cõsyderationis primo de tota aĩa, deinde postea de suis partib⁹: aut primo debemus cõsiderare de partibus aĩæ, anteq̃ de anima ſm totũ, in eo quod est aĩa. D. d. Et quod est valde difficile, &c. i. &, cũ posuerimus eam esse plures ſm partes, difficile ẽ nobis distinguere has partes, & dare dñias, quibus differũt ab inuicẽ. in quibusdã enim sunt manifestæ, & in qbusdã latentes: v. g. inter intellm̃ & imaginationẽ, & ĩter imaginationẽ & sensũ. E

Dfia inter quasdam ptes aiẽ manifesta & ĩter qsdã latens.

Et vtrum oportet quærere prius partes aut opera ipsarum, vt intelligere aut intellectum, et sensibile aut sensitiuum: sĩr aũt & in aliĩs. Si aũt opera prius, iterũ vtiq; dubitabit aliqs, si obiecta horũ prius qũerendũ, sicut sensibile, sensitiuo: & ĩtelligibile, ĩtellectiuo.

SOPH. *Et vtrũ partes oporteat quærere prius, an earũ opera, vt intelligere, an intellectiuũ, & sentire an sensitiuũ: pariter ẽt in alijs. Sin prius opera, rursus quærat quispiã, an earũ opposita prius sint exquirenda, vt sensibile priusquàm sensitiuũ, & intelligibile priusquàm intellectiuum.* F

Et vtrũ pscrutandũ est prius de partib⁹ aut de suis actionibus: v. g. vtrũ pri⁹ de ĩtelligere aut de ĩtellectu, aut de sentire aut de sensu. et sic de siĩib⁹. Et, si prius pscrutãdũ ẽ de actionib⁹, põt hõ dubitare vtrũ ẽ pscrutãdũ de sensato añ sensũ, & de ĩtellecto añ ĩtellm̃.

10 Cùm incępit numerare dubitationes, quę cõtingũt in ordinatione perscrutationis de anima, & dixit prius, vtrũ sit cõsiderandũ de anima vlĩ, aut particulari, incœpit modo quærere, cũ considerauimus de partibus, vtrũ sit incipiendũ de eis, & post de suis actionibus, aut ecõuerso. Et dixit. Et vtrũ perscrutandũ est prius, &c. & eius sermo est intelligibilis p se. D. d. Et, si prius pscrutandũ est de actionibus, põt homo dubitare, &c. i. &, si declaratũ fuerit φ oportet nos prius quęrere de actionibus, dubitabit hõ in hoc vtrũ debeat incipere à sensato añ sensum, & ab ĩtellecto ante intellm̃: aut ecõtrario. Et dubitabit ĩ talib⁹: qa oportet nos ire de eis, q̃ sunt magis

nota

A nota apud nos, ad ea, quæ sunt latentiora apud nos. & in hoc differũt sciẽtiæ. * scientiarum enim in quibusdam ea, quæ sunt magis nota apud nos sunt præcedentia, vt in Mathematicis: & in quibusdam econtrario, vt in quibusdam, quę continentur in scientia Naturali.

* Videtur aũt non solum quod quid est cognoscere; vtile esse ad cognoscendum causas accidentium in substantijs: sicut in mathematicis quid rectum, & quid obliquum, & quid linea, & quid planum: ad cognoscendum quot rectis trianguli anguli sunt ęquales, sed è conuerso, accidentia conferunt magnã partem ad cognoscendum quod quid est: cum enim habeamus tradere fm phantasiã de accidentibus, aut omnibus, aut pluribus, tunc & de substantia habebimus dicere aliquid optime: Omnis enim demonstrationis principium est quod quid est. Quare fm quascunq; diffinitiones non cõtingit accidentia cognoscere, sed neq; de ipsis imaginari fa-
B cile, manifestum est q dialecticè dictæ sunt & vane omnes.

* In Mathematicis [illegible] dẽ sunt no[illegible] [illegible] & [illegible] econtra in Natural[illegible]bus. Idem 1. Ph. c. 1. & 7. Met. c. 10. & 5. Cõ. 61. ul de cæl. 2. Met. com. 16.

SOPH. *Videtur autem nõ solum ipsum Quid est cognitio vtilis esse ad considerandas causas eorum quæ substantijs accidunt, vt in Mathematicis, quid rectum, & quid curuum, aut quid linea & planum, ad spectandum quot rectis anguli trianguli sint æquales, sed contrà etiam, accidentia magnam partem conferunt ad percipiendum ipsum Quid est. Cum enim statuere possumus ex phantasia, de accidentibus, aut omnibus, aut plurimis, tũ quoq; de substantis, aliquid asserere quàm optime poterimus: omnis enĩ demonstrationis principiũ est ipsum Quid est. Quare ex quibuscunq; definitionibus non contingit vt accidentia cognoscantur, immo ne conijcere quidem de eis est facile, perspicuũ est omnes dialecticè & inaniter esse traditas.*

11 Et videtur q hoc non solummodo est vtile, scilicet scire quid
C sit aliquid, in sciendo causas accidentium substantiarũ, verbi gratia in Mathematicis, quoniam scire quid est rectum, & curuum, & quid est linea. & quid est superficies, est vtile in cognoscẽdo angulos trianguli quot angulis rectis sunt æquales: sed etiam econuerso, scilicet q accidentia adiuuant maxime in sciendo quid est aliquid. Quoniam, cùm declarauerimus aliquid secundum viam imaginationis in omnibus accidentibus, aut in pluribus eorum, tunc dicemus etiam de substantia meliorem sermonem, nã quid est aliquid est principium omnis demonstrationis. Et quod fuerit ex definitionibus, per quod non preparatur cognitio accidentium, neq; intelligitur aliquid ex eis facile, manifestum q nõ sunt nisi verba sine certitudine.

Cùm

11 Cùm dubitauit à quo debet incipere dominus istius artis, vtrum à posterioribus ad præcedentia, aut econuerso, incœpit notificare ꝙ vtraque
via est communis in scientijs, & in vsu earum: quoniam, quamuis sit magis famosum ire de præcedentibus ad posteriora, tamen aliquãdo itur
de posterioribus ad præcedentia. Et dixit. Et videtur, &c. idest & videtur
ꝙ sola cognitio substantiæ rei non sit principium cognitionis accidentiũ
eius: vt contingit in Mathematicis. scire enim quid est linea, & quid est re
ctum, & quid est curuum, & quid est, superficies in Geometria est principium cognitionis angulorum trianguli, s. quot angulis rectis sunt æquales: sed etiam econuerso, s. ꝙ scire plura posteriora est principium ad scien
dum antecedentia, & sermo eius in hoc est intelligibilis per se. Et, cùm
demonstrauit ꝙ scire posteriora aliquando est principium ad sciendum
antecedentia, incœpit notificare ꝙ hoc non accidit omnibus accidentibus
contingentibus rei, s. vt sint principium cognitionis rerum antecedentiũ
s. substantiæ, & dixit. Quoniam, cùm declarauerimus aliquid secundum
viam, &c. idest & non est possibile vt tale contingat, s. ire à cognitione ac- E
cidentium ad cognitionem substantiæ, nisi, quando accidẽtia rei fuerint
cognita à nobis secundum viam imaginationis, i. accidentia, quæ manife
4.Met.14 sta sunt existere in re, & quæ sunt in loco eius, s. accidentia essentialia propinqua, aut omnia, aut plura, & quasi dicat, & non præparatur nobis cognitio substantiæ per cognitionem accidentium, nisi cùm sciuerimus accidentia propinqua essentialia, aut omnia, aut plura, tunc enim cõtinget
vt inducamus meliorem definitionem substantiæ. Deinde. d. nam quid
est, aliquid est principium omnis demonstrationis. & hoc respondet ei, à
quo incœpit sermonem, s. ꝙ cognitio definitionis est vtilis in cognitione
accidentium. D. incœpit declarare ꝙ hoc contingit omni definitioni: &
ꝙ omnis definitio, per quam non cognoscuntur accidentia non dicitur
definitio, nisi æquiuoce: aut quia in ea collocatur aliquid falsũ: aut quia
componitur ex causis remotis, aut accidentalibus & dixit. Et quod fuerit
ex definitionibus, &c. i. & sermo eius in hoc est manifestus per se. F

Oĩs definitio, p quã nõ cognoscunt accidẽtia, non dr definitio nisi æquiuoce. vide 4.Ph. cõ. 31. & 4. Cœ. cõ. 2. & 2. de anima. 11. & 16. & 2. Cœ 40.

Dubitationem autem habent & passiones animæ, vtrum communes sint omnes & habentis, an sit & aliqua animæ, propria ipsius: hoc enim accipere quidem necessarium est, non autem leue. videtur autem plurimorum nullum sine corpore pati nec face
re. vt irasci, confidere, desiderare, & omnino sentire: maxime autem assimilatur proprio intelligere. si autem & hoc phãtasia quædam, aut non sine phantasia, non contingit vtiq; nec hoc sine cor
pore esse.

SOPH.

*Est etiam de anima passionibus quæstio, vtrum sint omnes commu-
nes eius quoque quod illam habeat, an sit aliqua etiam animæ, quæ sit
eius propria: quod sane sumere necessarium est, sed tamen non facile,
videtur autem plurima neq; pati, neq; agere sine corpore, vt irasci, con
fidere,*

& fidere, cupere, deniq; sentire. maxime autem simile proprio est intelligere. Quòd si hoc etiam phantasia quædam sit, aut non sine phantasia, ne ipsum quidem sine corpore esse possit. al.l. maxime aūt vt et ppriū intelligere

Et est dubium de passionibus animæ, vtrum omnes sint communes, & sint cum hoc ei, in quo sunt, aut quædam etiam approprientur animæ. hoc enim necessarium est scire, sed non est facile. Et nos videmus ꝙ plures earum impossibile est vt sint neq; actio neq; passio extra corpus: verbi gratia iracundia, & desyderium, & audacia, & vniuersaliter sentire. Quod autem videtur propriū ei est intelligere. Sed, si hoc etiam est imaginatio, aut non potest eē sine imaginatione, impossibile est vt sit neq; ēt hoc extra corpus.

12 Cùm numerauit ea, quæ quęrenda sunt in hac scientia, incœpit etiam dicere quoddam perutile, & ꝙ animæ est multum desyderatum: & est v-
B trum omnes actiones, & passiones animę non inueniantur nisi per communicationem corporis, & sunt cum hoc actiones, & passiones in rebus existentibus in corpore: aut inuenitur in eis aliquid habens communicationem cum corpore, neq; indiget in actione, aut passione propria aliquo existente in corpore. manifestum est enim ꝙ plures earum habent cōicationem cum corpore: sed est dubium, sicut dicit, de intelligere. Et dixit vtrum omnes sint cōes, &c. idest vtrum omnes actiones, & passiones eius habeant cōicationem cum corpore; & sint cum hoc actiones, aut passiones in rebus existentibus in corpore. Et hoc intendebat, cùm dixit. & sint cū hoc ei, in quo sunt. i. communicantes cum corpore, & existentes in eo, ꝙ est in corpore. Et possibile est vt aliquod non cōicans corpori sit existens in rebus existentibus in corpore: & possibile est vt actio alicuius non cōicantis corpori sit non existens in aliquo eorum, quæ sunt in corpore. Et ista perscrutatio de anima est valde perutilis: & est necessaria in sciendo qualitatem abstractionis animæ. & hoc debemus ponere in directo oculorum nostrorum. Et ideo dixit, hoc enim necessarium est scire.
C Hoc autem, quod dixit, ꝙ plures passionum animę videntur habere communcationem cum corpore, & ꝙ illæ partes animæ, quæ habent illas passiones, constituuntur per corpus, vt iracūdia, & desyderium, manifestū ē per se: & maxime in passionibus attributis animæ concupiscibili, secundū ꝙ post dabimus rationem: & postea in passionibus sensus: quamuis magis lateat in eis. in primo enim instrumento sensus non apparet passio manifesta apud sentire, sicut apparet in iracundia & verecundia, & in alijs passionibus. intelligere aūt valde latet, & multam habet dubitationem. existimatum est enim ꝙ passio eius propria nullam habet communicationem cum corpore: sed, sicut dixit, si intelligere fuerit imaginari, aut habuerit communicationem cum imaginari, tunc possibile est vt sit extra corpus, idest vt sit extra aliquod existens in corpore. Et dixit hoc, quia de vnaquaq; istarum virtutum sunt, sicut diximus, duæ quæstiones.

Infra. 14.

Tertio de ala t.c. 19

Quarum

Quarum vna est, vtrum sit possibile vt actio earum habeat communica- D
tionem cum corpore, aut non. Postea, si non habeāt communicationem
cum corpore, vtrum actio earum sit per res, & in rebus communicātibus
corpori, aut est de eis aliquid non communicans omnino. Et ideo dixit
Quod autem videtur proprium ei est intelligere, &c. i. quod autē vt esse
passio, aut actio animæ sine indigentia instrumenti corporalis, est intelligere. sed, si hoc fuerit imaginatio, aut cum imaginatione, impossibile est
vt illa actio sit extra aliquod habens communicationem cum corpore :
Documentum. quamuis intellectus nullam habeat communicationem cum eo. Et hęc
est sententia eius in intellectu materiali. s. q̄ est abstractus à corpore, & q̄
impossibile est vt intelligat aliquid sine imaginatione. Et non intendit
Occurrit tacitę obiectioni. per hoc, hoc, quod apparet ex hoc sermone superficietenus. s. q̄ intelligere
non fit nisi cum imaginatione: tunc enim intellectus materialis erit gene-
rabilis, & corruptibilis, sicut intellexit Alex. ab eo, & sermo eius est intellectus per se. sed debet obseruare hoc, quod diximus.

Si quid igitur animæ operum aut passionum proprium, continget vtiq; ipsam separari. si vero nullum est proprium, non erit E
vtiq; separabilis. sed sicut recto in quantum rectum, multa accidunt, vt tangere æneam sphęram secundum punctum: non tamē
tanget, ab hoc separatum rectum, inseparabile enim, siquidē semper cum quodam corpore est.

IO PH. *Ergo si operum aut passionum animæ aliquid eius sit proprium, fieri possit vt separetur: si vero nihil est proprium eius, non fuerit separabilis. Sed quemadmodum recto quatenus rectum, multa accidunt, vt
tangere æneam sphæram puncto, non tamen tanget hoc, separatum rectum: inseparabile enim est, siquidem semper cum corpore aliquo est.*

Dicamus igitur q̄, si aliqua actionum, aut passionum animæ
sit propria sibi, possibile est vt sit abstracta. Et, si nihil est ei proprium, impossibile est vt sit abstracta. sed ita est de hoc, sicut est
de recto. quoniam, secundum q̄ est rectum, accidūt ei plura. verbi gratia vt contingat sphæram cupri in vno puncto: sed tamen F
rectitudo impossibile est vt sit abstracta per se, cùm semper sit cū
aliquo corpore.

23 Cùm demonstrauit q̄ quærendum est prius vtrum aliqua actionum,
aut passionum animæ sit extra corpus: &, si fuerit, vtrum est cum eo, q̄ est
extra corpus, & extra omne existens in corpore: incœpit demonstrare hic
q̄, si fuerit aliqua passio animæ propria, i. sine corpore, possibile est vt sit
abstracta, ita q̄ illa passio, aut actio non sit in rebus existentibus in corpo-
pore. & si non habuerit aliquam actionem propriam, impossibile est vt
sit abstracta: cùm actio eius sit in rebus existentibus in corpore. Et dixit.
Dicamus igitur, &c. idest q̄, si aliqua actionum, & passionum animæ nō
indiget instrumento corporali, possibile est vt illa actio, aut passio sit abstracta.

A abstracta, quoniam, si non est in rebus existentibus in corpore, necesse est vt sit abstracta. &, si est in rebus existentibus in corpore, necesse est vt sit nõ abstracta. Verbi gratia quòd, si intelligere fuerit sine instrumento corporali, & non fuerit existens in rebus existentibus in corpore, verbi gratia vt est intelligere intentiones imaginabiles, necesse est vt sit actio sempiterna, & abstracta. &: si impossibile est vt sit sine imaginatione, tunc actio eius erit non abstracta à corpore: quamuis intellectus sit abstractus ab eo. Et est manifestum, sicut dicit Themistius, q propositiones hypotheticæ continuatiuæ, in quibus est consequens possibile esse cum antecedente, necesse est semper vt destruamus antecedens, & concludamus oppositum consequentis, e contrario dispositioni propositionum, quarum consequens sequitur antecedens necessario, & ideo nullum impossibile cõtingit Arist. inquantum destruxit antecedens. v. g. q, si hoc visibile est animal, possibile est vt sit homo: sed non est animal: ergo impossibile est vt sit homo. Deinde d. sed ita est de hoc, sicut est de recto. i. si anima nõ ha- Documentũ ex Themistio.

B buerit actionem propriam, tunc passiones, quæ attribuuntur ei, erunt sicut plures res, quæ attribuuntur rebus existentibus in materia, inquantũ cõtingit eis quòd sint in materia, non inquantum sunt abstractæ à materia. v. g. contactus verus, quem habet linea cum sphæra. hoc enim inuenitur extra animam, inquantum linea est in corpore, & figura sphærica in corpore. verbi gratia inquantum linea est in ligno, & sphæricum in cupro, impossibile est enim vt contangat linea sphæram, inquantum vtraq; earũ est abstracta à materia, nisi contactus sit mathematic⁹ nõ naturalis. De hoc vide. 5. Ph. cõ. 22. & 30. & 1. cę. li 32. & 3. Met. cõ. 8. & 1. de gene. 44.

• Videntur autem & animæ passiones omnes cum corpore esse: ira, mansuetudo, timor, misericordia, confidentia, adhuc gaudiũ, & amare, & odire, simul enim his patitur aliquid corpus. Indicat autem hoc, aliquando a duris quidem & manifestis passionibus concidentibus, nihil exacerbari aut timere, aliquando autem et

C paruis & debilibus moueri, cum accendatur corpus, & si sic se habeat sicut cum irascitur. adhuc aũt magis hoc manifestum: nullo enim terribili imminente, in passionibus fiunt his alicuius timentis, si autem sic se habet, manifestum quoniam passiones rationes in materia sunt.

SOPH. *Videntur etiam animæ passiones omnes esse cum corpore: ira, mansuetudo, metus, misericordia, fiducia, ad hæc, gaudium, & amare, & odisse: nam vnà cum his patitur aliquid corpus: quod ex eo indicatur, quòd interdum cum graues, ac non obscuri casus accidunt, nihil irritamur, aut timemus: interdum verò vel ab exiguis & obscuris commouemur, cum turget corpus, & perinde affectum est, atque cum irascitur: quod hinc etiam longe manifestius est: nulla enim re terribili accidente, in paßionibus sumus eius qui timet. quod si ita est, constat ēt*

passiones

passiones rationes esse materiales. D

Et videtur etiam ꝙ omnes passiones animæ sint in corpore, vt iracundia, & gratia, & timor, & pietas, & audacia, & gaudium, & tristitia, & odium, & amor. corpus enim patitur cum istis. Et signum eius est, quoniam forte fiunt passiones fortes, & apparētes, & non accidit ex eis homini, neq; iracundia, neq; timor: & forte passiones paruę, & debiles mouebunt ipsum, quando corpus fuerit paratum. Et magis manifestum est ꝙ videmus ꝙ quidam homines sunt valde timorosi, quamuis nihil timoris accidat eis. vnde manifestū est ꝙ passiones animæ sunt intentiones in materia.

14 Cùm narrauit ꝙ plures passiones, & actiones animæ videntur habere communicationem cum corpore, incœpit hic notificare genus, in quo apparet hoc manifeste, & dixit. Et videtur etiam ꝙ omnes, &c. & intendit p passiones animæ dispositiones attributas virtuti concupiscibili. Deinde d. corpus enim patitur cum istis. i. apparet in eo alteratio, & trāsmutatio. E omnis enim passio, facta cum alteratione, & transmutatione: est in corpore necessario, aut virtutis in corpore. & cùm hæc propositio fuit vera: & etiam ꝙ omnia accidentia animæ concupiscibilis fiunt cum transmutatione: cōcludetur necessario ꝙ hæc anima aut est corpus, aut virtus in corpore. Sed, quia propositio maior est manifesta, minor vero latet aliquantulum, cùm sit possibile, vt accidant passiones, ex quibus corpus non patitur apud sensum, incœpit declarare hoc alio modo, & dixit. Et signum ei^9 est, quoniam forte, &c. i. & signum, ꝙ illa vtitur corpore, quasi instrumēto, & ꝙ corpus patit' ab eis. &, si non patitur apud sensum est, quoniam actio eius differt secūdum diuersitatem dispositionum corporis. accidunt enim homini multa, quæ innata sunt mouere motu forti: & non mouēt ipsum nisi debiliter. Verbi gratia quod accidit homini aliquod timorosum, aut aliquid prouocās iram & non mouetur ab eis nisi modicum aut econuerso qn̄ corpus fuerit paratum, sicut dixit: & fuerit ita paratū sicut est iratus. iratus enim mouebitur facile valde ex re modica prouocante iram. Et magis manifestum est, sicut dicit, quia nos videmus multos homines timere sine aliquo timoroso. & omnia illa significant ꝙ ista actio non fit absq; corpore. Deinde. d. manifestum est ꝙ passiones, &c. i. manifestum est igitur ꝙ formæ, prouenientes in illa anima apud passionem & motum, sunt formæ in materia. F

Oīs passio facta cum alteratiōe & trāsmutatiōe est i corpore necessario 1 c. 2. de Aīa. 57. & 3 de Aīa. 28.

Quare termini tales, vt irasci, motus quidam talis corporis, aut partis, aut potentię, ab hoc, gratia huius: & propter hæc iam physici est considerare de anima aut omni aut huiusmodi.

SOPH. *Quare definitiones quoq; tales. Verbi causa irasci, motus quidā est, talis corporis, aut partis, aut potentiæ, ab hoc, gratia huius. Quam demum ob rem ad naturalem spectat considerare de aīa, vel oī, vel tali.*

Quapropter definitiones debent esse ita. quoniam ira est motus

A tus alicuius partis istius corporis, aut alicuius virtutis eius, á tali, & propter tale. Et ideo consyderatio de anima, aut de omni, aut de hac, est Naturalis.

15 Dicit. &, cùm declaratum fuerit ꝙ istæ passiones sunt formæ materiales, necesse est vt in definitionibus earum appareat materia, & motus, qui sequuntur istæ formæ: & est motus materialis, ita ꝙ corpus accipiendum est in definitione istius motus. verbi gratia quoniam ira est motus alicuius partis corporis. Et, cũ in definitionibus istarum virtutum appareat materia, manifestum est ꝙ consyderatio de anima est naturalis, aut de oĩ anima, si omnis anima est talis: aut de animabus, quæ declarãtur esse materiales. & hoc intẽdebat cũ dixit. Et iõ cõsyderatio de aĩa est Naturalis.

Differenter definire Naturalem: ac Dialecticum. Cap. 1.

B Differenter aũt diffiniet Physicus & Dialecticus vnũquodq; ipsorum, vt iram, quid est: hic quidem .n. appetitũ recõtristationis: aut aliquid hmõi: Ille autem feruorẽ sanguinis, aut calidi circa cor. Horum autem alius quidem assignat materiam: alius vero speciem & rationem. Ratio quidem enim hæc, species rei. necesse est autẽ hanc esse in materia huiusmodi, si erit. Sicut domus, ratio quidem quędam talis: quia cooperimentum prohibens corruptiones, á ventis, imbribus, & caumatibus. hæc autem dicit lapides, & lateres, & ligna. alia vero in his speciem ꝓpter ista. quæ igitur naturalis harum? verum quę circa materiam, rationem autem ignorans: aut quę circa rationem solum: aut magis quæ est ex vtrisq;? Illorum autem iam quis vterq;?

SOPH. *Diuerso tamẽ modo definiat Naturalis & Dialecticus eorum vnũquodq;: Veluti ira quid est. alter enim appetitum mutui doloris afferẽ*
C *di, vel aliquid eiusmodi: alter feruorem sanguinis cordi suffusi, aut caldi: Horum autem, alter materiam describit: alter speciem & ratio*
al. l. altera enim rō ē altera rei. *nem. Hæc enim est ratio rei, quã necesse est in tali materia esse, si erit. Veluti domus ratio huiusmodi esset. integumentum ad arcenda incommoda, quæ á ventis & imbribus & æstibus inferri solent: ãlia dicit,* aliam.
aliis forte pretianſ a... lij. ꝙ ad artificẽ referẽdu nõ ad definitionem. *lapides & lateres & ligna: ãlia formam in his, gratia horum: Quæ* alium. Quis.
igitur earum naturalis est? Vtrum quæ circa materiam versatur, rationem autem ignorat: an quæ circa rationem tantum: an potius quæ ex vtrisq;? Iam vero quæ nam est vtraq; earum?

Et differt. illud, quo Naturalis definit vnũquodq; istorum, ab eo, eo, quod definit Sermocinalis. Verbi gratia quid est ira. Sermocinalis enim dicit, ira est appetitus in vindictam: & sic de similibus. Naturalis autem dicit ꝙ est ebullitio sanguinis, aut caloris in corde. Naturalis igitur dat materiam, Sermocinalis autem dat formam, & intentionem. Intentio enim alicuius est hoc. & necesse est vt hoc sit in materia. Verbi gratia domus: aliquis enim dat intentionem, dicendo quod est coopertimentum prohibens ab imbribus, & pluuijs, & frigore, & calore: alius autem dicit quod est ex lapidibus, & lateribus, & lignis: alius vero dat formam existentem in hoc propter ista. Secundum igitur quòd dictum istorum est Naturalis? qui intendebat materiam, & ignorabat intentionem, aut qui intendebat solum intentionem? aut melius est dicere vt sit ille, qui cõgregabat vtrunque. vtrunque igitur illorum cui attribuetur? D

16 Cùm demonstrauit quod in definitionibus istarum virtutum debet accipere materiam, & formam, incœpit dubitare secundum consuetudinem, quæ est apud naturales, & eos, qui absolute consyderant, s. Disputatores. Naturales enim differunt à Disputatoribus in modo definiendi. Disputatores. n. dant definitiones secundum formam tantum, dicendo quod ira est appetitus in vindictam: Naturales vero secundum materiã dicẽdo quod est ebullitio caloris, & sanguinis in corde. Deinde dicit. Intentio enim alicuius est hoc. i. vt mihi videtur, intẽtio enim alicuius, secundum quod ẽ ens, ẽ hoc. Deinde d. & necesse est vt hoc sit in materia, &c. idest necesse est vt illa intentio, secundum quod est hoc existat in m[ateri]ã, quæ habeat talem dispõnem, s. quæ sit hoc etiam, & sit per aliquam intentionem existentem in ea: quapropter fuit digna, vt illa res existeret in ea, non in alia. Et innuit per hunc sermonem. q[uonia]m, sicut necesse est vt intẽtio existat in materia, secundum quod est hoc, ita necesse est vt sit modus acceptionis eius in definitione. & si nõ, erit intẽtio alio modo ab eo, quã est. *qui enim accipit materiam in definitione, & dimittit formam, diminute accipit: qui aũt accipit formam, & dimittit materiã, existimatur quòd dimittit aliquid non necessarium. sed nõn est ita: q[uonia]m forma debet accipi in definitionibus secundum dispositiones, in quibus existit, & residuus sermo est manifestus. E F

Naturalis definit per materiam vide. 2. ph. 18. 19. & 92. & 8. Ph. 52. & 7. Met. 34 35. 39. 55. & 57. Idẽ in hoc. 1. 51. 52. & 53 documẽtum.

*Qui accipit materiã in definitione, & dimittit formã, diminute accipit: q aũt accipit formã, & dimittit materiã, vt dimittere aliquod nõ necessarium. sed nõ est ita.

Aut non est aliquis qui circa passiones materiæ non separabiles. sed physicus circa omnes quæcunque huius corporis & huius materiæ opera & passiones sunt. Circa quæcunque autem non inquantum huiusmodi, alius: vt de quibusdam quidem artifex est, si contingat, vt instructor, aut medicus. non separabilium, autem In quantũ aũt non talis corporis passiones, sed ex sequestratione, mathematicus: secundum aũt quod omnino separatæ, primus philosophus.

Vide. 7. Me. 34. vide supra q notaui in hoc cõ.

An non est aliquis qui versetur in passionibus materiæ non separabilibus, vt non separabiles sunt: sed naturalis in ijs omnibus, quæ talis corporis & talis materiæ opera & passiones sunt: quæ vero non quatenus talia sunt, alius considerat. atque de nonnullis quidem artifex, si fors ita tulerit, faber vel medicus: de ijs autem quæ non separabilia quidẽ sunt. SOPH.

al. l. quæ vero non sunt talia.

A *sunt, sed quatenus non talis corporis passiones, & ex abstractione, mathematicus: vt vero separata sunt, primus philosophus.*

Dicamus igitur ꝙ ille, qui intendit cõsyderare de passionibus materiæ, non abstractis ab ea, secundum quod sunt non abstractę est Naturalis. Nullus enim est nisi Naturalis, consyderans in omnibus actionibus istius corporis, & istius materiæ, & passionib⁹. Quod autem non est ita, consyderandum est ab alio. quorum quędam debet intendere artifex, vt Carpentarius, & Medicus. Ea autem, quæ sunt non abstracta in rei veritate, sed sunt passiones corporis, & secundum abstractionem intendit Mathematicus: ea autem, quæ sunt abstracta in rei veritate, intẽdit prim⁹ philosoph⁹.

17 Cùm dubitauit de definitionibus, incœpit demonstrare hic, quæ attẽ vtuntur in definitionibus forma, & materia, & quæ solummodo forma.
B Et dixit ꝙ ille, qui intendit consyderare de passionibus materiæ non abstractis ab ea, fm ꝙ sunt, &c. i. ille, qui intendit consyderare de formis consequentibus passiones materiæ non abstractas à materia fm ꝙ sunt non abstractæ, est Naturalis, qui consyderat in omnibus passionibus corporis & in natura istius materiæ, & in passionibus eius: Deinde d. Quod autẽ non est ita, &c. idest quod autem accidit ex istis formis, & passionibus, nõ est per naturam, sed per voluntatem, consyderandum est ab artificibus Mechanicis, vt Carpentario & Medico. Deinde. d. Ea autem, quæ sunt non abstracta, &c. i. accidentia autem non abstracta à corpore, & consequentia ipsum, non in eo quod est transmutabile, sed in eo quod est corpus tantum, & magnitudo: & sunt ea, quę intellectus intelligit fm abstractionem à materia, licet in rei veritate non separentur, consyderãda sunt à Mathematicis. De formis aũt, quæ sunt abstractæ in rei veritate, i. fm esse & intellectum, consyderat primus Philosophus.

Vide 2. ph. 16. 18. 20. de materia sensibili. & 7. Me. 34. 35

Idẽ 2. Ph. 16. & 72. 6. Me. 2.

Sed redeundum est vnde sermo. dicebamus autem ꝙ passio-
C nes animæ non separabiles à physica materia animalium inquantum tales existunt furor & timor: & non sicut linea & planum.

SOPH. *Sed eò reuertendum est, vnde digressa est oratio. dicebamus autem, passiones animæ inseparabiles esse a naturali materia animalium ut tales sunt. vt ira, vt timor: Et non vt linea & planum.*

al. i. siquidem talia sunt ira & timor.

Sed reuertendum est ad nostrum sermonem, in quo loquebamur ꝙ passiones animæ non sunt separatæ à materia naturali: & ea, quæ sunt talia in rei veritate, sunt ira, & timor: non sicut linea, & superficies.

18 Idest, & quia hoc est magis proprium Logico, reuertamur ad illud, de quo loquebamur: s. ꝙ passiones animæ s. concupiscibilis, non sunt abstractæ à corpore, neq; in definitione, neq; in esse. v. g. ira, & timor, quæ non sunt abstractæ, neq; in definitione, neq; in esse, sicut linea, & superficies.

Vide ꝙ ß [illegible] lo cõ. 16. 2. Ph.

SVMMA SECVNDA. D

De antiquorum opinionibus circa Animæ essentiam.

2. INtendentes autem de anima, necesse est simul dubitantes de quibus abundare oportet, pertranseuntes priorum opiniones comprehendere, quicunque de ipsa aliquid enuntiarunt: vt bene quidem dicta accipiamus, si vero aliquid non bene, hoc vereamur. Principium autem quæstionis, apponere quæ maxime videntur ipsi inesse secundum naturam. Animatum igitur ab inanimato in duobus maxime differre videtur, motu & sensu. Accepimus autem & à progenitoribus fere hæc duo de anima.

SOPH. ἀπορεῖν & πορεῖν

Considerantes autem de anima, necesse est prius quasi in inopia simus, dum de ijs dubitamus quorum copiam habituri sumus, atque in orationis progressu opiniones etiam priscorum adhibeamus, quicunq; de ea aliquid enunciarunt, vt quæ quidem recte dicta sunt, sumamus, si quid vero non recte, id vitemus. Principium autē huius inquisitionis erit, ea prius ponere quæ maxime ei videntur inesse secūdum naturam. Animatum igitur ab inanimato duobus potissimum differre videtur, motu & sensu. Accepimus etiam à superioris ætatis philosophis hæc duo ferè de Anima. E

Et necesse est nobis in quærendo de anima prædicere opiniones Antiquorum: & iuuabimur per eas, & retinebimus illud, quod dictum est vere, & secundum quod oportet: & vitabimus illud, quod dictum est, & secundum quod nō oportet. Et debemus prædicere etiam ea, quæ reputantur proprie esse naturalia: & hoc ponemus principium, dicendo quod habens animam videtur differre ab inanimato his duobus proprie, s. motu, & sensu. Et hæc duo acceptimus ab Antiquis de anima. F

19. Cùm declaratum est in Posterioribus quod consyderatio ducens ad certitudinem perfectam in rebus quæsitis in vnoquoque generum non fit nisi consyderando in principijs proprijs illi generi, incœpit demonstrare quod necesse est consyderare de anima hoc modo principiorum, & dixit. Et debemus prædicere, in quærendo de anima, propositiones, & principia, quæ videntur esse propria animæ, secundum quod est anima: & illas propositiones ponamus principium consyderationis. Et notificauit quod ea, quæ habent de anima talem dispositionem, sunt duo, sensus, s. & motus. animatum enim non differt ab inanimato, nisi sensu, & motu locali. & dixit quod habens animam &c. Et intendit hic per videtur certitudinem: quoniā ipse vtitur talibus verbis loco certitudinis in locis, in quibus certitudo est famosa. & residuus sermo est manifestus.

Animatum differt ab inanimato sensu. 2. a. 16. & motu locali. 8. de a. 14. Quōq; vtitur philosophus videtur pro certo esse.

Dicunt

A Dicunt enim quidam & maxime primo eẽ animam id quod est mouens: existimantes autem quòd non mouetur ipsum, non contingere mouere alterum, eorum quæ mouentur, animam sic arbitrati sunt esse. vnde Democritus quidem ignem quendam & calorem esse dicit ipsam: Infinitis igitur existentibus figuris & atomis: quæ sunt speciei rotundę, ignem & animam dicit. vt in aere mota, quæ vocantur decisiones, quæ videntur per portas in radijs. quarum omne semen elementa dicit Democritus totius naturę. Similiter autem & Leucippus: horum autem sphærica, animã, propter id quod maxime possunt penetrare per omne huiusmodi figuræ, & mouere reliqua cum moueantur & ipsa, arbitrantes animam esse efficiens in animalibus motum.

OPH. *Dicunt enim nonnulli & maximè & primo, animam esse id quod*
B *mouet, existimantes autem quod ipsum non mouetur, non posse mouere aliud, aliquid eorum quæ mouentur, animam esse arbitrati sunt. Quapropter Democritus ignem quendam & calidum eam esse dicit. Cum enim infinitæ sint figuræ & atomi, eas quæ rotundæ sunt, ignem et animam esse asserit, vt in aere, ea quæ vocantur ramenta, quæ cerni solẽt in radijs, qui per fenestras introeunt: quarum omnium farraginem, elementa esse ait totius naturæ: Pariter etiam Leucippus. horum autem quæ rotunda sunt esse animam, eò quòd maxime tales figuræ quóuis penetrare possunt, & mouere reliqua, cum etiam ipsa moueantur. existimantes animam esse id quod præbet animalibus motum.*

Quidam enim eorum dicunt quod illud, quod est proprie, &
C per prius animæ, est mouere. &, quia existimabant quod omne non motum non potest mouere aliud, existimauerunt animam esse aliquod motum. Vnde Democritus dixit ipsam esse ignem, aut calidum. dixit enim ipsam esse ex corporibus, & figuris indiuisibilibus infinitis: & ea, quæ sunt sphęrica ex eis, sunt ignis, & anima verbi gratia. & similia his sunt corpora existentia in aere: quę dicuntur atomi: quæ sunt in radijs Solis ingredientibus per foramina. & dicit quod per congregationem fundamentorum in eis sunt elementa omnium naturalium. Et similiter Leucippus. Et quod est sphæricum ex istis est anima: quia tales figuræ sunt possibiles transire in rem secundum totum, & mouent omnia, quę mouẽtur etiam: quoniam existimant quod anima dat animalibus motum.

20 Cùm notificauit quod Antiqui non consyderant de anima, nisi per motũ aut sensum, aut per vtrunque, incœpit primo numerare sententias hominũ consyderantium de anima per motum, & dicit. Quidam enim eorũ, &c.

idest,&c. cùm quidam opinabâtur q illud, quod appropriatur animæ primo, est quia mouet aliud, & opinabant q illud, q mouet aliud, debet moueri, existimauerũt q aĩa est aliqd motum semp. D.d. Democritus dixit ipsam esse ignẽ, aut calidum.i. ignem, aut igneũ. D.d. dixit.n. ipsam esse ex corporibus, & figuris,&c.i. opinabatur.n. quia mouet aliud, & mouet, ipsam eẽ ex corporibus indiuisibilibus habẽtibus figuras infinitas: & q ex istis est solũmodo & sphæricis.&, quia sphærica sunt ignis, aut igneũ, credebat q sphærica corpa, aut sunt ignis, aut aĩa. D.d. exempla horum corporum apud Demo. & d. similia his sunt corpora existẽtia in aere.i. & ista corpora apud eum sunt similia atomis, qui apparent moueri in radijs solis. Et, cùm notificauit q Demo. opinabat aĩam esse ex corporibus indiuisibilibus, quæ apud ipsum assimilant atomis, notificauit quę partes sunt de quibus opinat Demo. aĩam fieri ex eis, & quo opinant ea esse elemẽta aliorum compositorum, & dicit q per congregationẽ fundamẽtorũ,&c. i. & hæc corpora sunt, de quibus Demo. dicit q per congregationẽ fundamentorũ in eis adaptat, vt ex eis cõponan diuersa entia, quãuis sint eiusdem naturæ. Et intendit per fundamẽta diuersitatem eorũ in figura, & in situ, & in ordine. diuersitas.n. partium in his tribus est cũ diuersitate compositorũ ex eis: sicut scripturæ diuersant pp diuersitatem lr̃arum in his tribus. Et, cùm narrauit q ipsi opinabâtur aĩam esse ignem, aut aliquod igneũ, quia opinabâtur aĩam eẽ sphæricã, & ignẽ esse sphæricũ, d. rõnem, pp quã opinabant aĩam esse sphæricã, & dicit, Et q est sphæricum ex istis est aĩa,&c.i. & Demo. & Leucip. non opinabant q sphærica ex corporib' indiuisibilibus sunt anima, nisi quia opinabâtur q talia corpora sunt ea, quæ possibilia sunt pertransire per alia, & mouere ipsa: quamuis ipsa moueantur semper, & hæc est dispositio, quam existimabant esse propriam animæ, s. quoniam mouet corpus, & mouetur semper. D

Vnde & viuendi terminum esse respirationem. Constringente enim eo q corpora continet, & extrudente figuras præbentes animalibus motum, ex eo quod non est ipsas quiescere nullatenus, auxilium fieri de foris, ingredientibus alijs huiusmodi in respirãdo. prohibere enim has, & quæ insunt animalibus disgregari, simul prohibentem constringens & comprimens. & viuere autem quã diu possunt hoc facere. E

SOPH. *Et proinde viuẽdi terminum esse respirationem. Cum enim aer ambiens comprimat corpora, & eas elidat figuras, quæ motum præbent animalibus, quandoquidem nec ipsæ vnquam quiescunt, auxilium ferri extrinsecus, alijs eius generis succedentibus, dum spiritum ducimus: has enim prohibere quominus ea etiam quæ insunt animalibus, excernantur, id repellendo, quod comprimit, ac facit concrescere, viuereq́, donec possunt hoc facere.* F

Et propter hanc causam fuit anhelitus definitio vitę. Aer enim continens

A continens, cùm congregat corpora, & constringit ex istis figuris, quæ dant animalibus motum, quia ista non quiescunt in aliqua hora, sustineri ab extrinseco, imponendo per anhelitum alias figuras sibi similes, dicunt quod istæ etiam prohibent illud, quod iam peruenit intus in animalibus ab exitu: & contra expellunt cũ eis illud, quod congregat, & constringit eas: & ideo fuit vita, dum animal potest facere hoc.

Quoniam omnis dicens in quiditate alicuius aliquid laborat in faciendo
21 conuenire illud oĩbus sensibilibus, & in dando causam illius sensibilis ex illo dato ab eo in substantia illius. isti autem, qui opinabantur aĩam eẽ partes sphæricas indiuisibiles, laborauerunt hoc modo in dando causam anhelitus, dicendo. Et propter hanc causam, s. quia aĩa est partes sphæricæ, quæ semper sunt in motu, fuit anhelitus definitio vitæ, aut consequens vitam. Aer enim continens, cùm cõgregabit corpora, constringentur multæ figuræ sphæricæ, quæ sunt intra corpora, & quæ dant aĩalibus motum,
B quia semper sunt in motu, & tunc hęc corpora mouebuntur ad exitum: & illud erit exitus anhelitus: & tunc sustentabitur animal ad imponendũ alia corpora sphærica ab extrinseco: & hoc est imponendo anhelitum. Hoc aũt fuit pp tria. Quorũ vnũ est in acquirendo locũ illius, ꝙ exiuit. Secundum aũt est ad prohibendum plura corpora intrinseca ab exitu. Tertium est vt adiuuet ea etiam in expellendo illud, ꝙ constringit, & ꝙ congregat ea. & dicunt. & ideo fuit vita, dum aĩal potest facere hoc.

Videtur autem & à pythagoricis dictum, eandem habere intelligentiam. Dixerũt enim quidam ipsorum, animam esse quę sunt in aere decisiones. alij autem has mouẽs, de his autem dictum est, propter id ꝙ continue videntur moueri, & si sit tranquillitas nimia. In idem autem feruntur & quicunque dicunt animã esse quod se ipsum mouens. videntur autem omnes hi existimasse motum maxime proprium esse animæ, & alia quidem omnia moueri propter animam, ipsam autem à seipsa: propter nihil videre mouẽs,
C quod non moueatur & ipsum.

Videtur etiam, quod à Pythagoreis dici solet, eandem habere sententiam. Dixerunt enim eorum nonnulli, animam esse ramenta, quæ in aere videntur: alij, id quod ea mouet. de quibus propterea dictũ est, quòd continuè videantur moueri, quamuis sit tranquillitas maxima. Eodem tendunt qui dicunt animam esse id quod se ipsum mouet. Videntur n. hi omnes existimasse motum rẽ maximè propriã esse animæ, & alia quidem oĩa moueri propter animam, hanc autẽ à se ipsa: propterea quòd nihil videbant mouere, quin & ipsum moueatur.

Et forte etiam est talis sermo Pythagoricorum. Quidam enim illorum dicunt ꝙ anima est atomus, existens in aere: quidam au-

Sermo quiditatiuus debet soluere quæcunque circa rem sensibilẽ. contingentia. Idẽ. 4. Ph. 31. & 8. Ph. 2. 8. supra hoc c. 11. & 2. de aĩa 12. & 1. 2. 1. C. 14. 2.

 rem

tem illud, quòd mouet atomos, & dixerunt hoc: quia semper vi- D
dentur moueri, licet ventus deficiat omnino. Et similes istis sunt dicentes φ anima est aliquid mouens se. Omnes enim isti videntur opinari motum conuenire animæ: & φ omnia non mouentur nisi per animam anima autē mouetur per se. nihil enim videtur mouere nisi ipsum etiam moueatur.

22 D. Et forte etiam opinio Pythagoræ in anima est similis opinioni Democriti, & Leucippi, quidam enim pythagoricorum dicebant animã esse atomos aereos: & quidam illud, φ mouet atomos. & opinabant hoc, quia credebant φ atomi semper mouebantur, & φ aïa semper mouetur. Deinde d. Et similes istis sunt dicentes, &c. & innuit Plato. Omnes igitur isti conueniunt in hoc, φ motus est proprius animæ: sed differunt in quid est. Et quidam eorum existimabant eam esse corpora indiuisibilia, aut ignem, aut aliquod igneum, quidam vero atomos.

Silr aūt & Anaxagoras aĩam dicit eē mouētē, & si aliqs alius dixit φ oē mouit intellect⁹: nō tñ penitus sicut Demo. ille qdē. n. dicit simplr idē eē aĩam & intellectū, verū. n. eē φ vr: vnde bñ facere Homerū, φ Hector iacet aliud sapiēs: non itaq vtit intellectu tanq̃ potētia q̃dã q̃ circa veritatē, sed idē dicit aĩam & intellectū. E

26 PH. *Similiter etiam Anaxagoras Animam esse dicit eam quæ moueat, & si quis alius dixit intellectum mouisse hanc vniuersitatem: nõ tamen ita plane vt Democritus: is enim dicit idem simpliciter esse animam & intellectum: verum enim esse, quod appparet: Et ideò præclarè cecinisse Homerum, quòd Hector iaceret mentis inops. Non ergo vtitur intellectu, vt potentia quadam circa veritatem, sed idem dicit animam, & intellectum.*

Et silr ēt dicebat Anaxa. φ aïa est mouens, & cū dicebat φ intellectus mouet oē. sed tñ Anaxa. aliud intēdit ab eo, φ intēdit Demo. Demo. n. absolute dixit φ idē est aïa, q̃d intellectus. dicit. n. φ veritas est res manifesta. Et iō bñ dixit Homerus, & verū dixit, φ Hector apoplerizabat. & carebat intellectu. Nō. n. vtebat intellectu quasi aliqua virtute, sed dicebat φ intells & aïa idem sunt. F

23 Dicit. Et silr ēt opinat Anaxa. cū d. aïam eē mouētē: & d. φ intellectus mouet oē: sed Anaxa. nō intēdit in hoc, illud. φ Demo. Demo. n. propalauit φ aïa, & intellectus idē sunt d. n. φ veritas comprehensa non est nisi in eo, φ manifestum est sensui tantum. Et ideo bene dixit Homerus versificator, cū narrauit de hoĩe, qui carebat sensu, φ carebat intellectu. Democritus igitur non intendit φ intellectus sit aliqua virtus in animalibus, alia à virtute sensus, sed dicit φ intellectus & anima idem sunt.

Anaxagoras aūt minus certificat de ipsa. Multotiēs qdē. n. cãm eius φ bñ & recte, dicit eē intellectū, alibi aūt intellectū hunc esse aïa.

A aię. In oībus.n.ipſum ineſſe aīalibus, magnis & paruis, & honorabilibus, & inhonorabilibus, nō vr̄ aūt ſm prudentiam dictus intellectus oībus ſiliter aīalibus ineſſe, ſed neq̄ oībus hominibus.

SOPH. *Anaxagoras autem non admodum de eis aperte loquitur: multis enim locis cauſam eius quod bene recteq́ eſt, intellectum eſſe aſſerit. Alibi verò idem eſſe animam, & intellectum. Cunctis enim eum ineſſe animalibus, & magnis, & paruis, & nobilioribus & vilioribus. Videtur tamen is quem intellectum prudentiæ vocamus, non omnibus æquè ineſſe animalibus, immò ne hominibus quidem omnibus.*

Anaxagoras aūt latēius loquebat̄ de iſtis, cū multotiens dicebat q̄ intellectus eſt cā in inuentione. & dixit in alio loco q̄ intellectus, & aīa idē ſunt. intellectus.n.apud ipſum exiſtit in oībus aīalib⁹, magno, paruo, nobili, & ignobili. Sed nō videm⁹ hūc intelſm exiſtere ſimiliter in omnibus animalibus, neq̄ etiam in homine.

24 Dixit. Anaxa. aſit cū propalauit q̄ intellectus, & aīa idē ſunt, latentius p̄

B palauit, q̄ Demo. cùm multotiens dicebat q̄ intellectus eſt cā rectitudinis & ēt verificationis. & hoc apparet ex eius ſententia q̄ intellectus ſit aliud a ſenſu. & in alijs locis vr̄ opinari q̄ intellectus, & aīa idē ſunt. d.n. q̄ intellectus eſt exiſtens in oībus aīalibus, magno, & paruo, nobili, & ignobili. Et non eſt, ſicut exiſtimauit: quia non videmus intelſm exiſtere eodē modo in oībus hominibus, nedum exiſtere in omnibus animalibus.

Intellect⁹ li exiſtit eodē modo in oībus hoīb⁹ oppo. cō. 5. 3. de Anima, Vide contr. Zim.

Quicunq̄ igit̄ in moueri aīatū aſpexerūt, hi q̄dē maxime motiuū opinati ſunt aīam eē. Quicūq̄ aūt ad cognoſcere & ſentire ea q̄ ſunt, iſti dicūt aīam eē principia, alij quidē faciētes plura, hæc. alij vero, vnū, hoc: ſicut Empedocles quidē ex elemētis oībus, eſſe aūt & vnūquodq̄ eorū aīam, dicēs ſic, terrā quidē terra cognoſcimus, aquā autem aqua. ethere autem ethera, ſed igne ignem manifeſtū eſt. concordia aūt concordiam. diſcordiā aūt diſcordia triſti.

C

SOPH. *Quicunque igitur ad motum animati reſpexerunt hi, quod maximè motiuum eſt, animam eſſe exiſtimarunt. Qui verò ad vim cognoſcendi & ſentiendi ea quæ ſunt, hi vero aſſerunt animam eſſe principia, nempe qui plura faciunt principia, hæc eadem: qui vero vnum, illud idem: Quemadmodum Empedocles quidem ex elementis omnibus, eſſe tamen & eorum unumquodq́ Animam, ſic dicens.*

» *Iam Terra Terram, iamq́ Aequore cernimus Aequor,*
» *Aetheráque Aethere, ſic rutilum ignis conſpicit ignem,*
» *Atque Cupidinem Amor, triſtis lis déniqué litem.*

Et ponentes principiū aīæ motū exiſtimabāt q̄ aīa ſit dignior oībus vt moueat. Ponentes aūt regulā in hoc cognoſcere, & ſentire re oĩa entia, dicebãt aĩam esse principia. & quidã eorũ ponebant hæc principia plura vno: & quidã eorũ ponebãt vnã animam. Vt Empedocles. iste.n. ponebat eã ex oĩbus elementis, sed tñ ponebat vnũquodq; elemẽtorũ esse aĩam. & dixit q nos non cõprehendimus terrã nisi per terrã, & aquã p aquã, & aerẽ per aerẽ, & ignem per suũ simile, s. ignem, & litẽ per litem, amicitiã per amicitiam. D

25 Cũ cõpleuit sermonẽ cõsyderãtiũ in aĩa p motũ, incepit etiã dicere opiniones eorũ, q cõsyderãt de aĩa p cognitionẽ, & distinctionẽ, dicẽdo. Et ponẽtes prĩcipiũ aĩæ motũ, &c. i. ponẽtes aũt regulã aĩæ, & cognitionẽ suę naturę pp motũ: quapp iudicauerũt q aĩa ẽ magis oĩbus digna motu, sm q diximus. Ponẽtes aũt etiam in cõsyderõne de aĩato p cognitionẽ eius, & distinctionẽ in oĩb' entib', opinabãt q aĩa est prĩcipiũ toti', aut ex principijs totius. Qui igit ponebãt hęc prĩcipia plura vno, ponebãt aĩam plura vna: & q opinabãt principiũ vnũ eẽ, ponebãt aĩam vnã. v. g. qa Empedo. ponebat aĩam fieri ex elẽtis, & ponebat ipsam sex in numero, sm numerũ elẽtoꝝ apud ipsũ. dixit.n. q nos nõ cõprehẽdim' terrã, nisi p terrã, &c. Et, cũ d. & qdã eorũ ponebãt hæc principia plura vno, intẽdebat & qdam eorũ, qa posuerũt hæc principia plura vno, opinabant aĩam eẽ plura vna: vt Empedo. sed fuit cõtẽtus dicere eẽ loco cõsequẽtis. Et, cũ d. & qdã eorum ponebant vnam animã. intendebat & quidam eorũ, qui ponebant vnũ principium, ponebãt vnã aĩam. sed fuit contẽtus hoc cõsequente loco rei, e conuerso ei, quod fecit primo. & residuus sermo est manifestus. E

Cũ istis' ponit' infra. 27. & similiter hui' ponit. 5. de Aĩa. 30.

Empedocles posuit plura principia vno. idẽ. 1. Ph. 4 t. 35.

Eodẽ aũt modo & Plato in timæo aĩam ex elementis facit: cognosci.n. sile sili, res aũt ex prĩcipiis eẽ. siliť aũt et ĩ his q sũt de philosophia dicta, determinatũ ẽ: ipsũ qdẽ aĩal ex ipsa vni' ex idea & prima lõgitudine & latitudine & altitudine, alia aũt sili modo.

SOPH. *Eodem etiam modo Plato in Timæo Animam facit ex Elementis: cognosci namque simile simili: res autem ex principijs constare. similiter etiam in ijs quæ de philosophia dicuntur, expositum est: ipsum quidem animal ex vnius idea, & ex prima longitudine, & latitudine, & altitudine: cætera vero similiter.* F

Et silr Plato in Timæo ponebat aĩam aliquod ex elementis. qm apud ipsum nihil cognoscitur, nisi p suũ sile. & q oẽs res non fuerunt nisi ex suis principijs. Et similiter determinauit prius in philosophia, s. in suis disputationibus. & manifestum est q Timæus exit ab is, & q aĩa simplr ẽ ex forma vni', & prima lõgitudine, & prima latitudine, & primo pfundo: & q alia currunt hoc modo.

26 Dixit Et silr Pla. posuit ĩ Timæo q aĩa ẽ aliqd ex substãtia elẽtorũ. opinabať.n. illud, q opinabať q ponebat aĩam ex prĩcipiis & ẽ q oẽs res nõ cognoscũť, nisi p sua silia: & nõ cognoscunť nisi p cognitionẽ suorũ principiorũ. &, qa principia cognoscũť p sua silia, cõtinet q principia cognoscantur

A sciat p principia. Et, cũ cõi sigem' huic qd aĩa cognoscit res p principia earũ, cõtinget ex hoc qd aĩa sit pricipia. hæc. n. sunt ꝓprietates cõuertibiles. Vide pro isto inIra cõ. 33.

D. d. Et sist determinauit, &c. i. & sist determinauit ĩ sua Philosophia & in scholis eius: qñ in Timęo dixit hoc alio mõ. D. enim illic, ꝙ aĩal simpliciter absolutum, quod est genus animalium particularium, & principium eorum, est compositũ ex dualitate prima: & ex latitudine, quę est cõposita ex dualitate prima: & ex latitudine, quæ est composita ex prima trinitate: & ex profundo, quod cõponitur ex prima quaternitate: quæ sunt principia aliorum numerorum compositorum. Et opinabatur ꝙ longitudo componitur ex dualitate, quia linea fit ex duobus punctis: & latitudo ex trinitate, quia fit cum longitudine ex tribus pũctis: & spissitudo ex quaternitate, quia fit cum longitudine & latitudine ex quatuor punctis. Quoniam cũm opinabatur ꝙ numeri sunt principia omniũ, fuit necesse apud ipsum, vt principia numerorum sint principia generum esse sensibilis: & alij numeri, qui componuntur ex principijs, sint principia etiam rerũ par- Vide pro Meta. 37.

B ticularium, ita ꝙ principia animalis simplicis est prima vnitas, & prima dualitas, & prima trinitas, & quaternitas: principia aũt aliorum animaliũ sunt alij numeri. Et ideo d. ꝙ alia currunt hoc modo. i. & principia aliorum animalium particulariũ sunt alij numeri. Et, quia opinabantur hoc in principijs entium: & opinabantur ꝙ anima componitur ex principijs ꝑ cognitionẽ: opinati sunt ꝙ anima est iste numerus, qui est principiũ numerorum. D. d. & manifestum est ꝙ Timęus exit ab eis. i. vt mihi vr, ꝙ illud, quod dictum est de principijs in Timęo, est aliud ab eo, quod dictum est in disputationibus. Et quasi diuersitas hominum in anima non est nisi ꝑ diuersitatem eorum in principijs. Omnes enim conueniunt ꝙ oportet esse ex principijs: & dicũt ꝙ opinio Platonis in Timæo de anima est ꝙ aĩa est nã media, s. inter formas abstractas indiuisibiles, & inter formas sensibiles diuisibiles sm materiã. Themist. aũt dicebat ꝙ Pla. intẽdebat p istam naturã mediã, intellectũ inter oẽs partes aĩæ: cum suum eẽ sit mediũ inter formas materiales, & abstractas. & vlter difficile possumus

C hodie intelligere opiniones Antiquorũ: quia non sunt notæ apud nos. Vide. 1. Meta. 18. & 19. Difficile possumus hodie intelligere opiniones Antiquorũ: qa nõ sũt notæ apũ nos. Idẽ. 2. Cœ. c. 71.

Adhuc autem & aliter, intellectum quidem, vnum, scientiã autem, duo, singulariter enim ad vnum: plani autem numerum, opinionem, sensum vero, eum qui firmi: hi quidem enim numeri species & principia entiũ dicebant: sunt autem ex elemẽtis: Iudicantur autem res aliæ quidem intellectu, aliæ vero scientia aliæ autẽ opinione, aliæ vero sensu: species autem numeri hi, rerum.

8 o p n. *Præterea etiam aliter, Vnum quidem ipsum, intellectum: Duo autẽ, scientiam. Vnico enim modo ad vnum: Plani autem numerum, opinionem, solidi sensum: Numeri enim species ipsa, & principia dicebãtur, sunt autẽ ex Elementis. Iudicantur verò res, alia intellectu, alia scientia, alia opinione, alia sensu. hi vero numeri species sunt rerum.*

Et est dictum hoc etiam alio modo, & est ꝙ intellectus est vnũ, D
& scientia duo. est enim singulr ad vnũ. & ꝙ existimatio est numerus superficiei: & ꝙ sensus est numerus solidi. Numeri enim di
cebantur esse formæ, & principia in reb⁹ entibus: & numeri sunt
vnũ illorum elementorũ. Sed omnes res considerantur, quædam
per intellectũ, & quædã per scientiã, & quædam per existimationem, & quędam per sensum. ista aũt sunt numeri, qui sunt formę.

47 Et opinati sunt alio modo animam esse principia numerorum. Dicũt
enim ꝙ intellectus est vnum numerale. & per intellectum intẽdit primas
propositiones. & dixerunt ipsum esse vnum: quia scire propositiones est
vnius scientiæ. & intendit per scientiam conclusionem. & dixerunt eã esse
dualitatem: quia est processus ab vno, s. propositionibus, & ad vnum, s. cõclusionem, vnde fit dualitas. Et hoc intendebat, cum d. est enim singulari
ter ad vnum. Et dixerũt ꝙ æstimatio est numerus superficiei, s. trinitatis.
est enim ab vno, s. propositionibus ad duo. nam conclusio est in eo falsa,
& vera. vnde fit illic aliqua dualitas. & dixerunt etiam ꝙ sensus est quater- E
nitatis. opinati sunt enim ꝙ sensus comprehendit corpus, & ꝙ forma corporis est quaternitas. D. d. Numeri enim dicebantur esse formæ, &c. i. &
dixerunt hoc, quia opinabantur ꝙ principia numerorum sunt formæ ab
stractæ: & principia entium sunt vnum elementorum eorum. Et, quia rerum quædam considerantur, i. cognoscuntur intellectu, & quædam scien
tia, quædam existimatione, & quædam sensu: & nihil cognoscitur nisi per
suum simile: necesse est vt istæ virtutes animæ comprehensiuæ sint principia numerorum, qui sunt formæ & elementa entium, s. vnitatis, & dua-
litatis, & trinitatis, & quaternitatis: & necesse ẽ vt intellectus ex istis sit vnl-
tas, & scientia dualitas, & existimatio trinitas, & sensus quaternitas.

Quoniam autem & motiuum videbatur anima esse & cogno-
scitiuum sic quidam complexi sunt ex vtrisq;, enuntiantes animã
esse numerum mouentem se ipsum: differunt autem de principijs
quæ & quot sunt, maxime quidem corporea facientes, & incorpo F
rea. his autem, miscentes & ab vtrisq; principia referẽtes: differũt
aũt & circa multitudinẽ; hi quidẽ enim vnũ, illi vero plura dicũt.

SOPH. *Sed cum Anima & mouendi, & cognoscendi vi praditũ quiddam
videretur, ita nonnulli ex vtrisq; connexuerunt, asseruerunt q; animam
esse numerum mouentẽ se ipsum. Contẽdunt tamẽ de principijs, quæ sci
licet quotq; sint, pracipue quidem, qui corporea ea statuunt, cum ijs qui
incorporea: contra hos autem, qui permiscuerunt, & ex vtrisq; principia enuntiarunt. de multitudine etiam habent inter se controuersias:
alij enim vnum, alij plura dicunt.*

Et, quia existimatum est de anima ꝙ est mouens, & cognoscẽs,
voluerunt aliqui congregare hæc duo, & iudicauerunt ꝙ anima
est

A est numerus seipsum mouens. Et magna diuersitas est in principijs, quæ sunt, & quot: & maxime inter eos, qui faciunt ea corporalia, & inter eos, qui non corporalia. Et isti etiam differunt ab eis, qui admiscent, & ponunt, principia ex vtroque. Et differunt etiam in numero principiorum. quidam enim dicunt vnum principium esse, quidam plura.

28 Et, quia existimatum est, i. certificatum quod mouere, & cognoscere sunt principia animæ, intendebant aliqui ad congregandum vtrunque; in anima, dicendo animam esse numerum se mouentem, quia non mouetur ab alio. Et, cum notificauit sectas, quæ differunt in definiendo animam, & sunt tres: Quarum prima definit eam per motum, aut per consequentia motum: Secunda per cognitionem: Tertia vero per vtrunque; & omnes conueniunt quod est ex principijs: incœpit notificare modos diuersitatis eorum vlt, licet conueniant in hoc, quod est ex principijs, & d. Et magna diuersitas, &c. i. & differunt in substantia animæ: quia differunt in principijs, i. in natura eorum, B & in numero. & maxima diuersitas est in natura principiorum, inter ponentes principia corporalia, & ponentes ea non corporalia, cum istæ duæ naturæ maxime differant: differunt etiam isti ab eis, qui admiscent, & ponunt principia ex vtroque;, idest corporalibus & non corporalibus. D. d. Et differunt etiam in numero principiorum, idest differunt etiam in anima: quia differunt in numero principiorum.

Tres fuerunt sectæ definientium animam.

Non corporalis, & incorporea maxime differunt. vide 10. Met. c. vltimi.

Consequenter autem his, & animam assignant. motiuum enim secundum naturam primorum existimauerunt, non irrationabiliter. vnde quibusdam visum est ignem esse, etenim hic in partibus subtilissimus est, & maxime elementorum in corporeus. adhuc autem mouetur que & mouet alia primo.

SOPH. *His consequenter animam quoque describunt. quod enim natura motiuum est, id inter prima collocandum existimant: neque adeò iniuria. Quamobrem nonnulli eam esse ignem putarunt. is enim & subtilissi-* C *marum est partium, & præ cæteris elementis incorporeus: Ad hæc & mouetur, & mouet cætera primò.*

Et isti procedunt in definiendo animam processu consequenti ista. hoc enim quod reputant, quoniam natura principiorum est mouens, non est extra veritatem. Et ideo existimauerunt quidam ipsam esse ignem. ignis enim est primorum partium inter elementa: & quod magis videtur non esse corpus, & ipse mouet, & mouet alia corpora prima intentione.

29 Cùm notificauit sententias Antiquorum de anima, incipit laudare eas in eo, quod dicunt de veritate, & de verificatione consequentiæ, & d. Et isti procedunt, &c. i. & isti, qui opinantur animam esse ex principijs, quia mouetur per se, & definierunt eam hoc modo, processerunt in hoc via recta, & consequente principia. opinari quod natura principiorum est mouens per se rectum est. D. d. Et ideo existimauerunt quidam, &c. i. &, quia opinati sunt

Opinari quod natura principiorum est mouens per se rectum est. Idem 2. Ph. 3. 4. vide 2. de Gen. 51.

sunt eam esse ex principijs, existimauerunt quidam esse ignē: quia repu- D
tabant ignem esse elementum cæterorum elemētorum, & simpliciorum partium: & ꝙ magis videtur non esse corpus: quia opinant principia esse talia, s. simpliciora alijs, & remotiora natura corporea. & omnia ista cum eo, ꝙ visa est ab eis moueri, & mouere alia prima intentione, sicut anima.

Democritus autē dulcius dixit enuntians propter quid vtrūq; horum: animam quidem enim & intellectum idem. Istud autem primorum & indiuisibilium corporum esse: motiuum autem propter subtilitatem partium & figuram: Figurarum autem mobilissimam, quæ sphærica dicit. hoc autem intellectum esse & ignem.

405 b. *Democritus autem eò etiam politius loquutus est, quòd reddiderit causam, cur sit horum vtrunq;: Animam enim & intellectum idem esse: hoc autē ex primis esse, & indiuisibilibus corporibus: motiuum vero ob exiguitatem partium, & figuram: figurarum autem omnium* E
mobilissimam sphæricam dicit: talem autem esse intellectum, & ignē.

Democritus aūt dixit in hoc sermonem magis latentem, & iudicauit causam in vtroq;, & dixit ꝙ anima, & intellectus sunt idē, & ꝙ hoc est ex primis corporibus indiuisibilibus. Et attribuit ipsum motui propter paruitatem partium eius, & propter figuram. & dixit ꝙ inter figuras magis obediens motui est sphærica, & ꝙ intellectus, & ignis habent talem figuram.

30 Quia intentio eius in hoc capitulo est demonstrare ꝙ Antiqui bene dixerunt in hoc, ꝙ cōueniunt in hoc, ꝙ anima est ex principijs ꝑꝑ motum, & facere comparationem inter sermones eorū de hoc, & iam locutus fuit de sententia eius, qui dicebat animam esse ignem, incœpit modo loqui de opinantibus eam esse ex partibus indiuisibilibus, dicendo, Democritus autem d. de natura animæ ꝑꝑ motum sermonem magis latentē sermone dicentis ipsam esse ignem. & est magis latens, quia iudicauit aīam in vtraq; F
virtute: & d. ipsam esse eandē, & ꝙ natura vtriusq; est eadem, s. intellectus, & animæ mouentis, & sensibilis. d. enim ꝙ anima. & intellect⁹ sunt idem, & ꝙ natura illius est, quia est pars partium indiuisibilium sphæricarum.

D. d. Et attribuit ipsum motui, &c. i. & attribuit ipsum motui ꝓprio animæ. i. posuit ipsum causam motus animæ propter paruitatē suarum partium, cum sit indiuisibilis, & ꝑꝑ suam figuram. opinabatur enim ꝙ illa figura est leuioris motus omnium figurarum. & ideo opinabatur ꝙ ista figura existit in anima, & in igne. Et iste sermo latet propter duo. quorū vnum est hoc, ꝙ opinabatur, scilicet ꝙ anima, & intellectus sunt idem: & ꝙ est pars indiuisibilis. sed partem indiuisibilem esse est dubium, ignem autem esse est manifestum.

Ignē esse est manifestū sed vid. ꝙ posuit. 4. Cœ. 31. Vide cōt. Elem.

Anaxagoras autem videtur quidem alterum dicere animā & intellectum vt diximus prius: vtitur aūt vtrisq; sicut vna natura.

veruntamē

A veruntamen ponit intellectum principium maxime omnium: solum quia dicit ipsum eorum quæ sunt, simplicem esse & immistum & purum: assignat autem vtrunque eidem principio, & cognoscere & mouere, dicens intellectum mouisse omne.

SOPH.] *At Anaxagoras videtur quidem diuersum dicere animam & intellectum, vt prius quoque diximus. vtitur tamen vtroque quasi vna natura: nisi quòd principium planè omnium statuit intellectum. solum enim ex omnibus entibus simplicem, & non mixtum, & purum eum esse dicit. tribuit autem hæc vtraque eidem principio, cognoscere scilicet & mouere, dicens intellectum mouisse rerum vniuersitatem.*

Anaxagoras aũt videtur dicere animã esse aliud ab intellectu, sicut dixit superius. sed tñ vtitur eis etiã, quasi sint eiusdẽ naturæ. Sed ponit intellectum digniorem omnib⁹ rebus, vt sit principiũ.
B dicit enim q solus intellect⁹ inter omnia entia est simplex, & mundus, & purus. Et attribuit ei vtrunque, scilicet cognitionem, & motum, dicendo q intellectus mouet omne.

31 Cùm fecit comparationem inter opinionem dicentis ipsam esse ignẽ, & opinionem dicentis ipsam esse partem sphericam partium indiuisibilium, incœpit & facere comparationem inter opinionẽ Anaxa. & Demo. Et d. Anaxa. &c. i. Anaxa. aũt videtur, sm q apparet, dicere animam esse aliud ab intellectu. sed quãuis hoc apparet ex suo sermone, tñ ipse ponit eos esse eiusdem naturæ, i. eiusdem generis: & cum hoc ponit intellectum magis dignum, vt sit principium omnium rerum, & præponit ipsum omnibus. d. enim q solus intellectus est simplex, mundus, purus, i. abstractus a materia, non admixtus cùm ea: & attribuit vtrunque ei in omnibus partibus mundi, s. cognitionem, & motũ. opinatur enim q intellectus mouet omnia, & q non mouetur. Quoniam aũt iste sermo est magis vicinus veritati, & sententiæ Aristo. s. q intellectus est ex principijs, & q est causa co- 3. de An. t.co. 4. &
C gnitionis, & motus est manifestum. & ideo laudabit ipsum post multum, hic infra
& notificabit id, quod remansit ei dicere de intellectu. 34.com.

Videtur autẽ & Thales ex quibus reminiscimur, motiuum aliquid animam opinari, si quidem dixit lapidem animã habere qm̃ ferrum mouet: Diogenes autẽ sicut & alteri quidam aerem, hunc opinans omnium subtilissimum esse, & principiũ: & propter hoc cognoscere & mouere animam: sm q quidem principium, & ex hoc reliqua, cognoscere. secundum vero q subtilissimum est, motiuum esse. Heraclitus autem animam principium esse dicit, siquidem vaporem, ex quo alia constituit, & incorporalissimum autẽ, & fluens semper: quod vero mouetur motu cognosci: in motu aũt esse quæ sunt & ille arbitratus est & multi. Similiter autem his & Alcmeon opinari visus est de anima, dicit enim ipsam immortalẽ

propter

propter hoc φ assimilatur immortalibus, hoc autẽ inesse ipsi tan- D
quam motæ semper, moueri enim & diuina omnia continue sem
per, Lunã, Solem, Astra, & cœlum totum. Magis autem rudium
quidam & aquã enunciauerunt, vt Hippo. suaderi enim visi sunt
ex genitura, quoniam omnium humida est: & nanq; arguit sanguinem dicentes esse animam, q̃m genitura non est sanguis, hanc
autẽ esse primam animam. Alij autem sanguinem, quemadmodũ
Critias, ipsum sentire animæ magis proprium opinantes, hoc aũt
inesse propter naturam sanguinis. Omnia enim elementa præter
terram iudicem acceperunt, hanc enim nulli protulerũt, nisi si aliquis dixerit animam esse ex omnibus elementis, aut omnia.

IO PH. *Videtur etiam Thales ex ijs quæ memorantur, motiuum quidpiam
animam existimasse: si quidem lapidem illum dixit habere Animã,
quia ferrum mouet. Diogenes autem, vt etiam nonnulli alij, aerem, ra- E
tus eum esse omnium subtilißimum, & principium: et propterea cognoscere, & mouere animam: quatenus quidem primum est, atq; ex eo
cætera, cognoscere: quatenus verò subtilißimum, motiuum esse. Heraclitus etiam principium esse dicit animam, siquidem exhalationem, ex
qua cætera conficit: atq; etiam maxime incorporeum, & semper fluẽs:
Quod autem mouetur, eo quod mouetur, cognosci: in motu autem esse ea
quæ sunt, & ille & vulgo arbitrabantur. Similiter etiam ac ij Alc-
maeon putasse de Anima videtur. Nam asserit eam esse immortalem, quòd sit similis immortalibus: id verò ipsi inesse, vtpote ei quæ
semper moueatur: moueri autem Diuina quoq; omnia cõtinuè semper,
Lunam, Solem, Sydera, & vniuersum Cœlum. Non defuere etiam non
nulli molestiores qui aquam assererent, vt hippo: adducti verò viden- F
tur ex genitura, quòd omnium sit humida: namq; refellit eos qui animam dicunt sanguinem, quia genitura non est sanguis: hanc autem esse
primam animam. Alij autem sanguinẽ, vt critias, sentire animæ ma
ximè proprium esse existimantes: hoc verò esse propter naturam sanguinis. Enimuero omnia elementa præter terram, iudicem aliquem na
cta sunt: hanc verò nemo protulit, præterquam si quis eam dixit ex om
nibus constare elementis, vel esse omnia.*

Milesius aũt videtur, vt narratur de eo, dicere animam esse aliquid mouens, cũ dicebat φ lapis habet animã, quia mouet ferrũ.
Diogenes autẽ, & alij multi opinabantur animã esse aerem. quia
existimabant φ nihil est subtilius aere: & ꝓpter hoc anima cogno

scit

A scit, & mouet. secundum enim ꝙ est principium aliarum rerũ cognoscit: secundum aũt ꝙ est subtilior oĩbus rebus mouet. Et Heraclitus etiã dicit ꝙ anima est principiũ, cum dicit ipsum esse vaporem, ex quo constituit oẽs res. & ponit ipsum valde remotũ à corporibus, & semper liquidum. & opinabatur cũ multis aliĩs ꝙ oĩa entia sunt in motu. Et forte ẽt aliquis videtur opinari ẽt in anima talem opinionẽ. dicit enim ipsam esse immortalẽ, quia assimilatur immortalibus: & ꝙ hoc est ei, quia semp̃ mouet̃. & dixit oẽs enim Dĩ: Luna, s. Sol, & Stellę semp̃ mouent̃ motu continuo. Et aliĩ, qui digniores sunt derideri, iudicauerunt ipsam esse aquã, vt Hypo. et vr̃ declinare ad hanc opinionem p̃p̃ sperma cũ sit humidissimum rerum. qm̃ per hoc contradicitur dicenti animã esse sanguinẽ, dicendo ꝙ sperma nõ est sanguis. & sperma est prima anima. Et aliĩ dixerunt ipsum esse sanguinẽ, vt Critias, cũ existimauerit ꝙ nihil
B consequit̃ animã, sicut sentire, & ꝙ sentire est ex natura sanguinis. Vnũquodq; enim elntorũ, pręter terrã, habet iudicẽ: terra aũt nullum. & quod dictũ fuit de ea est ꝙ est ex oĩbus elntis, aut oĩa elnta.

32 Vult numerare omnes opiniones Antiquorum in anima, & dare cuilibet aliquam rationem. & sermo eius est manifestus. Milesius autẽ opinabatur animam esse principium mouens per se: quia dicebat ꝙ magnes habet animam. quia mouet ferrum. Diogenes aũt opinabatur animam esse aerem. aer enim est subtilius cæteris corporibus, & principium eorũ. inquantum igitur est principium, dabitur ei cognitio: &, inquantum subtilius cæteris corporibus, dabitur ei motus & hæc duo appropriantur alæ. Heraclitus vero opinabatur animam esse principium, & ꝙ illud principium est vapor liquidus motus. quia opinabatur ꝙ ex vapore est constitutio aliarum, & ꝙ est valde remotus à corpore: & hæc duo sunt in principio. D.d. & opinabatur cum multis aliĩs, &c. idest & opinabatur cum
C multis aliĩs, ꝙ omnia mouentur: & credebat propositionem communem omnibus, s. ꝙ simile cognoscitur per suum simile. &, quia apud ipsum omnia sunt mota, fuit necesse vt cognoscẽs sit motum. quapropter iudicauit animam esse vaporem. Et similiter qui ponit ipsam similem naturæ stellarum, & Solis, & Lunæ vr̃ opinari ipsam moueri per se. Sed dicens ipsam esse aquam debet derideri. nullus enim dixit aquam, esse elementum cęterorum, sed tñ dedit ei rationẽ aliquam, s. quia sperma, quod est principiũ generationis, est valde humidum: & existimatũ est ꝙ sperma est anima, cum ipsum formet embryonem. D.d. qm̃ per hoc contradicitur dicenti ꝙ anima est sanguis. i. & ponit ꝙ sperma est prima anima, quia ponit ꝙ sperma non est sanguis. forte igitur non iudicauit ꝙ anima est aqua, nisi quia videbat sperma esse animam, & aquam non sanguinem. D.d. Vnũquodq; enim elementorum præter terram, &c. idest & vnumquodq; elementorum iudicatum est ab antiquis esse animam ex eo, præter terram.

nullos

Nullus opinatur terram esse elementum aliquod oppositum. 1. Meta. t.c. 14. de Hesiodo, Vide contra Zim.

nullus enim opinatur terram esse elementum aliorum: sed quòd tantum est composita ex quibusdam elementis, aut est omnia elementa, idest ex omnibus elementis. D

Diffiniunt autem omnes animã tribus vt est dicere, motu, sensu, & incorporeo: horum autem vnumquodq; reducitur ad principia. vnde & in cognoscendo diffinientes ipsam, aut elementum, aut ex elementis faciunt, dicentes similiter inuicem, præter vnũ. Dicunt enim simile cognosci simili: quoniam enim anima omnia cognoscit, constituunt eam ex omnibus principijs.

SOPH. *Definiunt porrò omnes animam tribus propè dixerim. motu, sensu, incorporeo: quorum vnumquodq; redigitur ad principia. Quapropter qui cognitione eam definiunt, aut elementum, aut ex elementis faciũt, eadem ferè omnes, præter vnum, dicentes: aiunt enim simile cognosci simili: nam quia anima oĩa cognoscit, ex oĩbus principijs eã cõstituunt.* E

Et ipsi vſr definiunt animam tribus, motu, s. & sensu, & nõ corporeo. & vnumquodq; istorum reducitur ad principiũ. Et propter hoc posuerunt ipsam esse elementum, aut ex elementis illi, qui definierunt eam per cognitionem. & q quidem dicunt in hoc, est simile ei, quod dicunt quidam, præter vnum. dicunt enim q simile non cognoscitur, nisi per suũ simile. &, quia anima cognoscit omnia, posuerunt eam constitui ex omnibus principijs.

33 Cum demonstrauit q considerantes in anima per motum debent opinari ipsam esse ex principijs, incœpit demonstrare vſr q omnia dicta in definitione animæ reducta sunt ad principiũ. & d. Et ipsi vniuersaliter definiunt, &c. i. & Antiqui vſr procedunt in definiendo animã, & cognoscendo suam substantiam tribus vijs, motu, s. & sensu, i. cognitione: cùm hæc duo videantur propria animæ. tertium aũt, quia est non corpus. plures. n. eorum opinabantur hoc existere in anima, non minus q̃ prædicta duo. & vnaquæq; istarum viarum inducit eos ad opinandum animã esse ex principijs. & hoc intendebat, cùm d. & vnũquodq; istorũ reducitur ad principium. D. incœpit demonstrare viam, per quã processit qui iudicauit animam esse ex principijs p cognitionem, & d. Et propter hoc posuerunt ipsam esse elementum, &c. i. &, quia oẽs opinabantur eam esse ex principijs, dixerunt illi, qui definierunt eam per cognitionem, q est elemẽtum, aut ex elementis. &, via, qua processerunt isti in hoc, est eadem, & similis, præter vnum illorum, s. Anaxa. D. demonstrauit hanc viã, & dixit. dicunt. n. q simile non cognoscitur nisi per suum simile. i. & hoc fuit necesse apud eos, quia opinabantur tres propositiones. Quarũ vna est, q omnis res cognoscitur per suum simile. Secunda est, q omnia non cognoscunt nisi per sua principia. Tertia est, q anima cognoscit omnia. ex quibus sequitur q anima est principia omnia, aut ex principijs omnium. F

Quicunq;

A Quicunque quidem igitur unũ aliquod dicunt causam aut elementum unum, & animam unum ponunt, ut ignẽ aut aerẽ: plura vero dicentes principia, & animã plura dicunt. Anaxagoras autẽ solũ impassibilem dicit intellectũ, & cõe nihil nulli aliorũ habere. huiusmodi aũt cùm sit, quõ cognoscit & propter quam causam: neque ille dixit: neque ex his quæ dicta sunt conspicuum est.

IOPH. *At qui quidem, qui unam dicunt esse causam, & elementũ unum, Animam etiam unum ponunt, ut ignem, aut aerem. Qui verò plura dicunt principia, animam etiam plura dicunt. Solus autem Anaxagoras impatibilem dicit esse intellectum, & nihil cum cæteris habere cõmune. Qui cum sit eiusmodi, quomodo cognoscat, & quam ob causam, nec ille dixit, nec ex ijs quæ dicta sunt, apparet.*

Qui igitur dixit ꝙ principiũ, & elementum est unũ, ponit animam ẽt unũ: aut ignẽ, aut aerẽ. & qui ponit principia plura uno, ponit animã plura uno. Anaxa. aũt solus dixit ꝙ intellectus nõ recipit passionẽ: & ꝙ nihil est in eo, quod habeat communicationẽ cum alia re. Sed non dixit quõ, & propter quid per hanc dispositionem cognoscit. & hoc est, quod apparet ex suo sermone.

14 Cùm notificauit ꝙ opiniones eorum in substantia animæ sequuntur illud, quod opinabantur in substantia principiorum, incœpit demonstrare etiam ꝙ opiniones eorum in numero animarum, sequitur etiã illud, quod opinatur in numero principiorũ, & d. Qui igitur dixit unum principium esse, ponit a͞iam unius rei, i. unius naturæ ex illo principio, aut ignẽ, aut aerẽ. & qui dixerunt principia esse plura uno, opinantur animã esse plura uno. D. incœpit declarare opinionẽ Anaxa. & ꝙ alia via pcessit, & d. Anaxagoras aũt solus dixit ꝙ intellectus non recipit passionem. idest non est materialis. & ꝙ in nullo habet communicationem cum alio, i. ꝙ nulla C res omnium, quas intelligit, est in eo, ita ꝙ sit cõis eis in alia forma, i. ꝙ nõ est hoc, neque in hoc, i. neque est corpus, neque virtus in corpore. & hoc nullus dixit, nisi Anaxagoras. & super hoc laudabit Anaxagoram post. D. d. Sed non d. quomodo. idest sed non d. quomodo contingit ei ut intelligat omnia: utrum secundum ꝙ est in actu, aut sm quod est in potentia. neque dixit etiam qua de causa intelligit res, quæ non sunt intellectus in actu. & hoc ẽ quod post complebit, cùm locutus erit de intellectu.

Quicunque autem contrarietates faciunt in principijs, & animã ex contrarijs constituunt: Quicunque autem alterum cõtrariorum, ut calidum, aut frigidum, aut aliud huiusmodi aliud. & animam similiter, unum aliquid horũ ponunt: unde & nominibus consequuntur, qui quidem calidum dicentes, quia propter hoc & viuere nominatum est: qui autem frigidum, propter respirationẽ &

refrigerationem, vocari animā. Tradita quidem igitur de anima, A
& propter quas causas dicunt sic, hæc sunt.

SOPH. *At uero qui contrarietates in principijs statuunt, Animam quoque conficiunt ex contrarijs: qui vero alterum contrariorum, vt calidum, aut frigidum, aut eius generis aliud, ij itidem animam vnum eorum esse ponunt. ideóque nomina sequuntur, qui quidem calidum dicunt, propterea ζῆν idest viuere vocari: qui vero frigidum ob respirationem, & refrigerationem, vocari. ψυχὴν idest animam. Quæ igitur de Anima tradita sunt, atque quas ob causas ita asserant, hæc sunt.*

Et illi, qui in principijs ponebant contrarietatem, constituunt etiam animam ex contrarijs. Qui igitur posuerunt principium alterum contrariorum, vt calidum, & frigidum, & aliud simile, opinati sunt in anima etiam illam esse vnam hoc modo, Et videmus I
eos etiam consequi nomina. quidam igitur eorum dicunt animā esse calidum: quoniam hoc nomē vita in lingua Græca cecidit ex hac intentione. & quidam dicunt q̀ est algidum, idest frigidum propter anhelitum: & infrigidatio, quæ prouenit ex anhelitu, dicitur in Græco isagogi, i. anhelitus. Hoc igitur accepimus ab Antiquis de anima: & ista induxerunt eos ad dicendum hoc.

95 Narrauit in hoc capitulo consequentia eius, quod opinantur in substantia animæ ad illud, quod opinantur in principijs, adeo quòd qui opinatur principia esse contraria, dicit animam esse ex contrarijs. Dicens igitur quòd principia sunt calidum, aut frigidum, aut aliud contrarium, dixit quòd anima similiter est vnum illorum cōtrariorum. Et in alia translatione inuenitur additum, & qui opinabantur quòd principia sunt alterum par contrariorum, dicunt quòd anima est in illo pari contrarium. & est illud, quod dixit, & qui posuerunt contrarietatem in principijs, &c. Deinde dicit: Et videmus eos etiam consequi nomina, &c. idest & inuenimus eos ratiocinari super hoc, scilicet quòd alterum contrariorum est principium, & quòd anima est ex eo ex deriuatione huius nominis vitæ, & animæ. Dicēs igitur ipsam esse calidum, ratiocinatur per hoc quòd hoc nomen vita in lingua Græcorum deriuatur à calido. & similiter hoc nomen motum. Et, cùm dixit ipsam esse frigidum, ratiocinatur per hoc nomen anhelitus, quod deriuatur à frigido. Deinde dicit, hæc igitur accepimus, &c. idest in substantia animæ. & istæ sunt rationes, quæ induxerunt eos ad hoc dicendum, scilicet rationes acceptæ ex distinctione, & motu, & quòd anima non est corpus.

Summa.

A

SVMMA TERTIA.

Confutantur Antiquorum opiniones de Animæ essentia: Adducunturq́ nonnullæ circa ipsius veritatem difficultates.

Diluuntur opiniones Animam moueri asserentium. Cap. I.

CONsiderandum autem primum quidem de motu: fortassis enim non solum falsum est substantiã ipsius huiusmodi esse, qualem aiunt dicentes animam esse quod est se ipsum mouens, aut possibile mouere, sed vnũ quoddam est impossibilium, inesse ipsi motum. ꝙ quidem igitur nõ necesse sit mouens, & ipsum moueri, dictum est prius.

PH. *Primum igitur de motu considerandum est: fortassis enim non solum falsum est talem eius esse substantiam, qualem asserunt qui dicũt animam esse id quod seipsum mouet, vel potest mouere: immo vnum*

B *de impossibilibus est, inesse ei motum. Ergo non necesse esse id quod mouet, ipsum quoq; moueri, prius dictum est.*

Et debemus perscrutari prius de motu. videtur enim ꝙ nõ hoc solum est falsum, s. ꝙ substãtia eius sit talis dispositionis, sicut narrant isti, qui dicunt animã esse aliquid mouens se, aut aliquid motiuum sui, sed esse animã motum est impossibile. Et dico etiã ꝙ nõ est necesse vt mouens sit motum: & hoc etiã prædictum est.

36 Cum compleuit sermones Antiquorum de anima, & rationes eorum, & ꝙ collocatur in eis de vero, incœpit in hac parte cõtradicere falso dicto ab eis, quæ est tertia pars huius tractatus. Prima enim est in prologo. Secunda in inueniendo opiniones eorum. Tertia in contradicendo eis. Et incœpit in hac parte contradicere eis, qui definiunt eam per motum, & d. Et debemus perscrutari, &c. idest, & perscrutandum est de consyderantib⁹

C in substantia eius per motum. Visum est enim ꝙ nõ tantum est falsus sermo eorum, qui definiunt eam, ꝙ est aliquid mouẽs, aut motiuum sui: sed etiam ꝙ sit anima mota per se, scilicet vt constituatur per motum, vt plura entia, vt venti, & fluuij, est falsus. Et hoc intendebat, cùm d. sed esse animam motum est impossibile, idest sed sermo dicentis ꝙ essentia animę cõstituitur per motum est impossibilis. Deinde dicit. Et dico etiam ꝙ non est necesse, &c. idest quoniam autem non est necessarium vt aliquid moueat se, declaratum est prius, scilicet in naturalibus. quòd autem est mota per se, modo incœpit declarare.

Nota diuisionem huius primi lib.

Venti, & fluuij constituuntur per motum. 1. Phys. co. sequẽ. & Ph. t. c. 40. & 4[illegible] 38.

Dupliciter enim cum mouetur omne. aut enim secundum alterum, aut s̃m se ipsum: Secundum aũt alterum dicimus, quæcunq; mouentur ex esse in eo quod mouetur, vt nautæ: non enim sic mouentur naui: hæc quidem enim s̃m seipsam mouetur, illi autẽ ex esse in eo quod mouetur: Manifestum autem in partibus est: proprius quidem enim motus pedum, ambulatio. hoc autē & hominum est: non inest autem nautis tunc. D

SOPH.

Sed cum bifariam omne moueatur, vel enim per aliud, vel per se: per aliud aūt ea moueri dicimus, quaecunq; mouentur, quia in eo quod mouetur sunt, vt nauigantes: non enim similiter mouentur, atq; nauigium: id enim per se mouetur, illi verò quòd in eo sunt quod mouetur. quod in partibus perspicuum est: proprius namq; motus pedum, est incessus: atq; hic idem hominum est: sed tunc non adest nauigantibus.

Et omne motum mouetur duob⁹ modis, aut per aliud, aut per se, Et dicere per aliud est illud, quod mouet, quia est in aliquo moto, vt equitans in naue. motus enim eius nō est sicut motus nauis, q̄m nauis mouetur per se, & equitans mouetur, quia est in moto. Et hoc est manifestum ex membris. motus enim proprius pedib⁹ E est ambulatio, & conuenit etiam homini: sed nō primo inuenitur in illa dispositione in equitantibus in naui.

97 Cùm declarauit ꝙ falsitas non tantum inuenitur in hoc, ꝙ mouet se anima, vt declaratum est in sermonibus vniuersalibus, sed etiam in hoc, quod dicunt ꝙ substantia animæ constituitur per motū, vt vēti, & fluuij, incœpit declarare hoc etiam esse impossibile. Et incœpit primo diuidere modos, secundum quos dicitur ꝙ aliquid est motū: & declarauit primo ꝙ motus attribuitur alicui duobus modis: aut essentialiter, quando aliquid fuerit motum per se: aut accidentaliter, quando fuerit motum per motum alterius, cùm fuerit in re mota. Et dicit: Et omne motum mouetur duobus modis, aut per aliud, aut per se. D.d. exemplum de equitantibus in naui. Deinde dicit: & hoc manifestum est ex membris, idest motus nauis non attribuitur equitantibus essentialiter. * & hoc manifestum est ex motu membrorū, propter quæ attribuitur motus essentialiter homini, & animali, scilicet pedum. motus enim non attribuitur homini es- F sentialiter, nisi propter hæc membra: & iste motus non inuenitur in equitantibus in naui: motus igitur essentialis non inuenitur in eis. † Et debes scire ꝙ illud, quod dicitur motum, quia est in moto, est duobus modis. Modo, qui est possibilis vt moueatur per se: vt equitantes in naui, qui mouentur per motū nauis. Et modo, qui est impossibilis: vt albedo, quæ mouetur per motum corporis albi.

1. de Gene. t.c. 45.

* Mot⁹ essentialr attribuit hoī ꝑ pedes. Sed vide oppositū 6. Ph. 59. & 7. 4 vbi dr ꝙ per cor.

† Vide cōsimile. 4. Ph. t.c. 12. & 5. Phy. cō. 1. & 6. phy. 86. & 8. phy. 27. Vide cōm. 2um.

Dupliciter aūt vtiq; dicto moueri, nunc intendimus de anima si per se ipsam mouetur & participat motu. Quatuor autem mot⁹ cùm sint, loci mutationis, alterationis, augmenti, & decrementi, aut s̄m vnum horum mouebitur, aut secundū plures, aut omnes. Si vero mouetur non s̄m accidens, natura inerit motus ipsi: si autem hoc, & locus: omnes enim dicti motus in loco sunt.

Cum

A *Cum inquam moueri bifariam dicatur, nunc consideramus de Anima, an per seipsam moueatur, motúsq; particeps sit. Cum autem quatuor motus sint, latio, alteratio, auctio, & diminutio, aut vno eorū mouebitur, aut pluribus, aut omnibus: Quòd si mouetur non per accidens, natura ei inerit motus: Si hoc, etiam locus: omnes enim dicti motus, in loco sunt.* 10 PH.

Et, quia motū dicitur duobus modis, debemus modo perscrutari de anima vtrū moueatur per se, aut per aliud. Et, quia motus sunt quatuor, loci, & alterationis, & augmēti, & diminutionis, necesse est aut ut moueat aliquo istorum motuum, aut vt moueatur plusq; vno, aut vt moueatur omnibus modibus. Si igitur mouetur non accidentaliter, & motus est ei naturaliter. &, si ita sit, habet locum etiam. oēs enim motus, quod diximus, sunt in loco.

3 B Cùm diuisit motum in duo essentialiter, & accidentaliter, incepit perscrutari vtrum sit possibile vt anima moueatur per se, & dicit. Et quia motum dicitur, &c. idest &, cum declaratum est quòd motus dicitur duobus modis, perscrutandum est vtrum anima moueatur per se, aut nō moueat nisi accidentaliter. Deinde proposuit huic tres propositiones, quarum Vna est q̃ motus sunt tres in genere. sed ipse dixit quatuor large, quasi numerando additionem, & diminutionem pro duobus. Secunda autem est q̃, si anima mouetur, aut vno istorum motuum, aut pluribus, aut omnib⁹ mouetur. Tertia vero est q̃, si mouetur vno illorū motuum, necesse est vt sit corpus. Quòd autem, si anima mouetur, tunc vno istorum motuū mouetur, sic componitur. Si anima mouetur essentialiter, necessario mouetur vno essentialium motuum, aut plurib⁹, aut omnibus: & omnis motus aut est loci, aut alterationis, aut augmēti: ergo anima, si mouetur, mouetur, aut localiter, aut cremento, aut alteratione. &, cùm coniunxerimus huic quòd omne motum aliquo istorum motuum est corpus, vt declaratum est in Sexto Physic. concluderetur quòd, si anima mouetur, est corpus, & in loco: cùm omne corpus sit in loco. Hoc igitur possumus intelligere de hoc, quod dicit, si igitur mouetur non accidentaliter, & motus est ei naturaliter. Si igitur ita sit, habet locum. omnes enim motus prædicti sunt in loco. si igitur mouetur naturaliter: & omnis motus naturaliter est vnus illorum trium: & quilibet illorum est in corpore: & omne corpus est in loco: necesse est vt anima sit in loco. &, cū fuerit in loco, erit mota motu locali necessario. omne enim, quod mouetur altero illorum duorum motuum, mouetur localiter: sed non conuertitur. Sed in verbis est ambiguitas. quoniam d. omnes enim motus prædicti sunt in loco: & non. d. omnia enim mota illis motibus prædictis sunt in loco: sed omnes motus prædicti. sed hoc etiam secundum suum modum non vere dicitur de illis motibus tribus, scilicet vt sint in loco, si hoc, quod dixit prædicti, respōdet illis tribus. motus enim alterationis non est in loco. Et ideo possumus

C 6. phy. te. cō. 32.

Oīs mot⁹ ē in loco.

Obiectio. Nunquid alteratio sit i loco.

Pria solo.

intelligere ex hoc, quod d. si igitur mouetur non accidentaliter, & motus est ei naturaliter, idest per se, nō propter aliud extrinsecum, necesse est vt moueatur motu locali. & sic intendit per motus prædictos omnes modos motus localis. iste enim motus existit in re naturaliter, & est necessario in loco. & secundum hoc erit sermo eius & mot⁹ est ei naturaliter, quasi alia conditio addita ei, quod est ei essentialiter. alteratio enim potest dici aliquo modo quòd est in alterato essentialiter. Et potest dici ꝙ est in eo accidentaliter aliquo modo. albedo enim non mouetur in nigredinem, nisi quia est in aliquo diuisibili, scilicet in corpore, non quia est diuisibilis in se. & sic erit hic alius modus modorū accidentaliter à modo descripto: vt verificat hanc expositionem hoc, quod post dicet.

Si autem est substantia animæ, mouere seipsam, non secundum accidens moueri ipsi inerit, sicut albo & tricubito: mouētur enim & hæc, sed secūdum accidens: cui enim hęc insunt, mouetur illud corpus. vnde non est locus ipsorum: animæ autem erit, siquidem natura motu participat.

SOPH. *Quòd si Animæ substantia est mouere se ipsam, profectò moueri nō per accidens ei inerit, quēadmodum albo, vel tricubito: mouētur enim hæc quoq;, sed ex accidenti: nā id cui insunt, mouetur, videlicet corpus: ideoq; nō est locus ipsorū: at Animæ erit, si natura motus ē particeps.*

Et, si substantia animæ est vt moueat se, tunc mouere nō erit accidentaliter, vt motus albi, & tricubiti. ista enim mouentur, sed accidentaliter. quod autem mouetur est corpus, in quo hæc duo existunt. Et ideo non habent locum. anima autem habet locum: cum habeat naturaliter communicationem cum motu.

39 Cùm declarauit ꝙ, si mouetur essentialiter, oportet vt moueatur vno trium motuum, incepit declarare ꝙ non potest moueri motu alterationis, neq; augmenti. impossibile est enim vt inueniatur in eis aliquod mouens: quoniam hoc non inuenitur nisi in motu locali tantum: quamuis illud, quod mouetur in qualitate mouetur aliquo modorum rerum, quæ dicuntur moueri accidentaliter. Et dicit: Et, si substantia animæ, &c. i. & si substantia animæ est aliquod mouens se, vt Antiqui describunt, tūc impossibile est vt moueatur in qualitate, vt album in nigrum: neq; in quantitate, vt tricubitum in tetracubitum. quoniam, si aliquod istorum dicatur moueri, non dicetur nisi accidentaliter: quoniam illud, quod mouetur in istis, non est nisi corpus. Et hoc est quasi causa, propter quam non inuenitur in his duobus motibus mouens ex se. sed quoniam motus non attribuitur albedini, & nigredini, nisi propter corpus, in quo existunt hę duæ qualitates, manifestum est. Sed difficile est imaginari quomodo attribuitur additio, & diminutio in quantitate rei augmentabili, & diminuibili accidentaliter. augmentatum enim essentialiter mouetur in loco.

Sed

A Sed sm q est motus in partibus, nō in toto. mot⁹ igitur attribuitur toti accidentaliter. motus igitur attribuitur alterabili, & augmentabili modo accidentali: sed alterabili propter corpus deferens, augmētabili autem & diminuibili propter partes corporales augmentabiles, & diminuibiles. Et secundum has duas intentiones intelligendus est suus sermo, in quo dicit, quod autem mouetur est corpus, in quibus sunt hæc duo, idest est corpus, in quibus sunt hęc duo. in qualitate vero est corpus subiectum: in augmēto autem sunt partes corporis, in quibus inuenitur iste motus. & sic possunt dissolui omnes dubitationes contingentes huic sermoni.

Solutio. Vide. 1. de Gen. 17. & 8. phy 13.

Amplius autem & si natura mouetur & violentia mouetur, & si violentia, & natura: eodem autem modo se habet & de quiete: in quod enim mouetur natura, & in hoc quiescit natura: in quod autem violentia, quiescit in hoc violentia. quales autē violenti motus animæ erunt & quietes, neq; fingere volentibus facile est reddere. B Amplius autem siquidem sursum mouebitur ignis erit, si vero deorsum, terra: Horum enim corporum motus hi: eadem autē ratio & de medijs.

Item si natura mouetur, & vi etiam moueri possit: & si vi, etiam natura. Eodem etiam modo res habet de quiete: ad quod enim natura mouetur, in eo quoq; natura quiescit: similiter etiam ad quod vi mouetur, in eo quoq; vi quiescit. Qui autem violenti motus animæ erunt, et quietes, ne si fingere quidem velis, facile describas. Item si sursum mouebitur, erit ignis: si deorsum, terra: hi enim motus, horū corporū sunt. Eadem ratio est de intermedijs.

Et, si mouetur naturaliter, mouetur etiam violente: &, si violente, naturaliter. Et similiter de quiete. ad quod enim mouetur naturaliter, in eo quiescit naturaliter: & similiter in illo, ad quod mouetur violente, in eo quiescit violēte. C Qui igitur sunt motus, & quietes isti, qui violente accidunt animæ: Et si mouetur superius naturaliter, est ignis: &, si inferius, est terra. isti enim duo motus non sunt nisi horum duorum corporum. Et sermo de corporibus medijs est iste idem sermo.

40 Idest Et, si mouetur naturaliter, i. per se in loco, necesse est vt moueatur violente in loco. & hoc necesse est in eo, quod mouetur in loco motu recto. D. posuit conuersum, & d. &, si mouetur violente, mouetur etiam naturaliter. & hoc etiam necesse est, C q illud, quod mouetur violente, debet moueri naturaliter: motus* enim violentus non intelligitur nisi respectu naturalis. D. d. Et similiter de quiete. idest & sm hunc modum debet eē in quiete. f. q omne motum naturaliter habet quietem naturaliter a & oē habens quietem naturaliter habet quietē violente: & oē habens quietem violente, habet quietē naturaliter. Si igitur anima moue(tur) naturaliter, hēt

[illegible] motus, qui mouetur [illegible] naturaliter, mouetur violente. Idē 2. Cœ. 84.

*Mot⁹ violent⁹ [illegible] nisi [illegible] naturalis. vide 3. Cœ. 14. & q ibi. & 3. Cœ. 84.

quietem naturaliter:&,si habet quietem naturaliter, habet quietem vio- D
lente. Et,cum narrauit q illud,quod mouetur naturaliter, potest habere violentam quietem,narrauit in quo loco habet quietem violente,& d.& similiter in illo ad quod mouetur naturaliter, in eo quiescit violente.i. in loco enim,in quo mouetur naturaliter,quiescit violente. verbi gratia ignis, qui mouetur naturaliter in locu inferiori,in eo quiescit violente:terra autem econuerso. & hoc determinatum est in Quinto Phys. Et, cum pro-
5. physi. 14.60
bauit q,si anima mouetur naturaliter,& per se. necesse est vt moueat violente,aut quiescat violente, his propositionibus verificatis, d. Qui igitur motus sunt:idest nullus enim potest dicere in hoc aliquid. hoc enim nullo modo imaginatur in anima, nedum sit necesse. Et potentia istius sermonis est potentia duorum syllogismorum hypotheticorum. Quorum primum est quod,si anima mouetur naturaliter,mouetur violente, sed nõ mouetur violente:ergo non mouetur naturaliter. Secundus autem,est q, si anima mouetur naturaliter,quiescit naturaliter, & si quiescit naturaliter,quiescit violente:sed non quiescit violente: ergo non quiescit natura- E
liter:& si non quiescit naturaliter, non mouetur naturaliter. & iste componitur ex duobus syllogismis hypotheticis continuatiuis, in quorum vtroq; destruitur consequens, & concluditur oppositum praecedentis.

D.d.alium syllogismum,qui sequitur ex istis propositionibus, per quẽ declarat q anima non mouetur naturaliter, & d. Et, si mouetur superius naturaliter:est ignis:& si inferius,est terra. idest si mouetur naturaliter in loco mouetur aut superius,aut inferius: quoniam omnis motus in loco est alterum istorum modorum.& hoc verum est in motu recto. Si igitur mouetur superius,est ignis: si inferius,est terra: si medio modo est alterum duorum corporum mediorum,aut aqua,aut aer. Et hoc intendebat cũ dicit, Et sermo de corporibus,&c.idest quasi diminuit impossibile consequẽs: quia manifestum est. & est quod, si est ignis, aut aliquod elementorum est in corpore violente.&, si est aliquod elementorum,non debet moueri in corpore nisi vno motu naturaliter,aut superius, aut inferius, non motibus
oppositis,sed nos videmus eã moueri motibus oppositis in loco: ergo nõ F
est vnum elementorum quatuor.

Quoniam autẽ videtur mouere corpus, rationabile est his mouere motibus,quibus & ipsa mouetur:si autem hoc, & conuertentibus dicere verum, q secundum q corpus mouetur, hoc & ipsa: Corpus autem mouetur secundum loci mutationẽ, quare & anima mutabitur secundum corpus,aut tota, aut secundũ partes trãslata:Si autem hoc,contingit & exeuntẽ iterum ingredi:ad hoc autem sequitur,resurgere mortua animalium.

O P H. *Item quia videtur mouere corpus,consentaneum est, vt ijs illud moueat motibus,quibus & ipsa mouetur. Quod si ita est,etiam facta conuersione dicere verum est, quo corpus mouetur,eo & ipsam moueri, at*

A *verò corpus latione mouetur, quare & anima mouebitur quemadmodum corpus, aut tota, aut partibus demigrando. Sin autem id fieri potest, fieri etiam poterit ut egressa rursus introeat: Cui consequens fuerit ut mortua animalia resurgant.*

Et etiã, si videmus eã mouere corpus, necesse est vt moueat ipsum illis motibus, quibus illa mouetur. Et, si ita sit, cum iste sermo cõuertetur, erit verus, s. q̃ motus, quo corpus mouetur, mouetur etiam ipsa illo motu, & corpus mouetur motu locali: vnde necesse est vt anima transmutetur sm transmutationẽ corporis, & transferatur ĩ loco, aut sm totũ, aut sm partes. Et, si hoc fuerit, possibile est vt cũ exiuerit ab aliquo loco reuertat̃, & existat in eo vñ possibile est vt illud, q̃ morit̃ ex animalibus, reuertatur, & viuat.

41 Dicit Et etiam, si videmus eam, &c. i. & est etiam altera raciocinatio.
quoniam, si ponimus quòd ipsa mouet corpus secundum quòd mouetur
B necesse est vt moueat ipsum modo motus, quo mouetur, Eq; si transferatur, necesse est vt transferat ipsum &, si alteretur, necesse est vt alteret ipsum. Et, cùm posuit hoc, d. & econtrario etiam, s. modus motus, quo corpus mouetur ab anima, necesse est vt moueatur illo eodem motu. Hoc posito, si posuerimus q̃ corpus mouetur ab anima motu locali, tunc necesse erit vt anima moueatur in corpore, aut secundum totum, aut secundum partes. erit igitur in corpore quasi corpus in loco. &, quia innata est mouere corpus in locis diuersis, possibile est etiam vt ipsa moueatur in locis diuersis. Et cùm ita sit, possibile est, sicut dixit, cùm exierit à corpore, vt reuertatur, & intret ipsum. vnde consequitur, sicut dixit, vt animal mortuum reuertatur, & viuat. Sed ista contradictio est secundum sermonẽ dicentis, non secundum rem in se. Nos enim non ponimus quòd omne mouens mouetur illo modo motus, neq; in motu locali: nisi mouens sit corpus: vt declaratum est in Physicis. Et, cùm quidam existimauerunt quòd hæc contradictio est secundum rem in se, dederunt dubitationes super
C Aristo. in hac propositione, dicenti q̃ omne corpus non mouet nisi moueatur, & dicunt, nos videmus hic multa, quæ mouent, & non mouentur illo modo motus, vt lapis retiens: quoniam, cùm calefit, mouet paleam motu locali, tamen ipse non mouetur. Sed iste non est locus istius quæstionis. & eius dissolutio iam dicta est in. viij. physico. vbi indigebat ponere hanc propositionem. Si quæstio esset propria huic loco, contradictio esset secundum rem in se: quia multa videmus alterare, tamen non alterãtur. Sumus igitur inter duo. Aut debemus ponere q̃ contradictio est secũdum rem in se, & tunc non erit verum, nisi in motu locali, q̃ non sonant verba Aristo. Aut ponere q̃ contradictio est secundum sermonem dicentis, non secundum rem in se. Et ista quidem contradictio non verificatur, nisi concedendo primam propositionem, à qua incepit loqui, scilicet q̃, si anima mouet corpus, secundum quod mouetur, necesse est vt moueat ipsum

Dubium.

Solutio 8. Phy. 35. & 32.

ipsum modo motus, quo mouetur, & hoc concedunt Antiqui: aut sequitur illud, quod concedunt, hoc quidem concesso, consequitur conuersum eius necessario, & est quòd omnis motus, quo corpus mouetur, necesse est vt anima moueatur illo motu, & hoc manifestum est. secundum hoc igitur intelligenda est ista contradictio in hoc loco. D

Secundum accidens, autem motu si ab altero moueatur: depelletur enim vtiq; violentia animal, non oportet autem cui à se ipso moueri inest in substantia, hoc ab alio moueri: nisi secundum accidens: sicut neq; quod secundum se bonum aut propter se ipsum, hoc quidem propter aliud esse, hoc autem alterius causa.

SOPH. *Motu porrò, qui per accidens sit, etiam ab alio moueri possit, fieri enim potest, vt vi animal impellatur: non oportet autem cuius in substantia inest, vt à se ipso moueatur, id ab alio moueri, nisi fortè per accidens: quemadmodum neque quod per se bonum, aut propter se, id per aliud esse, aut alterius causa.* E

Motu autem accidentaliter non mouetur, nisi per aliud, s. cum animal expellitur violente. Sed non est necesse vt illud, in cuius substantia est moueri per se, moueatur per aliud, nisi accidentaliter, quemadmodum non est rectum, vt illud, quod est bonum per se, sit bonum per aliud: neq; illud, quod est delectabile per se, sit delectabile per aliud.

42 Cùm destruxit ꝙ anima mouetur per se, incepit declarare ꝙ non est impossibile vt moueatur accidentaliter: immo fortè est necessarium. Et dicit. Motu autem accidentaliter, &c. idest motu autem accidentali pōt moueri: cum talis motus non est nisi per motum rei, in qua est, & hoc accidit ei, cùm corpus, in quo est, mouetur violente ab aliquo extrinseco. Et, cùm dedit pro possibili istum modum motus, declarauit ꝙ non debet necesse esse, vt illud, quod mouetur per suam substantiam, moueatur per aliud. Quemadmodū enim illud, ꝙ est bonū per se, non est bonum per aliud, sic illud, ꝙ est motum per se, non est motum per aliud. F

Animam autem maxime dicet aliquis vtiq; à sensibilibus moueri si quidem mouetur. At vero & si mouet ipsa se ipsam, & ipsa mouebitur vtiq;. Quare quoniam omnis motus exdistantia est eius quod mouetur secundum ꝙ mouet: & anima vtiq; distabit à substantia ipsius secundum se ipsam, nisi secundum accidens se moueat, sed est motus ipsius substantiæ per se.

SOPH. *Animam autem maxime dixerit quispiam à sensibilibus moueri, si mouetur. Iam uero si mouet ipsa se ipsam, ipsa quoq; moueatur. Quare, si omnis motus recessus est eius quod mouetur, quatenus mouetur, anima etiam recedere possit ex substantia, si non ex accidenti se ipsa moueat,*

A *iudicat, sed motus sit substantia ipsius per se.*

Et melior sermo omnium sermonum dictorum in hoc, quod anima mouetur, est quod mouet sensibilia. Sed, si mouet se, mouetur etiam. Vnde necesse est, quia motus est processus moti in modo sui motus, vt anima etiam procedat à sua substantia, si non mouet se accidentaliter. sed motus est suæ substantiæ per se.

41 Cùm declarauit quod contingit dicentibus quod anima non mouet, nisi secundum quod mouetur, vt moueatur modis motuum, quibus mouet: anima autem videtur mouere pluribus modis, vt motu locali, & motibus sensibilium: & iam dedit eis impossibilitatem, si mouetur motu locali, qui est modus quo mouet: declarauit hic quòd sermo magis sufficiens quòd anima mouetur illo modo, quo mouet, est vt moueat motu, quem facit in sensibilibus, & dicit. Et melior sermo, &c. idest & magis sufficiens sermo est dicere quod anima mouetur in genere motus, quem habet in B sensibilibus. & inf. debat hoc, cùm dicit, quòd mouet sensibilia, idest quod mouetur modo motus, secundum quem mouet sensibilia. Sensus* enim licet moueantur à sensibilibus, tamen existimantur mouere, & moueri ab eis insimul. Deinde incœpit dicere aliud impossibile contingens omnibus: & est quod si actio substantialis animæ, qua sustentatur, quasi forma sit † motus: motus autem est transmutatio rei in sua substantia: necesse est vt anima transmutetur in sua substantia: & non fit in sua vltima perfectione, idest in actu. Esse* enim motus est esse transmutabile, & est compositum ex esse in potentia, & ex esse in actu. & ideo existimauerunt plures Antiquorum ipsum non esse. & dicit. Sed, si mouet se, mouetur etiam, &c. idest, sed si anima mouet se, vt ponunt Antiqui, ipsa etiam mouetur in se, & in sua substantia. Et, quia omnis motus est trāsmutatio moti in modo suæ substantiæ, secundum quod est motum, necesse est vt anima etiam transmutetur à sui substantia Deinde dicit si non mouet se accidentaliter, idest mihi videtur, si motus non est aliquod posterius ab anima quasi accidens illi, scilicet vt anima accipiatur in definitione motus, & non motus in definitione animæ, vt faciunt Antiqui. Et intendebat per hanc expositionem, si non mouet se, ita quod motus sit accidens, & consequens substantiam eius. & forte intelligit intentionem prædictam de accidenti, idest quod opponitur essentiæ.

* Sensus licet moueantur à sensibilibus, tamen existimantur mouere & moueri ab eis insimul.

† Motus est transmutatio rei in sua substantia. oppositum. 1.ph. 63. & 1.ph. 7. vi de commen. Zini.

* Esse motus est compositum ex esse in potentia, & ex esse in actu. & ideo existimauerunt plures Antiquorum ipsum non esse. Idem 3.ph. 14.

Quidam autem & mouere animam dicunt corpus in quo est, sicut ipsa mouetur, vt Democritus: similiter dicens Philippo comœdiarum Didascalo: ait enim Dædalum fecisse mobilem ligneā venerem, infundens argentum fusile. Similiter autem & Democritus dicit: motas enim inquit indiuisibiles sphæras, propter id quod aptæ natæ sunt nusquā manere, cōtrahereque & mouere corpus omne. Nos autem interrogabimus si & quiescere facit hoc idem? Quomodo autem faciat difficile, aut impossibile dicere. Omnino autem non sic videtur anima mouere animal, sed per voluntatem quandam & intellectum. D

607H. *Sunt etiam qui dicant animam mouere corpus in quo est, vt ipsa mouetur, vt Democritus, similiter dicens ac Philippus Comicus. inquit enim Dedalum fecisse ligneam illam Venerem, quae moueretur infuso argento fusili. Similiter etiam Democritus asserit: Inquit enim dum mouentur orbes indiuisibiles, eò quòd suapte natura nunquam possunt quiescere, secum rapere, & mouere vniuersum corpus. Nos autem interrogabimus, num illud idem etiam quiescere faciat? Atque tandem pacto id faciet, difficile est immo vero dictu impossibile. Omnino non ita videtur anima mouere aial, sed electione quadã, & intellectione.*

Et dicunt aliqui q anima mouet etiam corpus, in quo est, modo, quo mouetur. vt Demo. dixit enim sermonem similem sermoni Philippi. Iste enim dicit q Dedalus posuit imaginem Hermaphroditi motam, ponendo in ea argentum viuum. Et similiter dicit Democritus dicens, q sphaerae indiuisibiles semper mouentur, quia innatae sunt non quiescere in aliqua hora: & sic attrahent secum totum corpus, & mouent ipsum. Nos igitur quaerimus ab eo, vtrum hoc idem faciat quietem etiã. & difficile est, immo impossibile dicere quomodo facit hoc. Et vniuersaliter nõ videmus animam mouere animal hoc modo, sed voluntarie. E

44 Cùm declarauit quod contingit dicentibus quod mouetur anima ex se, vt transferatur ex se, quemadmodum corpus transfertur, & dedit eis multa impossibilia, incepit hoc etiam dicere quod plures homines sunt, qui hoc dicunt, & dicit. Et dicunt aliqui quod anima mouet corpus, &c. idest, & quidam opinantur quod anima mouet corpus motu locali, illa etiam mota. vt Democritus opinatur enim quod partes indiuisibiles semper mouet corpus motu suo, sicut dixit Philippus quod Dedalus fecit mouere imaginem Hermaphroditi, imponendo in eam argentum viuum. iste enim opinatur quod ita est de anima cum corpore in motu, sicut de argento viuo cum imagine. Deinde dicit. Nos igitur quaerimus ab eo, &c. idest, &, si causa apud ipsum, propter quam anima mouet corpus, est ista, quaerendum est ab eo, quomodo anima facit quietem, si facit motum, secundum quòd semper mouetur. Deinde declarauit quod non solum est difficile, immo impossibile dare causam, quomodo facit quietem, secundum quod mouetur, & dixit. & difficile est dicere, &c. Deinde dicit. Et vniuersaliter non videmus animam, &c. idest quod, si motus corporis ab anima esset, sicut motus imaginis ab argento viuo, tunc motus corporis non esset voluntarius, sed necessarius, & hoc manifestum est. F

Eodem

A Eodem autem modo & Timæus physiologizat animam mouere corpus. in eo enim ꝙ est moueri ipsam, & corpus mouet, propter id quod complexa est ad ipsum. constitutam enim ex elementis, & dispartitam ſm harmonicos numeros, quatenus connaturalem sensum harmoniæ habeat, & vt omne feratur secundum cõsonantes motus, aspectum rectum in circulum reflexit, & diuidẽs ex vno in duos circulos dupliciter coordinatos, iterum vnum diuisit in septem circulos: tanquã essent cœli motus, animę motus.

ℭ P H. *Eodem etiam modo Timæus dicit animam mouere corpus: quod s. ipsa moueatur corpus etiam mouere, propterea quod connexa sit cum ipso: constantem enim ex elementis, & distinctam harmonicis numeris, vt insitum sensum harmoniæ habeat, vtque vniuersum feratur consonis lationibus, rectitudinem in orbem torsit, & cum diuisisset vnum* al. l. vt sensum & consitum harmonii habeat.
B *in duos circulos duobus punctis connexos, rursus vnum diuisit in septem circulos, vt perinde cum cœli lationes, sint Animæ motus.*

Et similiter est de hoc, quod dixit Timæus in sermone naturali. s. ꝙ anima mouet corpus. dixit enim ꝙ non mouet corpus, nisi ipsa mota, quia admiscetur cum eo. Constitutio enim animæ est ex elementis. & est diuisibilis ſm diuisionem numerorum compositorum, vt habeat sensum conuenientẽ harmoniæ, & moueatur totũ motibus conuenientibus. dixit & ideo incuruauit rectitudinem, & posuit eam circulum, & diuisit ex vno duos circulos separatos in duobus locis. deinde diuisit vnum circulum etiã in septẽ circulos: ita quod posuit motus cœli, sicut motus animæ.

Figuræ

Figuræ, Platonis opinionem declarantes, ex eius præcipuis ſectatoribus.

Numeri animam conſtituentes, ac eorum proportiones.

Proportio Dupla.		Seſquialtera.		Seſquitertia.		Dupla ſuperbipartiens.		Seſquioctaua.		Tripla.	
1	2		3		4		8		9		27
Diapaſon.		Diapente.		Diateſſaron.		Cõpoſita ex Diapaſon & Diateſſaron.		Ton⁹.		Cõpoſita ex Diapaſon & Diapente.	

Figura, duplicem dictorum numerorum oſtendens coordinationem, in quibus identitas, ac diuerſitas reperitur.

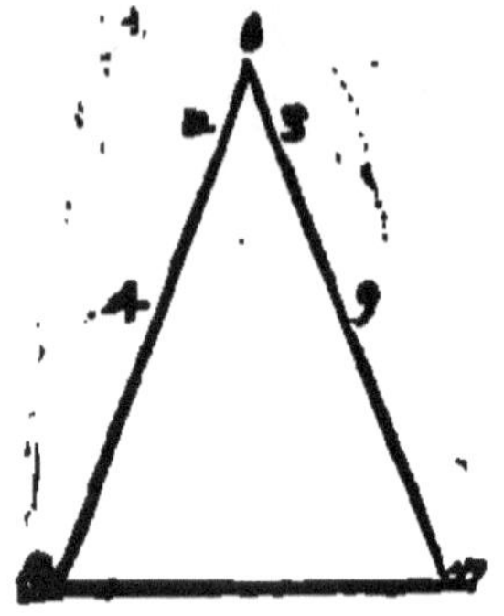

Figura, numerorum oſtendens reflexionem, quaſi circularem, à paribus ad imparia, & econtrario.

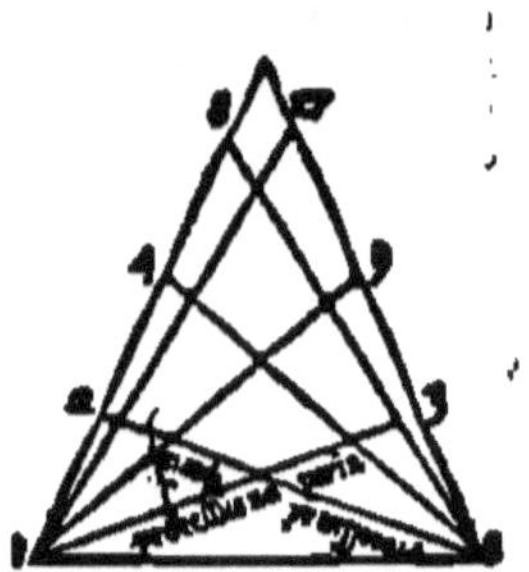

Figura, cœlorum ostendens diuisiones, animas, motus, rerum intelligibilium, animæq; nostræ potentiarum ordines, ac proportiones.

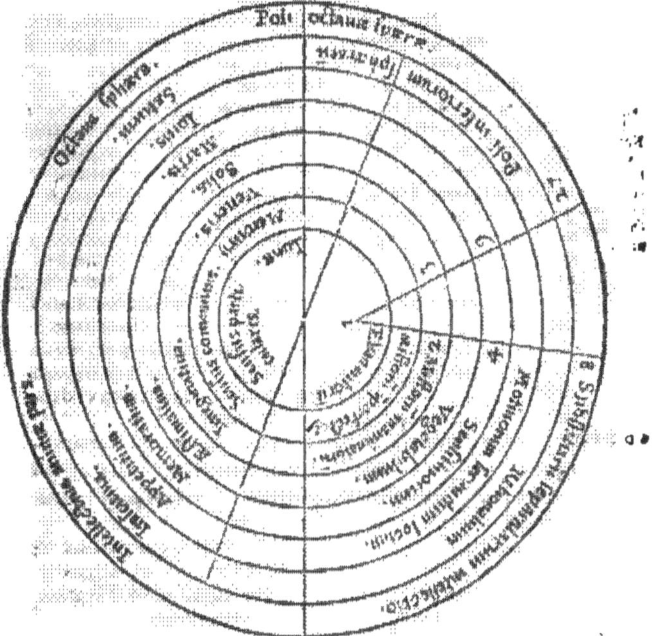

45 Cùm declarauit quòd Democritus opinabatur animam mouere corpus localiter, ipsa translata, & dedit impossibile consequēs eius opinionē, incœpit etiam declarare quòd illud, quod dictum est in Timæo, est simile opinioni Democriti, & d. Et similiter etiam, &c. i. & similiter dictū est in Timæo. [quòd anima mouet corpus localiter: immo cū anima trāsfertur, quia admiscetur cum eo: &, cùm ipsa transfertur, transfertur corpus. Et, cùm declarauit similitudinem inter hanc opinionem, & opinionem Demo. incœpit etiam dicere illud, quod est proprium huic opinioni, & contradicit ei proprie, & d. Constitutio enim animæ, &c. i. & hoc dictum fuit in Timæo quòd constitutio animæ est ex elementis illius mundi: sed est intelligens, quia componitur ex elementis musica compositione, & sphærica: & comprehendit harmoniam, quia componitur compositione

harmonica

harmonica: quoniam & apud ipsum talis est natura corporum cœlestiũ. D corpora enim cœlestia sunt composita apud ipsum tali compositione: & figura eorum talis est. Et, cùm d. quòd constitutio animæ est ex elementis, intendit ex elementis, quibus componitur mundus apud ipsum, Et d. & est diuisibilis. i. & ẽ composita compositione harmonica, quia per talẽ proportionem compositionis potest sentire harmoniam. Et hoc intendebat, cùm .d. vt habeat sensum. D. d. & moueatur totum motibus conuenientibus. i. quia habet numerum harmonicum. D. d. & ideo incuruauit rectitudinem. i. intendit quòd Timæus, qui opinabatur quòd anima non agit, nisi inquantum est sphærica, & comprehendit harmoniam, & mouetur motibus armonicis, idest conuenientibus, inquantum componitur ex elementis compositione harmonica, dixit narrando de creatore ꝙ cõposuit animam ex elementis, composuit ipsam prius magnitudine recta compositione harmonica. deinde incuruauit lineam, & fecit ipsam circulum, vt intelligat, & fecit illum circulum habere latitudinem. deinde diuisit illum circulum in duo: quorum vnum diuisit in septem. s. orbes stellarum erraticarum, & orbem stellarum, ita ꝙ posuit motus cœli eosdem cũ motibus animæ. i. ꝙ actiones cœli sunt eædem cum actionibus animæ. E

Nota qualiter aia ẽ harmonia vt corpora cęlestia ſm Platonem.

Primum quidem igitur non bene, dicere animam magnitudinem esse: eam enim quæ omnis, talem esse vult, qualis est aliquando vocatus intellectus: Non enim velut sensitiua est: neq; vt desideratiua: Harum enim motus non circulatio.

SOPH. *Primum igitur non rectè habet, dicere Animam esse magnitudinem. Animam enim vniuersi nimirum talem esse vult, qualis est qui vocatur intellectus: non enim qualis sensitiua est, neque qualis concupiscitiua: harum enim motus non est conuersio.*

Dicamus igitur prius ꝙ non est rectum dicere quod anima est magnitudo. Manifestum est. n. ꝙ qui intẽdebat ꝙ aĩa totius. v. g. id, ꝙ dicitur intelligentia, est sic, non intendebat sensibilem aĩam, neq; desyderatiuam: qm̃ motus istarum non est circularis. F

46 Dicit quòd non est rectum opinari quòd anima sit corpus, cũ intellectum fuerit per animam intellectus: vt declaratum est quòd hoc intendebatur in Timæo per hoc nomen anima. & ideo fecerunt corpus sphæricum. actio enim intellectus similis est circulationi. Et non intelligebatur illic per animam, aut sensibilis, aut desyderatiua. motus enim istarum, & actio earum non assimilatur circularioni: sicut actio intellectus apud eos assimilatur circulo, quia reuertitur, supra se, & intelligit se. & ideo assimilat ipsum Arist. sphæræ.

Prima rõ cõtra Platonem.

Aia sensitiua, & desyderatiua nõ assimilant sphærę, sicut intellectus.

Intellectus autem vnus & continuus est, sicut intelligentia: Intelligentia autem sicut intelligibilia: Hæc autem eo quod consequenter, vnum: sicut numerus, sed non sicut magnitudo: propter quod quidem neq; intellectus sic continuus, sed aut impartibilis,

aut

A aut non ficut magnitudo aliqua continuus. Qualiter enim intelliget magnitudo cũ fit qualibet partium ipfius: parte autem aut fecundum magnitudinem, aut fecundum pũctum: fi oportet & hoc dicere partem. fiquidem igitur fecundum punctum, hæc autem infinita, manifeftum eft quoniam nequaquam pertranfibit: Si vero fecundum magnitudinem, multotiens & infinities intelliget idem: videtur autem & femel contingens. Si autem fufficiens qualibet partium tangere: quid oportet circulo moueri, aut & omnino magnitudinem habere?

SOPH. *Intellectus autem vnus eft & continuus, vt etiam intellectio: intellectio autem eft ea quæ intelliguntur: quæ quia deinceps funt, vnũ funt vt numerus, & non vt magnitudo. Quam ob rem nec intellectus hoc pacto continuus eft, fed aut carens partibus, aut non vt magnitudo ali-*
B *qua continuus. nam quo tandem pacto fi magnitudo fit, qualibet fuarũ intelliget partium? atque adeò partium, quæ vel in magnitudine, vel in puncto confiftant: fi modo oporteat id quoque partẽ vocare. fi igitur puncto, ea autem funt infinita, conftat eum nunquam pertranfiturum: fin magnitudine, fæpius aut infinities idem intelliget, cum tamen videatur vel femel fieri poffe. quòd fi fat fit tangere qualibet partium, quid oportet in orbẽ moueri, aut omnino magnitudinem habere?*

al. I. nam quo tandẽ pacto fi magnitudo fit intelliget: verũ vniuerfe, an qualibet fuarũ partium.

Intellectus autem eft vnus, & cõtinuus, & fimiliter intellectũ, & intelligere eft res intellectæ. & iftæ funt vnæ fecundum confequentiam, ficut menfura fine magnitudine. Et ideo intellectus & non eft continuus hoc modo, fed aut eft indiuifibilis, aut cõtinuus, non ficut magnitudo. Nullo enim modo poffumus dicere quomo
C do intellectus intelligit per aliquam partem partium eius, quæcunq; pars fit idem. Et intelligere per aliquam partem eius aut erit per magnitudinem, aut per pũctum. & fi punctus eft infinitus, manifeftum eft igitur quòd non pertranfit ipfum in aliqua hora. Et, fi intelligit per magnitudinem, intelligit multotiens, & infinities. fed nos videmus intelligere femel poffibile effe. Si igitur fufficit tangere per vnam partem, quæcunq; pars fit, in quo indiget moueri circulariter, & vniuerfaliter, quo ex eo fiat magnitudo.

47 Intellectus autem eft vnus, &c. i. & intellectus dicitur effe vnus, & continuus illo modo, quo dr in fuo intellecto effe vnus, & continuus. D. d. intelligere eft res intellectæ, &c. i. quia intelligere eft ipfæ res intellectæ, quæ non dicuntur effe vnæ, nifi ficut dicuntur res confequentes effe vnæ, f. numerus. & hoc intendebat, cũ. d. ficut menfura fine magnitudine. i. fine cõtinuatione, & ideo impoffibile eft vt dicatur quòd intellectus fit vnus, &

Sofa rõ contra Platonem.

continuus, nisi eo modo, fm quem d' hoc in rebus consequentibus, s. in quantitate discreta. Intellectus igitur non est corpus: quia non est continuus in rei veritate. D.d. sed aut est indiuisibilis, aut continuus, nó sicut magnitudo. d. &, cùm dispositio in intellectu sequitur dispõnem in intellecto, necesse est dicere intellectum, aut esse indiuisibilem, vt vnus pũctus aut continuum: sed non sicut continuatio magnitudinis, sed continuatio compositi. i. quantitatis discretæ. D.d. Nullo enim modo possumus dicere, &c. i. & cùm diximus in eo quód est magnitudo continua, tunc non intelliget nisi secũdum tactum, vt dictum est in Timæo. nullo enim modo possumus dicere qũo intelligit intellectus per aliquam partem eius, quæcunq; pars sit idem rerum intellectarum. D.d. Et intelligere p aliquam partem eius. i. & intelligere per tactum, cùm fuerit magnitudo, necesse est aut vt tangat per partes eius partes intellecti, aut per totum: totũ autem vtrunq; d. si intellexerit per contactum partium cùm partibus rei, necesse est vt, sit aut per aliquam partem eius, quæ sit magnitudo, aut per partem aliquam, quæ sit punctus. Et, cũ declarauit hoc, dedit impossibile consequens vtrunq;, &. d. si punctus est infinitus, &c. i. si intellexerit per punctum, manifestum est quód non potest intelligere totum corpus sem per: puncta enim quæ sunt in corpore, sunt infinita. Si igitur necesse est in intelligendo corpus, vt tangat punctus ex eo omnia puncta, quæ sunt in corpore: q̃ est impossibile, quia puncta sunt infinita: manifestum est quód impossibile est vt intelligat corpus omnino fm hunc modum. Et, cùm declarauit impossibile consequẽs, si intelligit fm quód tangit corpus per puncta, incœpit etiam dicere impossibile consequens, si tangat ipsum per partem aliquam, quæ sit corpus, non punctus, & d. Et, si intelligit per magnitudinem, &c. i. &, si intellectus intelligit rem, tangendo per aliquam partem eius, quæ sit corpus, omnes partes corporis intellecti, circumgyrando se, quousq; tangat per illam partem corporis omnes partes corporis intellecti, necesse est ex hoc, vt intellectus intelligat idem infinities, quando tangit corpus. quoniam pars non differt à parte in suo tactu: & impossibile est vt intelligat totum corpus. sed nos videmus q̃ intellectus intelligit totum corpus simul, & vnico intelligere, & non indiget intelligere iterato. Si igitur aliquis dixerit quód sufficit intelligere corpus, intelligere vnam partem eius, quando tangit ipsum per suam partem; dicemus ei quomodo igitur indiget corpus vt moueatur circulariter, quousq; tangat per suam partem, aut per suas partes omnes partes eius? & vniuersaliter quo indiget quód intellectus sit corpus, si nõ intelligit p tactũ.

Tertia rõ cõtra Platonẽ, quæ sumit declarationẽ a prima.

Si autem necessarium est intelligere tangentẽ toto circulo, quis est partibus tactus? Amplius, qũo intelliget partibile impartibili, aut impartibile partibili: Necessarium autem intellectum esse circulum hunc: Intellectus quidem enim motus, intelligentia: circuli autem, circulatio. si igitur intelligentia, circulatio, & intellectus vtiq; erit circulus, cuius huiusmodi circulatio intelligentia, semp

autem

A autem aliquid intelliget, siquidem perpetua circulatio. Practica-
rum quidem enim intelligentiarum, termini sunt: omnes enim al
terius causa sunt. Speculatiuæ autem rõnibus terminantur simili
ter. Ratio autem omnis, deffinitio est aut demonstratio: Demonstrationes vero & à principio sunt, & habent quodammodo finē,
syllogismum, aut conclusionem: si autem non concludantur, sed
non reflectuntur iterum in principium, accipientes autem semp
medium & extremitatem, rectè procedunt: sed circulatio iterum
in principium reflectitur. Diffinitiones autem omnes finitæ sunt.
Amplius autem, si eadem circulatio multotiēs est, oportebit multotiens intelligere idem. Adhuc autem intelligentia assimilaē cui-
dā quieti & statui magis q̃ motui: eodem modo & syllogismus.

SOPH. *Sin necessarium est intelligere toto circulo tangentem, quanā erit
tactio quæ partibus fit: item quomodo intelliget partibile impartibi-
B li, aut impartibile partibili? Necessarium porrò est, intellectum esse
circulum hunc. nam motio intellectus, intellectio est: circuli verò circūuectio. Ergo si intellectio est circumuectio, & circulus etiam erit intelle
ctus, cuius talis circumuectio intellectio est. Iamuero semper aliquid in
telliget: & quidem oportet, si quidem perennis est circumuectio. Actiuarum enim intellectionum termini sunt: omnes enim alterius gratia
sunt. Contemplatiuæ etiam à rationibus terminātur: Ratio autem om
nis vel diffinitio est, vel demonstratio. Demonstrationes verò & à prin
cipio sunt, ac habent quoddammodo finem syllogismum, aut conclusionem: quòd si non terminātur: at saltem non retro commeant ad principium, sed medium semper & extremum adhibentes, recta progrediū
tur: at circūuectio retrò ad principium commeat. Diffinitiones etiam
C omnes terminata sunt. Item si sæpius eadem fiat circūuectio, sæpius idē
intelligere oportebit. Item intellectio similis est quieti potius cuidam
& statui. Eodem etiam modo syllogismus.*

Et, si necesse est intelligere vt tangat per totum circulum, quid
igitur est tangere per partes? Et etiam qũo intelliget per indiuisibile diuisibile, aut per diuisibile indiuisibile? Et necesse est vt intel
lectus sit iste circularis ipsæ. intelligere. n. est motus intellectus, &
circulatio est motus circuli. Et, si intelligere est circulatio, erit etiā
ista circulatio intelligere. Quid igitur intelligit semper? hoc enim
necessarium est, si circulatio sit semper æterna. Intelligere. n. me-
chanicum est finitum: q̃m quodlibet illius est ꝑꝑ alterum. Et intelligere speculatiuum, & est definire per sermones, similiter. Et

 omnis

omnis sermo aut est definitio, aut demonstratio. Et demonstrationes D accipiuntur ex principio, sicut vltimo: & est syllogismus, & conclusio. Et, quamuis in eis non accidat conclusio, tñ non reuertunt ad sua principia, sed semper crescunt in medio, aut extremo, & procedunt recte. circulatio autem reuertitur ad suum principium. Et etiam omnes definitiones sunt finitæ. Et etiam, totus motus idem est multotiẽs. Et etiam intelligere dignius est vt attribuatur quieti, quàm motui. & similiter syllogismus.

48

Vid supra cõ. 36. Quartũ rõ cõtra Pla.

Dicit. Et, si est necesse intelligere, &c. i. &, si necesse est intelligere vt intellectus tangat per totum circulum rem intellectam, & tunc intelliget. & ista est secunda pars trium diuisionum. quo igitur indigetur vt tangat p partes? ociosum enim est tangere per partes. Deinde. d. Et etiam quomodo intelliget per indiuisibile, &c i. quomodocunq; posuerimus quód tangat, siue per partem indiuisibilem, siue per diuisibilem, siue illud diuisibile fuerit totum, aut pars, aut vtrunq;, s. quód tangat partem per partẽ, & totum per totum, impossibile est nobis dicere quomodo intelligit per E tactum. Quoniam, si dixerimus quód habet partes indiuisibiles, quomodo tangit per partes indiuisibiles partes diuisibiles rerum. &, si dixerimus quód habet diuisibiles, quomodo tangit per eas: tangens enim debet esse superpositum. & omnia ista contingunt ei: quia ponit quód intellectus in eo quód est intellectus, habet partes, & quód non intelligit, nisi tangendo.

Tangẽs debet esse superpositũ. Idẽ 5. Ph. 36.

Deinde dicit. Et necesse est vt iste intellectus sit circularis ipse. i. & necesse est vt intellectus sit proprium aliquod corpori circulari. manifestũ est igitur quód contingit ex hoc quód intellectus est corpus circulare. Et syllogismus sic componitur. Actio intellectus est circulatio: & circulatio est corpus circulare: ergo actio intellectus est corpus circulare. & illud, cui attribuitur actio intellectus est intellectus: ergo intellectus est corpus circulare. Et, cùm declarauit quód contingit necessario vt intellectus sit corpus circulare: & eius actio sit circulatio: notificauit quód est necesse, si intelligere eius sit circulatio, & circulatio etiam fuit in eo semper, secundum quód est corpus cœleste, vt eius intelligere sit semper, & in infinitum. Et d. Et, si intelligere est circulatio, &c. i. &, si intelligere est cir- F culatio, tunc etiam circulatio existens in intellectu erit intelligere, & circulatio erit semper. vnde manifestum est quód intelligere erit semper, & in infinitum. Deinde, incœpit dare impossibile, quod sequitur ex hoc, & d. Quid igitur intelligit semper? &c. &, cùm secundum hanc opinionẽ necesse est vt semper intelligat, quid possunt dicere ꝙ semper intelligit. hoc enim necesse est propter hoc, quod ponunt, ꝙ circulatio est semper. & nihil possunt dicere in hoc: qm̃ intelligere per operationem est finitũ. omne enim intellectum apud operationem nõ intelligitur nisi per aliud: & omnia propter vltimum finem, qui intenditur in illa operatione mechanica. Et, cùm declarauit ꝙ intelligere est finitum in intellectu mechanico, incœpit declarare quód ita est in speculatiuo, & d. Et intelligere speculatiuum,

Quod motus circularis sit in cœlo patet. 1. cœli a t. c. 9. vsque ad. 18 ꝙ vero æternus. 8. ph. 74-75 Quintũ rõ cõtra Pla.

Oẽ intellectũ apud opõnẽ nõ intelligitur nisi p aliud: & oĩa pp vltimũ finem

A culapinum, & est finire per sermones, similiter. i. similiter est in rebus speculatiuis. D.d. Et omnis sermo, aut est definitio, aut demonstratio. i. & omnis actio intellectus, aut est definitio, aut demonstratio. Et, cùm declarauit hoc, incepit declarare quòd vtraq; istarum actionum est finita, & d. Et demonstrationes accipiuntur ex principio. i. & demonstrationes habent principium, ex quo accipiuntur, & sunt propositiones: & habent finem, & est syllogismus, qui fit ex propositionibus, & conclusione. D.d. & quãuis in eis non accidat conclusio, &c. i. & qui concludit aliquam conclusionem, non faciet reuertere illam cõclusionem, sicut facit in syllogismo circulari: sed addit ei aliam propositionem, per quam impossibile est vt demonstratio reuertatur circulariter, siue principium fiat finis; & finis principium: sed additur illic terminus medius alius, & extremum maius aliud, & alia conclusio: & erit motus intellectus tunc sm rectitudinem, non secundum circulationem. Circulatio aũt, quam opinantur esse actionem intellectus, non intelligitur ab hoc intellectu. i. qui procedit sm rectitudinem, sed reuertitur.

nẽ, q̄ intẽ dit in opẽ ne mecha nica. Idẽ 1. Met. c. 3.

Oĩs actio intell. aut ẽ diff. aut demõstratio, cõtra. 1. de ala. 14. 22. 36.

B Et, cùm declarauit hoc in demonstratione, incepit declarare hoc in definitione, & d. Etiam oẽs definitiones sunt finitę, i. & definitiones rerum, eæ perficiuntur per intellectum, sunt finitæ: sicut res, quæ exigunt vt credantur, & intelligere non reuertitur in eis circulariter: sicut fides non reuertitur in demonstrationibus circulariter. D.d. Et etiam totus motus idem est multotiens. i. &, & si motus intellectus, & circulatio eius fuerit in eodem intellecto, tunc comprehendet ipsum infinities. Et in alia translatione est manifestius sic. Et, cùm motus intellectus fuerit circularis, non specialis, tunc comprehendens comprehendet idem multotiens. & ideo possibile est vt sermo sit sic. Et, si motus intellectus fuerit circulatio, tunc intelliget omnia multotiens. D.d. Et intelligere dignius est vt attribuatur quieti, quam motui. & intendit ex hoc, qđ apparet: quoniam actio nostra per ipsum apud quietem est magis perfecta, quam apud motum, & ideo melius est attribuere actionem intellectus quieti, quam motui, sicut fecerunt isti.

Secta cõ ctra Pla.

C ¶ At vero neq; beatũ, quod non facile, sed violentum: si autem est motus ipsius non substãtia, extra naturam vtiq; mouebit. laboriosum autem & commisceri animã corpori, nec posse absolui, & adhuc fugiendum: siquidem melius est intellectui non cum corpore esse: quemadmodum & consuetum est dici, & multis videtur.

SOPH. ¶ *Quin ne beatum quidem est, quod non facile, sed violentũ est. Quòd si est motus eius non substantia, vtiquè præter naturam mouebitur. Laboriosum etiam est coniunctum esse cum corpore, nec posse ab eo solui. & insuper etiam fugiendum: si quidem melius est intellectui non esse cum corpore. quemadmodum dici solet, & inter plerósq; conuenit.*

Et etiam quod non est facile, non est delectabile, sed quasi violẽtum. Si igitur motus nõ est substantia aĩæ, tunc non mouetur, nisi ab aliquo extrinseco à sua natura. Et est etiam valde difficile vt intellectus sit admixtus cum corpore admixtione, qua non possit recedere ab eo: & melius est intellectui vt nõ sit cõiunctus cũ corpore, sicut est consuetudo dicendi, & secundum q̃d plures opinant. D

49 Septima rō contra Platonē.

Et etiam manifestum est ꝙ intelligere apud motum magis est difficile, quã apud quietem. motus igitur est ab aĩa, quasi violentus: ergo nõ est in substantia eius, neq; aĩa constituit per ipsum, sed est extra naturã eius. Et, cũ notificauit hoc, incepit dare impossibile contingens eis in hoc, ꝙ dicunt intellectũ esse corpus, & d. Et est ẽt valde difficile, &c. i. & valde est improbabile, & difficile ad intelligendum, ſm ꝙ hoĩes consueuerunt dicere, ꝙ si intellectus sit corpus, aut admixtum cum corpore, tali admixtione ꝙ non potest euadere ab eo omnino: cũ omnes, aut plures opinent quod melius est vt intellectus non sit coniunctus cũ corpore, nedum sit corpus. natura enim intellectus vr̃ esse valde opposita naturæ corporis.

Octaua rō contra Pla.

Nr̃ intellect[9] vt ẽ valde opposita naturæ corporũ.

Immanifesta autem & circulariter ferri cœlũ causa: neq; enim animæ substantia cã est circulariter ferri: sed ſm accidens sic mouetur: neq; corpus cã: sed anima magis illi. At vero quia neq; melius dr̃ oportebit pp hoc deum facere circulr̃ ferri aĩam, quia dignius sit ipsam moueri q̃ manere: moueri autem sic, q̃ aliter. E

SOPH.

Incerta est etiam causa, cur cœlum circumferatur: neq; enim aĩæ substantia causa est quãobrẽ circumferatur, sed per accidens ita mouetur: neq; corpus est causa: sed illi potius anima. Neque verò quod melius dicatur: atqui oportebat Deum propterea facere animam circumferri, quòd melius sit ei moueri, quam stare: & ita moueri, quam aliter.

Et ex eis, quæ latent, etiam est causa, pp quam cœlũ mouetur circulariter. Substantia enim animæ non est cã motus eius circulariter, sed mouetur isto motu accidentaliter. Neq; corpus etiam est cã in hoc: immo anima est dignior in hoc. Et etiam neq; dixit quare hoc fuit melius: licet apparet ꝙ Deus non posuit animam moueri circulariter, nisi quia moueri est ei melius, q̃ quiescere. & quod mouetur hoc modo est melius quã ꝙ moueatur alio modo. F

50 D. Et latet ſm hanc opinionem dare causam, pp quam cœlum mouet. ſm enim positionem eorum substantia animæ non dat istum motum, cũ substantia animæ apud eos non sit nisi corpus elementorum: & iste motus, s. circularis est ei accidentaliter, s. quia creator incuruauit ipsum à rectitudine in circulationem. D. d. Neq; corpus etiam, &c. i. &, cum anima nõ est causa istius motus essentialiter, quæ est dignior vt sit causa: & corpus, in eo quod est corpus, remotius est vt sit causa. D. d. Et etiam neque dixit, &c. i. & etiam Plato non dedit in hoc sermonem, quare animam moueri circulariter est melius, quàm non moueri, aut quàm non moueri circulariter: neque potest dare. Necesse enim vt Deus non posuerit animam

Nona rō contra Pla.

A niam moueri, nisi quia moueri est melius ei, quòd quiescere. & posuit esse moueri circulariter: quia talis motus est melior recto. & intendit quòd omnia ista demonstrent hanc opinionem esse improbabilem.

Quoniam autem hmōi intentio est alteris rōnibus magis propria, hanc quidem dimittamus nunc. Illud autem inconueniens accidit & huic rationi, & pluribus quæ de anima sunt: copulāt. n. & ponunt in corpus animā nihil determinantes, ꝓp quā causam, & quomodo habente corpore.

SOPH. *Sed quoniam hæc consideratio alijs est disputationibus accommodatur, eam in præsentia prætermittamus. Illud autem absurdum accidit & huic sermoni, & plurimis eorum qui de Anima haberi solent: Cōpingunt enim et immittunt in corpus Animam, nihil præterea distinguentes, quam ob causam, & quomodo se habente corpore.*

Si igitur ista consyderatio est magis propria alio sermoni, dimittenda est statim à nobis. Et dicamus q̄ est alia improbabilitas B contingens huic sermoni, & pluribus sermonibus de anima. Et est, quia ipsi coniungunt animam corpori, & ponūt eam in eo: & non dant cùm hoc, qua de causa sit coniuncta cum eo, & quæ est dispositio illius corporis.

51 Et quia hæc perscrutatio est magis propria aliæ scientiæ, s. quare est melius cœlum moueri, quàm quiescere: & quare circulariter magis quā recte. ista enim quæstio proprie est primæ Philosophię. quapropter oportet nos dimittere hoc cito, & dicere quæ est improbabilitas contingens huic sermoni, &c. i. Et ista improbabilitas, quæ contingit huic sermoni: & pluribus sermonibus de anima, est q̄ omnes dicentes q̄ est ens, siue corpus, siue non corpus, coniungunt eam corpori, & non dant causam, propter quam ligata est cum corpore, neq; dicunt q̄ est dispositio corporis, quod est adaptatum, vt ligetur cum ea. Q̃ quare melius sit cœlū moueri, q̃ quiescere ē ꝓpria primæ philosophiæ. & q̃re circulariter magis, q̃ recte. Sed vide oppo. 1. Cœ. t. c. 12. quia vr̄ q̄ sit nisi cū ibi terminauit. Vide etiā. Lim.

C Et tamen vr̄ hoc vtiq; necessarium esse: ꝓp enim cōitatem, hoc quidem agit, illud autē patitur: & hoc quidem mouet, illud autē mouetur. Horum autem nihil inest ad inuicem quibuscunq;.

SOPH. *Quod tamen necessarium esse videatur. nam propter communionē hoc agit, illud patitur: atque hoc mouet, illud mouetur. Horum autem nihil adest inter se quibuslibet.*

Et licet hoc, vt reputum, necessarium sit. qm̄ propter cōicationē hoc agit, & hoc patitur, & hoc mouet, & hoc mouetur: & nihil ex hoc fit in quibuscunq; adinuicem. Dicere enim hoc in eis est simile, ac si hoc diceret, q̄ ars Carpētaria existat Musica. Ars. n. ita vtitur instrumentis, sicut anima corpore. Hæc reperies in textu sequenti

52 Id est & hoc, quod ignorauerit de anima, necessarium est vt causa eius sit D
data: quoniam in omnibus rebus est cõicatio inter agens, & patiens, & mouens & motum: & non patitur quidlibet à quolibet. Hoc igitur, quod dicunt, quod anima est in corpore sine aliqua cõicatione data inter corpus, & aīam, quæ anima est digna mouere, & corpus animalis moueri inter omnia corpora, simile est sermoni dicentis quod anima existit in quocunq; corpore, sic, quod est simile sermoni dicentis quod ars Carpentaria existit subiectum Musicæ. Si igitur ars Carpentaria habet propria subiecta, & propria instrumenta, quibus vtatur, necesse est vt ita sit de anima cum corpore. corpus enim est instrumentum animæ. & ideo corpora animalium conuenientia sunt animabus eorum.

Decima rõ contra Plat. cõis sibi, & Antiquis.

Hi aũt solũ conãtur dicere qualequid sit aĩa: de susceptiuo aũt corpore nihil adhuc determinant, tanq̃ cõtingẽs sit ſm pythagoricas fabulas, quamlibet aĩam quodlibet corpus ingredi. Simile itaque dicunt aliquid: sicut si aliquis dicat tectonicã in fistulis ingredi. Oportet. n. artẽ quidẽ vti organis: animam autẽ corpore. E
videtur, n. vnumquodque propriũ habere speciem & formam.

SOPH. *Hi vero solum aggrediuntur dicere, qualequid sit Anima: de recepturo autem corpore nullam addunt distinctionem: quasi possibile sit secundum Pythagoricas fabulas, quamlibet animam quodlibet corpus ingredi. Simile ergo quidpiam dicunt, vt si quis dicat artem fabrilem in tibias ingredi. Oportet enim artem quidem vti instrumentis, animam vero corpore.*

Et isti non quærunt loqui nisi tantũ quid est aĩa, & nihil determinant de corpore recipiente, sicut Apologus, quo vtitur Pytagoras, s. vt quælibet aĩa intret quodlibet corpus. videmus. n. quod F
quilibet habet formam, & creaturam propriam.

53 Dicit. Et isti, qui locuti sunt de anima, non sunt perscrutati, neque volunt perscrutari, nisi quid sit tantum, & nihil dicunt de natura corporis ei proprij. &, quia hoc dimiserunt, videtur esse possibile apud eos vt quælibet anima existat in quolibet corpore, & transferatur de corpore in corpus: sicut dixit pythagoras in Apologo, quem posuit ad corrigendum animas ciuium. & ista opinio est falsa, videmus enim quod quilibet habet formam propriam, & corpus proprium, idest animam propriam, & corpus animalis proprium. Et hoc, quod dicit, est manifestum in speciebus valde. membra enim leonis non differunt à membris cerui, nisi propter diuersitatẽ animæ cerui ab anima leonis. &, si esset possibile vt anima leonis existeret in corpore cerui, tunc natura ociose ageret. & hoc etiam manifestum est indiuiduis eiusdem speciei. & ideo diuersi sunt mores. & ex hoc destruximus opinionem Pithagoricam.

Membra cerui non differũt a membris leonis, nisi quia aĩa differt ab aĩa. cõsimilis. 2. de Aĩa. cõm. 60.

Confutatur

A *Confutatur opinio, Animam harmoniam esse asserens.* Cap. 1.

ALia autem opinio quædam tradita est de anima, credibilis quidem multis: & neq; vna minor his quæ dicta sunt: rationes autem tanquam directiuas præbens, & in communi factis rationibus. Harmoniã enim quandam ipsam dicunt. Etenim harmoniam temperamentum, & compositionem contrariorum esse: & corpus componi ex contrarijs.

SOPH. *Traditur etiam alia quædam de Anima opinio, probabilis illa quidem multis, & nulla earum inferior quæ circumferuntur: quæ tamen veluti ij qui magistratu abissent, etiam in communibus disputationibus rationes retulit. Harmoniam enim quandam eam nonnulli dicunt: etenim harmoniam temperationem, & compositionem esse contrariorum, & corpus constare ex contrarijs.*

B Et est alia opinio, de qua multi contenti sunt, & non est minor opinionibus prædictis. Dicunt enim ꝙ est aliqua compositio harmonica. harmonia enim est admixtio, & compositio contrariorũ & corpus est compositum ex contrarijs.

34 Cùm compleuit contradictionem eius, quod dictum est in Timæo, reuersus est ad contradicendum sermoni dicentis animam esse formam ex congregatione, & harmonia propria elementorum. &, quia ista opinio est valde sufficiens, dixit & est hic alia opinio de anima. D.d. Dicunt enim ꝙ est aliqua compositio harmonica, &c. idest dicunt enim ꝙ anima est aliquod harmonicum, & aliqua compositio ex compositionibus elementorum in se composita admixta ex eis. & dixerunt hoc, quia opinabant ꝙ harmonia est compositio, & admixtio contrariorum, & ꝙ corpus est cõpositum ex contrarijs. ergo in corpore est harmonia: ergo est anima.

C Et quidem harmonia, quędam ratio compositorum est, aut cõpositio: animam autem neutrum possibile est esse horũ. Amplius aũt mouere non est harmoniæ: animæ autem attribuunt oẽs hoc.

SOPH. *Atqui Harmonia ratio quædam est commixtorum, vel etiam cõpositio: Anima autem neutrum horum esse potest. Præterea mouere nõ est harmoniæ: quod tamen oẽs ferè dixerim animæ potissimũ tribuunt.*

Licet harmonia sit proportio inter res admixtas, aut cõpositio: anima aũt non est alterũ istorum duorũ. Et etiã harmonia nõ est innata mouere: & in hoc proprie cõueniunt oẽs animam habere.

35 Cùm dixit hanc opinionem, incœpit contradicere ei, & dixit ꝙ harmonia, quam dicunt esse animam, aut est proportio inter res admixtas ex elementis: & hoc erit, si compositio corporis ex elementis est fm modum cõplexionis: aut anima est ipsa compositio, si compositio ex elementis est vi

cinatio, non admixtio. v.g. compositio domus ex lapidibus, & lateribus. D

Prima rõ obiicit dicentes animam harmoniam esse.

D.d. anima autem non est alterum istorum duorum. & intendit, vt diximus, & dicemus post. D.d. Et etiã harmonia non est innata mouere, &c. idest & apparet cito ꝙ harmonia non est anima: quia oẽs conueniunt in hoc, ꝙ, aĩa mouet, & non possunt dare modũ, fm quẽ harmonia moueat.

Congruit autem magis de sanitate dicere harmoniam, & omnino de corporeis virtutibus, ꝙ̃ de anima: Manifestum autẽ si aliquis tentauerit reddere passiones & opera animæ harmonia quadam: difficile enim adaptare.

40 P H. *Magis autem quadrat dicere, harmoniam de sanitate, & omnino de corporeis virtutibus, quàm de Anima. Quod apertissimum erit, si quis tentauerit attribuere affectus & munera animæ alicui harmoniæ: difficile enim est accommodare.*

Et dignius est, & melius dicere ꝙ harmonia currit cursu sanitatis, & vniuersaliter currit cursu alicuius, s. bonitatum moralium corporalium, non cursu animæ. & hoc manifestum est valde, cũ homo laborauerit in ꝑficiendo passiones animæ, & actiones eius ꝑ aliquã harmoniã. conuenientia enim in hoc est valde difficilis. E

36 Et melius est existimare ꝙ harmonia est de corporibus currens cursu sanitatis, idest cursu formarum, quæ sunt in animato, in eo quod est animatum, non cursu animæ, neq; formarum, quę sunt in anima: & siue harmonia sit compositio, aut proportio agens mixtionem, & complexionẽ.

D.d. & hoc manifestum est valde, &c. i. & differẽtia inter formas corporales attributas elemẽtis, & formas attributas animę, manifesta est ex hoc, ꝙ possumus attribuere in formis corporalibus diuersitatẽ cõtingentem in actionibus, & passionibus corporum compositioni factæ in eis ex elementis: ita ꝙ possumus dicere ꝙ actio carnis in manu est alia ab actione ossis propter mollitiem, & humiditatem carnis, & duritiem, & siccitatem ossis, & non possumus dicere per quam complexionem, & per quam cõpositionem differunt actiones sensus ab actionib' intellectus, & actiones virtutis sensibilis ab actionibus virtutib' motiuæ. Et hoc, quod dixit, est vna dubitationum contingentium dicenti esse animam proportionẽ elementorum, aut aliquod consequens proportionem. F

Secunda rõ cõtra opinionẽ dicẽtiũ animam harmoniã esse.

Amplius autem qm̃ dicimus harmoniam in duo respicientes, maxime quidem propria magnitudinum in habentibus motum & positionem, compositionem ipsorum: cùm sic cõgruant, vt nullum congeneum permittatur. hinc autem & eorum quæ miscentur rationem, neutro quidem igitur modo rationabile est: compositio autem partium corporis, multum inuestigabilis est: multæ enim compositiones partium, & multipliciter sunt. cuius igiẽ

&quo

A & quomodo congruit accipere intellectum compositionem esse: aut & sensitiuum, aut appetitiuum.

SOPH. *Praeterea si dicamus harmoniã ad duo spectantes, propriissimè quidem in magnitudinibus iis quae habent motum & positionem, compositionem earum: cum adeò haerent, ut nihil prorsus eiusdem generis admittant: atq; hinc etiam permixtorum rationem, profectò neutro quidem modo rationi consentaneum fuerit. partiũ tamen compositio nullo negotio refelli potest: multae enim cõpositiones sunt partium, eaq; uariè. Cuius igitur, aut quo tandem pacto existimare oportet intellectum esse compositionem, aut etiam sensitiuum, aut appetitiuum?*

Et etiam nos non comprehendimus harmoniam, nisi intendendo alterum duorum: secundum autem verũ apud magnitudines, cum habent motum, & situm. tunc igitur intenta est compositio B earum, cum fuerint superpositae tali superpositione, in qua nõ potest intrare inter eas aliquid sui generis: quod autẽ extrahitur ex hoc, est proportio, quae est rerum istarum: nõ est igitur rectum dicere neq; de altera istarum duarum intentionum. Compositio autem partiũ corporis facile potest determinari. cõpositiones enim partium corporis multae sunt. Intellectus igitur cuiuslibet partis debet compositio existimari, & quomodo & sensus compositio cuiuslibet partis, & desyderium compositio cuius partis?

57 Dicit Et etiam nos non comprehendimus harmoniam, & sentimus ipsam nisi per duo. & est vnum, quod dicitur harmonia in rei veritate, q͞n fuerint magnitudines habentes motum, & situm, & fuerint compositae adinuicem, & fuerint superpositae, ita q͞ inter illas nulla magnitudo sui generis possit intrare. quod aũt assimilatur huic, & trahitur ab eo, est proportio, quae fit in rebus admixtis, antequam admisceantur. Et, cũm notificauit q͞ harmonia dicitur his duobus modis, incoepit declarare q͞ nõ est C rationabile dicere q͞ anima est altera istarum duarum intẽtionum, & dixit non est igitur rectum dicere, &c. i. non est rationabile dicere vt differẽtiae partium animae sint datae ex altera istarum duarum intẽtionum. v.g. dicere q͞ intellectus est talis harmonia, & sensus talis, & desyderium tale: sicut est rationabile in partibus corporis. D. incoepit declarare hoc, s. q͞ hoc rationabiliter dicitur in partibus corporis, sed nõ in partibus animae, & dixit. Compositio autẽ partium corporis, &c. i. & hoc fuit sic, quia perficere formam cuiuslibet membrorum corporis, & dare essentiam eius p compositionem est facile, quia manifestum est sensui q͞, compositiones eorum diuersae sunt, & multifariae. scire autem quae compositio approprietur intellectui, & quae sensui, & quae desyderio, hoc impossibile est vt detur ratione. Et haec est quasi alia dubitatio, contingens dicentibus animam esse harmoniam, aut proportionẽ. prima enim dubitatio est, quia illi nõ

Tertia rõ cõtra eandẽ opiniõẽ

possunt

possunt perficere actiones, & passiones animæ per compositionẽ. ista autem, quia non possunt perficere diuersitatem substantiæ eius propter diuersitatem compositionis, & indifferenter in hoc, quod cõtingit eis, siue formæ entium compositorum fuerint ex vera harmonia, aut ex harmonia abstracta à vera. D

Similiter autem inconueniens & rationem mistionis esse animam: non enim eandem habet rationem commistio elementorũ sm quam caro, & sm quam os. accidet igitur multas animas habere, & sm omne corpus. siquidem omnia ex elemẽtis commistis sunt: commistionis autem ratio harmonia & anima.

SOPH. *Pari quoq; modo absurdum est animam esse permixtionis rationẽ: non enim eandem obtinet rationem elementorum permixtio, qua caro, & qua os permixtũ est: itaq; fiet vt multas habeat animas, easq; per vniuersum corpus: si quidem omnia ex elementis permixta sunt: ratio verò permixtionis harmonia est & anima.* E

Et est etiam alia dubitatio, vt anima assimiletur mixtioni. mixtio enim elementorum, quæ fit caro, & os non est eiusdem proportionis. Ex quo contingit vt in corpore sint multæ animæ, & in toto corpore: cum omnia membra fuerint ex mixtione elementorũ, & proportio mixtionis fuerit harmonia, & anima.

18 Ista est Tertia dubitatio, contingens dicentibus animã esse harmoniã, & mixtionem elementorũ. continget enim eis ponere ꝙ quodlibet membrum habet animam particularem, & vniuersum corpus animam vlem. Quæ igitur est dria inter proportionem, quæ facit animam, & quæ facit membrum. Quoniam, si anima, sm ꝙ anima est proportio mixtionis, & compositionis, aut illud, quod fit ex proportione mixtionis, & compositionis, & formæ membrorum sunt aut harmonia, aut proportio, aut aliquid factum ex proportione: manifestũ est ꝙ contingit ex hoc vt in quolibet membro sit anima, & in toto corpore sit anima. Aut dicent, quæ est differentia inter harmoniam, & proportionẽ, quæ facit animam, & quæ facit membrum: cùm omnia membra fiant ex mixtione, & anima ex mistione. Et ista dubitatio similis est primæ, in qua interrogauit quæ mixtio approprietur vnicuiq; virtutum animæ. F

Inuestigabit autẽ hoc vtiq; aliquis ab Empedocle: vnũquodq; enim horum, ratione quadam dicit esse. vtrũ igitur hæc ratio anima est, aut magis alterũ aliquod cùm sit, in partibus infit. Amplius an sit vtrum concordia cuiuslibet mistionis causa, aut eius quæ sm rationem: & hoc vtrum ratio est, aut aliquid præter rationem.

SOPH. *Hoc etiam aliquis ab Empedocle peteret: nam vnumquodq; eorum ratione quadã constare dicit: Vtrum igitur anima est ratio, an potius,*

cum

& cum aliquid aliud sit, membris accedit? Ad hæc vtrum amor cuiuslibet permixtionis est causa, an eius quæ in ratione consistit? Atque hæc tandem vtrum ratio, an aliquid aliud est præter rationem?

Et debet homo quærere ab Empedocle. Empedo. enim dicit ꝙ quodlibet membrorum est in aliqua proportione. Vtrum igitur proportio sit animæ, aut anima est aliud, sed fit in mẽbris. Et quærendum est etiam vtrum amicitia est causa mixtionis cuiuslibet, aut non est nisi causa permixtionis in aliqua proportione. Et amicitia etiam vtrum est ista proportio, aut aliud.

59 Dicit & quærendum est ab Empedocle hanc dubitationem. dicit enim ꝙ forma cuiuslibet membri non est nisi per aliquam proportionem factã apud compositionem elementorũ in eo. &, cùm opinio eius sit talis, quærendum est ab eo, vtrum proportio, quæ est substãtia membri, sit anima, aut aliud, sed fit in membris ab extrinseco. Et intendit. si igitur dixerit ꝙ

B sit proportio membrorum, continget ei ꝙ quodlibet membrũ habet animam. &, si dixerit aliud, continget ei dare duas. D.d. Et quærendũ est etiam vtrum amicitia, quam opinatur esse causam mixtionis, sit cuiuscunq; mixtionis. & intendit. & si dixerit ꝙ est causa cuiuslibet mixtionis, continget vt ex omni mixtione sit membrum, & anima. &, si dixerit ꝙ est causa alicuius mixtionis, oportet ipsum dare causam cuius sit mixtionis: & maxime si mixtio faciens membra sit alia à mixtione faciente animã.

D.d. Et amicitia etiam vtrum est ista proportio, aut aliud. & intendit, vt mihi videtur, &, si dixerit ꝙ sit proportio, tunc proportio non existit ante mixtionem, sed agens debet esse ante patientẽ. &, si dixerit aliud, quid igitur erit? Et quasi intendit notificare ꝙ illæ tres dubitationes, contingentes dicentibus animam esse complexionem, aut compositionem contingent Empedo. & contingent ei propriè istæ dubitationes, quas dixit, propter hoc, quod ponit amicitiam, & litem.

C

Hæc quidem igitur habent huiusmodi dubitationes. si vero alterum est à mistione anima, quid igitur aliquando simul carnis esse, interimitur & alijs partibus animalis? Adhuc autem siquidem non vnaquæque partiũ habet animam, & si non est anima ratio cõpositionis, quid est ꝑꝑ quod corrumpitur, anima deficiente?

SOPH. *Ac de ijs quidem eiusmodi dubitationes oriuntur. Quòd si anima diversum est à permixtione, cur vna cum carnis esse, reliquis etiam animalis partibus tollitur? Ad hæc si non vnaquæque partium habet animam, si non est anima ratio permixtionis, quid est quod abscedente anima corrumpitur?*

Istæ igitur sunt dubitationes. Et si anima sit aliud à mixtione, qua de causa tollitur, si tollitur propter mixtionem, quæ inueniebatur

batur in carne, & in aliis mẽbris in animalibus? Et etiam, si quodlibet membrum corporis non habet animam, & anima non est proportio mixtionis, quid est igitur hoc, quod corrũpitur, quando separatur ab anima? D

60 Istæ igitur sunt dubitationes, contingentes dicentibus animam esse cõplexionem: licet dicens hoc possit in hoc dare aliquam rationem. quoniã, si anima est aliud à mixtione, & à complexione, quare corrumpitur cum corruptione cõplexionis? si enim est aliud à forma carnis, & à forma mẽbrorum, & tamen inuenitur in membris, quare corrumpitur cum corruptione membrorum? Et etiam, si anima nõ est complexio, & mixtio, quare corrumpuntur membra, quando separãtur ab anima? nisi in membris sit aliud corruptibile, quando anima separatur. quid est ergo illud?

Quod quidem igitur non harmoniam possibile est esse animã, neque circulariter moueri, manifestum est ex dictis: Secundum aũt accidens moueri sicut diximus est, & mouere se ipsam: vt moueri quidẽ in quo est, hoc autem moueri ab anima. aliter autem nõ est possibile moueri secundum locum ipsam. E

SOPH. *Nec igitur harmoniam posse esse animam, neque in orbem ferri, perspicuum ex dictis est: moueri tamen, & mouere seipsam per accidens, vt diximus, potest: verbi causa moueri quidem id in quo est, atque id demum moueri ab anima. Alio autem modo haud quaquam fieri potest, vt loco moueatur.*

Quoniam autem anima impossibile est vt sit harmonia, aut vt moueatur circulariter, manifestum est ex prædictis. quãm vero mouetur accidentaliter, sicut diximus, & mouet se, hoc non est, nisi quia anima mouetur per illud, in quo est. & hoc etiam mouetur ab anima. sm aũt alium modũ impossĩ est vt moueatur in loco. F

Cùm destruxit quod anima est aliquod mouẽs se essentialiter, aut harmo-
61 nia, aut complexio, incœpit facere rememorationem, & declarare quod non contingit ei mouere se, nisi accidentaliter, & dixit Quoniam aũt aĩa, &c. & intendit per hoc, quod dixit, aut vt moueat, aut vt moueatur in circuitu, idest aut moueat se essentialiter, vt existimatum est de corporibus cœlestibus, quæ mouentur circulariter. Et, cùm declarauit quod impossibile est vt moueatur ex se essentialiter, incœpit declarare quòd hoc possibile est accidentaliter, & dicit, quoniam verò mouetur accidentaliter, &c. idest quoniam vero mouetur accidentaliter, & mouet se accidentaliter, necessarium est quòd anima videtur moueri p illud, in quo existit, scilicet corpus, quando corpus illud mouetur ab ea. sed alio modo impossibile est vt anima moueatur in loco.

a la moueatur, & mouetur, sed p accñs. Idẽ I cõ. 42.

Exami-

A *Examinantur dubitationes nonnullæ Animam moueri persuadentes.* Cap. 5.

RAtionabilius autem dubitabit vtique aliquis de ipsa tanquã quæ mouetur, in huiusmodi considerans: dicimus enim animã tristari, gaudere, confidere, timere: amplius autem, irasci, & sentire, & intelligere: hæc autem omnia motus esse videntur. vnde opinabitur aliquis ipsam moueri.

SOPH. *Sed aptius de ipsa quærat quispiam, vt de ea quæ moueatur, ad hæc animaduertens. Dicimus enim animam angi, lætari, confidere, timere. ad hæc, irasci, sentire, ratiocinari: quæ omnia esse motus videntur. Quã obrem eam aliquis moueri putauerit.*

Sed est quæstio cogens ad dicẽdum, ꝙ anima mouetur essentialiter: & est ꝙ nos dicimus ꝙ anima contristatur, & gaudet, & audescit, & timet, & irascitur, & sentit, & distinguit, & omnia ista videntur esse motus. vnde homo existimat ꝙ anima mouetur.

B

61 Cùm declarauit ꝙ impossibile est vt anima moueatur, nisi accidentaliter, dedit dubitationem super hoc, & dixit. Sed est quæstio cogens ad dicendum ꝙ anima mouetur essentialiter: & est ꝙ nos dicimus ꝙ anima cõtristatur, & gaudet, &c & omnia ista reputantur esse motus. & propter has duas propositiones existimatur ꝙ anima mouetur. v g. anima contristatur: & cùm tristitia est motus: ergo anima mouetur.

Hoc autem non est necesse: si enim & maxime gaudere, aut dolere, aut intelligere, motus sunt: & vnumquodque moueri aliquid, moueri autem est ab anima, vt irasci, aut timere, in eo ꝙ cor quodam modo mouetur: Intelligere autem forsitan huiusmodi est, aut alterum aliquod. Horum autem accidunt, alia quidem secundum loci mutationem quorundam motorum: alia autem, secundum alterationẽ: qualia autem & quomodo, alterius rationis est.

C

SOPH. *Quod tamen non est necessarium: Nam tametsi vel maximè angi, vel lætari, vel ratiocinare, motus sunt: atque horum vnumquodque est moueri: tamẽ moueri ab anima est, vt irasci, ut timere, eò quòd cor ita mouetur: Ratiocinari autem, aut eiusmodi fortassis est, aut aliud quidpiã. Horum autem partim eueniunt, dum latione aliqua mouẽtur: partim dum alteratione: Quæ nam porrò illa sint, & quomodo, id aliò pertinet.*

Et hoc non est necessarium. quoniam, si cõtristari, & timere, & distinguere sunt motus: & quodlibet eorum moueat aliquid: tunc hoc mouere nõ est nisi mouere ab anima. v.g. irasci enim est motus ad cor, s. ꝙ cor inflatur. & distinguere est motus. s. ꝙ tale membrũ currit tali cursu: & rectum est vt aliquid currat tali cursu. Et quędam

illorum

istorum accidunt sm translationem rerũ, & quædam sm altera- D
tionem. quæ aũt sunt ista, & qũo fiunt, proprium est alij sermoni.

63 Dicit &, licet concedamus ista esse motus, tamen nõ est necessarium vt sint motus animæ. qm̃, si timere, & distinguere sint motus: & quilibet motus istorum appropriatur alicui membro corporis: tunc isti motus nõ debent attribui, nisi in illis membris: & illa motio non est in membro, nisi ab anima. v.g. qm̃ irasci videtur esse propriũ cordi, s. ꝙ cor mouetur hoc motu, i. tumescit: & similiter timere videtur esse proprium cordi, cùm cõstringatur. Et, cùm manifestum est ꝙ isti duo motus debẽt attribui cordi, incœpit quærere cui membro attribuatur intelligere, si sit motus, & dixit. & distinguere est motus, s. ꝙ tale membrum currit tali cursu. ita cecidit in scriptura & intendit ꝙ, si distinguere sit motus, opinandum est ꝙ aliud membrum est ei proprium, sicut cor iræ. & dixit hoc, quia iam declaratum est ꝙ omne motum est corpus. D.d. & rectũ est vt aliquid currat tali cursu. ita cecidit in scriptura, & intẽdit ꝙ rectũ est ꝙ aliquod membrum currat tali cursu, aut in omnibus passionibus animæ, si omnes sunt E
motus: aut in quibusdam, si est in eis aliquid, in quo non est motus. & eorum, & in quibus sunt motus, quædam mouentur sm locum, & quædam secundum alterationem. D.d. quæ autẽ sunt ista, & quomodo, &c. i. quæ autem membra sunt ea, quæ mouentur vnoquoq; istorum motuum in vnaquaq; partiũ animæ, & quomodo mouentur, proprium est alij loco.
9.Phy.31. Et dixit hoc, quia in hoc loco tantum est necessarium quòd isti motus sint essentialiter in rebus corporeis, & diuisibilibus, vt declaratum est in sermonibus vniuersalibus.

Dicere autem irasci animam simile est, et si aliquis dicat eam texere vel ædificare: melius est enim fortassis nõ dicere animam misereri, aut addiscere, aut intelligere, sed hominem anima: hoc autẽ non tanquam motu in illa existente: sed aliquando quidem vsq; ad illam, aliquando autem ab illa: vt sensus quidem ab his, reminiscentia vero ab illa, ad eos qui sunt insensitiuis mot⁹, aut quietes. F

SOPH. *Dicere autem irasci animam: vel timere, simile est atq; si quis dicat animam texere vel ædificare: melius enim fortaßis est non dicere animam misereri, aut discere, aut ratiocinari: sed hominem anima. Quod non ita intelligendum est, quasi motus in illa sit: sed interdũ quidem vsq; ad illam: interdum vero ab illa. verbi causa, sensus quidẽ ex his: recordatio verò ab illa, ad eos motus siue mansiones, quæ sunt in sensuum instrumentis.*

Dicere autem ꝙ anima irascitur est simile ei, quod texit, aut ędificat. melius enim videtur non dicere ꝙ anima habet pietatẽ, aut docet, aut distinguit, sed dicere ꝙ homo facit hoc propter animã. & hoc non est, quia motus venit ad ipsam, & fit in ea: sed quãdoq;

peruenit

A perueniet ad ipsam, & quandoq; est ex ea. v. g. quod sentire est ab istis rebus: rememoratio autem est ab anima.

64 Quia facit hominem errare hoc, quod est in consuetudine dicendi, quod
anima irascitur, & timet, vnde existimatur quod isti motus sint existentes in
anima absq; corpore, & quod anima mouetur essentialiter illis, incœpit declarare quod hoc non dicitur nisi secundum similitudinem, & quod isti motus ita sunt,
sicut motus, qui sunt in membris apparentibus, sicut ędificare, & texere: &
quod in nullo differt, nisi quia membra illa sunt interiora, & hæc exteriora.
Et dixit, dicere autem quod anima irascitur, &c. i. quẽadmodum motus tex
toris, & ædificatoris non attribuitur animæ, nisi accidentaliter, ita est mo
tus iræ, & timoris. D. d. melius enim videtur non dicere, &c. i. & ideo me
lius est vt locutio sit in omnibus illis actionibus, quod homo facit hoc per ani
mam, non quod anima distinguat, aut ædificet, aut addiscat, aut habeat pieta-
tem: sed homo addiscit per animam, aut distinguit per eam. D. d. & hoc
B non est, quia motus est in anima, &c. i. & isti motus non existunt in aĩa:
sed principium motionis in quibusdam eorum est extrinsecus, & finis eorum est in anima. Et, cùm declarauit quod principium quorundam istorũ
motuum est extrinsecus, & finis eorum in anima, dedit exemplum. sed in
translatione à qua dicimus, diminuta est. & intendit quod motus, cuius prin
cipium est extrinsecus, & finis in anima est motus, sensus & motus, cuius
principium est in anima, & finis extra, est motus rememorationis. & iste
motus rememorationis forte perueniet ad sensum, & forte non. virtus enim
rememoratiua, quando mouerit imaginatiuam, tunc forte imaginatiua mouebit sensibilem, & forte non. Et hoc manifestum est in alia trãslatione
sic. & dicere quod anima irascitur est quasi dicere quod texit, aut ędificat sed me
lius est non dicere quod anima gaudet, aut addiscit, sed homo per animam.
& non quia motus peruenit ad ipsam, & fit in ea: sed quandoq; peruenit
ad ipsam, vt sensus, qui reddit illud, quod reddit ad ipsum à sensibilibus: &
quandoq; fit motus principium ab ea, vt in memoratione. & tunc aut re-
C manebit in ea, & non pertransibit ad aliud: aut veniet ad sensus, & trans-
mutabit eos. Et intendit per hoc, quod dixit, nõ est quia motus venit ad
ipsam. & fit in ea. i. nõ, quia anima est subiectum istius motus, dicitur habere ipsum. Et intendit per hoc, quod dixit, & tunc aut remanebit in ea, &c.
idest quod iste motus, cuius principiũ est ab anima, s. rememoratio, forte remanebit in corpore, quod est instrumentum istius virtutis: & forte pertrãsibit ad
aliud, quousq; perueniat ad sensus, idest ad instrumenta sensuum.

Mot⁹ cui⁹ pricipiũ ẽ extrinsec⁹ & finis in aĩa, ẽ motus sensus oppositũ ĩ co. 3. huius primi. Vide cõ. Zim.

Intellectus autem videtur infieri substantia quædam existens, & non corrumpi. maxime enim corrumperetur vtiq; ab ea quæ est in senio debilitate: nunc autem fortassis quemadmodum in sensitiuis accidit: si enim accipiat senior oculum huiusmodi, videbit vtiq; sicut & iuuenis. Quare senium non est in sustinendo aliquid animam, sed in quo, sicut in ebrietatibus & infirmitatibus.

SOPH. *Intellectus autem videtur accedere, ac substantia quaedam esse, nec interire. nam ab ea potissimum hebetatione quae in senio fieri solet, labefactaretur. nunc verò ut in sensorijs euenit: nam senex nactus oculum talem, videbit utiq; sicut et iuuenis. Quare senectus nō est eò quod anima aliquid sit passa, sed id in quo: quemadmodum in ebrietatibus fit & in morbis.* D

Intellectus autem videtur esse substantia aliqua, quæ fit in re, & non corrumpitur. Quoniam, si corrumperetur, magis dignum esset vt corrumperetur in fatigatione, quæ est apud senectutem. sed videmus q illud, quod accidit in sensib⁹ ex hoc, accidit in corpore. senex enim si reciperet oculum iuuenis, videret vt iuuenis. senectus igitur nō est dispositio, in qua anima patitur aliquid, sed dispositio in qua anima est sicut est apud ebrium, & ægrotum.

63 Cùm concessit q anima mouetur accidentaliter, i. propter subiectum, per quod cōstituitur, & propter hoc est generabilis, & corruptibilis, incepit declarare q intellectus materialis inter partes animæ videtur esse non mobilis, neq; accidentaliter etiam. est. n. non generabilis, & non corruptibilis, nisi fm illud, in quo agunt ex corpore, aut fm illud, à quo patitur: quia habet instrumentum corporale, quod corrumpitur per suam corruptionem: sicut est dispositio in alijs virtutibus animæ. Et dixit. Intellect⁹ autem videtur esse substantia, &c. & intendit hic per intellectum, intellectum materialem, qui comprehendit intētiones omnium entium. D. d. Quoniam, si corrumperetur, &c. idest quoniam, si corrumperetur, haberet instrumentum corporale: esset enim virtus corporis. Et, si haberet instrumentum corporale, accideret ei apud senectutem illud, quod accidit senibus: & tunc debiliter intelligeret intentiones rerum intelligibilium. sed non est sic: & tunc necesse est vt non habeat instrumētum corporale. &, cùm iste intellectus non corrumpitur in se, tunc illud, quod corrumpit in se, est passio, aut actio eius per corruptionem eius, à quo patitur: cùm illud, à quo patitur, sit intra corpus, vt declarabitur post. Deinde dicit sed videmus q illud, quod accidit in sensibus ex hoc. idest sed, quia videmus hoc, quod accidit in sensibus ex fatigatione apud senectutem, potest attribui virtuti sensitiuæ tali modo, scilicet non quia virtus transmutata est, & inueterata, sed quia illis, per quæ intelligit, accidit fatigatio. verbi gratia artifex, cuius actio fatigatur propter fatigationem instrumenti, non propter seipsum. &, cùm iste sermo sit sufficiens in sensibus, quanto magis in intellectu. Deinde dixit. senectus igitur non est dispositio, &c. idest & sicut senectus, & inueteratio contingens homini fm hanc rationem, nō est dispositio, in qua anima patitur ad viam corruptionis: sed dispositio, quę accidit ei apud senectutem est similis dispositioni, quæ videtur accidere ei apud ebrietatem, & ægritudinem. existimatur enim q anima apud hęc duo non patitur ad corruptionem, & maxime apud ebrietatem. Et iste

Intellectus mat. in comprehendit intentiones omnium entium. Idē 3. de Ala t. cō. 4. 5. & 16.

3. de Ala t. c. 20. & hic I textu sequenti.

E F

sermo

A sermo postremus est sufficiens, non demonstratiuus. *Sed cōsuetudo Aristotelis est inducere sermones sufficientes, aut post demōstratiuos, aut in locis, in quibus non potest inducere sermones demonstratiuos.

*Cōsuetudo Arist. ē īducer sermones sufficientes, aut post demratiuos, aut in locis, i quibus ñ pōt īducere sermones demratiuos. Vide idē 1. Cœ.c.3. & q.ibi.

Intelligere autem & considerare marcescunt alio quodam interius corrupto: ipsum autem impassibile est. Intelligere autem aut amare & odire, non sunt illius passiones, sed huius, habētis illud sm̄ ꝙ illud habet: quare & hoc corrupto, neq; memoratur, neq; amat: non enim illius erant, sed cōis, ꝙ quidem destructum est: Intellectus aūt fortassis diuinū aliquid & impassibile. Quòd quidē igitur non possibile moueri animam, manifestum est ex his: si aūt penitus non mouetur, manifestum quoniam neq; à seipsa.

SOPH. *Itaq; & intelligere & contemplari languescit, dum aliud quidpiā intus corrumpitur: at ipsum impatibile est. Ratiocinari autē, & amare vel odisse, non sunt illius passiones, sed eius quod habet illud, quatenus illud habet. Itaq; hoc corrupto, nec meminit, nec amat: non enim illius erāt, sed communis illius, quod interijt: intellectus autem fortasse Diuinum quiddam est, & impatibile. Ex his igitur animam moueri nō posse perspicuum est. Quòd si omninò non mouetur, constat eam neq; à se ipsa moueri posse.*

B

Et intelligere, & consyderare diuersantur, quādo aliquid aliud corrumpitur intus: ipsum autem in se nihil patitur. Distinctio autem, & amor, & odium non sunt esse illius, sed istius sm̄ ꝙ habet. Ideo etiam, cùm hoc corrumpetur, non rememorabimur, neq; diligemus alios. nū igitur est illius, sed eius, quod est cōe, quod amittebatur. Intellectus aūt dignius est vt sit aliquod diuinū, & impassibile. Quòd igitur impossibile est vt anima moueatur manifestū est. & si oīno non mouetur manifestū est ꝙ non mouet, neq; ex se.

C

66 Cùm posuit ꝙ intellectus, qui intelligit intelligibilia, neq; est generabilis, neq; corruptibilis, sed intelligere, quod est actio istius intellectus, videtur generabile, & corruptibile, incœpit dare modum, ex quo contingit hoc: & est, ꝙ illud, quod intelligit, est intra corpus, & est generabile, & corruptibile, & dixit. Et intelligere, & consyderare diuersantur, &c. idest & accidit q; intelligere quandoq; sit in potentia, quandoq; in actu: non, quia intellectum est generabile, & corruptibile: sed quia intra corpus corrumpitur aliquid aliud, vel ei*, in quo est intelligere. Deinde dicit, ipsum autem in se nihil patitur. scilicet intellectus imaginans. & post declarabit ꝙ hæc est res imaginans, vel imaginata: aut intelligens, vel intellecta: & est illud, quod vocat in Tertio tractatu intellectum passibilem. Et, cùm dedit modum dissolutionis quæstionis, in qua quærit quomodo intellect*

intelligens non est generabilis, aut corruptibilis, & intelligere, quod est sua actio, sit generabilis, & corruptibilis, incepit etiam declarare de virtutibus, licet, cum sint attributæ intellectui, videantur generari & corrumpi, quod illæ virtutes non sunt intellectus æterni. Et facit hoc, ne accedat quæstio in hoc, quod dixit in intellectu materiali in Tertio tractatu, scilicet quomodo intellectus sit ingenerabilis, & incorruptibilis: & nos posuimus quòd post mortem neq; diligimus, neque odimus, neq; distinguimus. D

j. de A'a tex.c.10. Deinde dicit. Distinctio autem, & amor, & odium, &c. idest distinctio autem, quæ attribuitur virtuti cogitatiuæ, & amor, & odium, quæ attribuuntur rationi, scilicet quæ accipiunt actionem rationis, videtur enim in hac parte animæ quod sit aliquod rationabile, quod est obediens intellectui in hominibus bonis. ista igitur non sunt actiones istius intellectus: sed sunt actiones virtutum habentium hanc rationé, secundum quod habent illam actioné.

Et addidit hanc conditionem, scilicet secundum quod habent: quia impossibile est vt illæ virtutes sint, nisi cum intelligere: sed, si attributæ fuerint ei, non erit attributio secundum quod sunt. Deinde dicit. Ideo etiam, cùm hoc corrumpetur non rememorabimur, neq; diligemus, idest &, quia hæ actiones sunt in nobis à virtutibus generabilibus & corruptibilibus, alijs à virtute, quæ est intellectus materialis, s. qui comprehendit intentiones vniuersales, non potest aliquis dubitare, & dicere quod, si intellectus sit ingenerabilis, & incorruptibilis, quare non rememoramur post mortem, neque diligimus, neq; odimus. hæ enim actiones sunt virtutum aliarum ab illa virtute. D.d. intellectus autem dignius est vt sit aliquod diuinum, & nõ passibile, idest non transmutabile propter mistioné cum materia. D.d. Quòd igitur impossibile est, &c. idest manifestum est igitur ex hoc sermone, quod impossibile est vt anima moueatur. in quibusdam autem partibus, scilicet in intellectu, neq; essentialiter, neq; accidentaliter: in quibusdam vero accidentaliter, non essentialiter: & cùm declaratum fuerit quod nõ mouetur omnino ex se: quia necessarium est in omni moto ex se, quod est proprium animalibus, vt moueatur ex se essentialiter, & non conuertatur. E

A'a i quibusdã partibus ñ mouet', neq; essentialr, neq; accidentalr, vt i itellectu: in quibusdã v'o mouetur accidétalr ãn.

Multum autem his quæ dicta sunt irrationabilius, dicere animam esse numerum mouentem se ipsum: insunt enim his impossibilia, primò quidem ex ipso moueri accidentia, propria autem, ex eo quod dicunt ipsam esse numerum. Quomodo enim oportet intelligere vnitatem motam, & à quo, & quõo, impartibilem & indifferentem existentem? si nanque est mota & mobilis, differre oportet. F

SOPH. *Sed multò magis, quàm quæ dicta sunt à ratione distat, dicere animam numerum se ipsum mouentem: adsunt enim his impossibilia. primum, quæ ex ipso moueri accidunt: deinde peculiaria quædam, ex eo .s. quòd dicant eam esse numerum. Quomodo enim oportet intelligere vnitatem quæ moueatur, & à quo, & quomodo: cum impartibilis*

A *tibilis sit, & nullam habeat differentiam? Nam si est motiua & mobilis, differre eam oportet.*

Et magis remotus à ratione est sermo, qui dicit animam esse numerum mouentem se. contingunt enim hoc dicenti multa impossibilia, & primo ea, quæ contingunt dicenti animam moueri: & postea quæ contingunt ex dicere eam esse numerũ. Nescimus enim quomodo intelligimus vnitatem motam, & à quo mouetur, & quomodo mouetur: igitur oportet vt diuersetur.

87 Cùm compleuit contradictionem ad vtentes motu tantum in definitione animæ, incœpit contradicere eis, qui cum motu vtuntur numero, & dixit. Et magis remotus, &c. i. & iste sermo in anima est minoris sufficientiæ omnium sermonum, s. sermo dicentis animam esse numerum se mouentem. contingunt enim ei multa impossibilia. & primo illa, quæ contingunt dicenti animam esse aliquod mouens se: & postea ea, quæ contingunt, quia ponunt eam esse numerũ mouentem se. D. d. Nescimus, &c. idest nescimus enim quõ intelligitur vnitas semp mota. omne enim motum habet situm: & vnitas non habet situm. Et similiter impossibile est ẽt intelligere quõ mouetur, quousq; diuidatur in aliquod motum, & in aliquod mouens, s̃m ꝙ diuiditur illud, quod mouet se. vnitas enim in se nõ diuiditur. Et s̃r etiam impossibile est intelligere quõ mouet̃. q̃m illud, quod non diuiditur, non mouetur. vt declaratum est. D. d. igitur oportet vt diuersetur idest si est aliquis modus, s̃m quem mouetur, & alius, s̃m quem mouet, oportet vt illi modi diuersentur: & sic erit diuisibilis s̃m intentionem. vnitas autem non diuiditur aliquo modo.

Prima rō contra ponentes animã esse numerum.

6. Phy. t. c. 86. 87. & 88.

B

Amplius autem, quoniam dicunt lineam motam facere planũ, punctum autem lineam: & vnitatum motus, lineæ erũt: punctus enim est vnitas positionem habens: numerus autem animæ iã alicubi est, & positionem habet. Amplius autem à numero si auferat quis numerum aut vnitatem, relinquit̃ alius numerus: plantæ aũt & aĩaliũ multa, diuisa viuunt & vident̃ eandẽ aĩam hẽre speciẽ.

C

SOPH. *Item quia dicunt motam lineam planum facere: punctum verò lineam: & vnitatum etiam motus erunt lineæ. punctum enim vnitas est positionem habens. numerus verò animæ alicubi tandem est, & positionem habet. Item si a numero quispiam numerum vel vnitatẽ auferat, relinquitur alius numerus: at verò plantæ & pleraq; animaliũ si secentur, viuunt, & eandem specie habere animam videntur.*

Et etiam, cùm dicunt ꝙ, cùm linea mouetur, faciet superficiem, & punctus lineam. punctus enim est vnitas habẽs situm, sicut numerat animam in situ, & habet situm. Et etiam, si de numero diminuitur numerus, aut vnitas, remanebit alter numerus. & plantæ, & plura animalia remanebunt viua, cùm abscinduntur: & tamen reputatur q; anima eorum est illa eadem anima in specie.

68 Cùm dedit modos, ex quibus accidit vt iste sermo contradicat sibi, dedit etiam alia impossibilia, & dixit. Et etiam, cùm dicunt, &c. i. & cùm consuetudo est Mathematicorum dicere q;, cùm linea mouetur, fit superficies: &, cùm punctus, fit linea: vnitates aũt, si mouentur, necessarium est vt habeant situm: & oĩs vnitas habens situm est punctus: necesse est vt vnitates, quas ponunt esse numerum aĩæ, sint puncta. &, si sint puncta, & mota, necesse est vt faciant lineas, nõ actiones animæ. D. dedit aliud impossibile, & dixit. Et ẽt, si de numero diminuitur, &c. i. & ẽt modi numerorum diuersant̃ sm̃ magis & minus. si enim ex quaternitate auferatur vnitas, fiet ternarius: &, si addat̃, fiet quinarius. & nos videmus oẽ animarum ex plantis, & plura ex animalibus, licet diminuatur ab eis vna pars, tñ remanet illud, quod remanet æquale in specie primo. vnde actio animæ videtur in capitulo qualis, non quanti. &, si actio animæ esset in quantitate, contingeret vt anima, quæ remanet in plantis, esset diuersa in specie à priori.

Secũda rõ. *Tertia rõ.* *Actio aĩæ vĩ esse I qli, n i quãto.*

Videbitur autem vtiq; nihil differre dicere vnitates, aut corpora parua. et nanq; ex Democriti sphæris si fiant puncta, maneat autem solum quantitas, erit aliquid in ipso, hoc quidem mouens, illud autem quod mouetur: sicut in continuo: non enim propter hoc quod est magnitudine differe, aut paruitate, accidit quod dictum est, sed quia quãtum: vnde necesse est aliquid esse motiuum vnitatum. Si autem in animali mouens anima, & in numero. Quare non mouens & quod mouetur est anima, sed mouens solum.

SOPH. *Nihil autem referre videatur, siue vnitates, siue parua corpuscula dicantur: Etenim ex Democriti sphærulis si fiant puncta, modo sola maneat quantitas, erit in ipsa* quidpiam quod moueat, & quidpiã quod moueatur, quemadmodum in magnitudine: neq; enim quod magnitudine differant aut paruitate, quod dictum est euenit, sed quia quantum sunt: itaq; necessarium est adesse aliquid quod sit moturum vnitates: quòd si in animali id quod mouet anima est, etiam in numero. Quare non quod mouet, & quod mouetur, aĩa est: sed id dũtaxat quod mouet.*

*a. Lipsi

Et potest homo dicere q; nulla est differentia inter vnitates, & corpora parua. Fiunt enim ex sphæris Democriti paruis puncta, & remanet sola quantitas, quasi esset in eo aliquod motiuum, & aliquod mouens. non enim, quia diuersantur sm̃ magnitudinem, & paruitatem, continget hoc, quod diximus, sed quia quantum. Et ideo necesse est vt sit aliquid, quod moueat vnitates. Si igitur anima est mouens, etiam est numerus. vnde necesse est vt anima non sit mouens, & motum, sed mouens solum.

Idest

A Idest, Et potest homo dicere q nulla est dfia inter ponentem vnitates se mouentes, & ponentem has vnitates corpora parua. ponendo enim eas mouentes se, ponit eas corpora. &, si non, quomodo intelligũtur vnitates se mouentes. D.d. Fiunt enim ex sphæris Democriti paruis pũcta. & intendit, vt mihi videtur, & sil'r qui ponit q possibile est vt punctus moueatur, cõcedit q contingit ei q punctus sit corpus. & ideo bene possumus dicere q sphæræ Democriti, quæ mouentur ex se, adeo sunt paruæ, q dicuntur pũcta. punctus enim fm hanc positionem non est nisi corpus. Et, cum narrauit hoc, dedit causam, propter quam possibile est in talibus punctis imaginari q in eis sit aliquod quasi mouẽs, & aliquod quasi motum, & dixit. & remanet sola quantitas, &c. idest vt mihi videtur, quoniam, cùm fuerint motæ, remanebit in eis sola quantitas, si auferat ab eis alias quantitates. & cùm natura quãtitatis remanet in eis, possibile est intellligere in eis aliquod motum, & aliquod mouens: sicut in corporibus. hoc enim nõ accidit corpori, nisi fm q est corpus, non fm q est magnum, aut paruum. s. 69 Quarta rõ

B q sit motum ex se, & q mouens in eo sit aliud à moto. Et hoc intendebat, cùm dixit sicut est in continuo, &c. idest q res nõ dicitur esse mota ex se, & vt mouens sit aliud in ea à moto, quod est corpus magnum, aut paruum: sed quia est corpus continuum tantum. & ideo omnis ponens vnitatem motam ex se, aut pũctum, necesse est ei ponere corpora parua. & sic in nullo differt ponens animam esse vnitates, aut puncta se mouẽtia, à Democrito ponente eam esse spheras paruas. D.d. Et ideo necesse est, &c. i. & cùm vnitates sint mouentes se: & mouẽs in re est aliud à moto: necesse est vt illud quod mouet vnitates, sit aliud ab vnitatibus. si igitur est mouens in omni moto, anima etiam est mouens in vnitatibus, non vnitates motæ, quæ sunt numerus: vnde necesse est, vt aĩa sit mouens tantum, non mouens, & motum insimul. D.d. Si igitur anima est mouens, &c. i. si igitur aĩa est mouens materiã, est etiam mouens numerum. vnde necesse est vt anima non sit mouens, & motum ex numero, sed mouens solum.

Cũ nã q̃d tans remanet in aliquo, posse ẽ l eo imaginari mouẽs, motũ. Quid de effatu l vacuo fm Cõmẽtatorẽ cõ. 71. 4. phy. et ex eo oppositũ sequitur dicti superius. Vide cõm. Zim.

C Contingit autem hanc vnitatem quodammodo esse: oportet enim quandam inesse ipsi differentiam ad alias. puncti autem solitarij, quæ vtiq differentia erit, nisi positio? Siquidem igitur sunt alteræ in corpore vnitates & puncta, in eodem erunt vnitates, obtinebit enim locum puncti: & tamen quid prohibet in eodẽ esse, si duo sunt, & infinitas? quorũ enim locus indiuisibilis est, & ipsa.

80 FN. *Iam verò quo fieri potest vt ea sit vnitas? oportet enim aliquã eius esse differentiam ab alijs: at puncti monadici quanam fuerit differentia, nisi positio? Si igitur vnitates sine puncta quæ sunt in corpore diuersa sunt, in eodem erunt vnitates: occupabit enim locum puncti. Atqui si duo in eodem sunt, quid obstabit cur non etiam infinita sint? Quorum enim locus est indiuisibilis, & ipsa itidem.*

Et qũo est possibile vt sit vnitas? necesse est enim vt habeat differentiã, qua differat ab vnitatibus aliĩs. & quæ diuersitas potest cadere in puncto, & vnitate, nisi sit in situ? Si igit vnitates, & puncta in eodem loco fuerint, quia occupant locum puncti: licet nihil prohibeat vt in eodem loco sint duo puncta, & pũcta infinita: res autem, quarum locus est indiuisibilis, sunt etiam sic. D

70 Et qũo est possibile apud eos vt anima sit aliquod compositum ex vnitatibus? necesse est enim dare drĩam, qua vnitates, quæ sunt in anima, differunt ab vnitatibus numerabilibus. &, si non, tunc numerus esset aĩatus.

Et cũm narrauit q necesse est eis dare differentiam inter duo genera vnitatum, dixit. & quę diuersitas potest cadere, &c. idest & nihil est, in quo differant hæ duæ vnitates, inquantum vtraq; est indiuisibilis: nisi aliquis dicat q vnitas, quæ est in anima, habeat situm numeri, aut non habeat situ. & sic vnitates, quæ sunt in anima, erunt puncta. dictum est enim q punctus est vnitas habens situm. Et, cũm declarauit q necesse est eis dicere q vnitates, quæ sunt in anima, sunt puncta, incœpit declarare q cõtingit eis dicere q sunt eadem cum punctis existentibus in corporibus, & dixit. Si igitur vnitates, & pũcta fuerint in eodem loco, necesse est vt vnitates, quę sunt in anima, & puncta, quæ sunt in corpore, sint idem. sed dimisit consequens: quia manifeste consequitur à præcedenti. D. incœpit declarare antecedens, & dixit. quia occupant locum puncti. i. necesse est vt sint in eodem loco: quia necesse est vt locus vnitatũ, quæ sunt in aĩa, sit locus vnius puncti punctorũ, quæ sunt in corpore. &, cũm locus vnitatum, quæ sunt in aĩa, est locus vnius puncti punctorũ corporis, necesse est vt sint in eodẽ loco. D. incœpit declarare q necesse est vt, locus eorũ sit locus vnius puncti, & dixit. licet nihil prohibeat. idest nihil prohibet vt duo puncta, imo infinita sint in eodem loco. immo hoc necessariũ est. omnia enim, quorũ locus est indiuisibilis, cũm supponuntur ad inuicem, nullũ fit diuisibile. E

Supra tex. & cõ. 68.

Oĩa, quorũ loc⁹ ẽ indiuisibil, cũ supponũt nullũ fit diuisibile.

Si autẽ quæ in corpore puncta, numerus animæ, aut si qui corũ quæ in corpore punctorũ, numerus anima, quare non omnia habent animã corpora? puncta enim in omnibus videntur esse, & infinita. Amplius autẽ quomodo possibile est separari puncta & absolui à corporibus, nisi diuidantur lineæ in puncta? F

SOPH. *Quòd si puncta ea quæ sunt in corpore sunt numerus is qui aĩa est: uel si numerus constans ex punctis ĩs quæ in corpore sunt, anima est, cur non omnia habent animam corpora? in omnibus enim puncta esse uidentur, eaq; infinita. Præterea qui fieri potest, ut puncta separentur ac soluantur à corporibus, si quidem non diuiduntur lineæ in puncta?*

Et, si numerus animæ sit puncta, quæ sunt in corpore, aut aĩa est in numero, qui est ex punctis, quæ sunt in corpore, quare oĩa

corpora

A corpora non habẽt animam: opinantur enim ꝙ in omnibus corporibus sunt puncta, & infinita. Et etiam quõ est possibile vt puncta separentur à corporibus: cũ lineæ non diuidantur in puncta?

71 Dicit & cùm necesse est ex sermone prædicto quòd vnitates, quæ sunt anima, sint puncta, quæ sunt in corpore: aut anima est aliquod existens in numero, qui fit ex punctis, quæ sunt in corpore, cũ necesse est in duobus punctis ꝙ superponatur, quousq; fiant idem: quare omnia corpora non sunt animata, cũ in omni corpore sint puncta infinita? immo necesse est vt quælibet pars eius sit animata: quod est impossibile. D. d. eis aliud impossibile: & est ꝙ anima non sit abstracta à corpore, ita ꝙ impossibile est vt animal moriatur, nisi per corruptionem sui corporis, & dixit. Et etiam quomodo est possibile vt puncta separentur à corporibus? &c. i. & contingit eis sm̃ hanc opinionem vt anima non separetur à corpore, neq; vt mo-
B riatur. qm̃, si anima sit puncta: & puncta impossibile est vt separentur à corporibus: cùm declaratum est quòd lineæ non componuntur ex punctis, neq; superficies ex lineis, neq; corpus ex superficiebus: sed puncta nõ separantur à linea, quia sunt eius vltima, neq; linea à superficie, neq; superficies à corpore: tunc animam impossibile est separari à corpore. sed tamen possibile esset in punctis abstractio, si lineæ essent compositæ ex eis, quod est impossibile: vt declaratum est in Physicis.

Sexta rõ contra Antiquos.

Septima rõ contra Antiquos.

Animam ex subtilissimo corpore non componi. Cap. 5.

ACcidit autem sicut diximus, sic quidem idẽ dicere corpus quoddam subtilium partium ipsam ponentibus, sic autẽ, sicut Democritus moueri dicit ab anima, proprium inconueniens. Siquidem enim est anima in omni eo quod sentit corpore, necesse est in eodem duo esse corpora, si corpus aliquod anima.
C Numerum autem dicentibus, in vno puncto, puncta multa, & oẽ corpus animam habere: nisi quidam numerus differens fiat, & alius ab his qui in corpore punctorum.

SOPH. *Accidit autem quemadmodum diximus ut partim idem dicant quod ii qui corpus quoddam subtilium partium ipsam statuunt: partim ut Democritus ab anima dicit moueri, peculiare absurdum. Nam si Anima est in quaq; parte eius quod sentit, necesse est in eodem duo esse corpora, si anima corpus aliquod est. iis autem qui numerum dicunt, in uno puncto, multa esse puncta, aut omne corpus animam habere, si non aliquis differens numerus accedit, atq; diuersus à punctis iis quæ in corpore sunt.*

Et contingit, sicut diximus aliquo modo vt sermo eorum sit similis sermoni ponentis eam esse corpus subtilium partium: secundum autem alium modũ, vt dicit Democritus in motu, proprie

eis

eis est impossibilitas. Quoniam, si anima est in toto corpore sensibili, necesse est vt duo corpora sint in eodem loco. si autem est aliquod corpus, necesse est dicentibus numerum, vt in eodem puncto sint multa puncta, vt oē corpus habeat animam: nisi contingat in re animalis, quæ differt à pūctis existentibus in corporib⁹. D

72 Et contingit aliquo modo dicentibus hunc sermonem impossibilitas contingens dicentibus aīam esse corpus subtilium partium: & aliquo modo est propria eis ēt impossibilitas Democrito, accidens in hoc, quod posuit, ꝙ cū motus est, ꝙ sphæræ, quæ sunt aīa, mouentur ex se. non enim est dfia inter ponentē ꝙ cū motus aīæ est corpus, quod est vnitates motæ ex se, aut quòd sphæræ motæ ex se, D. incœpit notificare in qua possibilitate conueniunt isti cum dicentibus aīam esse corpus subtile, & dixit. Qm̄ si aīa est in toto corpore sensibili, &c. i. & impossibilitas cōsequens, quia necesse est dicentibus aīam esse corpus vt duo corpora sint in eodē loco. quoniam fuit necessarium vt aīa sit in toto corpore, quia corpus sensibile in oībus partibus suis. vnde necesse est vt in oī parte eius sit aliqua pars aīæ: & vniuersa aīa sit in vniuerso corpore. & sic supponantur corpora, & penetrentur ad inuicem, s. corpus, quod est aīa, & corpus, in quo est. & sic necessario erunt duo corpora in eodem loco. Et est necesse dicentibus animam esse numerum vt in loco eiusdem puncti ex corpore sint multa puncta, distincta per intellectum. Et hoc est simile sermoni dicentis possibile eē multa corpora in eodem loco. qm̄ cum hoc, quod ponunt ea in eodem loco, si non posuerint ea esse distincta, vt declaratum est, continget eis vt puncta, quæ sunt aīa, sint puncta ipsius corporis. & sic oē corpus erit aīatum, si non concesserint ꝙ in corpore sint alia puncta, diuersa à punctis, quæ sunt in anima. si hoc concesserint, continget eis vt multa puncta sint in loco vnius puncti. & hoc est simile sermoni dicentis ꝙ multa sunt corpora in eodē loco. & hoc est impossibile, contingens dicenti aīam esse corpus subtilium partium. E

Acciditq; animal moueri a numero, sicut & Democritum diximus ipsum mouere. Quid ē enim differre dicere sphæras paruas, aut vnitates magnas, aut omnino vnitates ferri: vtrobiq; enim est necesse moueri animal, in eo quòd mouentur ipsæ. F

BOTH. *Accidit etiam, ut animal moueatur à numero, ut etiam Democritum diximus illud mouere. Quid enim interest, siue paruæ sphæræ dicātur, siue unitates magnæ, aut deniq; unitates quæ ferantur? Nam utroq; modo, necesse est moueatur animal, eò quòd ipsæ moueantur.*

Et cōtingit eis vt animal non moueatur nisi à numero, sicut diximus de opinione Democriti. Nulla enim differentia est inter dicentes partes paruas, & dicentes quod vnitates secundum ꝙ sunt motæ. necesse est enim secundum vtrunq; modum vt animal nō moueatur nisi illis motis.

A Vult hic declarare impossibilitatem propriam eis, & Democrito, & dixit. Et contingit eis, &c. i. & contingit eis in hoc, quod dicunt, ꝙ animal
73 non mouetur nisi ab vnitatibus motis ex se, illud, quod contingit Democrito, cũ dixit ꝙ aial non mouetur, nisi ex sphæris motis ex se. D. d. modum, ſm quem est similitudo inter vtramq; opinionem, & dixit. Nulla enim differentia, &c. i. nulla est differentia inter dicentem ꝙ illud, quod mouet corpus, est paruum, aut vnitates paruæ, cum fuerit positum ꝙ vtrunq; non mouet corpus, nisi ſm ꝙ mouetur: contingit. n. ꝙ hæc duo, s. vnitates, & partes non mouent, nisi ſm ꝙ mouentur ex se. & intendit, ꝙ, cũ ita sit, impossibilia cõtingẽtia Democrito, cõtingũt ẽt huic opinioni.

Complectentibus igitur in vnum numerum & motum, hæc quidem accidunt & multa alia huiusmodi: Non enim solum diffinitionem animæ huiusmodi impossibile esse, sed & accidens. Manifestum autem si quis argumentauerit ex ratione hac animę reddere passiones & opera, vt cogitationes, sensus, lætitias, tristitias,
B & quæcunq; alia huiusmodi: sicut enim diximus prius, neq; diuinare facile est ex ipsis.

SOPH. *Ac iis quidem qui simul connexuerunt numerum & motum; & hæc, & pleraq; id genus alia contingunt. neque enim solum fieri potest ut aliqua Animæ definitio eiusmodi sit, uerum ne quidem accidens. Quod perspicuum fuerit, si quis ex ratione hac affectus & munera Animæ aggrediatur describere, ut cogitationes, sensus, uoluptates, dolores, cæteráq; generis eiusdem: Vt enim superius diximus, ne diuinare quidem ex ipsis facile est.*

Congregantes igitur numerum, & motum in eodem habent etiam hæc impossibilia, & alia multa similia eis. impossibile est, enim vt sit definitio animæ talis, neq; accidens accidentium ei. Et
C hoc manifestũ est, si aliquis voluerit pficere ex hoc actiones, & passiones aſæ, vt cogitationẽ, & sensum, & voluptatẽ, & tristitiã. hoc n. sicut diximus superius, neq; est facile, neq; erit p figmentum.

Dicit ꝙ definientibus animam per numerum, & motum insimul acci
74 dunt hæc impossibilia prædicta, & alia plurima. Et hoc manifestum est. nullus enim eorum potest dare causas actionum, & passionum in anima propter numerum: neq; si finxerint, dicendo ꝙ talis numerus facit sensum, & talis cogitationem, & talis voluptatem. Quoniam, si causæ rerum diuersarum sunt diuersæ: & causæ istarum sunt vnitates, & numeri: necesse est vt vnitates, & numeri causæ illorum diuersentur. Et sermo eius in hoc capitulo est palam. Cae rerũ diuersarũ sunt diuersæ. lem supra. ...

Tribus autem modis traditis secundum quos diffiniunt aſam,

Alij

Alij quidem motiuum maximè enunciauerunt, in mouendo se ipsam. Alij autem corpus subtilissimum, aut incorporalissimum aliorum. Hæc autem quas dubitationes & subcõtrarietates habẽt, prætermisimus fere. Relinquitur autem considerare, qualiter dicitur ex elementis ipsam esse. dicunt enim quatenus sentiat ea quæ sunt, & vnum quodq; cognoscat. D

SOPH. *Cum autem tres modi tradantur quibus definiunt Animam, partim illorum maxime motiuum asseruerunt, eò quòd se ipsa moueat: partim corpus tenuissimarum partium, aut quod maxime inter cætera incorporeum est. quæ quas dubitationes repugnantiasq́ habeant, fere persecuti sumus: Restat considerandum, quomodo dicitur ex elementis eam cõstare. dicũt. n. ut sentiat ea quæ sunt, & unũquodq; cognoscat.*

Et, quia diximus tres modos definitionum animæ. quidam. n. iudicauerunt ipsam esse motam ex se: & quidam iudicauerunt ipsam esse corpus valde subtile, & valde remotum ab alijs corporibus. & nos iam visi sumus induxisse dubitationes, contingentes his duobus sermonibus. Remanet igitur quærere eam esse ex elementis: cùm dicatur hoc, quia sentimus entia, & cognoscimus vnumquodq; illorum. E

71 Dicitq; Antiqui definiunt aĩam tribus modis. Quorũ quidã est, quia mouetur ex se: & quidã, quia est corpus valde subtile, aut maxime remotum à natura corporea. quidã vero definiunt eam, quia est ex principijs, & elemẽtis: quia est, vt dicitur, distinguens, & cognoscens. Et, quia iam cõtradiximus opinioni eorum, qui definiunt eam per motum, & eorũ, qui definiunt eam per corpus subtile, contradicẽdum est modo opinioni eorum, qui dicunt eam esse ex elementis. Et debes scire quòd, contradictio eius dicentibus eam esse corpus, collocatur sub contradictione dicentis eã esse mouens, quia mouetur. Omnibus enim illis contingit dicere eam eẽ corpus, & indifferenter siue posuerint illud, quod mouetur ex se, sphæras paruas, vt Democritus: aut vnitates, vt dicentes eam esse numerum se mouentem: aut corpus cœleste, vt in Timæo. & similiter collocantur in contradictione addentes eam esse complexionem aut harmoniam, & vlt' corpus compositum. Remanet igitur contradicere opinioni fingentium eã esse ex elementis propter cognitionem, & sensum. F

Necessarium autem est accidere multa & impossibilia rationi. ponunt enim cognoscere simile simili, tanq̃ ac si animã res ponentes: non sunt autem hæc sola, multa vero & alia: magis autem fortassis infinita numero quæ sunt ex his.

SOPH. *Cui quidem sententiæ multa eaq; impossibilia accidũt necesse est. Ponunt enim cognoscere simile simili, quasi animam res ipsas ponentes.*

Atqui

A *Atqui certè non hæc sola sunt, sed pleraq; etiam alia: immo innumera fortasse, quæ ex eis constant.*

Sed huic sermoni contingunt plura impossibilia. Ponunt enim ꝙ simile non cognoscitur nisi per suum simile: & quasi ponunt animam esse ista. Sed ista non sunt tantum hæc, sed plura alia. immo videtur ꝙ ea, quæ ex istis sunt, sunt infinita.

76 Idest & iste sermo verificat ad eos dicendo ꝙ principia sunt oīa, quæ fiunt ex ipsis principijs: & principia non sunt ea, quæ fiunt ex principijs oībus modis: sed ea, quę sunt ex principiis, magis fiunt quā principia: immo recte vr̄ vt ea, quæ fiunt ex principijs, sint infinita. Et, cū ea, quæ fiūt ex principijs oībus modis, alia vero aliquo modo fiunt ex principiis, non iuuantur in dicendo ꝙ aīa est ex principiis: qm̄ fm̄ ꝙ est aliud, non est illic consimilitudo. &, cū illic non fuerit consimilitudo, non erit cognitio: cū cognoscens non cognoscat, nisi per illam consimilitudinem, quam habet cum re cognita. Et, cū declarauit ꝙ facta ex principiis non sunt eadē principia in formis, & essentiis, incœpit declarare impossibilia, contingentia huic, quod dixit, ꝙ nihil cognoscitur nisi per suum simile.

Prima rō cōtra Antiquos diffinientes aiam ex principijs ꝑ cognitionem.

B Ex quibus quidem igitur vnum quodq; horū, sit cognoscere animam & sentire: sed compositum non cognoscet, neq; sentiet, vt quid est Deus, aut homo, aut caro, aut os, similiter autem quodlibet aliud compositorum: non enim quolibet modo se habentia elementa horum vnumquodq;, sed ratione quadam & compositione, quemadmodū dicit Empedocles os: terraq; humus coaptata in amplis diffusionibus, duas ex octo partibus sortita est aquæ luminis, quattuor autem vulcano: ossa autem alba facta sunt: Nihil igitur profectus elementa in anima esse, nisi rationes inerūt & compositio: cognoscet enim vnūquodq; simile, os autem aut hominem, nihil: nisi & hæc inerunt. hoc autem quòd impossibile sit nihil oportet dicere. quis enim dubitabit, si inerit in aīa lapis aut hō: simr̄ autem bonum & non bonum, eodem modo & de alijs.

OPH. *Ea igitur ex quibus est horum unumquodq;, esto, cognoscat anima & sentiat, at compositum quo cognoscet, aut sentiet? ut quid DEVS, aut homo, aut caro, aut os? similiter etiam quiduis aliud compositorū? neque enim eorum unumquodq; est elementa quouis modo se habentia, sed ratione quadam & compositione, quēadmodū Empedocles dicit os?*

Ast partes liquidi splendoris Dædala tellus
Ex octo geminas, patulis fornacibus hausit:
Bis geminasque ignis: sunt ossa hinc alba creata.

Nihil igitur prodest elementa esse in Anima, nisi & rationes insint,

& composi-

& compositio: non unumquodque cognoscet sui simile: os autem uel hominem nihil, nisi & hæc insint: quod fieri non posse, nihil attinet dicere. Quis enim ambigat, an insit in Anima lapis aut homo? itemque bonum & non bonum? sic etiam in alijs. D

Ponatur igitur q anima cognoscat, & sentiat ea, ex quibus fit quidlibet: & tunc non cognoscit vniuersum, neq; sentit. v.g. quid est Deus, & qd est hō, & qd est caro, & qd est os, & silr alia cōposita. Esse.n. vniuscuiusq; istorum non est vt elemēta sint in quacūq; dispōne, sed ī aliqua cōpōne & proportione: sicut narrauit Empe-
„ docles in generatione ossis. Dicit.n. q terra magna, quæ est in va-
„ sis ossis, quæ habet de pallore octauam partē, & de igne quatuor
„ partes: & sic facta sunt ossa alba. Nihil enim prodest q elementa sint in anima, nisi in eis sit proportio, & compositio. tunc enim cognoscet quodlibet per similitudinem, & non cognoscet os, neq; hominem, nisi hæc duo fuerint in ea. Et iste sermo non indiget cōtradictione. nullus enim existimat q ī anima sit lapis, aut homo. & similiter viuum, & non viuum. E

77 Sexta cō. Dicit. Ponatur igitur q aīa, &c. i. ponat̄ s̄m opinionem eorū q aīa cognoscit, & sentit elementa ex quibus componit̄ quidlibet, quod est ex elementis. continget igitur eis vt non cognoscat vniuersum rei cōpositæ: & q non cognoscat eius formā. forma.n. eius est supra elementa in composito. continget igitur vt non cognoscat Deum, neq; holem, neq; carnem, neq; os. essentia enim nō est elementū, neq; ex elemētis. & hoc necesse est in oībus cōpositis. D.d. Esse.n. vniuscuiusq;, &c. i. & essentiæ, & formæ, rerum necesse est vt sint supra additæ elementis: quia quodlibet ens cōpositum ex elementis cōponitur in aliqua proportione terminata à cōpositione propria, per quā illud ens est, quod est. & hoc cōcedit Empedocles. dat enim in generatione ossis proportionem & dicit q ossa sunt alba, qa existit in eis ex terra, quæ appropriatur nigredini, & pallori octaua pars, & de igne, qui appropriatur albedini, quatuor partes. D.d. Nihil.n. pdest q elementa sint in aīa, &c. i. nihil.n. prodest in hoc, q aīa cognoscit formas, & essentias rerum, vt sit ex elementis: nisi cū hoc q est ex elementis sint in ea proportiones, & compositiones, quæ appropriantur essentiis rerum. tunc enim possibile est vt cognoscat quodlibet. D.d. & non cognoscet eos, neq; hominem, nisi hæc duo fuerint in ea. i. necesse est, cùm non cognoscat rem, nisi per similitudinem, vt non cognoscat os, neq; hominem, nisi in ea sit compositio ossis, & hominis. D.d. Et iste sermo non indiget, &c. i. & iste sermo est valde impossibilis. nullus enim dubitat virū in anima sit lapis, aut non. & vniuersaliter nullus existimat q in anima sit viuum. & non viuum, ita q cognoscit viuum per viuam partem, quæ est in ea, & non viuum per non viuum. F

Essentiæ, & formæ rerū sup. additæ sunt elemētis. 7. Me. cō. 60. & 2. Me. c. 12. & 2. de generatione 84.

Amplius

A Amplius autem cum multipliciter dicatur id quod est: significat enim aliud quidem hoc aliquid, aliud quantitatem, aut qualitatem, aut & quoddam aliud diuisorum prædicamentorum: vtrũ ex omnibus erit anima, aut non. sed non videntur communia omnium elementa esse. Si igitur quæcunque substãtiarum sunt, ex his solum, quomodo igitur cognoscet & aliorum vnunquodque? aut dicent vniuscuiusque generis elementa esse & principia propria: ex quibus animam constare? erit ergo qualitas & quantitas, & substantia: sed impossibile est ex quantitatis elementis substantiam esse, & non quantitatem. Dicentibus itaque ex omnibus, hæc & huiusmodi alia accidunt.

IOAN. *Præterea uerò cum ens multifariam dicatur (significat enim partim hoc aliquid, partim quantum, aut quale, aut aliud quidpiam explicatorum prædicamentorum) utrum ex omnibus erit anima, an non?*
B *atqui non videntur communia omnium esse elementa: num igitur ex his constat solis, quæ substantiarum sunt? quo nam ergo pacto cæterorum unumquodque cognoscit? An dicent cuiusque generis esse elementa, & principia propria, atque ex eis Animam constare? erit ergo & quantum, & quale, & substantia: atqui fieri non potest, ut ex quantitatis elementis substantia sit, & non quantitas. His igitur qui dicunt ex omnibus, hæc, & huiusmodi alia accidunt.*

Et etiam, si ens dicitur pluribus modis (demonstrat enim hoc & quantum, & quale, & aliud prædicamentorum) vtrum anima sit ex omnibus eis? Sed non existimatur quod omnia habent elementa, & principia. Et verum non sint nisi ex elementis substantiæ tãC tum? Sed, si fuerit ita, quõ cognoscit vnumquodque illorum? Aut dicant quod quodlibet generum habet elementa, & principia propria, ex quibus constituitur. Anima igitur erit quale, & quantum, & substantia. Sed impossibile est vt ex elementis quanti sit substantia, & non quantum. Qui igitur dicunt quod est ex omnibus, contingunt eis hæc, & alia similia.

71 Cùm declarauit impossibile contingens eis ppter cognitionem formarũ
Textus 16. rerum, cùm formæ non sint elemẽtum, neq; ex elementis, incœpit declarare quod contingunt eis alia impossibilia, licet concedant quod cognoscit cõposita ppter sua principia, i. quia est ex principiis eorum. Et d. Et etiam si ens, &c. i. & etiam quõ possunt dicere quod aĩa cognoscit res ppter sua prĩcipia? Ens n. quãq; demonstrat hoc, quãq; alia nouem prædicamenta: & sic quærendum est vtrum aĩa cognoscat quodlibet istorum generum, quia est ex principiis olum eorum, si oĩa habent principia: aut ex principiis quorundam,

rundam, si non oīa habent principia. D.d. Sed non existimatur. i. sed, si D
posuerint eam esse ex principiis quorundam, quærendum est ab eis verū
aīa sit ex principiis substantiæ tantum: cū hoc prædicamentum inter oīa
existimetur habere tantum principia, dicetur eis quō cognoscit aīa vnūquodq; illorum prædicamentorum? D.d. Aut dicant φ quodlibet generum, &c. i. aut cogentur ad primam diuisionē: & est φ quodlibet decem
prædicamentorum habet propria principia: & φ aīa non cognoscit ea, ni
Impossibile ēē substantiam elemē aliorū prædicamētorum. si quia sunt ex suis principiis. Contingit eis ex hac positione aliud impos
sibile: & est φ aīæ quædam pars est substantia, & quædam pars quale, &
quædam quantum: cū impossibile est vt substantia sit elementum aliorū
prædicamentorum. principia. n. non substantiæ, sunt non substantiæ.
Vide opp. 12. Me. co. 21. Vide obie. Zim. D.d. Qui igitur dicunt φ est ex oībus, &c. i. dicentibus igit̄ aīam esse ex
oībus principiis rerū contingunt hæc impossibilia pdicta, & alia similia.

Inconueniens autem est dicere quidem impassibile esse simile
à simili, sentire autem simile simile, & cognoscere simile simili: sen
tire autem pati aliquid & moueri ponunt: similiter autem & co- E
gnoscere & intelligere. Multas autem difficultates & dubitationes habente ipso dicere sicut Empedocles, φ corporeis elementis
singula cognoscuntur, & ad simile, testatur quod nunc dictū est.
quæcunq; enim insunt in animalium corporibus simpliciter ter
re, vt ossa, nerui, pili, nihil sentire videntur: quare neque similia, & tamen conueniret.

SOPH. *Absurdum est etiam dicere simile quidem non pati à simili: simi
le uerò sentire simile, & cognoscere simile simili: et tamen illud senti
re, pati quoddam & moueri statuunt: itemq; intelligere, & cognoscere. Cum autem multa dubitationes ac difficultates oriantur, si quis
ut Empedocles dicat corporeis elementis singula cognosci, & ad simi- F
le, fidem facit quod nunc dictum est: quæcunq; enim insunt in animalium corporibus, quæ simpliciter terra sunt, ut ossa, ut nerui, ut pili, ni
hil uidentur sentire: quamobrem nec similia: & tamē oporteret.*

Et improbabile est etiam dicere quod simile non patitur à suo
simili: & φ simile sentit suum simile, & φ simile cognoscit suum
simile opinando φ sentire est pati, & moueri, & similiter distinguere, & intelligere. Et testatur φ sermo, quē dixit Empedocles,
φ vnaquæq; rerum non cognoscit̄ corporalia elementa, nisi fm
similitudinem, est multarum dubitationum. & hoc, qd dicemus
in hoc loco, & est quod corpora animalium, quibus existit simplex terra, vt ossa, vt videtur, nihil sentiunt. non sentiunt igit̄ neq;
similia: licet hoc sit necessarium.

79
Quæsi. 16. Cùm dedit impossibilia contingentia huic opinioni, incœpit contradicere

A dicere propositioni, sup qua fundatur hæc opinio, s. propositioni dicenti ꝙ simile non comprehenditur, nisi per suũ simile, &c. d. Et improbabile est et dicere, &c. i. & improbabile est hoc, quod Antiqui opinanť, ꝙ sile non patitur à suo sili, & ꝙ passiuũ non est nisi contrariũ à suo contrario. & opinanť cum hoc ꝙ cognoscere, & sentire fiunt per sile, tñ cognoscere, & distinguere sunt pati, & moueri. Et intendit per hoc ꝙ illud, quod consequitur hanc opinionẽ, est contrarium primæ. Hoc n. quod ponunt ꝙ sentire, & intelligere fiunt per sile, & ꝙ sunt pati, coget eos ad dicendũ ꝙ simile patitur à suo simili: quod non cõcedunt, quia iá posuerũt sile pati à suo simili: & in se ẽt impossibile est. D.d. Et testatur ꝙ sermo, quem d. Empedocles, &c. i & testať ꝙ sermo, queᷠ Empedocles d. s. ꝙ vnusquisque non cognoscit generalia corporalia elementa, nisi fm similitudinem. i. quòd nos non cognoscimus terram, nisi per illud, quod est in nobis de terra, & aquã per aquam, & aerem per aerẽ, & ignem per ignẽ, est falsus. Et hæc est mul-

B titudo dubitationum contingentium illi in hoc loco. Illud. n. quod in corporibus animalium magis vicinatur terræ simplici, nihil sentit. & tamen ossa non sentiunt terram: licet in eis dominetur terra. simile ergo nõ sentit simile. Et hoc intendit cũ d. non sentiunt igitur neq; similia. D.d. licet hoc sit necessariũ. i. ꝙ simile debet sentire suum simile. tũc enim necessarium esset vt ossa sentirent terram, sed videntur carere omni sensu.

Id. t. de generatione. 50.

Amplius autem, vnumquodq; principiorum ignorantia plurium quàm intelligentia existet. cognoscet quidem enim vnum quodlibet: multa autem ignorabit, omnia enim alia. accidit autẽ & Empedocli insipientissimum esse Deum. solus enim elementorum vnum non cognoscet, discordiã: Mortalia autem, omnia: ex omnibus enim vnumquodq; est.

SOPH. *Præterea unicuiq; principiorum plus ignorationis, quàm cognitionis inerit. Vnũquodq; enim unum cognoscet, pleraq; uerò ignorabit: si quidem*

C *cætera omnia. Accidit etiam Empedocli DEVM esse insipientissimum: solus enim hoc unum elementorum non cognoscet, nempe discordiam: mortalia uerò, res omnes: ex omnibus n. constat unũquodq;.*

Et etiam vnumquodq; principiorũ magis ignorat, quã sciat. vnumquodq; enim eorum vnum tantum agnoscit, & plura ignorat. Et contingit Empedocli attribuere Deum maximæ ignorantiæ. ipse. n. solus nescit de elementis hoc vnicum. s. litẽ: animal vero mortale scit ea omnia. omne. n. animal fit ex omnibus illis.

80 Et etiam contingit eis impossibilia vniuersalia, s. vt quodlibet etiam principiorum magis ignoret, quàm sciat. vnumquodq; enim principiorum eorum non scit apud eos, nisi ex quibus componitur: & sunt ea, quibus assimilatur. D.d. Et contingit Empedocli attribuere, &c. i. & contingit Empedocli aliud impossibile proprium, s. ꝙ Deus apud ipsum fit in fi-

Quinta ró. Sexta ró.

ne ignorantiæ: ita ꝙ animal mortale est scientius ipso. contingit enim se- D
cundum suum sermonem, vt non sciat de elementis, quę sunt apud ipsum
sex, nisi quinq; tantum, s. quatuor elementa, & amicitiam, & ꝙ nesciat litem. animal autem mortale scit sex, quia apud ipsum componitur ex om
nibus Et opinatur ꝙ Deus componitur ex quinq; tantũ. i. non ex lite. cõtingit igitur ei vt nesciat litem: quapropter animal mortale erit scientius
eo. Et Dij, quos Empedocles opinatur esse compositos ex quatuor elemẽ
tis, sunt orbes. opinatur enim orbes esse Deos, & compositos ex quatuor
elemẽtis, & amicitia. Et ideo reputabat Deum esse immortalem. lis enim
est causa corruptionis. licet iam narrauerit quòd ipse iam opinatur mun
dum, ꝙ iam corrumpebatur, & iam generabatur. sed forte non opinabatur hoc, nisi in eis, quæ sunt sub sphæra, quamuis ipse videtur hoc opinari
in omnibus partibus mundi.

Omnino autem propter quam causam, non omnia habent animam quæ sunt: quoniam omne, aut elementum, aut ex elemento
aut vno, aut pluribus, aut omnibus: necesse est enim vnũ aliquod
cognoscere, aut quædam, aut omnia. E

SOPH. *Deniq; cur nõ omnia quæ sunt habent animam, cum quidq; aut ele
mentum sit, aut ex elemento uno, aut pluribus, aut omnibus? Necesse
est enim unumquidpiam cognoscere, aut nonnulla, aut omnia.*

Et vniuersaliter, quare non omnia habent animam: cùm omnia aut sint elementum, aut ex elemento vno, aut ex pluribus, aut
ex omnibus: oportet. n. scire aut vnũ, aut quædam, aut omnia.

61 Septima ratio. Et vniuersaliter necesse est eis dare causam, quare non oĩa habent animam cõprehendentem. contingit. n. eis vt omnia sint comprehẽsiua. quo
niam, si principia, & elementa sunt cognoscentia: & omne ens aut est ex
elemento, aut elementum, necesse est vt omnia sciant. Oportet enim vt
omne sciat, aut vnum eorum, si fuerit elementum, aut ex vno elemento. F
quoniam tunc nõ sciet, nisi illud, quod cõponitur ex illo elemento: aut vt
sciat plura, si componitur ex pluribus: aut, si cõponit ex oĩbus, oĩa. & hoc
intendebat, cùm d. oportet enim scire aut vnũ, aut quædam, aut omnia.

Y. Dubitabit autem aliquis, & quid est vnum faciens ipsa: materiæ enim comparantur elementa. Maxime enim proprium est illud continens quodcunq; est: anima autem aliquid melius esse &
antiquius impossibile est: impossibilius autem adhuc intellectu:
Rationabilissimum enim hunc esse nobilissimum & diuinum secundum naturam. Elementa autem dicunt esse prima entium.

SOPH. *Quæret præterea quispiam, quid nam sit quod ea unum efficiat?
materiæ enim similia sunt elementa: Potissimum enim est id quod cõtinet, quidquid id tandem sit. at anima aliquid esse potius aut dominans, impossibile est: longe etiam impossibilius intellectu. Maxime. n.*

A *rationi consentaneum est eum longissime antecedere, & natura esse potiorem, & tamen elementa dicunt prima entium esse.*

Et debet homo dubitare illud, quod dedit istis esse. elementa enim assimilantur materiæ. Illud enim, quod agit, dicitur valde nobile. impossibile est igitur vt aliquid sit nobilius, & principalius quàm anima. & magis impossibile est vt aliquid præcedat intellectū. necesse est.n. vt iste sit pcedēs naturalr ipsum, quod per eū acquirit nobilitatem suam. elementa autē sunt principia entiū.

82 Et debet homo quærere p quid sunt elementa, s. forma. elementa.n. videntur assimilari materiæ. sed manifestū est q aliud nobilius eis ligat, & congregat ea in composito: & est illud, quod est in eis quasi forma, & finis. D. incœpit declarare quòd hoc necesse est esse aīam & maxime intellectum, & d. Illud.n quod agit, dr valde nobile &c. i. & illud, quod vr eē nobilius elementis, necesse est vt sit aīa. oē.n. quod dr esse nobilius aliquo, minus est dignum nobilitate quā aīa. aīa igitur præcedit oīa elementa causalitate, & nobilitate: elementa aūt tpe. D.d. & magis est impossibile vt aliquid præcedat intellectum. i. si anima esset ex elementis, tūc præcederent eam elemēta nobilitate, & causalitate: quod est impossibile. & magis impossibile est opinari q aliquod elementorum præcedat intellectum secundum nobilitatem, & sm causam finalem. D. dedit rōnem super hoc, & d. necesse est.n vt iste sit, &c. i. necesse est enim vt intellectus præcedat in esse omnia attributa sibi, & quæ ab eo acquirunt nobilitatem, vt elementa. — Octauarō — Illud, q agit, est valde nobile. Idē. 3. de Aīa. t. cō. 19. — Aīa præcedit elēta nobilitate, & cālitate, elēta aūt tpe.

B

D.d. elementa autem sunt principia entium. i. & valde differunt. anima enim & intellectus sunt principia entium secundum finem & formam: elementa autem secundum materiam. — Aīa, & intellectus sunt principia entiū sm finē, & formā: elēta autē sm materiā.

Omnes autem & qui ex eo qd sentit & cognoscit anima quæ sunt, ex elementis dicunt ipsam, & qui maxime motiuum, non de omni dicunt anima: neq enim sensitiua omnia, motiua, videntur enim esse quædā animaliū, manentia sm locū: & tamen videtur

C hoc solo motu mouere anima animal. Similiter autē & quicunq intellectiuū & sensitiuū faciunt ex elementis, videntur.n. plantæ viuere non participantes loci mutatione, neq sensu: & animaliū multa intelligentiam non habere.

SOPH. *Omnes autē, tum ij qui eò quòd cognoscat & sentiat ea quæ sunt, ex elementis eam constare dicunt: tum qui maxime motiuum eam esse censent, non de omni loquuntur Anima: Neq enim in omnibus ijs quæ sentiunt, motus est: Apparet enim esse nonnulla animalia, quæ in eodem loco semper manent. At qui hoc solo motu anima mouere animal videtur: Similiter etiam quicunq intellectiuum & sensitiuum ex elementis faciunt: nam & plantæ videntur viuere, cum tamen nec latiuus, nec sensus participes sint: uerum ãialium complura rõnem non habere.* D

Et omnes facientes animam ex elementis per cognitionem, & sensum, & per motum non loquuntur de oi aia. Non.n. videmus oia sensibilia moueri, cũ quedã aialia videantur permanentia in eodẽ loco: licet videatur q illo solo motu mouet aia aialia. Et sic etiam est dispositio ponentium intellectum, & virtutem sensus ex elementis. plantæ enim videntur viuere: sed nullam habent portionem de motu locali. & plura animalia etiam non intelligunt.

83 Nona rõ. Dicit & omnes ponentes substantiam aiæ ex elementis, quia cognoscit & quia mouet ex se, non loquuntur de substantia aiæ, nisi particulariter, nõ vr: sicut debet facere ille, qui vult naturaliter loqui de ea. D. incœpit declarare hoc, & d. Non.n. videmus omnia sensibilia moueri.i. & definitio eorum, qui definierũt eam per motum, est diminuta. multa.n. sensibilia, & aiata nõ mouentur in loco, vt spongia maris: quamuis iste motus apud eos proprius est aiæ &, si ita esset, oẽ aiatum moueretur in loco. Error igitur accidit eis, qui existimant q iste motus est proprius animæ sensibili. Et, cùm narrauit diminutionem contingentem definientibus animam per motum, incœpit declarare diminutionem accidentem ponentibus eam ex elementis per cognitionem, & dicit. Et similiter etiam est dispositio ponentium intellectum, &c. idest, & similiter est de ponẽtibus intellectum, & substantiam animæ ex elementis, quia cognoscit. plantæ.n. videntur habere vitam, & non sensum, neque motum in loco. & videmus q multa animalia sensibilia non intelligunt. Et, si ita esset, necesse esset, vt omne viuum esset sensibile: & omne sensibile esset intelligens, sicut opinabantur plures Antiqui. sed non est ita. omnes enim definientes substãtiam animæ per cognitionem, aut motum, non incedunt via ducenti ad cognitionem substantiæ animæ.

Vide de spongia maris. 2. d aia co. 16. E

Si autem aliquis & hæc segregauerit, posueritq intellectũ partem aliquam animæ. Similiter autem & sensitiuũ, neq vtiq sic dicet de omni anima, neq de tota vel vna: Hæc autem sustinuit & quę est in orpheicis vocatis carminibus ratio. Dicit enim animã ex toto ingredi, respirantium, quæ fertur à ventis: non possibile itaq plantis hoc accidere, neq animalium quibusdam, siquidem non omnia respirant. F

SOPH. *Quòd si quis hæc quoq concesserit, posueritq intellectum partem aliquam animæ, itemq sensitiuum, ne sic quidem dicens uniuersè de omni Anima: immò ne de una quidẽ tota. Hoc etiam ipsum accidit ei sententia, quæ circumfertur in Orphicis carminibus. Dicit enim animam ex uniuerso ingredi, cum spiritum trahimus, delatam à uentis: quæ res nec plantis, nec animalium quibusdam contingere potest, siquidem non omnia spirant: Quod tamen fugit eos qui ita existimant.*

Et,

A Et, si homo concesserit ista, & posuerit quod intellectus est aliqua pars animæ, & similiter etiam virtus sensus, tamen neque cum hoc locuti sunt vniuersaliter de omni anima, neque de vna anima vniuersaliter. Et similiter accidit in sermone, qui dicitur inueniri in versibus attributis Archoim. dicit enim quod anima intrat intus à toto apud anhelitum: quia venti deferunt eam. Hoc igitur non accidit plantis, neque in quibusdam animalibus: cùm non omne animal sit habens anhelitum.

34 Dicit. Et, si hō concesserit eis quod omne aīal est intelligens, & posuerit quod virtus intellectus, & sensus sit iidē, tñ cum hoc etiam nō erunt locuti de oī anima. Qui enim locutus est de ea per cognitionem, nō loquitur de aīa non cognoscenti: qui autem per motum, non loquitur de anima nō mota. & cum hoc sermo amborum non est in eadem aīa. natura enim animę motæ alia est à natura cognoscentis. Isti igitur non loquuntur de anima vlī, & etiā cum hoc quidam eorum loquuntur de vno modo aīæ, & quidam de alio modo. B D. d. Et sīr accidit, &c. idest & hoc idem accidit Archoim, sm̄ quod loquit de aīa particulari, & existimat loqui de aīa vlī, fingēs quod natura aīæ est illud, quod intrat corpus à toto continenti apud anhelitum. Iste enim non loquitur de omni anima, quia plantæ habent animā, tñ non habent anhelitum, & similiter plura animalia. anhelans enim est animal ambulans sanguinem habens, vt dictum est in Animalibus.

Decima rō.

Anhelans ē aīal ambulās, sanguinē habens.

Hoc autem latuit sic opinantes. si vero ex elementis animam facere oportet, nihil oportet ex omnibus. sufficiens enim est altera pars contrarietatis, se ipsam diiudicare & oppositam. Recto. n. & ipsum & obliquum cognoscimus. Iudex. n. vtrorūque canon est. Obliquum autem neque sui ipsius, neque recti.

SOPH.

Cæterū si ex elementis animam facere oportet, non est opus ex omnibus: sufficit. n. altera pars contrarietatis, ad se ipsam diiudicandā,
C *& oppositam: recto enim tum hoc ipsum, tum obliquum cognoscimus: norma enim vtriusque iudex est: obliquum verò, nec sui, nec recti.*

Et ignorauerunt existimantes hoc. s. ponentes aīam ex elementis, s. quod non de necessitate debent ponere eam ex omnibus eis. Sufficit. n. vnum contrariorū in iudicando super ipsum, & super suū oppositum. per rectum. n. scimus rectū, & curuum. regula. n. iudicat vtrumque per suam rectitudinem. per curuum aūt non scimus, neque ipsum in se, neque rectum.

35 Et, cùm ignorauerunt qm̄ non indigebant ponere aīam ex oībus contrarietatibus existentibus in elementis. Sufficiebat enim eis ponere eā ex altero duorum cōtrariorū, s. ex alio, quod est quasi habitus quidam, & forma. tale enim contrarium sufficit in iudicando super se, & super suum oppositum.

positum. scimus enim lineam rectam per regulam rectam, in eo quod est recta, similiter curuam. sed per curuam non scimus neque ipsam, neque rectã. Et causa in hoc est, quia non debemus iudicare per contrarium, quod est primum, super contrarium, quod est secundum. D

Et in toto autem quidam misceri ipsam dicunt. vnde fortassis & Thales opinatus est omnia esse plena dijs. hoc autem habet quasdã dubitationes, propter quã .n. causam in aere aut in igne anima cũ sit, non facit animal, in mixtis autem: & hoc in his melior esse putata. Quæret .n. vtique aliquis, quam ob causam quę in aere anima, ea quæ in animalibus melior & immortalior.

SOPH. *Sunt etiam qui in vniuerso mixtam esse eam dicant; quocirca fortè etiam Thales cuncta esse plena Deorum putauit. De quo quæstiones oriuntur nonnullæ. Cur enim in Aere aut in igne si inest anima, non facit Animal, sed in mixtis? idque, cum præstantior in eis esse videatur? Quæras præterea quispiam, cur Anima quæ est in aere, ea quæ est in animalibus præstantior est & immortalior?* E

Et dixerunt quidam quod aĩa est in toto. & forte ex hoc loco existimauit Milesius quod omnia sunt plena Deo. Sed in hoc loco est dubitatio. Quærendum est .n. cũ anima existat in aere, & igne, quare non facit animalia, & facit hoc in mixto: licet sit existimatũ quod anima, quæ est in istis, sit nobilior. Etiam debet homo respondere, quare anima, quæ est in aere, est melior anima, quæ est in animalibus, & magis immortalis.

86 Rõ cõtra Thalem. Intendit vt mihi vr quod quidam dixerunt quod aĩa existit in toto .i. in elementis, & in compositis. & ex hoc existimauit Milesius quod oĩa sunt plena Deo. D.d. Quærendũ est .n. &c. i. & prima dubitationum contingentiũ huic opinioni est, quare aĩa, inquantum est in aere, & ẽt in igne, non facit aĩalia in eis .i. quare hæc corpora simplicia non sunt sensibilia, & comprehensibilia. quoniam, cũ aĩa eãdem proportionem habeat ad elementum, & ad compositum, necesse est vt, si alterum eorum fuerit animatũ, vt alterum etiam sit animatum. D.d. licet sit existimatum quod aĩa, quæ est, &c. i. licet existimatum sit quod aĩa, quæ est in elementis, magis digna est vt faciat elementa esse animata. existimabitur igitur esse nobilior anima, quæ est in mixto ex elementis. D. dedit quæstionem secundam, & d. Etiam debet homo respondere, quare aĩa, quæ est in aere, &c. i. & contingit homini opinanti hanc opinionem respondere quærenti quare cũ aĩa, quæ est in elementis, est nobilior anima, quæ est in animalibus. anima enim quæ est in elementis, est non mortalis apud eos: & quæ est in aĩalibus, ẽ mortalis. F

Accidit autẽ vtrobique inconueniens & irrationabile. & namque animal dicere ignem aut aerem, magis irrationabilium est; & nõ dicere animalia cum anima insit, inconueniens est.

Accidit

A *Accidit autem utrinq; abſurdum quiddam, et alienum à ratione: SOPH. etenim dicere ignem uel aerem eſſe animal, à ratione diſcrepat: nec dicere animalia, cum anima inſit, abſurdum eſt.*

Et contingit vtriq; ſermoni improbabile, & irrationabile. dicere. n. ꝙ ignis, & aer ſunt aīalia, eſt ſimile ſermoni ſtulto. & etiā non dicere ea eſſe animalia, & dicere ea habere aīas eſt improbabile.

87 Cùm declarauerit ꝙ contingit dicentibus ꝙ in elementis eſt anima vt elementa ſint animata, dicit. Et contingit vtriq; ſermoni, &c. id eſt hoc, ꝙ ponunt, quòd elementa ſunt animata: aut hoc, quod ponunt, ꝙ elementa habent animam, & nō ſunt animata. dicere enim ꝙ ignis, & aer ſunt animata, ſimile eſt ſermoni ſtultorum. & dicere etiam ꝙ habent animam, & non ſunt animata, eſt valde improbabile: quia nulla differentia erit inter animam eſſe in animato, aut non eſſe.

Opinari autem videntur animam eſſe in his: quoniam totum partibus ſimile ſpeciei. quare neceſſarium ipſis dicere & animam B ſimilis ſpeciei partibus eſſe, ſi propter intercipi aliquid continentis in animalibus, animata animalia fiunt. ſi autem aer quidem diſcerptus ſimilis ſpeciei, anima autem diſſimilis partis, hoc quidē aliquid ipſius exiſtet, videlicet, aliud aūt nō exiſtet. neceſſe eſt igitur ipſam ſimilis partis eſſe: aut non ineſſe in qualibet parte omnis. Manifeſtum igitur ex dictis, ꝙ neq; cognoſcere ineſt animæ DD id quod eſt ex elemētis, neq; moueri ipſam bene neq; vere dr̄.

Exiſtimaſſe autem uidentur Animam his ineſſe, quoniam totum, SOPH. atq; partes eiuſdem ſunt ſpeciei, quare fateri compelluntur animam ac partes eiuſdem eſſe ſpeciei, ſi eò quod in animalibus intercipiatur aliquid ambientis animata animalia fiāt. quòd ſi Aer quidem diſcerptus eiuſdem eſt ſpeciei, anima autem diſſimilarum partium, pars qua C dam eius inerit. ſ. quadam non inerit. Neceſſe ergo eſt ipſam aut ſimilarium eſſe partium, aut non ineſſe in qualibet totius parte. Perſpicuū igitur ex dictis eſt, cognoſcere, non ideò ineſſe Animæ, quòd conſtet ex elementis: nec eam moueri, rectè ac uerè dici.

Et vidētur exiſtimare ꝙ aīa exiſtat in iſtis, quia forma vniuerſi eorū eſt, ſicut forma partiū. Oportet igitur eos dicere ꝙ forma animæ etiam eſt ſicut forma partium eius: cùm animal non ſit habens animam, niſi cū in eo concluditur aliquid de aere continenti. Si igitur aer, cùm ſeparatur, eſt ſimilis formæ, & anima, cùm ſeparatur, non eſt conſimilium partium: manifeſtum eſt ꝙ aliquid eius erit ens, & aliquid non ens. Neceſſe eſt igitur ut ſit conſimilium partium, aut non exiſtet in qualibet parte totius. Quoniam

autem neq; cognoscere existit in anima, quia est ex de m̃ẽtis: neq; moueri dicitur recte, manifestum est. D

Ratio Taletis.

88 Cùm numerauit impossibilia contingentia huic opinioni, dedit cãm, ex qua existimarunt elementa esse animata, & destruxit eam, & d. Et videntur existimare, &c. i. & videntur opinari ꝙ aĩa est in elementis: quia vnum iudicium habet totum, & pars in recipiendo aĩam. D. d. Oportet igitur eos dicere, &c. i. sed, cum posuerint quòd idem iudicium habet totũ & pars elementorum in recipiendo aĩam, oportet eos ponere ꝙ natura animæ vl'is, & forma eius est sicut forma partium, s. ꝙ iudicium vl'is in sua natura, & particularis idem est. Et declarauit hoc, cũ dedit causam, propter quam opinati sunt ꝙ pars elemẽtorum est animata, & ꝙ propter hoc debet esse totum animatum, & d. cũ animal non sit habens animam, &c. i. & opinati sunt, quòd pars elementorum est animata, quia viderunt qđ animal non sit animatum, nisi qñ in corpus intrauerit apud anhelitũ aliquid aeris continentis: & ideo opinantur quòd ista pars aeris, quæ est in corpore animalium, est animata. Et, quia natura partis est talis necesse est vt natura totius sit talis. Et ordo verborum debet esse talis. & vñr existimare quòd anima existat in istis. i. in elementis. s. quòd forma totius, & partis est idem: sed pars est animata: opinantur. n. quòd animal non sit animatum nisi per aerem, qui concluditur in eo: ideo oportet eos dicere qđ forma animæ vl'is est sicut forma particularis. i. ꝙ natura animæ vniuersalis, quæ est in elementis, & particularis, quę est in animalibus, est eadem. E

Iudicium vl'is in sua nã, & pticularis idẽ. vide. 4. lib. c. 17. & 48. & 2. lib. cõ. 9 & 1. Cœli 17.

Impugnatio rõnis Thaletis.

Et, cũ narrauit hoc, incœpit declarare modum, s̃m quem contingit eis, & d. Si igitur aer, cùm separatur, &c. i. si igitur aer, cũ diuiditur, est consimilis formæ, s. ꝙ natura partis, & totius est eadem: & anima, quæ est in elementis, cũ diuiditur per diuisionem elementorum, non est consimilium partium: qm̃ illud, quod existit ex ea in parte, s. in aĩalibus, est mortale, & quod existit ex ea in toto, est nõ mortale: manifestum est quòd pars, quæ existit ex ea in toto, alia est ab ea, quæ existit in parte. ergo necesse est, aut vt in anima, quæ est in toto, sit similis animæ, quæ est in parte, si posuerimus quòd totũ, & pars habent idem iudicium in recipiendo aĩam aut, vt ponamus ꝙ iudicium totius, & partis in recipiendo aĩam non est idem: & illud, quod sequitur ponere eorum. s. quòd anima, quæ est in toto, est nobilior ea, quæ est in parte. Et hoc posito, destruitur argumentum eorum per hoc, ꝙ anima existit in toto, quia existit in parte. qm̃, cũ natura animæ fuerit diuersa, diuersabitur etiam natura recipientis. vnde necesse est, sicut d. vt non quælibet pars eius recipiat animam mortalem, sed partes propriæ. iudicium igitur totius, & partis non est idem. Et debẽs scire quòd hoc contingit necessario dicentibus elementa esse non animata: & quod est ex eis in animalibus est animatum, scilicet cõtingit eis dare causam, propter quam fuit ita, sicut contingit hoc dicentibus elemẽta animata, sed per animam nobiliorem anima existenti in animalibus. Sed causa data à dicentibus elementa esse non animata non potest esse data à dicẽtibus ea F

[illegible]tum.

esse

A esse animata, s. mixtio, & complexio. & ideo visum est nobis quod ponentib[9] primas perfectiones animæ esse factas à mixtione, & complexione, non à causa extrinseca, contingit quod elementa sint animata per animam æqualem animæ existenti in animalibus. & Alexan. videtur hoc opinari in primis perfectionibus animæ, & contra Arist. & cõtra ipsam veritatem. & in nullo differunt in hoc primæ perfectiones, & vltimæ. & ideo videmus quod ista opinio similis est opinioni dicentium casum esse, & negantium causam agentem. D d. sm rememorationem summam eorum, quæ prædixit, & d. Quoniam autem neq; cognoscere, &c. idest manifestum est igit ex hoc, quod diximus, quod non est necesse vt sit ex elemẽtis pp hoc, quod cognoscit, & sentit: neq; ẽt hoc, quod dicitur, quod mouet se, est verum. Regre cõsis cõtra Alex. 3. de ala cõ. 5.

Nonnulla proponuntur difficultates de ipsius Animæ vnitate, ac partibilitate. Cap. 7.

B QVoniam autem cognoscere inest animæ, & sentire, & opinari: adhuc concupiscere, & deliberare, & omnino appetitus: fit autem & sm locum motus ab anima in animalibus: adhuc autem augmentum & status & decrementum: vtrũ toti animæ vnumquodq; horũ insit, & omni intelligimus & sentimus, & aliorum vnumquodq; facimus & patimur, aut partib[9] alteris altera? & viuere igitur vtrum in aliquo horum sit vno, aut in pluribus, aut in omnibus? aut aliqua alia causa?

SOPH. *Quoniam autem animæ est cognoscere, & sentire, & opinari: ad hæc cupere, et deliberare, & omnino appetitus: fitq; præterea motus loci animalibus ab anima, itemq; auctio, & status, & diminutio: utrũ toti animæ horum unumquodq; inest, & tota ipsa intelligimus & sentimus, & aliorum unumquodq; agimus & patimur, an partibus alijs alia? iam uero uiuere utrum in aliquo horum est, an in pluribus, an in* C *omnibus? an etiam alia quadam causa est?*

Et, quia anima habet cognoscere, & sentire, & existimare: & ẽt appetere, & velle, & vlr modos desyderij: & etiam anima habet per animam motum in loco: & etiam augmẽtum, & complementum, & diminutionem, vtrum vnumquodq; istorũ est totius animæ, & per ipsam totam intelligit, & sentit, & mouet, & facit alios motus, & actiones, & passiones: aut non agit, & patitur, nisi p virtutes diuersas, & membra diuersa, & actiones, & passiones diuersas. Et vtrum vita est in vna istarum, aut in pluribus vna, aut in omnibus, aut habeat aliam causam.

89 Cùm contradixit sermonibus Antiquorum de anima, incœpit hic declarare quod primo consyderandum est de anima, & de numero actionum eius

eius diuersarum in genere: deinde vtrum omnes proueniant ab vna virtute, s. ab anima, aut agit vnamquanq; actionem eius diuersarum in genere per virtutes diuersas, aut s̃m definitionem & subiectum, aut s̃m definitionem tantũ. Et d. Et, quia anima, &c i. &, quia anima habet quinq; actiones, aut passiones diuersas in genere. Quarum vna est scire, & existimare: Secũda sentire: Tertia desyderare, & velle: Quarta moueri in loco: Quinta augeri, & minui, & nutriri: vtrum quælibet istarum actionum diuersarum in genere sit totius animæ, ita ꝙ per eandem naturã intelligit, & sentit, & mouetur in loco, & desyderat, & nutritur, & vniuersaliter agit, & patitur vnoquoq; illorũ motuum: aut non agit, aut patitur vnoquoq; eorum, nisi per virtutes diuersas, & membra diuersa, & membra communia eis *conuenientia. Hæc igitur est opinio Aristo. non enim opinatur ꝙ facit diuersas actiones per virtutes diuersas, & vnica membra tantum: neq; per vnicas virtutes, & membra diuersa tantum: nec etiam per virtutes diuersas, & membra diuersa tantum: sed opinatur ꝙ faciat per virtutes diuersas, & membra vnica, s. principalia, & membra diuersa. & hoc intendebat, cum d. per virtutes diuersas, & mẽbra diuersa, i. cum hoc, quod agit cum membris conuenientibus. qm̃, si sic non intelligeretur, erit idem cũ sermone Platonis. D. d. Et vtrum vita est in vna istarum, &c. i. & perscrutandum est cum hoc, vtrũ illud, quod dicitur vita, est in vna aliqua istarum virtutum quinq;, aut in pluribus vna, aut in omnibus.

*a. L. consi-[illegible] [illegible] [illegible]plo Ari-[illegible] o. de psa [illegible] aia-[illegible] ũ. vide et [illegible] c. 9[illegible]

Vide ĩ cõ. [illegible] de oplo [illegible] Plato-nis, & in [illegible] seq.

Dicunt itaq; quidam partibilem ipsam: & alio quidem intelligere, alio autem concupiscere. Quid igitur continet animã si partibilis est apta nata? non enim vtiq; corpus: videt enim contrariũ magis, aĩa corpus continere: egrediente enim spirat & marcescit.

SOPH. *Equidem sunt qui eam asserant esse partibilem, atq; alia parte intelligere, alia cupere. ergo quid tandem est quod animam contineat, si partibilis est? profectò nõ corpus: uidetur enim cõtra potius anima corpus continere: egressa enim ea, euanescit putrescitq;.*

Et quidam dicũt ꝙ anima est diuisibilis, & ꝙ ipsa intelligit per hoc, & desyderat per aliud. Quid igitur continuat animam, si naturaliter est diuisibilis? Hoc enim non est corpus. existimandum est enim contrarium, scilicet ꝙ anima continet corpus. & hoc demonstratur, quia, cùm exierit ab eo, putrefiet.

90 Innuit Platonem, qui opinatur ꝙ anima essentialiter diuiditur in corpore s̃m diuisiones membrorum, quibus agit suas actiones diuersas, & ꝙ non communicantur in aliquo membro, ita ꝙ pars intelligens est in cerebro tantum, & desyderans in corde tantũ, & nutriens in hepate. Et dixit & quidam dicunt, &c. i. & quidam dicunt ꝙ anima diuiditur essentialiter per diuisionem membrorum corporis, ita ꝙ intelligit per membrũ, & virtutem alia à membro, & à virtute, quibus desyderat. Deinde dicit: Quid igitur continuat animam, &c. idest sed, si posuerimus ꝙ anima diuiditur

uidit eur essentialiter per diuisionem membrorũ, in quibus existit: & manifestum est per se, φ anima, quæ est in singulis indiuiduis nobis est vnica: quid igitur copulat partes animæ, ita φ potest dici esse vna? Non enim potest aliquis dicere φ hoc sit corpus, quod copulet partes animę: quoniã magis rectum est dicere φ corpus est vnum, quia anima est vna, non ecõuerso. & hoc intendebat, cum dixit. existimandum est enim esse contrarium, &c. idest opinio enim, quam habemus naturaliter in hoc, contraria est huic opinioni, scilicet φ anima magis digna est vt sit causa copulationis corporis, & suæ vnitatis in numero, q̃ vt sit corpus causa copulationis animæ. omne enim quod est, est vnum: & continuum non est per suam materiam, sed per suam formam. Sed, quia ista argumentatio est quasi latens in hoc loco, dedit significationem manifestã, & dixit. & hoc demonstratur, quia, cum exierit a corpore putrefiet, idest diuidetur.

Aĩa, quę est vnũ, & cõtinuũ, nõ est p suã materiã, sed p suã formã. Cõsi. 4. Ph. 38. & 2. huius c. 7. & 8. & 60. & 3. Ph. c. 60 & alibi frequenter.

Si igitur alterum aliquid vnam ipsam facit, illud maxime erit
B anima. oportebit autem iterum illud quærere, verum vnum aut multipartium sit. siquidem enim est vnũ, propter quid non mox & animam vnum? si vero diuisibile, iterum ratio quęret, quid est continens? & sic vtique procedet in infinitum.

SOPH. *Si ergo aliud quidpiam unam eam faciat, illud maxime fuerit aĩa: sed rursus oportebit illud etiam quærere, utrum unum, an multarum sit partium: nam si unum, cur non protinus animã quoque unum esse censendum est? sin partibile, rursus ratio quæret quid sit quod illud contineat: atque ita demum procedet in infinitum.*

Si igitur est aliud quid, quod facit eam esse vnam, illud proculdubio est aĩa. Sed quærendũ est de illo, verũ sit vnum, aut pluriũ partiũ. Si igitur fuerit vnum, & diuisibile, tũc quærendũ est quid
C est illud, quod copulat ipsum. & principia illius erunt infinita.

91 Si igitur corpus non facit eam esse vnam, & continuam, & dixerit aliquis φ est aliud, quod facit eam esse vnam, dicemus φ illud est anima, & reuertetur perscrutatio. Verum illud in se est vnum, aut plura. si vnum, hoc est, quod volumus. si plura, reuertetur quęstio quid copulat illud, per quod copulatur anima: & sic in infinitum: & non erit illic principium primæ continuationis. Et hoc intendebat, cùm dixit & principia illius erũt infinita, idest principia continuationis, & vnitatis existentis in homine erunt infinita. quapropter nulla vnitas erit.

Dubitabit autẽ aliquis & de partibus ipsius, quã positionem habet vnaquæque in corpore. si enim tota anima omne corpus cõtinet, conuenit & partiũ vnamquamque continere aliquid corporis: hoc autẽ assimilatur impossibili: qualem enim partẽ aut quomodo intellectus continebit graue est fingere.

Quia

SOPH. *Quin etiam de eius partibus quærat quispiam, quam quæq; habeat in corpore potentiam. si enim tota anima totum corpus continet, conuenit etiam ut pars quæq; partem aliquam corporis contineat. quod simile est impossibili. Quam nanq; partem uel quomodo intellectus continebit, uel fingere difficile est.* D

Et debet homo dubitare de partibus eius, & quærere quę virtus dat cuilibet parti corporis esse. Qm̃, si tota anima copulat totum corpus, oportet vt vnaquæq; partium copulet vnãquanq; partẽ corporis. Et iste sermo est similis impossibili. difficile est enim & etiã in fingendo dicere quã partem copulat intellectus, & quõ.

91 Cùm declarauit q̃ contingit dicentibus animam esse diuisibilem omnibus modis, vt sit vna, secundum q̃ est anima, & diuisibilis, sm̃ q̃ habet actiones diuersas, dedit dubitationem super hoc, & d. Et debet homo dubitare de partibus eius, cùm fuerit opinatus eam habere partes secundum hunc modum, scilicet vt sit diuisibilis vno modo, & vnica alio modo. & quærere quæ virtus dat cuilibet istarum partium corporis cõtinuationẽ. Necesse est enim si tota anima copulat totum corpus, secundum q̃ est in eo secundum totum, vt vnaquæq; partium eius sit in vnaquaq; parte corporis, ita q̃ copulet ipsum, secundum q̃ est in eo. D.d. Et iste sermo est similis impossibili, &c. idest, & ponere q̃ quælibet pars eius copulet vnãquãq; partẽ corporis, & existit in ea, ferè videtur impossibile: intellectum enim videtur impossibile attribui alicui membro corporis. Et debes scire q̃ ista dubitatio non sequitur hoc, nisi quia non determinatur vtrum sit vnica secundum subiectum, & plura secundum virtutes: ita q̃ diuisio animæ in suas partes sit sicut pomi in odorem, colorem, & saporem. aut est vna propter vnam naturam communem, & plura, quia ista natura habet diuersas virtutes: ita q̃ diuisio animę in suas partes sit, sicut diuisio generis in species. Quoniam secundum hunc modum contingit dubitatio prædicta: sed, cùm posuerimus eam vnicam secundum subiectum tantũ, non contingit hoc. subiectum enim partium eius erit vnum tantum: & quædam earum erunt subiectum quarundam. E F

Docum. quæ docet quõ. aĩa vna sit, & plures.

Videntur autem & plantæ decisæ viuere: & animalium quędã incisorũ, tanquã eandem habentia animam specie, & si non numero: vnaquæq; quidem enim partium sensum habet & mouetur secundum locũ in quoddam tempus.

SOPH. *Videntur etiam plantæ, si secentur, uiuere, & animalium nonnulla insectorum, utpote quæ eandem specie animam habeant, tametsi nõ numero: Vtraq; enim partiũ sensum habet, & aliquandiu loco mouetur.*

Et nos videmus plantas viuere etiam, cùm diuiduntur: & similiter quædam animalia annulosa, quasi anima sit in eis vna secun-

dum

A dum formam, & si non est vna sm numerum. videmus enim q utraq; pars sentit, & mouetur in loco aliquandiu.

93 Cùm dedit impossibile contingens sermoni, q tota anima est in toto corpore, & partes in partibus, & iam dederat impossibile, contingens etiã sermoni q anima diuiditur per diuisionem membrorum, absq; eo q sit in ea virtus vniuersalis copulans corpus, incœpit hic cõtradicere his duabus opinionibus, & d. Et nos videmus plantas, &c. idest & signum super hoc, q partes animæ non existunt in partibus corporis, est quia nos videmus plantas, & plura animalia, vt annulosa, cùm diuiduntur, agit motum vtraq; pars, & sensum in animalibus, & augmentum, & nutrimentum in plantis, sicut totũ. &, si pars sensus esset in alia parte corporis ab ea, in qua existit motus, tunc cùm animal annulosum diuideretur, non moueret, & sentiret: sed pars eius, quæ mouetur, esset alia ab ea, quæ sentit. Et similiter, si pars nutritiua esset in plantis in parte alia ab augmentatiua, tunc B impossibile esset vt, cùm plures plantæ diuiduntur, viuerent: &, cùm plantarentur, vt viuerent. D.d. quasi anima sit in eis vna secundum formã, & si non est vna secundum numerum. quoniam, si esset vna secundũ numerum, contingeret vt corrumperetur apud diuisionem corporis: sicut accidit hoc in pluribus animalibus, & in quibusdam plantis. &, si partes animæ essent in partibus corporis, contingeret vt, cùm corpus diuideret in illas partes, vt quælibet earum ageret suum proprium, ita q pars motiua esset alia à sensibili, & nutritiua ab augmentabili. Et, cùm ita sit, sicut d. necesse est vt anima sit in toto animali vna in subiecto, & plures secundum virtutes: ita quòd quædam partium sit subiectum quarundam, scilicet q nutritiua sit subiectum sensibilis tangibilis, & tangibilis sit subiectum aliorum sensuum. & similiter quædam quorundam: vt post declarabitur. Et, cùm anima sit talis in omni animali, aut est vna in numero, scilicet in animalibus organicis, quorum pars non viuit post diuisionem: aut oportet vt sit in eis quasi vna in specie, scilicet in eis, quorum pars viC uit post diuisionem: & sunt illa, quorum membra sunt consimilia.

Vide &c. 2. de Aïa. 19. & 20.

Aïa ẽ vna in subm & plres sm virtute. Idẽ supra cõ. 7. & 4 libi.

Si autẽ non permanent, nullum inconueniens est: instrumenta enim non habẽt quibus saluent naturã: sed nihilominus in vtraq; partiũ omnes inexistunt partes animæ, & similis speciei sunt ad inuicẽ & toti: ad inuicem quidem, sicut quę non separabiles sunt: toti autem animæ, tanquã indiuisibili existente.

Quod si non perseuerant, nullum absurdum est: non enim habent organa, quibus conseruent naturam: sed nihilominus in utraq; partium omnes insunt partes aïæ, ac eiusdem speciei inter se sunt, & cum tota: inter se quidẽ, utpotè nõ separabiles: cũ tota uero aïa, ut quæ diuisibilis ẽ.

Et non est inopinabile vt remaneant. non enim habent instrũa, quibus conseruant suam naturam. sed tñ, hoc non dat vt in vnaquaq;

quæq; partium sint omnes res animæ. Et sunt consimiles in speciē D
adinuicem. totius autem animæ est, quia est diuisibilis.

94 Et non est impossibile vt partes istorum animalium, & plantarum remaneant in agendo actiones totius. Causa enim in hoc est, quia iste modus animalis non habet diuersa instrumenta, quæ approprientur actionibus diuersis animæ cum membro communi officiali, in quo existunt
in potentia omnes actiones animæ, sicut est cor cum alijs membris, vt declaratum est in libro de Animalibus: sed quodlibet membrum membrorum istius animalis adaptatur omnibus actionibus animæ. & similiter
quælibet pars partium vnius membri. Et causa in hoc sic debet intelligi. quoniam definitio partis membri officialis, non est definitio totius, necesse est, cùm anima impossibile est vt existat in aliquo animali proprio
illi animæ nisi habeat principium, vt pars eius adaptetur ad hoc, quod habet totum ad recipiendum animam. verbi gratia quòd, si cor habet naturam recipiendi animam, quia habet talem figuram, manifestum est q; E
pars eius non recipit illam animam, quia non habet illam figuram. Vnde
necesse est vt contrarium iudicium habeant animalia, quorum membra
sunt consimilia, scilicet vt illud, quod recipit totum, recipiat pars: cùm habeat eandem definitionem. Deinde dicit: sed tamen hoc non dat, &c.
idest, sed, quia iste modus animalis non habet corpus officiale, neque habet membra officialia, non est remotum vt anima, quæ est in qualibet
parte eius, sit consimilis adinuicem in specie, & similis etiam animæ, quæ
est in toto. immo, quia mēbra eius non sunt officialia, necesse est vt sit sic.
Deinde dicit: totius autem animæ est, quia est diuisibilis. idest esse autem animam, quæ est in rebus, consimilem in specie, est, quia est diuisa in
actu, & vnaquæq; earum agit actionem alterius. consimilitudo autem inter animam, quæ est in partibus, & animam, quæ est in toto in specie, est
scilicet tota anima per potentiam, & diuisibilitatem, non secundum actū:
quoniam, cùm diuidetur, tunc nō remanebit totum. sed ipse dimisit hoc,
quia propalauit alteram duarum diuisionum. quoniam hæc particula, F
aut, demonstrat diuisionem. & quasi dicat consimilitudo autem, quæ
est in specie inter partes, est quia est diuisa in actu: totius vero, quia
est diuisibilis.

A'a anim... losorū. & plātarum vna i actu plures i potentia. idē 2. de A'a 19. 20. & 7 Met. 16

Videtur autē & quæ in plantis anima, principium quoddam
esse: hac enim solum communicant & animalia & plantæ, & ipsa
quidem separatur à sensibili principio: sensum autem nullum sine
hac habet.

SOPH. *Videtur etiam principium, quod inest in plantis, anima esse quadā.
hac enim sola plantarum & animalium communis est: Atq; ea quidem separatur à sensitiuo principio: at uero sine ea, nihil est quod sensum habeat.*

Et

A Et videtur etiam quòd principiũ existens in plantis sit aliqua anima. in hoc enim solo communicãt plantæ, & animalia. Et hoc differt à principio sensibili: & nihil habet sensum sine isto.

95 Cùm dedit rationem in sermone prædicto super hoc, quòd anima nõ diuiditur essentialiter per diuisionem subiecti, ex hoc, quod apparet in plantis: & iste sermo non est acceptus à ratione, nisi ei, qui concedit quòd plantæ habent animam: incœpit declarare hoc quomodo, & dicit, Et videtur etiam quòd principium, &c. idest & videtur etiam quòd principiũ, quo plantæ nutriuntur, & augentur, sit anima. in hoc enim principio existimantur habere communicationem cum animalibus secũdum vitam. & ideo non dicitur mortuum, nisi animal, quod caret principio,* idest vita, non principio sensus & motus. Et, cùm narrauit quòd animalia cõmunicant in hoc principio cum plantis secundum vitam, incœpit narrare quòd plantæ non communicant eis in hoc, & quòd communicatio sen-B sus, & motus cum nutrimento est necessaria, & dicit: Et hoc differt à principio sensibili, &c. idest & principium, quod est nutrimenti, & augmẽti, & generationis separatur à principio sensibili in plantis: sed principium sensibile non separabitur ab illo: cùm omne animal nutritur, & augetur. Sed debes scire quòd necessitas essendi nutribile, aut augmentabile, non est sicut necessitas essendi calidum, aut frigidum, aut humidum, aut siccum, aut graue, aut leue: & quòd suum esse augmentabile, & nutribile est ei, secundum quòd est viuum: & esse graue, aut leue est ei secundum quòd est corpus naturale. Quoniam, si non fuerit sic determinatum, non est necesse propter communicationem cum principio sensibili, vt principium secundum sit anima.

Non dicitur mortuum, nisi aial, qđ caret vita, n principio sensus, & motus. Idẽ in 2. h*. c. 16. & cõ. 5. & 17.

* a 1. p̃te. Docum. Esse nutribile & augmentabile ẽ sm quod est viuũ. esse vero graue, aut leue ẽ sm quod est corpus naturale.

ARISTOTELIS DE ANIMA

LIBER SECVNDVS,

Cum Auerrois Commentarijs.

SVMMAE LIBRI.

In Prima inuestigat, ac tradit Animæ definitionem.
In Secunda Animæ potentias, earum ordinē, ac quo pacto definiri debeant declarat.
In Tertia de potentia Animæ vegetatiua sermonem facit.
In Quarta de potentia Animæ sensitiua.
In Quinta probat non dari sextum sensum: curq; non vnum, sed plures habeamus.
In Sexta quærit an eodem, quo sentimus sensu, etiam sentire nos percipiamus: Sensumq;, quem Communem appellamus, explanat.
In Septima ponit differentiam inter intelligere, sapere, ac ipsum sentire, inuestigatq; ipsius Imaginationis essentiam.

SVMMAE PRIMAE Cap. 1.

Traditur Animæ definitio declarans communiter quid est.

Væquidem igitur à prioribus tradita sunt de anima, dicta sint. Iterum autem tanquā ex principio redeamus, tentantes determinare quid est anima, & quæ vtiq; erit communissima ratio ipsius. D

TEXT. Q*Væ igitur à superioribus de anima tradita sunt dicta sint. Rursus autem tanquam ab initio reuertamur, tentantes explicare quid sit anima, & quænam fuerit cōmunissima ratio eius.*

HOc igitur est, quod accepimus ab Antiquis de anima. modo autem incipiamus aliter in determinando animā quid est secundū definitionē, quæ magis comprehendit ipsam. E

1 CVm contradixit opinionibus Antiquorum, incœpit modo quærere de substantia eius, & d. Hoc igitur est, quod accepimus, &c. idest hoc igitur est, quod diximus in contradicendo opinionibus, quas accepimus de anima. F D. narrauit q oportet incipere in cognoscendo substantiam eius, & cōsyderare in hoc, quousq; sciatur definitio, quæ est magis vniuersalis, idest magis comprehendens omnes partes animæ, & d. modo autem incipiamus, &c. idest modo autem incipiam* loqui de anima alio modo: quia non inuenimus ab Antiquis aliquid vtile de ea. & primo debemus inuenire definitionem, quæ est magis vniuersalis omnibus partibus eius. * cognitio enim vniuersalis semper debet præcedere cognitionem propriam. & sermo eius intellectus per se.

*Cognitio vlis sp debet pcedere cognitioné propriá idé infra cō. 54. & 1. Phy. t. cō. 57. & 2. de Gen. t. cō. 51. & 3. Ph. c. 2.

& in su prooemio 1. Phy. 1. bic. 1. & 1. Phy. 4.

Dicimus

A Dicimus itaque vnum quoddam genus eorum quae sunt substantiam: huius autem, aliud quidem est sicut materia, quę secundum se quidem non est hoc aliquid: aliud autem, formam & speciem, secundum quam iam dicitur hoc aliquid: & tertium quod est ex his. Est autem materia quidem potentia, species autem entelechia: & hoc dupliciter, hoc quidem sicut scientia: illud autem, sicut considerare.

OPH. *Dicimus ergo unum quoddam genus eorum quae sunt, substantiam: huiusque, aliud ut materiam, quod ex se quidem non est hoc aliquid: aliud formam & speciem, ex qua demum dicitur hoc aliquid: & tertium, quod ex eis constat. est autem materia, quidem potentia: species uero entelechia: & hoc bifariam aliud ut scientia, aliud ut contemplari.*

Dicamus igitur ꝙ substantia est vnum generum entium. Et substantiarum quaedam est substantia sm materiam, & ista non est per

B se hoc. Et quaedam est forma, per quam dicitur in re, ꝙ est hoc. Est autem tertia: & est illud, quod est ex ambobus. Et materia est illa, quae est in potentia, forma autem est perfectio. Et forma est duobus modis: vnus est sicut scire, & alius est sicut speculari.

2 Cùm voluit scire definitionem vniuersalem omnibus partibus animae, & fuit quasi manifestum ꝙ collocatur in genere substantiae, incœpit diuidere quot modis dicitur substantia, & in quo modo est anima, & dixit ꝙ substantia est vnum generum entium, i. entium, quae sunt sm antecedentiam in esse, quorum anima est vnum, ꝙ anima non est accidens. Ponere enim animam accidens est impossibile, sm ꝙ dat nobis prima cognitio naturalis. opinamur enim ꝙ substantia est nobilior accidente: & ꝙ anima est nobilior omnibus accidentibus existentibus hic. Et, cùm narrauit ꝙ substantia vult debet poni genus talium istorum entium, incœpit diuidere eius genera, & dixit Et substantiarum quaedam est substantia, &c. idest & omnia, de quibus dicitur substantia, sunt tribus modis. Quorum vnus est, vt

C sit materia prima, quae per se non est formata, neq; aliquid per se in actu: vt dictum est in Primo Physicorum. Secundus autem est forma, per quam individuum fit hoc. Tertius est illud, quod fit ex istis ambobus. Quòd autem forma est, & cùm hoc est substantia, manifestum. est enim quia comprehenditur sensu: est autem substantia, quia est pars substantiae. & similiter pars huius substantiae cum aufertur, aufertur substantia. Et similiter prima materia est substantia: quia est vna partium, quae cùm auferuntur, aufertur substantia, s. individuum. Deinde incœpit describere substantiam, quae est sm materiam, & quae est secundum formam, & d. Et materia est illa, quae est in potentia, &c. idest & materia est substantia, quae est in potentia: forma autem est substantia, per quam perficitur haec substantia, quae est in potentia forma. Et ista forma inuenitur duobus modis. Quorum vnus est, secundum quòd est in actu, tamen non prouenit ab ea

Margin notes: Ponere animam accidens est impossibile, sm ꝙ dat nobis prima cognitio naturalis. — 1. Phy. 69. Individuum fit hoc per formam. Idem ista. 7. 8. 9. & 60 sed vide oppositum 12. Meta. 14. & 1. Coeli. 91. vbi dicit ꝙ per materiam. Vide etiam. — 4. l. Meta. 1.

actio, quæ innata est prouenire ab ea: sicut à sciente, qui non vtitur sua scientia. Secundus est, secundum quód prouenit ab ea illa actio: sicut est de sciente, quando scit. Et prima forma dicitur prima perfectio: secunda autem dicitur postrema. H

Substantiæ autem maxime videntur esse corpora, & horũ physica: hæc enim aliorum principia. Physicorum autem alia quidẽ habent vitam, alia autem non habent: vitam autem dicimus id quod per seipsum alimentum & augmentum & decrementum. Quare omne corpus physicum participans vita, substantia erit: Substantia autem sit, sicut composita.

SOPH. *Porrò autem corpora potißimum esse substantiæ videntur, & ex his, ea quæ naturalia sunt: hæc enim cæterorum sunt principia. Naturalium autem, alia habent vitam, alia non habent: vitã vero dicimus nutritionem quæ per se ipsum fit, & auctionem, & diminutionem:* I *itaq; omne corpus naturale vitæ particeps substantia fuerit, & ita substantia, vt composita.*

Et corpora sunt ea, quæ proprie dicuntur substantiæ: & maxime corpora naturalia. ista enim sunt principia aliorum corporũ. K Et corporum naturalium, quædam habẽt vitam, & quædam nõ. Et dicere vitã, est nutriri, & augeri, & diminui essentialiter. Vnde necesse est, vt omne corpus naturale, habens communicationem in vita, sit substantia, s̃m q̃ est compositum.

3 Cùm demonstrauit nobis numerum substantiarum, incæpit declarare nobis quæ earum sit magis digna vt habeat hoc nomen, & dixit Et corpora sunt ea, quæ proprie dicuntur, &c. idest & corpora composita habẽt hoc nomen substantia magis proprie, secundum q̃ est magis famosum: & maxime corpora naturalia. ista enim sunt principia corporum artificialium. D. d. Vnde necesse est, vt omne corpus naturale habens communicationem in vita. idest corpus naturale necesse est vt sit substantia: immo magis dignum est habere hoc nomen substantia. Deinde exposuit hoc nomen vita, & dixit Et dicere vitam est nutriri, &c. idest & intelligo per vitam principium, quod est commune omni animato, scilicet nutriri & augeri, & minui essentialiter. & est illud, quod appropriat plantis. quoniam hoc nomen vita dicebatur in lingua Græca de omni eo, quod nutritur, & augetur. animal enim dicitur de omni eo, quod nutrit & sentit. In Arabico autem videtur significare idem: sed tamen non dicitur mortuum, nisi animal, quod caret principio nutrimenti, & sensus insimul, nõ principio sensus, & motus tantum. Et dicit essentialiter: quia inuenitur extra viuum aliquod, quod assimilatur augmento & diminutioni, *vel lapis, & nõ est viuum. Et cùm declarauit q̃ necesse est vt omne corpus habens vitam sit substantia, declarauit cuiusmodi substantia est, & d. sit substantia,

Mortuũ ẽ dicĩ, nisi ãial, qđ caret principio nutrimẽti, & sẽsus insimul. 3, vide oppositũ. 2. de Ala. c. vlt. vbi d. q̃ mortuum est, qđ caret solo principio, qđ ẽ vita. Vide ibi Zim.

Hic vita [illegible] hi[illegible] principi[illegible] augẽdi & sensiati. Sed vide oppositũ. 1. de Ala. c. 19. Vide [illegible] Coe. c. [illegible] & 1. de Generat. [illegible] Vide ib. Zim.

A stantia, secundum quod est compositum, idest & necesse est vt corpus viuum sit substantia composita: & est hoc indiuiduum.

Quoniam autem est corpus huiusmodi, vitam enim habens, neque vtique erit corpus anima: nõ est enim eorum quæ in subiecto, corpus, magis autem sicut subiectum & materia. necesse est ergo animam substantiam esse, sicut speciem corporis physici potentiã vitam habentis.

Quoniam autem corpus est tale, nempe uitam habens, equidem non fuerit corpus anima: non enim eorum quæ sunt de subiecto corpus est, sed potius ut subiectum & materia. necesse est ergo animam esse substantiam, ut speciem corporis naturalis uitam habentis.

Et, quia corpus viuum est corpus, & est tale, impossibile est vt anima sit corpus. corpus enim non est eorũ, quę sunt in subiecto: imo

B est sicut subiectũ, & materia. Vnde necesse est vt aĩa sit substantia, sm quod est forma corporis naturalis, habentis vitam in potentia.

4 Cùm declarauit quod corpus viuum est substantia, sm quód est compositum ex substantia, quæ est sm materiam, & ex substantia, quæ est sm formam, incœpit quærere de anima vtrum sit substantia composita, scilicet corpus, aut secundum formam. dicere enim animam esse materiam impossibile est. & hoc manifestum est per se. Et d. Et, quia corpus viuum, &c. idest & anima non est substantia sm compositionem. compositum enim corpus habens vitam non est corpus viuum, sm quod est corpus simpliciter, sed secundum quod est tale corpus. est igitur viuum per aliquod existens in subiecto, non per aliquod existens non in subiecto. corpus autem est substantia, secundum quod est subiectum. Et, cùm dedit propositiones, ex quibus consequitur vt anima non sit substantia, sm quod est corpus, sed secundum quod est forma, d. Vnde necesse est vt anima sit substantia, secũdum quod

C est forma corporis naturalis, habentis vitam in potentia, &c. Quoniam autem non est substantia secundum corpus declarabitur in secunda figura per illas duas propositiones prædictas, scilicet quod anima est in subiecto, & corpus est non in subiecto. Quoniam vero est substantia sm formam, manifestum est ex hoc, quod est substantia in subiecto. hoc enim proprium est formæ, scilicet vt sit substãtia in subiecto. Et differt ab accidente, quoniam accidens non est pars substantiæ compositæ: forma autem est pars huius substantiæ cõpositæ. Et etiam æquiuoce dicitur forma esse in subiecto, & accidens esse in subiecto. *Subiectũ enim accidentis est corpus cõpositum ex materia & forma, & est aliud existens in actu, & non indiget in suo esse accidenti. Subiectum autem formæ non habet esse in actu, secundum quod est subiectum, nisi per formam, & indiget forma vt sit in actu: & †maxime primum subiectum, quod non denudatur à forma omnino. & propter similitudinem inter illa errauerunt plures loquentium, & dixerunt

Æquiuoce dĩ forma, & accñs eē ĩ subiecto. *Subm accñtis ē ens ĩ actu: subiectũ formę subaĩ ē ens ĩ potentia. Idẽ 1. Phy. 63. & 1. Phy. 7. & 8. 1. ca. d̃ subã orbis. sed vide de dimẽsionibus q̃titatibus interminatis, 1. ca. d̃ subã orbis. Vide cõ. 2 im.

Primum subm ab omnia frã denudatur [illegible] 1. Phy. 6. & 2. Phy. 12. & [illegible] Cõ. 29. [illegible] quare [illegible] 4. 1. Cœ. 7. & 2. Phy. 81.

ter una formam esse accidens. Et ex hoc declarabitur perfecte ꝙ anima non est substantia secundum materiam, materia enim est substantia, secundum ꝙ est subiectum. anima autem secundum ꝙ est in subiecto. Et dicit habentis vitam in potentia. idest necesse est vt anima sit substantia, secundum ꝙ est forma corporis naturalis, habentis vitam, secundum ꝙ dicitur habere illam formam in potentia, vt agat actiones vitæ per illam formam. B

Substantia autem actus, huiusmodi igitur corporis actus: Hic autem dicitur dupliciter, alius quidem sicut scientia, alius sicut considerare. manifestum est igitur ꝙ sicut scientia: in existere enim animam, & somnus & vigilia est: proportionale autem vigilantia quidem ipsi considerare, somnus autem ipsi habere & non operari.

IOPH. *Hæc vero substantia est actus, ergo talis corporis est actus: hic autem bifariam dicitur, partim ut scientia, partim ut contemplari. constat ergo eam esse ut scientiam: ex eo enim quod est anima, & somnus et vigilia est: proportione autem respondet uigilia quidem ipsi contemplari: somnus autem ipsi habere & non operari.* E

Et ista substantia est perfectio. est igitur perfectio talis corporis. &, quia perfectio dicitur duobus modis: quorum vnus est sicut scire, & alius sicut aspicere: manifestum est ꝙ ista perfectio est sicut scire. Quoniam apud ipsum est esse animæ. & vigilia est similis studio, somnus autem est similis dispositioni rei, cùm potest agere, & non agit.

5 Cùm declarauit ꝙ anima est substantia secundum formam, & formæ sunt perfectiones habentium formas, & sunt duobus modis, incœpit demonstrare ꝙ perfectio est in definitione animæ, quasi genus, & d. Et ista substantia est perfectio, &c. idest &, quia substantia, quæ est secundum formam, est perfectio corporis habentis formam: & iam declaratum est ꝙ anima est forma: necesse est vt anima sit perfectio talis corporis, idest perfectio corporis naturalis habentis vitam in potentia, secundum ꝙ perficitur per ipsam. F
Et, cùm declarauit ꝙ anima est perfectio, declarauit secundum quot modos dicitur perfectio, & d. &, quia perfectio est duobus modis, &c. idest &, quia perfectio est duobus modis: quorum vnus est sicut scientia existens in sciente, quando non vtitur sua scientia: & alius est sicut scientia existens in sciente, quando vtitur ea. Deinde incœpit demonstrare secundum quem modum istorum duorum dicitur ꝙ anima est perfectio, & d. manifestum est ꝙ ista perfectio est sicut scientia. i. &, quia iam declaratum est ꝙ anima est perfectio corporis naturalis, & perfectio dicitur duobus modis, manifestum est quòd perfectio, qua est animatum, & differt à corpore non animato est existens in eo, sicut scientia in sciente. Deinde dedit rationem super hoc, & dixit Quoniam apud ipsum est esse animæ, idest quoniam apud esse istius perfectionis in animato inuenitur alia, non apud esse alterius perfectionis.

Et,

A Et, cùm demõstrauit ꝙ perfectio accepta in definitione animæ, quæ est substantia animæ, est illa, quæ est quasi scientia existens in sciente, quãdo non vtitur ea, dedit exemplum super hoc, & dicit, & vigilia est similis, &c. idest &, cùm animal fuerit dormiens, tunc anima erit in eo secũdum primam perfectionem. & hoc est simile esse scientiæ in sciente in tempore, in quo non studet: & non est simile esse ignorantiæ in non sciente. Manifestum est enim ꝙ animal apud somnum habet animam sensibilem, sed non vtitur sensu: sicut sciens habet scientiam, sed non vtitur ea. Dispositio autem animæ apud vigiliam in animalibus est similis scientię in sciente, quando vtitur ea. Et hoc est in anima sensibili. Anima autem nutritiua nunquam inuenitur in animalibus, nisi secundum postremam perfectionem. Nisi aliquis ponat ꝙ sit quidam modus animalium, qui non nutritur in aliquo tempore, scilicet in tempore, in quo manet in lapidibus, vt ranæ magnæ, quæ nihil thesaurizant, & manent tota hyeme in lapidibus: & similiter plures serpẽtes. Et secundum hoc erit hoc commune B animæ sensibili, & nutritiuæ eadem intentione. &, si non, tunc perfectio accepta in eis erit secundum æquiuocationem. Et quocunq; modo sit, quando intellecta fuerit diuersitas inter vtrunq;, tunc non nocebit hoc accipere indefinite in hac definitione, cùm sit impossibile aliter. Et d. somnus autem est similis dispositioni rei, &c. idest dispositio animę apud somnum in animalibus est similis dispositioni rei in tempore, in quo potest agere, sed non agit. & hæc est descriptio primæ perfectionis: & ex ea intelligitur descriptio postremæ perfectionis: & est dispositio rei, per quã eus agit, aut patitur in tempore, in quo agit, aut patitur.

Docum. Aia nutritiua nunq̃ inuenit in aialib⁹, nisi sm postremã perfectionẽ. Idē 8. Ph. 10. & hic infra 14. & 3. de Aia 44. 59. Vide pro hoc infra c. 30. & c. 5. tertij h⁹.

Prior autem generatione in eodem scientia est: vnde anima est primus actus corporis physici potentia vitam habentis: tale autẽ quodcunq; organicum: organa autem & plantarũ partes, sed penitus simplices: vt foliũ fructiferi coopertmentũ: fructiferum aũt fructus: radices vero ori siles sunt: vtraq; enim trahunt alimentũ.

C

Ioan. *Prior autem generatione in eodem scientia est: quapropter anima est actus primus corporis naturalis potentia uitam habentis: cuiusmodi est quodcunque fuerit organicum. sunt porrò plantarum quoq; partes organa, sed planè simplicia: ut folium integumentum est pulpæ, quæ semen complectitur: pulpa autem seminis: radices uero ori proportione respondent, utraq; enim attrahunt alimentum.*

Et scientia in eodẽ antecedit in esse. Et ideo anima est perfectio prima corporis naturalis, habentis vitam in potentia. & est sm ꝙ est organicũ. Et partes plantarum sunt etiã organa, sed valde simplicia. verbi gratia ꝙ folia sunt coopertoria, & vestes fructibus. radices aũt similes sunt ori: qm̃ isti duo modi contrahunt cibum.

6 Cùm declarauit quod genus animæ est perfectio, quæ est quasi sciẽtia existens in sciente, quando non vtitur ipsa, incœpit narrare quod ista perfectio præcedit in esse secundam perfectionem, & quod propter hoc debet adiungi in definitione quod anima est prima perfectio corporis naturalis habentis vitam in potentia. Et d. Et scientia in eodẽ, &c. i. & perfectio, quæ est quasi scientia, præcedit in esse in indiuiduo secundam perfectionem, quæ est quasi studium. Et, cùm narrauit hoc, incœpit narrare quod propter hoc debemus hanc intentionem dicere in definitione, vt per primam distinguatur à perfectione postrema, & d. Et ideo anima est perfectio prima, &c. i. & ideo dicendum est in definitione animæ, &c. D. d. & est sm quod est organicum. ita cecidit in scriptura locus *albus. & est corpus, sm quod est organicum. i. corpus habens vitam in potentia est primmnum organicũ corpus. Et, cùm narrauit quod omne corpus viuum est organicum, & hoc fuit manifestum in animalibus, sed latuit in plantis, incœpit demonstrare quod organa existunt etiam in plantis, & dixit Et partes plantarũ sunt etiam organa, &c. i. & sermo eius in hoc est manifestus. Et hoc, quod dixit de plantis, manifestum est. folia enim ita sunt de plantis, sicut corium in animalibus, & radices sunt, sicut os: quoniam vtrunque comprehendit cibum. & hoc intendebat, cùm dixit, quoniam isti duo modi contrahunt cibum, scilicet radices, & os, & alia ventricula, quæ transeunt ad ipsa. D

*a.l. alim.

Dorufi.

E

Id: infra. 38.

Si autem aliquod cõe in omni anima oportet dicere, erit vtique actus primus corpis organici physici. vnde non oportet quærere si vnum est anima & corpus: sicut neque ceram & figurã, neque omnino vniuscuiusque materiã, & id cuius est materia: hoc enim vnũ & esse cum multipliciter dicantur, quod proprie est, actus est.

sopr.

Ergo si quid commune de omni anima sit dicẽdum, ea fuerit actus primus corporis naturalis organici. idcirco non oportet quærere an unũ sit anima & corpus, quemadmodum neque ceram & figuram, nec denique uniuscuiusque materiam, & id cuius est materia: unũ enim & esse cum multifariam dicatur, quod proprie est, actus est. F

Si igitur aliquod vniuersale dicendum est in omni anima, dicemus quod est prima pfectio corporis naturalis, organici. Et ideo nõ est perscrutandum vtrum anima, & corpus sint idem: sicut nõ est perscrutandum hoc in cera, & figura, neque in ferro, & figura, neque vniuersaliter in materia cuiuslibet, & in illo, quod habet illã materiam. vnũ enim & ens cùm dicuntur pluribus modis, perfectio est illud, de quo dicitur hoc prima intentione.

7 Dixit Si igitur aliquod vniuersale, &c. idest si igitur possibile est definire animam definitione vniuersali, nulla definitio est magis vniuersalis quàm ista, nec magis conueniens substãtiæ animę: & est quod anima est prima pfectio corporis naturalis organici. Et induxit hunc sermonẽ in forma

Dcrufi.

dubitationis,

A dubitationi, cùm dicit, Si igitur dicendum est, &c. excusando à dubitatione accidente in partibus istius definitionis. perfectio enim in anima rationali, & in alijs virtutibus animæ ferè dicitur pura æquiuocatione: vt declarabitur post. Et ideo potest aliquis dubitare, & dicere quòd, anima non habet definitionem vniuersalem. & ideo dicit, Si igitur, &c. quasi dicit, si igitur fuerit concessum nobis quòd possibile est inuenire sermoné vniuersalem comprehendentem omnes partes animæ, erit ille sermo iste.

Deinde dicit, Et ideo non est perscrutandum, &c. idest &, cùm declaratum est quòd anima est prima perfectio corporis naturalis, & quòd animatum non habet hoc esse, nisi ex eo quòd habet animam, non est dubitandum quomodo anima, & corpus, cùm sint duo, fiant idem: sicut non est dubitandum hoc in cera, & in ferro cum figura existente in eis, & vniuersaliter in materia, cuiuslibet, & in re, quæ existit in illa materia. Hæc enim nomina, scilicet * vnum, & ens licet dicantur pluribus modis, tamen prima perfectio in omnib⁹ istis, scilicet forma, magis digna est vt habeat B hoc nomen, scilicet vnum, & ens, quàm illud, quod est congregatum ex materia, & forma. congregatum enim non dicitur vnum, nisi per vnitatem existentem in forma, materia enim non est hoc, nisi per formam. Et, si materia & forma essent in composito existentes in actu, tunc compositum non diceretur vnum, nisi sicut dicitur in rebus, quæ sunt vnum secundum contactum, & ligamentum. † Modo autem, quia materia non differt à forma in composito, nisi potentia: & compositum non est ens in actu, nisi per formam: tunc compositum non dicitur vnum, nisi quia sua forma est vna. Et quasi innuit per hoc quæstionem contingentem dicentibus quòd anima est corpus. & est quomodo illud, quod aggregatur ex anima, & corpore, fiat vnum.

Vniuersaliter quidem igitur dictū est quid sit anima: est enim substantia quę s̄m rationem: hoc autē est quod quid erat esse huius modi corporis, sicut si aliquod organorum physicum esset corp⁹, C vt dolabra: erat quidem enim dolabræ esse, substātia ipsius & anima hæc. diuisa autem hac, non vtiq; amplius dolabra erit, sed aut æquiuocè: nunc autem est dolabra: non enim huiuscemodi corporis quod quid erat esse & ratio, anima: sed physici huiuscemodi corporis, habentis in seipso principium motus & status.

IO PH. *Vniuerse igitur dictum est quid sit anima: nempe substātia ea quæ in ratione consistit: quod quidem est Quid erat esse tali corpori: veluti si quod instrumentū esset naturale corpus, verbi causa securis: esset enim securi esse substantia eius & anima hoc: ea enim separata, nō amplius esset securis, nisi æquiuocè: nunc vero est securis: non enim eiusmodi corporis Quid erat esse & ratio ē anima, sed naturalis, talis scilicet quod in se motus statusq; principium habeat.*

Perfectio ī aīa rōnali & in alijs virtutibus aīę dī ferè pura æquiuocatiōe. Idē ista c. 30. & 3. de Aīa c. 5. cōtra Alex. Nō est dubitādum quō, ex aīa, & corpore fiat vnū. S. 3 vi de opposi- tū 1. d Aīa t. c. 92. cōtra Plato. vbi hoc fuit dubitatum. Vide cōm. 21m. * Ens vnū p pri⁹ dīr de forma, q̄ d congregato. Oppositū vt dicetur 1. c. 3. & 3. Ph. c. 4. & 7. Met. co 8. & 8. Met. c. 7. Idem hī sicut hic. Vide cōm. 21m. † M' n̄ dīt a forma i cō posito, nisi potētia. Vide idē. 10. Met. 43

Iam igitur diximus quid est anima vlr, & est substantia sm hanc intentionem, s. sm illud, quod hoc corpus est. Quod est, quemadmodum si aliquod instrumentũ esset corpus naturale, vt securis, tunc acumen securis esset substantia, & est anima sm hanc intentionem. & similiter istud, cùm abstractum est, nõ erit securis post nisi æquiuoce. materia autem erit post securis. anima enim nõ est quidem talis corporis, & intentio eius, sed corporis talis naturalis habentis principium motus. B

8 Cùm prædixit ꝙ anima est substantia, deinde declarauit quod est forma, & perfectio, incœpit hic inducere modum, per quem potest accidere certitudo, ꝙ formæ naturales sint substantiæ. & hoc est necessariũ in hoc loco. Et d. Iam igitur diximus, &c. idest declaratum est igitur ex hoc, qđ dixit, quid est anima vniuersaliter. & secundum ꝙ dixit in hac definitione, anima est substantia secundum intentionem, per quam dicim' in re, per quam hoc corpus naturale est substantia, non alio modo. Deinde dixit exemplum de corporibus artificialibus, & fecit differentiam in hoc inter corpora naturalia, & artificialia. Essentiæ enim rerum artificialiũ sunt *actus. & ideo existimauerunt quidam ꝙ ita est de essentijs corporũ naturalium. Et d. quemadmodum, si aliquod instrumentum, &c. idest & formæ, & essentiæ corporum naturalium sunt substantiæ. quoniam, quemadmodum si aliquod instrumentum esset corpus naturale, vt securis, i. si imaginati fuerimus ipsum esse ens naturale, tunc acumen securis esset substantia eius. Deinde dedit rationem super hoc, & d. & similiter istud cùm abstractum est, &c. i. & necesse est in securi, si esset ens naturale, vt ei' acumen esset substantia. Securis enim non dicitur nisi illud, quod cõgregatum est ex materia, s. ferro, & forma, quæ est acumen. & si acumen auferatur, & esset securis corpus naturale, tunc securis non esset: quia materia, & forma non esset, nisi diceretur securis æquiuoce. & illud, pro cuius ablatione aufertur hæc substantia, est substantia: est enim pars eius. pars autem substantiæ est substantia. Deinde dicit: materia autem erit post securis i. materia autem, quia securis est corpus artificiale, licet acumen sit ablatum ab eo, tamẽ post dicetur securis per suam figuram. figura enim, quæ propria est ei, eadem est in ea cùm acuitate, & sine. Et hoc, quod d. manifestabitur ex hoc, quod dico. Manifestum est enim per se ꝙ hoc nomen securis, siue fuerit naturale, siue artificiale, dicitur de illo congregato ex illo, quod est quasi forma in eo, & ex eo, quod est quasi materia. Et etiam manifestum est per se ꝙ securis dicitur de aliquo indiuiduorum substantiæ. Et sic necesse est vt hoc nomen, quod dicitur de eo, sm ꝙ est indiuiduum substantiæ, sit dictum de eo sm materiã, & formam insimul. vnde necesse est vt vtrunq; sit substantia. partes enim substantiæ sunt substantia. Et sic necesse est, cùm fuerit forma ablata, vt hoc nomen auferatur ab ea, scilicet nomen, quod demonstrat ipsum, sm ꝙ est indiuiduum. Aut dicamus ꝙ hoc nomen non dicitur de eo nisi secundũ materiam tantum,

1. Phy. 7.
*al. actio

Aliud, ad ablationẽ cuius auferẽ substa., est substa. Idẽ est eo. i. qđ quo fit intelligẽdũ. vide. 8. Meta. c. 5. Digressio. primũ suppositum. secundũ.

C
D

A v.g. s̃m ꝙ est corpus ferreum. & tunc forma erit in eo s̃m accidens. & tunc necesse erit, si forma fuerit ablata, vt hoc nomen, quod dicitur de ea, s̃m ꝙ dicitur indiuiduum substantiæ, remaneat. Sed quia formæ rerum naturalium, cum fuerint ablatæ, auferentur materiæ, & nulla ens remanet nisi æquiuoce, necesse est, cùm posuerimus securim esse corpus naturale, & ablata fuerit acuitas, quæ est in ea quasi forma, vt auferatur materia, & non remaneat ens. Cùm igitur forma fuerit ablata s̃m hanc intentionem statim auferetur hoc nomen securis, quod demonstrat ipsum s̃m ꝙ est indiuiduum substantiæ. quoniam per ablationem formæ aufertur materia & cùm materia & forma auferuntur, nihil remanet de eis, quæ demõstrãtur per hoc nomen, s̃m ꝙ demonstrat aliquod indiuiduorum substantię, nisi sit aliquod indiuiduum: & tunc non dicitur securis nisi æquiuoce. Formæ igitur naturales substantiæ sunt. quia, cùm ablatæ fuerint, auferẽ nomen, quod demonstrat ens, secundum ꝙ est indiuiduum substantiæ,

B Et similiter definitio, quæ est s̃m illud nomen, quia auferuntur genus, &

C differentia, quorum vnum demonstrat materiam, & aliud formam. v.g. ꝙ, cũ sensus aufertur à carne, non remanet caro, nisi æquiuoce: sicut caro mortui. Forma autem artificialis non est substantia. quia, cùm auferẽ, non aufertur materia: sed remanet nomine, & definitione. quoniam, cũ figura securis aufertur, remanet ferrum idem, sicut ante, nomine, & definitione. Et necesse est, & recte vt remaneat nomen eius, s. securis, quod demõstrat hoc instrumentum, s̃m quod est indiuiduum substantiæ: licet acuitas auferatur. Et hoc fuit, quia nomẽ dicitur in rebus naturalibus primo de forma, & secundo de congregato. in rebus autem artificialibus ecõtrario, s. quia primo de materia, & secundo de congregato. In rebus igitur artificialibus demonstrat indiuiduum substantię secundum suam primam significationem, quia significat materiam; & in rebus indiuiduis substantiæ naturalibus demonstrat ipsum secundũ suam* primam significationẽ

O quoniam significat formam. Hoc enim indiuiduum non est hoc, nisi per suam formam, non per suam materiam. †Materia enim nullum habet eẽ in actu in rebus naturalibus, secundum ꝙ est materia. & esse non est in actu, nisi formæ. & hoc valde manifestatur in formis rerum simplicium. quoniam cũ forma fuerit ablata, nihil remanet. Et in rebus artificialibus nihil est hoc, nisi per suam materiam, non per suam formam. & sic declarabitur tibi differentia inter naturalia, & artificialia. Et intelliges hoc, quod dixit Aristo. & auferetur dubitatio, quæ inducit credere ꝙ formæ sint accidentia. D. d, anima enim non est, &c. i. & est de anima econuerso acuitati. nomen enim auferetur ab animato per ablationem animæ, & remanet in securi. licet acumen auferatur. anima enim non est talis corporis, in quo est acuitas, scilicet corporis artificialis organici, sed naturalis. & hoc intendebat, cùm dixit talis. & hoc, quod dicit principium motus, & quietis, est dispositio corporis naturalis.

Considerare autem & in partibus oportet quòd dictum est. si enim esset oculus animal, anima vtiq; ipsius: visus esset: hic enim substantia

*al. propriã

† M̃a nullũ habet eẽ in actu i rebus nãlibus, s̃m ꝙ est m̃a. vide 1. physico. 82. 1. Ph. 76. 1. Cę. 29. 7. Met. 8 & cap. de sub. orbis. & 1. physi. 69.

Cũ formæ rerũ nãliũ auferunt͂, auferunt͂ materiæ ipsorũ. Sed vide opp. 1. Phy. 82. vbi dr̃ ꝙ m̃a est ingñabilis, & incorruptibilis. vide cõtra. 2im.

Genus demonstrat m̃am, & dr̃ia formã vid. 7. meta. 43. & 2. Met. 17. & 2. co. 49.

Nomẽ in reb⁹ nãlib⁹ primo de forma, scd̃o d cõgregato. Vide etiam 8. Met. cõ. 7. In reb⁹ autẽ artificialib⁹ primo dr̃ nomẽ de m̃a secũdario de congregato. Sed vide opposi. 5. Met. c. 14. & 7. Met. c. 18. vbi dicit ꝙ nomẽ accidentale primo significat formã, & scd̃o subiectũ. Vide contradi. 2im.

substantia est oculi quæ est secūdum rationem, oculus autem materia visus est: quo deficiente non est adhuc oculus, nisi æquiuoce, sicut lapideus aut depictus. Oportet igitur accipere quod est in parte, in toto viuente corpore: Proportionaliter namq; se habet sicut pars ad partem, totus sensus ad totum corpus sensitiuum: secūdum quod huiusmodi. D

SOPH. *Hoc uero quod diximus in partibus etiam cōsiderasse non ab re fuerit: nam si oculus esset animal, profecto anima ei esset uisus: is enim est oculi substantia qua in ratione consistit: oculus autē materia est uisus, quo deficiente non est amplius oculus, nisi æquiuoce, quemadmodum lapideus & pictus. Ergo quod parti alicui conuenit in totum uiuens corpus est transferendum: proportione namq; respōdet, ut pars ad partem, sic totus sensus ad totum corpus sensitiuum, quatenus eiusmodi est.*

Et considerandum quod dictum est in membris etiam. Oculus enim si esset animal, tūc visus esset anima eius. iste enim est substantia oculi, quæ est secundum suam intentionem. & corpus oculi est materia visus: qui: cùm deficit, non dicetur oculus, nisi æquiuoce, sicut dicitur de oculo lapideo. Et accipiēdum est illud, quod dicitur de parte in toto corpore. comparatio enim partis ad partē est sicut totius sensus ad totum sensibile. E

9 Cùm declarauit quod ita est anima in corpore, sicut forma in materia: forma.n. in corporibus naturalibus magis habet nomen substantiæ quā materia: & quod indiuidnum non fit indiuiduum, nisi per formam: quia nō est indiuiduum, nisi sm quod est ens in actu, & est ens in actu per suam formam, non per suam materiam. Et, quia declarauit hoc ratione, vult modo declarare hoc exemplo, &.d. Et considerandum est quod dictum est in mēbris. i. & hoc, quod dictum est in anima, quoniam est substantia, quia, cū aufertur, aufertur nomen ab animato, verificatur in membris habentibus proprie virtutes particulares animæ sensibilis. D.d. exēplum de hoc in oculo, &.d. Oculus enim si esset animal, &c. i. quoniam proportio visus ad oculum est sicut proportio animæ ad corpus, si igitur fuerimus imaginari quod oculus esset animal, necesse esset vt visus esset anima eius. visus.n. tunc esset substantia animæ, sm illud quod est, & oculus esset materia illius animæ. D.d. qui cùm deficit, &c. i. &, quia manifestum est de visu, quod, cū deficit, non remanet oculus post, nisi æquiuoce: sicut oculus factus de lapide, aut formatus in pariete: quia non habet de intentione oculi, nisi tantū figuram: & quod visus est substātia oculi: manifestum est quod anima debet habere talem dispositionem cum corpore, s. quod, cū aufertur, aufertur nomen ab animato, & non remanet animatum, nisi æquiuoce. v.g. quia, cùm animalitas fuerit ablata ab aliquo īdiuiduo, nō remanet animal nisi æquiuoce: quapropter anima est substantia. Et, quia Aristo. posuit primo quod ita est F

Indiuiduum nō est indiuiduum, nisi per formam. Idē supra cō. 7. 2. de Aia. 9.

A est de parte, sicut de toto, & q possibile est vt habeamus certitudinem de toto, considerando hoc in partibus, incœpit declarare modum, vt iudicium totius, & partis sit idem in hoc loco, & d. comparatio enim partis ad partem, &c. i. & necesse est vt ita sit de toto sicut de parte in hac intẽtione. qm̃ comparatio alicuius membri apud suam formam particularem sensibilẽ in essendo substantiam illius membri, est comparatio totius sensus ad totum corpus sensibile. Et hoc, quod d. manifestum est. comparatio enim visus, qui est pars sensus ad oculum, est sicut comparatio totius sensus ad totum corpus. &, quia comparatio est eadem: & visus est substantia: igitur anima erit substantia. Vide etiam glo. i. Com. 19. 4. Ph. 17. 2 de anima. 88. 2. Cœ. 59.

Est autem non abiiciens animã potentia ens vt viuat, sed quod habens. semen autem & fructus potentia huiusmodi corpus est. sicut quidem igitur incisio & visio, sic & vigilantia actus. vt autẽ visus & potentia organi, anima: corpus autem quod potẽtia ens: sed sicut oculus pupilla & visus, & ibi anima & corpus, animal.

B

Ioan. *Caeterum quod amisit animam non est id quod potentia est ad viuẽdum, sed quod habet: semen vero & fructus id sane est quod potentia est tale corpus: ergo ut sectio & uisio, sic uigilia est actus: ut uero uisus & potentia organi, sic anima est: corpus autem est id quod potentia est: uerum ut pupilla & uisus est oculus, ita etiam illic, anima & corpus est animal.*

Et illud, quod habet potentiam vt viuat, non est illud, à quo ablata est anima, sed illud, quod habet animam. semen autem, & fructus sunt in potentia corpus tale. Et, sicut abscindere, & aspicere sunt perfectiones, ita vigiliæ. &, sicut visus est potentia instrumẽti, sic est anima: corpus aũt est illud, quod est in potẽtia. &, sicut oculus est membrum, & visus, ita animal est anima, & corpus.

C

16 Quia accepit in definitione animæ potentiam, quæ dicitur quasi æquiuoce, incœpit declarare quam intentionem intendit, & complet declarationem illius, & primæ, & secundæ intentionis hoc modo declarationis, à quo modo incœpit, s. exemplariter. Et d. Et illud, quod habet potẽtiam vt viuat, &c. i. &, cùm dicimus in corpore, s. q est quod habet potentiam vt viuat, non intendimus per hoc, sicut diximus in eo, quod non habet habitum, & formã, quibus potest agere: & pati: quemadmodum dicimus q semen, & fructus habent potentiam vt viuant: & q sanguis menstruosus habet potentiam vt sentiat, aut moueatur: sed diximus hoc in habenti animam in actu, qua agit, aut patitur, sed in illo tempore neq; agit, neq; patitur, sicut animal dormiens. Et, cùm demonstrauit hoc de potentia, quæ est prima pfectio, dedit dr̃iam inter istã, & potentiã, quæ non est aïa in suo esse, & incœpit etiã declarare exẽplariter dr̃iam inter primã perfectionem in rebus habentibus formas, & secundã, & d. Et, sicut abscindere, &c. i. & sicut

cut abscindere in securi.& aspicere in oculo sunt postremæ perfectionis D istarum rerum,ita vigilia est postrema pfectio animalis sensibilis. Et d. hoc:quia manifestum est q proportio abscisionis ad instrumentum, qd abscindit,& aspectus ad oculum, qui aspicit,est sicut proportio actionis sensuum ad animal in vigilia. vigilia enim est vsus sensuum. &, sicut ista dispositio est postrema perfectio oculi, sic vigilia est postrema perfectio animalis. D.d.& sicut visus est potentia instrumenti, sic est anima.i. & sicut visus,quando anima nõ vtitur ipso,dicitur esse potentia, qua oculus videt,ita dicimus quòd anima est potentia,qua animal viuit, quãdo anima non agit per illas actiones animæ. D.d.corpus autem est illud, quod est in potentia.i.corpus autem animalis est illud,quod recipit illam potẽtiam,aut quod dicitur illam virtutẽ habere.& dicitur potentia: quia qñq; agit,& qñq; nõ:& dicitur potentia in tempore,in quo nõ agit. D.d.& sicut oculus est membrũ,& visus,ita animal est anima,& corpus, i. & sicut hoc nomẽ oculus dicitur de illo membro,quod est corpus compositum, & de virtute visibili,quæ est in eo:ita animal dicitur de anima, & corpore.& sermo eius in hoc capitulo est manifestus. E

Quodquidem igitur non sit anima separabilis à corpore, aut partes quædam ipsius,si partibilis apta nata est,non immanifestũ est:quarundam enim actus,partium est ipsarum:at vero secundũ quasdam nihil prohibet,propter id q nullius corporis sunt act⁹. Amplius autem immanifestum,si sit corporis actus anima, sicut nauta nauis.Figuraliter quidem igitur sic determinetur & describatur de anima.

SOPH. *Animam igitur non esse separabilem à corpore aut partes quasdã eius si partibilis est,non est obscurum:quarundam enim actus partium est ipsarum:nihil tamen obstat quominus aliquæ sint, propterea quòd nullius sunt corporis actus. incertum autẽ adhuc est,an aĩa ita sit actus corporis:veluti nauta nauigii. Ac de anima quidem adumbratione quadã sic explicatum descriptumq; sit.* F

Quoniam autem anima non est abstracta à corpore, aut pars eius, si innata est diuidi,non latet.est enim quarundam partium perfectio.Sed tamen nihil prohibet vt hoc sit in quibusdam partibus:quia non sunt perfectiones alicuius rei ex corpore. Et cum hoc non declaratur vtrum anima corpori sit,sicut gubernator naui.Secundum igitur hunc modum determinãdum est hoc de anima secundum exemplum,& descriptionem.

11 Cùm accepit in definitione animæ vlt q est perfectio corporis naturalis,incœpit declarare quantum apparet ex hac definitione de abstractione,aut non abstractione,&.d.Qm autem anima, &c.i.qm manifestũ est ex hoc,quod dictum est in definitione animæ,q impossibile est q anima sit

A sit abstracta à corpore aut secundum omnes partes, aut per aliquam partem eius, si innata est diuidi, non latet. Apparet enim quòd quædam virtutes sunt perfectiones partium corporis, secundum quòd formæ naturales perficiuntur per materiam: & tale impossibile est vt sit abstractum ab eo, per quod perficitur. D.d. Sed tamen nihil prohibet, &c. i. sed hoc manifestũ non est in omnibus partibus eius: cùm sit possibile vt aliquis dicat quòd quædam pars eius non est perfectio alicuius membri corporis: aut dicat quòd, licet sit perfectio, tamen quædam perfectiones possunt abstrahi, vt perfectio nauis per gubernatorem. Propter igitur hæc duo, non videtur manifestum ex hac definitione quòd omnes partes animæ nõ possunt abstrahi.

Et Alexan. dicit quòd ex hac definitione apparet quòd omnes partes animæ sunt non abstractæ. & nos loquemur de hoc, quando loquemur de virtute rationabili. D.d. Secundum igitur hunc modum, &c. i. tanta igitur cognitio est data à talibus definitionibus, quæ inductæ sunt exemplariter, 1. de An. cõ. 5.

B & secundum sermones vniuersales sicut nos fecimus hic. i. quòd non notificant rem perfecta notificatione, quousq; appareant ex ea omnia conuenientia illi rei. & ideo, cùm perscrutati fuerimus de vnaquaq; partium animæ, secundum definitionem propriam cuilibet, apparebit tunc intentio, & aliæ intentiones quærendarum in anima. Vide quæ ĩ 1a. 4. ph. c. 31. 4. Cœ. 1. & 1. de Ala. c. 71. & hic c. se quenti. & text. & c. 15

Traditur Animæ definitio propria, s. per ipsius rei causam. Cap. 2.

QVoniam autem ex incertis quidem, certioribus autem, fit quod certum & secundum rationem notius, tentandum est iterum sic aggredi de ipsa: Non enim solum Quia, oportet diffinitiuam rationem ostendere, sicut plures terminorum dicunt: sed & causam inesse & demonstrari. Nunc autem sicut cõclusiones rationes terminorum sunt. vt quid est tetragonismus? ęquale altera parte longiori, orthogonium esse equilaterale: talis autem terminus ratio conclusionis: dicens autem quoniam tetra-

C gonismus est mediæ inuentio, rei causam dicit.

1018. *Quoniam autem ex obscuris quidem, sed manifestioribus, nascitur id quod manifestum & ratione notius est, hoc eodem pacto rursus de ea disserere conandum est: neq; enim solum ipsum Quòd definitiuam rationẽ aperire oportet, ut plurimæ definitiones explicant, uerum etiam causam inesse & apparere: alioqui, quasi conclusiones orationes definitionum sunt. ut quid ẽ quadratio? æquale ei quod altera parte est longius, rectangulum fieri equilaterum: quæ sane definitio, ratio est conclusionis: at uero quæ quadrationem dicit esse mediæ inuentionem, ea rei causam dicit.* *al. rõnes terminorum

Et, quia res manifesta, quę est magis propinqua in sermone ad intelligendum, est ex rebus latentibus, sed magis apparenter, quærendum

rendum est etiam vt tali cursu curramus in anima. Oportet enim vt sermo definiens non tantum demonstret quid est res, sed etiam causa erit inuenta, & manifesta in ea. Modo autem intentiones definitionum sunt quasi conclusiones. v.g. quadratura: & est inuenire superficiem rectorum angulorum æqualium laterum æqualē longo. & ista definitio est intentio conclusionis. Dicens autem q̄ quadratura est inuenire medium in re, narrauit causam. D

Tetragonismi demonstratio.

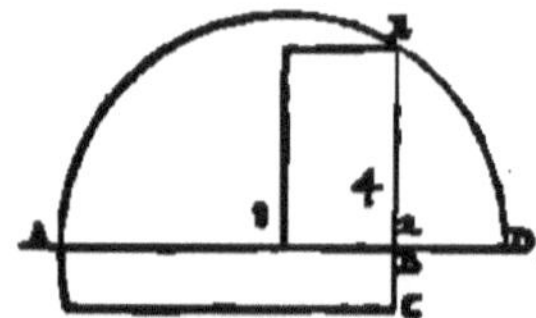

E

13 Quia cognitio acquisita ex hac definitione non sufficit in cognitione substantiæ cuiuslibet partis animæ: quoniã hæc definitio est vniuersalis omnibus partibus animæ, & dicta de eis multipliciter: & tales definitiones non sufficiunt in cognitione rei perfecte, cum fuerit vles vniuocæ, nedum cũ sint vles multiplices: quærendum est. n. post ad sciendum vnamquãq; partium, quæ collocantur sub illa definitione cognitione propria, cum definitio non * dicatur de eis vniuoce: incœpit igitur hic demonstrare viã ad cognitionem definitionum, quæ appropriantur cuilibet partium in rebus ignoratis, & causam, pp quam nõ sufficiunt definitiones in talibus rebus, & d. Et, quia res manifesta, quæ est magis propinqua, &c. i. &, quia naturalis in cognitione causarum propinquarum rebus est ire de latentibus apud naturam apparentibus apud nos, & est ire de posterioribus in eã ad priora: vt dictum est in posterioribus, oportet nos ire in cognitione definitionum propriarum vnicuiq; partium animæ per istam viam. & nulla via est in cognitione talium definitionum. s. quæ componũtur ex propinquis causis proprijs rei, cũm fuerint ignoratæ, nisi à posterioribus apud nos. D. d. oportet enim ut sermo definiens non tantum demonstret, &c. i. & causa, propter quam non sufficiunt in cognitione rei tales definitiones vles, est, quia oportet vt sermo definiens perfecte non demonstret genus rei tantum, sicut faciunt plures definitiones: sed sermo definiens debet demonstrare causam rei propriam propinquam existentem in ea in actu. s. formam, non genus. Et, cũ notificauit hoc, narrauit cuiusmodi definitio est definitio, quam quærit in vnaquaq; partium animæ, & in cuiusmodi est definitio prædicta, & d. Modo aũt intentiones definitionum sunt quasi conclusiones. i. illa definitio, quã mõ quærimus, est similis

F

Definitio per vles vniuoce nõ sufficiũt i cognitiõe rei pfecte, nedũ cũ sint vles multiplices.

*Idẽ. 1. de de A'ia. 8. & hic supra. 7 & infra. 10. & 3. de A'ia cõ. 5.

In pñlibus im9 de posterioribus ad priora. Idẽ. 1. ph. 2. & 57. & 7. Me. tc. 10. & 3. q. c. 6r. Idẽ hic infra. c. 11.

A milis definitionibus, quæ sunt quasi principium demõstrationis: definitio autem vniuersalis prædicta est similis definitionibus, quæ sunt quasi demonstrationis conclusio. Et, cum declarauit hoc, dedit exemplum de definitionibus, quæ sunt quasi conclusio, si fuerint ignoratæ esse in definito: aut fuerit causa quæsita in eis, & ex definitionibus, quæ non sunt quasi conclusio demonstrationis, sed sunt, si fuerint manifestæ per se, principia demonstrationis, & si fuerint ignoratæ, tunc impossibile est, vt declarentur esse in definito, nisi per argumentum. Et, quia d. v.g. quadratura, &c. i. exemplum definitionum vsium, quæ sunt quasi conclusio demõstrationis, est respondere quærenti quid est quadratum, quod est superficies rectorum angulorum, & æqualium laterum æquale longo. D. d. exẽplum definitionis, quæ est quasi principium demonstrationis, &. d. Dicẽs autem ꝙ quadratura, &c. i. qui autem definit quadratum, quod est superficies rectorum angulorum æqualium laterum, factum super lineam mediam in proportione inter latera oblongi, quod æquatur ei, definit quadratum definitione, quæ est quasi principium demonstrationis, cum definiat ipsum per causam propinquam.

Si fuerint aliq̃ diffinitiões, quæ sint ignotæ in esse in definito, tales nõ declarant nisi p argumẽtũ. vide. 1. ph. cõ. 2.

B Et cùm d. Modo autem intentiones definitionum sunt quasi conclusiones, non intendebat ꝙ ista definitio inducta in anima est conclusio demonstrationis, sed intendebat ꝙ est ex genere istarum definitionum, sm̃ ꝙ tales definitiones sunt vl'es. & ideo. d. sunt quasi conclusiones. istæ enim definitiones, aut sunt conclusiones, aut sunt similes definitionibus, quæ sunt conclusiones. Neq; intendebat et ꝙ definitio, quærenda hic in vnaquaq; partium animæ, est ex definitionibus, quæ sunt quasi principium demonstrationis: ita ꝙ sint manifestæ per se, quia sunt ignoratæ apud nos: & via ad cognoscendum eas est ex posterioribus, sicut dicit: sed intendebat ꝙ est ex genere illarum definitionum. tales enim definitiones aut sunt principium demonstrationis, aut sunt similes definitionibus, quæ sunt quasi principium demonstrationis. Et iõ sermo eius ita debet legi. sed etiam cũ erit inuenta, & manifesta in ea. i. ser

C mo definiens animam perfectè debet esse, vt causa propinqua sit manifesta in ea. & ista definitio est ex definitionibus, quæ assimilantur definitionibus, quæ sunt principia demonstrationis, inquantum est propria definitio. Definitio autem, quam dedimus modo in anima, est ex definitionibus, q̃ assimilant definitionibus, q̃ sunt conclões demõstrationis, sm̃ ꝙ ẽ generalis oĩbus partibus animæ, & nõ est inducta in ea causa propinqua.

• Dicamus igitur principium accipientes intentionis, determinari animatum ab inanimato, in viuendo. multipliciter autem ipso viuere dicto, & si vnum aliquod horum insit solum, viuere ipsum dicimus: vt intellectus, sensus, motus & status sm̃ locum: Adhuc autẽ, motus sm̃ alimentũ, & decrementũ, & augumentum.

IOPH. *Dicamus igitur initio considerationis accepto animatum distinctum esse ab inanimato ipso uiuere: cum autem pluribus modis uiuere dicatur,*

tur, si uel unum duntaxat horum insit, uiuere ipsum dicimus: ut intellectus, & sensus, & motus & status loci: motusq; item alimenti, & diminutio & auctio. D

Incipiamus igitur quęrere, & dicere φ animatum distinguitur à non animato viuendo. Et, quia viuere dicitur multis modis, si inuentus fuerit in re aliquis eorum vnus tantum, dicemus φ viuit. v.g. intelligere, & sentire, & moueri, & quiescere in loco, & nutriri, & diminui, & augeri.

11 Cùm notificauit definitionem animæ vlem, & notificauerit quantum dant tales definitiones in cognitione rei, & φ diminute faciunt cognoscere, non perfecte, cum sint vles, & quasi conclusio demonstrationis: & quia definitio quærenda in vnaquaq; partium animæ est similis definitionibus propriis, quæ sunt quasi principia demonstrationis: & φ, tales definitiones cùm fuerint nō manifestæ esse in definito, sicut contingit in partibus animæ, oportet tunc ire ad cognitionem earum ex rebus posterioribus, quæ sunt magis notæ apud nos. s. compositis, dixit. Incipiamus igitur quærere, &c. i. dicamus igitur φ, quia notum est apud nos φ animatū nō differt à non inanimato, nisi per vitam: viuum autem dicitur multipliciter. i. per multas actiones, quę sunt in eo: manifestum est φ omne, de quo dicitur vna illarum intentionum, aut vna illarum actionum, aut plures vna est animarum. & hoc intendebat, cùm dixit. si inuentus fuerit in re aliquis eorum, &c. Deinde numerauit actiones attributas vitæ, & dixit. v.g. intelligere, & sentire, & moueri, & quiescere in loco, & nutriri, & diminui & augeri. i. & istæ actiones attributæ vitæ sunt quatuor genera: quarum vnum est intelligere, secūdum sentire, tertium moueri, & quiescere in loco, quartum nutriri, & augeri, & diminui. E

Vide idē supra c. 11. & quæ ibi

Vide p̄ il lo. 1. ph. c. 3. & illius cōm seq- re. 10. Me. cō. 3.

Intelligere viuere est. Id. l. 12. Me ta. 36. & 39. Et. 2. Cœ. 61.

Vnde & vegetabilia omnia videntur viuere: videntur enim in seipsis habentia potentiam & principium huiusmodi, per quod augmentum & decrementum suscipiunt secundum contrarios locos: non enim sursum quidem augentur, deorsum autem non: sed similiter in vtroq; & penitus quæcunq; aluntur & viuunt in fine, quousq; possunt accipere alimentum. F

SOPH. *Quamobrem & quæ terra gignit omnia uidentur uiuere apparet enim ea in se ipsis eiusmodi habere potentiam & principium, quo auctionem & diminutionem contrariis capiant locis: neq; enim sursum uersus augentur: deorsum, non item: sed peræquè in utramq; partem et undiq; semperq; nutriuntur ac pergunt uiuere, dum possunt capere alimentum.*

Et ideo omnia uegetabilia reputantur viuere. existit. n. s. eis potentia, & virtus, & principium, per quod recipiunt augumentū,

& di-

A &, diminutionem in duobus locis contrariis. non enim augẽt, & diminuuntur superius, & inferius. sitr & omne, quod nutritur, necessario viuit, & non viuit, nisi dum potest nutrimentũ accipere.

14 Quia vita magis latet in motu nutrimenti, & augmenti, & diminutionis, quam in aliis actionibus, quas numerauit, incœpit declarare quòd ista actio attribuitur animæ: quia impossibile est attribui virtutibus elementorum, ex quibus componuntur corpora, quæ agunt actiones nutrimenti, & augmenti. Et dixit, Et ideo omnia vegetabilia, &c. i. &, quia motus nutrimenti, & augmenti, & diminutionis numeratus est apud nos in actionibus animati, opinamur quòd omnia vegetabilia sint viua, in quibus videmus existere principium, quo agit motum diminutionis, & augmenti in duobus locis contrariis. s. superius, & inferius. corpus enim simplex, aut compositum ad vnam partem mouetur. qm̃, si simplex fuerit,
B mouebitur aut superius, aut inferius: si compositum, mouebitur secundũ elementum dominans. &, quia corpus augmentabile videtur moueri ad vtranque partem ab eodem principio. s. ramos, & radices, necesse est vt hoc principium sit neutrum, neque graue, neque leue: & tale dicitur anima. † Et, quia augmentum est perfectio actionis nutrimenti, fuit necessarium vt principium, quod agit nutrimentum, esset ex genere eius, quod agit augmentum. principium igitur nutrimenti est anima necessario, & * ideo omne animal dicitur viuere, dum nutritur.

Mixtum mouet̃ secundũ dominans ... i. Cæ. t. c. 7. 8. & 11. & 19. & 2 de Ge. cõ. 49 2. de Aia. 40.

† Augumẽtũ est perfectio actionis nutrimenti. Idẽ 1. de Gene. 38. 42. 1. Cæ. 21. 5. Ph. 18.

* Oẽ animal dicitur viuere, dum nutrit. ... d. 5. & 9 ... 50 H.

Separari autem hoc ab aliĳs possibile est, alia autem ab hoc impossibile in rebus mortalibus. manifestum est autem in his quæ vegetantur: neq. n. vna est in ipsis potentia alia animæ.

Atq; id quidem ab aliis separari potest: cætera uero ab hoc non possunt in mortalibus. quod perspicuũ est in iis quæ ex terra oriũtur: nulla enim alia inest eis animæ potentia.

C Et hoc possibile est vt separetur ab aliĳs rebus: alia autem impossibile est vt separentur ab hoc in rebus mortalibus. Et hoc apparet in vegetabilibus. non est enim in eis nec vna virtus alia ab ista ex virtutibus animæ.

Corpora cœlestia vi...

15 Cùm numerauit genera virtutum animæ, incœpit demonstrare ordines istarum virtutum adinuicem & d. Et hoc possibile est vt separetur ab aliĳs rebus. i. & hoc principium, existens in animato, possibile est vt separetur ab aliĳs principiis animæ, quæ numerauimus à sensu. s. & motu, & intellectu. D. d. alia autem impossibile est vt separẽtur ab hoc in rebus mortalibus. i. & impossibile est, vt hoc principium separetur, s. nutritiuum ab aliĳs principiĳs animæ. i. sensu, & motu, & intellectu ex rebus, quæ innatæ sunt moueri. † Et dixit hoc, quia corpora cœlestia manifeste videntur intelligere, & moueri, sed nõ nutriri, neq; sentiri. & ideo dixit in rebus mortalibus, cum declaratum est hæc non esse mortalia. D. d. Et hoc apparet in vegetabilibus, &c. i. & apparet q̃ hoc principium, quod est nutrimen-

... intelligere, & moueri, & nõ nutriri, neq; ... 1. Cæ. ... & 37. 2. de Anima. 62. & ... 2. Met. 16.

Quõ autẽ cœlũ appe...

tum, & augmentum separatur ab alijs virtutibus animæ in hoc, quod videtur sensui in vegetabilibus. in istis enim nulla virtus videtur ex virtutibus animæ, nisi illa. & innuit contradictionem contra fingentes quod plantæ habent somnum, & vigiliam. D

(Margin: tat, & sicl lygat, vide ss in fine primi cæ. de substã tia orbis.)

Viuere quidem igitur propter hoc principium est in omnibus viuentibus. Animal autem propter sensum primum. & nanque quæ non mouentur, neque mutantia locum, habentia autem sensum, animalia dicimus, & non viuere solum.

SOPH. *Ac uiuere quidem ob hoc principium adest omnibus uiuentibus. Animal autem est ob sensum primò. etenim quæ non mouentur, neque mutant locum, sensum tamen habent, ζῷα, idest animalia dicimus, & non ζῆν, idest uiuere, solum.*

Viuere igitur dicitur de omni viuo per hoc principium. Animal autem per sensum. omnia enim, quæ non mouentur, neque mutant locum, sed tantum habent sensum, vocantur animalia, & nõ sumus contenti in dicendo ea viua tantum. E

16 Vult facere dñiam inter hanc virtutem, & virtutem sensus per nomina posita apud eos, & dixit. Viuere igitur, &c. i. dicere igitur aliquid viuere non dicitur in hac lingua. s. græca, nisi de omni, quod viuit per hoc principium, quod est nutrimentum, & augmentum, non per aliud. D. d. Alal autem, &c. i. hoc nomen animal non dr̃, nisi de eo, quod habet principiũ sensus, inquantum habet hoc principium tñ: licet non habeat principiũ motus in loco. & signum eius est spongia maris, & multa ex habentibus testam, quæ habent sensum, tamen non mouentur, & dicuntur animalia, non tantum viua.

(Margin: Videt nõ dici lĩgua Græca, nisi d' oĩ eo quod viuit p principiũ hoc, quod ẽ nutrimẽtum & augmẽtũ. Sed vide opposi ed supra t. c. 13. Vide contra. Zim.)

Sensuum autem tactus primo inest omnibus. sicut autem vegetatiuum potest separari à tactu & ab omni sensu, sic & tactus ab aliis sensibus. vegetatiuum autem dicimus partem huiusmodi animæ qua & vegetabilia participant. animalia autem omnia videntur tangendi sensum habentia. F

SOPH. *Ex sensibus autem primò inest omnibus tactus: atque ut nutrimentũ potest separari à tactu & omni sensu, sic tactus à cæteris sensibus. nutritiuum uero eã partem animæ dicimus, cuius etiam plantæ participes sunt. animalia autem omnia uidentur tangendi sensum habere.*

Et primus sensus, existens in eis omnibus, est tactus. Et quemadmodum nutrimentum potest separari à tactu, & ab omni sensu, ita tactus potest separari ab aliis sensibus. Et intelligo per nutrimentum partem animæ, in qua habent cõicationem plantæ etiã. Et omnia animalia videntur habere sensum tactus.

Et

A Et prima virtus sensus, quæ est prior naturaliter in oẽ aliis virtutibus sen-
17 sus, est sensus tactus. q̃ñ sicut virtus nutritiua põt separari in plãtis à tactu & ab omni virtute sensus, ita tactus potest separari ab alijs sensibus. i. cũ fuerit inuentus, non est necesse vt inueniantur alij sensus: &, cùm alij sensus fuerint inuenti, necesse est vt inueniatur tactus. est igitur prior naturaliter aliis sensibus, sicut nutrimentum est prius naturaliter sensu tactus. Deinde dixit Et omnia animalia videntur habere sensum tactus. i. & iste sensus est necessarius omnibus animalibus inter omnes modos sensus. oẽ enim animal habet sensum tactus, non autem sensum visus, aut alium, sed animal perfectum. & sermo eius est manifestus.

Tactus est prior naturaliter aliis sensibus. Vide quæ pronotatur 2. de Gen. c. 7. & 2. huius com. 77.

Propter quam autem causam vtrũq; horum accidit, posterius dicemus. nunc autem intantum dictum sit solum, quòd anima hórum est quæ dicta sunt principium, & his determinata est: vegetatiuo, sensitiuo, intellectiuo, & motu.

Oẽ a͞ial hẽt sen͞m tactus vide infra com. 117. & 3. de a͞ia c. 67. & 68.

IOPH. *Causam autem cur utrumq; horum eueniat post dicemus: nunc hoc*
B *tãtum dictum sit, Animam esse principium eorum quæ diximus, & his definitam esse: nutritiuo, sensitiuo, dianoetico, motu.*

Causa autem, propter quam vtrunq; istorum duorum contingit, dicenda est post. in hoc tantum loco tantum est declaratum. s. q̃ anima est principium istorum, quæ dicimus, s. nutritiui, sensitiui, & distinguentis, & mouentis.

18 Idest, causa autem, propter quam virtus nutritiua videtur separari ab alijs virtutibus, & antecedere eas naturaliter, & similiter tactus cum alijs virtutibus sensus, dicenda est post, scilicet causa finalis. & hoc fecit in fine istius libri. Deinde dixit, in hoc autem loco, &c. idest in hoc autem loco tantum est declaratum, quòd anima diuiditur in hæc quatuor genera, & quòd substantia eius est in istis principijs. alia autem quærenda perscrutatus est post.

Tex. c. vltimi & penultimi tertij huius.

C Verum autem vnumquodq; horum est anima, aut pars animæ: & si pars, verum quidem sic, vt sit separabilis ratione solum, aut & loco, de quibusdam quidem horum nõ est difficile videre, quædam autem dubitationem habent.

IOPH. *Vtrum autem unumquodq; horum sit anima, an pars animæ: & si pars, utrum ita ut sit separabilis ratione solum, an etiam loco, de nõnullis non est uidere difficile: de aliquibus est quæstio.*

Vtrum igitur vnaquæq; istarum sit anima, aut pars animæ: & si est pars animæ, vtrum est pars, secundum q̃ est abstracta in sola intentione, aut in loco etiam: qm̃ autem quædam sunt sic, nõ est difficile ad sciendum, in quibusdam autem est dubitatio.

19 Cùm declarauit quòd virtutes animæ sunt plures vna, & posuit hoc positione quasi manifesta per se, dixit. Vtrum igitur vnaquæq; istarũ, &c.

 idest

idest utrum igitur vnumquodq; istorum principiorum existentium in animali sit anima, aut nõ. &, si est anima, vtrum est anima per se, aut pars animæ: &, si pars animæ, vtrum est pars, & alia in essentia, & in loco in corpore inanimato perscrutandum est. Et intendit per hoc, quod dixit; vtrum est anima, aut pars animę, vtrum est possibile vt vnum istorum sit in animali absque anima: aut impossibile est vt sit in aĩali absq; aĩa, cuius est pars. Et, cùm narrauit hoc, incepit demonstrare diuersitatem dispositionum eorum in vnoquoq; modo animalium, & d. quoniam autẽ quædam sunt sic, non est difficile, &c. i. quoniam autem istæ virtutes in quibusdam animalibus sunt eædem in subiecto, & alia definitione, non est difficile, in quibusdam autem habet dubitationem difficilem. & similiter vtrũ vnũquodq; istorum principiorum sit in anima, aut nõ, in quibusdam est manifestum, & in quibusdã latet. D

Sicut enim in plantis quædam diuisa videntur viuentia, & separata ab inuicem, tanquam existente in his anima actu quidem vna in vnaquaq; planta, potentia autem pluribus, sic videmus E & circa alias differentias animę accidere, vt in entomis decisis: & enim sensum vtraq; partium habet, & motum secundum locum: si autem sensum, & phãtasiam & appetitum. vbi quidem enim sensus est, & tristitia & lętitia est. ubi autem hæc sunt, ex necessitate desiderium est.

SOPH. *Vt enim in plantis sunt quæ cum secantur, et pars alia ab alia separatur, uideantur uiuere, ut pote cum anima quæ in eis est una in unaquaq; planta sit, potentia uero plures: sic etiam in aliis animæ differentiis uidemus fieri, ut in iis insectis quæ inciduntur: etenim sensum utraq; partium habet & motum loci. quod si sensum, & phantasiam etiam & appetitum: ubi enim sensus est, & dolor & uoluptas consequitur: ubi autem hæc sunt, necessario etiam cupiditas.*

Quoniam, sicut plantarum quiddam si abscinduntur, viuit, & F separatur ab inuicem, quasi anima, quæ est in eo, est eadem in figura in omnibus vegetabilibus, in potentia autem plura: ita accidit aliquo modo animæ in animalibus annulosis, quando abscinduntur. Quoniam utraq; pars habet sensum, & motum in loco, & omne habens sensum habet desyderium, & imaginationem. vbi. n. inuenitur sensus, illic inuenitur voluptas. &, cùm ista inueniuntur, inuenitur necessario appetitus.

10 Cùm narrauit quòd non est difficile in pluribus animalibus declarare quòd istæ virtutes sunt eædem in subiecto, & plures in intentione, incępit demonstrare hoc, & dixit, quoniam, sicut plantarum quiddam si abscindatur, &c. idest, & quemadmodum videmus quòd quædam plantarum, licet diuidantur, viuunt partes, postquam separantur ab inuicem, vi

ta pro-

A ta propria plantis: ita quòd anima, quæ est in illo vegetabili, quasi sit in forma vna in actu in illo vegetabili, & plures in potentia, idest, quòd potest diuidi in animas, quæ sunt eædem in forma cum anima existente in eo: ita est in aliquo modo animaliũ, scilicet annuloso, scilicet quòd postquam absciduntur, faciunt partes de actionibus vitę, illud, quod faciebat illud animal. Et, cùm narrauit quòd, postquam diuiditur iste modus habet partes omnes actiones, quas totum habebat, incœpit declarare quomodo hoc apparet in omnibus. Potest enim aliquis dicere q̃ pars non habet ex actionibus totius in hoc animali, quod * dixistis, nisi sensum, & motum tantum, non alias partes animæ, quæ est imaginatio, & concupiscentia. Et dixit. Quoniam vtraque pars habet, &c. idest, & diximus q̃ oẽs virtutes alię in hoc animali videntur eædem esse in subiecto, quia sentimus quòd vtraque pars, postquam diuiditur, habet sensum, & motum in loco: & omne habens sensum, & motum necesse est vt habeat desyderiũ, & imaginationem, quoniam, vbi existit sensus, illic necesse est vt existat voluptas & tristitia apud comprehensionem rei sensibilis: &, cùm illic vo-

B luptas, & tristitia fuerint, illic erit necessario motus ad illud voluptuosum, & motus à contristante, & illud, ad quod est motus, non est in actu delectabile, aut contristans: vnde necesse est vt sit imaginatum, & desyderatum. * In omni igitur parte illius animalis existit anima sensibilis, & desyderatiua, & imaginatiua, & mouens in loco. quoniam, quando motus in loco fuerit propter voluptatem, & tristitiam, necessario erunt duæ virtutes illic. Sed tamen debes scire quod in quibusdam animalibus virtus imaginatiua semper est coniuncta cum sensu: non quando sensatum est absens, & animal est diminutum. in eis autem, quæ sunt perfecta, inuenitur in absentia sensatorum.

De intellectu autem & perspectiua potentia nihil adhuc manifestum est: sed videtur genus alterum animæ esse, & hoc solum

C contingere separari sicut perpetuum à corruptibili.

OPH. *De intellectu vero & contemplatiua potentia nondum quidquam est manifestum, sed videtur anima genus diuersum esse, idq; solum posse separari, quemadmodum æternum à corruptibili.*

Alpir.

Intellectus autem, vt virtus speculatiua, nihil adhuc declaratũ est de eis. sed tamen videtur esse aliud genus animæ: & iste solus potest abstrahi, sicut sempiternum abstrahitur à corruptibili.

21 Cùm dixit quòd quærendum est in vnoquoq; istorum principiorum verum sit anima, aut non, incœpit declarare virtutem, quæ non videtur esse anima, sed manifestius est de ea vt sit non anima. Et dixit. Intellectus autem, & virtus speculatiua, &c. idest intellectus autem in actu, & virtus, quæ perficitur per intellectum in actu, adhuc non est declaratum verum sit anima, aut non, sicut est declaratum de aliis prĩcipiis: cùm ista virtus

idẽ 7. met. cõ. 56. & 1 d Ala. 94

* a. l. dixisti de illo.

Oẽ hñs sẽsũ, & motum, oportet vt hẽat imaginatione, & desyderium. vide pro hoc. 3. de ala. 50.

Illud, ad quod est motus, nõ est in actu delectabile, aut contristans. vide p hoc. 3. de ala. t. c. 54.

* In oĩ pte alal' sensibil' repit ala sensibilis, desyderatiua, & imaginatiua. vid op posit. 3. 156. vbi hr q̃ aliqua carẽt imaginatiua. Vi de contrarium.

*Oẽ, in quo manifestatur, aut manifestabit quod perficit, secundum quod formae perficiuntur per materias, necessario est anima.

Magis verum est ut intellectus sit aliud genus animae & si dicatur anima, erit secundum aequivocationem. hoc 3. huius co. 5.

rus non videatur vti in sua actione instrumento corporali, sicut aliæ virtutes animæ vtuntur. Et ideo non fuit manifestum ex prædicto sermone verum sit perfectio, aut non. * omne enim, in quo manifestatur, aut manifestabitur quod perficitur, secundum quod formę perficiuntur per materias, necessario est anima. Et, cùm declarauit quod hoc latet in intellectu, incœpit demonstrare quæ pars duarum contradictoriarum in hac intentione quærenda est magis manifesta in opinione hominum, & secundum quòd apparet, donec hoc declaretur ratione demonstratiua post, & dicit, sed tamen videtur esse aliud genus animę, &c. idest, sed tamẽ melius est dicere, & magis videtur esse verum post perscrutationem, vt istud sit aliud genus animæ. & si dicatur anima, erit secundum æquiuocationem. & si dispositio intellectus sit talis, necesse est vt ille solus inter omnes virtutes animæ sit possibilis vt abstrahatur à corpore, & non corrumpatur per suam corruptionem, quemadmodum sempiternum abstrahitur. & hoc erit, cùm quandoq; copulatur cum illo, & quandoq; non copulatur cum illo. D

Reliquæ autem partes animæ manifestum ex his quòd non separabiles sunt, sicut quidam dicunt: ratione autem quòd alteræ manifestum: sensitiuo enim esse & opinatiuo, alterum: siquidem & sentire ab ipso opinari. similiter autem & aliorum unũquodq; quæ dicta sunt. E

COPH. *Cæteras autem partes animæ ex his perspicuum est non esse separabiles, ut nonnulli dicunt: quas tamẽ diuersas esse ratione perspicuum est: sensitiuo enim esse, & opinatiuo, diuersum est. si quidem sentire & opinari: itémq; cæterorum quæ diximus unum quodq;.*

Aliæ vero partes animæ manifestum est q̃ sunt non abstractæ. sicut dicunt quidam, sed tamen manifestum est q̃ sunt diuersæ secundum intentionem. Esse enim alicuius in sensu aliud est à suo esse in cogitatione. sentire enim aliud est à cogitare. & similiter de vnaquaq; aliarum prædictarum. F

21 Cùm declarauit quòd latet de intellectu vtrum sit abstractus, aut non, quamuis manifestius est vt sit abstractus secundum quòd est non anima, incœpit declarare quòd contrarium est in alijs partibus animæ, & quòd videntur esse non abstractæ, & dicit. Aliæ vero partes animæ, &c. idest, manifestum est ex sermonibus prædictis in definitione animę, quòd aliæ partes animæ, non sunt abstractæ. declaratum est enim in vnaquaque earum quòd est perfectio corporis naturalis organici. perfectio enim est finis, & complementum perfecti: finis autem non separatur à finito: vnde necesse est vt illæ partes animæ sint non abstractæ. Et, cùm declarauit quòd dubium est de quibusdam harum virtutum, vtrum sint abstractæ, aut nõ, & quòd in quibusdam manifestum est quòd sunt non abstractæ, incœpit demonstrare quòd est illud, quod manifeste videtur existere in omni-

Finis nõ separatur à finita.

E omnibus,& eſt illud, quod hæc quatuor genera ſunt diuerſa ſecundum intentionem, & dicit, ſed tamen manifeſtum eſt quod ſunt diuerſæ ſecundum intentionem,&c. id eſt, ſed tamen manifeſtum eſt per ſe quod omnes illæ virtutes ſunt diuerſæ ſecundum intentionem,& ſenſum: & quod eſſe virtutis, quæ conſtituitur per ſenſum, aliud eſt ab eſſe virtutis, quæ conſtituitur per cogitationem: cùm actio cuiuslibet iſtarum ſit altera ab actione ſui comparis. ſentire enim, quod ẽ actio virtutis ſenſus, aliud eſt ab intelligere, quod eſt actio virtutis intellectus. Deinde dicit & cuiuslibet aliarum prædictarum, id eſt, & ſimiliter apparet in diuerſitate aliarum virtutum prędictarum in intentione, & definitione, quia differunt etiam in actionibus, Sequitur eſt actio opp. 3. 12. Vide cõu. Zim.

Adhuc autem quibuſdam quidem animalium omnia inſunt hæc: quibuſdam vero quædam horum: alteris autem vnum ſolũ: hoc autem facit differentiam animalium. propter quam autem cauſam ſit factum, poſterius intendendum eſt. Similiter autem & B circa ſenſus accidit. alia quidem enim habent omnes, alia vero quoſdam, quædam vero vnum maxime neceſſarium, tactum.

IOPH. *Prætera uero nõnullis animalibus adſunt omnes hæ: in quibuſdã nonnulla: in aliis una duntaxat. quæ res facit differentiam animaliũ. de cauſa uero poſt conſiderabimus. ſimile quęddam in ſenſibus euenit: quędam enim habent omnes: quędam nonnullos: quędam unum qui maxime neceſſarius eſt, tactum.* *al. l. pauciores.

Quoniam autem quædam animalia habent omnia iſta, & quædam vnum tantum, & q hoc facit diuerſitatem inter animalia, & quare perſcrutandum eſt poſt. Et ſimile huic contingit in ſenſib⁹. quædam enim habent omnes ſenſus, & quędam quoſdam, & quędam vnum. & eſt vnum, quod eſt valde neceſſarium. ſ. tactus.

21 C Quoniam autem quædam animalia habent iſtas quatuor virtutes, & quædam habent quaſdam iſtarum virtutum, & quædam habent vnam iſtarum, & qui modi ſint iſti modi animalium, & quod hoc inducit diuerſitatem inter animalia, & qua de cauſa inducuntur hæc in animalibus, dicendum eſt poſt. Hoc enim quod accidit animalibus in quatuor virtutibus animæ, quas numerauimus, ſimile accidit animalibus in virtutibus ſenſus tantum. quædam enim animalia habent quinq; virtutes ſenſus, & quędam quaſdam tantum, vt talpa: & quædam vnum. ſ. tactum, vt * ſpongia maris. & ſermo eius in hoc capitulo eſt manifeſtus per ſe. 3. de ala a te. cõ. 59. vſq; in finem. * Spongia maris hẽt vnũ ſenſũ ſ. tactũ. vt & ſupra c. 16. & 1. de ala. c 3.

Quoniam autem quo viuimus, & ſentimus dupliciter dicitur, ſicut quo ſcimus: dicimus autem hoc quidem ſcientiam, illud autẽ animam: vtroq; enim horum dicimus ſcire, ſimiliter & quo ſanamur, aliud quidem ſanitas eſt, aliud autem parte quadam corporis

ris aut & toto. horum autem scientiaq; & sanitas forma & species D quædam & ratio & vt actus susceptiuorum, hæc quidem scientifici, illa vero sanabilis. videtur enim in patiente & disposito actiuorum inesse actus, anima autem hoc quo viuimus & sentimus & mouemur & intelligimus primo. Quare ratio vtiq; quędam erit & species, sed non vt materia & subiectum.

SOPH. *Quoniam autem id quo uiuimus & sentimus duobus modis dicitur, quemadmodum id quo scimus: horum autem unum dicimus scientiam, alterum animam: nam utraq; eorum scire dicimus. similiter etiã id quo sani sumus, tum sanitate, tum parte aliqua corporis, uel etiam toto: horum autem scientia quidem & sanitas forma est et species quadam, & ratio, & ueluti actus receptiuorum, illa quidem eius quod scire, hac uero eius quod sanari potest: uidetur enim in eo quod patitur, atq; afficitur effectiuorum inesse actus, Anima uero id est quo uiui-* E *mus & sentimus & διανοούμεθα primò, profecto anima ratio quędam erit & species, non autem ut materia & subiectum.*

Et, quia illud, per quod viuimus, & sentimus, dicitur duobus modis: & similiter dicimus in re, per quam scitur, quorum vnus est scientia, & alius anima: quoniam per vtrumque istorum dicimus quòd scimus. & similiter dicimus in re, per quam sanatur, quòd vna est sanitas, & alia est aliquod membrum corporis, aut totum corpus. & scientia est ex istis. & sanitas est aliqua forma, & intentio in actu in illis duobus recipientibus: quorum hoc recipit sciẽtiam, & hoc recipit sanitatem. existimatur enim quòd F actio agentium, non est nisi in recipiente passionem, & dispositionem. anima autem est illud, per quod primo viuimus, & sentim⁹, & distinguimus: necesse est ergo vt sit aliqua intentio, & forma, non quasi materia, & quasi subiectum.

Modo reuersus est ad declarandum q; anima est substantia sola secun-
24 dum formam, non s̃m materiam, neq; s̃m compositum ex eis, s. corpus. Et d. Et, quia illud, per quod viuimus, & sentimus, &c. i. &, quia manifestũ est per se q; actio nutrimenti, & sensus, & scientiæ, & aliarum virtutũ animæ attribuitur nobis per duo: quorum vnum est per ipsam virtutem, & aliud per habens illam virtutem. v. g. q; sensus attribuitur nobis p sensum & per visum sentiens, quandoq; n. dicimus q; videmus per visum, & qñq; per oculum. & similiter in sciã qñ q; dicimus q; scimus per scientiam, & quandoque per animam: quæ est virtus habens scientiam. & similiter est de omnibus virtutibus animatis. verbi gratia q; dicimus qñq; q; sumus

Vt t. 2. 8 aĩa 65. & 5. 8 Aĩa. prio.

sani

A sani sanitate, & qñq; per corpus sanum, aut per membrum sanum. Et, cū posuit hanc propositionem pro manifesta per se, & inductionem, incœpit ponere aliam propositionem, & d. & scīa est ex istis, &c. idest & apparet per vnum istorum duorum modorum, quod est quasi scientia de anima, & sanitas de corpore, ꝙ vnum est forma, & aliud est materia. forma enim est ex istis, & est intentio, quæ inuenitur in duobus recipiētibus ea, s. in sapiente scientiam, & recipiente sanitatem. vnde necesse est vt omnis actio attributa alicui enti propter aliqua duo existentia in eo, vt vnum eorum sit materia, & aliud forma. sed dimisit hanc conclusionem: quia bene apparebat ex his, quæ posuit. D. d. existimatur enim ꝙ actio agētium, &c. idest & diximus ꝙ vnum eorum duorum est forma: & est illud, quod est quasi scientia, & sanitas: quia sanitas, & sciētia, & similia sunt actiones agētis, i. dantis sanitatem, & largientis: & actio agētis est illud, quod existit in recipiente, & est forma. vnde necesse est vt scientia sit existens quasi forma, & anima quasi materia. Et, cūm declarauit ꝙ omnis actio attributa B alicui enti propter aliqua duo, necesse est vt alterum eorum sit materia, & alterum forma: & fuerit manifestum ꝙ propter formam attribui actio enti primitus: & ꝙ actiones istæ animæ videntur attribui corpori, & animæ, sed primo animæ, secundo corpori: concluditur ex hoc ꝙ anima est forma, & corpus materia. Et d. anima autem est illud, per quod primo viuimus, &c. sed non propalauit nisi quasdam istarum propositionū, & dimisit quasdam, quia erant manifestæ. & syllogismus sic cōponitur. Actiones animati attribuuntur corpori, & animæ insimul: & omnis actio, quæ attribuitur alicui enti propter aliqua duo, necesse est vt vnum eorum tantum sit materia, & aliud forma: ergo alterum istorum duorum, s. corporis, & animæ est forma, & alterū materia. Et, cūm coniunxerimus* huic ꝙ pp formam attribuitur actio primitus enti, & ꝙ illa conuertitur: & cū coniunxerimus suæ conuersæ ꝙ actio attribuitur animato per animam primitus: concludetur ex hoc ꝙ anima est forma, & corpus materia.

C • Tripliciter enim dicta substantia, sicut diximus: quarum hæc quidem species: illud autem materia: aliud autem ex vtrisq;. horū autem materia quidem, potentia, species autem, actus: postea ex vtrisq; animatū: non corpus est actus aīæ, sed ipsa corpis cuiusdā.

ӨPH. *Cum enim tribus modis substantia dicatur, ut diximus: quorū aliud est species, aliud materia, aliud id quod ex utrisq; constat: atq; horum quidem materia est potentia, species autem actus: cum id quod ex ambobus constat animatum sit, profecto corpus non est actus animæ, sed ipsa corporis cuiusdam.*

Qm̄ autem substantia dicitur tribus modis, sicut diximus, materia, s. & forma, & compositū ex eis: & materia istorum est potentia, & forma est endelechia, & quod fit ex eis, est animatum: tunc corpus nō est perfectio aīæ: sed aīa perfectio alicuius corporis.

Propter formā attribuitur actio enti primitus. Idē. 2. Ph. 17. & 3. Ph. 1. & 9. Meta. 10. & 2. de Gener. 51.

Ob actio, q̄ attribuitur alicui enti pp aliqua duo, necesse est vt vnū eorū tm̄ sit mā, & aliud forma. Idē 3. de Aīa cō. 36.

* Dubiū & pp c. 3. primi de Aīa vbi ponit actionē attribui aīæ pp corp*. Vide ibi. zim.

Ista

25 Ista est alia declaratio à prædicta q anima est substantia s'm formam, D
non s'm materiam. sed, quia ista declaratio dat causam, & esse, prima autẽ dat tantum esse, induxit eam quasi causam sermonis prædicti, & dixit, &, quia iam prædiximus q substantia dicit' tribus modis, materia, & forma, & compositum ex eis: & esse materiæ est in potẽtia, & esse formæ est endelechia, & actu: & compositum ex anima & corpore est animatum & per alterum eorum est in potentia animatum, & per alterum in actu: manifestum est q anima est endelechia corporis, nõ corpus animæ. est enim animatum in actu per animam: & quod est in actu debet esse endelechia ei', quod est in potentia, & non econuerso. Et hoc intendebat, cùm dixit & quod fit ex eis est animatum. i. & quod fit ex eis est animatum in actu per animam, & in potentia per corpus, necesse est vt corpus nõ sit endelechia animæ, sed anima corporis.

Quæ sit demõ. dans cãm. & eẽ. vid' 2. Cœ. 35. & prio Phy. 2.

Et propter hoc bene opinantur quibus videtur neq; sine corpore esse, neq; corpus aliquod anima, corpus quidẽ enim non est; corporis autem aliquid est. & propter hoc in corpore est, & corpore huiusmodi: & non sicut priores ad corpus aptabãt ipsam nihil diffinientes in quo & quali: & vere cùm nõ videatur accipere quodlibet contingens. sic autem fit & secundum rationẽ: vniuscuiusq; enim actus in potentia existente, & in propria materia aptus nat' est fieri. Quod quidem igitur actus est quidam & ratio potẽtiam habentis esse huiusmodi, manifestum ex his. E

SOPH. *Quamobrem probè censent ii quibus uidetur neq; sine corpore esse, neq; corpus aliquod anima: corpus enim non est, sed corporis aliquid: & propterea inest in corpore, & in corpore tali. & non quemadmodum superiores in corpus eam conijciebãt, nulla præterea addita distinctione, in quonam illo, & quali: præsertim cum non uideatur quodlibet recipere quodlibet. hoc autem pacto res ratione procedit: uniuscuiusq; enim actus in eo quod est potentia, & in sua ac idonea materia, natura comparatum est ut fiat. Animam ergo actum esse quendam & rationem eius quod habet potentiam ut tale sit, ex his perspicuum est.* F

Et propter hoc bene existimauerunt dicentes q anima non est extra corpus, neq; est corpus. corpus autem non est, sed est perfectio corporis. Et propter hoc est in corpore, & in tali corpore. non sicut fecerunt Antiqui in ponendo eam in corpore absq; determinatione illius corporis, q corpus sit, & cuiusmodi. & hoc licet nõ quodcunq; recipiat quamcunq;.

26 Et propter hoc, quod apparuit de anima, quod est endelechia corporis naturalis, recte dixerunt opinantes q anima nõ est extra corpus, neq; est corpus. endelechia enim talis est, s. vt sit in corpore, & quòd nõ sit corpus.

corpus

A corpus enim non perficitur per corpus, cum corpus nõ sit innatum, vt sit in subiecto. Et hoc intendebat, cùm dixit, corpus autem non est, sed est perfectio corporis. q̃m autem est corpus, ſm quod est perfectio non ẽ possibile, sed existit in corpore. D.d. Et propter hoc est in corpore, &c. idest & ex hoc modo, quem dedimus in substãtia animæ, possibile est dare causam, propter quam aĩa existit in corpore, & corpus recipiens eam est tale, non ex illo modo, quem dederunt Antiqui in substantia animæ, cum dixerunt q̃ est corpus, & q̃ intrat aliud corpus, & nõ determinauerunt quæ natura est, natura illius corporis, & quare habuit proprium, vt esset anima eum absq; alijs corporibus, & ex quo modo fuit consimilitudo inter hæc duo corpora, s. q̃ vnum recipit alterum, cũ non quodcunq; recipit quodcunq;. Necesse est enim istis hominibus dare causam, propter quam hoc corpus recipit illud corpus, quod est anima. & necesse est eis dicere, quare hoc corpus, quod est anima, existit proprie in hoc corpore, & non in alijs. Et hoc intendebat, cùm d. absq; determinatione illius corporis, q̃ corpus

B sit, scilicet receptum, & cuiusmodi, s. recipiens. Et d. hoc, quia definitiones demonstratiuæ innatæ sunt dare causas omnium, quæ videntur in definito. & si definitio non erit talis, non erit definitio.

Corp⁹ nõ pficit̃ per corpus, cũ nõ sit innatum eẽ in subiecto.

De hoc vide .1. de Aia. 75.

Definitiones demonstratiuę innatę sunt dare causas omnium, quę sunt in definito. Idẽ 4. phi. 31. et 1. de Aia. 11. & 4. Coe. 1.

SVMMA SECVNDA.

De Animæ potentijs, eorum ordine, ac quo pacto definiri debeant.

POtentiarum autem animæ, quæ dictę sunt, alijs quidẽ insunt omnes, alijs vero quædam harum, quibusdam vero vna sola. potẽtias vero dicimus, vegetatiuum, sensitiuum, appetitiuũ, motiuum ſm locum, intellectiuũ. Inest autem plantis vegetatiuum solum: alteris autem hoc, & sensitiuum: si autem sensitiuum & appetitiuum: appetitus quidem enim desiderium, & ira, & voluntas sunt: Animalia autem omnia habent vnum sensuum, tactum. cui autẽ sensus inest, huic

C & lętitia & tristitia, & dulce, & triste: quibus aũt hęc, & concupiscentia: delectabilis enim appetitus hæc.

IOAN. *Potentiæ porrò animæ quas commemorauimus, in aliis insunt omnes: in alijs nonnullæ earum: in aliquibus vna duntaxat. potentias autẽ diximus, nutritiuum, sensitiuum, appetitiuum, motiuum motu loci, dianoeticum. ac plantis quidem adest tantummodo nutritiuum: aliis autẽ, tum hoc, tum etiam sensitiuum: quòd si sensitiuum, & appetitiuum etiam: appetitus enim cupiditas est, & ira & voluntas: cuncta autem animalia vnum habent ex sensibus, tactum. cui autẽ sensus inest huic & voluptas & dolor, & iucundum & molestum: in quibus autẽ hæc insunt, & cupiditas inest: hæc enim est appetitus iucundi.*

Istæ

Istæ autem virtutes animæ, quas diximus, inueniuntur in quibusdam animalibus omnes, sicut diximus, & in quibusdam quædam, & in singularibus, i. in paucis inuenitur vna. Et appellamus virtutes, nutritiuam, & sensibilem, & desyderatiuam, & mouentem in loco, & distinguentem. Et istarum in plantis est sola nutritiua: in alijs vero est ista, & sensibilis, & desyderatiua. desyderium enim est appetitus, & ira, & voluptas. Et omnia animalia habent saltem vnum sensum, s. tactum: & omne habens sensum habet voluptatem, & tristitiam. & omne habens istas habet appetitum, appetitus enim est desyderium voluptatis. D

27 Cùm voluit incipere loqui de vnaquaq; virtutum animæ, incœpit primo numerare eas esse, & q quædam animalia habent proprie quasdam earum, sm q artifex ponit subiectū suæ artis. Artifex enim necesse est vt ponat subiectum, de quo loquitur, & diuidit genera eis quasi manifesta in esse. artifex enim non potest demonstrare subiectum suæ artis, neq; speciesillius subiecti. & quod dixit in hoc capitulo, est manifestum. Et hoc, quod dixit in singularibus, intendit & in paucis, idest & in paucis animalibus existit vna virtus sensuum, s. tactus. D. d. Et appellam⁹ virtutes, &c. idest, & cum dixerimus virtutes, intelligenda est virtus nutritiua, & sensibilis. Et intendit per nutritiuam omnia principia, quæ agunt in nutrimento: & sunt tria, s. nutrimentum, & augmentum, & diminutio. Et intendit per desyderium appetitum ad cibum. & ideo separauit ipsum à mouente in loco, & posuit ipsum genus per se: cùm ista virtus inueniatur in animalibus, quæ non mouentur. & intelligit per distinguentē intelligentem. D. d. & istarum in plantis, &c. i. in plantis autem inuenitur sola nutritiua. in animalibus vero sensus, qui est tactus, & desyderium, quod est desyderium nutrimenti. & hoc est cōe omnibus. D. d. desyderium enim est appetitus & ira, & voluptas, i. & intendimus per desyderium appetitū. desyderium enim dicitur de appetitu, & de ira, & voluptate, & vniuersaliter de pluribus. Et voluit declarare q appetitus existit in omni animali habenti sensum: quia hoc nō fuit manifestum sensui. & d. & omne habēs sensum habet voluptatem. & sermo eius in hoc cap. est manifestus. E F

Artifex nō pt demonstrare subm suæ artis, neq; spēm illi⁹ subiecti. Instātia ē de subiecto lib. elenchorum, & de igne. 4. Cœ. c. 32. Sed 1. phy. cō. vlt. & 2. phy. 22. & 26. & 12. Met. c. 5. & 6. Met. c. 1. vbi sentit, qd sentit hic. vide obs. Zim.

Adhuc autem alimenti sensum habent: tactus enim alimēti sensus: siccis enim & humidis & calidis & frigidis aluntur omnia viuentia: horum autem sensus tactus: sed aliorum sensibilium secundum accidens: nihil enim in alimentum confert sonus, neq; color, neq; odoratus. humor autem vnum aliquod est tangibilium. Exuries aūt & sitis concupiscentia. & exuries quidē calidi & sicci: sitis aūt frigidi & humidi. sapor vero vt delectamentū horū est.

SOPH. *Praeterea vero sensum habent alimenti: nam tactus, sensus est alimenti: cuncta enim viuentia siccis aluntur & humidis & calidis & frigidis*

frigidis

A *frigidi: quorum sensus, tactus est: caeterorum autem sensibilium per accidens: nihil enim ad alimentum confert sonus, nec color, nec odor: sapor autem unum quoddam est de tangibilibus: fames uero & sitis cupiditas est: at fames quidem calidi & sicci: sitis uero frigidi & humidi: porrò sapor est ueluti quoddam eorum condimentum.*

Et etiam habet sensum nutrimēti. qm̄ distinctio cibi est sensus. Omne enim viuum non nutritur, nisi per siccum, & humidum, calidum, & frigidum. & tactus sentit ista. sentiens autem alia sensibilia est secundum accidens in cibo: quoniam non iuuatur aliquid in cibo per vocem, nec per colorem, neq; per odorem. sapor autem est vnum tangibilium. fames autem, & sitis est appetitus. Fames autem calidi, & sicci: Sitis vero frigidi, & humidi: Sapor autem est quasi causa istorum.

28 B Cùm posuit ꝙ omne animal habet sensum tactus, & desyderiū ad nutrimentum, & in declarando hoc non sufficit inductio, incœpit declarare hoc ratione, & d. & etiam habet sensum nutrimenti, i. & etiam necesse est vt omne animal habeat sensum, per quem comprehendat conueniens, & inconueniens ex nutrimentis: vt expellat nocumentum, & attrahat iuuatiuum. Et hoc fuit, quia nutrimentum eius non existit in potentia in pluribus rebus, sicut est in plantis. & ideo plantæ non indigent sensu, quo distinguant cibum. Et iste locus indiget magna consyderatione. Et, cū narrauit ꝙ necesse est ꝙ omne animal habeat sensum, quo distinguat cibū, incœpit declarare quis sensus est iste sensus, qui est necessarius in distinguendo cibum, & d. Omne enim viuum non nutritur, &c. i. &, quia omne viuum non nutritur nisi per siccum, & humidum, calidum, & frigidum: cum nutrimentum est loco eius, quod dissoluitur ex elementis, ex quib⁹ componitur: necesse est vt sensus nutrimenti sit sensus, qui innatus est cōprehēdere has qualitates: & iste sensus est tactus. Et quasi dicat, oē viuum C non nutritur, nisi per siccum, & humidum, & calidum, & frigidū: & sensus tactus est illud, quod sentit ista: necesse est vt tactus sit sentiēs, quod distinguit cibum. omne igitur animal habet tactum necessario. D. d. Sentiens autem alia sensibilia, &c. i. sensus autem comprehendentes alia sensibilia, accidentaliter sentiunt cibum, i. non sunt necessarij in distinguēdo cibum, sm̄ ꝙ est cibus, cùm accidentaliter sentiant cibum: sensibilia enim eorum non sunt in cibo, sm̄ ꝙ est cibus & hoc intendebat, cùm d. q̄m non est in cibo, &c. i. secundum ꝙ est cibus. D. d. sapor autem est vnum tangibilium. i. sapor autem, si existit in cibo, sm̄ ꝙ est cibus, est vnus modorū rerum tangibilium. & sensus gustus est aliquis tactus. Et propter hoc, q̄d d. opinandum est ꝙ iste sensus existit etiam in omni animali, sicut sensus tactus, cum sit quasi species eius: & post declarabitur qualiter est in rei veritate. Et, cùm narrauit ꝙ frigidum, & calidum, & humidum, & siccum existunt in cibo, sm̄ ꝙ est cibus, & sapor existit in eo secundū ꝙ est cibus,

Vide 3. de Ala. 61. & 12. Met. 36 ad qd datū sint sensus.

Vide infra & cō. 124. & in Thē.

Sensus gustus est aliquis tact⁹. Vide infra cō. 94.

incœpit

Incepit declarare modum, ſm quem exiſtit quodlibet iſtorum in cibo, & d. Fames autem, & ſitis, &c. i. & ſi ſapor exiſtit in cibo, in eo q eſt cibus, tñ primæ qualitates exiſtunt in eo primo, & eſſentialiter. Et ſignum ei⁹ eſt q, cùm deſyderat cibum animal, non deſyderat niſi calidum, & frigidū, & humidum, & ſiccum. Fames enim eſt appetitus calidi & ſicci: & ſitis frigidi & humidi. & non deſyderat dulce, neq; amarum. Sapor autem eſt cõiunctus cum iſtis qualitatibus. Et hoc intendebat, cùm dixit. Sapor autē eſt quaſi cauſa illorum i. cauſa, q animal ſentit conueniens ex illis, & nõ conueniens. Et non intendebat hic p cauſam, cauſam in eſſe: primæ enim qualitates ſunt cauſa ſaporis. Et forte intelligit q ſapor eſt cauſa, pp quā animal vtitur cibo, propter delectationem coniunctam cum ea. D

Certificandum autem de his poſterius eſt: nunc autem in tantum dictum ſit, q animalibus habentibus tactum & appetitus inſit: de phantaſia autem immanifeſtum, poſterius autem intendendum eſt. Quibuſdam vero adhuc ineſt & ſecundum locum motiuum: alteris autē intellectiuum & intellectus, vt hominibus, & ſi aliquod alterum huiuſmodi eſt, aut & honorabilius. E

SOPH. *Sed de iis poſtea dilucidius agendum eſt: nunc hoc tantum dictum ſit, quod animalibus habentibus tactum, appetitus quoq; ineſt: de phantaſia autem non patet, ſed poſt conſiderandum eſt. quibuſdam autem præter hæc, ineſt etiam motiuum motu loci: aliis autem & dianoeticū & intellectus, ut hominibus, & ſiquid extat eius generis aliud, uel etiam nobilius.*

Et hoc declarandum eſt poſt: in hoc autem loco cõtenti ſumus hac determinatione, & eſt q omne viuum, habens tactum, habet deſyderium. De imaginatione autem latet, & quærendū eſt poſt. Et ponamus cum hoc mouēs in loco etiam: & in aliĵs diſtinguēs, & intelliſ, vt in hoībus, & in aliĵs rebus, ſi fuerint ſic, aut meliores. F

29 Quia vult ponere hic numerum iſtarum virtutū, ſm q artifex ponit ſubiecta ſuæ artis, non vult ponere, niſi illud, quod manifeſtum eſt per ſe, & dimittit alia, quæ non ſunt manifeſta, quouſq; perſcrutetur de eis. Et ideo d. Et hoc declarandum eſt poſt. In hoc aūt loco contenti ſumus hac determinatione, ideſt quæ eſt manifeſta per ſe, aut ferè, ſ. q omne animal carens tactu, caret deſyderio. hoc enim eſt manifeſtū per ſe. Deinde narrauit q hoc latet de imaginatione, & d. De imaginatione autē latet. ideſt vtrum imaginatio exiſtit in omni habente ſenſum tactus, aut non. D. d. Et ponamus cum hoc mouens in loco. i. & ponamus pro manifeſto q oē motum in loco eſt imaginans. Et poteſt intelligi & ponamus in numero iſtarum virtutum, quæ manifeſtæ videntur, & differūt in definitione, & eſſentia virtutem mouentem in loco. & intendit virtutem concupiſcibilem. D. d. & in aliĵs diſtinguens, & intellectus. ideſt & ponamus etiam

pro

A pro manifesto φ virtus cogitatiua, & intellectus existit in alijs modis animalium, quæ non sunt homines, & φ proprie sunt in aliquo genere, vt in hominibus, aut in alio genere, si demonstratio surgat φ alia sunt huiusmodi. & hoc erit, si fuerint æquales hominibus, aut meliores eis.

Manifestum igitur est quoniam eodem modo vna vtiq; erit ratio animæ, & figuræ: neq; enim ibi figura est præter triangulum & figuras quæ consequenter sunt, neq; hic anima, præter prædictas est. fiet autem vtiq; & in figuris ratio cõis, quæ conuenit quidẽ omnibus, propria autem nullius erit figuræ. similiter autem & in dictis animabus. vnde ridiculum est quærere cõem rationẽ in his, & in alteris, quæ nullius erit eorum quæ sunt propria ratio, neq; secundum propriã & indiuiduam speciem, dimittentes huiusmodi.

OPM. *Perspicuum igitur est perinde unam esse animæ rationem, atq; figuræ: neq; enim illic figura ulla est præter triangulum, & eas quæ deinceps sunt: neq; hic anima ulla præter eas quæ dicta sunt. fieri tamen poterit, & in figuris ratio communis, quæ omnibus quidem congruat, propria autem nullius sit figuræ: similiter etiam in dictis animabus. idcirco ridiculum est & in his & in cæteris communem quærere rationẽ, quæ nullius eorum quæ sunt erit propria ratio, neq; ex propria & individua specie, hac tali prætermissa ratione.*

B

Dicamus igitur φ manifestum est φ ex via vnius exempli eadem erit definitio animæ, & figuræ. non enim est illic perfectio extra virtutes prædictas: sed possibile est in figuris etiam vt sit definitio vniuersalis conueniens omnibus figuris, & non sit propria alicui earum. & similiter ex omnibus prædictis. Et ideo qui quæsierit in istis, & in alijs sermonem vniuersalem, qui nõ est, neq; est

G propriu alicui ex omnibus, neq; est secundum modum hunc cõuenientem, qui non diuiditur, & dimiserit talem sermonem, rectum est vt derideatur.

10 Cum genera accepta in definitionibus, aut sunt vniuoca, vt animal in definitione hominis, aut dicta multipliciter, vt ens, & potentia, & actus, incœpit declarare cuiusmodi sit genus acceptum in definitione animæ, & d. non est æquiuocum, neq; vniuocum. Et d. dicamus igitur φ manifestũ est, &c. i. dicamus φ manifestum est ex exemplo φ illud, quod dat definitio animæ vlis ex intentione cõi omnibus partibus animæ est simile illi, quod dat definitio figuræ vniuersalis omnibus figuris. manifestum est. n. per se φ sicut nulla perfectio est alicuius partis animæ extra perfectionem vlem, quam accepimus in definitione omnium virtutum: & si istæ virtutes sint diuersæ in intentione propria vnicuiq; earum: ita non est hic figura aliqua extra definitionem figuræ vniuersalis: licet figuræ differant ab inuicem

Im. post i. & actu in mul- pli dcã. c. 1, Phy. & 4. Me c. 4. Me t. 14. 7. t. c. 35, 12 de. 11. 12.

Genera accepta i definitionib. aut s. vniuoca, aut sunt multiplr dicta. Cõsiste hic, 4. Me. c. 2 & 5. Met. c. 4 & 1. de Ala c. 7. et 3. de Ala co. 4. & 3. Phy. co. 4.

inuicem in terminis proprijs. quædam enim est rotunda, & quædam re- D
cta, & quædam composita ex vtroq;. Et hoc exemplum est valde simile definitioni animæ. non.n. est ex definitionibus æquiuocorum nominũ. quoniã, si ita eêt, tunc Geometria esset sophistica, neque esset ex generibus, quæ dicuntur vniuoce. qm̃, si ita esset, tunc necesse esset vt alterum duorum foret, aut vt sit hic vna virtus in definitione, & in nomine, in qua communicent omnes virtutes quas nominauimus: quemadmodum modi animalium conueniunt in definitione animalitatis simplicis: aut vt omnes virtutes animæ sint eædem in definitione, & essentia. Et, cũm narrauit quod definitio aiæ per exemplum est similis definitioni figuræ, incœpit dare modum consimilitudinis, & d. sed possibile est in figuris etiã &c & ista definitio non est vniuoca: sed quemadmodum possibile est in oĩbus figuris, licet differant, vt habeant definitionem vlem magnam cõuenientem oĩbus eis, licet multum differãt in definitione & essentia: sic possibile est vt istæ virtutes diuersæ habeant vnam definitionem vlem conuenientem oĩbus: sicut definitio figuræ conuenit omnibus figuris, & E
nulli appropriatur. D.d. Et ideo qui quæsiuerit, &c & propter hoc, quod diximus, qui quæsiuerit in anima & in alijs similibus entibus vnam definitionem vlem, quę non appropriatur alicui ex oĩbus, & non est talis, qualis est illa definitio, quam dedimus in anima, sed sicut vniuersalitas definitionis animalitatis simplicis specierum animalis, aut etiam est vna idest vnius naturæ definitio, non diuisibilis secundum speciem, & qui dimiserit talem difinitionẽ, qualem dedimus, iustum est, vt derideatur: cũ isti duo modi definitionis non inueniantur in talibus naturis, & non inueniuntur in eis, nisi iste modus definitionis, quo vsi sumus. qui enim laborat in dãdo in anima primum modum definitionis, est in hoc, quod laborat in quærẽdo impossibile: sicut qui dimittit hanc definitionem in dimittendo possibile. dimittere enim possibile est simile secundum locutionem ad quærere impossibile.

Similiter autem se habent ei quod de figuris est, & quæ sm̃ animam sunt. semper enim in eo quod est consequenter, est potentia quod prius est, & in figuris & in animatis: vt in tetragono quidẽ trigonum est, in sensitiuo autem vegetatiuum. quare & sm̃ vnũquodq; quærendum quæ vniuscuiusq; anima, vt quæ plantæ, & quæ hominis, aut bestiæ. propter quam autem causam cõsequenter sic se habent considerandum est. sine quidem enim vegetatiuo sensitiuum non est: à sensitiuo aũt separatur vegetatiuum in plantis: iterum autem sine quidem eo quod potest tangere, aliorũ sensuum neq; vnus est: tactus aũt sine alijs est. multa enim animaliũ, neq; visum, neq; auditum habẽt, neq; odoratus omnino sensum. F

IOPH. *Quemadmodum autem in figuris, sic etiã in anima res habet: semper enim in eo quod est deinceps, inest potentia id quod prius est, tum in*

figuris

A *figuris tum in animatis: ut in quadrato triangulus, in sensitiuo nutritiuum. Quare sigillatim quærendum, quæ cuiusq; sit aīa, uerbi gratia quæ plantæ quæue hominis uel bestiæ. cur autem deinceps sic se habeant, considerandum est. nā sine nutritiuo, sensitiuum non est: à sensitiuo autem separatur nutritiuum in plantis: rursus sine tactiuo nullus aliorum est sensuum: tactus uero sine aliis est: pleraq; enim animalia neq; uisum neq; auditum nec odoris planè sensum sortita sunt.*

Et dispositio in aīa, similis est dispositioni in figuris. inuenitur enī semper in potentia in figuris, & in rebus animatis precedēs in consequente. v. g. triangulus in quadrato, & nutritiuū sensibili. Oportet igił quærere in quolibet ꝙ est ſm suam definitionē: v. g. aīa plātæ qd est, & aīa bruti quid est. Et oportet quærere qua de causa sunt talis dispositionis ex cōsequētibus cū sensibile nō sit si-
B ne nutritiuo: sed sensibile separaš in plātis. Et etiā nullus aliorum sensuum sit extra tactū: sed tactus est extra alios sensus. multa. n. viua non habent visum, neque auditum, neque odoratum, neq; alium sensum.

C

31 Cùm declarauit ꝙ definitio animæ est similis definitioni figuræ, incœpit declarare modum consimilitudinis & demonstrare cuius naturæ naturarum definitionum sit, & d. Et dispositio in anima similis est, &c. i. & dispositio in rebus, quæ continentur in definitione animæ est, sicut dispositio in rebus, quæ continentur in definitione figuræ. quemadmodū enim inuenitur in figuris prius & posterius: & prius existit in potētia in posteriori: ita est de virtutibus animæ. verbi gratia in figuris quidem triangulus est prior quadrato, & triangulus existit in potentia in quadrato. & ideo, si quadratum est, triangulus est, & non e conuerso. & similiter in virtutibus animæ. nutritiuum enim prius est sensibili: et existit in eo in potentia, & si sensibile est, nutritiuum est, & non econuerso.

Et, cùm declarauit naturam istius definitionis, & quantum largitur de cognitione, dixit. Oportet igitur quærere in quolibet quid est, &c. i. cùm declaratum est q̄ ista definitio animæ est de genere definitionis figuræ: & quemadmodum non sufficit in cognitione figuræ rectarum linearũ, & figuræ circularis cognitio figuræ simpliciter, ita est in definitione aïæ vlis. quærẽda est igiť post cognitionẽ istius definitionis vlis definitio ꝓpria vniuscuiusq; virtutis aïę, s. q̄ est aïa plantar, & q̄ aïa hoïs ꝓpria illi, et quę bruti. D.d. Et oportet quærere qua de cã sunt talis dispõnis. i. & oportet ꝑscrutari ẽt quare inueniť in virtutibus aïę prius & consequens. sensibile enim impõle est vt sit absq; nutritiuo, nutritiuum aũt potest esse absque sensibili. & hoc est in plantis. Et ẽt apparet q̄ impossibile est vt aliqs quatuor sensuum sit sine tactu: tactus aũt potest esse extra alios sensus plura enim aïalia carent visu, & auditu, & odoratu, & gustu. & hoc intendebat cùm dixit neq; alium sensum. Et iste locus indiget cõsyderatione. existimatur enim q̄ gustus est vnus modorũ tactus, secũdũ q̄ dixit superius. Sed, si aliquod[1] animal nutriť ex rebus carentibus sapore, tunc gustus illius aïalis non erit nisi sm calidum, & frigidum, & humidum, & siccum. E

Aut intendit, cùm d. neq; alium sensum. i. q̄ alius sensus non distinguiť in vltimo. i. in fine, a sensu tactus, sm q̄ inuenitur in aïalibus perfectus. Et vlr opinandũ est q̄, si aïal habet sensum tactus, & nutritur a suis radicibus, sicut plantæ nutriuntur, vt dicitur de spongia maris, & illud aïal habet sensum tactus sine gustu. & forte innuit tales istos modos animalium. omne enim animal habens os; habet aliquem gustum.

Nutritiuũ põt eẽ absq; sensibili. Idem supra. 15. Digressio qua q̃rit vtrum oẽ aïal hẽat gustum. Te. c. 28.

[1] Si aliqđ aïal nutriť ex rebꝰ carentibus sapore, gustus eius est sm calidum, & frigidum.

Et sensitiuorum autem, alia quidem habent sm locũ motiuũ, alia vero non habent: vltimum autem & minimum, ratiocinationem & intellectũ: Quibus enim inest ratiocinatio corruptibiliũ, his & reliqua omnia: quibus aũt illorum vnumquodq;, non omnibus ratiocinatio: sed quibusdam quidem neq; imaginatio: alia autem hac sola viuunť. De speculatiuo autẽ intellectu altera ratio est. q̄ quidem igitur de horum vnoquoq; ratio, hęc propriissima & de anima, manifestum est. F

SOPH. *Inter sensitiua etiã sunt quæ habeant motiuum motu loci, sunt quæ non habeant. ultima autem & minima rationem & dianœam: in quibus enim mortalium inest ratio, iis quoq; reliqua omnia insunt: in quibus autem unumquodq; illorum, in iis non omnibus inest ratio. sed quibusdam ne phantasia quidem: quædam hac sola uiuunt. De contemplatiuo aũt intellectu alia est ratio. ac disputationem quidem de uno quoq; horum maxime etiam ad animam pertinere perspicuum est.*

Et ex eis, quæ sentiuntur, est q̄ quędam habent motum in loco, & quædam non: cõplementum autem, & finis est illud, quod habet cognitionẽ, & distinctionem. omne enim ex rebus corruptibilibus

A bilibus habens cognitionẽ, habet omnia alia. quod autem habet vnum illorum, non est necesse vt habeat cognitionem: sed quædam non habent imaginationem, & quædam viuunt per ista tãtum. Sermo autẽ de intellectu speculatiuo, & cogitatiuo alius est. Declaratum est igitur quòd sermo in vna quaque istarum virtutum, est sermo magis conueniens in anima.

32 Et cõprehenditur sensu q quædam animalia mouentur in loco, & est modus perfectus, & quędam nõ. Complementum aũt aĩalium, & finis eorum, qui intendebatur in generatione, quæ cùm natura potuit pertingere, stetit, est modus aĩalium habens virtutem speculatiuam & cogitatiuã i. intelligibilem. D.d. omne enim ex reb⁹ corruptibilibus, &c. i. & apparet q omne, habens virtutẽ cogitatiuã ex rebus generabilibus, & corruptibilibus, necessario habet alias virtutes animæ. Et dicit hoc, præseruando se à corporibus cœlestibus. declaratum est enim q illa non habẽt de virtutibus animæ nisi concupiscentiam, & intellectum. Deinde dicit, quod aũt habet vnum illorũ, &c. i. habens autẽ vnam virtutum, quæ sunt priores naturaliter intellectu, nõ est necesse vt habeat cogitationem, aut intellectum: sed quædã non habent imaginationem, nedum habeant cogitationem: quędam viuunt per illa, quę sunt sub imaginatione ex virtutibus prioribus ea, & hoc intendebat, cũ dicit. & quædam viuunt per ista tm̃. Deinde dicit, sermo autẽ de intellectu speculatiuo, &c. i. sermo de eo est, ita q sit extra istam naturam. existimatur enim q non est aĩa, neq; pars aĩæ. & innuit nobilitatem eius, & diuersitatem illius ad alias partes. opinandum est enim q est ex natura supiori naturæ animæ. D.d. declaratũ est enim, &c. i. Declaratum est igitur ex prædictis quod primũ, quod intenditur de scientia animæ, quod est magis conueniens sermoni in anima, est loqui de aĩa vniuscuiusq; istarum virtutum.

Corpa cœlestia de virtutibus aĩæ nõ habẽt nisi cõcupiscẽtiã & intellectũ. Idẽ 12. Me. c. 36. idẽ supra. 1 hoc secundo. cõ. 15. idẽ 1. Cœli. 90 & 2. Cœli 58. & 61. Intellĕs speculatiuus nõ est aĩa nec pars animæ: sed est de naturæ superiori aĩę. idẽ supra. cõ 21. sed vide opp. 5. de Aĩa. t. c. 1. Vide cõe Zim.

B

SVMMA TERTIA.

De potentia animæ vegetatiua.

C

Explanantur Animæ vegetatiuæ opera, redarguiturq; Empedocles de alimenti causa. Cap. I.

NEcessarium autem est debentem de his perscrutationẽ facere, accipere vnũquodq; eorum quid est, postea sic de habitis aut & de alijs inuestigare. si autẽ oportet dicere quid vnumquodq; ipsorum: vt quid intellectiuũ, aut sensitiuum, aut vegetatiuum, prius adhuc dicendum quid sit intelligere & quid sentire. priores enim potentijs actus & operationes sm̃ rationem sunt. si autem sic, his autem adhuc priora opposita oportet considerare, de illis vtiq; primum oportebit determinare propter eandem causam: vt de alimento & sensibili & intelligibili.

so PH. *Necesse autem est eum qui de his consideraturus est, sumere quid quodq; eorum sit, atq; tunc demum de his quæ proxima ab his sunt, ac de reliquis exquirere. quòd si oportet dicere quid quodq; ipsorum sit, ut quid intellectiuum aut sensitiuum aut nutritiuum, multo ante dicendum est quid sit intelligere, & quid sentire: nā operationes & actiones potentiis ratione sunt priores: quod si ita est, ac obiecta etiam multo prius quàm hæc oportet consyderasse, profectò de illis primum ob eandē cām differendū fuerit: ut de alimēto, & de sensibili, et de intelligibili.* D

Et indiget necessario qui voluerit pscrutari de istis, scire vnā quāq; istarum quæ sit: deinde post perscrutetur de contingentibus illis. Et, si necesse est dicere vnam quāq; istarum quæ sit, verbi gratia intellectus qd sit, & sentiēs quid sit, & nutritiuum quid sit, oportet etiam prædicere intelligere quid sit. actiones enim & operationes præcedunt in intellectu virtutes. Et si ita sit, & cōsyderare de aliis rebus oppositis istis debet pręcedere consyderationem de istis, oportet nos vt intendamus ad definiendum istas primo propter istam cām, v.g. cibum, & sensatum, & intellectum. E

33 Cum declarauit quod definitio vniuersalis aīæ prædicta nō sufficit in cognitione suæ substantiæ, incœpit dicere quid oportet scire de aīa post illam difinitionem, & d. Et īdiget necessario, &c. i. & oportet necessario illum, qui voluerit acquirere perfectam cognitionem de anima, perscrutari de vnaquaq; virtutum aīæ per se, quousq; sciat per demonstrationē vnamquāq; illarum quæ sit, & quam naturam habet. verbi gratia, perscrutari quid est intellectus, & quid est sensus. Deinde post hoc perscrutari de vnicuiq; contingentibus istarum virtutum vniuersalibus, & proprijs v.g. verum virtus intelligibilis possit abstrahi, aut non. Et, cùm declarauit illud quod oportet perscrutari nos de anima, incœpit demōstrare viam ad hanc cognitionem: & quod est ex eis, quę sunt magis nota apud nos, & sunt posteriora in esse, ad ea, quæ sunt magis nota apud naturam, quę sunt priora in esse. Et d. Et, si necesse est dicere vnamquāq; istarum, &c. i. & si oportet, sm q declarauimus, scire quæ est vnaquæq; istarum virtutum, necesse est præscire actiones proprias vnicuiq; istarū virtutum, quæ sunt. verbi gratia quid est intelligere per intelligens, & sentire per sentiens, & nutrire per nutriens, cognitio enim actionum istarum virtutum, prior est apud nos in oīa prima cognitione, q̄ cognitio istarum virtutum. Et, cum narrauit q cognitio actionum debet pręcedere cognitionem virtutum, narrauit etiā q cognitio patientium illas actiones debet pręcedere cognitionem illarum actionum, propter illam eandem cām, propter quam debet præcedere cognitio actionum cognitionem virtutum, & d. Et, si ita sit, &c. idest &, si ita sit, s. q debemus ire semp de eis, quæ apud nos sunt magis nota, ad illa, quæ sunt magis nota

Idē 2. Ph. t. & c. 1. de aīa. t. 11. idē hic supra. 15. F

apud

A apud naturã, & considerare de rebus oppositis istis virtutibus, & sunt passiua earum, debet præcedere considerationem in actionibus, & in virtutibus, necesse est præscire primo cibum quid sit, quod est passiuum virtutis nutritiuæ, & sensatum qd sit, & intellectum quid sit, antequam sciatur nutrire, & sentire quæ sunt. Et vocauit ea opposita: passiuum enim, & actiuum videntur esse quodammodo opposita.

Passiuũ & actiuũ videntur quodã mõ opposita. Idẽ 1. de Gen. 50. & 1. de Cœ. 10. & 11.

Quare primo de alimento & generatione dicendum est. vegetatiua enim anima & aliĩs inest, & prima & maxime cõis potentia est animæ: sm quam inest viuere omnibus. cuius sunt opera generare, & alimẽto vti. Naturalissimũ enim operũ viuentibus quæcunque perfecta & non orbata aut generationem spontaneam habent, facere alterum quale ipsum, animal quidem animal, planta aũt plantam: quatenus ipso semper & diuino & immortali participent: sm quod possunt. omnia enim illud appetunt, & illius causa
B agunt omnia quæcunque agunt secundum naturam.

IOPH. *Quare primum de alimento & de generatione dicendum est. nam nutritiua anima & cæteris inest, & prima & maxime communis est animæ potentia, ex qua inest uiuere in omnibus: cuius officia sunt, generare & alimento uti: hoc enim est maxime naturale inter omnia officia uiuentium, quæ perfecta sunt & non mutila, aut sponte sua nascantur, procreare aliud quale ipsum est, animal, animal: planta, plantam: ut æternitatem & diuinitatem participent quoad possunt: cuncta enim illud appetunt, & illius causa agunt, quæcunque secundum naturam agunt.*

Oportet igitur primo loqui de nutrimento, & generatione. Anima enim nutritiua est prior in oĩbus viuentibus, & est vniuersalior virtutibus aĩæ, quibus viuum viuit. Et actiones istius
C sunt generare, & vti nutrimento. qm̃ actio, quæ magis conuenit naturæ omnis viuentis ex eis, quæ sunt pfecta, & non habent occasionem, neque generantur casu per se, est vt agat aliud simile: animal enim facit animal & planta plantam, ita vt habeat communicationem cum sempiterno diuino sm suum posse. oĩa enim desyderant, & propter hoc agit omne: quod agit naturaliter.

34 Cùm declarauit quæ definitio est magis vniuersalis inter omnes definitiones aĩę, & quãtum largitur de cognitione, & quod non sufficit in cognitione substantiæ animę perfectæ, & quod est necessarium præscire quãlibet virtutum aĩę per suam definitionẽ propriam & quot modis sunt istę virtutes diuersæ, & quõ adunantur, incœpit narrare quod oportet primo incipere de cognitione istarum virtutum ab ea, quę est valde prior, s. nutritiua, & quod primo debet considerari de passiuis, & de actionibus istarum

virtutum. Et d. Oporter igitur primo loqui de nutrimento, & generatio D ne, &c. i. &, cùm declaratũ est ꝙ primo oportet consyderare de actionib⁹, & de passiuis ante virtutes, necesse est vt primo loquamur inter oẽs istas actiones de cibo, & de generatione, quæ sunt passiuum alæ istius, & actio. & est necesse vt primo loquamur de aĩa nutritiua, quia est prior naturaliter alijs rebus, per quas aliquid dicitur viuũ: & ideo est magis vniuersalis inter alias virtutes alæ. Et innuit ꝙ propter prioritatẽ, & eius vniuersalitatem oportet præponi in consyderatione. * vniuersale enim notius est apud nos quã propriũ: vt dictũ est alibi. Et, cùm declarauit hoc, incœpit numerare actiones attributas illi, cum ante debemus scire esse quã quid esse, & d. Et actiones istius sunt, &c. i. & actiones istius virtutis sunt nutrire, & generare, & vti cibo. & dicimus ꝙ generare ẽ actio illi⁹ virtutis: qm̃ actio, quę maxime cõuenit naturę ei⁹, quod dicit̃ viuum per hanc virtutẽ, est generare simile in specie. Et hoc fit tribus conditionibus, quarũ vna est vt pertingat tempus, in quo habet hãc virtutẽ, cùm nõ fit in effectu oĩ tempore. Secunda est vt cum hoc non habeat occasionem. ista enim E impedit hanc actionem, licet pertingat tempus, in quo peruenit ab illo illa actio. Tertia est, vt illud viuum non sit ex eis, quę fiunt casu, sed per se. qñ igitur in viuo fuerint congregata hæc tria, tunc generabit. Et hoc intendebat, cùm d. qm̃ actio quæ magis conuenit, &c. D. d. causam finalem, propter quam ista virtus exstitit in animalibus & plantis, & d. ita vt habeat cõicationem cum sempiterno. i. & ista virtus existit in viuo, vt generabile, & corruptibile cõmunicent cũ sempiterno fm̃ suũ posse. † sollicitudo enim diuina, cùm nõ potuerit facere ipsum permanere fm̃ indiuiduum, miserta est in dando ei virtutem, qua potest permanere in specie. & hoc non est dubium, s. ꝙ melius est ĩ suo esse, quod habeat istam virtutem, quàm vt non habeat. D. d. omnia enim desyderant &c. idest & hoc fuit ideo, quia omnia desyderant permanentiam sempiternam, & mouẽt ergo ipsam fm̃ quod innata est natura eorum ad recipiendum: & propter hunc finem agunt omnia entia, quæ agunt naturaliter.

* Vle notius ẽ apd nos q̃ propriũ. Idẽ 8. c. 1. & 1. Ph. 4. 5. & 57. 3. Ph. 2

† Sollicitudo diuina cũ nõ potuerit facere gñabile, & corruptibile pmanere fm̃ indiuiduum, miserta ẽ in dando ei virtutẽ, q̃ pmanere possit in spe. Idẽ. 2. Cœ. c. 98. & 2. de Gener. & corrup. c. 59. de sollicitudine autẽ Dei quære & vide 12. Meta. 17. & 51. & 2. Phy. 75.

Id autem ꝙ cuius causa fit, dupliciter est: hoc quidem, cuius, il- F lud vero, quo. qm̃ igitur cõicare non possunt ipso semper & diuino, continuatione: (propter id ꝙ nihil contingit corruptibiliũ idẽ & vnũ numero permanere) fm̃ ꝙ potest participare vnũquodq;, sic cõmunicat: hoc quidem magis, illud vero minus: & permanet non idem, sed vt idem, numero quidem non vnũ, specie aũt vnũ.

SOPH. *Id autem cuius causa res est duplex est, unum, Cuius, alterũ, Cui. Ergo quia participare nequeunt æternitatem & diuinitatem continuatione: quia fieri non potest ut corruptibilium quicquam idem & unum numero permaneat, quoad eorum unumquodq; participare potest, eatenus participat: aliud magis, aliud minus: & permanet non ipsum, sed quale ipsum est: numero quidem non unum, specie uero unum.*

Et

A Et propter quid dicitur duobus modis. quorũ vnus est in quo est: alius est cuius est. Quia igitur impossibile fuit vt haberet cõmunicationem cum sempiterno diuino in æternitate, quia impossibile e.t vt aliquod corruptibile permaneat idẽ in numero, ideo habet communicationem quodlibet cum eo fm suum posse: & hoc magis, & hoc minus: & sic permanet non illud idem, sed suũ simile, neq; vnum numero, sed vnum forma.

35 Cùm dedit causam finalem, propter quam virtus generatiua existit in viuo vlt, & est assimilatio corruptibilis cum sempiterno, fm quod habet naturam assimilandi, & quod oĩa entia faciũt actiones erga istum finem, narrauit fm quot modos dicitur iste finis, & d. Et propter quid dicitur duobus modis: quorum vnus est illud, quod est iste finis: & alius illud, in quo est iste finis, verbi gratia in hoc sermone, quod omnia entia agunt propter permanentiam sempiternam: & propterea in quibusdam inuenitur per- Finis duplex cuius & cui ide 2. Phy. & hic infra 37.
B manẽtia sempiterna, aut dispositio permanẽtię sempiternę. Et cùm declarauit hoc, incœpit declarare modum, in quo generabilia, & corruptibilia possunt cõicare cum ęternis, & cãm propter quam diminuta sunt a permanentia sempiterna, & d. Quia igitur impossibile est, &c. i. & intendit p sempiternum diuinum corpus cœleste. cœlestia enim illa permanent fm indiuiduum. Et hoc, quod d. & hoc magis, & hoc minus. intendit generatiuum, & non generatiuum. vtrunq; enim permanet secundum speciẽ, sed generatiuum habet semper hoc, & non generatiuum in maiori parte temporis, & in pluribus subiectis.

Est autem anima viuentis corporis causa & principiũ: hæc autem multipliciter dicũtur. attamen anima fm determinatos tres modos causa dicitur: etenim vnde mot[us] causa est: & cuius causa: & sicut substantia animatorum corporum anima causa.

com. *Est autem anima uiuẽtis corporis causa & principium: hæc autem*
C *multifariam dicuntur. Anima item tribus illis expositis modis causa dicitur: etenim unde motus, & cuius causa, & ut substantia animatorum corporum anima causa est. Constat igitur eam esse causam ut substantiam: causa enim omnibus cur sint, substantia est.*

Anima igitur est corporis viui causa & principium tribus modis determinatis. est enim illud, ex quo est motus, & illud propter quod fuit corpus. Et anima etiam est causa, secundum quod est substantia, quæ est causa esse omnium.

36 Cùm apparuit ex definitione vniuersali aĩę quod anima est causa corporis fm formã, & apparuit hic quod virtus generatiua est causa agẽs animarum, incœpit declarare quod aĩa non est solum causa fm formã, sed causa fm tres modos, fm quos dicitur causa. & hoc est tribus modis. & hoc est necessarium præscire, antequã loquatur de vnaquaq; partium aĩę: licet iã sit

Cõ.& prĩcipiũ multiplr dñr. Idẽ 1. Ph. cõ.1. & 5. Me. 4. c.1. & 12. Met. 21. t.c.18. & 29.

declaratum vĩr quod oĩs forma naturalis talis est. Et d. Anima igit est corporis viui causa, & principium. &, quia hęc duo dicuntur multipl̃r, sic & anima est causa fm tres modos determinatos, s. causa mouens, finalis, & formalis : quæ determinatæ sunt in sermonibus vniuersalibus physicis. D.d. est enim illud, ex quo fit motus, s. causa agens motum. Et possumus intelligere ex hoc motum in loco, & generationem, & motum in augmento & diminutione. anima est enim causa agẽs istos tres motus in animato. D.d. & illud, pp quod fuit corpus, s. causa finalis. corpus enĩ non fuit nisi propter animam : cùm declaratum est φ aĩa ita est de corpore, sicut forma de materia : & declaratũ est in sermonibus vl̃ibus φ materia est pp formam tñ, & φ non est aliquod cõsequens materiã, aut aliquod, quod sit de necessitate materiæ: sicut existimabãt Antiqui, nõ concedẽtes causam formalẽ esse, neq; finalem. Et anima ẽt causa, idest & anima ẽt est causa corporis fm substantiã, & formam, quæ est causa esse omnium. D

In 2. Phy. a.7 4. vsq; in finem.

Esse ẽ esse õus forme. Idẽ 1. c.7. 8. Me.7.

Quod quidem igitur sit sicut substantia manifestum est. causa enim ipsius esse omnibus substantia est: viuere aũt viuentibus est esse. causa aũt & principium horũ anima. Amplius aũt eius quod potentia, ratio actus est. Manifestum aũt est & φ cuius gratia aĩa causa. sicut enim intellectus gratia huius facit, eodem modo & natura: & hoc est ipsius finis: huiusmodi aũt in animalibus anima, et fm naturam: oĩa enim physica corpora animæ instrumenta sunt, sicut animalium, sic & plantarũ, tanquã gratia animæ existentia. dupliciter aũt dicĩ φ cuius gratia est: & φ cuius, & φ quo. At vero & vnde principium qui fm locum motus anima est. non oĩb9 aũt viuentibus inest potentia hæc. Est aũt & alteratio & augmentum fm animã: sensus enim quædam alteratio esse videĩ: nihil aũt sentit quod non habet animã. similiter aũt de augmento & decremento se habet: nihil enim decrementũ patitur, neq; augmẽtatur physice, nisi alatur: alitur aũt nihil quod non cõmunicet vita. E F

SOPH. *Viuere autem uiuentibus esse est: quorum causa & principium est anima. Praeterea eius quod est potentia ratio est actus. Constat itẽ, ut id cuius gratia, animam causam esse. ut enim intellectus gratia alicuius facit, sic etiam natura, & hoc est ei finis: eiusmodi autem est in animalibus anima, & secundum naturam. cuncta enim naturalia corpora animæ sunt instrumenta, ut animalium sic etiã plantarum: ut pote quæ gratia animæ sint. Bifariam autẽ dicitur id cuius gratia aliquid est, scilicet cuius & cui. Quinetiam unde primum est motus loci anima est: uerum hæc potentia non omnibus inest uiuentibus. Praeterea uero et alteratio et auctio ab aĩa est: uidetur enim sensus alteratio esse quædã.*

nihil

A nihil autem sentit quod non habeat animam. similiter etiam de auctione & diminutione res habet: nihil enim diminuitur, neque naturaliter augetur, nisi alatur, nihil autem alitur: quin sit uitæ particeps.

Et esse viui est viuere. & anima est causa, & principium istius. Et etiam endelechia est intentio eius, quod est in potentia ens. Et manifestum est quòd anima est causa etiam propter quid. quoniam, quemadmodum intellectus nihil agit, nisi propter aliquid, ita natura. & hoc est finis eius. & similiter anima in animalibus, & in omnibus. omnia enim naturalia sunt instrumenta animæ, sicut in animalibus, & plantis: ita quòd etiam illa est causa animati. Et propter quid dicitur duobus modis. quorum vnus est illud, propter quod: & alius cuius est hoc. Et anima est etiam illud, ex quo
B primo fit motus in loco. sed ista virtus non inuenitur in omnibus viuis. Et alteratio etiam, & augmentum fiunt per animam, sensus enim existimatur esse alteratio aliqua. & nihil sentit nisi habeat animã. Et similiter est de augmento, & diminutione. nihil enim augetur, & diminuitur naturaliter, nisi nutriatur: & nihil nutritur, nisi habeat partem in vita.

37 Cùm posuit ꝙ anima est causa corporis tribus modis, de quibus modis dicitur hoc nomē causa, incœpit declarare modos istos esse in ea, & in primo ꝙ est cã corporis secundum formam. Et d. Et esse viui, &c. i. & signũ, ꝙ anima est forma corporis, est ꝙ hoc ens viuum nõ habet esse, sm ꝙ est viuum, nisi per illud, per quod viuit, i. ꝙ est cã istius actionis, s. vitæ: & manifestum est ꝙ cã istius actionis est aĩa: ergo hoc, quod est viuum, sm ꝙ est viuum, est per aĩam. & illud, per quod est ens, & est hoc, est sua forma: ergo anima est forma animati: cùm non est hoc, & ens nisi per animam.
C D. d. secundam rõnem super hoc, & d. Et et endelechia est intentio eius, quod est in potentia ens. i. & etiam anima est, sm ꝙ iam declaratum est, perfectio: perfectio autem est forma, & intentio eius, quod est in potẽtia ens: ergo aĩa est forma. Et cùm declarauit eam esse cãm sm formam, declarauit etiam eam esse cãm sm finem, & d. Et manifestum est ꝙ aĩa est cã, &c. i. manifestũ est per se ꝙ aĩa est cã corporis animati, sm illud, propter quod fuit corpus animatum. Quemadmodum enim* multa artificialia non agunt nisi propter aliquid, sic etiam est de natura, s. ꝙ non agit nisi propter aliquid. & hoc est finis naturæ, s. ꝙ non agit nisi propter aliquid, sicut ars non agit nisi propter aliquid. D. declarauit quòd illud, propter quod natura agit, videtur esse anima in animalibus, & non solum in animalibus, sed omnibus rebus naturalibus, & d. & similiter anima in animalibus, & in omnibus. i. & quemadmodum forma est finis artis in artificialibus, ita anima ē finis naturæ in animalibus, & in omnibus naturalibus. D. declarauit modum, ex quo apparet quòd anima est finis omnium naturalium, & dicit,

Forma est id, propter quod aliquid ē ens. Idē supra. 7. & 16. & 8 Me. cõ. 7.

*al. intellecta.

omnis

Oia nat'lia sunt instr'a aie. Vide infra t.cõ. 38.

omnia enim naturalia sunt instrumenta animę, &c. i. & diximus ꝙ anima D
est finis omnium naturalium, quia omnia naturalia videntur instrumenta esse indifferenter in omnibus animatis. &, sicut videtur in animalibus,
ita videtur in plantis. D. d. ita ꝙ etiam illa est causa animati, &c. i. & hoc,
quod diximus de ea, non latet, immo est manifestum per se: adeo ꝙ appa
ret ex hoc ꝙ anima etiã est causa animati. Illud enim pp quid inuenitur
aliquid, dicitur duobus modis. Quorum vnus est illud, propter quod inue
nitur aliquid: & ista propositio animæ ad corpus. Et alius est illud, cuius
est hoc, propter quod inuenitur aliquid: & ista est proportio animæ ad
animatum. dicimus enim ꝙ anima, & corpus vtrumq; non sunt nisi propter animatum. Et, cũm declarauit eam esse causam sm formam, & sm fi
nem, declarauit etiam eam esse causam mouentem sm oẽs modos motuum, existentes in animato, siue veros, siue existimatos esse motus, & d.
Et anima etiam est illud, ex quo primo fit motus in loco. sed ista virtus
non est in oĩbus viuis, i. in omnibus animalibus. Deinde d. Et alteratio etiam, & augmentum, &c. i. & alteratio attributa sensibus, sicut quidã E
reputant, si concesserimus eam esse motum, erit per aĩam: & sim augmentum, & diminutionem. nihil n. dicitur habere hunc motum, s. sensum, nisi habeat animam. D. d. Et simr est de augmento, & diminutione, idest
quemadmodum apparet ꝙ non sentit nisi habens animam, sic apparet ꝙ
non augmentatur, neq; diminuitur nisi illud, quod habet cõicationẽ cũ
animalibus in aliqua parte animæ. Nihil enim diminuit naturaliter aut
augmentatur naturaliter, nisi habeat virtutem nutriendi. & nihil nutritur, nisi habeat communicationem in vita attributa animalibus. & ideo
hoc nomen mortuum non dicitur de animali, nisi cũm caruerit commu
nicatione, quam habet cum plantis.

Mortuũ nõ dr de aĩali, nisi cũ caruerit cõica tione q̃ habet cũ plãtis. Idẽ. 1. de aĩa cõ. vlt. & hic li. 1. & 36. & 14.

Empedocles autem non bene dixit hoc, addens augmentum ac
cidere plantis, deorsum quidem radicem mittentibus, propter id
ꝙ terra sic fertur secundum naturam: sursum autem propter ignẽ F
similiter. Neq; enim sursum & deorsum bene accipit. non enim
idem omnibus sursum & deorsum & omni. sed sicut caput anima
lium, sic radices plantarum sunt: si congruit instrumenta dicere
altera & eadem, operibus.

SOPH.

Empedocles autem non recte dixit hoc addens auctionem fieri in plantis, deorsum quidem radices agentibus, propterea quod terra sic feratur natura, sursum que itidem propter ignem: neq; enim has differẽtias videlicet sursum & deorsum, recte usurpat: non enim idem est sursum & deorsum omnibus, atq; rerum uniuersitati: sed quam caput animalium eã obtinent rationem radices plantarum: siquidem instrumenta diuersa & eadem ex eorum officiis dicere conuenit.

Empedocles autem non recte dixit in hoc, & vere, cũm dixit ꝙ
augmen-

A augmentum accidit in plantis. in hoc autem, quod ramificatur p radices inferius, fit per motum ipsius terræ naturaliter ad istam partem: & hoc posuit causam. in hoc vero, quod ramificatur superius, fit, quia ignis mouet similiter ad superius: & hoc posuit causam. Hoc etiam, quo vsus fuit in suo sermone de superiori, & inferiori, non recte fuit dictum. superius enim & inferius non sunt idẽ omnibus rebus, & in omni. sed, quemadmodum caput est animalibus, ita radices plantis: cum per actiones debemus dicere in instrumentis eorum, quę sunt conuenientia, aut diuersa.

38 Cũ declarauit ꝙ motus augmẽti non est ex principio, quod est elñtũ, incœpit declarare ꝙ Empedocles errauit, cũ opinabatur ꝙ hoc principiũ est ex elementis, & ꝙ augmentũ in plantis ad inferius est pp partem grauem, s. terrã, & aquã: & superius propter leuẽ. s. aerẽ, & ignẽ. Et d. Empe-

B docles aũt, &c. i. Empedocles aũt non bene existimabat, cũ opinabatur ꝙ hoc principiũ non est aĩa: & ꝙ hoc, quod accidit de augmento in plantis, est per naturam elementorũ. illud igitur, quod augetur inferius, est per naturã terræ: & hoc posuit causam eius. i. & posuit cãm motus istius ad inferius naturã grauẽ: & cãm in augmento ramorũ ad superius naturã leuẽ, s. igneam. D. incœpit narrare quid contingit huic sermoni de errore, & d. Hoc etiam, quo vsus fuit in sermone suo de superiori, &c. i. & iste sermo, quem induxit in dando cãm istius motus contrarij, qui inuenitur in augmentabili, non est verus. Hoc. n. quod existimabatur ꝙ superius in plantis est superius in mundo, & inferius inferius, non est verũ: qm̃ neq; in parte conueniunt, neq; in natura, neq; in potẽtia. In parte autem: quia licet hoc concedamus in plantis, tñ in pluribus aĩalibus non possumus illud concedere. superius enim in eis non respicit superius mundi. & veritas

C non concedit hoc. natura. n. inferioris in plantis alia est à natura inferioris in mundo, sed contingit congregatio eorũ in parte eadem casu: & ipsa eadem est natura superioris in aĩalibus. Et signũ eius est, ꝙ caput in animalibus est simile radicibus in plantis: cũ actio eorũ sit eadem. & per actiones debemus respicere conuenientiã, & diuersitatem in partibus augmentabilibus. Et d. superius enim, &c. i. & primus error Empedoclis est, ꝙ superius, & inferius non sunt eadem pars in omnibus rebus, & in omni, scilicet mundo, quoniã, licet hoc concedamus in plantis, quid possumus dicere in pluribus aĩalibus? superius enim in animalibus non respicit superius mundi. D. d. sed quemadmodũ caput, &c. idest sed non cõcedamus ꝙ inferius in plantis sit inferius in mũdo ẽm naturam, & potentiam: neque superius in eis superius in mundo, licet sint in eadem parte. Natura enim capitis in animalibus est natura radicis in plãtis, cum habeant easdem actiones, & secũdum actiones est dicẽdum quòd partes aĩalium, & plãtarũ & instrumenta eorum sunt conuenientia, aut diuersa in natura. Et, cum natura radicis in plantis est natura capitis in animalibus, tunc superius in plantis est in rei veritate inferius in mũdo. Et, si nos cõcessissemus ꝙ esset inferius

Scđm actiones ẽ dicẽdũ ꝙ partes aĩaliũ, & plãtarũ & instra eorũ sunt cõuenientia, aut diuersa in natura.

Per actiones debemus respicere cõuenientiã, & diuersitatẽ in partibus augmẽtabilibus. Vide p isto 7. Me. 9. & 8 Me. 11. & 9. Me. cõ. 7. & hic i 21.

inferius, tunc hoc, quod accidit plantis, scilicet ꝙ inferius in eo est inferius mundi, non accidit nisi casualiter, non quia habent eandem naturam: ita ꝙ ad inferius in plantis mouetur pars grauis, & ad superius leuis. quoniam, si ita esset, tunc neq; superius, neq; inferius haberet animal: neque natura superioris, & inferioris in plantis, & animalibus esset eadem. Et d. ꝙ potentia capitis in animalibus est potentia radicis in plantis. quia hoc est principium eius, per quod animal est animal. scilicet sensus. hoc autem est principiũ eius, per quod plantæ sunt plantæ. scilicet cibi qui per radices attrahuntur. & iõ si caput ex animali, & radix ex plantis abscinditur, depereunt. D

Hic d. Cõ. caput esse principiũ sensationis. oppo. d. in lib. de sensu & sensato. Vide obser. Zim.

Adhuc autem quid est continens in contraria quæ feruntur ignem & terram? distrahentur enim nisi aliquid sit prohibens. si uero erit, hoc est anima, & causa alimenti & augmenti.

SOPH. *Ad hæc quid est quod continet dum ad contrarias partes feruntur ignem & terram? distrahentur enim nisi aliquid fuerit quod sit prohibiturum: quòd si erit, id ipsum est anima, & causa cur res augescant & alantur.* E

Et postea quid est illud, quod retinet ignem, & terram, cũ moueatur ad partes contrarias. sunt enim veloces ad separationem, nisi aliquid prohibeat. Et, si illic fuerit aliquod prohibens, illud prohibens debet esse causa, vel anima, & causa in augmento, & nutrimento.

Et si concesserimus ꝙ natura superioris, & inferioris in plantis est na-
59 tura superioris, & inferioris in mundo, & ꝙ pars ignea mouetur in plantis ad superius, & terrestris ad inferius: & nos videmus ꝙ eadem pars mouetur ad superius, & ad inferius insimul: videmus enim ꝙ quælibet pars potentiæ sensibilis, & quodlibet membrum mouetur ad vtranq; partem insimul: si igitur posuerimus ꝙ illa pars sit vnica, scilicet quæ mouet ad vtrãq; partem: tunc principium, per quod mouetur istis duobus motibus insimul, est vnicum principium. Istud igitur principium habet potentiam vt moueatur ad vtranq; partem insimul: quod non est in elementis: quoniã vna pars eorum non habet nisi vnicum motum, siue fuerit simplex, siue composita. Quoniam, si fuerit composita ex eis, mouebitur sm elementum dominans. Et, si partes, quæ mouentur in illa eadem parte in sensu, aut natura, ad superius, sint aliæ à partibus, quæ mouentur in illa parte ad inferius, tunc illæ partes necessario sunt distinctæ ab inuicẽ, aut quia sunt simplices, aut quia illud, quod dominatur in eis, quæ mouentur ad inferius de corporibus simplicibus, est aliud ab illo, quod dominatur in eis, q mouentur ad superius. Et, si ita sit, quid est illud, quod retinet ignem, & terram, aut partem igneam, & terrestrem? cũ non possumus dicere ꝙ hæc duo sint admixta. qm, si essent admixta, mouerentur ad eandem partem, scilicet dominantis. Et, si ita esset, cito separarentur, nisi aliquid prohiberet. F

Idẽ. 3. ph. c. &c. 8. ph. 24.

Motum mixti est sm elemẽtum dominans. Idẽ Lect. 14. & quæ ibi.

A res. sed contingit eis necessario dicere illic esse prohibens, cū videantur nō separari, sed permanere insimul, dum viuit planta. & hoc est necessarium eis. &, cùm concesserint illic esse prohibens, cuius potentia non est potentia elementorum, dicemus eis ꝙ illud prohibens est anima. fm hoc igitur est sermo eius in hoc intelligendus, licet sit ualde breuis.

Videtur autem quibusdam ignis natura simpliciter causa alimenti & augmenti esse. & nanque ipsum videtur solum corporum & elementorum quod alitur & augmentatur. vnde & in plantis & in animalibus putabit vtique quis esse hoc quod operatur.

IO P H. *Sunt autem qui censeant ignis naturam simpliciter causam esse nutritionis & auctionis, is namque solus omnium corporum uel elementorū uidetur ali & augeri: quamobrem & in plantis & in animalibus putauerit aliquis eum esse id quod operatur.*

B Et quidam existimant ꝙ natura ignis est simpliciter causa nutrimenti, & augmenti. ignis enim inter corpora, aut inter elementa nutritur & augetur. & ideo existimatur ꝙ ipse facit hoc in plantis etiam, & in animalibus.

40 Cùm destruxit sermonem fingentium ꝙ augmentum est per principium elementare, s. graue, aut leue, incœpit etiam destruere sermonē fingentium ꝙ principium nutrimenti, & augmenti nutribilis est ignis, aut pars ignis, aut aliquod igneum, & d. Et quidam &c. i. & quidam existimāt ꝙ natura ignis, in eo ꝙ est ignis, non fm ꝙ est aliquis ignis. & hoc intendebat, cū d. simpliciter est causa nutrimenti, & augmenti. Et opinati sunt hoc, quia viderunt ignem alterare omnia in sua substantia, adeo ꝙ augmentatur per illud. &, quia nutribile apud eos nutritur alterando omnia in suam substantiam, ideo existimauerunt per duas affirmatiuas in secunda figura ꝙ ignis facit hoc simpliciter.

C Hoc autem concausa quidem quodāmodo est: non tamen simpliciter causa: sed magis anima. ignis enim augmentum in infinitum est, quousque fuerit combustibile: natura autem constantium omnium terminus est, & ratio magnitudinis & augmenti. hoc autem est animæ, sed non ignis: & rationis magis quam materiæ.

IO P H. *Verum is concausa quodammodo est, non tamen simpliciter causa, sed anima potius: ignis enim auctio in infinitum procedit, quandiu sub est res cremabilis: at omnium natura constantium terminus statutus est, & ratio magnitudinis & auctionis: hæc autem animæ sunt, & non ignis: & rationis potius quam materiæ.*

Dicamus igitur nos ꝙ ignis non est coniunctus causæ nisi aliquo modo, & non est causa simpliciter, sed anima est dignior vt

sit

sit causa. augmentum enim ignis est in infinitum, dum combustibile est. ea autem, quæ constituuntur per naturam, omnia habent finem, & terminum in quãtitate, & augmento. & ista sunt animæ non ignis, & sunt digniora intentioni, quã materiæ. D

41 Cùm narrauit hanc opinionem, incœpit primo narrare partem veri, quæ est in ea, & partem falsam, & dicit. Dicamus igitur nos quòd ignis non est causa nutrimenti, & augmenti in animalibus simpliciter, sed attribuitur causæ quasi instrumentum suorum instrumentorum: immo anima est illa, ad quam attribuitur simpliciter hæc actio: & concessit quòd ignis est coniunctus causæ secundum quòd aliquid attribuitur alicui, cuius actio non perficitur, nisi per illud. quia nutribile non videtur alterare cibum, nisi per partem igneam existentem in eo. hoc enim elementum inter alia, aut est alterans alia, aut magis dominatur in eo alterare quam in aliis elementis. & ideo fuit necesse vt ignis esset dominans in corporibus nutribilibus. Et, cùm declarauit quòd, si ista actio fuerit attributa ei, E non erit attributa, nisi secundum quòd est coniunctus causæ, non quòd ipse sit causa, declarauit modum, ex quo non oportet attribuere istam actionem igni simpliciter, & quòd dignius est attribuere eam simpliciter animæ, & dicit, augmentum enim ignis est in infinitum, &c. idest & signum quòd primum mouens in nutrimento, & augmento est anima, non pars ignea, est quia iste motus, scilicet alterare aliquid in substantiam alterantis, & eius augmentum per illud, quod alterat, si fuerit in solo igne absque alia virtute sibi coniuncta, scilicet, vt primum mouens sit potentia ignis, secundum quòd est ignis, non alia virtus coniuncta igni, inuenietur infinitus, & non cessabit in aliquo termino, dum combustibile inuenerit: motus autem alterandi, & augmentandi, qui inuenitur in hac natura augmẽtabili, semper inuenitur finitus, & terminatus in quantitate: vnde manifestum est in secunda figura, quòd iste motus non est ignis simpl. &, cùm F non est ignis, necessario est alterius principii, & illud vocamus animam nutritiuam. Et intendit per terminum, & mensuram vltima naturalia, quæ inueniuntur, in quantitatibus corporum augmentabilium. Deinde dicit, & sunt digniora intentioni, quam materiæ. i. & ista actio, quæ inuenitur in hoc motu. s. qui incœpit à principio terminato, & peruenit ad finem terminatum, dignius est vt attribuatur ei, quod est in ista actione quasi forma, scilicet anima, quã illi, quod est quasi materia & instrumentum, s. ignis. Et d. hoc, quia apparet quòd actio augmenti est composita ex actione ignis, & ex aliqua intentione in igne. alterare enim, quod est in eo, debet attribui igni. &, quia est terminatum, debet attribui virtuti coniunctæ cum igne: quemadmodum mollificare ferrum per ignem ad faciendum aliquod instrumentum, secundũ quod est mollificare, attribuitur igni & secundum quod illa mollificatio habet terminum notum in vnoquoque instrumento, attribuitur virtuti artis.

Ignis dicitur in corporibus nutribilibus. Sed oppo. 2. de Ge. & corruptione. t. com. 49. vbi dicit quod terra. vide cōcua. Zim.

Idē. 4. ph. 91. &. 8. ph. 61. Vide cum istis rōnis 3. phy. 59. 60. & 3. cœli. 17. & 72. & 3. c. d substa orbis, ubi dicit quod terminus est a forma.

A De uirtutis uegetatiuæ obiecto, Alimento scilicet. Cap. 2.

QVoniam autem est eadem potentia vegetatiua & generatiua, de alimẽto necessarium est determinare primum. separatur enim ab aliis potentiis opere hoc.

SOPH. *Cum autem eadem sit animæ potentia nutritiua & generatiua, primum de nutrimento disserere necesse est, hoc enim officio ab aliis distinguitur potentiis.*

Et quia potentia nutriendi, & generandi sunt eædem, oportet prius necessario determinare quid est nutrimentum, & distinguere ab aliis virtutibus.

41 Cùm narrauit ꝙ vult loqui primo de virtute nutritiua, cùm sit magis vniuersalis: & principium eorum, quæ apparent in eo, vel principium eorum, de quibus consyderatur ex hac virtute, est ꝙ anima, & suæ actiones sunt augmẽtare, & nutrire, & generare: incœpit modo determinare quod

B est illud, de quo oportet consyderare, primo in hac virtute, postquam cognoscitur esse anima, & d. Et quia potentia nutriendi, & generandi, &c. i. & quia subiectum potentiæ nutritiuæ, & augmẽtabilis, & generatiuæ idẽ est, s. nutrimentum: * & iam diximus primo ꝙ via ad cognitionem substantiarum istarum virtutum, non est nisi per cognitionem passiuorum earum primo: vnde necesse est primo incipere, & determinare cibũ quid sit, & nutrire quid sit. Et, cũ narrauit hoc, incœpit demõstrare quid ē cib⁹. Subiectũ potentiæ nutritiuæ, & augmẽtabilis, & generatiuæ idẽ est. vide. 1. de generat. 39. & 41.

Videtur autem esse alimentum contrarium contrario: non omne autem omni: sed quæcunque contrariorum, non solum generationem habent ex inuicem, sed & augmentum. fiunt enim multa ex inuicem, sed non omnia augentur, vt sanum ex laborante. Videntur autem neque illa eodem modo ad inuicem esse alimentum: * Supra t. cõ. 11.

C sed aqua quidem igni alimentum est, ignis autem non alit aquã. In simplicibus quidem igitur corporibus hoc esse videtur maxime, aliud quidem alimentum, aliud uero quod alitur.

SOPH. *Videtur igitur nutrimentum esse contrarium contrario: non tamen quoduis cuiuis: sed quæcunque contrariorum non solum ex se mutuo generantur, uerumetiam augentur: fiunt enim multa ex se mutuò, sed non oĩa * augẽtur. ut sanũ ex ęgrotãte. quinimo ne illa quidem eodẽ modo uidentur sibi mutuo esse alimentum. sed aqua quidem ignis est alimentũ: ignis autem non alit aquam. Ac in simplicibus quidem corporibus hæc esse uidentur maximè, unum alimentum, alterum quod alitur.* * al. Lo[?]s quam.

Dicamus igitur ꝙ existimatur quòd nutrimentum est contrarium contrario: & non omne contrarium omni contrario, sed cõtraria, quæ non tantum fiunt abinuicem, sed etiam augentur. psa

ra

ra enim fiunt abinuicem, sed non omnia augentur: verbi gratia sanum ab infirmo. Videmus etiam quòd non eodem modo sunt nutrimentum adinuicem: sed aqua est nutrimentum igni, ignis autẽ non est nutrimentum aquæ. In corporibus autem simplicibus hæc duo proprie existimantur, quòd alterum est nutrimentum, & alterum nutribile. D

41 Dicit ꝙ, existimatum est ꝙ nutrimentum est illud, quod est contrariũ nutribili, sicut quidam existimati sunt. sed ista existimatio non est in oĩ contrario, sed in eis contrariis, quæ non tantum fiunt abinuicem, sed etiã augmentantur. plura enim contraria, quæ generantur abinuicem, nõ augmentantur abinuicem: sanum enim fit ab infirmo, sed nõ nutritur ex eo. Et hoc intendebat, cùm d. & non omne contrarium omni cõtrario, &c. & sermo eius est intellectus per se. & innuit per hoc contraria, quæ sunt in substantia. ista enim existimantur augmentari abinuicem, & nutriri abinuicem. Et, cùm declarauit ꝙ ista existimatio non inuenitur nisi in cõtrariis, quæ sunt in substantia, & sunt ea, quæ possibile est vt nutriri reputentur ab inuicem, declarauit etiam ꝙ hoc non æqualiter inuenitur in vtroq; contrario. contraria enim nõ videntur nutrire se adinuicem æqualiter. Et d. Videmus etiam ꝙ non eodem modo sunt nutrimentum, &c. idest & ista existimatio non inuenitur in vtroq; contrariorum, quæ sunt in substantia æqualiter, s. vt vtrumq; eorum nutriat suum compar æqualiter. aqua enim & vñ corpora humida videntur esse nutrimentum ignis, ignis autem non vr esse nutrimẽtum alicui. Et, cùm narrauit ꝙ ista existimatio debilis est, si accepta fuerit absolute, narrauit ꝙ ista existimatio tantum inuenitur in elementis, & d. In corporibus autẽ simplicibus, &c. i. existimare autem ꝙ nutriens est contrarium nutribili, non inuenitur ꝓprie nisi in duobus his corporibus simplicibus: quorum alterum est ignis & alterum humidum, vt aqua, & aer. E

F

Dubitationem autem habet. dicunt enim hi quidem simile ali simili, sicut & augeri. aliis autem sicut diximus econtrario, videtur ali contrarium contrario: tanquam impassibile sit simile à simili. alimentum autem mutari & decoqui: mutatio autem omnibus in contrarium aut in medium.

SOPH. *Sed quæstio existit: sunt enim qui dicant simile ali simili, quemadmodum etiam augeri: contrà aliis, ut diximus, contrarium uidetur cõtrario: utpote cum simile pati non possit, alimentum uero mutetur ac concoquatur: mutatio uero omnibus in oppositũ fiat, aut in medium.*

Sed in hoc est locus dubitationis. Quidam enim dicunt ꝙ simile nutritur per simile, & similiter etiam augmentatur. Et quidam econuerso, scilicet ꝙ contrarium nutritur per suum contrarium

C rium: simile enim non patitur à suo simili. & nutrimentum transmutatur, & digeritur: & trāsmutatio in quolibet est ad dispositio
nem oppositam, aut ad medium.

44 Sed ista existimatio, licet inueniatur in elementis per sensum, & indu- *1. de Gene.*
ctionem, tamē in ipsa quęstione est locus dubitationis ex propositiōibus fa- *39. & c. 12.*
mosis. est enim sermo quidā qui dat q̄ nutrimētū est sīle, & aliꝰ, qui dat *22.*
nutrimentum esse contrarium. D. d. rōnem super vtrunq; sermonem, &
d. Quidam enim dicunt, &c. i. quidam enim Antiquorum opinabantur
q̄ nutrimentum debet esse simile, quia sīle nutrit suum simile, & augmē-
tat ipsum. contrarium. n. transmutat suū contrariū: sed non nutrit ipsum
neq; augmentat. Et, cū dixit hanc rōnem, dixit etiam rōnem, q̄ nutrimē
tum est contrarium, & d. Et quidam econuerso. i. & dixerunt hoc. s. q̄ con
trarium nutritur à suo contrario, nō à suo simili, quia opinati sunt q̄ nu-
B trimentū patitur à nutribili, & sīle non patitur à suo simili: ergo nutrimē
tum non est sīle. & cū viderunt etiam q̄ nutrimentū transmutatur in nu *Idē 5. ph.*
tribile, & patitur: & omnis transmutatio est à contrario ad contrarium, *9. 19. & 11.*
aut ad illud, quod est medium inter contraria: concluserunt ex hoc quòd *& 10. Me.*
nutrimentum est contrarium. *23. & 11. ph.*
e 40. ad
50.

Adhuc autem patitur aliquid alimētum ab eo quod alitur, sed
non hoc ab alimēto: sicut neq; instructor à materia, sed ab illo hæc
instructor autem mutatur solum in actum ex ocio. Vtrum autem
sit alimentum quod vltimo aduenit, aut quod primò, habet diffe-
C rentiam: si autem vtrumq;, sed hoc quidem non coctum, illud autem coctū, vtrobiq; vtiq; continget alimentum dicere: inquantū
enim non coctum, contrarium contrario alitur: inquantum autē
coctum, simile simili. Quare manifestum quod dicunt quodam
modo vtriq; & recte & non recte.

SOPH. *Praeterea alimentum patitur aliquid ab eo quod alitur: sed non hoc ab alimento: quemadmodum neq; faber à materia, sed ea ab illo: faber autem, ex ocio duntaxat ad negocium mutatur. utrum autem sit alimētū id quod ultimo adhibetur, an id quod primo, differētia est: quòd si utrumq;, sed alterum crudum, alterum concoctum, utroq; modo possimus alimentum dicere: nam quatenus crudum est, contrarium contrario alitur: quatenus concoctum, simile simili: itáq; constat utrósq; quodammodo & rectè & non rectè dicere.*

Et etiam nutrimentum patitur quoquo modo à nutribili, sed
non econuerso. sicut Carpentarius non à materia, sed materia ab
illo. Carpentarius autem transmutatur tantum ad actionem ex o-
cio. Inter hoc igitur, q̄ nutrimentum sit illud, quod copulatur in
postremo, & hoc scilicet vt sit illud, quod prius copulatur, est dif-

ferentia. Si igitur nutrimentum est vtrūq;, sed hoc est illud, quod D
digeritur, illud autem quod digestum est: possibile est dicere, q
nutrimentum est vtrunq;. secundum enim q est non digestum, cōtrarium nutritur à contrario: secundum vero q digestum, simile
à simili. Quòd autem vtraq; istarum duarum sectarum vere, &
non vere dicit aliquo modo, manifestum est.

45 D. Et ēt nutrimentum patitur quoquo modo, &c. i. potest intelligi q
iste sermo est quasi ratiocinatio iuuans dicentem q nutrimentum est cōtrarium, & remouens obiectiones contradicentes huic sermoni. Potest
enim aliquis dicere q, si nutrimentum esset contrarium nutribili, oporteret vt vtrunq; transmutaretur à suo cōpari, & pateretur ab eo. & quasi
dicit respondendo q nutrimentū est quod patit à nutribili, nō nutribile à nutrimento. Non. n. est necesse vt ab oī patiente patiat agens eo modo, quo
patiens patitur ab eo. lignū. n. patitur à Carpentario, sed Carpentarius nō E
patitur à ligno: nisi aliquis vocet illam transmutationem quæ est ex ocio
ad operationem, passionē. Et forte præponebat iste sermo ad illud, quod
vult de dissolutione istius dubitationis, & ad demōstrādū illud, quod est
loquutus de vero in vtroq; istorū duorum sermonū oppositorū. Qm̄, cùm
hoc fuerit scitū de nutrimēto & nutribili. s. q nutrimentū est illud, quod
transmutat in formā nutribilis, non nutribile in formā nutrimenti, neq;
vtrūq; à suo compari æqualiter. Et q ita est de nutrimento & nutribili, sicut de Carpentario ad lignū, non sicut cōtraria, quorū eadem materia, declarabit statim, cū nutrimentū dr̄ duobus modis. Dr̄. n. de illo, quod adhuc nō digerit, neq; transmutat in naturā nutribilis: & dr̄ ēt de illo, quod
digestum est, & transmutatur in naturā nutribilis, q cibum esse similem
vere dr̄ de digesto, & contrarium de indigesto. Et ideo dicit post. Inter
hoc igitur q nutrimentū, &c. i. &, cū nutriens est illud, quod alterat nutrimentum in substātiā suā, manifestū est q magna dr̄ia est inter hoc, quod
fit nutrimentum, & inter hoc, quod copulatū est cum nutribili apud com- F
plementum digestionis, & inter illud, quod innatum est vt copuletur cū
nutribili, sed nondū copulatur. D. d. Si igitur nutrimētū est vtrūq;, &c.
i. si igitur hoc nomen nutrimentū dr̄ de vtroq;: sed alterū eorū est nutrimentū in potentia, cū innatū est digeri, sed tn̄ adhuc non digerit: alterū
aūt est nutrimentum in actu, & illud est, quod iā digerit: vere possumus
dicere vtrunq; de cibo, s. simile, & dissimile sine aliqua cōtradictione. Hi
enim duo sermones non essent cōtrarij, nisi hoc nomen nutrimentū diceretur eodē modo. Nutrimentum. n. nō digestū est nutrimentū in potētia, quod vere potest dici contrariū; nutriens. n. nō agit in ipsum, nisi fm
q est cōtrarium. nutrimentū aūt digestū pōt dici simile: nō. n. est pars nutribilis, nisi fm q est simile. D. d. Quòd aūt vtraq; istarum duarū secta-
rū, &c. i. manifestum est igit ex hoc sermone, q in sermone vtriusq; istarum duarum sectarum est aliqua pars vera, & aliqua falsa.

Primus modus introducendi nexum.

Nō ē necesse vt ab oī patiente patiat agēs eo mō quo patiēs patitur ab eo. Idem 2 C 42. Secundus modus.

Nutrimētū dr̄ duobus modis. Idē 1. de Ge. 39.

Quoniam

A Quoniam autem nihil alitur non participans vita, animatum vtique est corpus quod alitur, inquantum animatum: quare & alimentum ad animatum est, & non secundum accidens.

SOPH. *Sed quia nihil alitur, nisi sit uitæ particeps, id quod alitur animatum corpus fuerit quatenus animatum. quare & alimentum ad animatum est & non per accidens.*

Et, quia nihil nutritur, nisi habeat partem in vita, ideo corpus animatum est nutribile secundum quod animatum. nutrimentum enim attribuitur animato non accidentaliter.

46 Et, quia nihil videtur nutriri, nisi cõicet in aliqua intentione, de quibus dicitur hoc nomen vita, vt declaratum est, ideo corpus animatũ est nutribile, secundum quod est corpus animatum. nutrimentum. n. nõ attribuitur animato, nisi secundum quod habet animam. nõ secundum quod est corpus. Ista igitur actio attribuitur animæ essentialiter, non accidentaliter: & * pars substantiæ animæ cui attribuitur ista actio, non est nisi virtus, quæ innata est habere istam actionem. cum igitur B cognouerimus hanc actionem proprie, tunc cognoscemus substantiam istius virtutis proprie. *a.l. partis alæ subst.

Est autem alterum alimento & augmentatiuo esse. secundum enim quod quantum aliquod animatum est, augmentatum. secundum vero quod hoc aliquid & substantia, alimentum est. saluat enim substantiam, & vsque ad hoc est, quousque alatur. Et generationis autem factiuum non eius quod alitur, sed quale id quod alitur. iam. n. est ipsa substantia. generat autem nihil ipsum se ipsum, sed saluat.

SOPH. *Est autem aliud alimento & auctifico esse: nam quatenus quãtum quoddam est, auctificum est: quatenus uero hoc aliquid & substantia, alimentum: conseruat enim substantiam, & tandiu est, quãdiu alitur: effectiuumque generationis est, non eius quod alitur, sed cuiusmodi est id* C *quod alitur: iam enim est ipsa substantia, & nihil generat se ipsum, sed conseruat.*

Et esse nutrimentum est aliud ab esse augmentum. est autẽ nutrimentum secundum hoc: & substantia, quia conseruat substantiam nutribilis, quoniam semper nutritur. Et est agens generationem, nõ quia se generat, sed quia facit generationem nutribilis. illud enim habet esse. & nihil generat se, sed se conseruat.

47. Vult distinguere tres actiones nutrimẽti. s. nutrire, & augmẽtare, & generare, & d. Et eẽ nutrimẽtũ, &c. i. & aliquid eẽ nutrimẽtũ, aut nutritiuum aliud est ab eẽ augmẽtatiuũ. Nutrimẽtũ. n. dr, secundum quod conseruat substantiã rei nutribilis, ne corrũpatur. dat. n. ei aliquid loco dissoluti. & ideo pmanet in eẽ, dũ nutritur: &, cũ cessat nutrimẽtũ, corrũpitur. Est vero augmentatiuũ secundum quod perficit quantitatẽ naturalẽ eius, quod diminuitur in principio pp necessitatẽ

necessitate. sed tacuit hoc, quia dria inter augmētū, & nutrimētū est manifesta. si forte nō esset diminutio scriptoris. Et,cū diuisit has duas actiones, incœpit dicere tertiā actionē,quæ est gnare, & d. Et est agēs gnationē,&c. i.& nutrimētū habet aliam actionē à cōseruatione & augmentatione, f. gnare. D. exposuit gnationē,& d.nō gnationē nutribilis,sed gnationem similis nutribili,i.in specie. D.d.illud.n.habet esse.pōt intelligi,i.illud.n. quoquo modo est suum esse, & conseruat generabile, vt permaneat vnū sm speciē, vt prædiximus. D d.& nihil generat se, sed conseruat se,i.& differentia inter has duas actiones est, q nutrire est conseruare se,& generare est generare alterū,nō se.impossibile enim est, vt aliquid generet se. D

Quare huiusmodi animæ principium potētia est possibilis saluare suscipiens ipsa, secundum q est huiusmodi : alimentum autē præparat operationē: Vnde priuatum alimento non potest esse.

Quare tale animæ principium eiusmodi est potentia, quæ cōseruet quod habet ipsam, quatenus tale est. alimentum autē subministrat apparatū ad operandum: quapropter si priuetur alimento, esse non potest. E

Hoc igitur principium est virtus animæ, quæ potest conseruare illud, quod est ei, sm omnem dispositionem. Et nutrimentum est illud, per quod præparatur ad agere. & ideo, cùm nutrimentū deficit, impossibile est vt sit.

48 Et cùm declaratū est q istæ actiones sunt diuersæ, sm diuersitatē suorum finiū: licet subiectū sit idē, s.nutrimētū: & est necesse vt istæ actiones sint attributæ alicui virtuti animæ. Et, cùm ita sit, necesse est vt hoc principiū animæ, s. virtus nutritiua, sit virtus, quæ pōt cōseruare ens in sua forma sm dispositionē, i. sm aliquā dispositionem conseruationis. Et d. hoc. quia sunt aliquæ virtutes, q cōseruāt eē sm oēm dispōnē, & oēs pres eius eodē mō, s. virtutes corporū cęlestiū. D.d. Et nutrimētū est illud, p quod præparat, &c. i. & nutrimētū est instrm, p quod facit hāc actionē. & ideo cùm ista virtus caret nutrimento, tunc nō habet hanc actionem, quemadmodum Carpentarius, cùm caret ferra, tunc non potest secare. F

Virtutes corporū cœlestiū cōseruant eē sm oēs dispōnē, & oēs partes eius eodē mō. idē 3. Cœ. 22. & 2. ca. de sub. orb. Sed uide opp. in. 5. c. de subs. orb. vbi vř dicere per manentiā cęli nō esse a virtute. Vide con. 22. Ilm.

Quoniam autem sunt tria, quod alitur, quo alitur, & alens: alēs quidem est prima anima: quod uero alitur est habens hāc corpus: quo vero alitur alimentum. quoniam autem à fine appellari omnia iustum est: finis autem est generasse quale ipsum, erit vtiq prima anima generatiuum quale ipsum.

Cum autem tria sint, quod nutritur, & quo nutritur, & quod nutrit: id quidem quod nutrit, est prima anima: quod uero nutritur, corpus quod eam habet: quo autem nutritur, alimentum. sed quia à fine appellare omnia par est, finis autem est generare quale ipsum est, erit prima anima generatiuum talis quale ipsum est.

Sunt igitur tria, nutribile, & per quod hoc nutritur, & nutritiuum.

K uum. nutritiuum igitur est prima aīa: nutribile autē corpus: illud vero, per quod nutritur, est nutrimentum. Et, quia oportet vt omnia sint vocata ex suis finibus: & finis est generare simile: ideo prima anima est generans simile.

49 Cū descripsit hoc principiū aīæ, & descripsit nutrimētū, reuersus est ad distinguēdū intētiones istorū nominum, quæ denotantur à nutrimento, & d. Sūt igitur tria, &c. i. & manifestū est p sc tria eē diuersa fm diuersitatē rerū relatiuarū. quorū vnū est nutribile, & fm illud, p quod nutrit: tertium autē est nutriēs. Et iā declaratū est q illud, quod nutrit, est aīa cui attribuitur hæc actio: vnde manifestū est q nutriēs est aīa principia aliarū virtutū, quæ attribuunt nutrimēto. Et intēdit hic p primā priorē naturaliter: & q nutribile est corpus: & illud, p quod nutrit, est cibus. D. d. Et quia oportet vt oīa. i. quia oportet vt oīa appellent ex suis finibus, cū hæc cā finalis sit dignior essentiæ rei oībus causis, necesse est vt aīa nutritiua describatur p actionē, quæ est suus finis, & est generare simile, nō per actionem B nutriendi, quæ est cōseruare, vt prædiximus. Dicēdū est igitur q anima nutritiua est virtus, quæ est innata generare à cibo sibi simile indiuiduo, in quo existit in specie: cùm omnes suæ actiones non fiant nisi pp hanc virtutem. & hoc manifestum est in plantis, & animalibus.

Cā finalis ē dignior oībus causis. Idē .3. Meta. 3

Est autem quo alitur dupliciter, sicut & quo gubernatur & manus & temo, hoc quidem mouens & motum, illud autem mouēs solum. omne autem alimētum est necessarium decoqui: operatur autem decoctionem calidum. vnde omne animatum habet calorem. figuraliter quidem igitur alimentum quid sit dictum est, certificandum autem de ipso posterius in propriis rationibus.

107 H. *Duplex porrò est id quo nutrit, ut etiam id quo gubernat. s. manus: & temo. aliud quod mouet & mouetur, aliud quod mouet tantummodo. omne autem alimentum necesse est concoqui posse: efficit autem concoctionem calidum: quamobrem omne animatum habet calorem. Ac* C *alimentum quidem quid sit, dictum est adumbratione quadam: de quo post idoneo loco apertius agemus.*

Et illud, per quod nutritur, est duplex: quemadmodum illud, per quod gubernatur nauis, & manus, & remus. quorum vnum est motor & motum, & aliud est mouens tantum. Et oportet necessario vt omne nutrimentum possit digeri. & faciens digestionem est calidum. vnde omne animatum habet calorem. Iam igitur diximus secundum descriptionem quid sit cibus. & post exponemus sermonem in eo.

50 Cū demōstrauit modos actiōis aīæ nutritiuæ, & descripsit eā, & descripsit nutrimētū, incœpit declarare mō instrm primū, p quod ista aīa agit in cibum. iā. n. fuit dictum vst q definitio aīæ est pfectio corporis organici.

Et.d. Et illud, per quod nutritur, &c. i. & illud, per quod cōpletur actio nutrimenti, est duplex. s. primum mouens, quod nō mouetur cū mouet: & primum mouēs, quod mouet & mouetur. & est illud, quod est de primo motore quasi subiectū. & primus motor de eo quasi forma. Et de hoc, quod dixit, quædam declarauit hic, & quædam in sermonibus vlibus. Quod igitur declaratum est hic, est φ aīa nutritiua est primū mouēs in cibo, quod agit in cibo per calorem, per quem fit digestio. Vtrum aūt oportet vt moueat, & non moueatur, sm φ est primum mouēs, & φ calor moueatur, ita φ moueatur a primo motore, hoc declaratum est in sermonibus vlibus. declaratum est enim illic φ omnis primus motor, si fuerit corporalis componitur ex motore non moto, & ex motore moto, sm φ componūtur res ex materia & forma. Sed est dubitatio in hoc, quod dixit. Motus enim virtutis nutritiuæ est in capitulo alterationis: & illud, quod mouetur ex se, quod componitur ex motore non moto, & ex motore moto, non inuenitur nisi in motu locali. In motu autē alterationis non inuenitur motum ex se. nō enim est necesse φ primū alterās corporeum alteret, & tunc alteret, sicut est necesse in primo motore corporeo. s. vt non moueat in loco, nisi moueatur. Quō igitur dixit hic φ alterū eorū est mouēs & motū, & alterum mouēs tm̄: & dedit exēplum de rebus mouētibus in loco? &, si hic esset locutus de motu locali aīalium, tūc exemplum esset verum. Dicimus igitur q sm propinquum alterans cibum debet esse corpus manifestum est. Quoniam vero corpus alterans non sufficit in essendo primum mouens istud motum, declaratum est prius, qū d. φ calor non sufficit in agendo actionē alteratiuam terminatā, nisi sit illic alia virtus, quæ nō est corpus, sed est in corpore. corpus igit, quod est primū alterās, cōponitur ex alterante, quod nō alteratur. s. aīa, & ex alterante alterato. s. calore naturali. Declaratum est igit φ illud, per quod fit nutrimētum, ex duplex. s. alterans non alteratum (omne enim alteratum est corpus) & istud est anima, & est alterans alteratum. s. calor naturalis. Hoc igitur nomen motus large, & vniuersaliter accipitur in hoc loco. & sm hanc expositionem non indigetur illo, quod declaratum est in illo sermone. s. φ primus motor in loco cōponitur ex motore non moto, & ex motore moto. Et possumus dicere φ calor naturalis non alterat cibum, nisi primo moueatur in loco. declaratum est enim φ motus localis antecedit cæteros motus: & maxime istum motum, qui est terminatus, s. qui alterat rem in alia hora, & alia nō & etiam non alterat tm̄, sed attrahit & expellit cibum. & hoc est motus localis. Et sm hanc expositionem erit demōstratio manifesta. Sed prima expositio videtur magis conueniens: & etiam fuit exemplum largiter acceptum. manus enim non est primus motor nauis, qui nō mouetur, sed ipse gubernator. Et, cū declarauit φ aīa nutritiua est forma in corpore, cū propinquum alterans corpus, quod est cibus, necessario debet esse corpus: & φ forma sit alterans non alterata, cum sit non corpus: & φ corpus alterans est alteratum, incœpit declarare quid est hoc corpus, & d. Et oportet necessario vt omne nutrimentum, &c. idest & oportet necessario vt omne

[Margin notes: D; motor · In. 8. phi. a 37. vsq; ad 44. & maxime 41. · Digressio. Obiectio. · Idē. 1. de anima. 26. & 8. phy. 20. & 60. · E · Prima solutio. · Supra tex. co. 41. · F · Secunda solutio. 8. ph. a. 55 vsq; ad. 61 · Exponit secūdā partem tex.]

nutri-

A nutrimentum,quod iam est nutrimentum in actu, digeratur per corpus alterans,quod est instr̄m aīæ nutritiuæ.&,cū hoc corpus debet esse alterans,& digerens:& tale est corpus calidū:vnde Antiqui dixerunt ꝙ ignis nutritur:oportet necessario vt oē habens aīam nutritiuā habeat calorē: sed non absolute,immo calorem naturalem.declaratū est enim in Quarto Meteororum quod illud,quod facit digestionem,est calor conueniēs illi enti,non extraneus. D.d.Iam igitur diximus fm descriptionem.i.vſt & largiter,&c.i.& cōplementum sermonis in vnaquaq; parte eorum, ex quibus constituitur nutrimentum,exponendum est post in loco conuenienti. Et dixit hoc:quia sermo de nutrimento,& augmento non perficitur nisi in pluribus libris.In libro.ii.de Generatione & corruptione determinatus est motus augmenti & diminutionis. In Meteoris autē determinati sunt modi calorum,& modi actionum,vt decoqui,& assari. Et in hoc libro etiam declaratus est primus motor in istis motibus. Et in libro etiam de Animalibus determinatum est quot sunt instr̄a istius virtutis vnoquoq; animali:& quō completur actio per ipsam in vnoquoque B eorum:& per quot membra:& quomodo seruiūt illi illa membra:& qualis est proportio eorum in ista actione adinuicem, & huiusmodi. & ideo dixit quòd illud,quod declaratum est hic de nutrimento,non est nisi primus motor,& primum instrumentum.

4.Me.14.

Sermo de nutrimento & augmēto nō pficit̄ nisi in pluribꝰ libris.

SVMAMA QVARTA.

De potentia Animæ sensitiua.

Sensum passiuum esse,eumque aliquando potentia,aliquando uero actu esse: pati autem tum à simili,tum uero dissimili. Cap. I.

DEterminatis autem his dicamus communiter de omni sensu.sensus autem in ipso moueri & pati aliquid accidit,sicut dictum est:videtur enim quædam alteratio esse.aiunt autem quidam & simile à simili pati. hoc autē C quomodo possibile aut impossibile, dictum est in vniuersalibus rationibus de agere & pati.

SOPH. *His expositis de omni sensu communiter disputemus.sensus fit dum aliquid mouetur aut patitur, ut dictum est.uidetur enim esse alteratio quædam.sunt etiam qui dicant simile à simili pati.id uero quomodo possibile sit aut impossibile,dictum est in uniuersalibus sermonibus de agendo & patiendo.*

Et,cùm iam determinauimus ista,dicamus iam in omni sensu vniuersaliter.Dicamus igitur quòd sentire accidit secundum motum,& passionem aliquam, sicut diximus. existimatur enim ꝙ sensus sit aliqua alteratio.Et quidem dicunt quòd simile patitur à suo simili,& dissimile à dissimili. & iam diximus in sermonibus

vniuersalibus de agere, & pati, quomodo possunt fieri, aut nō fie- D
ri. & in hoc loco etiam locuti sumus de eo.

51 Cùm fuit locutus de virtute nutritiua, incœpit loqui de sensibili, & primo de illo, quod commune est omnibus sensibus, & d. Dicamus igitur ꝙ sentire, &c. i. dicamus igitur quòd sentire fit per aliquam passionem, & motum in sensibus à sensibilibus, nō per actionem sensuum in sensibilia. hoc enim est primum considerandum de sensu, scilicet vtrum sit numeratus in virtutibus actiuis, aut passiuis.* Et, cùm posuit ipsum in genere virtutum passiuarum, dedit causam istius existimationis, & d. existimatur enim, &c. i. & diximus quòd sensus fit secundum passionem: quia existimatur quòd sensus alterantur à sensibilibus aliquo modo alterationis. Et dixit aliqua, vt notet proprium. quia † pòst declarabitur quòd ista trāsmutatio non dicitur alteratio, nisi multipliciter. Deinde dicit. Et quidā dicunt quòd simile, &c. i. &, cùm posuerimus quòd genus sensus est passio, considerandum est in quibus existimatur passio. quidam enim dicūt simile pati à suo simili: & quidam econtrario, scilicet ꝙ contrarium patitur à suo contrario. E Et intendebat hic per sermones vniuersales librum de Generatione & corruptione.* & non sufficit ei, quod declaratum fuit in illo libro, quia sermo hic videtur magis proprius. subiectum enim, de quo loquitur hic, magis proprium est subiecto, de quo loquebatur illic. & primo incœpit dare dubitationem in hoc, quod posuit, quòd sensus est de virtutibus passiuis, non actiuis.

Primū cō siderandū de sensu ē vtrū sit numeratus i virtutibus actiuis, & passiuis. Sensus ē ī virtutibus passiuis. Idē in cō. seq. & 3. e. co. 59. & 60. Idē 3. de Aīa cō. 18. auctoritate Alexā. Idē 7. Ph. cō. 12. sed vidē op po. cō. 17. & in hoc textu, vbi dicit animā esse causam efficiētē cuiuslibet motus ē veri, q̄ existimauit vide contrarium. 3. Ac. c. 57. & 2. h°. t. c. 18. 1. de Ge. t. c. 46. & infra.

Habet autem dubitationem propter quid sensuum ipsorū non sit sensus, & quare sine his quæ sunt extra non faciunt sensum, inexistente igne, & terra & aliis elementis. quorum est sensus per se, aut secundum accidentia his. Manifestum igitur ꝙ non est actu, sed potentia tantum. vnde non sentiunt: sicut combustibile non comburitur ipsum à se ipso sine combustiuo: combureret enim se ipsum, & nihil indigeret actu ignem esse.

Sed oritur quæstio, cur non sensuum quoq; ipsorū nō sit sensus, & cur sine iis quæ sunt extra non efficiunt sensum: cum insit & ignis & terra, & reliqua elementa quorum est sensus per se, aut ea quæ ipsis accidunt: perspicuum igitur est sensitiuum non esse actu sed potentia tantū modo: quapropter non sentit: quemadmodum res cremabilis non crematur ipsa per se, sine eo quod vim habet cremādi: se enim ipsa crematet, nec actu ignis indigeret. F

Sed est irrationabile, quare sensus non sentiunt se: & quare etiā nullus sensus agit absq; extrinseco, & ex eis sunt ignis, & terra, & alia elemēta, & sunt illa, quæ cōprehendunt à sensu per se, & accidentia contingentia eis. Dicamus igiť ꝙ sensus non est in actu, sed

tantum

A tantum in potentia. & ideo non sentimus. quemadmodum combustile non comburitur à se absq; comburente. &, si hoc nõ esset, combureret se, & non indigeret quod ignis esset in actu.

52 Cùm posuit sensum esse de virtutibus passiuis, incœpit dubitare dubitationem * cogentẽ vt sit de passiuis, non de actiuis. & hoc, si non intendit per existimationem certificationem. multoties enim vtitur existimatione pro certitudine. Et di. Sed est irrationabile, quare sensus non sentiunt se. idest vt mihi videtur, sed est irrationabile, cùm posuerimus quod virtutes sensitiuæ sunt actiuę, dicere quare sensus non sentiunt ex se absque extrinseco. necesse enim est, si virtutes sensus essent actiuæ, vt sentirent ex se: & non vt indigerent in sentire aliquo extrinseco. Deinde di. & ex eis sunt ignis, & terra, & alia elementa. idest & sensuum quidam attribuitur in sua compositione vnicuique elemento: & illa sunt sensibilia. oportet igitur vt sentirent se. & hoc intendebat, cùm d. & accidentia con-B tingentia eis idest cõtingentia istis sensibilibus, ex quibus componuntur instrumenta istorum sensuum. Et, cùm narrauit quod est irrationabile dicere quare sensus non sentiunt absque extrinsecis, si posuerimus sensus esse ex virtutibus actiuis, incœpit narrare modum, secundum quem erit responsio huic quæstioni, & dixit. Dicamus igitur quòd sensus non est in actu, sed in potentia, &c. idest dicamus igitur in respondendo quòd sensus non est ex virtutibus actiuis, quæ agunt ex se, absq; eo quòd indigeãt in actione, quæ prouenit ab eis, motore extrinseco: sed, quia sunt ex virtutibus passiuis quæ indigent motore extrinseco. & ideo non sentiunt ex se. quemadmodum combustibile non comburitur ex se absque motore extrinseco, scilicet igne. & quemadmodum combustibile, si esset combustibile ex se, tunc possibile esset vt combureretur sine igne extrinseco existẽte in actu: sic sensus, si sentirent ex se, secundum quòd sunt virtutes actiuæ, tunc possibile esset vt sentirent absque extrinseco. Et debes scire quòd hæc est † prima differentia, qua virtutes animæ differunt abinuicem: & est principium considerationis de intellectu, de alijs virtutibus. virtus autem nutritiua manifestum est ex prædictis, quod est ex virtutibus actiuis.

C

*a.l. eligentem

Existimatio quandoque sumitur pro certitudine. 146. t. huius c. 19.

Ex hoc loco colligitur quod sensatio sensus exterioris non fiat sine præsentia sensibilium exteriorum. quod possibile videtur. Vide t. c. 59 & 60 & cõ. 156. Sed vide oppositum in Auer. sup. com. suo de somno & vigi. circa finem dicens, vbi habet quod dormiens sentit se videre, & audire, & olfacere, & gustare, & tangere sine aliquo extrinseco sensibili. Vide cõc. Zim.

† Pria differentia, qua virtutes aiæ differunt abinuicem, est per esse actiui & passiui. Idem 3. de aia cõ. 2.

Quoniam autem sentire dicimus dupliciter: potentia enim audiens & videns, audire & videre dicimus, & si forte dormiens: & quod iam operans: dupliciter vtiq; dicetur & sensus: hic quidẽ sicut potentia, ille autem sicut actu. similiter autẽ & sentire, quodq; potentia ens, & quod actu.

80 PM. *Sed cum sentire bifariã dicatur, quod enim potentia audit videtq;, id audire & uidere dicimus, quamuis forte dormiat: & quod iam operatur, sensus quoq; bifariã dicetur, partim ut potẽtia, partim ut actu. similiter etiam sentire: & quod potentia est, & quod actu.*

Et,

Et quia dicere quod aliquid sentit est duobus modis: quod enĩ in potentia audit, & videt, dicimus imperium audire, & videre licet sit dormiens: & illud. quod peruenit ad agere, dicimus in eo hoc: vnde sensus dicitur potentia, & actu. Et similiter oportet vt sentire etiam dicatur duobus modis, de potentia, & actu. D

55 Cum declarauit quod sensus est ex virtutibus passiuis non actiuis: & ista habent duplex esse, s. esse in potentia, antequam virtutes eius perficiantur à motore extrinseco, & esse in actu, quãdo fuerint perfectæ & inuentæ in actu à motore extrinseco: incœpit declarare quod hęc duo cõtingunt virtutibus alæ, & d. Et quia dicere quod aliquid sentit, &c. i. &, quia manifestum est per se quod dicere quod aliquid sentit est duobus modis. Quorum vnus est cum dixerimus in aliquo audienti, & videnti in potentia, quod audit, & videt: vt dicimus de dormiente. & hoc intendebat, cum dixit. quod enim in potentia audit, & videt, &c. i. qđ. n. est in potentia propinqua audiens, & videns dicitur secundum consuetudinem audiens, & videns: licet sit dormiens, qui est magis remotus alijs modis potentiæ. quod enim est in obscuro est videns in potentia. sed ista potentia est propinquior actui, quam potentia, quę est in visu dormiẽtis. D. d. & illud, quod peruenit ad agere, dicimus in eo hoc. i. & illud, quod peruenit de rebus sensibilibus vt videat, & audiat, & vr̃r sentiat, dicitur quod audit, & videt, & vr̃r sentit. Et cum declarauit quod hoc nomen sensus dicitur de vtraque intentione, dixit. Et silr oportet vt sentire etiam dicat duobus modis de potentia, & actu, &c. i. & similiter oportet vt sentire, qđ est actio sensus, dicatur etiam duobus modis, sicut de habitu, & forma, ex quibus prouenit sentire. E

Sensus est duob' modis, i potẽtia s. & in actu. Idẽ infra. t. cõ. 138. 139. & 141. & 142. & & 156.

Potẽtia videntis existẽtis i obscuro est ppinquior actui, q̃ potẽtia, q̃ est i visu dormiẽtis

Primum quidem igitur tanquam idem sit pati & moueri, & agere, & mouere, dicimus. & nanq; motus est actus quidam, imperfectus tamen, sicut in alteris dictum est. omnia autem patiunt & mouẽtur ab actiuo, & actu ente: vnde est quidẽ tanquã à simili pati, est autem, vt a dissimili: sicut diximus. patitur quidem enim quod dissimile: passum autem simile est. F

SOPH. *Ac primum tanquam idem sit pati & moueri operariq; dicamus. etenim motus est actus quidam, sed imperfectus, ut in alijs dictũ est. omnia autẽ patiuntur & mouentur ab efficiente & eo quod actu est: iccirco partim à simili patiuntur, partim à dißimili, quẽadmodum diximus: patitur enim quod dißimile est, ubi autẽ passum est, simile est.*

Sermo igitur noster primo non est secundũ quod pati, & moueri est idem cum agere, & mouere. Motus enim est aliqua actio sed nõ perfecta, vt dictum est in alĳs locis. & omne quod patitur & mouetur, non patitur, & mouetur nisi ab aliquo agẽte in actu. Et ideo pati quandoq; est à simili, quandoque à dissimili. & secundum

A cundum quod diximus, dissimile est illud, quod patitur: &, postquam patitur, fit simile.

54 Cùm declarauit sensum esse ex virtutibus passiuis, & quòd est duobus modis, dixit. Sermo igitur noster, &c. idest & magna differentia est inter sermonem de sensu, opinando in eo quòd est virtus passiua, & sermonem de eo, opinando quòd est virtus actiua. sermo enim de aliquo, fm quòd opinamur in eo quòd suum esse est pati & moueri, alius est à sermone in eo, secundum quòd opinamur quòd suum esse est agere & mouere. Et, cum narrauit hoc, dedit differentiam inter vtrunque, & d. Motus enim est aliqua actio, sed non perfecta. idest & hæc duo genera essendi sunt diuersa. esse enim vnius generis est de genere esse motus: & iam declaratum est quòd motus est actio nõ perfecta: est enim perfectio alicuius existentis in potentia fm quòd est in potentia: esse autem alteri° generis est actio perfecta. Deinde dedit aliam differentiam inter vtrũq; esse, & d. & omne, quod patitur, & mouetur &c. idest & differunt etiam, quoniam omne numeratum in genere passionis nõ habet esse nisi ab aliquo, s. agente. &, idẽ, si agens non fuerit, hoc non erit. omne autem numeratum in genere actionis habet esse ex se, non ex alio. D. d. Et ideo patiq; est a simili, &c. i. & quia esse virtutũ passiuarũ est admixtũ ex potentia, & actu. passiuum enim antequam patiatur, est contrarium agenti. & cum passio completur, est simile agenti. &, dum patitur, est admixtum. non enim cessat dum mouetur, corrumpi in eo pars cõtrarij, & fieri pars similis. Et manifestum est quod qui non intellexerit virtutes passiuas talis esse, non poterit dissoluere prædictam quæstionem: neque etiam qui non concesserit quod virtutes sensus sunt de virtutibus passiuis. Potest ẽt dicere vtrum sensibile sit simile, aut contrarium. & hoc est fundamentũ & oportet vt conseruetur, sicut diximus in alijs virtutibus animæ, & maxime in virtute rationabili, sicut apparebit post.

Passiuum anteq̃ patiatur ẽ cõtrariũ agẽti. & cũ passio cõplet. ẽ sĩle agenti, & dum patit. ẽ admixtũ sĩli & contrario cõsilio. 1. c. cõ. 45. & 1. de Gener. t. c. 48 & 49.

C Dicendum autem, & de potentia & de actu. nunc enim simpliciter dicimus quæ habemus de ipsis. est quidem enim sic sciens aliquod, sicut si dicamus hominem scientem, qm̃ homo scientiũ & habentium scientiam. est autem sicut iam dicimus scientẽ habentem grammaticam. vterq; autem horũ non eodem modo possibilis est. sed hic quidem quoniam genus huiusmodi, & materia est: ille autem quia volens, possibilis est considerare, nisi aliquid prohibeat exterius.

10 PH. *Distinguendum etiam est de potentia & actu: nunc enim simpliciter de eis loquimur. partim enim ita sciens quidpiã est, quasi dicamus hominem scientem, quoniam eiusmodi est humanum genus, ut sciat & habeat scientiam: partim iam dicimus scientem, eum qui habet grammaticam: uterq; autem horum non eodem modo potest: sed unus quidẽ,*

quia

quia genus ac materia talis est: alter uero quia cum uoluerit potest contemplari, nisi aliquid prohibeat externum. D

Et oportet nos determinare et potentiam, & perfectionem: quoniam in hoc loco locuti sumus de eis simpliciter. Dicamus igitur quod intendimus. cum dicimus quod aliquid, v.g. homo, est sciens, quod homo est de habentibus scientiam. Et quandoque dicimus hoc, sicut dicimus de eo, qui iam acquisiuit scientiam grammaticæ, quod est sciens. Sed potentia in vtroque istorum non est eodem modo. sed potentia primi est quia suum genus est tale: secundi autem est, quia, cum voluerit, potest inspicere, dum aliud extrinsecum non impediat ipsum.

11 Cùm declarauit quòd sensus dicitur duobus modis, potentia, s. & actu: & etiam vtrunque istorum dicitur duobus modis, incœpit determinare hoc, & d. Et oportet nos determinare etiam, &c. idest & oportet nos, cum sciuerimus quod sensus inuenitur duobus modis, potentia, s. & actu, determinare Intentiones, de quibus dicitur potentia, & perfectio, & actus simpliciter: cùm in hoc loco non sumus locuti de eis nisi simpliciter. Et, cùm dedit causam, propter quam oportet loqui in hoc loco de potentia, & actu simpliciter, s. quæ existunt in sensu simpliciter, dixit Dicamus igitur quod intendimus, &c. i. dicamus igitur quòd manifestum est quòd, cum dixerimus quòd aliquid est tale in potentia, quòd hoc intenditur duobus modis, aut sicut dicimus quod homo est sciens in potentia, idest innatus scire: aut sicut dicimus in sciente grammaticam in actu, quòd est sciens in potentia, quando non vtitur sua scientia. Et, cùm declarauit istos duos modos potentiæ, dedit differentiam inter eos, & d. Sed potentia, quæ est in vtroque, non est eodem modo, &c. idest sed intentio potentię in vtroque eorum non est eodem: sed, cum dicimus quòd ignorans est sciens in potentia, intendimus quòd genus eius, & materia est receptibile scientię. Et, cùm dicimus in sciente grammaticam quod est sciens in potentia, dicimus quod habet potentiam consyderandi grammaticam, cum voluerit. F

Iam autem considerans, actu ens & proprie sciens hanc literam a. Ambo quidem igitur primi secundum potentiam scientes sunt: sed hic quidem per doctrinam alteratus est, & multotiens ex contrario mutatus habitu. hic autem ex eo quod habet sensum aut grammaticam, non agere autem, in agere alio modo.

10 PR. *At uero qui iam speculatur, actu est & proprie sciens hoc A. Ambo igitur priores illi, potentia quidem sunt scientes, sed alter quidem per disciplinam alteratus, & sæpius ex contrario mutatus habitu: alter uero ex eo quòd habeat sensum uel grammaticam, & non operetur, ad operandum alio modo.*

Qui aũt consyderat est in perfectione, & in rei veritate sciens hoc. Illi igitur duo primi sunt scientes in potentia. sed alter eorũ, cum alterabitur per doctrinam, & mutabitur multotiens ex habitu ad dispositionem contrariam. alter autem, cũm mutabitur ex habere sensum, aut scientiam grammaticæ, sed non intelligit, quousq; agat modus igitur eius est alius.

56 Idest sciens autem grammaticam, consyderando in ea, est sciens secũdum vltimam perfectionem: & male dicimus sciens in rei veritate. hoc autem, de quo consyderat non in eo quod scit illud, si nõ consyderat actu de eo. Deinde di. Illi igitur duo primi sunt scientes in potẽtia, scilicet ignorans, & sciens, quando non vtitur sua scientia. D.d. sed alter eorum &c. sed alter eorum mutabitur ex potentia in actum, cũ alterabitur per doctrinã, & mutabitur multotiens ex habitu ad dispositioné contrariã, & ex dispositione contraria habitũ, quousq; habit' sit firm', & fixus. Et intendit

B per habitũ formã scientiæ: & per dispositionem contrariã ignorantiam. D.d. alter autem cum mutabitur ex habere sensum, aut scientiã grãmaticæ, sed non intelligit, quousq; agat. idest & alter erit de potentia in actũ, & in vltimam perfectionem, quando mutabit' ex habere sensum in actu, aut scientiam grammaticæ in actu in tempore, in quo non intelligat ab eo, quousq; agat ab eo. modus igitur istius virtutis est alius modus.

Non est autem simpliciter neq; agere neq; pati. sed aliud quid ẽ corruptio quædam à contrario: aliud autẽ salus magis eius quod potentia, ab eo quod est actu & simili, sic sicut potẽtia se habet ad actum. speculans enim fit habens scientiam: quod vere aut non est alterari: in ipsum enim additio est & in actum: aut alterum genus alterationis est.

601 R. *Pati quoq; non est simplex, sed aliud est corruptio quedam à contrario: aliud salus potius eius quod est potẽtia, ab eo quod ẽ actu & simili:*

C *quemodo potentia se habet ad actum: cõtemplans enim fit quod habet scientiam: quod sanè aut non est alterari: nam in ipsum fit accessio, & in actum: aut certe aliud est genus alterationis.*

Et passio etiam non est simplr. sed quædã est aliqua corruptio à contrario. & quedam videtur magis esse euasio eius, quod est in potentia, ab eo, quod est in actu: & est silr. Ista igitur est dispositio eius, quod est in potentia apud perfectionem. non enim consyderat nisi habens scientiam. & hoc aut non est alteratio, additio enĩ in ipso est ad perfectionem: aut est aliud genus perfectionis.

57 Et hoc nomen passio non significat eandem intentionem simplicem, sed quædam est passio, quæ est corruptio patientis à contrario, à quo patitur: vt passio calidi à frigido, & humidi à sicco. D.d. & quædam videtur

deretur magis,&c. idest etiam est passio, quæ est euasio patientis in potentia ab eo, quod est in perfectione, & actu, sm quod illud, quod est in actu est simile non contrarium, scilicet extrahens ipsum à potentia ad actum, e conuerso dispositioni in prima passione. D.d. Ista igitur est dispositio, &c.i.& iste vltimus modus passionis est dispositio eius, quod est in potentia ex anima apud perfectionem mouentem illud, quod est in potentia, & extrahentem eam in actum non sm primum modum passionis. D.d. non enim considerat, &c.i.& iste modus passionis est ex modo, qui est euasio patientis ab eo, quod est in actu, mouens ipsum, non corruptio eius. non enim considerat in aliquo, postquam non considerabat, nisi qui scit illud. & hæc non est alteratio sm primam intentionem, quæ est corruptio patientis. D.d. additio.n. in ipso est ad perfectionem, &c.i.&, quia ista transmutatio non est ex non esse, sed est additio in transmutabili, & ire ad perfectionem, absque eo quod sit illic corruptio, aut mutatio ex non esse, ponitur sicut mutatio ex ignorantia ad sciam. Et quasi intendit quod hoc est magis remotum à vera alteratione duobus modis, alteratio enim, quæ est euasio patientis, est duplex: alteratio s. de non esse ad perfectionem, & alteratio de prima perfectione ad vltimam. & hæc est additio, quam innuit. D.d. aut est aliud genus alterationis.i.& iste modus, qui est euasio patientis, aut dicetur alteratio, aut erit aliud genus alterationis.

Vnde non bene habet dicere sapientem cùm sapiat, alterari: sicut neque ædificatorem cùm ædificat. In actum quidem igitur ducens ex potentia ente sm intelligere & sapere, nõ doctrinam, sed alteram habere denominationem iustum est: Ex potentia autem ente addiscens & accipiens scientiam ab actu ente & didascalo, aut neque pati dicendum, sicut dictum est, aut duos esse modos alterationis, & eam quæ in priuatiuas dispositiones mutationem, & eam quæ in habitus & naturam.

SOPH. *Quamobrem non recte se habet dicere id quod scit cũ scit, alterari: quemadmodum nec ædificatorem cum ædificat. Quod igitur ad actum ducit ex eo quod est potentia intelligens & sciens, id nõ doctrinam, sed aliam habere appellationem meretur: quod autem cum sit potentia discit & comparat scientiam ab eo quod est actu, & docet, id uel nõ esse dicendum pati, quemadmodum diximus, aut certe duos esse alterationis modos: uidelicet mutationem eam quæ ad priuatiuas fit dispositiones, & eam quæ ad habitus & naturam.*

Et similiter non est rectum dicere in eo, quod intelligit, quãdo intelligit, quod alteratur, sicut non dicitur quod ædificator, cũ ædificat, alteratur. Qui autem reuertitur ad perfectionem ab eo, quod in potentia existit in capitulo intelligendi, non est rectum vt vocetur disciplina, sed oportet ponere ei aliud nomen, Qui autem addiscit,

A ſcit, poſtquā fuit in potētia, & accepit ſcīam ab eo, qui eſt in perfectione doctor. oportet, aut vt nō dicaī oīno pati, aut vt dicaī ꝙ alteratio eſt duplex, transmutatio, ſ. ad diſpoſitionem non eſſe, & tranſmutatio ad habitum & naturam.

58 Et ſimiliter non eſt rectū dicere in eo, qui venit de ignorantia ad ſcientiam, cuius diſpoſitio dicitur diſciplina ꝙ alteratur: ſicut nō dī hoc in eo, qui mutatur ex hoc, ꝙ non operatur ab habitu exiſtente in eo in actu, ad hoc vt agat ab eo: vt Carpentarius, qui mutatur à non carpentari ad carpentari. Et hoc exemplum inuenimus in ali trandatione. D.d. Qui autem reuertitur ad perfectionem, &c. i. qui autem acquiſiſit perfectionem de ſcientia poſt potentiam ſm reuerſionem ad illud, quod iam acquiſiuerat primo, deinde amiſit ipſum, non debet dici illo nomine quo dicitur ille, qui eſt in potentia primo ſemper, & nunquam lucratus fuit illud quod dicitur diſciplina: ſed iſte modus debet habere aliud nomen. & iſte B modus quem innuit, dicitur rememoratio. Et dixit hoc quia Plato opinabatur quod diſciplina, & rememoratio idem ſunt. D. d. Qui autem addiſcit, poſtquam fuit in potentia. i. tranſmutatio autem ex ignorantia in ſcientiam à doctore, qui eſt ſciens in perfectione, & in actu, neceſſe eſt aut vt non vocetur alteratio, aut vt dicatur ꝙ alteratio eſt duobus modis. Quorum vnus eſt tranſmutatio, quæ fit in diſpoſitionibus non eſſe in patienti ab agente: Et alius eſt tranſmutatio, que fit in diſpoſitione habitus, & formæ exiſtentis in patiente ab agente. & iſta eſt paſſio, quæ eſt corruptio patientis, non euaſio. & hoc eſt illud, quod dixit ante, aut eſt aliud genus alterationis.

Plato opinabaī ꝙ ſciplina, & rememoratio idē ſūt. idē 3. de Ala c. 20. & 7. Phy. c. 20. Idē 1. Me. 48. & 49. Idē 7. Me. cō. 58.

Senſitiui autem prima quidem mutatio fit à generāte: cūm autem generatum eſt habet iam ſicut ſcientiam & ſentire. quod aūt ſecundum actum ſimiliter dicitur ipſi conſiderare: differt autem quoniam huiuſmodi actiua operationis extra ſunt, viſibile & auC dibile: ſimiliter autem & reliqua ſenſibilium.

101 H. *Senſitiui autem prima quidem mutatio fit ab eo quod generat: cū autem generatum eſt, habet iam tanquam ſcientiam & ſentire. quin etiam quod actu eſt perinde dicitur atq; contemplari: differētia tamē eſt, quòd ea quæ actu ſenſum efficiunt, extra ſunt, viſibile ſcilicet & audibile, cæteráq; itidem ſenſibilia.*

Et prima tranſmutatio ſentientis eſt à generante, ita ꝙ, cū fuerit generatum, ſtatim ſentit. Et ſentire eſt ſicut ſcire. & quod eſt in actu eſt ſimile ad conſyderare. Sed tamen differunt ꝙ agentia in hoc ſunt extrinſeca, vt viſum, & auditū: & ſilr alia ſenſibiliū.

59 Et prima tranſmutatio ſentientis, quæ eſt ſimilis tranſmutationi hominis de ignorantia ad ſcientiam per doctorem, eſt tranſmutatio, quæ fit per agens generans aīal non à ſenſibilibus. Et innuit differentiam inter

primam

Pr'a perfectio sensus fit ab intelligētia agēte. Idē 7. Met. c. 31. & 12. Met. c. 18. † In .2. de Gene. animalium cap. 3.

primam perfectionem factam in sensu, & vltimā. Opinatur.n. q prima perfectio sensus fit ab intelligentia agente, † vt declaratur in libro de animalibus. Secunda autem perfectio fit à sensibilibus. D.d. ita q, cum fuerit factum, &c.i. ita q, cum prima virtus fuerit facta statim sentiet nisi aliqd impediat, aut sensibilia non sint presentia. & hoc est simile sciæ, quæ est in sciente, qui non vtitur scientia. D. d. Et sentire est sicut scire idest & vltima perfectio sensus, quę est comprehendere sensibilia in actu, & considerare in eis simile est vti scientia, & consideratione. D.d. & quod est in actu est simile ad considerare. i. sentire in actu simile est ad considerare, & scire. D.d. Sed differunt, &c. i. sed prima perfectio sensus differt à sciētia scientis, quæ est in actu, qn̄ non considerat, in hoc, q mouens primā perfectionem in sensu, & extrahens in secundam sunt extrinseca sensata, vt visibilia, mouens autem scientem de prima perfectione in secundam est aliquid copulatum cum anima copulatione in esse. D

Causa autem est quoniam singularium quidem sm̄ actum sensus, scientia autem est vniuersalium: hæc enim in ipsa quodammodo sunt anima: vnde intelligere quidem est in ipsa cùm velit, sentire autem non est in ipsa: Necessarium est autem esse sensibile. Similiter autem & hoc se habet in scientijs sensibilium, & propter eandem causam: quia sensibilia singularium sunt & exteriorum. Sed de his quidem certificare tempus fiet & in rursum. E

SOPH. *Cuius rei causa est, quia sensus qui actu est, singularium est: scientia uero uniuersalium: hæc autem in ipsa quodammodo sunt anima: iccirco intelligere quidem est in ipso cum uoluerit, sentire autem nō est in ipso: necesse enim est adesse sensibile. similiter etiam res se habet in scientiis sensibilium, & ob eandem causam: quia sensibilia singularia & extra sunt. sed de his apertius differendi erit occasio etiam aliâs.*

Et causa in hoc est, q sensus in actu comprehendit particularia, scientia autem vniuersalia, & ista quasi sunt in anima. Et ideo homo potest intelligere cùm voluerit sed non sentire, quia indiget sensato. Et ista dispositio est etiam in scientia sensibilium, ista enī causa est causa eorum, s. q sensibilia sunt ex rebus particularibus extrinsecis. Sed sermo de istis rebus, & exponere ea erit post, & habebit horam. F

60 Idest & causa huius diuersitatis inter sensum, & intellectum in acquirēdo vltimam perfectionem est in hoc, quod motor est in sensu extrinsecus & in intellectu intrinsecus est. quia sensus in actu non mouentur nisi motu, qui dicitur comprehensio à rebus particularib' sensibilibus, & isti sunt extra animam. intellectus autem mouetur ad vltimam perfectionem à rebus vniuersalibus, & istæ sunt in anima. Et dixit & ista quasi sunt in anima. quia post declarabit q ea, quæ sunt de prima perfectione in intellectu,

A tellectu, sunt quasi sensibilia de prima perfectione in sensu, s. in hoc, ꝙ ambo mouent, sunt intentiones imaginabiles: & istæ sunt vniuersales potentia, licet non actu & ideo dixit. & ista quasi sunt in anima. & non dixit sunt, quia intentio vlis, alia est ab intentione imaginata. Deinde d. Et ideo pōt homo intelligere, &c i. & quia mouentia virtutem rationalem sunt intra animam: & habita a nobis semper in actu: ideo homo pōt considerare in eis, cum voluerit: & hoc dr formare, & non potest sentire, cum voluerit: quia indiget necessario sensibilibus, quæ sunt extra aīam. D. d. Et ista dispositio est etiam, &c. i. & ista dispositio est etiam in nobis in scientia sensibilium: & nos discimus ab eis, quia existunt in sensibus. & causa in esse istius dispositionis in nobis in sciētia sensibilium, est eadem causa in esse istorum in ipsis sensibilibus. Et similiter est intelligendum ꝙ dispositio existens in nobis in sciētia vniuersaliū est in nobis, quia est in virtute rationali, & quod causa ꝙ sumus per illam hoc modo, est causa, qua ipsa est illo modo. Sed, quia sermo in intellectu non est hic manifestus, transmisit nos ad aliud tempus, & dixit. Sed sermo de istis rebus. i.

B de intellectu. † Et potest aliquis dicere quod sensibilia non mouent sensus illo modo, quo existunt extra animam. mouent enim sensus secundū ꝙ sunt intentiones, cum in materia nō sint intentiones in actu, sed in potentia. Et nō potest aliquis dicere, quod ista diuersitas accidit per diuersitatem subiecti, ita quod fiant intētione, propter materiam spiritualem quæ est sensus, non propter motorem extrinsecum. melius est enim existimare quod causa in diuersitate materiæ est diuersitas formarum: nō ꝙ diuersitas materiæ sit causa diuersitatis formæ. Et, cū ita sit, necesse est ponere motorem extrinsecum in sensibus alium à sensibilibus: sicut fuit necesse in intellectu. Visum est igitur ꝙ, si concesserimus ꝙ diuersitas formarum est causa diuersitatis materiæ, ꝙ necesse erit motorem extrinsecū esse. Sed Arist. tacuit hoc in sensu, quia latet, & apparet in intellectu. Et debes hoc considerare, quoniam indiget perscrutatione.

Intentio vlis alia ē ab intētione imaginata: ex quo patet contra negātes spēs intelligibiles.

† Sēsum nō poterit sētire, cū voluerit, q̄a indiget sensibilib⁹ existētib⁹ extra aīam. Idē 3. I cō. 39. Idē ✝ c. 156. Idē 7. Met cō. 35. sed bñ intelligim⁹ cum volumus: quia mouentia virtutē rōnale sunt intra aīam. Idem 3. a. cō. 5. 18. & 36.

Digressio. Meli⁹ ē existimare q. cā I diuersitate materiæ, ē diuersit. formarū, q̄ ecōtra, cō sse 1. de Aia cō. 53. & 2. Phy. c. 67. Sed vide opposit. 8. Ph. c. 46. vbi ex diuersitate mãe arguit diuersitatē formæ. Vide cōm. Zim.

C ✓ Nunc autem tantum sit diffinitum, quoniam cum non simpliciter sit quod potentia dicitur: sed aliud quidem sicut si dicamus puerum posse militare: aliud autem sicut in ætate existentem: sic se habet sensitiuum.

IOPH. *Verū hoc tantum in præsentia sit distinctum: cum non simplex sit id quod potentia dicitur, sed partim quasi dicamus puerum posse ducē esse: partim ut eum qui per ætatem idoneus sit, sic se habet sensitiuum.*

Nunc autem in tantum determinetur, ꝙ illud quod dicitur esse in potentia, non est simplr, sed de quodā dicitur, sicut dicitur ꝙ puer potest gubernare exercitum, & de quodam dr̄, sicut dicitur de experimento, & similiter est de sensu.

61 Idest summa eius, quod declaratum est ex hoc sermone, & in hoc loco hæc est. Et intendit per simpliciter vnam intentionem, & dixit ꝙ illud,

quod est in potentia, non est vna intentio, sed plures. & d. sed de quodam dicitur, &c. idest sed quidam sensus dicitur esse in potentia, sicut dicitur ꝙ puer põt gubernare exercitum. & ista est potentia prima remota: ex qua cum fit transmutatio ad propinquam potentiam fit per generans, non per sensibilia: & est similis potentiæ ignorantis ad scientiam. Deinde dixit, & de quodam dicitur, sicut dicitur de experimẽto, & similiter est de sensu. & intendit potentiam, quæ est prima perfectio sensus: & est illa, ex qua fit transmutatio ad vltimam perfectionem per ipsa sensibilia. & est similis scienti, quando non vtitur sua scientia. Et intendit per omnia ista declarare ꝙ potentia sensus, quæ recipit sensibilia, non est pura præparatio, sicut præparatio, quæ est in puero ad recipiendum scientiam: & ꝙ est aliquis actus, sicut habens habitum, quando non vtitur suo habitu. D

Quoniam aũt innominata est ipsorum differentia, determinatum est autem qm̃ altera, & quomodo altera, vti autẽ necesse est ipso pati & alterari tanquã proprijs nominibus. sensitiuum autẽ potentia est quale sensibile iam actu, sicut dictum est. patitur autẽ non simile ens: passum autem assimilatum est: & est quale illud. E

SOPH. *Sed quia nomine caret eorum differentia, explicatumq; est ea esse diuersa, & quonã pacto diuersa, necesse est nominibus his, pati scilicet & alterari, uti tanquam proprijs. sensitiuum autem potentia est tale, quale iam sensibile actu, quemadmodum dictum est. patitur igitur cum non est simile: ubi autem passum fuerit, simile factum est, & tale est quale illud.*

Sed, quia differentiæ eorum non sunt nominatæ, & iam determinauimus de eis ꝙ sunt diuersæ, & quomodo necesse est nobis vti passione, & alteratione, sicut res veræ. Et, sentiens in potẽtia est sicut sensatum in perfectione, s̃m ꝙ diximus. Patitur igitur dũ non est simile, &, cum patitur, assimilatur. F

62 Idest, sed quia differentiæ potentiæ, & trãsmutationis existentium in anima sensibili, & in rebus animatis nõ hñt noĩa propria, & iam declarauimus ea esse diuersa, & declarauimus modum, s̃m quem diuersantur: visum est nobis quòd necesse est, inquantum ista intentio, quam determinauimus de anima, nõ habet nomen proprium, dare ei nomen passionis & alterationis, quæ est subiectũ rerum verarũ. hoc enim non nocet, cũ iã determinauimus intẽtionẽ, s̃m quam diuersantur. Et dixit, necesse est nobis, quia ista intentio caret nomine apud vulgus: & transumptio nominis vsitati apud vulgus est facilior, quàm fingere aliud nomen. Et, cùm hoc fuerit declaratum de sentiente, incepit describere eum simpliciter, & dixit, Et sentiens in potentia est, sicut sensatum in perfectione, idest manifestum est igitur ex hoc, quod diximus, quod sentiens simpliciter est illud, quod est in potentia ad intentionem, quam determinauimus de potentia

Transumptio nominis vsitati apud vulgus facilior, quàm fingere aliud nomen.

potentia

A sentia per intentionem rei sensibilis in perfectione, idest illud quod innatum est perfici per intentionem rerum sensibilium, non per ipsas res sensibiles. Et, si non, tunc esse coloris in visu, & in corpore esset idem. Et, si ita esset, tunc esse eius in visu non esset comprehensio. & ideo dixit, est illud quod est in potentia, sicut sensatũ in perfectione. & non dixit, illud, quod est in potentia sensatum. quoniam si ita esset, idem esset esse coloris in visu, & in sua materia. D. d. Patitur igitur, dum non est simile, & cum patitur assimilatur, &c. i. & contingit ei illud, quod contingit omnibus alterabilibus, vt declaratum est in sermone vniuersali: & est quod patitur à sensibili, dum non est simile ei: &, cum passio perficitur, tunc erit simile.

Sensus patitur a sensibili, dũ nõ est similis ei. ex quo patet sensibile cõtrariari sensui. sed oppositũ vide c. 57. Vide cõ. 2am.

Sensibilia, alia per se esse, alia vero per accidens: per se autem, alia propria alia communia. *Cap. 2.*

B DIcendum autem secundum vnumquemq; sensum de sensibilibus primo. Dicitur autem sensibile tripliciter: quorũ duo quidem dicimus per se sentiri: vnũ autem secundum accidens. Duorum autẽ, aliud quidem proprium est vniuscuiusq; sensus: aliud autem cõe omnium. dico autem proprium quidem, quod non contingit altero sensu sentiri, & circa quod non contingit errare, vt visus coloris, auditus soni, & gustus humoris: tactus autem habet plures differentias, sed vnusquisq; iudicat de his, & non decipitur visus quoniam color: neq; auditus quoniam sonus: sed quid coloratum, aut vbi: aut quid sonans, aut vbi. Huiusmodi quidem igitur dicuntur propria vniuscuiusq;.

11. *Igitur in unoquoq; sensu primum de sensibilibus dicendum est. Sensitiuum tribus modis dicitur, quorũ duo quidem per se unũ, uero per accidens sentiri dicimus: duorum aũt illorum, unum est propriũ cuiusq; sensus, alterum cõe omnium. id autem intelligo proprium, quod non potest*
C *alio sensu sentiri, & in quo non potest fieri error: ut uisus coloris, & auditus soni, & gustus saporis: tactus autem plures habet differentias, sed unusquisq; iudicat de eis: neq; decipitur quòd color sit, uel quòd sonus: sed quid sit id quod coloratum est, aut ubi: aut quid sit id quod sonat, aut ubi: Haec igitur dicuntur propria cuiusq;.*

Et, antequam incipiamus loqui de vnoquoq; sensuũ, loquamur de sensibilibus. Dicam⁹ igitur quod sensibile dicitur tribus modis: quorum duo dicuntur sentiri per se, & tertius accidentaliter. Et alter duorum proprius est vnicuiq; sensuum, & alter est communis omnibus. Et est proprius, quem non potest alter sensus sentire, & illud, quod impossibile est vt ei cõtingat error: verbi grã, visus apud colorem, & auditus apud vocem, & gustus apud saporem, potem. tactus autẽ plures vno modos habet. Sed vnusquisq; eorũ judicat ista, & non errat in colore, quis color sit, neq; in voce quę vox sit: sed in colorato quid est, & vbi est: & in audito quid est, & vbi est. Quod igitur est tale, dicitur proprium. D

63 Cùm declarauit quid est sensus simpliciter, vult modo loqui de vnoquoq; sensuum. Et, quia iam prædixit quòd via ad hoc est loqui de ipsis sensibilibus, cùm sint magis nota quàm sensus, dixit Et, antequam incipiamus loqui, &c. i. & quia necesse est ire ex eis, quæ sunt apud nos magis nota ad ea quę sunt magis nota apud naturam, oportet nos loqui prius de ipsis sensibilibus. Et, quia sensibilium hæc sunt vniversalia, & hæc propria, incœpit loqui prius de ꝓprijs, & dixit, Dicam⁹ igitur quòd sensibile &c. idest & sermo eius in capitulo isto apparet per hoc, quod dixit, sensus autem plures habet modos. Intendit ꝙ sensibilia vniuscuiusque istorum sensuum plura sunt vno modo: sed vnusquisq; sensuum iudicat suum sensatum proptium: & non errat in eo in maiori parte. E visus enim non errat in colore, vtrum sit albus, aut niger: neque auditus in voce vtrum sit grauis, aut acuta. sed isti sensus errant in comprehendendo differentias indiuiduorum istorum sensibilium, ver. gra. in comprehendendo istud albũ quod est nix: aut differentias locorum illorum, ver. g. vt comprehendat ꝙ istud album est superius, aut inferius. Deinde d. Quod igitur est tale dicitur proprium. idest sensibilia autem, quæ inueniuntur alicui soli sensui, qui non errat in eis, in maiori parte dicuntur propria. Et, cum dixit. sed in colorato quid est, & vbi est: & in audito quid est, & vbi est, non intendebat quòd sensus cõprehendit essentias rerum, sicut qui. iam existimauerunt: hoc enim est alterius potentiæ quæ dicitur intellectus: sed intendebat quòd sensus cùm hoc, quòd comprehendunt sua sensibilia propria, comprehẽdunt intentiones indiuiduales diuersas in generibus, & in speciebus. comprehendunt igitur intentionem huius hominis indiuidualis, & intentionem huius equi indiuidualis, & vniuersaliter intentionem vniuscuiusq; decem prędicamentorum indiuidualium. & hoc videtur esse proprium sensibus hominis. F Vnde dicit Arist. in lib. de Sensu, & sensato, quòd sensus aliorum animalium non sunt sicut sensus hominis, aut simile huic sermoni. & ista intentio indiuidualis est illa, quã distinguit virtus cogitatiua à forma imaginatiua, & expoliat eam ab eis, quæ sunt adiuncta cùm ea ex istis sensibilibus communibus & proprijs, & reponit ea in rememoratiua. & hæc eadem est illa, quam cõprehendit imaginatiua. sed imaginatiua cõprehendit eam coniunctã istis sensibilibus: licet eius cõprehensio sit magis spiritualis: vt alibi determinatum est.

Necesse est ire ex eis, q̃ sũt apd nos magis nota, ad ea, q̃ sunt magis nota apd naturã. Idẽ 1. Phy. t.c. 2. & 7. Meta. t.c. 10. Idẽ l. hoc. t.c. 12. & 31.

Circa sensibile propriũ nõ errat sensus in maiori pte. Idẽ 7. 152. 154. 161. Idẽ super lib. de Sensu & Sensato.

Sẽsus nõ cõprehẽdũt essẽtias rerũ, sicut qdã existimauerũt: sz hoc est alteri⁹ potẽtię, q dr intellectus.

Sẽsus hois cõprehendit itẽtiones indiuiduales omniũ decẽ pdicamentorũ. Idẽ 3. d Aia, c. 6. 10. & 33.

64 Communia autem, motus, quies, numerus, figura, magnitudo: huiusecmodi autem neq; vnius sunt propria, sed communia omnibus: tactui enim motus aliquis sensibilis, & visui, per se quidem igitur sunt sensibilia hæc.

Communia

101 K. *Communia autem, motus, quies, numerus, figura, magnitudo: haec* A *enim nullius sunt propria sed omnium cõmunia. etenim & tactu motus quidam sensibilis est, & visu. Atq; haec quidẽ per se sensibilia sunt.*

Comunia autem sunt, motus, & quies, & numerus, & figura, & quantitas. ista enim non sunt propria alicui, sed communia eis omnia, motus enim sentitur tactu, & visu.

64 Cùm declarauit ex duobus modis essentialibus modum proprium, incœpit declarare communem, & d. ꝙ sunt quinq; motus, & quies, &c. Et hoc quod dixit, ista enim non sunt propria, &c. non intendit ꝙ vnumquodq; istorum quinq; est cõmune vnicuiq; sensuum, vt intellexit Themistius, & ſm quod apparet: sed tria eorum, scilicet motus, & quies, & numerus sunt communia omnibus: figura autem & quantitas sunt communia tactui, & visui tantum. & sic intendit per hoc, quod dixit, sed communia eis omnia. i. sed omnia sunt communia sensibus, nõ omnia omnibus B sensibus. Quoniam autem haec sensibilia, s. propria, & communia sunt attributa sensibus essentialiter manifestum est. non enim possumus attribuere comprehensionem sensuum eis alio modo ab eo, ſm ꝙ sunt sensus. Haec igitur est vna intentio eius, quod est accidentaliter, quod est oppositum ei, quod est essentialiter. ista enim sunt comprehensibilia sensuum ſm ꝙ sunt sensus, non ſm ꝙ sunt aliqui sensus.

Mot⁹, q̃es, et nũer⁹ sunt cõia oib⁹ sensib⁹, figura aũt, & q̃titas sũt cõia tactui, & visui tñ.

Secundum accidens autem dicitur sensibile, vt si albũ sit Diarĳ filius. ſm enim accidẽs hoc sentitur, qm̃ accidit albo hoc ꝙ sentitur. vnde nihil patitur ſm ꝙ huiusmodi est à sensibili. Sensibiliũ autem secũdum se, propria proprie sensibilia sunt. & ad quæ substantia apta nata est vniuscuiusq; sensus.

102 K. *Per accidens autem sensibile dicitur, verbi causa si album sit Diarĳ filius: per accidens enim hoc sentimus, quia accidit albo id quod sentimus: quocirca nihil quatenus tale est à sensibili patitur. eorum autẽ* C *quae per se sunt sensibilia, ea propriè sensibilia sunt, quae propria sunt, & ad quae nata atq; apta est cuiusq; sensus substantia.*

Accidentaliter autem dicitur in re ꝙ est sensibilis. album enim quod est Socrates, non sentitur, nisi accidentaliter. accidit enim ꝙ album, quod sentitur sit iste. & ideo non patitur à sensibili, ſm ꝙ est sic. Ea aũt, quæ sunt sensibilia ꝑ se, & propria, sunt sensibilia in rei veritate. & sunt ea, q̃ sentire est nata sub̃a cuiusq; sensuũ.

65 Cùm declarauit duos modos sensibilium per se, s. propriorum & communium, incœpit declarare tertium modum, qui est sensibilis per accidens, & d. Accidentaliter autem dicitur in re, quod est sensibilis. i. hoc modo. D. d exemplum, & dixit, album enim quod est So. non sentitur, nisi accidentaliter. i. iudicare enim quòd istud album est Soc. est sentire acci-

dentaliter. D.d. causam, & d. accidit enim quod album, quod sentitur, sit D iste. i. & dicimus ꝙ ista comprehensio est per accidens: quia nos non sentimus per visum ꝙ illud est So. nisi sm̃ ꝙ est coloratum: & coloratũ illud

Digressio.

esse So. est per accidens, secundum ꝙ est coloratum. Sed potest aliquis dicere ꝙ siliter accidit ei figura, & numerus, & motus, & quies. quomodo igitur fuerunt numerata ista in eis, quæ sunt sensibilia essentialiter? qm̃, si fuerunt numerata quia sunt communia, similiter etiam intentiones in

Solutio.

diuiduorum sunt communes omnibus sensibus. Et possumus dicere in hoc duos sermones: quorum vnus est, ꝙ ista communicatio magis videtur necessaria in esse propriorum sensibilium, v.g. quantitas. color enim non denudatur ab ea. & similiter calor, & frigus, quæ appropriantur tactui. color enim non est necesse vt sit in So. aut in Platone, neque necessitate propinqua, neque remota. Et etiam sensibilia † communia, vt declarabitur, sunt propria sensui communi, quemadmodum ista sunt propria vnicuiq; sensuum: & comprehẽsio intentionis indiuidualis, licet sit actio sensus communis. & ideo pluries indigetur in comprehensione intentio- B nis indiuidui vti pluribus vno sensu, vt vtuntur Medici in sciendo vitam eius, qui existimatur habere repletionẽ venarũ pluribus vno sensu. tñ vr̃ ꝙ ista actio est sensus cõis non sm̃ ꝙ est sensus cõis, sed sm̃ ꝙ est sensus alicui⁹ animalis v.g. aĩalis intelligentis. Iste igitur est ẽt alius modus modorum secundum accidens, s. ꝙ accidit sensibus comprehendere drĩas indiuiduorum sm̃ ꝙ sunt indiuidua, non sm̃ ꝙ sunt sensus simplices, sed sm̃ ꝙ sunt humani: & præcipue drĩæ substantiales, videtur enim ꝙ comprehensio intentionum indiuidualium, substantiarum, de quibus intellectus consyderat, est propria sensibus hominis. Et debes scire ꝙ comprehẽsio intentionis indiuidui est sensuum: & comprehensio intentionis vniuersalis est intellectus: & vniuersalitas † & indiuidualitas comprehenduntur per intellectum, s. definitio vl̃is, & indiuidui. D.d. & ideo non patit̃, &c. idest & visus non patitur ab intentione sensibile per accidens. qm̃, si pateretur ab aliquo indiuiduo, sm̃ ꝙ est illud indiuiduum, non debet pati ab alio indiuiduo. D.d. Ea aũt, quæ sunt sensibilia per se, &c. i. duorum aũt F modorum rerum sensibilium per se propria sunt ea, quæ prius debent numerari in eis, quę sunt essentialiter: & sunt sensibilia ĩ rei veritate, & essentialiter, cũm ista sunt, quæ sentiuntur primo & essentialiter: illa autẽ licet sentiantur essentialr̃, tñ non sunt prima. D.d. & sunt ea, quę sentire, &c. i. & sunt ea, quæ sunt nata sentiri primo, & essentialr̃ ab vnoquoq; sensuũ: & silr̃ natura, & essentia vniuscuiusq; sensuum est in sentiendo ea.

Color nõ denudat̃ a quãtate. & silr̃ calor, & frigus, q appropriant̃ tactui. Idẽ infra. 155.

† Sẽsibilia cõia sũt ppria sẽsui cõi, oppositũ 3. tex. cõ. 133. Vide cõ. 2um.

Cõphẽsio intẽtionũ indiuidualiũ, de qb⁹ itell̃s cõsyderat, ẽ ppria sensibus ho. Idẽ 2 c. 63. Idẽ, 3. de Aia. cõ. 6. 20. & 33.

* Vl̃itas. & idiuidualitas cõphẽdunt̃ p itellm̃. p hoc vide cõ. 9. 3. de Aia.

De visu, visibilibus, ac medio, perspicuo, ac lumine. Cap. 3.

CVius quidem igitur est visus, hoc est visibile. visibile autẽ est colorq; & ꝙ ratione quidem est dicere, innominatũ autem existit ens. manifestum autem erit ingredientibus maxime. visibile enim est color: hoc autem est in eo ꝙ secũdum se visibile.

A ſibile. ſecundum ſe autem, non ratione, ſed quoniã in ſeipſo habet cauſam eſſendi viſibile.

IO. PH. *Ergo cuius eſt uiſus, id eſt uiſibile. uiſibile autem eſt color, & quod oratione quidem exprimi poteſt, nomine autem caret: uerum in orationis progreſſu maxime perſpicuum fiet quod dicimus. quippe uiſibile eſt color, qui demum eſt id quod in eo eſt, quod eſt per ſe uiſibile: per ſe autem non ratione, ſed quoniam in ſe habet cauſam cur ſit uiſibile.*

Illud igitur, cui attribuitur viſus, eſt viſibile. Viſibile enim eſt color, & ꝙ eſt poſsibile dici, ſed non eſt dictũ. & poſt apparebit ꝙ dicimus magis. Viſibile enim eſt color. & hoc eſt viſibile per ſe. & eſt dicere per ſe, non ſm intentionem, ſed in eo inuenitur cauſa in hoc, ꝙ eſt viſibile.

B 66 Cùm cõpleuit ſermonem vlem de ſenſibilibus, reuerſus eſt ad ſermonem propriũ de vnoquoq; ſenſibili, & primo de ſenſibili viſus, & d. Illud autem cui attribuitur viſus idest, & manifeſtum eſt per ſe ꝙ ſenſibile, quod attribuitur viſui, proprie eſt viſibile. & viſibile eſt color, & ſibi ſimile ex rebus, quæ videntur in obſcuro, quę non habent nomen congregãs in colore, neq; etiam in ſe habent nomen, quod demonſtret de eis illud quod eſt quaſi genus, ſed non poſſunt exponi niſi ſermone compoſito. ver. gra. ꝙ dicamus ꝙ ſunt ea, quæ videntur in obſcuro, & non videntur in luce: vt conchæ. Deinde dicit. & poſt apparebit, &c. ideſt & nos declarauimus modum poſt, ſm quem dicitur quod color, & iſta ſunt viſibilia, ſ. vtrum hęc dicantur æquiuoce, aut ſm prius & poſterius. D. d. Viſibile enim eſt color, &c. i. viſibile enim in rei veritate eſt color, aut eſt illud, quod per ſe eſt viſibile. Et eſt dicere per ſe, non ſecundum primam intentionem intentionum, de quibus dicitur, illud qđ eſt eſſentialiter, &

C eſt modus, in quo prędicatũ eſt in ſubſtantia ſubiecti. ſed ſm intẽtionem ſecundam, & eſt illud, in quo ſubiectum eſt in definitione prædicati. color enim eſt cauſa vt res ſit viſibilis. & per hoc, quod dixit, ſed in eo inuenitur cauſa. intendit ſecundum ꝙ color eſt cauſa, aut in eo inuenitur cauſa, vt aliquid ſit viſibile.

Color ē p ſe viſibi. i. ſcdo mõ dicẽdi per ſe, nõ in primo. idẽ in cõ. ſeq.

Omnis enim color mouens eſt eius quod ſecundum actũ diaphani: & hæc eſt ipſius natura. vnde quidem non eſt viſibile ſine

54 lumine. propter quod de lumine primo dicendum eſt. Eſt igitur aliquid diaphanum.

IO. PH. *Omnis autem color motiuus eſt eius quod eſt actu perlucidum, atq; id eſt ipſius natura. Iccirco non eſt uiſibile ſine lumine: ſed omnis color rei cuiusq; in lumine uidetur: quamobrẽ, de lumine prius quid ſit dicendum eſt. eſt ergo aliquid perlucidum.*

Et quia omnis color est mouens diaphanum in actu. & hoc est natura eius. Et ideo nõ est visibilis absq; luce, sed necessarium est vt vnusquisq; colorum non sit visibilis nisi in luce. Et ideo dicendum est de luce quid est. Et hoc erit in dicẽdo quid est diaphanũ. D

67 Et substantia coloris, & eius essentia, fm quod est visibilis, est illud, quod mouet diaphanum in actu. D. d. & hoc est natura eius, &c. i. & ista descriptio demonstrat naturam & substantiam eius, fm quod est visibilis. Et signum, quod color est mouens diaphanum in actu non diaphanum in potentia, est, quia nõ est visibilis absq; luce, per quam diaphanum in potentia fiat diaphanum in actu. & hoc autem demonstrat quod ipse opinatur quod colores existunt in obscuro in actu. Et si lux fiat necessaria in videndo colorem, non est nisi fm quod facit diaphanum in potẽtia diaphanum in actu, aut opinatur quod lux est necessaria in videre, fm quod colores existunt in obscuro in potentia: & secundum quòd diaphanum potentia indiget etiam in recipiẽdo colorem, vt sit diaphanum in actu. Et Auempace dubitauit in hac descriptione* diaphani, & d. quòd non est necesse vt diaphanum inquantum mouetur à colore, fit diaphanum in actu: quoniã diaphaneitas eius in actu est illuminatio eius: & eius illuminatio est aliquis color. Color enim nihil est, nisi admixtio corporis lucidi cùm corpore diaphano: vt declaratum est in lib. de Sensu & sensato. Et omne recipiens aliquid non recipit ipsum nisi in modo, secũdum quem caret illo. Et hoc coegit eum ad exponendum hunc sermonem alio modo ab eo, quod dixerunt expositores, & dixit, & dicere quòd color mouet diaphanũ in actu. i. mouet diaphanum de potentia ad actum, non quod mouet diaphanum, secũdũ quod est diaphanum. Lux autem necessaria est in videre: quia colores in obscuro sunt in potentia: & ipsa facit eos in actu, vt moueant diaphanum, secundum quòd diaphanum caret luce, aut illo, quod fit à luce, scilicet colore. & ista expositio est valde difficilis, secundum quod sonant eius verba. E

Digressio, q̃ quęritur quo lux necessaria sit colori.

Auẽpace expositio. * coloris.

Oẽ recipiens aliqd nõ recipit, nisi in quãtũ caret eo, qd recipitur. Idẽ. 3. de Aia. c. 4.

Alexan. enim dat rationem, quòd diaphanum in actu mouetur à colore ex hoc, quod apparet. Aer enim videtur multotiẽs coloratus colore, quem videmus mediante aere: vt parietes, & terra colorantur per colorem plantarum apud transitum nubium super eas. Si igitur aer non coloraretur per colorem illarum plantarum, non colorarentur parietes, & terra. Et manifestum est quod color, licet fiat à corpore lucido, tamen differt ab eo definitione, & essentia. color enim vt dicitur est vltimum diaphani terminati. lux autem est complementum diaphani non terminati. Vnde manifestum est quod non de necessitate illud, quod mouetur a colore debet esse non lucidum: sed de necessitate debet esse non coloratum. Nihil enĩ recipit se, aut est causa alicuius in recipiendo ipsum & ista est propositio manifesta per se. & Arist. ea multotiens vtitur, indifferenter: siue mouere necesse, & recipiere fuerint spiritualia, sicut aer recipit colorem: aut materialia, sicut corpus admixtum ex lucido, & diaphano obscuro recipit colorem. Et, cum fuerit possibile quod diaphanũ in actu moueat à colore, F

necesse

Alex. opiõ.

Lux, & color differunt. vide aliã dictam .3. in cõ. 72.

Nihil recipit se, aut est aliquius in recipiendo ipsum. ista propõ est per se manifesta, & Arist. vtitur ea multotiẽs tam in recipiẽte materiali, quàm in receptiõe spũali. vnde hoc cõ. 4. & 5. 3. de Aia.

A necesse est ut hoc sit ei, aut essentialiter, aut accidentaliter. s. aut sm ꝙ est diaphanum in actu, aut sm ꝙ est diaphanum tantum: sed contingit ei ut non moueatur à coloribus, nisi essendo diaphanum in actu. hoc enim est sm ꝙ est diaphanum. & ista est opinio Auempace. Sed manifestum est per se, ꝙ lux necessaria est in essendo colores visibiles. & hoc aut erit, quia dat coloribus formam, & habitum, quo agunt in diaphano: aut quia dat diaphano formam, qua recipit motum à coloribus: aut utrunq;. Et est manifestum quòd quando* consyderauerimus quod dixit Arist. in principio istius sermonis, & posuerimus ipsam propositionem quasi manifestam per se, tunc necesse erit ut lux non sit necessaria in essendo colores mouentes diaphanum, nisi secundum quòd dat diaphano formam aliquam, qua recipit motum à colore, s. illuminationem. Aristo. enim posuit principium quòd color est visibilis per se, & quòd simile est dicere colorem visibile, & hominem risibilem. s. de genere propositionis essentialis, in qua subie-

Opinio Auempacis.

*a. l. considerauerimus

In propositione primi modi dicendi per se predicatum est subiectum, econtra in propositione secundi modi.

B ctum est causa prædicati, non prædicatum causa subiecti: ut cùm dicitur homo est rationalis. & hoc intendebat: cum dixit, sed sm quòd in eo inuenitur causa in hoc, quod est visibile, secundum ꝙ exposuimus. Et hoc concesso manifestum est quòd impossibile est dicere quòd lux est illud, quod largitur colori habitum, & formam, qua fit visibilis, quoniam, si ita esset, tunc comparatio visionis ad colorem esset accidentalis, & secũda nõ prima, s. mediãte isto habitu. visio enim manifestum est ꝙ est aliquid posterius visibili: & quòd eius proportio ad colorem nõ est sicut proportio rationalis ad hominem. Manifestum est igitur ꝙ proportio eius est sicut proportio risibilis ad hominem: & sicut color secundum ꝙ est color est visibilis, non mediante alia forma sibi contingente. Et, cùm ita sit, lux nõ est necessaria in essendo colorem mouentem in actu, nisi secundũ quòd dat subiecto sibi proprio receptionem motus a se. & Arist. videtur quòd non posuit hoc, quod posuit, nisi intendendo dissolutionem istius quæstionis. Et secundum hoc intelligendus est sermo eius, quòd colores mo-

Impossibile est ꝙ lux largiatur colori habitum, & formam.

Color est visibilis nõ mediante alia forma sibi contingente.

C uent visum in obscuro in potentia. lux enim est illud, quod facit eos motiuos in actu. unde assimilat lucem intelligentiæ agenti, & colores phantasmatibus. Quod enim inducitur secundum exemplum, & large, non est simile ei, quod inducitur secundum demonstrationem. de exemplo autẽ non intenditur nisi manifestatio, non verificatio. Et non potest aliquis dicere quòd color non inuenitur in actu, nisi luce præsente. Color enim est ultimum diaphani terminati. Lux aũt nõ est ultimum diaphani terminati. & ideo necessaria non est in essendo colorem, sed in essendo visibilẽ, ut determinauimus. Reuertamur igitur & dicamus ꝙ, cùm declarauit ꝙ color, secundum ꝙ est visibilis, mouet diaphanum in actu: & ꝙ est ista natura eius propter hoc ꝙ est visibilis per se: & quòd impossibile est ut visio sit sine luce, reuersus est ad narrandum illud, quod consyderatum est de istis rebus prius, & dixit sed necessarium est ut unusquisq; colorum, &c. id est sed quia unusquisq; colorum non est visibilis nisi in luce, dicẽdum est prius de luce. lux enim est unum eorum, quibus completur visio. D.d.

Remouet obiectiõnes contra se. De exemplo nõ requirit nisi manifestatio, nõ verificatio. Vide 1. priorũ sectio 3 & 1. posterior. 1. 8 o.

&

& hoc erit in dicendo quid est diaphanum, idest & hoc complebitur nobis in dicendo prius quid est diaphanum. D

¶ Diaphanum autem dico, quod est quidem visibile, non autem secundum se visibile, vt simpliciter est dicere, sed propter extraneum colorem. hmõi autem est aer & aqua, & multa solidorum. non. n. fm φ aqua neq; fm φ aer, diaphanum est: sed quoniã est natura eadem in his vtrisq; & in perpetuo superius corpore.

60 P N. *Id autem appello perlucidum, quod est quidem uisibile, sed ut uno uerbo dicam, non per se, sed propter alienum colorem uisibile. cuiusmodi sunt aer & aqua & complura solidorũ. non enim quatenus aqua, nec quatenus aer, perlucidum est: sed quia eadem inest natura in utroque eorum, & in aeterno illo supero corpore.*

Et Diaphanum est illud, quod est visibile, sed non visibile per se, & simpliciter, sed propter colorem extranei. Et in tali dispositione inueniemus aerem, & aquam, & plura corpora cœlestia. non enim secundum φ aer est aer, neq; secũdum φ aqua est aqua, sunt diaphana. sed propter naturam eandem existẽtem in his duobus & in corpore æterno altissimo. E

68 Cùm narrauit φ oportet prius considerare de natura diaphani, incœpit describere ipsam, & dixit. Et Diaphanũ est illud, quod est visibile, &c. i. Et Diaphanũ est illud, quod non est visibile per se, s. per colorem naturalem existentem in eo: sed illud, quod est visibile per accidens, i. per colorẽ extraneum. Et hoc, quod dixit, manifestum est. & ideo innatum est recipere colores, cùm nullum proprium habeat in se. D. d. non enim fm φ aer est aer, &c. i. & quia diaphaneitas non est in sola aqua, neque in solo aere, sed etiam in corpore cœlesti, fuit necesse vt diaphaneitas non sit in aliquo eorum, secundum illud quod est. v. g. fm φ aqua est aqua, aut cœlum cœlum, sed fm naturam cõem, existentem in omnibus: licet non habeat nomen. & hoc, quod dixit, manifestum est. F

· Lumen autem est huiusmodi actus diaphani, secundum φ est diaphanum: potentia autem in quo hæc est & tenebra, lumen autem vt color est diaphani, secundum φ actu diaphanum ab igne aut huiusmodi, vt quòd sursum corpus: & enim huic aliquid sest vnum & idem quid quidem igitur diaphanum, & quid lumen, dictum est: quia neque ignis est, neq; omnino corpus, neq; defluxus corporis nullius: esset enim vtique aliquod corpus, & sic, sed ignis aut huiusmodi alicuius præsentia in diaphano: neq; n. possibile est duo corpora in eodem esse.

60 P N. *Lumen uero est eius actus, nempe perlucidi quatenus perlucidũ est: in quo ante hoc inest potentia, in eodem tenebra etiam insunt: Lumen*

autem

autem uelati color est perlucidi, quando actu fit perlucidum ab igne aut eius generis aliquo, cuiusmodi est superum corpus. Quid igitur sit perlucidum & quid lumen diximus: nimirum quod nec ignis est, nec omnino corpus, neq; effluxio corporis ullius, (esset enim uel sit corpus aliquod) sed ignis aut alicuius eiusmodi præsentia in perlucido. neq; enim duo corpora simul in eodem esse possunt.

Lux autem est actus diaphani, secundum q̃ est diaphanum. In potentia autem est illud, in quo est hoc, & obscuritas. Et lux est quasi color diaphani, cùm fuerit diaphanum secundum perfectionem ab igne, & similibus, vt corpus superius. in hoc enim existit illud idem. Iam igitur dictum est quid est diaphanum, & quid est lux. & quòd non est ignis, neq; corpus omnino, neq; aliquid currens à corpore omnino. quoniam, si ita esset, tunc secundum hunc modum esset aliquod corpus. sed est præsentia ignis, aut simile in diaphano. impossibile enim est vt duo corpora sint in eodẽ loco.

69 Cùm declarauit naturam diaphani, quod est de luce quasi materia de forma, incœpit definire lucem quod est, & d. Lux autem est actus diaphani, &c. i. substantia autem lucis est perfectio diaphani, secundum quod est diaphanum: aut perfectio istius naturæ communis corporibus. Et hoc, quod dixit. in potentia autem est illud, in quo est hoc, & obscuritas. i. corpus autem diaphanum in potentia est illud, in quo inuenitur ista natura communis cum obscuritate. D. d. Et lux est quasi color diaphani, &c. i. & lux in diaphano non terminato est quasi color in diaphano terminato: cũ diaphanũ fuerit, diaphanũ i actu à corpore lucido naturalr: vt ignis: & similia de corporibus altissimis lucidis. D. d. in hoc enim etiam &c. i. natura enim diaphaneitatis existens in corpore cœlesti semper associatur illi, quod facit eam dispositionem in actu. & ideo nunquam inuenitur cœlũ diaphanum in potentia, sicut ea, quæ sunt inferius, cum quandoq; fit lucidum præsens, & q̃nq; non. ista autem natura cœlestis semper est illuminata. Et ex hoc declaratur etiam q̃ colores non acquirunt habitum à luce. lux enim non est nisi habitus corporis diaphani. N̄ cœlestis semp est illuminata. Idẽ I tẽ. 71.

Videtur autem lumen contrarium esse tenebræ. est autem tenebra priuatio huius habitus ex diaphano. quare palã q̃ huius præsentia lumen est, & non recte Empedocles neq; si alius aliquis sic dixit, quòd feratur & extendatur lumen in medio terræ & continentis, nos autem lateat. hoc enim est & extra eam quæ in ratione veritatem, & extra ea quæ videmus in paruo enim spatio lateret nos, ab oriente aũt in occidens latere, magna multum est quæstio.

SOPH. *Videtur etiam lumen esse contrarium tenebris. sunt uero tenebræ priuatio talis habitus à perlucido. itaq; perspicuum est eius præsentiam* esse

esse lumen.neq; recte Empedocles aut si quis alius perinde locutus est D
ac si lumen feratur, ac demum extendatur inter terram et cœlum am
biens, nos uero lateat.hoc enim est præter ueritatem quæ in ratione posi
ta est, & præter ea quæ apparent.in paruo namq; interuallo forte nos
lateret. latere uero ab ortu ad occasum, magnum admodum po-
stulatum est.

Et existimatur ꝙ lux sit contrarium obscuritati. & obscuritas E
est priuatio habitus à diaphano: declaratur igitur ex hoc ꝙ lux ē
presentia istius intentionis. Et non vere dixit Empedocles neque
alius, si aliquis dixit sicut ipse dixit, quòd lux transfertur, & vadit in tempore inter terram, & circunferentiam. sed imperceptibi
lia à nobis. Iste enim sermo est extra verum, & extra apparentiā,
possibile est. n. hoc non percipi in breui spatio. sed non percipi de
oriente ad occidentem magna est differentia valde.

70 Cùm declarauit ꝙ lux est perfectio corporis diaphani, sm ꝙ est diapha
num, incœpit declarare modum, per quem certificabitur ꝙ lux nō est cor
pus, sed est dispositio, & habitus in corpore diaphano, & dixit. Et existima
tur ꝙ lux est contrarium obscuritatis, &c. & videtur ꝙ lux sit opposita ob
scuritati sm priuationē, & habitum. D. d. declaratur igitur ex hoc ꝙ lux
est præsentia istius intentionis. i. declaratur igitur ex hoc, s. ꝙ obscuritas ē
priuatio lucis in diaphano, ꝙ lux non est corpus, sed est præsentia intētio- F
nis in diaphano: cuius priuatio dicitur obscuritas apud præsentiam corporis luminosi. Et hoc, quod dixit manifestum est. qm̄ subiectum obscuritatis, & lucis est corpus, & est diaphanum: & lux est forma, & habitus
istius corporis. &, si esset corpus tū corpus penetraret corpᵘˢ. D. d. & nō ve
re dixit Empe. &c. i. & nihil dixit Emp. cum dixit ꝙ lux est corpus, & ꝙ pri
mo transfertur, & vadit inter terram, & circunferentiam, deinde transferē
ad terram, sed sensus non percipit propter velocitatem motus. D. d. Iste
enim sermo est extra verum, &c. & iste sermo, s. Empe. est extra rationē.
possibile enim est hoc non sentiri in breui spatio, sed in maximo spatio. s.
ex oriente in occidentem est maxime recedere à ratione.

• Est autem coloris susceptiuum, quod sine colore: soni autem ab
sonum. sine colore autem diaphanum, & inuisibile, autem ꝙ vix
videtur, vt videtur quòd tenebrosum est: huiusmodi autem diaphanum quidem est: sed non cum sit actu diaphanum sed cum po
tentia. eadem enim natura quandoq; quidem tenebræ quandoq;
autem lumen est.

SOPH. *Est autem coloris quidem receptiuum quod colore uacat, soni autem*
quod sono. uacat autem colore, perlucidum, & inuisibile, & quod uix
cernitur: cuiusmodi uidetur esse tenebrosum: tale autem perlucidū est

non

A *non tamen quando actu, sed quando potentia est perlucidum: eadem n. natura modo est tenebrae, modo lumen.*

Et recipiens colorem est illud, quòd non habet colorem: & recipiens vocem est illud, quòd non habet vocem. Quod autem non habet colorem est diaphanum, non visibile, aut illud, quod videtur, secundum ꝙ existimatur de obscuro. & quod est tale, est diaphanum: sed non quando in perfectione fuerit diaphanum, sed in potentia. eadem enim natura forte erit obscuritas, & forte lux.

71 Cùm narrauit ꝙ color est mouens diaphanum, ſm quòd est diaphanum in actu, incœpit dare causam in hoc, & d. Et recipiens colorem est illud, quod non habet colorem, &c. i. & color est mouens diaphanum: quia recipiens colorem debet carere colore: & quod caret colore, est diaphanũ non visibile per se, sed, si dicitur visibile, erit sicut dicitur ꝙ obscurum est visibile, i. est innatum videri, cùm diaphanum sit obscurum. quando lux
B non fuerit præsens. & hoc intẽdebat cũ d. aut illud, quod vr̃ sicut existimat de obscuro. i. aut illud, quod est visibile, ſm ꝙ dr̃ ꝙ obscurũ est visibile. D. d. & quod ẽ tale, est diaphanũ, &c. i. & diaphanũ quod nõ est visibile ꝑ se, non est diaphanum, quod perficitur per lucem, sed diaphanum, quod est in potentia lucidum. D. d. eadem enim natura, &c. i. & diaphanum inuenitur ſm has duas dispositiones: quia natura recipiens diaphaneitatem in quibusdam rebus, recipit vtrunq;. quandoq; enim inuenitur obscura, & qñq; diaphana. Et dixit forte, quia hoc non æqualiter accidit in ista natura, sed tantum in diaphanis generabilibus, & corruptibilibus. Natura autem cœlestis nunquã recipit obscuritatem: nisi hoc, quod existimatur de Luna in eclipsi, & apud diuersitatem situum eius à Sole: si concesserimus ꝙ natura Lunæ sit ex naturis diaphanis, non ex naturis luminosis. & forte Luna est composita ex istis duabus naturis. Docum. Nl cœlestis nunq̃ recipit obscuritaté. Idé I. cõ. 69. vide ꝓ hoc. L. C. c. 48.

C Non omnia autem visibilia sunt in lumine: sed solum vniuscuiusq; proprius color. quædam enim in lumine quidem non videntur, in tenebra autem faciunt sensum, vt quæ ignea videntur & lucentia: non autem nominata sunt vno nomine. vt quercus putride, cornu, capita piscium & squamę & oculi: sed nullius horum videtur proprius color: ꝑp quã aũt causam hæc videntẽ alia ratio.

107M. *Neq; uero omnia cerni possunt in lumine, sed suus cuiusq; duntaxat color. sunt enim nonnulla quae in lumine quidem non cernuntur, in tenebris autem faciunt sensum, ueluti quae ignea apparent, atq; splendent: uacant autem uno nomine, ut fungus, ut cornu, ut piscium capita & squammae, & oculi. uerum nullius horum color cernitur suus. causa autem quam obrem cernantur ad aliam pertinet disputationem.*

Et

Et nõ oĩa videntur in luce, sed ex quolibet color tantum pro- D
prius. Sunt enim quædam, quę non videntur in luce, sed in obscu
ritate faciunt sensum, verbi gratia ea, quæ videntur ignea, & splẽ
descere. & ista non habent vnum nomen, verbi gratia concha, &
cornu, & capita quorundam piscium, & squammæ, & oculi. sed
color proprius non videtur in aliquo eorum. Quare autem ista vi
dentur, indiget alio sermone.

72 Cùm prædixit ꝙ visibilium quoddam est color, & quoddam non color, & est illud, quod non habet nomen commune, & ꝙ proprium est colori, ꝙ non videatur nisi in luce, incœpit dicere ꝙ dispositio illorum aliorum visibilium est econtrario colori, s. ꝙ videntur in obscuro, & non in
luce. Et, d. Et non omnia videntur in luce, &c. i. & non omne visibile videtur in luce, sed tantum hoc est verum, quód color proprius cuiuslibet
visibilis videtur in luce, & indifferenter, siue illud visibile videatur in obscuro, siue non. D. d. Sunt enim quædam, quę non videntur in luce, &c. E
idest & diximus ꝙ non est necesse vt omne visibile videatur in luce: quia
sunt quædam, quæ videntur in obscuro, & non in luce, vt plura animalia,
& conchæ, & cornu, & alia. & omnia ista non habent idem nomen. D. d.
sed color proprius non videtur, &c. idest, sed, licet ista sentiantur in obscuro, tamen color proprius vniuscuiusq; eorũ non sentitur tunc, sed apud
præsentiam lucis tantum: & ideo nõ potest aliquis dicere, ꝙ aliquis color
videtur in obscuro. D. d. Quare autem videntur ista, &c. i. causa autem,
propter quam ista videntur in obscuro, & non in luce dicenda est in alio
loco. Et videtur ꝙ ista videntur in nocte, & in die, quia in eis est parum
de natura lucidi. latet enim veniente luce propter paucitatem eius, sicut
hoc accidit in lucibus paruis cum fortibus. & ideo stellæ non apparent in
die. Et natura coloris est alia à natura lucis, & lucidi. lux enim est visibi
lis per se, color autem est visibilis mediante luce.

Contradictio l. istis verbis, vt q̃a primo d. ꝙ color cuiuslibet visibilis vr in luce, & post subdit, & indifferenter, si illud visibile vr in obscuro siue nõ. nõ mõ si vr in luce cũ quo ergo ẽ posse in obscuro. Vide contra Zim.

Documẽ. Propter q̃d aliqua vr̃r sol̃ i nocte.

Lux est visibilis p se color autẽ ẽ visibilis mediante luce. oppositũ vr dicere l. co. 67. vbi d. ꝙ color ẽ visibilis & mediante alia fora sibi cõtingente. Vide con. Zim.

• Nunc autem in tantum manifestum sit, quoniam quod quidẽ F
in lumine videtur color est. vnde non videtur sine lumine: hoc. n.
erat ipsi colori esse, motiuum esse secundum actum diaphani. act⁹
autem diaphani lumen est. Signum autem huius manifestum: si
quis enim ponat habens colorem super ipsum visum, non videtur. sed color quidem mouet diaphanum puta aerem. ab hoc autẽ
iam continuo existente, mouetur quod sensitiuum est.

Nunc hoc tantum constat, colorem id esse quod in lumine cernitur: 8 0 7 E
quamobrem sine lumine non cernitur: hoc enim erat ipsi esse colori, mo-
tiuo esse eius quod est actu perlucidum: actus autem perlucidi lumen
est: cuius euidens indicium est, nam si quis rem colore præditam appo-
nat visui, non videbit: sed color quidem mouet perlucidum, verbi causa
aerem: ab eo autem ut pote continuo, mouetur sensus instrumentum.

In

A In hoc loco autem tantum apparet, s. ꝙ omne visum in luce est color, & similiter non videtur sine luce. hoc enim etiam est illud, quod fuit in colore, qui est scilicet: quod est illud, quod mouet diaphanum in actu, & perfectio diaphani est lux. Et signum eius manifestum est. qm̄, si posueris aliquod habens colorem super ipsum visum, non videbitur. sed color mouet diaphanum: sicut aer, cum continuatur, mouetur sensus ab eo.

71 Cùm declarauit quid est visibile, s. color, & quid est diaphanum, & lux, incepit dicere summam eorum, quæ declarauit, & d. In hoc autem loco hoc tantum, &c. & hoc, quod dixit, manifestum est, s. istæ duæ propositiones: quarum vna est ꝙ omne, quod videtur in luce, est color. secunda est, e contrario, s. ꝙ omnis color videtur in luce. illa enim, quæ apparent in obscuro, manifestum est quod non videntur fm colorem proprium. D.d. hoc enim etiam est illud, &c. i. hoc enim etiam est illud, quod induxit nos
B ad dicendum cognitionem substãtiæ coloris, fm ꝙ est visibile, ꝙ est illud quod mouet diaphanum in actu. Et intendit per hoc ꝙ ista definitio nō declarat eē coloris, nisi fm ꝙ apparuit nobis ꝙ impossibile est vt color videatur sine luce, & ꝙ lux intrat visionem, fm ꝙ largitur diaphano præparationem vt moueatur à coloribus, non ꝙ largiatur coloribus habitum. & hoc declaratum fuit prius. D.d. & perfectio diaphani ē lux, &c. i. & lux est actus diaphani tantum. Et signum eius, ꝙ lux non habet esse absque diaphano, est quia, si positum fuerit aliquod coloratum super ipsum visum, non comprehenditur: tunc enim nō erit lux inter colorem & visum quia non est illic diaphanum. cùm igitur diaphanum aufertur, aufertur lux: & cùm lux erit, erit diaphanum. D.d. sed color mouet diaphanū, &c. i. sed propter hoc, quod diximus, ꝙ cū color fuerit positus super visum nō videtur, fuit necesse vt visio coloris non compleatur, nisi color moueat
C diaphanum, quod est medium inter ipsum & videns, & medium moueat per suam continuationem cum vidente videntem, vt aer, qm̄, cū copulat cū vidente, mouetur à colore, qn̄ illuminatur, deinde ipse mouet visum.

Illa, q̄ vīr i obscuro nō vīr fm colorē ꝓpriū. Idē i cō. 7 a.

Docum. Lux largit diaphano ꝓparationē vt moueat à coloribus, n aūt largit coloribus habitum. Idē i 67. ac. 69. cō. Idē infra cō. 74.

Non enim bene hoc dicit Democritus qui opinatur, si esset vacuum quod medijū, ꝑspici vtiq; certe, & si formica esset in cœlo, hoc enim impossibile. patiente enim aliquid sensitiuo fit ipsum videre. ab ipso igitur qui videtur colore, impossibile est. relinquitur autem, quod à medio. quare necesse est aliquod esse medium. vacuo autem facto non aliquid certe, sed omnino nihil videbitur. ꝓpter quam quidem igitur causam colorē necesse est in lumine videri, dictum est. ignis autem in vtrisq; videtur, & in tenebra, & in lumine. & hoc ex necessitate. diaphanum enim ab hoc lucidū fit.

• I.R. *Enimuero non rectè hoc dicit Democritus, putans si aeris internallum fiat uacuum, cerni posse exquisite si uel formica in cælo fuerit: nā hoc fieri nequit. uisio enim fit sensitiuo aliquid patiente. ut igitur ab ipso co-*

so colore qui cernitur, fieri non potest: restat ergo ut ab intermedio: D *quamobrem necesse est aliquid esse intermedium. quod si uacuum fiat non modo non exquisitè, sed prorsus nihil uidebitur. causa igitur cur necesse sit colorē in lumine uideri dicta est. Ignis autem in utroq; cernitur, & in tenebris, & in lumine: idq; necessario, nam perlucidum ab eo fit perlucidum.*

Democritus igitur non vere dixit in hoc, q existimauit quod si medium esset vacuum, tunc visio esset magis vera, etiam si formica esset in cœlo. Hoc enim impossibile est, visus enim non fit, nisi quando sensus patitur aliqua passione. sed impossibile est vt visus patiatur à colore: remanet igitur vt patiatur à medio. vnde necesse est vt aliquid sit in medio. Si autem fuerit vacuum, non tantum visio non erit vera, sed nihil omnino videbitur. Iam igitur dicta est causa, propter quam color necesse est vt non videatur, nisi E in luce. Ignis autem videtur i vtroq; s. in obscuro, & in luce & hoc necesse est. diaphanum enim per hoc est diaphanum.

74 Cùm declarauit q actio visus non perficitur, nisi per diaphanum medians, per signum q si color fuerit positus super visum non videtur: & ẽt, quia visus non perficitur nisi per lucem, & lux non inuenitur, nisi in diaphano medio, incœpit reprehendere Democritum, dicentem q, si visus esset in vacuo, tunc esset magis vera. Et d. Democritus, &c. i. &, cùm declaratum est q visio non fit nisi per medium, non recte opinabatur Democritus quod, si visio esset mediante vacuo, tunc esset magis vera. D. d. Hoc enim impossibile est, &c. i. hoc enim, quod dixit, q visio magis perfecta erit in vacuo, impossibile est. Et signum eius est, quod iam declaratum est q visus, secundum quod est virtus sensibilis, mouetur, & patitur à F colore, & color mouet ipsum. Et impossibile est vt visus patiatur, & moueatur à colore, si corpus coloratum fuerit extra visum, nisi ita q illud coloratum prius moueat medium sm tactum, & medium moueat visum. &, si vacuum esset inter visum & visibile, tunc non posset mouere visum. omnis enim habitus existens in corpore non agit nisi secundum tactum. Si igit ultimũ motũ non tãgit à motore, necesse est vt inter ea sit mediũ, quod reddat passionem: & illud medium erit tactum, & tangens. primum autem erit tangens non tactum, & motum postremum tactum non tangens. vnde necesse est vt visibile patiatur à medio, non à vacuo, sicut existimauit Democritus. Et hęc est demonstratio, q visio impossibile est vt fiat per vacuum, non q visus impossibile est vt fiat nisi per medium. Potest enim aliquis dicere quod, si necessitas ad essendum medium esset propter sensatum esse distinctum à sentiente, tunc necesse esset vt, cum sensatum tangeret visum, quod sentiret ipsum. sed non est ita. & ideo non intendit Arist. per hunc sermonem quod visus indiget medio necessario,

Impos̃e ẽ vt visus patiatur, et moueatur a colore, si corpus coloratum fuerit extra visum; nisi illud coloratum prius moueat medium sm̃ tactum & mediũ moueat visum. idẽ 8. cõ. 73. idẽ 7. ph. cõ. 12.

B sed declarare quòd, cum sensibilia fuerint distincta ab eo, impossibile erit ut sit per vacuum: ut existimauit Democr. Et est sustentatus super hoc, ꝙ sensus indigent medio necessario. s. quia sensibilia, cùm fuerint posita sup eos, non sentient: & ꝙ visus etiam non erit nisi per lucem, & lux non inuenitur, nisi per medium. D. d. Iam igitur dicta est causa, &c. i. &, cùm declaratum est ꝙ, visus necessario indiget medio, declarata est per hoc causa, ꝓpter quam color non videtur nisi in luce, & est quia non videtur nisi per medium. Et hoc demonstrat ꝙ ipse non opinatur ꝙ causa in essendo lucem in visione est ut faciat colores, in actu: sicut quidam opinati sunt. Deinde dicit. Ignis autem videtur in vtroq;, &c. idest, & ignis videtur in obscuro, & luce: quia congregatum est in ea vtrunq;, scilicet, quia facit medium diaphanum in actu. secundum ꝙ est lucidum, & mouet ipsum, secundum ꝙ est color in corpore.

Eadem autem ratio est de sono & de odore: nihil enim ipsorum tangens sensitiuum sensum facit: sed ab odore quidem & sono me-

B dia mouentur, ab hoc autem sensitiuum vtrunq;. cum autem sup ipsum sensitiuum aliquis apponit odorans aut sonans, neq; vnū sensum faciet. De tactu autem & gustu habet se similiter, non autē vī: propter quam autem causam, posterius erit manifestum.

107R. *Eadem de sono & odore ratio est: nihil enim eorum tangendo sensorium, efficit sensum: sed ab odore quidem et sono mouetur intermediū, ab eo autem instrumentum utrumq;. si autem aliquis ipsi instrumento rem apposuerit olentem aut sonantem, nullum sensum faciet: De tactu etiam & gustatu pari quidē modo res habet, sed non apparet: causa autem post declarabitur.*

Et iste sermo idem est de voce etiam, & de odore. nullum enim eorum, si tetigerit suum sensum, facit sentire. sed medium mouetur ab odore, & à voce, & ab isto mouetur vtrunq; sensuum. si igi-

C tur tu posueris super ipsum sensum aliquid habens vocem, aut habens odorem, non faciunt omnino sentire. Et similiter est de tactu & gustu, sed hoc non apparet: & post declarabimus cām in hoc.

75 Cùm declarauit ꝙ sensus visus non fit nisi per medium, incepit dicere etiam ꝙ per istam eandem declarationem tres sensus necessario indigent medio. & sermo eius est manifestus. Et per hoc, quòd dixit, & similiter est de tactu, & gustu, intendit & opinio nostra in sensu tactus, & gustus in hoc, quòd indigent medio, est sicut opinio nostra in alijs sensibus licet illi duo sensus videantur sentire, cùm sua sensibilia fuerint posita super eos. & ideo non ita manifeste videntur indigere medio, sicut illa tria alia. Deinde d. & post declarabimus causam in hoc, i. causam, propter quam sensus tactus, & gustus sentiunt sensibilia posita super ipsa: & non est sic de tribus sensibus alijs.

Medium autem, sono quidem, aer est, odori autem, innominatum ē. Communis enim quędam passio est ab aere & aqua, sicut diaphanum colori, sic & habenti odorem quod est in vtrisq; his. Videtur enim animalium aquatica habere odoris sensum. sed homo quidem & pedibus ambulantium quæcunque respirant, impossibilia sunt odorare, nisi respirantia. causa autem & de his posterius dicetur. D

SOPH. *Intermedium autem sonorum quidem, est aer: odoris autem uacat nomine. nam in aere & in aqua communis est quædam affectio, ut res perlucida colori, sic colore pradito, id quod in utrisq; his inest: nam & aquatilia animalia habere sensum odoris uidentur: sed homo quidē & inter pedestria quæ spirant, nisi spiritum trahant, olfacere nequeunt: quorum etiam causam post reddemus.*

Et medium in voce est aer, in odore autem non habet nomen. est enim aliqua passio communis in aere, & in aqua. est & in odoratu quasi diaphaneitas in colore, & propter hoc inuenitur ex vtroq;. Animalia enim habitātia in aqua habent sensum odoratus. sed homo, & omnia animalia ambulantia anhelantia nō possūnt odorare sine anhelitu. Et post dicetur causa in istis rebus. E

76 Dicit φ medium in voce est aer, non aqua: quia animalia, quæ sunt in aqua, non sentiunt, vt mihi videtur, nisi per voces cadentes in aere ex aq̄. apparet enim φ vox non fit ex percussione corporum in aqua, econtrario de odore. D. d. in odore autem non habet nomen. i. natura autem recipiens odorem. s. quæ est in medio, non habet nomen, sicut habet natura, quæ recipit colorem in aqua, & in aere, s. hoc nomē diaphanum. D. d. est enim aliqua passio cōis, &c. i. apparet enim ex hoc φ, receptio odoris non est aeris sm φ est aer, neq; aqua sm φ est aqua, sed aliquam passionē esse in natura cōi eis. & illa natura innata est recipere odores extraneos. & hoc erit vt nō habeat in se odorem omnino, quemadmodum diaphanū est natura, quæ recipit colores extraneos, sm φ non habet colorem proprium. Et hoc demonstrat φ ipse non opinatur φ odor sit corpus dissolutum in aere ab odorabili, sed est qualitas aliqua, per quam illa natura innata est perfici: sed odor non perficitur per illam, quemadmodum diaphanum per colorem, sed color non per diaphanum. Et sicut color † habet duplex esse: quorum vnum est in diaphano non terminato, & est illud, in quo est extraneum: & aliud in diaphano terminato, & est esse eius naturale: sic odor habet similia hæc duo esse. s. esse in humido saporabili, & est eē naturale: & esse in humido non saporabili, & est esse extraneum. Et post declarabimus hoc, cū locuti fuerimus de hoc sensu. D. d. & pp hoc inuenitur ex vtroq;. i. pp hanc naturam cōem inuenitur odor ex vtroq; elemento. s. aqua, & aere. Animalia enim aquatica habent sensum F

Documentum. Arist. nō opinatur φ odor sit corpus dissolutū in aere ab odorabili. 3 de C. cō. 97. & 104

† Color habet duplex eē, vnū est nāle. & aliud extraneū. 3 de C. co. 97. 112

odoratus,

A odoratus, & non est dubium, quin hoc fiat mediante aqua. D. d. sed homo, & omnia animalia ambulantia, &c. & intendebat per hoc declarare q pisces odorant absq; anhelitu. & hoc non est impossibile, sicut odorant plura animalia habitantia in aere, non anhelantia sine anhelitu. Deinde dicit. Et post dicetur causa in hoc. idest quare quædam animalia odorent per anhelitum, & quædam non.

De auditu, sono, ac medijs. De ipsa Echo: ac etiam de Voce. Cap. 4.

NVnc autem primum de sono & olfactu determinemus. Est autem duplex sonus: hic quidem enim actu: alius autem potentia. alia enim non dicimus habere sonum, vt spongiam, lanam, & pilos. quædam autem habent, vt æs: & quæcunq; plana & lenia sunt: quoniam possunt sonare: hoc autem est ipsius medii & auditus facere sonum actu.

B

10 F H. *Nunc de sono primum et auditu differamus. Duplex est sonus, unus actu, alter potentia: quædam enim non habere sonum dicimus, ut spongiam, lanam: quædam habere, ut æs, & quæcunq; solida sunt & lenia, quia possunt sonũ edere, idest inter se & auditũ actu sonũ efficere.*

In hoc autem loco determinemus primo de voce, & de odore. Et dicamus q vox est duplex. est enim in actu, & est in potentia. sunt enim quædam, quæ non dicuntur facere sonum, vt spongia, & lana. & quædam dicuntur habere sonum, vt cuprum, & omne durum. lene enim potest facere sonum. & hic potest facere inter ipsum, & auditum sonum in actu.

17 Videtur ordinare consyderationem de virtutibus sensus ſm nobilitatem, non ſm naturam: & ideo præposuit sermonem de visu alijs sensibus, deinde de auditu, deinde de odoratu. Et sermonis eius in hoc capitulo abbreuiatio est. & quædam habent sonum, vt res duræ, & quædam non, vt molles. & habentium sonum, quædam dicitur habere sonum in actu: & quædam in potentia. Ari. ordinauit cōsyderationē de virtutibus sensus ſm nobilitaté, non ſm naturā. Idem 3. c.101.

C

Fit autem qui secundum actum sonus, semper alicuius ad aliquid & in aliquo. percussio enim est faciens. vnde impossibile est cum sit vnum, facere sonum: alterum enim est verberans, & quod verberatur. Quare sonans ad aliquid sonat. tangit enim aliquid: cum autem ictu tangitur, sonat: ictus autem non fit sine motu. sicut autem diximus, non contingentium ictus, sonus est. nullus. n. sonum faciunt pili & si percutiantur: sed æs, & quæcunq; lenia & concaua sunt: æs quidem quoniam lene est, concaua autem ex repercussione faciunt multos ictus post primum, impotentis exire quod motum est.

11 F H. *Fit autem actu sonus semper alicuius ad aliquid & in aliquo: ictus*

enim est qui efficit:itaq; fieri non potest,ut si unum sit,sonus fiat: aliud D
enim est quod uerberat,aliud quod uerberatur . quare id quod sonat ad aliquid sonat: ictus autem non fit sine latione.uerum ut diximus nō quo
a.l. sine ea pcutiat siue percutiatur. *rumuis ictus, sonus est.nullum enim sonum edit lana si percutiatur,sed aes,& quaecunq; laeuia & concaua sunt.at quidem quia laeue est:conca ua autem refractione multos post primum ictus efficiunt , dum quod motum est exire non potest.*

Et sonus in actu semper fit per aliquid & apud aliquid,& in aliquo.percussio enim est illud,quòd agit. Et ideo impossibile est, q fiat sonus ab aliquo vno.percutiens enim est aliquid,& percussū est aliud. vnde necesse est, vt faciens sonum non faciat sonum , nisi apud aliquid.& percussio non fit sine motu,& translatione. Et sicut diximus,sonus non est percussio cuiusq; corporis. sicut vellera lanae,cum fricantur,non faciunt sonum omnino : sed cuprum, & omne lene concauum.cuprum autem,quia est lene:corpora au E
tem concaua,quia per reflexionem faciūt plures pcussiones post primam propter prohibitionem exitus.

78 Et intendit per aliquid,percutiens:& apud aliquid,percussum:& per in aliquo medium,s.aerem,& aquam.& quod dicit in hoc capitulo, manifestum est. Et abbreuiatio eius est q sonus fit à percutiēte, & à percusso ,& ab aliquo,in quo percussio cadit. percussio enim est actio : ergo habet agens.s.percutiens,& materiam,s.percussum. Et, quia percussio est motus localis,non fit nisi in aqua & aere.qm impossibile est vt fit in vacuo : vt declaratum est in sermonibus vniuersalibus. Percussum autem,ex quo fit sonus,est duobus modis,aut lene durum , sicut cuprum , aut concauum: Sonus igitur fit à leni propter expulsionem aeris apud percussionē à par- F
tibus eius aequaliter. & hoc intendebat,cū d. cuprum autem, quia est lene. qm ita est de sono in hac intentione, sicut de reflexione radiorum. s. q fortiter apparet in corporibus duris , quia aequaliter existit in eis, qua propter congregatur in eis vna actio:vt homines,qui attrahūt ponderosum. à corporibus autem concauis propter reflexionem aeris in eis frequenter, quia non potest exire aer ab eis:& sic expellitur, sicut pila expellitur à pariete.& hoc intendebat per reflexionem. Et debes scire q sonus non fit
Docum. in aere,ita quòd aer,qui expellitur à percutiente,mouetur per se singulariter,donec perueniat ad auditum. Sed debes scire quòd illud,quod fit in aere de percussione corporum adinuicem,est simile ei,quod fit in aqua, quando lapis proijcitur in aquam de circulatione,s. quia fit in aere apud percussionem figura sphaerica , aut prope sphaericam : cuius centrum est locus percussionis per expulsionem aeris ab illo loco aequaliter, aut prope. Et signum eius est,q possibile est audiri in quolibet puncto aeris, cuius remotio à percutiente est eadem:& est remotio naturalis actus, à cu-

ius

A hus remotiori non potest audiri illa vox: & ideo omnis percussio habet sphaeram terminatam. sic est de odore, & de colore, s. quia mouent aerem ex omnibus partibus secundum istam figuram sphaericam.

Omnis percussio habet sphaeram terminatam & sic est de odore, & colore. cōsimile hēt infra cō. 97.

Amplius auditur in aere & in aqua, sed minus in aqua. non est autem soni proprius aer neque aqua: sed oportet firmorum fieri percussionem ad inuicem & ad aera. hoc autem fit cum permaneat percussus aer, & non soluatur. unde si velociter & fortiter percutiatur, sonat: oportet enim praeoccupare motum ferientis fracturā aeris: sicut si congregationem aut cumulum lapillorum percutiat aliquis saxum velociter.

101 H. *Praeterea & in aere auditur & ī aqua, sed minus. Neque vero penes aerē soni potestas est, nec penes aquā: sed oportet solidorū inter se & cū aere conflictionem illumque fieri: quod tum contingit, cum percussus aer perstiterit, nec dissipatus fuerit. itaque si celeriter & uehementer per-*

B *cutiatur, sonum edit: oportet enim ut motus ferientis anticipet dissipationem aeris, non secus ac si quis arenae cumulum, aut certe arenam perpetuo lapsu praecipitantem celeriter diuerberet.*

Et etiam auditur in aere, & in aqua, sed minus. Et aer, nō solus sufficit in sono: neque aqua. sed indigetur vt percussio sit à corporibus solidis in inuicem, aut ad aerem. & hoc erit, quando fuerit aer fixus ad recipiendum percussionem, & non diuidetur. Et ideo, cū aliquid fuerit percussum velociter, & fortiter, faciet sonum. necesse est enim vt motus percutiētis antecedat diuisionem aeris, vt homo si percusserit cumulum arenae.

79 Cùm declarauit q percussio fit per aliquid, apud aliquid, & in aliquo, & declarauit ea, per quae fit percussio, & secundum quae, incoepit declarare illud, in quo fit percussio, & dixit. Et ēt auditur in aere, & in aqua, sed mi-

C nus. i. sed aqua minus reddit vocem fortiter quā aer. D.d. Et aer non est solus sufficiens in sono, &c. i. & aer non sufficit vt fiat sonus absque aliquo pcussio: neque aqua ēt sufficit in hoc: sed indiget vt in aere fiat pcussio à corporibus solidis in inuicē, & in ipso aere. D.d. & hoc erit, qn̄ aer fuerit fixus, &c. i. & sonus fit, qn̄ percussio fuerit à solidis corporibus ad inuicē, & in ipsum aerē: & fuerit percussio ipsius aeris p velocē motū, ita q praecedat motū aeris: & fuerit pcutiens habens latitudinem, & quantitatē: qm̄ resistet tunc ei aer. cū. n. percutiens, & pcussio fuerint talia, continget vt aer videatur quasi fixus, & non diuisus. s. quando percutiens non fuerit diuisum: & motus eius non fuerit tardus. D.d. Et ideo, cùm aliquid fuerit pcussum, &c. i. & signum eius, q sonus non fit, nisi quando motus percutientis fuerit velocior diuisione, est q, cum aliquid fuerit percussum ex eis, quae non sunt innata facere sonum fortiter, & velociter, fiet sonus. vt accidit, quando homo percusserit cumulum arenae fortiter, & velociter

Contradictio hic & 1. cō. 74. qa ibi vr q medium, in quo fit sonus, est aer tm̄, nō aqua. & idē hēt infra. c. 81. hoc vero cō. hēt oppositum. Vide eū Zim.

& propter hoc, quod dixit accidit, q ea, quæ sunt velocis motus, faciunt sonum in aere, licet non percutiant aliud, vt motus corrigiæ in aere. D

Echon autem fit cum ab aere vno facto, ppter vas determinãs & prohibens diffundi, iterum aer repellitur sicut sphæra. videtur autem semper fieri echon, sed non certus: quia accidit in sono sicut & in lumine. etenim lumen semper repercutitur. neq; enim fieret penitus lumen sed tenebra, extra solem. sed non sic repercutit sicut ab aqua, aut aere, aut ab aliquo alio lenium: Quare tenebrã facit qua lumen terminamus.

SOPH. *Echo autem fit cum ab aere, qui propter uas quod eum terminauit fuatiq, prohibuit unus efficitur, retro aer ueluti pila pulsus fuerit. uidetur aut semper Echo fieri, sed non clara. quandoquidem ut in lumine sic usu uenit in sono: etenim semper lumen refringitur: alioqui non fieret ubiq; lumen sed tenebræ, extra locum à sole illustratum: sed non ita refringitur, ut ab aqua uel aere uel quouis alio læuium, ut umbram efficiat, qua lumen terminamus.* E

Echo autem fit ex aere, quando fuerit vnus propter vas, à quo continetur, & prohibetur à diuisione, quando aer reuertetur, & expelletur ab eo quasi sphæra. Et forte echo fit semper, sed nõ manifeste. Accidit enim in sono, sicut accidit in luce. Lux enim semp reflectitur. &, si non esset ita, non esset in omni loco, sed obscuritas esset semper extra locum, super quem cadit Sol. sed nõ reflectitur sicut reflectitur ab aqua, & à cupro, & ab aliis corporibus leuibus
80 ita quòd faciat vmbram, & est illud, per quod venit lux.

Cùm declarauit ea, ex qbus fit sonus, & qõ fit, incœpit declarare quoddã accidens soni, quod dr echo: & est iteratio soni, cõseruando suam figuram, vt accidit in domibus nõ habitatis. Et.d. Echo aũt, &c.i. echo fit ex aere, qui fit vnus.i. terminatus, & inclusus p illud, à quo continet, & prohibet ab extra. qñ, cũ motus eius à primo percutiente pficit, percutit aer à lateribus eius, à quo continet: & pcutit ipsum secunda pcussione silẽ primæ pcussioni, quæ fecit sonũ: & sic audit idẽ sonus iteratus ei, quasi rñdẽs primo. Et assimilauit istud sphæræ expulsæ. qm, qñ sphæra expellit, contingit in ea motus silis primo motui: & echo audit post primũ sonũ, quasi rñdens: quia iã declaratũ est q inter oẽs duos motus est quies. Et non est intelligẽdũ ex hoc, quod dixit, fit ab aere, qñ fuerit vnus, q fiat ex vno aere, quia est distinctus p motũ ab aliis partibus aeris, vt lapis, qñ proiicitur, aut pila: sed oportet intelligere q intendit per vnũ aerẽ, vnũ, quia est terminatũ, & cõtentũ à vase. Aer. n. qui est talis, cũ in eo cõtigerit aliqua passio, & motus fortis: cõtinget tũc à pcussione sile ei, quod cõtingit à iactu lapidis in aqua, s. q ille motus non perficitur p ipsum terminãs: qua- F

Iã ẽ declaratũ q in aer omnes duos motus ẽ quies. p hoc uide 8. ph. c. cõ. 61. 62. 63. 64. 65. & 66.

propter

A propter percussionē factam à lateribus vasis terminantis: & sic cōtingit alia passio similis primæ, quapropter ille sonus iteratur. Arist. igitur assimilauit aerem in hoc motui sphæræ: quæ, cū proiicitur, expellitur mota ab eo, quod occurrit, qm̄ motus suus nō perficitur expulsioni sensi primæ, nō sm̄ q̄ vna pars aeris est illa, cui accidit secūdo ista reflexio, & expulsio. D. d. Et forte echo semper fit, sed nō manifeste. & innuit per hoc quod motus sphæræ fit in aere apud percussionē. Talis. n. motus nō fit in aere à percussione, nisi motu reflexionis. Percutiens. n. primo expellit aerē in directo eius ad partem, ad quā mouetur percutiens: &, nisi partibus aeris acciderit motus cōuersionis, nō fieret iste motus ex oībus partibus rei percussæ æqualiter, aut prope, ita q̄ ex hoc fieret figura sphærica, aut prope, cuius cētrū est res pcussa. & dixit. Et forte echo fit semp. i. & forte cā, ppr quam fit echo. s. cōuersio, semp est in sono, sed debiliter. Cū. n. fuerit ita fortis q̄ faciet passionem permanentē in aere, aliam numero à prima passione, & similem ei in qualitate, tunc fiet echo. D. d. sicut accidit in luce. Lux. n. reflectitur, &c. i. & hoc, quod accidit in sono, simile est illi, quod accidit luci. Lux. n. habet duas reflexiones, fortem, & debilem. Fortis enim facit lucē secūdā, & est cōuersio, quæ fit à corporibus tersis: & est similis reflexioni, q̄ facit in aere sonū scdm, qui est echo. Scda aūt est lux debilis, pp quā vīr res in vmbra: & est silis cōuersioni, p quam audit homo sonū suum, & est illud, quod nō peruenit ad hoc, q̄ fit sicut cōuersio, quæ fit ab aqua, & cupro, quæ facit secundā lucem in parte opposita primæ luci, sicut cōuersio fortis facit in aere secūdā vocē in parte opposita primæ voci. Et illud, per quod scimus hāc cōuersionē lucis, sicut dixit, est quia videmus in loco, super quē nō cadit sol. Lux. n. innata est exire à lucido sm̄ rectas illuminationes ad partē oppositam lucidæ parti ex corpore luminoso, sicut declarauerunt facientes libros aspectuū. Si igitur non esset illic cōuersio, tunc obscuritas esset in omnibus partibus præter partē, cui opponitur radii. quēadmodū, si mot' aeris, q facit sonū, esset i parte, i qua ipellitur à pcutiēte tm̄, tūc sonus nō audiretur, nisi ab eo, q est in illa parte

C tm̄. sed sonus audit in oībus partibus rei pcussæ. & iō scimus q̄ illud, quod cōtingit luci de figura sphærica, sile est ei, quod cōtingit motui percussionis in aere. Scdm hoc igitur est intelligēda cōsimilitudo inter has duas reflexiones. Corpus aūt, cū fuerit luminosum ex oībus partibus, nō est dubiū q̄ faciet sphærā lucidā. & hoc declaratū est in aspectibus. Dria igitur inter hāc sphærā, & primā, est q̄ lux est in ista cōsimilis, & in illa diuersa sm̄ fortitudinē, & debilitatē. Et vr̄ ēt q̄ sphæra lucis facta à corpore luminoso ex vna suarū partiū, cū hoc q̄ est nō cōsimilis sibi in luce, est ēt non pfectæ rotūditatis. i. q̄ lōgissima diameter est illa, q̄ exit à corpore luminoso ad circūferētiā in parte, cui opponunt radij: & breuissima i pte opposita: & est pars, q̄ est spissioris vmbrę oībus ptibus, & paucioris lucis.

Lux hēt duas reflexiones, fortem, & debilem.

Vacuum enim recte dicitur proprium audiendi. videtur enim esse vacuum aer, hoc autem est faciens audire cum moueatur continuus & vnus: sed propter id q̄ frangibilis est, non sonat, nisi le-

ne fit quod percutiatur. tunc autem vnus fit. simul enim propter B
planum. vnum enim est lenis planum.

SOPH. *Penes uacuum autem recte dicitur esse audiendi potestas: nam aer uidetur esse uacuum: is autem est qui audire facit, cum mouetur continuus et unus: uerum quia friabilis est, non personat, nisi res percussa sit leuis: tunc autem unus fit simul propter planum: unũ.n. est leuis planũ.*

Recte igitur fuit dictum ꝙ vacuum prodest in auditu. existimatur enim ꝙ aer sit vacuum. & hoc est quod facit audire, cũ mouebitur continuum, & vnum. Sed non p̄p̄ hoc, quod est obediẽs. non.n. fit nisi percussum fuerit lene. & tunc sonus fiet vnus. qm̃ venit insimul à superficie eius, superficies enim lenis est vna.

Cùm declaratum est ex hoc ꝙ, aer est materia soni, ꝙ impossibile ē fie
81 ri nisi per illum, non errauit ex hoc modo, qui dixit ꝙ sonus fit p̄ vacuũ, cũ credebat aerem esse vacuum, & si errauerit, inquantum credebat aerẽ esse vacuum. Ipse igitur laudat eos, quia recte dixerunt vno modo: licet E errauerint in existimatione sua. D.d. Sed non propter hoc, quod est obediens, &c. i. & aer est illud, quod facit audire, cum mouebitur vnum continuum. sed iste motus non inuenitur ei vnus, & continuus, sm̃ quòd est obediens tantum, & rarum: sed cum percussum fuerit corpus lene. Et, cũ dedit causam, propter quam motus sit vnus, & continuus: & est quòd percussum sit corpus lene, dedit causam in hoc, & d. & tũc sonus fiet vnus, &c. i. & dicimus ꝙ necesse est in fiendo sonum vt percussum sit lene: quia vnus sonus non fit nisi ab vno motu, quando corpus percussum fuerit le-

Qñ corpꝰ percussum fuerit lene, sonus erit vnus. ydem sẽ-pra.c. 78.

ne. tunc igitur motus, qui fit in aere, fit ab vna percussione: quoniam insimul expelluntur partes aeris à superficie eius, quoniam superficies rei lenis est vna: quapropter & percussio, erit vna, quapropter & sonus erit vnus. superficies autem à sphæra non est vna, sed plures superficies. quapropter percussio erit plures: quapropter sonus non fiet illic omnino propter diuersitatem, & vniformitatem earum. &, quia vna earum non sufficit in faciendo sonum, nec omnes insimul, fiunt vna percussio. F

Sonatiuum quidem igit̃, quod motiuum vnius aeris continuitate vsq; ad auditum. auditus autem cõnaturalis est aeri. propter id autẽ ꝙ in aere est, moto exteriori quod intra mouetur: propter quod quidem non vbiq; audit animal, neq; vbiq; penetrat aer. non enim vbiq; habet aerem mouenda pars, & animatum, sicut pupilla humidum.

SOPH. *Sonatiuum igitur est, quod continuatione unum aerem usq; ad auditum mouere potest. porro autem in auditu inest aer quidam natiuus: sed quoniam in aere est, moto externo mouetur internum: quamobrem animal qualibet sui parte non audit, neq; quouis permeat aer: neq; enim ubiq; habet aerem pars mouenda & animatã.*

alii hoc loco interponunt hæc uerba, sicut pupilla humidũ.

A Habens igitur sonum est mouens vnum aerem sm continuationem, quousque perueniat ad auditum. Et auditus est copulatus cum percussione, quia est in aere. Et ideo non in omni loco audit animal, neque in omni loco transit aer. membrum enim motum, & anhelans non in omni loco habet hoc, sicut dispositio videntis, apud humorem.

81 Cum declarauit dispositiones, quibus fit sonus, scilicet dispositiones percutientes, & percussi & aeris, incœpit declarare quomodo fit copulatio soni cum auditu ab istis rebus, & d. Habens igitur sonum, &c. idest necesse est igitur ex hoc, quod declarauimus, vt agens sonum sit mouens vnum aerem motum vno motu continuo, quousq; perueniat ad auditum. Et intendit per hoc, quod dixit vnũ, non vnum pp distinctionem ab alijs partibus aeris, sed vnum pp vnũ motum cõtinuum. D.d. Et auditus est copulatus, &c. i. & sensus auditus copulatur cum sono: quia in eo existit

B aer continuus cum aere extrinseco: qui si non esset, nihil sentiret. D.d. Et ideo non in omni loco, &c. i. &, quia necesse est vt in hoc sensu sit aer continuus cum aere extrinseco, in quem cadit percussio, ideo animal non potest audire in omni loco, sed in locis, in quibus nihil diuidit inter aerẽ percussum, & aerem in sensu auditus: neq; ex omni membro auditur, sed ex membro, in quod transit aer, s. auris. D.d. membrum enim motum, & anhelans, &c. i. ita est de hoc, quod animal non audit, nisi ex membro proprio, sicut de anhelitu, & visu. membrum enim per quod anhelatur, non est quodcunq; membrum sit, sed membrum proprium, scilicet pulmo. & similiter est dispositio videntis in comparatione ad humorem glacialem, s. q̃ visio nõ aptatur, ei nisi per membrum, in quo est humor diaphanus, aptus ad recipiẽdum colores, v. g. humor glacialis, & ideo animal carens istis instrumentis caret istis sensibus. Hic cõmẽtator videtur ponere visum fieri in humore glaciali.

Per se quidem igitur insonabilis aer, propter id quod facile cessibilis est. cum vero prohibeatur diffluere, huiusmodi motus so-

C nus est. hic autem est in auribus ædificatus, cum hoc q̃ immobilis sit quatenus certe sentiat oẽs differentias motus. propter hoc autem & in aqua audimus, qm̃ non ingreditur ad ipsum connaturalem aerem, sed neq; in aurem propter reflexiones ipsius. cum autem hoc accidit non audit. neq; si miringa laboret: sicut quę in pupilla pellis cum laboret.

IOAN. *Aer igitur ipse soni expers est: propterea quòd est friatu facilis: cũ autem prohibetur friari, tunc motus eius est sonus. is porrò qui in auribus est situs, propterea intus est conditus, ut sit immobilis, nimirum ut exquisite sentiat omnes motus differentias: quo fit ut etiã in aqua audiamus, quoniam non penetrat in ipsum natiuum aerem, sed ne in aurem quidem propter anfractus: quod cum contigerit, nõ audit: neq; etiã si mem-*

si membrana ægrotauerit: quemadmodum pellis ea qua pupilla obtegitur, cum ægrotauerit. M

Hoc igitur ipsum non habet sonum, s. aer, quia est velocis diuisionis. cum igitur prohibetur a diuisione, tunc motus eius erit sonus. Aer autem, qui est in auribus, fuit positus in eis non motus, vt sentiat perfecte oēs modos motus. Et propter hoc audimus et in aqua: quia non intrat super ipsum aerem copulatum, cum non intrat, neq; in aure propter sphæram. Et, cum hoc acciderit, nō audiemus: neque etiam cum acciderit matri cerebri occasio, sicut dispositio cutis, quæ est super visum, quando accidit occasio. Et quod accidit de destructione auditus per introitum aquæ super istū aerē. Istud idē accidit ex introitu aeris extrinseci sup ipsum. & scias hoc.

81 Cum declarauit q per aerē fit q sonus copulatur cum sensu, & q ipse est elementum proprium isti sensui, sicut est etiam elementum proprium sensui visus, incœpit declarare modum, sm quem aer recipit sonum, & d. Hoc igitur ipsum non habet sonum, scilicet aer, &c. idest & aer est recipiens proprium sonum, quia non habet in se sonum, cum in ipso non fit motus, qui faciat sonum. & cā in hoc est, quia est velocis diuisionis hoc: & hoc in aere simile est in diaphano. quemadmodum enim si diaphanū haberet colorem, non reciperet colores, ita aer, si haberet sonos, ex se nō reciperet sonos. D.d. cum igitur prohibetur, &c. i. & cum in eo contingit per aliud motus, qui prohiberet eum a diuisione, & est motus, qui fit a percutiēte in percussum, tunc iste motus facit in eo sonum. D. narrauit q ista est causa, propter quam natura posuit in auribus aerem non motum, sed valde quiescentem, & d. Aer autem, qui est in auribus fuit positus in eis non motus, vt sentiat perfecte omnes modos motus factos in aere extrinseco. iste igitur aer positus in auribus excedit aerem extrinsecū in quiete. D.d. Et pp hoc audimus etiam in aqua, &c. i. &, quia aer est necessarius in sensu auditus, audimus in aqua, quando aqua non intrauerit super aerem, qui est in aure, neq; corruperit eum propter sphæram, quæ est in creatione auris. & quando intrauerit non audiemus: & tunc accidet nobis illud, quod accidit, quando * pelli cerebri accidit occasio. quia tunc non audiemus, quemadmodum quando cuti, quæ est super visum, acciderit occasio, non videmus. Et intendebat declarare q comparatio aeris positi in aure, est sicut comparatio membri proprij vnicuiq; sensato, s. hoc, per quod primo perficitur actio istius sentientis. & ideo assimilauit illud, quod accidit huic aeri de destructione per introitum aquæ super ipsum ei, quod accidit de percussione cadente super aurem, & super ipsum visum. Et illud, quod accidit de corruptione auditus per introitum aquæ super istum aerem positum in auribus, accidit per introitum aeris extrinseci super ipsum. E F

Sicut si diaphanum hēret colores, si reciperet colores, na si aer hēret sonos, nō reciperet sonos. idem in co. 67. et t.c. 74.

* al. matri

Documē.

Sed

Sed signum est audiendi aut non, sonare aurē sicut cornu . semper enim quodam proprio motu aer mouetur in auribus. sed sonus extraneus & non proprius est . & propter hoc dicunt audire vacuo & sonante, quia audimus in habente determinatū aerē.

OPH. Quinetiam signum audiendi uel non audiendi est, si auris semper sonet ut cornu: semper enim aer in auribus conditus motu quodam mouetur suo: at sonus alienus est, & non proprius: & propterea dicūt nos audire uacuo & sonante, quia eo audimus quod definitum habet aerem.

Et etiam signum auditus primo est audire tinnitū in aure semper, vt cornu. aer enim in aure semper mouet quoquo modo motu proprio: sed sonus est extraneus, non proprius. Et ideo dixerūt q auditus fit per vacuum terminabile, quia nō audimus, nisi per

B aliquid, in quo existit aer distinctus.

84 Cùm declarauit q iste aer, qui existit in auditu, est necessarius in hoc, incepit dare testimonium q in aure existit aer distinctus ab aere extrinseco. & d. Et etiam signum auditus, &c. i. & demonstrat q iste aer existit in aure hoc, quod signum verificationis auditus in homine, vt Medici dicunt, est q semper audiat tinnitum in auribus, cùm hoc fuerit sine occasione: vt accidit homini, quando posuerit cornu in aures, & ascultauerit sonum in eo, propter aerem inclusum in cornu, & duritiem cornu. D. d. aer enim in aure semper mouetur, &c. i. & causa huius tinnitus, quē audit acuti auditus, est quia aer, qui est in aure, semper mouetur motu proprio. sed iste motus est proprius, & motus soni est extraneus: quapropter iste motus non impedit motum soni. D. d. Et ideo dixerunt, &c. i. & propter istum tinnitum, quia auditur in aure propter aerem inclusum, dixerūt antiqui q auditus fit per vacuum habens tinnitum: q a credebant

C aerem esse vacuum. & dixerunt hoc, quia nos non audimus nisi per mēbrum, in quo existit aer distinctus ab aere extrinseco.

Aer, q est in aure, semper mouet. Sed oppositū dicit cō. in peroni. Vide rebe- Zam.

Vtrum autē sonat verberans aut quod verberatur: aut vtrūq: modo autem altero. est enim sonus motus possibilis moueri hoc modo, quo quidem saltantia à lenibus cùm aliquis truserit, non igitur sicut dictum est omne sonat quod verberat & verberans, vt si obijciatur acus acui: sed oportet quod percutit regulare esse, vt aer subito dissiliat & moueatur.

SOPH. Vtrum autem sonat id quod uerberat, an quod uerberatur? An & utrunq, modo tamen diuerso. est enim sonus motus eius quod potest moueri, ueluti quæ resiliunt à lænibus, cum quis percusserit. nam ut diximus, non quiduis sonat dum percutitur & percutit: uerbi causa, si acus acum feriat: sed oportet ut id quod percutitur planum sit, ita ut aer cōfertim resiliat & quatiatur.

Vtrum

Vtrum autem sonorum est percutiens, aut percussum? Dicimus igitur quod est vtrunque, sed duobus modis diuersis. Sonus enim est motus illius, quod potest moueri tali modo, scilicet vt à corpore aliquo reflectatur corpora lenia. Sed non omne percussum, & percutiens habet sonũ, sicut est dictum, ver. gra. si acus percusserit acum: sed necesse est vt sit æquale. D

81 Cùm sonus fit, a percussione, percussio autem fit à percutiente, & à percusso incœpit quærere cui attribuitur sonus, & d. Vtrum autem, &c. D. d. hoc enim fit duobus modis diuersis, sonus enim est motus illius, &c. idest sonus enim est motus illius aeris, qui mouetur expulsus à casu percutientis super percussum: sicut aliquid euadit, & mouetur à corpore leni, cum fuerit percussum super illud corpus per aliud corpus lene. Quemadmodum igitur motus rerum euasarum attribuitur percutienti secundum agens, & percusso secundum subiectum, ita sonus, qui est motus aeris, qui est tali modo, attribuitur percutienti, & percusso. D. d. Sed non omne percussum, & percutiens, &c. ista est alia conditio addita in corporibus sonoris, s. vt sint lata. sunt igitur tres conditiones, s. vt sint lenia, dura, lata, quæ possunt præcedere per suum motum diuersionem aeris. E

a. l. reflissitium.
a. l. incisarum.
Tres sunt cõditiões i corpib' sonoris. s. vt sint lenia, dura, & lata.

Differentiæ autem sonantium in sono secundum actum ostenduntur, sicut enim nõ videntur colores sine lumine, sic neque sine sono acutum & graue. hæc autem dicuntur secundum metaphoram ab illis quæ tanguntur. acutum enim mouet sensum in pauco tempore, multum: graue autem in multo, paucum. neque tamen velox est acutum, graue autem tardum. sed fit hoc quidem propter velocitatẽ huiusmodi motus. illud vero propter tarditatem. & videntur similitudinem habere, circa tactum cum acuto & hebeti. acutum enim quasi pungit: hebes vero quasi pellit: propter id quod mouet, hoc quidem in pauco, illud autem in multo. Quare accidit, hoc quidẽ velox, illud autem tardum esse. F

SOPH. *Differentia autẽ sonantium in sono qui actu est patefiunt: ut enim colores sine lumine non cernuntur, sic nec acutum & graue sine sono. hæc autem per translationem dicuntur à tactilibus: acutum enim mouet sensum breui tempore, multum: graue longo tempore, parum: neque uerò acutum uelox est, neque graue tardum. sed motus unius fit talis propter uelocitatem: alterius, propter tarditatem. atque uidentur proportione respondere ei acuto & obtuso quod in tactu consistit: acutum enim quasi pungit: obtusum, quasi pellit: propterea quòd unum in multo, alterum in pauco mouet tempore: itaque accidit, ut alterum uelox, alterũ tardum sit. Ac de sono quidem sic expositum sit.*

*a. l. sic de mo[?] acutũ velox ẽ, & graue tardum

Modi autem rerum sonorarum declarantur in sono, qui est in actu. quemadmodum enim colores non videntur sine luce; sic graue, & acutum non sentiuntur sine sono. Et hoc dicitur secundum transumptionem ex rebus tāgibilibus, acutum enim mouet sensum in modico tempore multum. graue autem in tempore lōgo parum. Sed tñ acutus non est velox, neq; grauis tardus, sed motus illius erit sicut velocitas, & motus istius sicut tarditas. Et forte hoc est simile ei, quod inuenitur in sensu tact⁹ de acuto, & obtuso. acutum enim quasi est stimulans, obtusum vero quasi expellit. illud enim mouet in modico tempore, & illud in longo. contingit igit ex hoc vt istud sit velox, & istud tardum. Hoc igitur est, qđ determinauimus de sono.

36 Vult declarare in hoc capitulo, quando comprehenduntur primi modi soni, & qui sunt, & dicit, Modi autem rerum sonorarum, &c. idest differentiæ autem rerum sonorarum comprehenduntur, & declarantur apud esse soni in actu. D.d. quemadmodum enim colores non videntur, &c. i. quemadmodum enim differentiæ colorum non comprehenduntur sine essentia coloris in actu, illud erit apud præsentiam lucis, sic acutū & graue in sono, quæ sunt primæ differentiæ soni, non comprehenduntur sine essentia soni in actu. D.d. Et, hoc dicitur fm transumptionem, &c. idest & vocare differentias soni graue, & acutum est fm similitudinem ad res tangibiles. quoniam quidem sonus mouet sensum magno motu in modico tempore: & tangibile acutum est tale: & ideo transumebatur nomē eius ad illud. & similiter etiam quia quidam sonus mouet auditum longo tempore paruo motu similis est tangibili, quod mouet tactum in longo tempore paruo motu, s. obtuso. D.d. Sed tamen acutus non est velox, &c. idest sed tamen sonus, qui mouet auditum motu magno in tempore paruo, non est velox in rei veritate neq; sonus grauis tardus. velox enim & graue in rei veritate sunt de dispositionibus mobilium. sed hoc dicitur graue, quia mouet tarde: hoc acutum: quia mouet velociter. D.d. Et forte hoc ē simile, &c. idest & forte ista intētio, quæ inuenitur in sono de motu veloci, & tardo, est quasi simila, ei quod inuenitur in sensu tactus de acuto & obtuso. & ideo transumpta fuit ista ordinatio de acuto, & obtuso, non de veloci & tardo, &, quia obtusum simile est graui, ideo talis sonus dicitur grauis. D.d. acutum enim, &c. i. sonus enim acutus quasi stimulat, sicut stimulat corpus acutum: & sonus grauis quasi expellit, sicut expellit corpus obtusum, quia assimilatur graui. contingit igitur ex hoc vt illud sit velox, & hoc tardum, idest, & ex quo contingit secundum consuetudinem vocare sonum, qui videtur quasi stimulare, acutum, & sonum, qui videtur quasi expellere, grauem.

De sono igitur sic determinatum sit. vox autem sonus quidem est animati, inanimatorum enim nullum vocat: sed fm similitudi

nem

nem dicitur vocare, vt tibia & lyra, & quęcunque alia inanimatorum extensionem habent, & melodiam, & locutionem assimilantur enim quia & vox hæc habet. Multa autem animalium vocem non habent, vt quæ sunt sine sanguine: & sanguinem habentium pisces: & hoc rationabiliter: siquidē aeris motus sonus est. sed qui dicuntur vocare, vt qui in Acheloo, sonant branchijs, aut aliquo huiusmodi altero. D

IOPH. *Vox autem est sonus quidam animati: nullum enim inanimatorum voce utitur, sed similitudine quadam dicuntur uocem emittere; ut tibia, ut lyra: cæterorumque inanimatorum quæcunque habent extensionē & melos & locutionem. sunt enim similia, quia & uox hæc eadem habet. multa autem animalia non habent uocem, ut exanguia: & inter sanguine prædita, pisces: neque adeò iniuria: siquidē sonus motio quædam est aeris. sed quos ferunt uocem mittere, ut in Acheloo amne pisces quosdam, ii sonant branchiis, uel eius generis alia.* 12 E

Vox autem est aliquis sonus in animato, v.g. quod fistula, & alia, quæ habent expansionem, & tonum, & idioma, & sunt similia, quoniam in voce sunt etiam ista. Et plura animalia non habent vocem, vt carentia sanguine, & pisces de animalibus habentibus sanguinem, & hoc necesse fuit. sonus enim aliquis motus aeris. Sed ea, quæ dicuntur vociferare, vt animalia, quæ sunt in flumine, quod dicitur Achelous, non faciunt sonum, nisi per vias narium, aut per similia. & hoc non dicitur vox nisi æquiuoce.

87 Cùm locutus fuit de sono vlr, siue de animato, siue de non animato, incepit loqui de sono animati, & d. Vox autem est, &c. idest vox autem est sonus animalis animati, in quo inuenitur neuma, vel nete, & irach, & dictiones. & ideo plura instrumenta dicuntur vociferantia secundum similitudinem: quia hæc tria inueniuntur in eis, aut sua representantia. Fistula enim & alia instrumenta non dicuntur vociferantia, nisi quia habent expansionem, idest neuma, vel nete, & tonum, idest irach, dictiones idest aliquod simile literis, & dictionib'. D.d. & sunt silia, &c.i. & ista instrumenta in vociferando sunt silia, animalibus. hæc enim tria existunt in animali in rei veritate: in illis vero per similitudinem. D.d. & plura animalia non habēt vocem, &c. idest & recte accidit quod plura animalia nō habent vocem, vt animalia carentia sanguine, & piscis de animalibus habentibus sanguinem: cum sit declaratum quod sonus est motus factus à percutiente, & percusso in aere, & ista animalia carent aere, qui percutiat ea in suis interioribus. & carent instrumentis, quæ percutiunt aerem. Et, cū narrauit hoc de istis animalibus, induxit quod forte aliquis dubitabit de huiusmodi ex hoc, quod quidam modus piscium vociferat, & d. Sed ea, quæ F

Son⁹ est motus factus à percutiente & percusso in aere. Infra supra t.c.76.

dicuntur

A dicuntur vociferare, &c. & intendit per vias branchos. & intendebat q; ea lia non dicitur vociferatio, nisi æquiuoce, cum non inueniantur in eis illa tria genera, quæ sunt neuma, vel nete, & irach, & literæ, aut similia literis.

¶ Vox autem sonus animalis est: & non qualibet parte. sed qm omne sonat verberante aliquo, & aliquid, & in aliquo: hoc autem est aer rationabiliter vtiq; vocabunt hæc sola, quæcũq; suscipiũt aera. Iam enim aere respirato vtitur natura in duo opera, sicut lingua in gustum & locutionem, quorũ quidem gustus necessarius est, vnde & in pluribus inest, Interpretatio autẽ est propter bene esse: sic & spiritu, & ad calorem interiorem tanquam necessariũ (causa autem in alteris dicta est) & ad vocem vt sit quod bene.

SOPH. *Vox autem est sonus animalis, nec quauis parte: sed quoniam omnia sonant percutiente aliquo, & aliquid, & in aliquo: id q; est aer, merito ea sola vocem fundere censendum est, quæcunq; recipiunt aerem. Iam enim spiritu abutitur natura ad duo officia, ut lingua ad gustatũ & ad sermonẽ (quorum gustatus quidem necessarius est, quãobrem pluribus etiam inest, sermo uero ut bene fit) sic quoq; spiritu tum ad natiuum calorem ut quod sit necessarium (causa autem alias dicetur) tum uero ad uocem, ut id quod bene est, adsit.*

B

Vox autem est sonus animalis, sed non per quodcunq; membrum. Sed, quia omnis res non habet sonum, nisi percutiendo aliquid, s. aerem, necesse est etiam vt ista tm̃ vociferant, s. recipientia aerem. Natura enim vtitur aere anhelato in duabus actionibus, sicut lingua in gustu, & loquela, sed gustus est necessarius, & ideo est in pluribus, loquela autem pp melius. Et sic vtitur anhelitu in calore intrinseco, & hoc est necessarium: & iam dedimus causam in hoc in alio libro: & in vociferatione propter melius.

C

88 Cùm declarauit quòd vociferatio dicitur æquiuoce in eis, quæ vociferant per branchos, & in animalibus anhelantibus, vult modo notificare genus animalium, in quo inuenitur vera vox, & dicit, Vox autem, &c. i. vox aũt vera est sonus animalis proprij, & per membrũ proprium. Deinde incœpit declarare sermonem quod membrum est, & quod animal est, & d. Sed quia omnis res non habet sonum, &c. i. quia iam declaratum est q; omne sonorum non habet sonum, nisi percutiẽs, & percussum in aere, manifestum est q; impossibile est inuenire animal sonorum, nisi habeat membrum, ex quo fiat percutiẽs, & percussum, & aerem, quem immittat in illud membrum, & extrahat ab ipso: & q; illud membrum habeat figuram, & quantitatem, & situm terminatum. Vnde necesse est, vt etiam animalia vociferantia in rei veritate sint animalia, quæ recipiunt aerẽ in interioribus suis, & extrahunt ipsum. in istis enim inueniuntur illa tria, ex

quibus

quibus fit vox in rei veritate. Deinde incepit declarare q istud iuuamentum, per quod natura vtitur aere in animali anhelăte, est aliud à iuuamento, quod est infrigidatio: & q natura vtitur eodem membro ad duo, quorum vnum est vtile, & reliquum necessarium, vt declaratur in animalib⁹ & d. Natura enim vtitur aere anhelato, &c. & intendit per duas actiones vociferationem, & infrigidationem. Deinde dicit sed gustus est necessarius, &c. i. sed gustus ex his duobus est necessarius in essendo animalia: & ideo inuenitur in pluribus animalium. iuuamentũ autem suum in loquela est propter melius: & ideo carent eo multa animalia. Deinde d. Similiter vtitur anhelitu in calore, &c. i. & natura vtitur immissione anhelitus propter calorem, qui est interius & hoc fuit necessarium animalib⁹ anhelantibus: & vtitur eo propter melius in vociferatione. Et locus, quẽ innuit quod in eo fuit locutus de hac intentione, est suus tractatus, quem fecit de Anhelitu. & iste tractatus non peruenit ad nos. & oportet perscrutari de hoc singulariter. videtur enim q illud, quod dicit Galenus in hoc, non est sufficiens. E

Arist. fecit lib. de Anhelitu. & hic anhelitu non sufficienter dixit Gal.

Organum autem respirationis vocalis arteria est. cuius autem causa hæc pars est, pulmo. hac enim parte plus habēt calorem pedibus gradientia alijs. indiget autem respiratione & circa cor locus primus. vnde necesse est interius respirante ingredi aerem.

SOPH. *Instrumentum autem spiritus est guttur: id vero cuius gratia hæc pars est, pulmo est. hac enim parte plus habent caloris pedestria quàm cætera. indiget etiam respiratione locus is qui circa cor est primus. quo circa necesse est intro spiritu ductum intrare aerem.*

Et trachea arteria est instrumẽtum anhelitus, & vocis. & illud propter quod fuit hoc membrum, est pulmo. per hoc enim membrum excedit animal ambulans alia animalia in calore. Et indiget anhelitu propter cor prius. & ideo indiget necessario vt aer infrigidetur, vt anhelet ad interius. F

89 Et, cum declarauit q necesse est vt nullum animal habeat vocem, nisi sit anhelans, & q per idem membrum facit animal vtrunq;, incepit dicere illud membrum, & d. Et trachea arteria. & intendit per tracheam arteriam epiglotum, & cannam. Et manifestum est q hoc membrum est instrũm vocis: quoniam in extremo huius membri est corp⁹ simile linguæ fistulæ. & similiter est manifestum q hoc membrum est pp pulmonem: quia est via ad ipsum. Et d. per hoc enim membrum excedit, &c. i. quia hoc membrum inuenitur in animalibus habentibus sanguinem ambulantibus, ideo sunt calidiora animalibus carentibus hoc membro. D. d. Et indiget anhelitu propter cor prius. i. & ista animalia indigent anhelitu pp calorem cordis prius, & secundo propter calorem illius membri. D. d. & ideo indiget necessario vt aer frigideretur, &c. i. pp calorem cordis indiget animal ad immittendum aerem frigidum prius, & propter calo-

Docens prĩa necessitas anhelitus est ad infrigidandũ: secunda ad extrahendũ. prĩa pp cor: & secunda est pp pulmonem.

A rem pulmonis: secundo indiget vt extrahat ipsum. Et hoc, quod dixit, necessarium est. Prima enim necessitas in anhelitu est ad immittendum: Secunda ad extrahendum. prima autem est propter cor: & secunda propter pulmonem, quoniam, nisi esset calor pulmonis, nõ indigeret animal ad extrahendum aerem frequenter. & hoc est simile ei, quod inuenitur in pluribus artificijs, scilicet quia indigẽt mutare instrumentum, per quod agunt propter illud, quod contingit illi instrumento ab eo, qui vtitur. instrumẽtum.n. non mutatur, nisi quando consumitur, & consumptio contingens ei aut est propter uentem aut propter ipsum vsum. Si igitur pulmo desyderat ad extrahendum aerem calidum, tunc motus eius non est ex pectore tantũ, ut opinatur Galenus. & ista intentio indiget perscrutatione per se.

Quare percussio respirati aeris, ab anima quæ est in his partibus, ad uocalem arteriã, vox est. Non enim omnis animalis sonus vox est sicut diximus, est enim & lingua sonare sicut tussientes:

B sed oportet animatum esse verberans, & cũ imaginatione aliqua. significatiuus enim quidam sonus est uox, & non respirati aeris sicut tussis: sed isto uerberat eum qui est in arteria, ad ipsam. signũ autem est non posse uocare respirantem neque expirantem, sed detinentem. mouet enim isto retinens.

IOTH. *Itaq; ictus spiritu ducti aeris ab anima quæ est in his partibus, ad eam partem quæ arteria uocatur, uox est. neq; enim quilibet sonus animalis uox est, ut diximus licet enim & lingua sonum edere, ut qui tussiunt. sed oportet id quod uerberat animatum esse & cum phantasia quadam. uox enim sonus est significans: & non aeris qui spiritu ducitur, ut tussis: sed hoc ipso ferit eum qui est in arteria, ad ipsam. Cuius rei indicium est, quod nemo posset uocem emittere ducens aut reddens spiritum, sed retinens: hoc enim ipso mouet, qui retinet.*

C Oportet igitur ex hoc ut percussio aeris anhelati ab anima, quæ est in istis mẽbris, ad illud, quod vocatur cãna pulmonis, sit vox. Non enim omnis sonus, qui fit in animalibus est vox, vt diximus: possumus.n. facere sonum per linguam, sicut apud tussim: sed indigetur vt percutiẽs sit animatum, & cum aliqua imaginatione. vox.n. ẽ sonus illius, & nõ est aeris anhelati, sicut tussis, sed per hoc percussit aerem, qui est in canna. Et signum eius est quod nos nõ possumus vociferare in respirando, aut expirando. & nos non mouemus per illud membrum, nisi cum clauserimus ipsum.

90 D. Oportet igitur vt percussio aeris anhelati ab anima, quæ est in istis membris ad cãnam, sit illud, quod facit vocem. necesse est igitur vt essentia vocis non sit aliud, nisi percussio aeris anhelati ad membrum, quod canna dicitur, ab expulsione animæ imaginatiuæ voluntariæ, quæ est in Essentia vocis non est aliud, nisi percussio aeris anhe-

ſed ad mē-brū di, ab expulsiōe a ſua imagi natiue quo ſunt anxe, quæ eſt in iſtius mē-bris.

iſtis membris: quemadmodum fiſtulario eſt percuſſio aeris ad linguā fi- D
ſtulæ à fiſtulante habente animam expellentem apud imaginationem
neumatum, vel nete. Deinde d. Non enim omnis ſonus, &c. ideſt & diximus
ꝙ neceſſe eſt in effendo vocem ut percutiens habeat animam imagi
natiuam. quia non oīs ſonus factus ab animali eſt vox: vt ſonus, qui fit ſine voluntate apud tuſſim, & apud motum linguæ. ſed vox eſt ſonus, qui
fit cūm imaginatione, & voluntate. & ideo dixit, animatum, & cū aliqua
imaginatione. innuit enim quòd iſta actio completur duabus virtutibus

Primum mouēs in voce eſt anima ima ginatiua, & concu-piſcibilis.

animæ: quarum vna eſt concupiſcibilis, altera imaginatiua. Deinde dicit
vox enim eſt ſonus illius, &c. ideſt primum enim mouens in voce eſt ani
ma imaginatiua, & concupiſcibilis. & ideo vox eſt ſonus illius primi, ideſt volentis, & nō eſt ſonus mouētis aerē anhelatū: vt ſonus, qui fit apud
tuſſim. ſed mouēs in voce eſt aliud ab iſto mouēte, licet nō moueat niſi ꝑ
ipſum. & hoc intēdebat, cū d. ſed per hoc percutit aerem, qui eſt in cāna. i.
ſed illud primū mouēs, quod eſt propriū voci, percutit aerem, qui eſt in
cāna apud vocē, per illud, quod moueat aerē anhelatum. D. d. Et ſignum E
eius eſt ꝙ nos nō poſſumus vociferare &c. i. & ſignū eius ꝙ primū mouēs
in voce mouet aerē, mediante primo mouente aerē in anhelitu, eſt ꝙ, nos
nō poſſumus vociferare, dū inſpiramus aut expiramus. mouēs. n. in anhe
litu alio inſtrumēto vtitur in illa hora, ab inſtrumēto primę motionis in
percuſſione, quæ facit ſonum. ſed impoſſe eſt vt vno inſtrumēto vtatur in
diuerſis actionibus in vna hora. D. d. & nos non mouemus per illud mem
brū, niſi cūm cōcluſerimus ipſum. i. & ideo nos nō mouemus aerē motu
vocis per hoc mēbrū, quod inſpirat, & expirat, niſi quando incluſerimus
anhelitū, & reddiderimus ipſum otioſum ab actione, quæ eſt anhelitus.

Manifeſtum autem & quia piſces ſine voce: non. n. hñt guttur.
hanc aūt partem non habent quia non recipiunt aerem, neq; reſpi
rant. ſed qui dicunt ſic, peccant: propter quam igitur cauſam altera ratio eſt.

SOPH.

Patet etiam cauſa cur piſces ſint vocis expertes: nimirum quia non F
habent guttur: hanc porrò partem non habent, quia nō recipiunt aerē,
neq; ſpirant: ſed qui ita dicunt aberrant: cauſa autem ad aliam ſit re-
iecta diſputationem.

Contradictio, quia ponit non hře pſmo tam cām remotā. ſed in primo poſte poſuit eā cā, propinquā. Vide apu. Zim.

Et manifeſta eſt etiam cauſa, propter quam piſces carent voce.
carent. n. canna quia non recipiunt aerē. & qui dicit hoc eſſe, pec-
cat. Cauſa autem in hoc dicenda eſt in alio loco.

Dicit ꝙ cauſæ, propter quas piſces non habent vocem, ſunt tres. & pri- 91
mo incœpit à remotiore, & d. quia non habent pulmonem, & cannam.
D. d. cauſam huius cauſæ, & d. quia non recipiunt aerem. i. quia non indi
gent immiſſione aeris, aut emiſſione. D. d. cauſa autem in hoc dicenda
eſt alio loco. ideſt cauſa autem illius eſſe, & eſt cauſa propria, & propinqua huic accidenti dicenda eſt in alio libro de Animalibus.

De

A

De olfactu, olfactibili ac medijs. Cap. 5.

DE odore aũt & olfactibili minus bene determinabile est dictis. non.n. manifestum est quale quid sit odor, sicut sonus aut visibile, aut lumen. causa autẽ est, quia sensum hũc nõ habemus certum, sed peiorem multis animalibus. Praue.n. odorat homo, & nihil odorat odorabilium, sine lætitia & tristitia: sicut non existente certo eo quod sentimus.

96 F H. *De odore & odorabili minus facile explicare est, quàm de iis quæ dicta sunt: non enim constat quale quid sit odor, quemodo sonus aut lumen aut color: causa est, quia non habemus exquisitum hunc sensum, sed deteriorem compluribus animalibus: homo enim exiliter olfacit, atq; sine dolore & uoluptate nihil sentit odorabilium: ut pote cum non*

B *sit exquisitum hoc instrumentum.*

Odor autem, & odoratũ difficilius determinatur, q̃ prędicta. odor.n. non declaratur quid sit, sicut de voce, luce, aut colore. Et causa in hoc est, quia iste sensus non est in nobis verus, sed est debilior in nobis q̃ in multis animalibus. olfactio.n. hominis est valde debilis, & nos non sentimus odoratum sine delectatiõe, aut cõtristatione: quia sensus iste non est in nobis verus.

91 Cùm compleuit sermonem de auditu, volt loqui de odoratu, & dixit. Odor aũt, & odoratum, &c.i. & cognoscere aũt quid sit odor, & quid sit odorabile, ex quo possumus peruenire ad sciendum istũ sensum quid sit, sm q̃ dat doctrina naturalis, difficilius est q̃ scire vocẽ quid sit, aut colorẽ. Et causa difficultatis in hoc est, quia non declaratur de odore, cuius odor sit, & quæ sunt differentiæ propriæ vnicuiq; eorum, sicut declarantur differentię colorũ, & vocũ. Et, cum declarauit q̃ cã difficultatis in sciendo odo-

Documentũ cõprehẽsio dĩarũ rerum sensibiliũ a sensu est cã I cõprehensione earũ ab intellectu. & iõ qui caret sẽsu, caret intellectu illius generis sensibili. Idem p̃lo Post. t. cõ. 174. cõsilisẽ 2. pĩa.t.c. 6.

C rẽ quid sit est, quia dĩæ specificæ non bene cõprehenduntur a nobis, dedit causam in hoc, & d. Et causa in hoc est, quia iste sensus nõ est verus in nobis, &c.i. causa propter quam imperfecte intelligimus dĩas odoris est, quia iste sensus debilior est in nobis q̃ in multis animalibus. Et intẽdebat per hoc demonstrare causam propter quã intellectus difficile comprehendit differentias odorũ: & est, quia iste sensus debiliter comprehendit differentias odorũ sensibiles. cõprehensio.n. differentiarum rerũ sensibilium à sensu est causa in cõprehensione earum ab intellectu. & ideo qui caret sensu, caret intellectu illius generis sensibiliũ. D.d. sed est debilior in nobis q̃ in multis animalibus.i. in cõprehendendo differentias odorũ multa animalia videntur cognoscere sua nutrimenta per differentias odorũ, sicut nos per saporem. & non tñ in hoc excedunt nos animalia aliqua, scilicet, comprehendendo differentias odorum, sed in cõprehendendo eas à remoto spacio. D.d. & nos nõ sentimus odoratum sine delectatione, aut

Pro hoc vide m. 5. de generatiõe alaliũ. c. 2.

tristitia. i. & non sentimus de differentijs odorati, nisi illud, quod est delectabile, aut contristabile. i. non sentimus de eis nisi differentias magis cōmunes. delectabile. n. multos habet modos, & similiter contristabile, & delectabile non inueniuntur, nisi in remotissimis extremis. D

Rationabile autem sic & fortes oculis colores sentire, & non per manifestas ipsis esse differentias colorum, nisi terrentium & non terrentium. sic autem & odores hominum generatio uidetur enim & anologiam habere ad gustum, & similiter species humorum, cum his quæ sunt odoris.

SOPH. *Consentaneum etiam est quæ durioribus sunt oculis eodem modo colores sentire, neq; perspicuas eis esse colorum differentias, nisi cum terrore & sine terrore: eodem etiam pacto odores hominū genus. enimuero species saporum, si ad gustum conferas, cum speciebus odoris habere proportionem ac similitudinem uidentur.* E

Et uidetur ꝙ sicut sentiūt animalia duri oculi colores. ꝙ apud ea non declarantur modi colorum, nisi conueniens oculo, & incōueniēs, sic genus hominū sentit odores. Vr̄. n. pp cosimilitudinē, quā habet odor cū gustu, ꝙ modi saporū sunt, sicut modi odorū.

93 D. Et uidetur ꝙ ita homines differentias odorum, sicut aīalia duri oculi differentias colorum, quēdmodū. n. illi non cōprehendunt de dr̄ijs colorū nisi conuenientē, & inconuenientē, ita homines non comprehēdūt de dr̄ijs odorum nisi delectabile, & contristabile. Visum est. n. propter cosimilitudinem, quę est inter gustum, & odoratum, vt dr̄iæ odorum sint ſm numerum dr̄iarum saporum. sed dr̄iæ saporū apud nos sunt comprehensibiles, et illæ non: cūm in hoc sensu excedamus omnia animalia, quia quoquo modo est tactus. & consimilitudo, quæ est inter sapores, & odores, est, quia non inuenitur odor nisi in habente saporem, vt declaratum est in de Sensu, & sensato. F

Sed certiorem habemus gustum propter id quod ipse quidam tactus est. hūc aūt habet homo sensum certissimum, in aliis enim deficit ab animalibus multis, secundum autem tactum, differēter certificat. unde & prudentissimum animalium est. signum autē, in genere hominum seccundum sensum hunc ingeniosos esse & non ingeniosos. ſm autem alium nullum. duri enim carne, inepti mente: moles autem carne, bene apti.

SOPH. *Sed exquisitiorem habemus gustatum, properea quòd tactus sit quidam, et hunc sensum homo habeat exquisitissimum. in reliquis enim longe inferior est cæteris animantibus: at uero tactu, præter cætera omnia exquisite suo fungitur munere: & ideo prudentissimum est animalium*

malium

A *malium: argumẽto quòd in genere hominum ob instrumentum hoc ingeniosi sunt & tardi, nec ob aliud: qui.n. duras habent carnes, tardo sunt ingenio: qui uero molles ingeniosi.*

Sed gustus est in nobis magis uerus, quia est aliquis tactus. &, si iste sensus est in hoīe ualde uerus, alijs diminuitur à multis aīali bus, in tactu aūt excedimus oīa. & ideo est subtilior oībus aīalib⁹. Et signum eius est ꝙ, in genere humano ẽt propter istum sensum est homo discretus, & non est hoc propter aliud omnino. duræ.n. carnis non est discretum, & mollis carnis est discretum.

94 Idest est, & sensus gustus est nobis pfectior sensu olfactus: quia gustus est tactus quoquo modo: & sensus tactus est in nobis perfectior: q̃ in omnibus alijs animalibus. D. & si iste sensus &c.i. & licet iste sensus sit perfectior in hoīe q̃ in alijs animalibus, tamen nõ consequitur ex hoc vt sit in alijs sensibus perfectior, immo diminuitur in eis à multis animalibus. D. B d. in tactu aūt excedimus, &c. i. in bonitate aūt sensus tactus excedimus omnia animalia. & propter bonitatem istius sensus est hõ subtilior, & discretior omnibus aīalibus s. ꝙ complexio conueniens bonitati istius sensus, conuenit discretioni intellectus D.d. Et signum eius est, &c.i. & signū conuenientiæ complexionis istius sensus ad complexionē intellectus est, ꝙ in genere hominum, quando iste sensus fuerit bonus, tunc homo erit discretus, & econtrario. D.d. & non est hoc propter aliud.i. & bonitas discretionis non videtur consequi bonitatem aliorum sensuum, boni.n. visus homo potest esse indiscretus, & similiter boni auditus: sed boni tactus semper vr̃ discretus. D.d. duræ.n. carnis. &c.i. & signum, quod bonitas discretionis sequitur bonitatem tactus, est quòd mollis carnis, idest boni tactus, sẽper videtur discretus, & intelligens, & econuerso. Et hoc quod dixit verum est. &, cùm inspexeris intelligẽtes homines, semper inuenies eos talis dispositionis, & ideo hõ est mollioris carnis, q̃ cætera animalia.

Est autem sicut humor, hic quidem dulcis, ille uero amarus, sic C & odores sunt. sed alia quidem habent proportionaliter odorẽ & humorem, dico autem dulcem odorem & dulcem humorẽ: alia vero contrarium. similiter autem & acer & austerus & acutus & pinguis est odor. sed sicut diximus propter id quod non multum permanifesti sunt odores sicut humores, ab his acceperunt noĩa secundum similitudinẽ rerum: dulcis quidem.n. a croco & melle: acer autem a thymo & huiusmodi. eodem aūt modo & in alijs.

10 PH. *Quemadmodum autem sapor, alius est dulcis, alius amarus: sic etiã odores. sed alia habent proportionalem odorem & saporem, alia contra: uerbi causa dulcem odorem, & dulcem saporem: pariter etiam acris, & austerus, & acidus, & pinguis est odor. sed quoniam ut diximus odores non admodum manifesti sunt, ut sapores, ideo ab eis du-*

Bonitas discretionis nõ vr̃ seq. bonitatẽ aliorū sensuū. boni enī vis⁹ potest esse indiscretus, & sīr bōi audit⁹: sed boni tact⁹ semp ē discret⁹ oppo. in pœmio Mer. de sensu & in 1. de generatione cõ. 7. ubi habet ꝙ prioritas uis⁹ ad tactū ē prioritas sensi nē & formam tactus vero prioritas ẽ ſm materiã, & ſm ſubſtãtiã, quæ ẽ prioritas ſm naturã. oppoſitũ ẽt habet ipſe ſupra cõm. 77. vbi dixit Ariſ. ordinare ſcia. de virtutibus ſcientiis ſm nobilitatẽ, & nõ ſm naturam. Vide contr. Zim.

nere nomina pro rerum ſimilitudine : dulcis nimirum à croco & melle: acris à thymo atq; id genus alijs: Sic etiam in cæteris. D

Et quemadmodum in ſaporibus dulce, & amarum, ſic in odoribus. Sed in quibuſdam odor, & ſapor ſunt conuenientes. ver. g. odor dulcis, & ſapor dulcis: & in quibuſdam contrarij. & ideo inuenitur odor acutus. & ponticus, & acetoſus, & delectabilis. Sed ſicut diximus φ odores nõ ſunt ita manifeſti: ſicut ſapores, ita iſti non dñr iſtis nominibus niſi ſm ſimilitudinẽ ad ſapores. odor. n. dulcis eſt odor croci: & acutꝰ eſt odor allij & ſimiliũ, & ſic de alijs.

Vult declarare quomodo conſequuntur differentiæ odorum differentias ſaporum: & d. Et quemadmodum in ſaporibus eſt dulce, & amarũ. i. quemadmodum in ſaporibus eſt prima contrarietas, ſcilicet amaritudo & dulcedo, † ex quibus alij componuntur, ſic eſt opinandum φ in odoribus eſt prima contrarietas ex qua componuntur medij. Et, cùm narrauit φ illæ differentiæ debent eſſe ſecundum numerum illarum: & quemadmodum eſt in illis prima contrarietas, ſic eſt in iſtis: incepit narrare φ non ſemper conſequitur unaquæq; illarum in altero duorum generum ſuum ſimile in altero genere, & d. Sed in quibuſdam odor, & ſapor, &c. i. ſed in quibuſdam ſimile conſequitur ſimile, & in quibuſdam non, ſcilicet quod odor, & ſapor non erunt eiuſdem ſpeciei. v. g. φ ſapor erit dulcis, & odor acutus. D. d. & ideo inuenitur odor acutus. i. &, quia differentiæ odorum ſunt conuenientes differentijs ſaporum, inuenitur odor acutus. i. cuius proportio ad odores eſt, ſicut proportio acuti ad ſapores: & ſic de alijs. Et, cùm declarauit φ nos non comprehendimus differentias odorum, niſi propter conſimilitudinem eorum cum differentijs ſaporum, vult narrare φ iſta eſt cauſa, propter quam tranſumpta ſunt ad eas nomina ſaporum, & d. Sed ſicut diximus φ odores, &c. i. ſed ſicut diximus quia differentiæ odorum non ſunt apud nos manifeſtæ, ſicut ſaporum, ita φ poſſumus comprehendere eas abſq; comparatione, & aſsimilatione ad alias, hoc fuit cauſa propter quam tranſumimus ad eas ſecundum ſimilitudinem nomina ſaporum: & non impoſuimus eis nomina propria, quia nõ intelleximus in eis intentiones proprias niſi per ſimilitudinem. D. d. odor enim dulcis, &c. i. manifeſtũ eſt. n. apud nos φ odor dulcis eſt ſicut odor croci, aut mellis. i. φ proportio odoris croci, & odoris mellis ad alios odores eſt, ſicut proportio dulcis ad alios ſapores. & ſic eſt de alijs odoribus.

95 E F

Hic p̃ mediũ cõponi ex extremis cõtrarijs. Idẽ. ſ. Phy. 6. 19. 12. cõ.

† Sicut ex ſaporibus extremis cõponũtur medij, ſic ex odoribus extremis & medij reſultant. Idem infra cõ. 105.

Adhuc aũt ſicut auditus & vnuſquiſq; ſenſuum, hic quidẽ audibilis, & nõ audibilis. ille uero uiſibilis & non uiſibilis. & olfactus odorabilis & nõ odorabilis. non odorabile aũt aliud quidẽ ſm id quod omnino impoſſibile eſt habere odorem. aliud uero paruum habens, & prauum. ſimiliter aũt & nõ guſtabile dicitur.

10 PH.

Præterea ut auditus & unuſquiſq; ſenſuum alius eſt rei audibilis & inaudibilis: alius uiſibilis & inuiſibilis: ſic etiã odoratus rei odorabilis

A *bilis & inodorabilis. inodorabile autem dicitur, partim quod nullum prorsus habere potest odorē: partim quod exiguum habet, & exilem: Similiter gustabile, & ingustabile dicitur.* Τὸ φαῦλον. Potest & uerti fœdū, teterū.

Et queadmodū auditus, & unusquisq; sensuū, hic quidē est audibilis & nō audibilis, hic uero uisibilis & nō uisibilis, sic ēt odoratus est odorabilis & nō odorabilis. Et nō odorabile dicitur nō odorabile, aut quia est impossibile vt habeat odorē: aut quia habet odorē debilē: aut quia habet malū. Et sic dicitur nō gustabile.

96 Vult narrare hic aliquid cōmune isti sensui, & alijs sensibus, & quòd omnis sensus comprehendit suum sensibile proprium, & eius priuationē, & d. Et quemadmodum auditus, &c. i. &, quemadmodum auditus, & vnusquisq; sensuum comprehendit suum sensibile proprium, & eius priuationem, v.g. quia auditus comprehendit audibile & non audibile, & visus visibile & non visibile, sic etiam sensus odoratus comprehendit odo-
B rabile & non odorabile. D. incœpit narrare secundum quot modos dicuntur hæc nomina priuatiua, & d. Et non odorabile dicitur, &c. idest & non odorabile, & non visibile, & non gustabile dicuntur tribus modis: aut de eo, quod omnino caret illo sensibili: aut de eo, in quo inuenitur debile: aut in quo inuenitur male. ver. g. non odorabile dicitur de carente odore omnino, & de habente debile, & male. & sic non gustabile.

Est autem olfactus per mediū, ut aerem aut aquam. & nanq; aquatica videntur odorem sentire: similiter aūt & quæcunq; cum sanguine & sine sanguine. sicut quæ in aere: etenim horum quædā à longe occurrunt ad alimentum, quæ ab odore mouentur.

SOPH. *Fit etiam olfactus per intermedium, ut aerem aut aquam. quippe & aquatilia uidentur odorem sentire, & sanguinea pariter & exanguia: quemadmodum etiam ea quæ in aere degunt. nā & nonnulla eo-*
C *rum odore impulsa procul contendunt ad alimentum.*

Et odorare etiā fit per mediū, ver. g. aerem, & aquam. animalia enim habitantia in aqua existimātur sentire odorem. & similiter habentia sanguinē, & carētia sanguine: sicut sentiunt aīalia, quæ sunt in ere. quædam. n. mouentur ad suum cibum in remoto.

97 Cùm declarauit hic de odore illud, quod potuit declarare in hoc loco dicit quòd, iste sensus ita etiam indiget medio, sicut duo sensus prædicti. Expositio textus.
Et sermo eius manifestus est, sed debet ita legi, & odorare etiam fit per medium. & hoc medium est aer, aut aqua. animalia enim habitantia in aqua videntur sentire odorem, sicut animalia habitantia in aere. & secundum hunc modum videtur q; animalia viuentia in aere, & non viuentia sentiunt odorem. Et signum eius est q;, istorum multa mouentur ad suū cibum à remoto, licet non videant. Apes enim mouentur ad suum nutri-

mentum à loco remotissimo, & sunt ex animalibus carentibus sanguine. D & similiter in piscibus, & in multis animalibus aquæ. Et ratiocinatio super hoc, quod dixit de medio, est ratiocinatio prædicta, s. q cùm odorabile fuerit positum super sensum odoratus, non sentietur. Et quod dixit de visione, q natura media, quę seruit visui, nō est aer, fm q est aer, aut aqua fm q est aqua, sed natura cōis, ita ē intelligēdū hic in nā quę est media, s. quia est natura cōis aquæ, & aeris, & q odores sunt extranei in ista nā. & q ista natura caret odoribus, sicut diaphanū coloribus. & sicut color habet duplex esse. s. esse in corpore colorato, & hoc est esse corporale: & esse in diaphano, & hoc est esse spirituale: ita odor habet duplex esse, scilicet esse in corpore odorabili, & esse in medio. & hoc est esse corporale, & illud spirituale: & illud naturale, & hoc extraneum. Et, cùm hoc ignorauerunt quidam, & extimauerunt quòd odor non separatur à corpore odorabili, & quòd non habet nisi vnum esse tantum, dixerunt quòd à corpore odorabili dissoluitur corpus odoriferum, habens corpus subtile, & odorem subtilem, & quòd mouetur in aere, donec perueniat ad sensum odoratus. E Et hoc destruitur multis modis. Videmus enim quòd multa animalia mouentur ad nutrimentum per spacium* multarum dietarum, sicut apparet in Vulturibus: & sicut apparet de Tigribus, quæ venerunt ad locum prælij, quod accidit in terra Græcorum à remotis regionibus. Et* quando iam posuimus quòd omne sensibile, quod comprehenditur per medium æqualiter, debet sentiri ex omnibus partibus, nisi aliquid impediat. vnde necesse est, vt istud corpus vaporosum sit centrum vnum, & quòd sua semidiameter sit secundum longitudinem linearum, vnde veniunt ista animalia ad suum cibum, vt dicitur quòd Vultures mouentur à quingentis miliaribus: sed impossibile est vt corpus paruum extendatur, donec recipiat tales dimensiones, cùm impossibile est vt materia recipiat extēsionem ad tale vltimum. maxima enim remotio, quam materia recipit, est dimensio ignis, deinde aeris. Si igitur corpus odorabile alteretur totum in ignem, aut aerem, impossibile est ipsum recipere dimensionem mille miliariorum. F Minima enim dimensionum, quam materia recipit, est dimensio terræ, & maxima est dimensio ignis. & inter has duas dimensiones non sentitur ex diuersitate hæc quantitas, scilicet vt magnitudo vnius palmi terræ fiat ad mille miliaria. hoc enim impossibile est. Et etiam, si ita esset, tunc illud corpus sphæricum non odorabile necesse esset vt penetraret aerem secundum totum, aut quòd aer recederet à loco suo. Et, cùm hoc impossibile est, etiam impossibile est vt odor sit in aere, sicut in corpore composito. † simplicia enim non recipiunt odores, remanet igitur vt sit in eo sicut color in diaphano. * Sed tamen apparet quòd esse coloris magis est spirituale, quā esse odoris. venti enim videntur adducere odores. & hoc est, ex quo fuit existimatum odorem esse corpus. Sed ita est de odore in hac inuentione, sicut de sono. Sonus enim fit à passione in aere: sed etiam impellitur à ventis: sed tamen non consequitur ex hoc vt sit corpus. quasi igitur

Documentum. 5. te. com. 73.

Color & odor hāt duplex eē. Idē supra. 60. 67. 76. com. Vide. 76. & 101. cō. Op. Aui. 1 sexto naturalium.

Prima rō.

*a I. multarū terrarū

*a I. 9.

Ex hoc sumr̄ dari maximū, & minimū. Idem supra. 41. Idē primo ph. 36. & p. 91. primo celi. 160.

Minima dimēsionū. quam materia recipit, est dimēsio terræ. & maxima ē dimensio ignis oppn. vide. 4. ph. cō. 72. vbi habet q subtilitas ē diuisibilis in infinitū. Vide cō. 2 im.

† Corpora simplicia non recipiūt odores. Idē in de Sensu & sensato.

*Esse coloris est magis spūale, q eē odoris. Idem 101.

A igitur necesse est in istis duabus passionibus, s. soni, & odoris, cùm fuerint
in aere, vt non sint motus illic in aere ad aliam partem sine alia.

Vnde & dubium videtur si omnia quidem similiter odorent:
homo autem odorat respirans: non respirans aut sed exspirãs, aut
retinens spiritum, non odorat, neq; à longe, neq; à prope: neq; si in
nasum intra ponatur. & hoc quidem in ipso positum quo sentit,
insensibile esse, omnibus commune est: sed sine respiratione non
sentire, proprium est homini. manifestum est autem tentantibus.

IOPH. *Proinde videtur oriri quæstio, si cuncta quidem peræquè olfaciant,
homo verò spiritum quidem ducens olfacit: quòd si non ducat, sed red
dat, aut cohibeat spiritum, non olfacit, neq; è longinquo, neq; è propinquo. ne si intra nares quidem apponatur. Ac si quid ipsi quidem appo-*
B *natur sensorio, id esse insensibile, commune est omnium: nõ sentire verò
sine respiratione, peculiare est in hoĩbus: quod inexperiẽdo perspicitur.*

Et ideo apparet ꝙ iste est locus dubitationis, secundum ꝙ omnia animalia olfaciunt eodem modo, & ꝙ homo non olfacit, nisi
quando anhelat inspirans: quando autem expirat, aut retinet, nõ
olfacit neq; à remoto, neq; à propinquo, neq; etiam, si odorosum
poneretur in naso. Hoc autem, ꝙ si sensibile fuerit positum super
ipsum sentiens, non sentietur, commune est omnibus. hoc vero, ꝙ
sentire non sit sine inspiratione, est proprium hominibus. & hoc
manifestabitur experimentatoribus.

98 Idest &, cùm diximus quòd animalia habitantia in aqua, & animalia
non sanguinea olfaciunt, accidit quæstio, quando concesserimus has duas
propositiones. s. ꝙ omnia animalia debent olfacere eodem modo, & po-
C suerimus ꝙ homo olfacit, quando inspirat, & non quando expirat, aut retinet anhelitum. consequitur enim ex hoc ꝙ, si* illud animal fuerit non
anhelans, vt non sit olfaciens. D.d. Hoc autem, ꝙ si sensibile fuerit positum, &c. i. & hoc autem, quod est necessarium in omnibus animalibus vt
sit medium, & quòd sentire non fiet, quando sensibile fuerit positum sup
ipsum sentiens, cõmune est omnibus. hoc enim opinatur Aristoteles de
tactu, & gustu, vt post apparebit. D.d. hoc vero, quod sentire nõ fit absq;
inspiratione, &c. i. hoc vero, ꝙ homo, & alia animalia anhelantia impossibile est vt olfaciant absq; inspiratione, manifestum est per se volentibus
considerare, & experimentari.

Quare sanguinem non habentia, quoniam non respirant, alterum vtiq; quendam sensum habent præter eos qui dicti sunt. sed
impossibile est: si quidem odorem sentiunt: odorabilis enim sensus

*a. L. aliud. *aliquod. Oppositũ vide in cõ suo lib. de sensu, & sẽsibili ubi hẽt ꝙ proprium ẽ gusti, & tactui ꝙ nõ indigent medio oppositũ il: gustu solo vide infra c. 101. Vide cõm. Z...

sus, & boni odoramenti & mali, olfactus est. Amplius autē & corrumpi videntur à fortibus odoribus, ex quibus homo corrumpitur, vt asphalto, sulfure, & huiusmodi. olfactum quidem igitur habere necessarium est, sed non respirantia. D

SOPH. *Itaq; sanguine carentia, ut pote quæ non spirent, alium quempiam sensum habere censeas, præter eos qui uulgò dici consueuere. res tamen non ita se habet: si quidem odorem sentiunt: sensus enim rei odorabilis, & fœtidæ & odoratæ, olfactus est. Præterea uidentur à uehementibus odoribus corrumpi, à quibus etiam homo corrumpitur, ut bituminis, & sulphuris, atq; id genus aliis. olfaciant igitur necesse est, non tamen recipiendo spiritum.*

Oportet igitur ex hoc, vt animalia carentia sanguine, cùm non anhelant, habeant alium sensum. Sed hoc est impossibile, cùm sentiant odorem. sentire enim bonum odorem, & malum est olfacere. Odores enim fortes, qui nocent homini, nocent eis, vt putrefactionis, & sulphuris, & similium. Vnde necesse est vt olfaciant, sed non inspirando. E

99 Dixit &, cùm posuerimus ꝙ omnia animalia eodem modo olfaciunt: & est manifestum ꝙ homo non olfacit sine inspiratione: necesse est vt animalia carentia sanguine cùm non anhelant, & videntur venire ad suum nutrimentum à remoto, vt habeant alium sensum à sensu olfactus. D.d. Sed hoc est impossibile, &c. i. sed ponere ea habere alium sensum à sensu olfactus impossibile est, cùm posuerimus ꝙ nihil comprehēdit odorem, nisi per istum sensum. comprehendere enim bonum odorem, & malum est olfacere: & olfacere est actio istius sensus, non alterius. D.d. Odores enim fortes, qui nocēt homini, nocent eis. & ista est secunda ratiocinatio. & est ꝙ ista animalia infirmantur, & dolent à malis odoribus, & fugiunt eos, sicut homines. &, quia homines fugiunt eos propter sensum olfactus, F. oportet vt sic sit de aliis animalibus. D.d. Vnde necesse est vt olfaciant, sed non inspirando. i. necesse est igitur ex hoc, quod diximus s. ꝙ ista animalia olfaciunt, cùm vidētur moueri ad odores, & fugere eos. &, quia impossibile est vt ista actio sit per alium sensum à sensu olfactus, ista animalia necessario olfaciunt: & non est necesse vt omnia animalia odorent eodem modo.

Li. 4. de Historia aīaliū c. 8.

Videtur autem in hominibus differre hoc sensitiuū ad ea quæ aliorum animalium: sicut oculi, ad ea quę durorum oculorū sunt. Hæc quidem enim habent phragma & sicut velamen, palpebras: quas aliquis non mouens, neq; retrahens non videt: fortia autem oculis nihil huiusmodi habent, sed mox vident quæ fiunt in lucido. sic igitur & odoratiuum sensitiuum, aliis quidem sine operculo est:

lo est:

A lo est: sicut oculi. aliis vero aerem recipientibus habere cooperimentum, quod respirantibus discooperitur, ampliatis venis & poris. & propter hoc respirantia non odorant in aqua. necessarium enim est odorem pati respirantia: hoc autem facere in humido impossibile. est autem odor sicci sicut humor humidi. odoratiuum autem sensitiuum potentia huiusmodi est.

99 PH. *Videtur autem in hominibus differre hoc instrumentum à caeterorum animalium instrumentis: ut oculi ab oculis eorum quae duros eos habent: nam illi quidem habent septum & ueluti utriculum quendã, palpebras: quas nisi moueat, atq; attollat, non uidet. quae uerò duris sunt oculis, nihil habent eiusmodi: sed illico uident quae fiunt in translucido. sic etiam odoratiuum sensorium: aliis sine operculo esse apparet, sicut ille oculus: in iis autem quae recipiunt aerem adesse uidetur operimen-*
B *tum, idq; cum spiritum hauriunt aperiri, dilatatis uenulis ac meatibus. Quamobrem quae spirant in humido non olfaciunt: necesse enim est spiritum ducendo olfaciant: quod in humido fieri non potest. Est autem odor sicci, ut sapor humidi: Odoratiuũ uerò sensorium est tale potẽtia.*

Videtur igitur quod iste sensus in hominibus differre à se in aliis animalibus, sicut oculi differunt ab oculis animalis duri oculi. Isti. n. habent coopertoria. s. palpebras, quae cùm non aperiuntur, non videt homo. animalia autem duri oculi non habent aliquod tale: sed vident subito illud, quod fit in diaphano. Et sic videtur quod est sensus olfactus etiam, s. quod in quibusdam animalibus est non coopertus, vt oculus. in animalibus vero recipientibus aerem habet coopertorium. &, cùm ista animalia inspirant, ampliantur venae, &
C viae, & aufert illud. Et ideo ea, quae anhelant, non olfaciunt in humido. inspiratio enim necessaria est in olfactu. vnde impossibile est hoc facere in humido. Et odor est sicci, sicut sapor humidi. Et olfaciens est illud, quod est in potentia istius dispositionis.

100 Cùm declaratum est quod animalium quaedam sentiunt odorem sine inspiratione, & quaedam cum inspiratione, visum est quod cũ in hoc est quod iste sensus in hominibus, & in animalibus anhelantibus differunt in creatione, & in forma à se in aliis animalibus non anhelantibus. Quemadmodũ enim oculi in homine, & in aliis differunt in creatione ab oculis animaliũ duri oculi. s. carentium palpebris. Et, cùm narrauit cõsimilitudinem inter ea in hac intentione, dedit modum consimilitudinis, & dixit. Isti enim habent coopertoria, &c. i. & sicut oculi in homine, & in aliis habent palpebras, quibus cooperiuntur: & est impossibile vt homo videat quousq; nõ aperiat palpebras: & in animalibus duri oculi non habent palpebras, sed

vident

videnr subito colores factos in diaphano sine aliquo coopertorio: ita videtur quod dispositio sensus olfactus in animalibus anhelantibus, differt à se in non anhelantibus. In anhelantibus enim habet cooperiorium: in non anhelantibus autem non habet coopertorium. & sic animalia anhelantia indigent apud olfactum anhelitu ad aperiẽdum vias clausas olfactus, per quas impossibile est vt olfaciant, antequam aperiantur. queadmodum impossibile est vt animalia boni visus videant, quousq; palpebræ aperiãtur. sed animalia non anhelantia non indigent hoc. & illa erit causa, propter quam animalia anhelantia non olfaciunt in aqua. Sed est quæstio in hoc quod dicit: animalia enim duri oculi sunt debilioris visus aliis animalib⁹ sed animalia multa non anhelantia videntur fortioris odoratus homine. & oporteret, si palpebræ in oculis essent, sicut nasus in animalibus anhelãtibus, vt animalia anhelantia essent verioris olfactus, quàm non anhelantia. Et ideo perscrutandum est vtrum, nasus in animalibus olfacientibus per nasum sit propter melius, sicut palpebræ sunt in animalibus habentibus palpebras: aut propter necessitatem. Si igitur est propter necessitatẽ, non oportet vt anhelantia sint verioris olfactus quàm non anhelantia. Si autem propter melius, erit econuerso. Sed hoc, quod dicit, amplianutr venæ, & viæ, demonstrat quod hoc est propter necessitatem, nõ propter meli⁹: & quod animalia duri oculi non assimilantur olfaciẽtibus sine inspiratione, nisi secundum diuersitatem creationis tantum: non quod iuuamentum palpebrarum est de modo iuuamenti inspirationis. D.d. Et odor est sicci, sicut sapor humidi. i. & odor attribuitur abundantiæ partis siccæ in odorabili, sicut sapor attribuitur abundantiæ partis humidæ in gustabili. Et hoc declarabitur in libro de Sensu & sensato. D.d. Et olfaciens est illud, quod est in potentia istius dispositionis. i. &, cùm declaratum est quid sit odor, & quomodo comprehenditur per sensum, tunc sensus olfactus est illud, quod in natum est recipere odores.

Dubium. (margin) — Opposita 2. phy. 81. 88. a casu esse. vide con. 2im. — Solutio. (margin)

D / E (margin letters)

De gustu, & gustabili. Cap. 6.

GVstabile autem est quiddam tangibile. & hęc est causa quare non sit sensibile per medium extraneum corpus. neq; n. tactus. & corpus autem in quo est humor, quod est quid gustabile, est in humido sicut in materia. hoc autem est quiddam tangibile. vnde & si in aqua essemus sentiremus vtiq; appositum dulce. non autem esset nobis tunc sensus per medium: sed in eo quod miscetur humido, sicut in potu. color autem non sic videtur, in eo quòd miscetur, neq; defluxionibus. F

SOPH. *Gustabile autem est tactile quiddam: atq; hoc in causa est, cur non sit sensibile per intermedium quod sit alienum corpus. nimirum quia nec tactus. corpus etiam in quo est sapor gustabile in humido ut materia: id verò est tactile quiddam. idcirco si in aqua essemus, & dulce* al. l. in aqua.

quidpiam

A *quidpiam iniiceretur, sentiremus nec esset nobis sensus per intermediũ: sed quòd admixtum esset humido, quemadmodum in potione: at color non hoc modo uidetur, nempe quòd misceatur, aut effluxionibus.*

Gustus autem est aliquis tactus. Et est illud, quod est in potentia istius dispositionis, non per mediũ, quod sit corpus extraneũ. tactus enim etiam non est sic. Et corpus, in quo est sapor, gustus in eo est in humiditate: sicut res in materia. & hoc est aliquid tangibile. Et ideo, si nos fuerimus in aqua, & in aqua fuerit aliquid dulce, sentiemus non per medium, sed admiscendo se cum humido, sicut est de vino. Color autem non videtur, eo ꝙ admiscetur, neq; quia aliquid currit ab eo.

101 Cùm compleuit sermonem de olfactu, & sensus gustus est illud, quod debet consequi numerum fm ordinem, qui incœpit à meliori, & processit ad magis necessarium, incœpit loqui de eo, & declarare ꝙ est aliquis ta- B ctus, & ꝙ propter hoc non indiget comprehendere suum sensibile p medium, quod sit corpus extraneum, sed per medium, quod sit pars animalis. Et d. Gustus autem est aliquis tactus. & hoc non est in potentia alicuius dispositionis per medium, quod sit corpus extraneum. tactus enim est etiam sic. i. & iste sensus non est illud, quod est in potentia illius dispositionis per medium, quod est corpus extraneum, sed per mediũ, quod est corpus non extraneum. D. d. tactus enim etiam non est sic, i. tactus enim etiam comprehendit suum sensibile non per medium, quod est corpus extraneũ: sicut est de sensibus tribus pdictis. Et quasi inducit istũ sermonẽ pro ratione ꝙ gustus est aliquis tactus & quasi dicit, gustus autem est aliquis tactus, cùm comprehendat suum sensibile non per medium, quod sit corpus extraneum, sicut tactus. & hoc est manifestius in secunda translatione, vbi dicit, sensus autem gustus comprehendit per tactum. Et causa illius est ꝙ sensibile per gustum non comprehenditur per medium inter C gustans & gustatum, quod est corpus extraneum: neq; etiam tactus ita cõprehendit. D. d. Et corpus, in quo est sapor, &c. i. & alio modo dicimus etiam ꝙ iste sensus est aliquis tactus. corpus enim in quo existit sapor, nõ est gustabile, nisi fm ꝙ ille sapor existit ĩ eo humore: cuius proportio ad illum saporem est sicut materiæ ad formam. & ideo iste sensus non comprehendit saporem, nisi comprehendat humorem: cùm sit impossibile vt denudetur ab eo: & comprehendere humorem est aliquid tangere. vnde iste sensus videt᷑ aliquis tactus. D. d. Et ideo, si nos fuerimus in aqua, &c. i. &, quia gustus non indiget medio extraneo, ideo, cùm nos fuerimus in aqua, in qua inuenitur aliquod dulce, sentietur à nobis admiscendo se cũ aqua: nõ quia aqua recipit saporem abstractum à materia, & reddit eum isti sensui, sicut est de mediis extraneis, quæ reddunt sensibilia sensibus. illa enim non recipiunt sensibilia cum corporibus, in quibus existunt, sed abstracta à materia. Et hoc demonstrat ꝙ ipse opinatur ꝙ odor non est corpus.

Vide pro hoc 3. cõ. 115.

Vide 3. 115 vbi indig di- da medij extrinseci nõ ẽ d̃ necessitate tactus, sed tã- gibilium.

Rñs obie ctioni.

Media ex trinseca ñ recipiunt sensibilia cũ corporibus, in d b° existūt idē 5 c. 76 & 97. cō. cōtra Aui cen.

corpus. si enim esset corpus, olfactus esset aliquis tactus. D. d. Color autē non videtur, &c. idest color autem non videtur, ita q aliquid ex eo admisceatur cum aqua, aut aere, neq; q aliquid currat ab eo in aerē, aut aquā: sed tantum recipiunt ab eo intētionem coloris abstractam à materia. vñ dicimus in hoc, & similibus q comprehenduntur per medium extraneū. D

Vt quidem igitur medium, nihil est: ut autem color visibile, sic gustabile humor ē. Nihil autē facit humoris sensum sine humiditate: sed habet actu aut potentia humiditatem, vt salsum. bene. n. liquidum ipsum est, & liquefactiuum linguæ.

103 H. *Quod autem ad intermedium attinet, nullum est. Vt autem visibile est color, sic gustabile sapor. Nihil autem saporis sensum efficit sine humiditate: sed habet actu aut potentia humiditatem, ut salsum: nam et ipsum facile liquefactu est, & colliquefaciendæ linguæ vim obtinet.* E

Secundum autem hunc modum medium non est medium. sed quemadmodum color est visibile, sic sapor est gustabile. Et nihil recipit sensum saporis absq; humiditate, sed in eo est in actu, aut potentia humiditas, verbi gratia salsum. est enim velocis dissolutionis, & cum hoc dissoluit linguam.

101 Iste autem sensus differt à sensibus, qui comprehendunt per medium extraneum in hoc, q non comprehendit suum sensibile per medium. sed quemadmodum color est visibile, & in rei veritate proprium visui, ita sapor in rei veritate est gustabile proprium gustui. D. d. Et nihil recipit sensum saporis, &c. i. & nihil recipit sensum saporis, qui dicitur gustus, nisi sapor sit in humore, & humor est in saporoso, aut in actu, aut in potētia: v. g. salsum, quod est humidum in potentia propinqua, cùm velociter dissoluitur, & dissoluit humores, qui sunt in lingua. Et ideo præparauit natura saliuam in ore: & præparauit branchos in homine ad congregandum istam humiditatem, vt ea mediante gustentur sicca. vnde dicimus q sapor non est sapor in actu, nisi in corpore humido in actu. F

Propter q̄d natura pparauit saliuā in ore.

Sicut autem visus visibilis est & inuisibilis (tenebra autem inuisibilis, iudicat autem & ipsam visus.) adhuc autem & valde splēdidi. etenim hoc inuisibile est. alio autem modo à tenebra. similiter autem & auditus soniq; & silentii. quorū aliud audibile, aliud non audibile: & magni soni, sicut visus est splēdidi. sicut enim paruus sonus inaudibilis quodammodo, sic & magnus & violētus. Inuisibile autem aliud quidem omnino dicitur sicut & in aliis impossibile: aliud autem quamuis aptum natum, non habet, aut praue: sicut quod sine pedibus & sine grano. sic autem gustus gustabilisq; & nō gustabilis. hoc autem est paruum aut prauum habens humorē

A humorem, aut corruptiuum gustus. videtur autem principium esse potabile & non potabile: gustus enim quidam ambo. sed hoc quidem prauum & corruptiuum gustus, illud autem secundum naturam. est autem commune tactus & gustus potabile.

[illegible] H. *Sed ut uisus est rei uisibilis & inuisibilis (nam tenebræ inuisibiles sunt, attamen has etiam uisus diiudicat:) Ad hæc, ualde splendidi (nã id quoq; inuisibile est, alio tamen modo atq; tenebræ) sic etiam auditus & soni & silentii: quorum alterum est audibile, alterum nõ audibile. atq; etiam magni soni, quemadmodum uisus splendidi. ut enim paruus sonus inaudibilis quodammodo est, sic etiam magnus ac uiolentus. inuisibile autem partim sicut etiam in aliis dicitur quod prorsus impossibile est: partim, si cum natum aptumq; sit, non habeat, aut certe exiliter, ut apes, & innucleatum. Sic etiam gustatus, rei gustabilis & ingustabilis: id uero est, quod aut paruum & exilem, aut gustum corrumpentem habet saporem. Videtur autem potabile & impotabile esse principium: sed alterum prauum gustumq; corrumpens: alterum secundum naturam: Est autem potabile commune tactus & gustus.*

B — aliquã [illegible]

τὸ φαῦλον quo verbo hic vtitur Aristo. expositores tũ prauũ, tũ exiliter interpretantur.

Et sicut visus est rei visibilis, & nõ visibilis: nam obscuritas est non visibilis, & etiam distinguetur à visu. & est etiam manifestũ in eo, quod ẽ valde fulgẽs, & splendens. hoc enim quoquo modo est non visibile: sed tamen alio modo ab obscuritate. & similiter auditus est soni, & silẽtii, quorum vnum est audibile, & aliud nõ audibile, & est maximi soni, sicut visus est resplendentis. quemadmodum enim minimus sonus est non audibilis, ita aliquo modo

C est maximus sonus etiam. Et non visibile quidem dicitur sic vniuersaliter, sicut in omnibus carentibus hoc. & quoddam est innatum videre, sed non habet aut habet, sed diminute, vt carẽs pede. Et similiter gustus est gustabilis, & non gustabilis, & hoc est, cui⁹ sapor est debilis, aut malus, aut corrumpens gustum. Et similiter existimatur de potabili, & nõ potabili. sunt enim gustus quoquo modo: sed illud malum corrumpens gustum, & illud naturale. Et potabile est commune tactui, & gustui.

103 Sermo eius in hoc capitulo est manifest⁹. & abbreuiatio eius est quod non sensibile dicitur in vnoquoq; sensuum tribus modis: aut de eo, quod caret sensato proprio illi sensui de eis sensatis, quæ innatus est habere: aut de eo, quod est sensibile intẽsum ĩ se respectu illius sensus: aut de eo, quod est sensibile debile. v.g. obscuritas, quæ est non sensibile ſm priuationem in visu: & color splendens, qui est non sensibilis propter intensionem: & color

color latens, qui est non sensibilis propter debilitatem. Et in auditu silentium sm̄ priuationem: & maximus sonus sm̄ intensionem: & sonus latens sm̄ debilitatem. Et in gustu insipidum sm̄ priuationē: & horribile sm̄ maliciā, & debile sm̄ diminutionem omnia enim ista dr̄ non sensibilia: qm̄ vnumquodq; istorum est priuatio alicuius dispositionis naturaliter sensibilis illius sensus. D.d. Et non visibile quidem dicitur, &c. i. & non visibile dicitur vl'r, sicut dr̄ in aliis sensibus multis modis: aut quia non est innatum videri omnino, vt dicimus q̄ sonus est inuisibilis, & in colore non auditus: aut quia est innatus videri, sed non videtur, quia habet colorem, sed alio modo ab eo, sm̄ quem innatum est habere, s. aut propter intensionē, aut propter debilitatem hoc dicitur nō visibile: sicut dicitur in eo, qui est debilis pedis, q̄ non habet pedem. D.d. Et potabile est commune tactui & gustui, idest q̄ secundum humiditatem, quæ est in eo, est tangibile, & secundum saporem est gustabile. D

Cōsilem distinctionē hēs de infinito 3. Phy. 14. & 3. in hoc. 1. 120. Idē. 1. 96. Idē. 5. Me. 27. & 17. consile de immobili. 5. ph. c. & c. 1. 10.

Quoniam autem humidum quod gustabile, necesse est sensitiuum ipsius neque humidum esse actu: neque impossibile fieri E
humidum. patitur enim gustus aliquid à gustabili secundum q̄ gustabile est. necessarium est ergo humectatum fore quod possibile humectari, saluatum, non humidum autem, gustatiuum sensitiuum. Signum autem, neq; siccam existentem linguam sentire, neq; multum humidam. hic enim tactus fit primi humidi. sicut quum aliquis qui ante gustauit fortem humorem, gustet alterum & vt laborantibus amara omnia videntur, propter id quod lingua plena huiusmodi humiditate sentit.

107 H. *Cum autem gustabile sit humidum, necesse est sensorium eius nec actu humidum, nec eiusmodi esse ut humectari nequeat: patitur enim gustus à gustabili quatenus gustabile. Necesse ergo est id quod humectari potest, humectari ita ut seruetur, nec esse humidū ipsum. s. gustatiuum sensorium. indicium huius est, quod lingua neq; cum præarida est, sentit: neq; cum admodum humida: hic enim tactus fit primi humidi: ut cum quispiam degustato uehementi sapore, degustat alium: & quemadmodum ægrotantibus amara omnia uidentur, propterea quòd lingua referta eiusmodi humiditate sentit.* F

Et, quia gustabile est humidum, fuit necesse vt suus sensus non esset humidus in perfectione. neq; impossibile vt humefiat. gust⁹ enim patitur quoquo modo à gustabili, secundum q̄ est gustabile. Vnde necesse est vt humefiat illud, quod possibile est vt humefiat, & est saluatum. sed non est humidum sensus gustus. Et signū eius est, q̄ lingua non sentit, cùm fuerit valde sicca, aut valde humida. tactus enim ipse erit per primum humorem, sicut qui pri⁹ gustauit

F gustauit saporem fortem, deinde gustauit alium saporem. & sicut infirmi sentiunt omnia amara, quia sentiunt ea per linguam submersam in tali humore.

104 Cum declarauit ea, quæ sunt cõia isti sensui, & sensui tactus, & aliis sensibus, incœpit dicere quoddã proprium membro istius sensus, s. linguæ, & d. Et, quia gustabile est humidũ, &c. i. &, quia materia saporis est humor, vt declaratũ est in de Sensu & sensato, necesse fuit vt recipiens saporem recipiat humorẽ cũ sapore. vnde necesse est, vt iste sensus nõ sit humidus in actu, neq; sit etiam impossibile vt recipiat humorẽ, cũ sit innatus recipere saporem: quod est impossibile sine receptione humoris. & dicit q̃ est necesse vt sit non humidus in actu: quia illud, quod est aliquid in actu, non est innatum recipere illud, quod est in eo in actu, s̃m q̃ est in eo in actu. visus enim, si haberet aliquem colorem in actu, non reciperet colores. Deinde dicit, gustus enim patitur quoquo modo, &c. i. & est necesse vt iste sensus sit innatus humefieri. membrum enim gustans patitur quoquo modo à gustabili. &, quia gustabili semper associatur humidum, necesse est vt gustans patiatur ab humore, qui est in sapore. Vnde necesse est vt hoc membrum gustans sit in ea dispositione, qua possibile est vt humefiat: & hoc erit vt non sit humidum in se, & q̃ sit cum hoc saluatum ab* accidentibus. & hoc intendebat, cùm dixit, vnde necesse est vt humefiat, &c. idest & quia necesse est vt hoc membrum humefiat, necesse est vt sit innatum humefieri, s. vt sit saluatum à siccitate intensã, & vt non sit humidum. Deinde dicit. Et signum eius est q̃ lingua, &c. i. & signum eius est, q̃ lingua apud comprehensionem saporum debet saluari ab intensa siccitate, & dominio humoris, est q̃ ipsa non sentit sapores, quando fuerit intensæ siccitatis, aut intensæ humiditatis, sed tantum sentit, cùm fuerit in naturali dispositione, s̃m quam innata est recipere humiditatem saporis. Deinde dicit, tactus enim ipse, &c. i. &, cùm lingua innata est recipere saporem cum eius humiditate, necesse est vt super ipsum non dominetur alia humiditas. Prima enim humiditas dominans in lingua impediet eam in recipiendo secundam humiditatem. quemadmodum qui gustauerit aliquem saporem fortem, & postea gustauerit alium saporem: tunc enim non sentiet secundum saporem propter dominium primi super linguã. Deinde dicit. &, sicut infirmi sentiunt omnes sapores amaros, quia sentiũt eos per linguam submersam in humore amaro, ita etiam qui gustauerit aliquem saporem, & sua lingua fuerit humefacta in humore accidentali, tunc non comprehendet humorem saporis proprii, nisi admixtum cum qualitate illius primi humoris. & sic accidet necessario vt non comprehẽdat saporem, quia non comprehendit naturã saporis in dispositione illa, secundum quam est materia illius saporis.

Illud, q̃d est aliq̃d in actu, nõ est innatũ recipere illud, q̃d est in eo in actu, s̃m q̃ est in eo in actu. Idẽ t. 67. Idẽ 3. de aĩa cõ. 4. Idẽ 1. ca. de subst. orb. Idẽ 1. ph. 69. *excedẽtibus *excellentiis.

B

C

Species autem humorum sicut & in coloribus, simplices quidem contrariæ sunt: vt dulce & amarum. habitę autem sunt, cum hac quidem, pingue: cum illa uero, salitum. Media autem horum,

acre, & austerum, & ponticum, & acutum: ferè enim hæ videntur D
esse humorum differentiæ. Quare gustatiuum potentia est huius-modi. gustabile autem est factiuum actu huius.

SOPH. *Species autem saporum, ut etiam in coloribus, simplices quidē sunt quæ sunt contraria, dulce & amarum: Proxima aūt sunt, ab uno, pingue: ab altero, salsum. His interiecta sunt, acre, & austerum, & acerbū, & acidum. nam hæ propemodū esse saporum differentiæ uidentur. Quare gustatiuum est, quod est tale potentia: gustabile uero, quod est effectiuum actu eius.*

Et modi saporum sunt sicut in coloribus, simplices quidē sunt contrarii dulcis, & amarus. Sequentes autem sunt duo, istum vnctuosus, istum autem salsus. Et quæ sunt inter ea, sunt acutus, & stypticus, & ponticus, & acetosus. isti. n. modi ferè videntur esse modi saporum. Quapropter necesse est vt Gustans sit illud, quod E
est in potentia istius dispositionis, & Gustabile sit agens.

105 Et dispositio modorum saporum adinuicē est, sicut dispositio colorū adinuicem. quemadmodum igitur colores simplices sunt albus, & niger, ex quibus componuntur alii, quorum quidam sunt propinquiores simplicibus, ita est de saporibus. s. ꝙ simplices eorum sunt contrarii. s. dulcis, & amarus. & sequitur dulcem vnctuosus, & salsus amarum. & inter istos sunt acutus, & stypticus, & acetosus. Et hoc, quod d. in coloribus manifestum est: in saporibus vero habet quæstionem. Galenus enim opinatur quòd ponticus, & acetosus frigidi sunt, & quòd acutus est calidior amaro.
Digressio. Et, si nos concesserimus ꝙ isti sapores consequuntur calorem, & frigus, necesse est ꝙ contrarietas in istis sit in illo, quod est vltimo calidum, & in F
illo, quòd est vltimo frigidum. & si concesserimus ꝙ ita est de saporibus,
Prima rō cōtra Gal. sicut est de coloribus, s. quòd idem color sit à caliditate, vel à frigiditate, tunc non accidet impossibile. Et videtur ꝙ hæc opinio Galeni sit error. Videmus enim ꝙ amaritudo quandoq; inuenitur cum frigiditate. verbi gratia ꝙ amaritudo, quæ est in fructibus in primo cremento, demonstrat frigus: & amaritudo, quæ est in rebus combustis demonstrat calorem. Et similiter non est impossibile vt aliqua dulcedo sit frigida, videtur enim ꝙ
Sc'a rō. plantæ amari saporis apud complementum sunt dulces, aut insipidæ in principio. Et signum eius, ꝙ isti sapores sunt medii, est quòd plantæ habentes sapores, non transferuntur ex amaritudine ad dulcedinem in eis,
[illegible] est necessarium in translatione extremis in sapores media. [illegible] quæ innatæ sunt esse dulces in fine, nisi mediante aliquo illorum saporū. & hoc erit secundum ꝙ pertinet illi amaro existenti in illa planta, & illi dulci existenti in ea. quemadmodum albedo non transfertur ad nigredinem, vel econuerso, nisi mediante aliquo colorum mediorum. in aliquo igitur transfertur mediante chatopo, & in aliquo mediante kiano. non Tertia rō.
enim est necesse vt translatio in extremis sit super omnia media. Et vniuersaliter

A vniuersaliter per se manifestum est, quod amarum, & dulce sunt in fine contrarietatis, in quantum sunt sapores, quapropter necesse est, vt alij sapores sint medij inter hos duos, & compositi ex extremis. Secundum hoc igitur debemus ponere hoc. Quartū rō Et non debemus aduertere sermonem Galeni, suus n. sermo non est verus in complexionibus saporum secundum suas naturas. Et, si concesserimus quod omne dulce est calidum, & omne amarum etiam est calidum, debemus etiam dicere quod hoc non est nisi respectu corporis hominis, non respectu naturae ipsius rei. experientia enim, licet testetur hoc in corpore humano, tamen hoc non demonstrat naturam ipsorum saporũ.

Et videtur quod sapor magis sequitur humiditatem & siccitatem, quã Quintū rō caliditatem & frigiditatem. Necesse est enim aliquam opinari complexionem terminari, ex qua fit amaritudo, & aliã ex qua dulcedo: & quod illae duae complexiones sunt contrariae secundum hunc modum. & locus de hac perscrutatione est in libro de Sensu & sensato, & etiam de numero modorum saporum. Deinde d. Quapropter necesse est, vt gustans sit illud, &c. idest declaratum est ex praedictis quod iste sensus est illud, quod est in potentia

B omnes isti sapores, & quod sapor, & gustus est agens, & mouens illum sensum de potentia in actum.

De tactu, tangibilibus, ac medio. Cap. 7.

De tangibili autem & tactu eadem ratio. Si enim tactus nõ est vnus sensus, sed plures: necessarium est & tangibilia sensibilia plura esse. Habet autem dubitationem, vtrum plures sint, aut vnus.

SOPH. *De tactili & tactu eadem est ratio: si enim tactus non unus est sensus, sed plures: & tactilia etiam plura esse sensibilia necesse est.*

De tangibili autẽ, & de tactu idem est sermo. Tactus enim, si non fuerit vnum genus, sed plus, necesse est vt tangibilia etiã sint plura vno. Sed est dubium, vtrum sint vnum, aut plura.

C

106 Modo vult loqui de tactu, & dixit. De tangibili autem, & de tactu, &c. idest vtrum autem tangibile sit vnum, aut plura vno est dubiũ, sicutẽ de tactu, & sermo in eis est idem. Et innuit per hoc causam, propter quam latet hoc, in hoc sensu, & non latet in alijs sensibus. de illis enim quia manifestum fuit quod sensibile eorum est vnum in genere, fuit etiam manifestum eos esse vnum in genere: in hoc sensu autem, quia ignoratum est de suis sensibilibus, fit etiam ignoratum de suo sensu. Deinde dicit. Tactus enim, si non fuerit vnum genus, &c. idest, sermo de eis in hac intentione idem est. Notum est enim nobis quod si tactus non est vnum genus, sed plura vno, necesse est quod tangibilia sint plura vno, &, si tangibilia sint plura vno, necesse est vt iste sensus sit plus vno. sed licet consecutio in istis duobus syllogismis sit manifesta, tamen destructio, vel positio in eo est ignorata.

Et quid est sensitiuum tangibilis: vtrum caro & in aliis proportionale, aut non, sed hoc quidem est medium, primum autem sensitiuum, aliud quiddam est intus. omnes etenim sensus vnius contrarietatis esse videntur, vt visus albi & nigri: auditus grauis & acuti: gustus amari & dulcis. In tangibili autem multe insunt contrarietates calidum & frigidum, humidum & siccum, durũ molle, & aliorum quæcunq; sunt huiusmodi. D

107 H. *Est autem quæstio, utrum plures sint, an unus: & quid sit instrumentum rei tactilis tactiuum: utrum caro, & in aliis quod ei proportione respondet: an non, sed hoc quidem sit intermedium, primum uero sensorium aliud quidpiam intus sit. quippe omnis sensus unius esse uidetur contrarietatis, ut uisus albi & nigri, auditus grauis & acuti: gustatus amari & dulcis: at in tactili multæ sunt contrarietates, calidum, frigidum, humidum, siccum, durum, molle, & eiusmodi alia.* E

Sensus autem tactus, vtrum est in carne, aut in alio simili: aut non, sed ista est medium, primum autem sentiens est aliud intrinsecum. Omnis enim sensus existimatur esse eiusdem contrarietatis. v. g. visus albi & nigri, & auditus grauis & acuti, & gustus dulcis & amari. In tangibilibus autem sunt plura contraria, calidum & frigidum, & siccum & humidum, & durum, & molle, & asperum & lene, & alia similia.

107 Cùm narrauit q; dubium est vtrum sensus tactus sit eiusdem virtutis aut plurium, incœpit dicere sermones dubitabiles in hoc, & d. Sensus aũt tactus, &c. i. & principium consyderationis in hoc est, vtrum sensus tactus sit in carne, aut in simili carni in animalibus carentibus carne: aut sensus tactus non est in carne, sed caro est quasi medium. Et dixit hoc. quia, si fuerit declaratum q; sensus tactus est in carne, ita q; proportio carnis ad ipsum sit sicut proportio oculi ad visum, manifestum est q; sensus tactus est vna virtus, quoniam vnum instrumentum non est nisi vnius virtutis. F Si autem fuerit declaratũ q; ista virtus fuerit plures vna, necesse est vt *caro non sit nisi medium: & vt non sit quasi instrm. Et, cùm narrauit hoc, incœpit inducere sermones dubitabiles. & incœpit ab eis, quæ demonstrãt virtutem tactus esse plures vna: quia post inducet ea, quæ demonstrant ipsam esse vnam ex hoc, quod apparet q;, cùm sensibile fuerit positum super carnẽ, statim sentiet, ex quo existimatur q; ista virtus est vna. Et d. sed ista est medium, &c. i. vtrum sensus tactus est in carne, ita q; sit vna virtus: aut non est in carne, sed intra, & est plus quã vna virtus, est dubium. potest. n. aliquis dicere q; caro est medium, & q; primũ sentiens, quod est instrm istius virtutis, est aliquid intrisecũ, & q; est plus quã vnũ instrm. Et signũ eius est, quia manifestum est q; idẽ sensus nõ cõprehẽdit nisi vnã cõtrarietatẽ, & eius media: visus. n. cõprehẽdit albũ & nigrũ & media, & auditus graue

Si proportio carnis ad tactũ sit sicut proportio oculi ad uisum, manifestũ ẽ q; sensus tactus sit vna uirtus.

*a. i. caro sit quasi.

A graue & acutum & media, & gustus dulce & amarum & media. Tactus autem multa contraria, v. g. calidum & frigidum, & humidum & siccum, & asperum & lene, & durum & molle, & alia contraria. vnde necesse est, vt ista virtus sit plures vna, & quod caro sit quasi medium. Et hoc, quod dixit, manifestum est. quoniam, si vna virtus est, quæ comprehendit vnam contrarietatem, contingit oppositum conuerti cum opposito, scilicet vt quæ non comprehendit vnam contrarietatem, sed plures, non sit vna virtus. Pro hoc vide 1. Prob. ca. 21. & 4. Topicorum ca. 5.

Habet autem solutionem quandam ad hanc dubitationem: & quod in aliis sensibus sunt contrarietates plures, vt in voce non solum acumen & grauitas, sed magnitudo & paruitas, & lenitas, & asperitas vocis, & similia alia. sunt autem & circa colorem differentiæ huiusmodi alteræ. sed quid sit vnum subiectum, sicut auditui sonus, sic tactui, non manifestum est.

10 T ii.
Sed est solutio quædam huius quæstionis: etenim & in aliis sensi-
B *bus plures sunt contrarietates, ut in uoce non solum acumen & grauitas, uerumetiam magnitudo & paruitas, & lenitas, & asperitas uocis, cæteraque generis eiusdem. in colore etiam eiusmodi alia sunt differentiæ. uerum quid sit subiectum: ut auditui sonus, sic etiam tactui, non est manifestum.*

Sed est hic aliquid, per quod dissoluitur ista quæstio. In aliis enim sensibus sunt modi contrarietatis plures vno. verbi gratia, in sono cum acuto & graui est magnum & paruum & sonus lenis & asper, & alia similia. Et in colore etiam sunt alii similes istis. Sed tamen non est manifestum quid est illud vnum subiectum, sicut est sonus auditus, sic tactus.

Cum dedit sermonem, facientem credere quod sensus tactus sit plus vno, dedit
103 alium sermonem, quasi dubitationem super hunc sermonem, & dixit. Sed est hic
C aliquid, &c. i. potest aliquis dicere aliquid esse, per quod dissoluitur iste sermo, per quem probatur quod sensus tactus est plus vno: & quod in aliis sensibus etiam sunt modi contrarietatis plures vno. v. g. quod auditus comprehendit graue & acutum, & magnum & paruum, & lene & asperum. & similiter visus comprehendit multa album & nigrum, & splendens & non splendens. quapropter non est necesse ex hoc quod tactus comprehendit plus vna, vt sit plures, & quod caro sit quasi medium. Et, cum dedit hanc dubitationem super sermonem, probantem quod iste sensus est plus vno, incepit excitare modum dubitationis eius, & dixit. Sed tamen non est manifestum, &c. i. sed iste sermo non sequitur. quoniam, si magna contrarietas, quæ est in tactu, fit similis contrarietati existenti in vnoquoque sensu, necesse est vt subiectum modorum contrarietatis, quæ est in tactu, sit vnum, sicut est in visu, & in auditu sonus est subiectum illorum contrariorum prædictorum. & similiter color est subiectum modorum contrarietatis comprehensibilium per visum. sed non est manifestum quid est vnum subiectum contrariorum sensus tactus, immo apparet quod subiectum multiplicatur secundum multiplicationem contrariorum. Et intendit per subiectum

7.Me.43. Digressio, q. tact⁹ sit un⁹ absolute obiecto.

hic genus, quod diuiditur in haec contraria. Et hoc, quod dixit, manifestum est. Necesse est n. si posuerimus q vnum sensum comprehendit multos modos contrarietatis, vt genus subiectũ illis modis sit vnũ. Quoniam necesse est aliquid esse commune illi multitudini, quod comprehenditur ab illo vno sensu. &, si non, non erit illic aliquid, per quod ille sensus poterit dici vnus. quoniam sensus non est vnus, nisi per vnam intentionem. Et, cum contraria fuerint diuersa in generibus, tunc virtutes erunt diuersae. & ideo illud, quod recipit contrarietatem colorum, aliud est a recipiente saporum contrarietatem: quoniam illa contraria sunt diuersa in genere. Vnde necesse est, si tactus sit vna virtus, vt modi contrariorum, quos comprehendit, sit vnum genus subiectum eis, quod dicatur de eis vniuoce: vt sonus, qui dicitur vniuoce, sit de modis sonorũ, & color de modis colorum. Sed contraria tactus non videntur habere genus, quod dicatur de eis nisi aequiuoce. Quale enim, quod dicitur de calido & frigido, & graui & leui, non dicitur nisi pure aequiuoce. E Et illud, quod dictum est de aequiuocatione in hoc nomine quale, dicitur de sapore, de calore & frigore, & odore. omnia enim haec nomina sunt in praedicamento qualitatis: & graue & leue in praedicamento substantiae. Et ideo necesse est vt, virtus comprehendens contrarietatem, quae est in graui & leui, sit quoquo modo virtus comprehendens contrarietatẽ, quae est in calido & frigido necessario, & quoquo modo non, cum illa, quae comprehendit graue & leue, non comprehendit ea nisi mediante motu, scilicet q non comprehendit graue, nisi quando mouet eam corpus graue, aut leue. Et ideo oportet opinari q velit Arist. q sensus tactus est plus quã vnus & q caro est quasi ei medium, licet iste sermo sit contrarius sermoni in libro de Animalibus: sed tamen forte ille sermo fuit secundũ q apparuit illi, scilicet q sciuit de membris animalium in illo tempore, tunc enim adhuc nesciebat neruos, & dixit q instrumentum sensus istius est caro, & iste sermo dat instrumenta esse istis animalibus tangibilibus intra carnem. & hoc conuenit ei, quod post apparuit per anatomiam. & q nerui habent introitum in tactu, & motu. quod ergo sciuit Aristo. ratione, apparuit post per sensum. F

Occurrit tactus obiectioni, q̃a aliqs diceret eẽ idẽ genus tãgibiliũ, & ẽ ipm quale. dr̃ graue & leue sunt in p̃dicamẽto substãtię. Idẽ 4. Cel. c. 20. opp. 5. Me. c. 18 vbi dr̃ q sunt qualitates. Sed 4. Cel. 19. ponit ea eẽ facilitates, & p cõsequens q̃litates. Idẽ 2. de Gen. & cor. t.c. 8. & 7 ph. t.c. 11. Vid. cõtr. Zim. ‡ Soluit cõtradictionẽ. 2. de partibus aial. ca. 4. 5. d nũ. aial. ca. 5.

Vtrum autem est sensitiuum intus, aut non, sed mox caro, nullum videtur eẽ signum fieri sensum simul cum tactu, etenim nũc si quis circa carnem extenderit, vt pellem faciẽs, similiter sensum mox tactum insinuat. & tamen constat q nõ est in hoc sensitiuũ. si autem & connaturale fuerit, citius vtique pertinget sensus.

Vtrum autem instrumentum sit intus nec ne, sed proximus caro, nullum videtur esse argumentum, quod sensus fiat simul atque res tanguntur. Etenim si quis circa carnem extenderit quidpiam instar tenuis membranae velaminis, statim per aeque sensum imprimet: & tamen constat nõ esse in ea sensus instrumentum. quod si etiam coaluerit, multo citius sensus penetret.

A Verum autem sentiens sit intra, aut non, sed est primum, quod apparet. s. caro, existimatur quod istud signum nihil est. s. q sensus est, quando tangitur. Quoniam, si tu acceperis membranam, & in duas carnem ea, tunc eodem modo apparebit sensus, qn̄ tangitur: licet sit manifestum q sentiens non est in istis rebus. Si igitur fuerit consolidatum cum eo, tunc sensus citius proueniret etiam.

109 Cum dedit sermonē necessarium, ex quo apparet q sensus tactus ē plus vno, & q caro est quasi medium, vt exposuimus: licet sit contra opinionē Alex. & expositionem Themistii. quamuis Themistius dicat aperte q ista est opinio Aristo. s. q caro est quasi medium. sed isti videntur non scire ratiocinationem, super quam sustentabatur Arist. in hoc. & est, quia sensibilia tactus nō cōicant in eodē genere, qd de eis dicatur vniuoce, necesse est vt sit plus vno. & nos dicemus rōnem Alex. in hoc, & dissoluemus eam. Et, cū iam compleuit hoc declarare, & dissoluere quæstionem contingentem in hoc, reuersus est ad destruendum illud, ex quo existimatur q caro est instrumentum istius virtutis. & d. Verum asst sentiens est intra, &c. i. dicere autē q tangēs nō est intra, sed est in primo eorū, quæ apparent. s. in carne: caro n. cū fuerit positū super ipsam aliquod tangibile comprehendet ipsum: nihil est. s. q istud argumentum non tenet. s. q sensus tactus sit, quādo tangibile tangit carnem. D. debilitauit hoc argumentum, & dixit. Quoniam, si tu acceperis membranā, &c. i. qm̄, si tu acceperis membranam non spissam, & indueris eā carne, & posueris super carnem aliquod tangibile, tunc statim cōprehēdet à sensu, ac si esset absq; illa membrana. D. Licet sit manifestum q sentiens non est in istis rebus. i. licet sit manifestum q primum sentiens non est in cute, non est impossibile vt caro sit talis dispositionis, s. vt sit medium quasi cutis. In apparentibus autē in carne nulla dubitatio est super ea, quæ iam declarata sunt rōne. D. d. Si igitur fuerit consolidatum. i. & nulla differentia est in hac intentione, siue caro fuerit continua cū sentiente, siue membrana fuerit non continua cutis. n. si esset continua, tunc citius redderet sensum. Continuatio igitur non dat carni nisi facilitatem pertransitus sensus: non quia continuatio det vt caro sit instrumentum istius sensus.

Continuatio textus.

Infra. c. 115.

B Expositio.

Improbatio rōnis inductæ.

C Propter quod talis pars coloris videtur sic se habere, sicut si circulariter nobis aptus natus esset aer: videremur enim vno quodā sentire & sonum & odorem & colorem: & vnus quidam sensus esse, auditus, & visus & olfactus: nunc autē quoniam determinatū est per qd̄ fiunt motus, manifesta sunt prędicta sensitiua altera eē.

110 T. *Itaque pars hæc corporis perinde se habere videtur, ac si circumquaque coalitus nobis esset aer: videremur enim vno quodam & sonum & colorem, & odorem sentire: & vnus esse sensus auditus, & visus, & olfactus: at vero quia distinctum est id per quod fiunt motus, perspicuum est quæ diximus instrumenta diuersa esse.*

Et ideo hoc membrum est de corpore, quasi aer, si esset appli- D
catus cum corpore in circuitu, tunc enim existimaremus quod per idem sentiremus sonum, & colorem, & odorem: & quod visus, & auditus, & olfactus esset sensus vnus. modo autem, quia aer, per quem fiunt isti motus .s. videre, & audire, & olfacere est distinctus, apparent sensus, quos diximus esse diuersos.

110 Cum declarauit quod tactus est plus vno sensu, & quod propter hoc caro debet esse media istis sensibus, & quod dubitatio super hoc, ex eo quod apparet sensui, quae fecit multos homines dicere quod caro est instrumentum illius sensus, & quod iste sensus est vnus, non sufficit, incepit declarare modum, ex quo contingit ista existimatio communis omnibus: & forte ipse est vnus eorum in libro de Animalibus, qui hoc existimauerunt. Et dixit. Et ideo hoc membrum est de corpore, &c. i. & ista existimatio accidit hominibus: quia hoc membrum, s. caro, assimilatur aeri, si esset applicatus cum corpore. quoniam, si aer, secundum quod est medium, fuisset applicatus cum corpore, sicut caro, E
idest, esset pars corporis, tunc existimaremus quod per idem sentiremus sonum & colorem, & odorem: & quod haec tria sunt vnus sensus: & hoc idem accidit sensibus tactus cum carne, ita quod fuit existimatum eos esse vnum sensum.

D. d. modo autem, quia aer, &c. i. sed apparet quod tres sensus isti sunt diuersi, licet fiat per idem medium, quia medium non est pars nostri. Caro autem, quia est pars nostri, non apparuit hoc in sensibus tactus, & fuit existimatum eos esse vnum sensum. sed demonstratio cogit quod sint plures vno sensu. sentit enim plura vno sensibili in carne.

*2. 1. generat.

In tactu autem hoc quidem nunc immanifestum est. ex aere quidem .n. aut aqua impossibile est constare animatum corpus: oportet .n. firmum esse. relinquitur autem mistum ex terra & ex his esse, vt vult caro & proportionale. Quare necessarium est & corpus esse medium tactiui, aptum natum, per quod fiant sensus cum sint plures.

SOPH. *In tactu vero id nunc obscurum est: ex aere enim aut aqua corpus animatum constare non potest, requiritur .n. vt solidum quidpiam sit. restat ergo vt ex terra & his sit mixtum, cuiusmodi vult esse caro, & quod ei proportione respondet. nam si vnius sensus per intermedium est, etiam tactus. Quare necesse est & corpus esse inter tactiuum quod adhaereat coalitumque sit per quod fiunt sensus, qui quidem plures sunt.* F

In tactu autem hoc non latet. impossibile est .n. vt constitutio corporis animati sit ex aere, aut ex aqua. indiget .n. vt sit durum. remanet igitur vt sit ex terra, & ex istis s. carne, & similibus. Necesse est igitur vt corpus medium tangens sit applicatum per cuius mediationem erunt sensus, & sunt plures vno.

111 Cum declarauit modum, ex quo contingit ista existimatio in sensibus tactus, & non contingit in aliis sensibus, incepit narrare causam, & necessitatem in hoc, quod medium in tactu est applicatum, & in aliis non applicatum,

A tum, & d. In tactu autem, &c. i. tactui autem accidit hoc, ita q ista intētio latet in eo, s. q est plus q̃ vnus sensus, ex hoc, q omnis sensus indiget medio: & animalia indigent in salute vt sentiant tangibilia: ideo fuit necesse vt medium esset pars eius. Et fuit impossibile vt hoc medium, quod est pars eius, esset aqua, aut aer, impossibile est enim sicut d. vt cōstitutio corporis esset ex aere aut aqua. animalia. n. indigent necessario corpore duro, ex quo contingit necessario vt mediū sensibus tactus esset corpus admixtum, super quod abūdaret terrestritas, & est caro, & eius simile in animalibus carentibus carne. & sic est intelligendus iste sermo. Et ipse excitauit nos super hoc, quod diminuitur in sermone per hoc, quod dixit, Necesse est igitur vt corpus medium tangens sit applicatum. i. necesse est igitur q omnis sensus sit per medium: cum* sensus non sentiant sua sensibilia nisi tangendo: & animalia indigent vt sentiant sensibilia occurrentia, vt medium sit applicatum, & pars corporis. D. d. per cuius mediationem erunt sensus, & sunt plures vno. i. sensus tactus. *al. tactus

B Demonstrat autem q plures sint, qui in lingua tactus. omnia enim tangibilia sentit secundum eandem partem, & humorem. si quidem igitur & alia caro sentiret humorem, videretur unus & idem esse sensus gustus & tactus: nunc autem sunt duo, propter id q non conuertitur.

[illegible] *Indicat autem eos esse plures is tactus qui in lingua consistit: eadē enim parte cuncta tactilia & saporem sentit. Ergo si reliqua caro saporem sentiret, sensus gustatus & tactus idem & vnū esse videretur: nunc vero duo sunt, quia non fit conuersio.*

Et demonstrat eos esse plures vno tactus linguæ. omnia enim tangibilia sentiuntur per idem membrum, & sapor. Si ergo alia caro sentiret saporem, tunc existimaretur q gustus. & tactus essent idem sensus. modo autem sunt duo, quia non conuertitur.

112 Et demonstrat q, quia sensus tactus est plus, quam vnus, & q hoc latet,

C quia caro est quasi medium tactus, qui est in lingua, quoniam sentimus omnia tangibilia per hoc membrum, & etiam saporem, fuit necesse vt caro, quæ est in hoc membro, sit quasi medium, non quasi instrumentum, quoniam, si esset instrumentum saporis, non comprehenderet tangibile: &, si tangibile, non saporem. idem. n. sensus idem habet instrumētum. Si igitur alia caro, quæ est in corpore, sentiret saporem, sicut caro, quæ est in lingua, tunc existimaret q gustus, & tactus essent idem sensus. D. d. modo autem sunt duo, quia non conuertitur. i. modo autem nō accidit hoc, quia non conuertitur, s. q omnis caro gustans est tangens: sed non omnis caro tangens est gustans. Idē sensus idē habet instrum cō sile supra c. 107. & 3. de Aia. cō. 50.

Dubitabit autem aliquis si omne corpus profundum habet: hæc autem est tertia magnitudo: quorum aūt corporū medium

est aliquod

est aliquod corpus, non contingit ipsa ad inuicem se tangere. humidum autem non est sine corpore, nec humectum: sed necesse est aquam esse, aut habere aquam: quæ vero tanguntur adinuicem in aqua, nisi sicca extrema sint, necesse est aquam habere mediũ, quo repleta sunt vltima. si aũt hoc verum, impossibile est tangere aliquid aliud in aqua. eodem autem modo & in aere. similiter. n. se habet aer ad ea quæ sunt in ipso, & aqua ad ea quę sunt in aqua. latet autem magis nos, sicut & quę sunt in aqua animalia, si humectum tangit humectum. D

SOPH. *Verum quærat quispiam, si omne corpus habet altitudinem, atq; hæc est tertia magnitudo: quibus autem duobus corporibus interiacet corpus aliquod, fieri non potest ut ea se mutuo tangant: humidumq; nõ est sine corpore, neq; madidũ: sed necesse est vel aquam esse, vel aquam habere: quæ vero in aqua se mutuo tangunt, cũ extrema sicca non sint, necesse est aquã habeant interiectam, cuius plena sunt extremitates: quod si hoc verum est, fieri non potest vt aliud tangat aliud in aqua: eodem etiam modo in aere: similiter enim se habet aer ad ea quæ sunt in ipso, atq; aqua: Latet tamen magis nos, ut etiam ea animalia quæ in aqua sunt, an madidum tangat madidum.* E

Ex eis, in quibus homo dubitat, est q omne corpus habet profundum, & hæc est tertia dimẽsio, & corpora, inter quæ existit aliquod corpus medium, impossibile est vt tangant se ad inuicem, & humidum non est extra corpus, neq; humectatũ, immo necesse est vt sit aqua, aut aliquid, in quo est aqua: & ea, quæ occurrũt sibi in aqua ad inuicem, cũ extrema eorũ non fuerint sicca, necesse est vt sit inter ea sit mediũ, & est illud, in quo vltima eorũ sũt submersa. Et, si hoc est verũ, impossibile est vt aliqd tangat aliud in aqua. Et similiter in aere. aer, n. ita est cum eis, quæ sunt in eo, sicut aqua cũ eis, quę sunt in aqua, v. g. animalia, quæ sunt in aqua, si corp⁹ humectatum tangit corpus humectatum. F

111 Cùm declarauit q tactus indiget carne pro medio, & q est plus quàm vnus, incœpit etiam quærere verum iste sensus cùm hoc, q indiget carne, indigeat etiam medio extrinseco, aut sufficit etiã caro sine medio extrinseco. & ista quæstio etiã accidit in gustu. Et dixit, Et ex eis, in quibus homo dubitat, est, &c. i. & dubitat homo in hoc, utrum tactus indigeat medio extrinseco cùm hoc q indiget medio, quod est caro. omne. n. corpus habet profundum, & est tertia mensura corporis. D. d. & corpora, inter quę est medium, &c. i. et, cùm omne corpus habet profundũ, necesse est vt inter omnia duo corpora non se tangentia sit corpus. &, cùm ita sit, contingit

A singli vt corpora sicca, inter quæ est medium corpus humidum, impossibile est vt tangant se adinuicem, absq; eo q̃ suæ superficies sint humefactæ ab illo corpore humido. & humiditas impossibile est vt sit extra illud medium, v.g. corpora humectata, quoniam impossibile est vt tangant se, nisi inter ea sit aqua, aut aliquid aquæ. D. d. & ea, quæ occurrunt sibi in aqua ad inuicem, cum extrema eorum fuerint non sicca, &c. i. &, cũ corpora sicca non occurrunt sibi in corporibus humidis, nisi extrema eorum fuerint humectata, necesse est, vt non occurrãt sibi, nisi inter ea sit mediũ: & est corpus, in quo superficies eorum sunt submersę. Et, cũ ita sit, impossibile est vt corpus siccum tangat corpus siccum in aqua, aut in aere; nisi inter ea sit corpus aut ex aqua, aut ex aere. D. d. Et similiter etiam de aere. aer enim, &c. i. & ita est de aere, sicut de aqua in hoc. sed humefactio eorum, quæ sunt in aqua, est manifesta sensui: † humefactio autem eorum, quę sunt in aere, non sentitur: sed ratio cogit eam esse eiusdem modi. v.g. animal, quod est in aqua, quoniam, cùm manifestum est q̃ impossibile B est vt aliquid tangat nisi mediante aqua, sic debet esse in animalibus, quæ sunt in aere.

Duo corpora dura nõ pñt se imediate cõtingere.

†Humefactio in aq̃ est manifesta sẽsui. sed ea, q̃ ẽ in aere, latet sensũ. Idẽ primo Ppy. c. 54. idẽ 1. d Gener. & Co. 19. contra d aqua habetur hic c. 115. ad finem.

Vtrum igitur omnium sit similiter sensus, an aliorum aliter, sicut nunc videtur: gustus quidem & tactus in tangendo, alij autẽ à longe: hoc autem non est. sed durũ & molle per altera sentimus, sicut & sonabile & visibile & odorabile: sed alia quidem a longe: alia vero a prope: propter quod latet, quoniam omnia sentimus per medium: sed in his latet. Et quidem sicut diximus priùs & si per pellem sentiremus omnia tangibilia, ignorato quoniam prohibet, similiter vtiq; haberemus sicut & nũc in aqua & in aere; putamus enim nunc ipsa tangere, & nihil esse per medium.

C *Vtrum igitur omnium similiter sit sensus, an aliorũ aliter, ut nũc videtur, gustus quidem & tactus tangendo, alij autem e longinquo? id* 80 PH. *vero non ita se habet: sed durum & molle per alia sentimus, quemadmodũ & sonatiuum, & visibile, & odorabile: sed alia è longinquo, alia è propinquo: quapropter latet: quandoquidem omnia sentimus per intermedium: uerũ in his latet. Atqui, ut superius diximus, & si per membranam sentiremus omnia tactilia, nescientes eam intercedere, æque afficeremur, atq; nunc in aqua & in aere: uidemur n. ea tangere, & nihil esse interiectum.*

80 Vtrum igitur sensus omnium rerum est eodem modo, aut sensus rerũ diuersarum est diuersus, vt existimatur q̃ gustus, & tact⁹ sunt per tangere, alia aũt sunt ẽ remoto? Aut non est ita. sed nos etiam non sentimus durum, & molle, nisi mediantibus alijs reb⁹, sicut sentimus faciens sonum, & visibile, & audibile. sed ista à re-

moto, & illa duo à propinquo. Et ideo non fuit perceptū. & si nō D omnia sentimus per aliquod medium, sed non comprehenditur à nobis in his duobus. Iam enim diximus etiam prius ꝙ, si nos sentiremus tangibilia membrana mediante, ita ꝙ non perciperemus eam, tunc dispositio nostra esset, sicut dispositio nostra modo in aqua, aut in aere. modo, n, existimamus tangere ea, & nō est illud.

114 Et, cūm fuerit concessum hoc, quod diximus, ꝙ corpora sicca impossibile est vt tangant se in corporibus humidis, nisi inter ea sit aliquod corpus ex illo humido, quaerendum est verum sentire omnia sensibilia fiat eodem modo, s. per medium, aut sentire res diuersas sit diuersum, s. ꝙ sentire quasdam non est per medium, vt existimatur de tactu & gustu, & quasdam per medium, & sine tactu, sed à remoto, vt auditus, & olfactus, & visus. Aut non est ita, sed omnia tangibilia sentimus per idem mediū, per quod sentimus illa tria residua. sed tamen differunt in hoc, ꝙ sensibilia in istis tribus comprehēduntur à remoto, & in tactu, & gustu à propinquo. E Et, cūm ita sit, non sentimus omnes res nisi per medium extrinsecum: sed istud medium non percipitur à nobis in tactu. Quemadmodum, si sentiremus tangibilia mediante membrana, absque eo ꝙ perciperemus illam membranam esse super nos: quoniam dispositio nostra esset cū hac membrana, per cuius mediationem sentiremus tangibilia absque perceptione illius, sicut esset dispositio nostra in sentiēdo mediāte aqua, aut aere. s. quemadmodum accideret nobis existimare ꝙ nos non sentimus tangibilia nisi tangendo, non mediante illa membrana, cum non percipimus illā esse omnino, sic possibile est hoc accidere nobis in aqua, aut aere, s. existimare ꝙ nos sentimus res sine mediatione earum. sed nos in rei veritate nihil tangimus, nisi per mediationem earum.

Sed differt tangibile a visibilibus & sonatiuis: quoniā illa quidem sentimus ex eo ꝙ medium mouet aliquid nos: tangibilia vero non a medio, sed simul cum medio: sicut per clypeum percus- F sus: non enim clypeus percussus prius percussit, sed simul accidet vtraque percuti.

SOPH. *Sed tactile differt à visibilibus & sonatiuis: quia illa quidem sentimus medio aliquid in nos agente: tactilia verò non à medio, sed vnà cum medio: veluti is qui traiecto clypeo percussus est. non. n. percussum clypeus percussit, sed contigit vt ambo simul percuterentur.*

Sed tangibile differt à visibilibus, & facientibus sonum. nos. n. sentimus ista. ita ꝙ medium agit quoquo modo in nobis: & nos in tangibilibus non à medio, sed cum medio, V. g. illi, cui accidit ictus mediante scuto. scutum enim non est illud: quod percussit ipsum, cūm percutiebatur scutum, sed accidit ꝙ percussio amborum fuit simul.

Idest

A Idest, sed licet consequitur ex hoc sermone ꝙ tangibilia non sint nisi p
115 medium sicut tres sensus, tamen opinandum est ꝙ actio medij in hoc sen
su non est sicut actio medij in illis. sed tangibilia differunt á coloribus, &
á sonis in hoc, quód indigent medio: quia sensibilia in illis tribus primo
agunt in medium, deinde medium in nos, tangibilia autem insimul agūt
in nos, & in medium. Sed debes intelligere hic per simul, non quia in *Documentum.*
eodem tempore patitur medium, & sensus á tangibilibus, & in illis duobus temporibus, existimatur enim ꝙ visus, & aer alterantur á colore in
eodem instanti: sed intendit hic per prioritatem, & posterioritatem in
illis, prioritatem sm causam, s. ꝙ sensibile est causa remota in motione
sensus, & medium est causa propinqua. In tactu autem medium, & sen-
sus mouentur insimul á tangibilibus, sed medium nihil facit in hoc, sed *Qūo medium ē necessariū i tactu.*
est aliquod accidens ex necessitate: non quia est necesse inesse sensus, sicut
medium est necessariū in esse aliorū. Et ideo assimilauit passionem nostram á tangibilibus passioni nostræ á percussione mediante scuto. Que-
B madmodum igitur non debet aliquis dicere ꝙ scutum est necessarium
in actione percussionis nostrę, ita ꝙ scutum sit causa propinqua, & percussio est causa remota, ita est de aere cùm tangibilibus, s. ꝙ non debet ali
quis dicere ꝙ illud necesse est ad sentire tangibilia, sed dicimus quód insimul patimur nos & scutum ab ictu. per simul igitur debemus intellige- *Documentum.*
re priuationem prioritatis, & posterioritatis in causa, non in tempore.
Et intendebat per hoc declarare ꝙ istud non est medium * sm ꝙ est ne- *a. l. nisi.
cessarium omni sensui in sentiendo: sed medium, quod huiusmodi est in
hoc sensu, est caro, & hoc, si dicetur medium, erit sm accidens. Sic igitur
intelligendus est iste locus, non ꝙ Arist. dubitauit in hoc, & non comple- *Hic soluēdo dubitationē Themistij, & Alex. excludit expōnem eorum. Themist. dubitā cap. 58.*
uit, neque declarauit modum, secundum quem dicitur quód tangibi-
C lia non sentiuntur nisi per medium extrinsecum. Neque etiam Arist.
in hoc sermone fuit valde oblitus, sicut dicit Themistius, & alij. Dicunt
enim ꝙ nos, si concesserimus ꝙ tangibilia non comprehenduntur in a-
Ante. folio qua, & in aere, nisi mediantibus istis, quid possumus dicere in comprehensione qualitatum tangibilium in istis duobus medijs ipsis? Et ego
dico ꝙ, obliuio fortis non fuit nisi á dicente hunc sermonem, licet sit val
de difficilis, sm ꝙ apparet. Oē enim animal, quod innatū est esse in aqua,
aut aere, non sentit aliquam qualitatem caliditatis, aut frigiditatis in eis,
si fuerint in simplicitate, quam debent habere, quia est locus eius natu- *Quarto Ph. t. c. 48*
ralis, & locus est similis locato, vt declaratum est in sermonibus vniuersalibus. & iam declaratum est ꝙ sensibile est contrarium ante passionem.
Et, cùm ita sit, animal non sentit calorem aut frigus in aere, aut in aqua:
nisi quando cum eis admiscentur corpora calida, aut frigida, illa ergo
corpora sunt alia ab aqua, & ab aere naturali. Et, cùm ita sit, illud, quod
accidit ex hoc quando sentimus ꝙ aer, aut aqua calefacta sunt, aut infri-
gidata, illud idem accidit in corporibus, quæ apparent visui esse alia ab
aere, & aqua, s. ꝙ nos non sentimus ea, nisi mediante aqua, & aere naturali, vt declaratum est ex sermone prædicto. Et, si aer, & aqua continentes

animalia, haberent qualitatem contrariam, tunc impedirent comprehensionem qualitatum contrariarum ab animalibus. Et propter hoc, quod diximus, non est opinandum aquam calefieri, dum fuerit aqua pura, neque q aer infrigidetur, dum est aer purus: sed hoc accidit propter corpora admixta cum eis calida, aut frigida. & hoc fecit dubitare homines, ita q frigiditas non est accidens inseparabile aquæ, sicut calor igni. & ista existimatio accidit, quia vulgus consueuit vocare aquam, dum liquefactio remanet in ea: licet in rei veritate non est aqua pura, sed admixta. ista enim qualitas est magis cognita omnibus suis qualitatibus sensibilibus, sicut calor in igne. & ideo vulgus non absolute uocat ignem, qui infrigidatus est propter admixtionem corporum frigidorum. & forte vocat ignē corpora calida licet sint humefacta per mixtionem, dum remanent calida calore igneo.

Tertio cœli c. 67.

Omnino autem videtur caro & lingua sicut aer & aqua ad uisum & auditum & olfactum se habent, sic se habere ad sensitiuū, sicut illorum unumquodque: ipso autē sensitiuo tacto, neque ibi, neque hic vtique fiet sensus. vt si quis ponat in oculum vltimum corpus album. Quare manifestum est q intus sit tangibile sensitiuum, sic enim vtique accidit quod quidem in aliis. apposita enim super sensitiuum non sentiuntur: super autem carnem posita, sentiuntur: quare medium tactui est caro. E

SOPH. *Omnino uidetur caro & lingua, ut aer & aqua ad uisum & auditum & olfactū habet, ita habere ad sensorium, ut illorum unumquodque. si autem ipsum tangatur sensorium, neque hic, neque illic fiat sensus: ueluti si quis posuerit corpus aliquod album super extremum oculum. Ex quo etiam perspicuum est intus esse rei tactilis sensorium. hoc enim pacto ut in cæteris eueniet: nam si apponantur super sensorium, non sentiuntur: at si apponantur super carnem, sentiunt. Quare intermedium tactus caro est*

Et vniuersaliter videtur q caro & lingua est, sicut aer & aqua, in visu, & auditu, & olfactu. & sic est dispositio eorum apud sensum, sicut dispositio vniuscuiusque illorum duorum. sed ipsum sentiens, cùm tetigerit non cadit illic, neque hic sensus. v. g. si aliquis posuerit aliquod corpus album super visum medium. Dicamus igitur q manifestum est q sensus tactus est interius. & si non esset hoc, contingeret in eo, quod contingit in aliis, quod, cùm poneretur super sentiens non sentiet. caro autem sentit, cùm fuerit positum super eam. vnde consequitur vt caro sit mediū in tangente.

116 Cùm declarauit modum, secundum quem dicitur q aqua & aer sunt media in tactu, si debeāt dici media, reuersus est ad dicendum illud, quod

est medium

A est medium in rei veritate in hoc sensu, s. illud, quod est impossibile vt sine eo sentiat ille sensus, & est caro, cuius proportio ad ipsum est sicut proportio aquæ & aeris ad alios tres. Et d. Et vniuersaliter videtur, &c. i. & vniuersaliter opinandum est q caro & lingua sunt tactui, & gustui, sicut aer & aqua visui, & auditui, & olfactui. D. d. & sic est dispositio eorũ apud sensum, &c. i. & dispositio carnis & linguæ apud tangens, & gustans sit sicut dispositio aquæ & aeris apud tres sensus. D. d. sed ipsum sentiens, cum tetigerit, &c. i. & in omnibus cùm super sentiens ipsum fuerit positum sensibile, non sentiet omnino. aut, si sentiet, male: vt accidit, cum super visum fuerit positum aliquod corpus album. D. d. aliam demonstrationem à prædicta q caro est quasi medium, non quasi instrumentum, & d. Dicamus igitur q manifestum est, &c. i. & manifestum est q sensus tactus est intra carnem: & q caro non est quasi primum instrumentum ei. quoniam, si ita esset, contingeret in eo quod contingit in alijs, s. q cum sensibile esset positum super carnem, non sentiretur à virtute tangibili: quemadmodum color, cum fuerit positus super visum, non sentietur. modo autem, quia videmus q virtus tangibilis non sentit, nisi quando tangibile fuerit positum super carnem, necesse est vt caro sit medium, non instrumentum. Et hoc, quod dixit, manifestum est per se, s. hoc, q tres sensus indigent medio, aut est, quia accidit suis sensibilibus, quod sunt remota ab eis, aut quia impossibile est vt recipiant sua sensibilia, nisi sint prius in medio: vt plura videntur contraria, scilicet q non transferuntur ad extrema, nisi prius transferantur ad medium. &, si hinc esset propter hoc, q sensibilia sunt remota, contingeret vt sentirent, quando essent posita super eos. tunc enim non indigent medio. sed non sentiunt: ergo non indigent medio, nisi propter ipsum sentire. Et, quia hoc accidens non potest attribui vni eorum essentialiter, cùm commune sit eis, restaret igitur vt hoc sit eis commune per naturam communem tribus sensibus, sed nulla natura communis est causa in hoc accidente, nisi hoc, quod sunt sensus: ergo indigentia medij ad sensus est eis in hoc, quod sensus, non secundum quod quidã sensus: ergo omnis sensus necessario indiget medio in ipso sentire. non quod medium est in istis tribus sensibus tantum: G quia sensibilia eorum sunt remota, vt putat Alexan. quoniam, si ita esset, contingeret quod, cùm essent posita super eos, sentirent. Et hoc, quod dixit Alex. contradicendo huic opinioni, scilicet quod, si caro esset quasi medium, contingeret vt sub carne esset aliquod membrum, per quod fieret iste sensus: & illud necessario esset vnum, si ille sensus esset vnum: aut plura, si plura: nihil est. Iam enim apparuit post Arist. in tempore eius, scilicet Alex. quod in animalibus sunt quædam corpora, quæ dicuntur nerui, & habent introitum in sensum, & motum, quod igitur apparuit Arist. ratione, manifestum est post, sensu. Et nihil est hoc, quod dicunt posteriores Peripatetici, scilicet quod nerui non habent introitum in sensum tactus. est enim sermo Arist. in propinqua potentia: & est etiam sensibilis.

Sensibile positũ supra sensoriũ non sentit. Idẽ supra t. c. 98. & ĩ ibi. Caro est medium non organum, seu instrum tactus, sed oppositũ d. Cõ. i lib. de sensu & sensato, & secũdo Colliget [illegible] de iuuamẽtis carnis, & in cap. de iuuamẽtis sensus tactus. Vide [illegible].

Plura contraria non transferunt ad extrema, nisi prius transferantur ad media. Idẽ. c. 7. Idẽ 10. [illegible] 11. [illegible] supra [illegible].

Contra Alex. Mod. Alex.

Idẽ supra 108.

Tangibiles

Tangibiles quidem igitur sunt differentiæ corporis, secundum ꝙ corpus. dico autem differentias quibus elementa determinãtur: calidum, frigidum, humidum, & siccum, de quibus prius dictum est in his quę de elementis. Sensitiuum aũt ipsarum quod tactiuũ, & in quo sensus vocatus tactus est primo, quod potentia huiusmodi pars est. D

609 H. *Tactiles igitur sunt corporis ut corpus est differentiæ: uoco autem differentias, quæ elementa distinguunt: calidum, frigidum, humidum, siccum: de quibus in libris de elementis ante diximus: Sensorium aũt ipsorum tactiuum, & in quo primo sensus is quem tactum uocamus inest, pars ea est quæ potentia est talis:*

Et tangibilia autem sunt differentiæ corporis, secundum quòd corpus. Et dico differentias, quibus determinantur elementa, s. calidum, & frigidum. & humidum, & siccum: & sunt illæ, de quib⁹ prius locuti fuimus apud sermonem de elementis. Illud autem, quod est sentiens, & tangens. & in quo est primus sensus, qui dicitur tactus, est membrum, quod est in potentia talis dispositionis. E

117 D. Et tangibilia sunt differentiæ corporis, fm ꝙ est corpus. idest tangibilia vniuersaliter sunt differentiæ existentes in omnibus corporibus, scilicet cõmunes oĩbus corporibus generabilibus, & corruptibilibus. Deinde d. Et dico differentias, &c. idest & intelligo per differentias differentias vniuersales, à quibus nullum corpus fugit: & sunt primæ differentiæ existentes in quatuor elementis, scilicet calidum, & frigidum, siccum, & humidum: & quæ fiunt ex eis, vt asperum, & durum: & aliæ differentiæ tangibiles, & quæ sunt coniunctæ cũ eis, vt graue, & leue. Deinde. d. de quibus prius locuti fuimus apud sermonem de elementis, scilicet in libro de Generatione, & Corruptione. illic enim declarauit modos tangibilium primos, & secundos. D. d. Illud autem, quod est sentiens, &c. idest illud autem, quod sentit has differentias, est membrum, quod est in potentia has differentias. i. illud, quod innatum est perfici per has differentias. & opinandum est quòd hoc est caro, aut nerui. F

In. 2. li Ge. & Cor. t. c. 8. & 16.

Sentire enim quoddam pati est, quare faciens quale ipsum est actu, huiusmodi illud facit, cum sit potentia. Vnde similiter calidũ & frigidum aut durum & molle non sentimus sed excellentias: tanquàm sensu velut medietate quadam existente eius quæ in sensibilibus contrarietatis. & propter hoc discernunt sensitiua sensibilia: medium enim discretiuũ est. fit enim ad vtrumque ipsorum alterum vltimorum.

Nam sentire pati quoddam est: quare id quod facit quale est ipsum actu, tali illud facit, cum sit potentia. Quamobrem id quod æque calidum durum est ut frigidum aut durum & molle non sentimus, sed excessus: ut pote cū sensus mediocritas quædā sit eius contrarietatis, quæ in sensibilibus reperitur: & propterea iudicat sensibilia: mediū n. uim hēt iudicandi: fit n. alterum extremorum, ad utrūq; ipsorum comparatum.

Sentire enim est aliquod pati quoquo modo. Vnde necesse est vt illud, quod agit sibi simile in actu, non agat nisi illud, quod est in potentia. Et ideo calidum non sentit sibi simile, neq; frigidum, neq; durū, neq; molle, sed ea, quæ sunt intēsiora: qm̄ sensus quasi est medium inter cōtrarietatē in sensibilibus. Et iō distinguit sensibilia. medium n. distinguit. efficitur n. apud vtrūq; æqualiter.

118 Cùm dixit quòd primum sentiens est illud, quod est in potētia istæ differentiæ, incœpit declarare hoc, & d. Sētire enim, &c. i. sentire enim, quia est aliqua passio sm̄ modum dictum, & omne patiēs habet agens, & omne agens agit sibi simile in actu. i. necesse est vt non agat sibi simile in actu, nisi ex aliquo, quod est sibi simile in potentia, non in actu. D. d. Et ideo calidum non sentit sibi simile, &c. i. &, quia agens non agit in eo, quod est sibi simile in actu, sed in potentia: ideo necesse est vt membrum sentiens non sentiat corpus calidum sibi æquale in calore, nec membrum frigidū corpus frigidū æquale sibi in frigore: & similiter de duro, & molli. D. d. causam in hoc, & d. quoniam sensus est quasi medium, &c. i. & sensus tactus comprehendit tantum intensiora ex rebus tangibilibus, econtrario alijs sensibus cum suis sensibilibus. quia sensus tactus inuenitur in aliquo, quod est medium inter contrarietatem aliquam in sensibilibus: cùm impossibile est vt aliquod corpus denudetur à qualitatibus tāgibilibus ecōtrario alijs qualitatibus sensibilibus. Et intelligo q; sensus tactus impossibile est vt careat simpliciter calido, & frigido, & sicco, & humido: sicut fuit in visu colore, & in auditu carere sono. & ideo iste sensus comprehendit sua sensibilia secundum totum: sensus autem tactus comprehendit extrema. D. d. Et ideo distinguit sensibilia. mediū enim distinguit, &c. i. & ideo sensus tactus distinguit, & comprehendit sensibilia, quia est medium. medium enim distinguit, quia recipit vtrunque extremum, & assimilatur ei, & efficitur cum eo idem. Documētū impossibile ē sēsū tactus carere simpl'r calido, & frigido, & sicco, & humido: sicut vis⁹ colore, & audit⁹ sono. Id est. cō. sequēti, & 1. de aīa cōmen. 66.

Et oportet sicut debens sentire album & nigrum, neutrum ipsorum esse actu, potentia vero vtrumq;. sic autem & in alijs & in tactu, neq; calidum, neq; frigidum.

109 H. *Et oportet, quemadmodum id quod sensurum est album & nigrum, neutrum eorum esse actu, sed potentia utrumq;: sic & in alijs & in tactu, nec calidum esse nec frigidum.*

Et oportet, sicut diximus, vt illud, quod est innatum sentire album, & nigrum, sit neutrum, sed vtrūq; in potentia, & sic de alijs, ita in tactu debet esse neq; calidum, neq; frigidum.

119 Et, quemadmodum oportet vt illud, quod instrumentum est sentire album & nigrũ sit neutrũ, sed vtrunq; in potentia, & sic in vnoquoq; sensu, sic et oportet vt tangens sit neq; calidum, neq; frigidum fm modũ, qui est possibilis in eo, f. vt ista sunt in eo fm medium, aut prope: cum impossibile est vt denudet ab eis oĩno, sicut fuit possibile in illis alijs, f. vt denudet à suis sensibilibus. Et debes scire q̃, quia illud, quod sequit ex hoc in instrumento istius sensus, illud idem consequitur in medio, nõ possumus dicere quòd caro sit instrumentum istius virtutis, fm q̃ est media inter contraria, sicut existimauerunt plures. D

nocumentum.

Amplius autem sicut visibilis & inuisibilis erat quodãmodò visus, similiter autem & reliqui oppositorum, sic & tactus tangibilis & intangibilis. intangibile autem, paruam omnino habens differentiam tangibilium, vt passus est aer, & tangibilium excellentiæ, sicut corruptiua. Secũdum vnũquenq; quidem igitur sensuum dictum est figuraliter. E

SOPH. *Præterea ut rei uisibilis & inuisibilis erat quodammodo uisus, cæteriq; itidem oppositorum: sic quoq; tactus, tactilis & intactilis. intactile autem est, tum quod planè leuem habet differentiam tactilium (quod usu uenit in aere) tum tactilium excessus. cuiusmodi sunt quæ corrumpendi uim habent. Ac de sensibus quidem sigillatim disseruimus adumbratione quadam.*

Et, quemadmodum visus est quoquo modo rei visibilis & non visibilis, & similiter de aliĩs, sic est tactus tangibilis & non tangibilis. Et non tangibile est illud, in quo est de dispositione tangibilium aliquid valde modicum, sicut aer: aut valde intensum, sicut corrumpentia. In vnoquoque igitur sensuum dictum est secundum descriptionem.

120 Cùm notificauit sensus, tactus, & naturam rerum tangibiliũ, & quomodo sit tactus, & per quot, reuersus est ad dicendum aliquid commune omnibus sensibus, comprehendunt enim alterum duorum oppositorum essentialiter, & alterum accidentaliter. Et dixit. Et quemadmodum visus, &c. idest & quemadmodum visus comprehendit visibile & non visibile quoquo modo, sicut etiam alij sensus comprehendunt priuationes suorum propriorum sensibilium, ita sensus tactus comprehendit tangibile & non tangibile. & d. quoquo modo, quia non eodem modo comprehendit habitum, & priuationem. Deinde posuit secundum quot modos dicitur non tangibile, & dixit Et non tangibile est illud, in quo est, &c. idest & non tangibile dicitur duobus modis: quorum vnus est illud, in quo existit de qualitatibus valde modicum, sicut est de aere continente nos: & alterum est illud, in quo existit de qualitatibus tangibilibus valde intensum, & corrumpens sensum. vt ignis, & glacies. F

K *Sensus recipere sensibilia sine materia. Cur sensibilium exuperantia corrumpant ipsa sensoria. Item quo pacto non sentientia à sensibilibus patiuntur. Cap. 8.*

OPortet autem vniuersaliter de omni sensu accipere, quoniam quidem susceptiuus est specierum sine materia. vt cera annuli sine ferro & auro recipit figuram. accipit autē aureum aut æneum signum, sed non in quantum aurum aut æs. similiter autem & sensus vniuscuiusque ab habente colorem aut humorem aut sonum patitur, sed non in quantum vnumquodque illorum dicitur, sed in quantum huiusmodi & secundum rationem.

SOPH. *Vniuerse autem de omni sensu hoc sumendum est: sensum id esse, quod est capax sensibilium specierum sine materia: ut cera annuli sine ferro, & auro recipit signum: sed accipit ea quidem aureum uel æreum signum, non tamen quatenus æs uel aurum est: Pariter etiam sensus uniuscuiusque ab eo patitur quod nec odorem habeat, aut saporē, aut sonum: uerum non quatenus unumquodque illorum dicitur, sed quatenus eiusmodi est, & ex ratione.*

Et dicendum est vniuersaliter de omni sensu quod sensus est recipiens formas sensibilium sine materia. ver. g. quod cera recipit formam annuli, sine ferro aut auro. & recipit signum, quod est ex cupro aut ex auro, sed non secundum quod est cuprum, aut aurum. Et similiter vnusquisque sensuum patitur ab habente colorem, aut saporem, aut sonum. sed hoc non secundum quod vnusquisque eorum dicitur, sed secundum quod est in hac dispositione, & intentione.

121 Intendit secundum descriptionem, i. vniuersaliter in libro enim de Sensu & sensato loquitur de istis particulariter, Et c. d. Et dicendum est vniuersaliter de omni sensu, &c. i. & opinandum est quod receptio formarum sensibilium ab vnoquoque sensuum est receptio abstracta à materia. si enim recipiet eas cum materia, tunc idē esse haberet in anima, & extra animā. & ideo in anima sunt intentiones, & comprehensiones: & extra animam non sunt comprehensiones, neque intentiones, sed res materiales, quæ non sunt comprehensæ omnino. D. d. ver. g. quod cera recipit, &c. i. & ista receptio, quæ est in sensibus, abstracta à materia, similis est receptioni ceræ ad figuram annuli. recipit n. eam sine materia cū eodem modo recipiat eam, siue fuerit ferri, siue auri, siue cupri. D. d. Et similiter vnusquisque sensuum patitur, &c. i. secundum hunc modum patitur vnusquisque sensuum ab eis, à quibus innatus est pati, siue colore, siue sono. sed non patitur ab eo, secundum quod est color, aut sonus. quoniam, si ita esset, contingeret quod, cùm reciperet ipsum, esset color, aut sonus, non intentio. & hoc intendebat, cùm dixit, sed non secundum

C

Si sēsus reciperēt cū mā, idē res idē esse haberet i aīa & extra animam. Idē. 12. Meta. cō. 14. & 21. & 16. cōsiste de intellectu. 3. de Aīa. cō. 38

* Intétiones, quas recipit sensus, sūt particulares sed illæ, quas recipit intellectus, sunt vles. Idē ista c. 139. & 5. de Aña. 4. 5. 18. 29. 28 & 30.

ꝙ dicitur vnusquisq;, sed fm ꝙ est intentio. * intentio.n. coloris alia est à colore. Et dixit sed secundū ꝙ est in hac dispositione & intentione, obseruando se ab intentionibus, † quas recipit intellectus. illæ enim sunt vniuersales: istæ autem sunt particulares. D

† Intentio coloris alia ē a colore idē, c. 76. 97.

Sensitiuum autem primum est in quo huiusmodi potentia. Est quidem igitur idem, sed esse alterum est: magnitudo quidē enim quædam erit quod sensum patitur: non tñ sensitiuo esse, neq; sensus magnitudo est: sed ratio quædam & potentia illius.

SOPH.

Id uero est primum sensorium, in quo eiusmodi potentia est. sunt ergo idem, esse uero diuersum est: magnitudo enim quædam fuerit id quod sentit: non tamen sensitiuo esse, neq; sensus est magnitudo: sed ratio quædam & potentia illius.

Et quod est ista potentia est primum sentiens. Sunt igitur idē, in esse autem diuersa. Illud enim, quod sentit, est aliqua magnitudo: & non secundum ꝙ sentit, neq; sensus est magnitudo: sed intentio, & virtus illius. E

112 Et ꝙ recipit illam virtutem, quæ est intentio abstracta à materia, est primum sentiens. & cum receperit eam, efficietur idem: sed in numero differunt. Illud n. quod sentit, est aliquod corpus: & non sentit ꝙ est corpus. neque sensus est corpus, sed intentio & potentia illius corporis, quod est primum sentiens.

Manifestum autem ex his & propter quid excellentiæ sensibilium corrumpunt sensitiua. Si namq; sit fortior sensitiuo motus, soluitur ratio, hoc autem erat sensus. sicut & symphonia & tonus, percussis fortiter chordis.

SOPH.

Ex quibus etiam perspicuum est, cur sensibilium excessus corrumpant instrumenta: quippe si motus instrumento ualidior fuerit, dissoluitur ratio: id autem erat sensus: uelut etiam concentus & tonus, uehementer pulsatis fidibus. F

Et manifesta est ex hoc causa, propter quam sensibilia intensa corrumpunt instrumenta sensuum. Quoniam, quādo motus sentientis à sensibili fuerit fortior eo, dissoluetur sua intentio, et hoc erit sensus. sicut dissoluitur consonantia chordarum, & neumata, cūm tanguntur fortiter.

113 D. & ex hoc, quod diximus, ꝙ sensus est intentio, declarabitur causa, pp quam sensibilia intensa corrumpunt instr̄a sensuū. qm̄, qn̄ motus sentientis à sensibili fuerit fortior, q̄ sentiens possit tolerare, dissoluet͛ illa intētio, per quā sentiēs est sentiens, & remanebit corpus sine illa intētione, q̄ est sensus. sicut dissoluitur consonantia chordarum, & neumata, uel nete

corum

A eorum, quæ sunt in potentia existens in eis, q̃n fortiter tangũtur, & mouebuntur motu fortiori, quàm motu, quem possunt tolerare.

Et propter quid plantæ non sentiunt habentes quandam partem animalem, & patientes à tangibilibus: & nanq; frigescũt & calescunt: causa.n.non habere medietatẽ neq; huiusmodi principium posse recipere species sensibiliũ, sed pati cum materia.

SOPH. *Constat etiam cur plantæ nõ sentiant, cũ tamen habeant quandam partem animæ, atq; à tactilibus aliquid patiantur, quippe quæ & frigescant, & calescant; causa huius est, quia nõ habent mediocritatem, neq; eiusmodi principium, quod sit idoneum ad recipiendas species sensibilium, sed patiuntur cum materia.*

Et causa, propter quam vegetabilia nõ sentiunt, & in eis est aliqua pars animata, & recipit passionem à tangibilibus, quia calefit, & infrigidatur.
B Causa.n.in hoc est, quia non habent medium, neque principium, per quod possunt recipere formas sensibiliũ.

124 Laborat in hoc sermone ad dandũ causam, propter quam vegetabilia non hñt sensum tactus: licet habeãt aĩam nutritiuam, & ẽt patiunt' à tãgibilib', & calefiũt, & infrigidãtur. & intendit p aliquã partem aĩatam aĩam nutritiuã. Et d. Causa.n.in hoc est, quia non hñt mediũ, &c. i. causa.n. in hoc nihil aliud est, nisi quia vegetabilia non hñt medium, quasi carnem, neq; tale principiũ, per quod animalia possunt recipere formas sensibiliũ. &, cum declarauit q̃ à tangibilibus patiũt aliquid, quod non cõprehendit ea, incœpit narrare q̃ econtra est de alijs sensibilibus sensuum.

Dubitabit autem aliquis si patiatur aliquid ab odore quod impossibile est olfactum habere: aut a colore non possibile videre: similiter autem & in aliĩs. Si autem olfactibile, odor, si aliquid facit olfactum, odor facit. Quare impossibiliũ olfactum habere, nihil
C possibile pati ab odore. eadem autem ratio & de aliĩs. neq; possibilium. sed in quantum unum quodq; sensitiuum.

SOPH. *Verum quærat quispiam, num pati possit ab odore id quod olfacere non potest: aut à colore, quod videre non potest; pari quoq; modo in cæteris: Sanè si odorabile est odor, si quid afficit odoratum, quatenus odor afficit, itaq; fit ut eorum quæ olfacere nequeunt, nullum ab odore pati possit. Eademq; ratio in cæteris est. Sed ne eorum quidem quæ possunt, sed quatenus quodq; sensitiuum est.* * al. si qd afficit. odoratũ odor afficit

Sed non patitur ab odoribus, quod nõ põt olfacere, neq; à coloribus, quod nõ potest videre. & sic de aliĩs. Si igitur olfactus est odor, contingit vt omnis res, quæ facit olfacere, facit per odorem. Vnde necesse est q̃ nihil ex eis, quæ non possunt olfacere, patia-

 tur ab

tur ab odore. & iste sermo est de alijs. neq; est aliquid ex eis, quæ possunt. nisi secundum q quodlibet eorum est sentiens. D

125 Idest, & licet aliquid, quod nō est innatum tāgere patiē à tāgibilibus, tñ nō patiē ab odorib⁹ passione propria odorib⁹, i. fm q est odor, nisi illud, quod pōt olfacere: nec patiē à coloribus passione propria coloribus, fm q est color, nisi illud, quod pōt videre: neq; à sono, nisi illud, quod pōt audire. D.d. & sic de alijs. Et hoc facit existimare q sapor est hui⁹ dispōnis. sed ipse dicet post q quidā patiē à sapore, quod nō est innatū sentire ipsum. & forte fecit hoc, quia est locus dubitationis. D.d. Si igr̄ olfactus est, &c. i. si igitur uā olfactibilis, quæ nō existit nisi in olfaciēte, sit odor ipse, nō insē no cōparata, q cōtingit odori, manifestū est q odor facit olfacere oē olfactū: & oē, in quo odor agit, fm q est olfactus, est olfaciēs. qm̄, si esse odoris nō est, nisi fm q est olfactus: & olfactum non inuenitur nisi in olfaciēte: manifestum est q oē, quod patiē ab odore, est olfaciens. D.d. Vnde necesse est, &c. i. si igitur oē olfaciens patitur ab odore: & oē, quod patitur ab odore, est olfaciens: necesse est fm conuersionē oppositi, vt quod non est olfaciēs non patiaē ab odore. Et ipse non propalauit in sermone nisi postremum consequens, & primum principiū: ex quo consequebatur, s. q, si odor est relatiuus, i. olfactus, necesse est vt olfactum sit olfacientis. & nō propalauit propositionē dicentem q oē, quod patitur ab odore, est olfaciēs, neq; propalauit conuersionem sui oppositi. Et quasi opinatur q tactus est aliquod cōtingēs rebus cōtrarijs tāgibilibus. & nō opinatur q olfactibile est aliquod contingēs odori, neq; uisibile colori, sed opinatur q olfactū est quasi ipse odor, & visibile ipse color, & audibile ipse sonus. Et ideo fuit necesse apud ipsum vt oē, quod patiē ab odore, sit olfaciēs, & à colore videns, & à sono audiēs. Et non fuit necesse vt oē, quod patitur à tangibili, sit tangens. & hoc indiget magna inquisitione. Ipse. n. quasi opinaē q sensuū quidā sunt in capitulo relationis, & quidā sunt in capitulo actionis, & passionis per se, & accidit eis relatio. E

Ari. opinatur q sensuū quidā sunt in c. relationis, & quidā sūt i ca. actionis, & passionis p se. vide. 1. c. sequentis, & cō. 140. & 143.

Simul autem manifestum est & sic: neq; n. lumen & tenebra, neq; sonus, neq; odor, nullum facit in corpora: sed ea in quibus est, ut aer qui cum tonitruis, scindit lignum. sed tangibilia & humores faciūt. si. n. non, a quo vtiq; patienē inanimata & alterabūtur. F

Quod etiam perspicuum uel inde est: nā nec lumen & tenebræ, nec sonus, nec odor ullo modo afficit corpora, sed ea in quibus sunt: ut aer comitante tonitru scindit lignum. Atqui certe tactilia & sapores afficiunt: aliquin à quonam paterentur inanimata, & alterarentur? 126

Et cùm hoc manifestum est hoc modo, neq; n. lux, neq; obscuritas, neq; sonus, neq; odor agunt aliquid in corporibus. sed ea, in quibus sunt ista. v. g. q aer, in quo est tonitruum, findit lignum. Sed tangibilia, & sapores agunt, quoniam. si non agunt, à quibus igitur patientur, & alterabuntur corpora non animata?

Idest

126 Idest &, cùm in hoc sermone prædicto declarauit ex hoc de sensibilibus, manifestum est per se. apparet enim quod neq; lux, neq; obscuritas, neq; odor, neque color agunt aliquid in corporibus: sed non agunt, nisi in rebus, in quibus sunt isti sensus. D. d. v. g. quod aer, in quo tonitruum, findit lignú. sed sonus, qui est tonitruum, non est ipse motus, quem lignú recipit à motu aeris. sed sonus est intentio, quæ nó inuenitur, nisi in audiente: & quasi est in capitulo ad aliquid, non in qualitate. & similiter odor apud ipsum est, secundum quod exposuimus. D. d. Sed tangibilia, & sapores &c. idest sed tangibilia, & sapores magis sunt in capitulo de agere & pati, quàm in capitulo relationis. quoniam, si ab eis non patitur, nisi quod habet sensum gustus, & tactus, à quo igitur patientur alia corpora non animata? contingit enim agere & pati non esse. quod est impossibile. Et hoc quod dixit in tangibilibus, est manifestum, sed in *saporibus indiget consideratione. Potest enim aliquis dicere quod sapor est ipsum gustabile, sicut odor est ipsum olfactum. sed videmus, vt dicit Plato, quod sapores habent in corporibus non animatis passiones diuersas additas calefactioni, & infrigidationi verbi gratia exasperare, quod est pontici: & lenificare quod est vnctuosi: & alia multa, quæ sunt dicta in Timæo, quæ Galenus laborat exponere. Istæ igitur actiones verum sint saporis, aut sint de sapore quasi motus aeris de sono, indigent consyderatione. sed accepit hic quod sapor est modus tangibilis cùm sit similis ei.

Sonus quasi est in capitulo ad aliqd, nó in qualitate. sed tangibilia, & sapores, magis sunt in capitulo agere & pati, quàm in capitulo relationis.

Digressio. Vtrum sapor agat realiter.

* a. l. saporosis.

Ergo ne & illa faciunt? aut non omne corpus passiuú ab odore & sono: & patientia indeterminata, & non manét, ut aer. fœtet enim sicut patiens aliquid. Quid igitur est odorare præter pati quid? aut odorare sentire est: aer aút patiens mox sensibilis fit.

IO. PH. *Num igitur illa quoq; afficiunt? An non ita natura comparatum est ut omne corpus ab odore & sono patiatur: & ea demum ipsa quæ patiuntur, carent termino, neq; perstát, veluti aer: redolet. n. quasi aliquid passus. Quid ergo erit olfacere, nisi pati aliquid? An olfacere quidem est sentire: aer vero ubi passus fuerit, celeriter sensibilis fit.*

Dicamus igitur quod non omne corpus est innatum pati à sono, ab odore: & quod patitur non est determinatum, neque permanés. v. g. aer enim est ventus, & propter hoc patitur. Quæ igitur est differentia inter olfacere, & pati? Dicamus igitur quod olfacere, & est sentire: &, cum aer patitur, & velociter fit sensatus.

127 Cùm declarauit quod non patitur ab aliquo trium sensibilium nisi sensus proprij eis, incœpit dare differentiam inter passionem corporum mediorú ab eis, & inter passionem rerum á tangibilibus, & d. Dicamus igitur quod non omne corpus, &c. i. &, si aliquis finxerit quod corpora patiuntur á sono, & ab odore, & dederit rationem super hoc de passione aeris, & aquæ ab eis, dicemus ei quod nó omne corpus est innatum pati à sono, & ab odo-

re. non. n. patitur ab eis ex corporibus, nisi illud, quod est non determinatum in se, i. non habens figuram, neq; propriam constitutionem. v. g. aer enim non patitur ab eis, nisi quia est ventus: & ventus est corpus non determinatum, neq; fixum. corpora. n. quæ patiuntur à tangibilibus, sunt determinata, & fixa. D. d. Quæ igitur est differentia inter olfacere, & pati? i. si igitur aliquis quæsiuerit, & dixerit cum olfacere sit passio, & receptio odoris à medio sit passio etiam, quæ igitur est differentia inter vtranq; passionem? Dicemus ei q, cùm aer patitur velociter à sensibili, efficitur per hanc passionem sensatum illi sensui. sensus autem fit per hanc passionem sentiens non sensibile. D

Iuxta Græcorum sectionem hic incipit liber Tertius de Anima.

SVMMA QVINTA.

Non dari sextum sensum. Curq; non unum, sed plures habeamus sensus, redditur causa. E

Vod autem non sit sensus alius præter quinque, dico autem hos, visum, auditum, olfactum, gustum, & tactũ, ex his credet aliquis. si enim omnis cuius est sensus tactus, & nunc sensum habemus. omnis enim tangibilis in quantum tangibile passiones, tactu nobis sensibiles sunt, necesse est si quidem deficit aliquis sensus, & organum aliquod nobis deficere.

SOPH. *Nullum autem alium sensum extare præter illos quinq;, intelligo autem hos, visum auditum, olfactum, gustatum, ex his credideris quispiam. si enim oīs eius cuius est sensus tactus, nunc quoq; sensum habemus: omnes. n. rei tactilis ut tactilis est, passiones, tactu nobis sensibiles sunt: atq; necesse est, si deest aliquis sensus, sensorium quoque nobis deesse aliquod:* F

Quoniam autem non est alius sensus præter istos quinq;, s. visus, auditus, & olfactus, & gustus, & tactus ex istis creditur. Quoniam, si omne, quod tactus potest sentire, possumus nos sentire. quoniam passiones tangibilis, secundum quod est tabgibile, omnes sunt sensibiles à nobis per tactum. Et necesse est, si deficiat in nobis aliquis sensus, vt deficiat nobis aliquod sentiens.

128 Cùm compleuit sermonem de vnoquoque sensuum quinque existentium in animali perfecto, incœpit declarare q impossibile est inuenire animal habens sextum sensum. & d. Quoniam autẽ non est alius sensus, &c. i. quoniam autem impossibile est inuenire animal habens sensum sextum,

A sextum, praeter istos sensus existentes in homine, & in animali perfecto ex istis demonstrationibus creditur. D. incœpit declarare hoc, & d. Quoniã si omne, quod tactus potest, &c. i. quoniam manifestũ est q omne, quod sensus tactus potest comprehendere ex sensibilibus, nos possumus cõprehendere: & nihil deficit nobis ex eis, quæ innata sunt comprehendi ab hoc sensu. & similiter de vnoquoq; sensuum, s. q non deficit nobis in aliquo animali habenti istum sensum, aliquod sensibilium, quæ innata sunt cõprehendi ab eo, ita q nullus potest dicere q potest inueniri aliquis tactus in animali, qui comprehendit tangibile, quod nos non possumus cõprehendere. Manifestum est enim per se q, omnes qualitates tangibiles, sm q sunt tangibiles, sunt sensibiles à nobis, & comprehensæ per tactum. & similiter est de qualitatibus visibilibus, & audibilibus, & olfactibilibus. Et cum posuit hunc sermonem quasi antecedens, induxit consequens. E. d. Et necesse est, si deficiat in nobis aliquis sensus, &c. i. &, cum posuerimus q isti quinq; sensus non deficiunt nobis, nec in animali, in quo inuenitur B aliquid eorum, quæ innata sunt comprehendi ab istis sensibus, secundum q sunt isti sensus, necesse est, si deficit in nobis aliquis sensus, vt deficiat in nobis aliquod sentiens: cùm iam posuerimus q istis sensibus non deficit in nobis sentire aliquid eorum, quæ innata sunt sentiri. &. cùm ita sit, ille sensus, quẽ ponimus deficere cùm nõ deficit propter aliquem sensuum existentium in nobis, necesse est vt defectus eius sit propter hoc, quia à nobis deficit sensus sextus.

Manifestũ est p se q oẽs qualitates tãgibiles, f, q sunt tangibiles, sunt sensibiles a nobis, & cõprehensæ p tactũ & sisi ẽ de qualitatibus visibilibus, & audibilibus, & olfactibilibus.

Et quæcunq; quidem ipsi tangentes sentimus tactu sensibilia sunt quem existimus habentes: quæcunq; vero per media, & nõ ipsa tangentes, simplicibus, dico autem vt aere & aqua. habent autem sic: vt si quidem per vnum plura sensibilia existẽtia, altera ab inuicem genere, necesse habentem huiusmodi sensitiuum, esse sensitiuũ vtrorumq;. vt si ex aere est sensitiuum, & est aer soni & co C loris. si vero plura eiusdem sint, vt coloris & aer & aqua. (vtraq; enim diaphana) & qui alterum ipsorum est habens solum, sentiet illud quod per vtraq;, aut ab ambobus.

SOPH. *Et quæcunque quidem ipsi tangentes sentimus, tactu sensibilia sunt quem habemus: quæ uero per intermedia, nec ipsa tangentes, simplicibus: dico autẽ ut aere & aqua. ita autem res habet: ut si per unum plura sentiri possunt genere inter se diuersa, necesse sit eũ qui eiusmodi habet sensorium, amborum sensitiuum esse: uerbi causa si ex aere sit sensorium, & aer sit & soni & coloris. quod si plura eiusdem sunt, ut coloris & aer & aqua, (ambo enim hæc, translucida sunt,) & qui alterũ duntaxat eorum habet, sentiet id quod per utrumq;.*

Et omne, quod sentimus nos tangendo ipsum, est sensibile à nobis per tactum qui est in nobis. & omne, quod sentimus p media,

non

non quia nos tangimus ipsum, est per simplicia. v.g. per aerē, aut D per aquam. Et ita est. s. q si per vnū fiant sensibilia plura vno, quæ differunt abinuicem in genere, necesse est habens istum sensum q sentiat vtrūq. v.g. q, si sentiens est ex aere, & aer est soni, & coloris. Et, si per plura vno sit vnum. v.g. color per aerem & aquam: sunt enim æquales: manifestum est quód habens vnum tantū sentit, quod sentit per vtrunq.

[illegible] Cùm declarauit q, si deficit in nobis aliquis sensus necesse est vt deficiat aliquod sentiens: & etiam fuit manifestum ex hoc q, si deficit in nobis aliquod sentiens, necesse est vt deficiat in nobis aliquis sensus, qui differat in genere à sensibus istarum virtutum, cùm istis virtutibus nō deficit sentire aliquid ex eis, quæ innata sunt inueniri in eis: & q hæc duo conuertūtur, s. quorum vtrumlibet fuerit, erit alterum: &, si vnum auferatur, auferetur & reliquum: incœpit declarare q impossibile est sextam virtutem esse: quia impossibile est vt sit sentire extraneum in genere ab istis sensationibus. Et hoc declaratur tribus demonstrationibus. Quarum prima est accepta à medijs. Secunda ab instrumentis, quibus fit sentire. & causa data in his duabus demonstrationibus est quasi materialis. Tertia autem est accepta à sensibilibus ipsis: & est magis firma illis duabus, cùm causa accepta in ea sit finalis. Et incœpit à demonstratione, quæ est accepta à medio: sed tacuit quasdam propositiones, & conclusionem. Et ista demonstratio fundatur super propositiones. Quarum vna est, q † omne, quod sentit animal, aut sentit ipsum per contactum, aut mediante corpore extraneo. & omne, quod sentimus per contactum, aut sentimus ipsum mediante carne, aut per ipsam carnem, si fuerit instrumentum. Et hoc intendebat, cùm dixit & omne, quod sentimus, &c. i. & omne, quod sentimus nō per contactum, sed mediante corpore extraneo, sentimus ipsum mediāte altero istorum duorum elementorum, aut vtroq;, s. aqua aut aere. & hoc intendebat cum d. & omne, quod sentimus per media, &c. i. &, cùm ita sit, E sicut diximus, manifestum est q necessario sequitur ex hoc, ut omne habens sensum per carnem, aut per alterum istorum duorum elementorū, aut per vtrunq; non inuenitur ei de sensu, nisi illud, quod potest fieri per hæc duo, s. per carnem, aut per medium extraneum. omne igitur animal nō habet de sensibus, nisi qui possunt fieri per hæc duo, s. per carnem, aut per medium extraneum. Et, cùm declarauit q oē animal necesse est vt non sentiat nisi per carnem, aut per media, incœpit declarare quod sequitur ex hoc, q omne animal habens aliquod medium ex istis medijs, necesse est vt habeat de sensibilibus sensibilia, quibus seruit illud medium, & reddat ea non aliud, & d. Et ita est, s. q, si per vnum, &c. i. manifestū est q, cùm posuerimus q omne animal non sentit nisi per medium, quod est caro, aut aer, aut aqua, si per vnum istorum mediorum caderent sensibilia plura vno in genere, necesse est, vt omne animal sentiens per illud medium, non habeat de sensibilibus, nisi ea, quæ innata sunt reddi ab illo medio,

Marginal notes: † Oē aial vel sentit p cōtactū vel p. mediū extraneū: sed si ē vera disiunctiua antē'a nō cōincidūt sed oppoſita patet 7 ph. t. c. 12. & supra libro 2. 113. 115. Vide cōm. 2im. Expo primæ partis text'. — Expō secūdæ partis text'. — Idē supra cō. 76. — Docu[m]ē.

A dio, si duo duo, si tria tria. Et intendebat per hoc ꝙ, cum media sint determinata in numero, s. aut caro, aut aer, aut aqua: & sensibilia etiam, quæ reddūt ista media, sint etiam terminata in numero: necesse est vt virtutes sint secundum numerum istorum sensibilium, quæ reddunt media animalibus, quæ innata sunt sentire per hæc media. & manifestum est ꝙ omne, quod redditur per carnem, est aut gustabile, aut tangibile. & omne, qđ redditur per aerem, aut aquam, aut per vtrunq;, est aut sonus, aut color, aut odor. omne igitur sentire est aut gustare, aut tangere, aut audire, aut videre, aut olfacere. D. d. Et si per plura vno sit, &c. i. &, si per plura vno medio sit vnum sensibile, vt color per aerem aut aquam, quæ sunt æquales in hoc, manifestum est ꝙ animal habens alterum eorum sentit de sensibilibus, sicut quod habet vtrunq;. & intendebat per hoc ꝙ animal, quod est in aqua, debet habere virtutes sensus secundum numerum virtutum sensus animalis, quod est in aere, & aīalis, quod sentit in aqua, & in aere.

B Simplicium autem ex duobus his sensitiua solum sunt, ex aere & aqua. pupilla quidem enim aquæ: auditus vero aeris: olfactus autem horum alterius est. ignis autem aut nullius est: aut communis omnibus: nihil enim sine calore sensitiuum est. terra vero aut nullius est, aut in tactu maxime miscetur. vnde relinquitur nullū esse sensitiuum extra aerem & aquam.

IOPH. *Simplicium autem ex his duobus senseria tantummodo sunt, uidelicet ex aere & aqua: pupilla enim aquæ, auditus aeris, olfactus horum alterius est. ignis autem uel nullius, uel communis omnium est: nihil enim sine caliditate sensitiuum est. terra uero aut nullius, aut in tactu admixta præcipue est. Quapropter relinquitur nullum esse senserium, præter aerem & aquam.*

Et sensus ex simplicibus sunt ex aere: aut ex aqua. visus enim
C est ex aqua, & auditus ex aere, & olfactus ex altero istorum duorum. Ignis autem aut est nullius, aut est communis eis. quoniam nullum sentiens est extra calorem. Ex terra aut est nullius eorum, aut propriē est admixta cum tactu. Remanet igitur ꝙ non est sensus extra aquam, & aerem.

130 Hæc est demonstratio accepta ex instrumentis sensuum, & d. Et sensus ex simplicibus, &c. i. & instrumenta sensuum, quæ propter suam naturam attribuuntur elementis secundum dominium sunt tria tantum, s. instrumentum, quod est ex aere, s. auditus, vt declaratum fuit prius: & instrumētum, quod est ex aqua, s. visus: & tertium est, quod fit ex vtroq;, s. olfactus & d. In hoc sensu, quod fit ex altero istorum duorum, s. aut ex aqua, aut ex aere: quia animalia, quæ sunt in aqua, olfaciunt in aqua, sicut olfaciūt animalia, quæ sunt in aere, per aerem. D. d. Ignis autem, &c. i. igni autem

aut

aut non attribuitur aliquis sensus hoc modo, aut attribuitur communi- D
ter. apparet enim ꝙ nullus sensus potest facere suam actionem cum infrigidatur: & hoc diminute demonstratur per quæ notat iterationem. & di
xit hoc, quia respectus eius ad aliquid præter ignem est, sicut proportio
alicuius ad materiam: & proportio eius ad ignem est sicut proportio alicuius ad suam formam. D. d. Et terra aut non est alicuius, &c. i. & terra
aut non attribuitur alicui instrumento instrumentorum istorum sensuum, cùm non videtur seruire sensibilibus aliquo modo: aut, si attribuitur, attribuitur carni: quia istud medium, aut istud instrumentum
indiget constitutione, & confirmatione: quapropter terra dominatur in
eo. Deinde d. Remanet igitur ꝙ non est sensus sextus extrinsec' ab aqua
& aere, cùm non sit corpus extrinsecum ab istis duobus corporibus. quia
Ipossibile est inuenire instrumentum sensus aut ex igne, aut ex terra: sed
tamen possibile est ex aqua, aut aere, aut vtroq;. Et, cùm materiæ instrumentorum sensuum sint terminatæ in numero', necesse est, vt sensus sint
ita. si igitur esset sensus sextus, contingeret quintum elementum esse. sen- E
sus enim, qui sunt ex aere, aut aqua sunt aut visus, aut auris, aut nasus.

Id č. 1. de Gene. 18. com.

Medium, aut ultim tactus idi-get cõstõne, & con firmatiõe Idē 3 c. 111 & 2. de p. tibus a[n]ia-lium. ca. 1. & 8.

Hæc autem & nunc quædam habent animalia. Omnes igitur sensus habentur à non imperfectis, neq; orbatis. videtur enim & talpa sub pelle habens oculos.

10 PH. *Quæ nunc etiam nonnulla habent animalia: ergo omnes sensus habentur à non imperfectis neq; mutilis. nam etiam talpa sub pelle habere oculos uidetur.*

Et hæc duo sunt modo in quibusdam animalibus: ita ꝙ omnes sensus sunt distincti in eis, quæ non sunt diminuta, neq; habent occasionem. Talpa. n. videtur habere oculos sub cute.

131 Et sensus attributi his duobus elementis non inueniuntur nisi in quibusdam animalibus, s. perfectis propter melius: adeo quòd propter solici- F
tudinem naturę circa hoc, oportet vt omnes sensus sint distincti, existentes in animali perfectę creationis, quod nõ habet occasionem, & ꝙ ab ani
mali perfecto, vt homine, non deficit sensus. Talpa enim videtur habere
oculos sub cute, licet non videat. Et quasi intendit per hoc ꝙ, si sensus sex
tus esset, oporteret vt inueniretur in homine, qui est completissimum ani
malium. esset enim necessario propter melius. & hoc est manifestum de
solicitudine naturæ in dando sensus animalibus: adeo ꝙ propter hoc dedit Talpæ oculos, & cooperit eos cutæ, cùm nõ indigeat eis in maiori parte suæ operationis, cum hoc, ꝙ materia eius non posset plus recipere. &, si
posset, forte esset superfluum.

Quo sollicitatur nã circa ista. vide. 12. Met. c 37.

Quare si non aliquid alterum est corpus & passio quæ nullius est eorum quæ sunt hic corporum, neq; vnus vtiq; deficiet sensus.

Quare

A *Quare si non est aliud quidpiam corpus & passio, quae nullius sit corporum eorum quae hic sunt, ut neque nullum sensum deesse censendum est.*

Oportet igitur, si nō est aliud corpus, aut passio, quae nō est alicuius corporū, quae sunt apud nos, vt nō deficiat aliquis sensus.

132 Haec est Tertia demonstratio, & deficit praecedens. & syllogismus sic componitur perfecte. Et, si sextus sensus sit, necesse est corpus sensibile eē aliud ab omnibus corporibus sensibilibus, quae sentiunt quinq; sensus, & passionem eius, & qualitatem, quam sentiens reciperet à sensibilibus, vt qualificet per eam aliam ab istis qualitatibus: sed nullum corpus sensibile est aliud ab istis corporibus sensibilibus, neq; passio extra istas passiones: ergo nullus sensus est extra hos sensus quinq;.

At vero neque communium potest esse sensitiuum aliquod pro-
B prium quae vnoquoque sensu sentimus non secundum accidens: vt motus, status figurae, magnitudinis, numeri vnius. haec enim omnia motu sentimus: vt magnitudinem motu. quare & figuram. magnitudo enim quaedam & figura est. quiescens autem in eo quod nō mouetur. numerus vero negatione cōtinui, & propriis, vnusquisque enim vnū sentit sensus.

Neque vero communium potest esse sensorium aliquod proprium quae unoquoque sensu sentimus per accidens, ut motus, status, figurae, magnitudinis, numeri, unius. Haec enim omnia motu sentimus, ut magnitudinem motu: quare etiam figuram. nam figura quoque magnitudo quadā est. quod autem quiescit, eo quod non mouetur. numerus vero negatione continui, & propriis. nam unusquisque sensus unum sentit.

C Et etiam impossibile est vt aliud sentiens sit communibus, quę sentimus, nisi per vnum quinque sensuum accidentaliter. verbi gratia motui, & quieti, & figurae, & quantitati, & numero. Omnia enim ista sentiuntur per motum, verbi gratia quantitas per motum, quapropter figura etiam. figura enim est aliqua quantitas. quies autem non per motum. numerus vero per negationem cōtinui, & per eius proprietates vnusquisque sensuum sentit vnum.

133 Et etiam impossibile est aliud sentiens esse à quinq; sensibus, ita ꝙ sensibile eius sit aliquod vnum sensibilium communium, sub quibus sunt sensibilia propria vnicuiq; sensuum quinq;, nisi sensibilia essent communia vnicuiq; sensuum accidentaliter. & d. hoc, quia, si essent eis accidentaliter, contingeret vt essent alicui sensui essentialiter. quod enim inuenitur alicui accidentaliter, debet inueniri alii essentialiter. D. d. v. g. motui, & c. l. & sensibilia communia non sunt comprehēsa à quinq; sensibus accidentaliter,

Quod sunt alicui accidentalr, alii inueniuntur essentialr. Idē 4. phy. 43.

Sed uide oppositū 2. phy. cō. 48. Idem 7. cō. 65. Vide cōt Zim.

D taliter, v.g. motus, & quies, & figura, & quantitas, & numerus. omnia enim ista sentiuntur à quinq; sensibus per aliam motionem, & passionem. & quod est ita, necesse est vt sit essentialiter. D.d. ver. g. quantitas, &c. i. v.g. quantitas. sensus enim innati sunt comprehendere eam per aliquam passionem, & motus. & similiter est de figura. figura enim est quantitas cum aliqua qualitate. D.d. quies autem non per motum, &c. i. comprehensio autem quietis est per comprehensionem priuationis motus. cùm enim comprehenderint motum essentialiter, comprehendunt priuationē eius essentialiter, s. quietem. Comprehēsio vero numeri, & multitudinis à sensibus est per comprehensionem priuationis continui, quod est magnitudo: & iam declaratum est q̄ continuum comprehenditur essentialiter: ergo & sua priuatio comprehenditur essentialiter.

Si habitus cōprehēditur eēntialiter, et priuatio. Sed vide opp. 2. c. 110. Vide cōt Zim.

Quare manifestum est quoniam impossibile est cuiuslibet sensum proprium esse horum, vt motus. Sic enim erit sicut nunc visu dulce sentimus. Hoc autem quoniam amborum habentes existimus sensum, quo quum coinciderit, cognoscimus: si vero non, nequaquam vtiq;, sed aut secundū accidens sentiebamus: vt Cleonis filium: non quia Cleonis filius est, sed quoniam albus: huic autem accidit Cleonis filius eē. Communium autem habemus iam sensum communem non secundum accidens. non igitur est proprius. nequaquam enim vtiq; sentiremus, sed aut sic sicut dictum est Cleonis filium nos videre. Ad inuicem enim propria secundū accidens sentiunt sensus: non secundum q̄ ipsi sunt: sed secundum q̄ vnus: cum simul fiat sensus in eodem, vt cholera quod amara & rubicunda. non enim alterius dicere, q̄ ambo vnū. propter quod & decipitur: & si sit rubicundum choleram opinatur esse. E

SOPH.

In græco cernit ē particula ī quā simplicius interpretatur pro καθ' ὅ idest, quā ob cām.

Quare perspicuum est fieri non posse ut cuiuslibet horum proprius sit sensus, ut motus: nam hoc modo perinde fuerit, atq; nunc uisu dulce sentimus: quod eò fit, quia amborum habemus sensum, quo cum concurrunt, cognoscimus. alioquin haudquaq; nisi per accidens sentiremus: ut Cleonis filium, non quod Cleonis filius sed quod albus, cui sanè accidit filio esse Cleonis: at uero communium habemus iam sensum communem, non per accidens. non igitur est proprius: nequaquam enim sentiremus, nisi quo pacto diximus nos Cleonis uidere filium. alter porrò alterius propria per accidens sentiunt sensus, nō quatenus ipsi, sed quatenus unus, cum simul factus fuerit sensus in eodem: exempli gratia bilem, esse amaram & flauam: neque enim alterius est dicere, ambo hæc esse unum, quo fit ut decipiatur: & si flauum fuerit, bilem esse opinatur. F

Manifestum

A Manifestum igitur est ꝙ impossibile est vt sensus instrumentū sit proprium alicui istorum, verbi gratia, motui. esset enim sicut nos modo sentimus dulce per visum. & hoc est, quia est in nobis sensus, in quo est vtrunq;: &, cùm sint ambo coniuncta, scit ea ut, si non esset ita, non sentiremus ipsum, nisi accidentaliter, v.g. filium Socratis. nos enim non sentimus filium Socratis, sed album. & cōtingit huic ꝙ fuit filius Socratis. Communia autem habēt sensum communem, non accidentaliter. non igitur habent sensum proprium. &, nisi hoc esset, non sentiremus ea omnino, nisi sic, sicut diximus ꝙ nos videmus filium Socratis. Et sensus quidam non sentit sensibilia quorundam nisi accidentaliter. & non est vnius, cū sensus fuerit insimul in eodem. v.g. cholera. n. est amara, & citrina, iudicium, quod vtrunq; est eiusdem, nō est alterius. & ideo cadit error, ita ꝙ citrinum existimatur esse cholera.

B

134 Et, cùm declaratum est ꝙ communia sensibilia comprehenduntur à quinq; sensibus essentialiter, manifestum est ꝙ impossibile est sensum proprium esse alicuius istorum sensibilium communiū, v.g. motus, aut quātitas. quoniam, si ita esset, tunc sentiremus motum, aut sibi similes de sensibilibus communibus, non per se, sed per medium: sicut comprehēdimus per visum hoc esse dulce mediante colore. D.d. & hoc est, quia est in nobis sensus, &c. i. & accidit nobis talis comprehensio. s. iudicare per aliquem sensum super sensibile alterius sensus: quia contingit ꝙ illi duo sensus fuerint coniuncti in comprehendendo illa duo sensibilia ex eodem aliquo tēpore. &, cum post hæc acciderit vt comprehendamus per alterum duorū sensuum alterum sensibile, ex eadem re iudicabimus per illum sensum sū

C per sensibile alterius per coniunctionem præcedentem. v.g. quoniam nos non scimus per visum ꝙ hoc est dulce, nisi prius acciderit nobis in aliquo tempore quod comprehendimus per visum ꝙ, mel est citrinum, & per gustum esse dulce. cum igitur secundo senserimus ipsum per solum visum eē citrinum, statim comprehendemus ipsum esse dulce, & mel. D.d. Et, si non esset ita, &c. i. &, si non esset concessum à nobis ꝙ, si vnum istorū sensibilium communium haberet sensum proprium, contingeret vt sentirē ea, esset sicut sentire per visum ꝙ hoc est dulce, necesse esset vt sentire ea eēsset de genere sensus, qui proprie dicitur accidentaliter. v.g sentire per visum ꝙ iste est filius Socratis: quia sentiremus ipsum esse album: quia accidit ꝙ filius Socratis fuit albus. D.d. Communia autem habent sensum communem, &c. i &, cum declaratum est ꝙ, si aliquod sensibilium communium haberet sensum proprium, tunc sentiretur à nobis accidentaliter: quemadmodum sentimus per visum, istum esse filium Socratis, quia est albus: aut quemadmodum iudicamus hoc esse dulce, quia est citrinū: Hæc enim duo sunt duo modi accidētaliter: & iam declaratum est ꝙ sensibilia communia comprehenduntur essentialiter: ergo nullum sensibilium sium communium habet sensum proprium. quoniam, si haberet sensum D proprium, tunc sentiretur, aut sicut sentimus per visum istum filium Socratis, aut sicut quidam sensus sentit sensibile propriū cuiusdam. Et iste modus est etiam accidentalis. sed differt à primo modo, qui simpliciter dicitur accidentalis, & est comprehendere per visum istum esse filium Socratis: licet vterq; numeratus sit accidentalis. differunt scilicet in hoc: quia comprehendere per visum hoc esse dulce, fuit, quia cum visu fuit coniuncta in eadem re virtus vnius generis virtute visus. s. sensus gustus. Iudicare autem per visum istum esse filium Socratis accidit, quia in alio tempore fuit coniuncta cum visu alia virtus à virtute * visus. virtus enim qua cōprehendimus istum esse Socratem, aut filium Socratis, superior est ad virtutem sensus. & ideo iste modus videtur magis accidentalis, quā secūdus. vnde simpliciter dixit ipsum esse accidentalem, & non secundum. D. d. & non est vnius, &c. i. & iudicium non est vnius virtutis, † quando duo sensus fuerint coniuncti ad iudicandum super eandem rem ipsam esse eā E dem. sed illud iudicium est vtriusq; sensus, non alterius sensus ab eis: sicut existimare potest aliquis. sed, si dicitur vnus ex hoc modo, dicitur accidētaliter. D. d. v. g. cholera, &c. i. v. g. hoc esse choleram, quia est amarum citrinum. iudicare. n. q͂ hæc duo sunt eiusdem, s. choleræ, non est alterius virtutis ab his duabus. &, quia iudicium super hanc rem eē vnam est duarum virtutum non vnius, accidit ei error in iudicando aliquid non choleram esse choleram, quia citrinum.

Virt. qua cōprehendim. istū eē Socratē aut filiū Socratis, supior est ad virtutē sēsus. Sed vide opp. 3 com. 63. Vide côl. 2im.

† Qn̄ duo sensus fuerint cōiūcti ad iudicādū sup eādē rem ipsam eē eādem, illud iudiciū est vtriusq; sensus, nō alterius sensus ab eis. oppo. in cō. 146. & t. Vide côl. 2im. 109 H.

* al. sens.

Inquiret autem aliquis cuius causa plures habemus sensus, sed non vnum solum. aut quatenus minus lateant consequentia & communia, vt motus, & magnitudo, & numerus. si enim esset visus solus & ipse albi, laterent vtiq; magis, & viderentur idem esse omnia, propter id q͂ consequuntur se ad inuicem simul color, & magnitudo. nunc autem quoniam in alio sensibili cōmunia sunt, manifestum facit q͂ aliud quiddam vnumquodq; ipsorum est. F

Verum quæras aliquis cur plures sensus & non unum solum habeamus? an ne lateant consequentia & communia, ut motus, magnitudo numerus. nam si uisus esset solus, isq; albi, laterent magis atq; idem esse cuncta uiderentur: propterea quòd simul se mutuo sequuntur color & magnitudo: at quia quæ sunt communia in alio sunt sensibili, res indicat aliud quidpiam esse eorum unumquodq;.

Et debet homo perscrutari, quare habemus sensus plures vno, & non vnum tantum. Dicamus igitur, vt non ignoremus consequentia communia, vt motum, & quantitatem, & numerū. Quoniam, si haberemus solum visum, tunc ipse visus esset magis dignus, vt ignoraret album, adeo vt existimaret hæc esse omnia. color

A lor enim & quantitas consequuntur adinuicem insimul. modo autem, quia communia sunt sensibilia ab aliquo, manifestatur quòd quodlibet eorum est aliud.

135 Vult dare causam, propter quam hæc sensibilia cõia non comprehenduntur ab vno sensu, & d. Et debet homo perscrutari, &c. i. debet homo perscrutari, quare hæc sensibilia cõia cõprehendũtur à pluribus sensibus vno, & nõ cõprehenduntur ab vno. D. d. rationẽ, & dixit, Dicamus igitur, vt non ignoremus, &c. i. vt non ignoremus alietatem sensibiliũ cõium à sensibilibus propriis. D. d. Quoniam, si haberemus solum visum, &c. i. & hoc esset necesse. q̃m, si poneremus q solus visus comprehendit ista, & q ipse solus est in nobis in hac intentione, tunc accideret visui vt ignoraret, & non distingueret album ab aliquo: adeo q existimaret colorem, & quãtitatem, & figuram eandem esse. & hoc accideret ei, eò q color, & quantitas consequuntur sibi adinuicem, s. q color non inuenitur nisi in superficie, & superficies in corpore. D. d. modo aũt quia cõia, &c. i. modo autem,
B quia videmus q cõia, vt quantitas, & magnitudo comprehenduntur per alium sensum à visu. Secundum hoc igitur est intelligendus suus sermo in hoc loco, non secundum q sonant verba eius superficietenus, secundũ q loquitur: vt quare sensus sint plures vno. causa n. formalis in hoc manifesta est, s. multitudo sensibilium. & hoc iam dictum est. & causa finalis est perscrutanda post in fine istius libri. Docum. 3. de Ala a t.c. 59. usque l hnē.

SVMMA SEXTA.

Quæstio, an eodem, quo sentimus sensu, etiam sentire nos percipiamus: Sensusq., quem communem appellamus, explanatio.

QVoniam autem sentimus quod videmus & audimus, necesse est visu sentire quia videt, aut altero: si autem altero, aut ipso erit quod videt, aut altero: sed idẽ erit visus &
C subiecti coloris. quare aut duo eiusdẽ erit: aut idẽ eiusdẽ. Amplius autem si & alter sit sensus visus, aut in infinitum procedit: aut aliquis ipse sui ipsius erit iudex: quare in primo hoc faciendum est.

109 H. *Quoniam autem sentimus nos uidere & audire, necesse est aut uisu sentiat se uidere, aut alio: sed idem etiam erit uisus & subiecti coloris. Quamobrem aut duo eiusdem erunt, aut ipse sui ipsius. Praterea si etiã alius sensus sit uisus, aut in infinitum procedet: aut ipse erit sui ipsius; itaq. in primo illo hoc faciendum est.*

Et, quia sentimus nos videre, & audire, necesse est quòd sentire quòd nos videmus, aut est per hunc sensum, aut per aliúd. Sed illud erit visus, & coloris subiecti: aut duo eiusdem, aut idem sui. Et etiam, si sensus visionis sit alius, aut erunt hæc in infinitũ, aut erit idem sui. necesse est igitur hoc facere primo.

136 Cùm cõpleuit sermonẽ de quinq; sensibus, & declarauit sextũ sensum non esse, incœpit declarare ꝙ isti quinq; habent virtutem cõem. Et incœpit prius dubitare secundũ suã consuetudinem: & d. Et, quia sentimus nos videre, &c. i. nos, quia videmus & sentimus nos videre, & audimus, & sentimus nos audire, & sic in vnoquoq; sensuum, necesse est vt hoc fiat per virtutem visus, aut per aliam virtutẽ. D. d. Sed illud erit visus, & coloris, &c. i. sed si hoc, s. sentire nos videre fuerit alterius sensus à visu, continget vt ille sensus habeat duplicem cõprehensionẽ. cõprehendit. n. visum cõprehendere, & cõprehendit colorẽ, quẽ visus cõprehendit. impo͠ße. n. est vt cõprehendat visum cõprehendere colorẽ, nisi etiam ipse cõprehendat colorẽ. D. d. aut duo eiusdem, aut idem sui. i. sequitur igitur ex hoc alterum duorum. q̃m, si posuerimus duas uirtutes esse, continget vt duo sensus sint eiusdem intentionis, sensus scilicet qui sentit eam, & sensus qui sentit ꝙ ille sensus sentit eam. vterq; n. sentit illam. aut ponemus ꝙ idem sensus sentit seipsum, ita ꝙ agens est patiens. quod impossibile est D. d. Et et, si sensus visionis. &c. i. et, si posuerimus duas uirtutes esse, s. ꝙ sensus, qui comprehendit nos videre, est alius ab eo, qui videt, continget etiam in illo sensu, quod contingit in primo. necesse est igitur vt habeat duplicem comprehensionem, s. comprehensionem sui primi subiecti, quod sentit, & comprehensionem, quam comprehendit. &, si etiam posuerimus hoc duarũ virtutũ, continget in tertia quod contingit in secunda: & sic in infinitũ. quod est impo͠ße. quapropter necesse est nobis ponere eãdẽ virtutẽ, quæ cõprehendat vtrũq;, s. suũ primũ subiectũ. & quod cõprehẽdat illud, quod ipse cõprehendit. &, cũ necesse est abscindere infinitum, melius est hoc facere in primo, & ponere ꝙ per eandem virtutẽ cõprehendimus colorẽ, & cõprehendimus ꝙ cõprehendimus ipsum. quod. n. contingit nobis posterius, faciendum est prius. & hoc intendebat, cùm dixit, necesse est igitur hoc facere primo, aut ponere ꝙ idem patitur à se, & cõprehẽdit se. D E

Habet autem dubitationem, si enim visu sentire, videre est. videtur autem color, aut habens hunc. si videbit aliquis quod est videns, & colorem habebit primum videns. F

SOPH. *Sed ambiges: nam si uisu sentire est uidere: uidetur uero color, uel quod est colore præditum: si quis uidebit id quod uidet, etiam colorem id habebit quod uidet primum.*

Et in hoc est quæstio. Et est, quoniam, si visio est sentire per visum, & videre colorem, & homo non videt illud, quod habet colorem, nisi quando videt aliquid, continget vt illud, quod videt primo, habeat etiam colorem.

D. sed iste sermo habet quæstionem, s. ponere ꝙ per eandem virtutem comprehendimus colorem, & comprehendimus nos comprehendere colorem. quoniam, si visio est sentire per uisum, & uisus cõprehendit colorem

A rem, & homo non videt ipsum uidere colorẽ, nisi quando videt aliquid, continget ut illud, quod primo videt, quando iudicat ipsum videre, habeat etiam colorem. & intendebat per hoc ꝙ, si necesse est ut omne comprehensibile à uisu sit coloratum, & uisus comprehendit comprehensionem coloris: ergo contingit ex hoc vt ipsa comprehensio sit colorata. quod est impossibile.

Manifestum est igitur quoniam non est vnum, visu sentire. Etenim quum non videmus, visu discernimus & tenebras & lumẽ, sed non similiter. Amplius autem & videns tanquam coloratum est. sensitiuum enim susceptiuum est sensibilis sine materia vnumquodque. vnde abeuntibus sensibilibus insunt sensus & phantasiæ quibus sentiunt. Sẽsibilis autem actus & sensus, idem est & vnum esse autem ipsorum nõ idem: dico autem vt sonus secundũ actũ, & auditus secundum actum. Est enim auditum habentia non audire, & B habens sonum non semper sonat: cum autem operetur possibile audire, & sonet possibile sonare, tunc secundum actum auditus simul fit, & secundum actum sonus. quorũ dicet vtique aliquis hoc quidem esse auditionem, hoc vero sonationem.

SOPH. *Perspicuum igitur est uisu sentire, non esse unum. etenim cum non uidemus, uisu tenebras lumenque discernimus, sed non eodem modo. Quin & id ipsum quod uidet quodammodo coloratum est: nam sensorium quodque capax est sensibilis sine materia. idcirco uel amotis sensibilibus insunt sensus phantasiæque in sensoriis. Actus porrò sensibilis & sensus idem est & unus, esse autem ipsis non idem: uerbi causa, actu sonus actuque auditus. fieri enim potest, ut auditum quis habeat, nec audiat: & quod sonum habet, non semper sonat. cum autem operatur id quod po*C*test audire, sonatque quod sonare potest, tũc actu auditus simul fit, actuque sonus. quorũ dixerit aliquis, alterum, auditionem: alterũ, sonationẽ esse.*

Dicamne igitur ꝙ manifestum est ꝙ sentire per visum non est num. iudicamus enim per visum nos, non videndo, obscuritatẽ, & lucem, sed non eodem modo. Et etiam videns est quasi coloratum. sentiens enim recipit sensibile extra materiã, quidlibet quodlibet. & ideo, cum fuerint sensibilia abstracta erunt sensus, & imaginationes existentes. Et actio sensibilis & sensus eadem est: in esse autem nõ sunt eadem in eis. v.g. sonus, qui est in actu, & auditus qui est in actu. possibile est enim vt aliquis habeat auditũ, sed nõ audiat, & vt aliquid habeat sonum, sed non semper sonet. cùm autem fecerit illud, quod est in sua potentia, vt audiat, & sonauerit illud, quod est in potentia sua, vt sonet, tunc erunt insimul auditus

& sonus. & potest aliquis dicere ꝙ primum istorum est audire, & secundum est sonare. D

138 Cùm dedit sermonem dubitatiuum, incœpit dissoluere eum, & d. Dicamus igitur quòd manifestum est quòd sentire, &c. i. Dicamus igitur quòd manifestum est quòd sentire per uisum, non est eiusdē intentionis, ita quòd consequitur ex eo vt omne comprehensibile à uisu sit coloratū. D. d. Iudicamus enim per uisum, &c. idest & signum eius est, quòd nostrum dicamus per uisum, non uidendo coloratū, cum iudicamus obscuritatē esse obscuritatem, & lucem esse lucem: sed neutrum habet colorem, sed non eodem modo iudicamus per visum obscuritatē, & lucem. iudicamus enim lucem per se, & obscuritatem, quia est priuatio lucis. Et, cùm dedit hunc modum dissolutionis, dedit secundam dissolutionem quæstioni, dicenti ꝙ visio debet esse colorata, si uirtus visibilis comprehendit visionem, & dixit. Et etiam videns est quasi coloratum, &c. idest, & etiā possumus concedere visionem esse colorem. videns enim quando compre- E
hendit colorem, efficitur quasi coloratū quoquo modo. Et causa in hoc est, quia sentiēs recipit sensibile, & assimilatur ei. visus itaq; recipit colorē, quem recipit corpus extra animam. sed differunt in hoc, ꝙ receptio sentientis est non materialis, & receptio corporis extra animam, est materialis. D. d. quidlibet quodlibet. i. sentiens enim recipit sensibile nō materialiter, quilibet sensuum quodlibet sensibilium. &, quia sensus recipiunt sensibilia quoquo modo, dicuntur etiam de eis quoquo modo. D. d. & ideo, cùm fuerint sensibilia abstracta, &c. i. &, quia sensus recipiunt sensibilia extra materiam, ideo, quando sensibilia fuerint abstracta à materia, efficiuntur ex sensibilibus sensus, & imaginationes non colores sensibiles, neq; sapores, neque aliæ qualitatum sensibilium, quæ sunt extra animam in materia. D. d. Et actio sensibilis, & sensus, &c. idest & actio sensibilis extra animam in mouendo sentiens, & actio sensus, qui est in sentiente, scilicet qualitas, qua sentiens qualitatur in mouendo etiam virtutem visionis, est eadem actio: licet modus esse sensibilis extra animam differat à modo F
sui esse in sentiente. verbi gratia ꝙ sonus, qui est in actu extra animam, ita mouet instrumentum auditus, sicut auditus, qui est in actu, mouet virtutem auditus. & similiter dispositio coloris in mouendo videntē est sicut dispositio qualitatis, quæ prouenit in vidente à colore in mouendo virtutem visibilem. D. dicit, possibile est enim vt aliquis habeat auditum &c. idest & hoc fuit ita, ꝙ possibile est, vt aliquis habeat auditum in potētia, sicut habet sonum in potentia: & vt habeat sonum in actu, sicut habet auditum in actu. et, cùm habuerit auditum in actu, habebit comprehensionem auditus in actu, idest comprehensionem ꝙ audit. & dixit, possibile est enim dicere ꝙ aliquis habet auditum, & habet sonum, licet non semper sonet, propter hoc, quia sunt sicut in potentia.

Si igitur est motus & actio & passio in eo quod agitur, necesse est & sonum & auditum qui secundum actum, in eo quod est sm

potentiam

A potentiam esse: actiui enim & motiui actus in patiente fit. vnde non necesse est, mouens moueri. sonatiui quidem igitur actus, sonus, aut sonatio est, auditiui autem auditus aut auditio. dupliciter enim auditus, & dupliciter sonus.

108 H. *Si igitur motus & actio & passio in eo quod mouetur est, necesse est & sonū & auditum qui actu est, in eo esse qui est potentia: actiui. n. & motiui operatio in patiente fit. quamobrē necesse non est ut id quod mouet, moueatur. actus igitur sonatiui sonus est aut sonatio: auditiui, auditus aut auditio: duplex enim est auditus, ac duplex sonus.*

Et, si actio, & motus sint in passiuo, necesse est vt sonus, & auditus, qui sunt in actu sint in eo, quod est in potentia. actio enim agētis, & mouentis sunt in patiente. ideo non est necesse vt moueatur quod mouet. Et actio sonantis aut est sonus, aut sonare. & actio audiētis aut est auditus, aut est audire. auditus enim est duobus modis,
B dis, & sonus est duobus modis.

139 Cum posuit φ actio sentientis & sensibilis est eadem, licet differant in esse, incepit declarare hoc ex rebus vniuersalibus prædictis, & d. Et, si actio, & motus, &c. idest, & si necesse est vt omnis actio, quę prouenit ab agente, & omnis motus, qui prouenit à mouente non inueniantur nisi in re patiente, & mota: sensus autem patiuntur à sensibilibus, & sensibilia agunt in eos: necesse est ut actio sensibilis sit in ipso sentiente, quod est in potentia * sensibile. sonus itaq;, & auditus, qui sunt in actu, sunt in eo, quod est in potentia sonans, s. percussum: & quod est in potentia audiēs, s. sensus audiēs. D. d. ideo non est necesse ut moueat quod mouet. i. &, quia motus est in patiēte, & nō in agente, non est necesse vt omne agens sit patiens, vt declaratum est in sermonibus vniuersalibus. & induxit omne hoc ad declarandū φ sensus mouent uirtutes, sicut sensibilia, quæ sunt extra animam, mouent sensus. D. d. & sonus est duobus modis, &c. i. & fuit necesse φ ita esset de sono, sicut de auditu, s. φ eodē modo mouent, & φ
C actio sit in recipiente, non in agente, propter hoc, φ utrunq; inuenitur duobus modis, modo in potentia, & modo in actu.

* a. l. sentiens.

Eadem autem ratio in aliis sensibus & sensibilibus est sicut enim actio & passio in patiente, sed non in agente: sic sensibilis actus & sensitiui in sensitiuo est. Sed in quibusdam quidem & nominatum est: ut auditio & sonatio: in quibusdam autem non nominatum est alterum. visio enim dicitur uisus actus: quæ uero est coloris innominatum est. & gustatiui gustus est: humoris autē non nominatum est.

108 H. *Eadem est in cæteris sensibus ac sensibilibus ratio: ut enim actio & passio in patiente ē, nō in agēte: sic & res sensibilis actio in sensitiuo. uerum in nonnullis nomina quoq; sunt indita, ut sonatio & auditio: in non*

nullis, alterum caret nomine: uisio namq; dicitur uisus actio; coloris uero caret nomine: sic gustatui gustatio, saporis uero uacat nomine.

Et iste idē sermo est de aliis sensibus, & aliis sensibilibus. Quemadmodum enim actio & passio sunt in paciente non in agente, ita actio sensuum & sensibilium sunt in sentiente. Sed in quibusdam habent nomina, vt sonare, & audire. in quibusdam autem alterū non habet nomen. actio enim uisus dicitur visio. actio autem coloris non habet nomen in lingua Graeca.

140 Et iste idem sermo, quem diximus in sono, & auditu, s. q actio eorum est in paciente, est de alijs sensibilibus. D. iterauit propositionem, a qua incoepit hanc declarationem, & dixit. Quemadmodum.n. actio, & passio, &c. i. & causa in hoc est. q m, sicut passio, & actio sunt in paciente non in agente, ita actio sensuum & sensibilium sunt in primo sentiente: cū sensibilia sint uirtutes agentes, sensus autem agentes & patientes: primū autē sentiens est patiens tantū. Et, quia hoc latet, s. sensibilia esse virtutes agentes, & sensus esse patientes propter nominationem: plura.n. sensibilia carent nominibus, fm q sunt agentia: & nomina pluriū eorū passiua sunt in figura nominum virtutum agentium, dixit. Sed in quibusdam habent nomina, &c. i. sed in quibusdā sensibus ponebantur nomina actioni ipsius sensibilis, & passioni vtriusq; sentientis, v. g. sonare, & audire. sonare enim est actio soni: audire autem est passio auditum sentientis. & in quibusdam alterum eorum caret nomine, v. g. in visu. passio enim visus habet nomen, & est videre: licet sit in figura nominis agentis. actio enim sui sensibilis, quod est color, caret nomine in Graeca lingua. Et dico q in Arabica actiones habituū sensuū prouenientiū in eis a sensibilibus in primas virtutes sentientēs, non uidentur habere noīa in aliquo idiomate, cū hoc nō sciatur a vulgo. non.n. cōprehenduntur a sensu: nec in primo aspectu. E

Quoniam autem vnus est quidem actus sensibilis & sensitiui. esse autem alterum est, necesse est simul corrumpi & saluari sic dictum auditum, & sonum: & humorē igitur & gustum, & alia similiter. dicta autē secundum potentiam, non necesse est. F

IOPH. *Sed cum unus actus sit rei sensibilis ac sensitiua, esse autem diuersum, necesse est auditū qui hoc modo dicitur, & sonum, simul corrumpi seruariq; sic demum & saporem et gustatum, atq; iisdem caetera. at uero quae dicuntur potentia, haud est necesse.*

Et, quia actio sensibilis & sentientis est eadē, sed differūt in esse, necesse est vt insimul corrūpantur, & insimul saluentur, auditus, qui dicitur secundū hunc modū, & sonus, & similiter sapor & gustus, & alia. In eis autē, quae dicuntur in potentia non est necesse.

141 Et, quia actio sensibilis eadem est cum actione sentientis, scilicet quód habitus, qui ab eo prouenit in sentiente, est idem cum habitu, quo sensibile

A le agit in vtroq; sentiente * in essentia & forma, licet differant in subiecto, necesse est vt corruptio duorum habituum sit insimul, & saluatio insimul, scilicet habitus, per quem sensibile est mouens in actu, postquam fuit in potentia, & habitus per quem sentiens est sentiens in actu, postquã fuit in potentia. Deinde d. auditus, qui dicitur secundum hunc modum, & sonus, &c. i. & hoc sequitur in sono, qui dicitur secundum hunc modũ, & ẽ sonus in actu. & similiter contingit in sapore, qui est in actu, & in gustu, qui est in actu, & in omnibus sensibus. In sensibili autem, quod est in potentia, & in sentiente, qui est in potentia, non sequitur, scilicet quod, cum alterum eorum corrumpitur, q; reliquum corrũpatur: aut, quando unum fuerit, ut sit reliquum.

*a Co. legi. I subiecto, licet di[illegible] in essentia, & forma.

Sed priores philosophi hoc nõ bene dicebãt. nihil opinãtes, neque albũ, neque nigrũ, sine uisu esse: neque humorẽ sine gustu. sic quidẽ.n. dicebant recte: sic autẽ non recte. Dupliciter enim dicto sensu & sensibili: his quidem secundũ potentiã, illis vero secundũ

B actũ: de his quidem accidit quod dictum est. sed in alteris nõ accidit. sed illi simpliciter dicebant, de dictis non simpliciter.

Sed prisci naturales authores non recte hoc asserebant, quippe cum

107 K. *nullum prorsus nec album nec nigrum sine uisu, nec saporem sine gustu esse putarent. partim enim recte, partim non recte loquebantur. nam cum sensus & sensibile bifariam dicatur, tum potentia, tum actu: in his quidem fit quod diximus: in illis uero aliis non item. At illi simpliciter loquebantur de iis quæ non simpliciter dicuntur.*

Sed Antiqui Naturales nõ bene dixerũt in hoc, cũ existimauerũt q; nihil est albũ, aut nigrũ absque visu, neq; sapor absq; gustu. Hoc.n. est uerum vno modo, & alio modo non uerum. qm̃, quia

C sensus, & sensibile dicuntur duobus modis, in potentia, & in actu, illud, quod fuit dictum sequitur in istis, in illis autem non. Sed illi dixerunt simpliciter q; non dicitur simpliciter.

141 Sed Antiqui naturales non recte dixerunt in hac intentione. Dicebãt .n. q; nullus est color sine visu, neque sapor sine gustu. & hoc dixerunt absolute, i. quia opinati fuerunt q; sensibile, & sentiens sunt relatiua simpliciter: &, cum alterum fuerit, reliquum erit: &, cum alterum corrumpitur, reliquum corrumpetur. D. d. Hoc.n. est verũ vno modo, &c. i. & hoc, quod Antiqui dixerunt, est vno modo verum, & alio modo non uerum. sed sermo Antiquorũ sequitur in eis, quæ sunt in actu: sensus autẽ, & sensibile quandoq; dicuntur in potentia, & quandoq; in actu. in eis autem, quæ sunt in potentia, non sequitur, s. vt esse eorum, & corruptio sit semper insimul. Sed error Antiquorũ fuit in hoc, q; locuti fuerunt absolute in eo, quod indiget determinatione.

Si autẽ symphonia vox quædã est: uox autẽ & auditus est sicut vnus & est sicut nõ vnũ, aut idem. Proportio autẽ est simphonia, necesse est & auditum ratione quandã esse: Et propter id corrumpit vnũquodq; excellẽs graue & acutũ, auditũ: & in humoribus gustum: & in coloribus visum fortiter frigidum & opacum. & in olfactu fortis odor, & dulcis, & amarus: tanquã ratio quædam sit sensus: Vnde & delectabilia quidẽ sunt dũ ducũtur syncera & mista entia ad rationem: ut acutum, aut dulce, aut salitum. delectabilia enim tunc. omnino autẽ quod mistũ est, symphonia magis, quã acutũ & graue. tactus autẽ calefactibile est & frigorabile: sed sensus ratio est. excellẽtia autẽ contristant, aut corrumpunt. D

SOPH. *Si igitur concentus uox quædam est: uox autem & auditus, partim unum, partim non unum, aut non idem sunt: concentusq; est ratio, necesse est & auditum rationem esse quandam: & proinde unumquodq; modum excedens, tum graue, tum acutum, corrumpit auditum: itemq; in saporibus gustatum, & in coloribus uisum quod ualde splendidum, quodq; tenebrosum est: & in odoratu uehemens odor, tam dulcis quam amarus: ut pote cum sensus ratio quædam sit. ideoq; iucunda sunt, cum syncera et non mista rediguntur ad rationem: ut acutum, aut dulce, aut salsum: tunc enim iucunda sunt. deniq; mixtum magis est concentus, quam acutũ & graue: tactui autẽ, calidũ, aut frigidum: sensus autẽ est ratio. cũ autẽ modũ excedunt, aut corrũpunt, aut molestia afficiunt.* E

i. qd' calescere & frigescere potest

Si igitur consonantia est sonus, & sonus, & auditus sunt quasi idẽ, & consonantia est proportio, necesse est etiã vt, auditus sit aliqua proportio. Et ideo corrũpitur quodlibet, quãdo auditus fuerit intensus, s. aut acutus, aut grauis. & similiter in saporibus corrũpitur gustus. & in coloribus corrũpitur visus à luce intensa, & obscuritate. & olfactus ab odore forti, & dulci, & amaro: quia sensus est aliqua proportio. Et propter hoc acetosum, & dulce, & salsum, quãdo fuerint posita cum simili, essendo pura, nõ admixta, tunc erunt delectabilia. Et vniuersaliter admixta sunt magis digna vt sint consonantia, quã acutũ, & graue. Et in tactu possibile est vt calefiat & infrigidetur. & sensus est similis proportio. &, cum fuerint intensa, nocebunt, & corrumpent. F

143 Dũ posuit q; sẽsus, q ẽ in actu, ẽ quoquo mõ relatiuus, incepit declarare hoc, & dare ex eo causas plurimũ accidentiũ in sẽsu, & dixit. Si igitur cõsonãtia ẽ sonus, &c. i. si igit' neumata, vel nete cõsonãtia in auditu, i. admixta mixtione delectabili fuerit son': & son' in actu ẽ auditus in actu: & cõsonãtia, q est in neumatibus vel nete, nõ est nisi proportio tẽperata inter extrema, s. inter sonũ graue & acutũ, q dicunt' in respectu auditus, necesse est vt illud tẽperamentũ existẽs inter ea, & ẽ cõsonãtia, sit ipse auditus. eum

esse

A esse auditus in actu non est nisi in hac proportione, quæ est in temperantia. Et quia temperans & temperatum sunt relatiua, & esse auditus in actu naturale est in sono temperato, contingit q auditus & audibile erūt in capitulo relationis. Et dixit quod d. necesse est vt auditus sit aliqua proportio, & non d. proportio simpliciter: quia existimatur q ista proportio quamuis sit in capitulo relationis, tamē est proportio agens: & proportiones in eo q sunt proportiones non sunt agentes, sed in eo q qualitates. Intentiones igitur numerantur in relatione vno modo, & in qualitate alio modo. & sic intelligitur. D. d. Et ideo corrumpitur quodlibet, &c. i. & propter hoc, quod diximus, accidit vt quilibet sensuū corrumpatur, qñ ista ꝑportio transmutabitur intense in exeundo ad alterum extremorum. v. g. corruptio auditus apud sonum intensum in acuitate & grauitate & corruptio gustus apud saporem intensum, & corruptio visus apud lucem intensam, & obscuritatem intensam, & corruptio olfactus apud odores intensos. Et causa in hoc est q esse sensus naturalis est in ꝑportione tēperata & cū illa proportio fuerit corrupta, corrūpet sensus, cū ista ꝑportio sit forma sensus quēadmodū sanitas est in proportione terminata inter quatuor qualitates. & cū illa proportio corrupta fuerit, corrūpetur sanitas: cū forma sanitatis sit in hac proportione temperata. D. d. Et propter hoc acetosum, &c. i. & quia sensus est alia intentio & alia proportio, ideo acetosum & dulce, & salsum adiuncta ad suum simile, non admixta cum aliquo, erunt delectabilia, quoniam, cum occurrent similibus, essendo pura, erūt delectabilia. i. erunt magis abstracta à materia. D. d. Et vniuersaliter admixta sunt, &c. idest & vniuersaliter admixta ex contrarijs quæ sunt in vnoquoq; sensuū, sunt magis digna, vt sint ꝑportio ipsis contrarijs, v. g. sonus, qui est inter acutū & graue, magis dignus est, vt sit proportio, quam acutus, & grauis. & similiter est de tactu cum calido & frigido, & humido & sicco: licet corpus tangens possit calefieri, & infrigidari e cōtrario alijs sensibus: & vt iam prædiximus temperamentum magis est dignum vt sit
C proportio, quam extrema.

Vnusquisq; quidem igitur sensus subiecti sensibilis est: qui est in sensitiuo inquantum sensitiuum: & discernit subiecti sensibilis differentias: vt album quidē & nigrum, visus: dulce vero & amarum, gustus: Similiter autem se habet hoc & in alijs.

Sensus igitur quisq; subiecti sensibilis est: atq; ē in sensorio quatenus sensorium: discernitq; subiecti sensibilis differentias: vt album, & nigrū, visus: dulce & amarum, gustus: Pari modo res habet in cæteris.

Et vnusquisq; sensuum est rei sensibilis subiectæ illi: & est existens in suo sentiente, s. in quod est sentiens, & iudicat drias sensibilis sibi subiecti, v. g. visus album & nigrum: & gustus dulce & amarum, & sic de alijs.

Cùm

144 Cùm incoepit perscrutari de virtute, qua sentimus nos sentire, verum sit eadem cum virtute propria vnicuiq; sensui, an alia, dedit in primo sermonem, ex quo sequitur eam esse vnam, & post, alium, ex quo consequitur eam esse plures: deinde sermonem concludentem eam esse vnam, & dissolutionem, ex qua exiuit ad declarandum q sensus, & sensibile sunt vnum in actu, non diuersa: propter quod contingeret illud, quod indicaret super ipsum sensum, esse aliud ab eo, quod indicaret super ipsum sensibile. Et, cùm hoc fecit, reuersus est postea ad illam eandem perscrutationem, & d. Et vnusquisque sensuum, &c. idest manifestum est per se quòd vnusquisque sensuum iudicat suum subiectum propriũ, quod est ei, secundum q est illud sentiens: & iudicat cum hoc differentias proprias, quæ sunt in illo subiecto proprio. v. g. quia visus iudicat colorem, qui est proprium subiectum ei, quod est sm q est visus, & iudicat differentias contrarias existentes in eo. v. g. album & nigrum & media. & similiter auditus iudicat sonum, qui est suum subiectum, & graue & leue & media, quæ sunt differentiæ soni. D E

Quoniam autem & albũ & dulce, & vnunquodq; sensibilium ad unũquodq; discernimus quodam, & sentimus quia differunt, necesse est igitur sensu, sensibilia enim sunt.

SOPH. *Sed quia & album, & dulce, & vnumquodque sensibilium cum vnoquoque comparatum iudicamus aliquo, & differre sentimus, necesse fane est, sensu: sunt enim sensibilia.*

Et, quia iudicamus etiam album, & dulce, & vnumquodque sensibilium, comparando ea adinuicem. per quid igitur sentimus esse diuersa? necesse est quidem vt illud sit per sensum. sunt enim etiam sensibilia.

145 Et, cùm sensus comprehendit differentias contrarias, quæ sunt in subiectis proprijs vnicuiq; sensui, per quã igitur virtutẽ iudicamus istas esse diuersas, cùm fecerimus comparationem inter eas adinuicem? Apparet F quidem q consequitur ex hoc sermone illud, quod à principio dictum est, & est q virtus,* qua visus iudicat album esse aliud à nigro, est alia à virtute visus, quemadmodum virtus, quæ iudicat ipsum videre, videtur alia à virtute visibili. differentia enim inter sensibilia est sensibilis.

* s. I. quæ iudicat album esse aliud a dulci. Dria inter sensibilia ê sensibilis.

Quare & manifestum quoniam caro non est ultimũ sensitiuũ: necesse enim esset tangens ipsum discernens discernere. Neque utique separatis contingit discernere q alterum sit dulce ab albo. sed oportet uno quodam utraq; manifesta esse: sic enim & si hoc quidem ego, illud uero tu sentis, manifestum utique erit quoniam altera ad inuicem sunt. Oportet autem vnum dicere quoniam alterum. alterum enim dulce ab albo: dicit ergo idem: quare sicut dicit ita & intelligit & sentit. Quod quidem igitur non possibile separatis

paratis

A paratis iudicare separata palam. quod autem neque in separato tempore, hinc: sicut enim idem dicit quod alterum bonum & malum. & sic quando alterum dicit, quoniam alterum, tunc & alterum, non secundum accidens ipsum quando. Dico autem puta, nunc dico quoniam alterum, non tamen quoniam nunc alterum. sed sic dicit & nunc, & quoniam nunc: simul ergo. Quare inseparabile & in inseparabili tempore.

108 H. *Ex quo perspicuum est, carnem non esse ultimum sensorium: necesse enim esset id quod iudicat, tangendo ipsum iudicare. Haud ergo fieri potest, ut separatis iudicet diversum esse dulce ab albo: sed unicuipiam ambo cognita esse oportet. alioquin & si ego hoc, tu illud sentias, cognitum esset ea diversa inter se esse. Oportet igitur, ut unum dicat diversa esse: diversum namque est dulce ab albo: dicit ergo idem: quamobrem ut dicit, sic etiã intelligit & sentit. Fieri igitur non posse, ut separatis separata iudicentur, perspicuum est: neque etiam fieri posse in separato tempore, hinc patebit. ut enim idem dicit diversum esse bonum & malum, sic & cum alterum dicit diversum esse, & alterum, non per accidens illud quando: verbi causa nunc dico aliud esse, nõ tamẽ aliud esse nunc: sed ita dicit & nunc, & quod nũc: ergo simul. Quare inseparabile, & in tempore inseparabili.*

B

Dicamus igitur quod manifestum est quòd caro non est vltimum sentiens. contingeret. n. cùm tangeret quòd iudicaret. Sed impossibile est vt iudicans iudicet dulce esse aliud ab albo per duo diversa, sed necesse est vt ambo sint eiusdem per duo instrumenta. &, nisi hoc esset, esset possibile quando ego sentirẽ hoc, & tu illud, quòd

C ego intelligerem ea esse diuersa. sed necesse est vt, vnus dicat hoc esse aliud ab hoc, & dulce aliud ab albo. dicens igitur est idẽ. quapropter necesse est, sicut dicimus, sic agamus, & sentiamus. Quoniam autem impossibile est iudicare diuersa, & per diuersa, manifestum est. Quoniam vero hoc non fit in tempore diuerso, ex hoc declarabitur. Quemadmodum idem dicit bonum esse aliud à malo, sic cùm dixerit in aliquo esse aliud, in illo enim instanti dicit in alio etiam, & non accidentaliter, s. cùm dico nunc esse aliud, non quia instans est aliud. sed dico sic instans, & quod est instãs. à quo igitur erit, non erit diuisibile, & in tempore indiuisibili.

146 Dicamus igitur quòd manifestum est hoc, quod dico, quòd vltimum sentiens in tactu non est in carne, neq; in visu in oculo. qm, si vltimũ sentiens esset in oculo, aut in lingua in gustu, tunc necesse esset, cum iudicaremus dulce esse aliud ab albo, iudicaret per duo diuersa. illud. n. quod

comprehendit

comprehendit dulce secundum hanc positionem, aliud est ab eo, quod D
comprehendit colorem omnino. illud enim est in oculo, & hoc in carne,
aut sibi simili. sed caro in tactu non est sicut oculus in visu. Deinde declarauit hoc impossibile esse, & dixit sed necesse est vt ambo sint eiusdem, &c. idest sed necesse est vt sint comprehensa ab eodẽ, & per duo instrumenta. &, nisi hoc esset, manifestũ est quod non poterit iudicare hoc es-
se aliud ab hoc. Si enim esset possibile iudicare hæc duo esse diuersa per
duas virtutes diuersas, quarum vtraq; singulariter comprehendit alterũ
duorum illorum, tunc necesse esset, quod ego sentirem hoc esse dulce, & tu
illud esse album, & ego non sensi quod tu sensisti, neque tu quod ego, vt
ego comprehenderẽ meum sensibile aliud à tuo, licet non sentiam tuũ,
& vt tu comprehenderes tuum aliud à meo. & hoc est manifeste impossi
bile. Deinde dicit, sed necesse est vt vnus dicat hoc esse aliud ab hoc, &
quod dulce est aliud ab albo, &c. idest sed quemadmodum necesse est vt
idem homo dicat hoc esse aliud ab hoc, sic necesse est vt virtus, quæ iudicat dulce esse aliud ab albo, sit eadem virtus. ita enim est in hoc de indi- E
uiduis, sicut de membris sensus, cùm sint etiam plura in numero. Et hoc
intendebat, cùm dicit. quapropter necesse est, sicut dicimus, sic agamus,
& sentiamus. idest quapropter necesse est vt, sicut ille, qui dicit hoc esse
aliud ab hoc, est idẽ homo, sic illud, quod sentit & intelligit hoc esse aliud
ab hoc, sit eadem virtus. Deinde d. Quoniã aũt impossibile est, &c. id
est, manifestum est igitur ex hoc sermone quod non iudicamus diuersa esse
sensibilia per diuersas virtutes. Qm̃ aũt ista comprehensio cũ hoc, quod
est vnius virtutis, debet esse ẽt in eodem instanti, manifestum est, quoniam, quemadmodum vnus homo dicit bonum esse aliud à malo, sic, cũ
dixerit in altero duorum esse aliud in aliquo instanti, manifestum est quod
in instanti, in quo dicimus quod alterum eorum est aliud, in illo eodẽ dicit
in altero esse aliud, cùm alietas sit aliqua relatio, & relatiua insimul exi- (Alietas est aliqua relatio.)
stunt in actu. Deinde d. & non accidentaliter, &c. idest & non intelligo
per instãs hoc instans, quod dicitur accidentaliter in eo, quod illud est
indiuisibile: sicut instans, in quo dicimus ratione * intrinseca esse aliud F
instans, cùm fuerit comprehensum ratione intrinseca esse aliud instans (* a.l. extrinseca est idẽ instans.)
enim, in quo dicitur ipsum esse aliud, est aliud ab instanti, in quo cõpre-
henditur ipsum esse aliud. Et hoc intendebat, cùm dixit nõ quia instãs
est aliud. idest non quia instans, de quo dixi esse aliud, est instans, in quo
comprehenditur ipsum esse aliud. sed diximus hoc instans est aliud, &
quod nunc est aliud: & illud instans est aliud ab instanti comprehensionis. D. d. à quo igitur erit. i. à quo igitur erit hoc iudicium? dico esse à vir
tute indiuisibili & vna, & in tempore indiuisibili & vno.

At uero impossibile est simul secundum contrarios motus mo- 2
ueri idem, ut indiuisibile & in indiuisibili tempore: si enim dulce
sic mouet sensum aut intellectum: amarum autem contrariẽ, & album aliter: ergo simul quidem & numero indiuisibile & separabi
le, quod

A le, quod iudicat: secundum esse autem separatum: Est igitur quodammodo quod diuisibile diuisa sentit: est autem quod indiuisibile. secundum esse quidem enim diuisibile: loco autem & numero indiuisibile.

SOPH. *Verum enimuero fieri non potest ut idem simul motibus moueatur contrarijs, quatenus indiuisibile est, & in indiuisibili tempore. si.n. dulce sic mouet sensum & intellectum, amarum autem contrario modo, & album diverso, num igitur simul quidem & numero indiuisibile & inseparabile est quod iudicat, ipso esse autem separatum? quodammodo igitur ut diuisibile diuisa sentit: quodammodo ut indiuisibile: ipso enim esse diuisibile est: loco autem & numero indiuisibile.*

Sed imposibile est vt idem moueatur motibus contrarijs insimul secundum quod est indiuisibile in tempore indiuisibili. hoc.n. si
B fuerit dulce mouebit sensum, aut intellectũ aliquo modo motus, amarum autem contrario, album vero alio modo. Verum igitur est possibile vt iudicans ea insimul est numero indiuisibile, & in esse diuisibile: ita quod alio modo à modo diuisionis sentit diuisibilia & alio modo, s. indiuisibile. est enim secundum esse diuisibile, sed secundum locum & numerum est indiuisibile.

Cùm declarauit quod vltimum sentiẽs in omnibus sensibus debet esse ea-
147 dem virtus, incœpit quærere modum sm quem potest esse eadẽ virtus, & iudicare omnia contraria in eodẽ tẽpore, & d. Sed impossibile est vt idẽ moueatur, &c. i. sed impossibile est ponere vt idem recipiat contraria in eodem instanti, sm quod est idem & indiuisibile. D.d. hoc enim si fuerit dulce, &c. v.g. quod si fuerit hoc dulce, mouebit sentiens primum aliquo genere motus: &, cùm fuerit amarum, mouebit ipsum econtrario: & similiter de
C albo & nigro. Cùm igitur sensus iudicauerit hoc esse aliud ab hoc: hoc enim dulce & illud amarum essendo, eadem virtus & indiuisibilis tunc patietur à contrarijs insimul, sm quod est vnum & indiuisibile. quod est impossibile. D.d. Verum igitur est possibile vt iudicans, &c. i. an igitur possibile est vt ista virtus iudicans contraria simul sit eadem subiecto & indiuisibilis, sed per intentiones, quas recipit est diuisibilis? ita quod per hoc dissoluetur quæstio sic. quia ista virtus, inquantum est diuisibilis, comprehẽdit res numeratas diuisibiles: & inquantum est eadẽ, iudicat ea vnico iudicio. D.d. est enim secundum esse diuisibile, sed sm locum & numerum indiuisibile. i. forte iudicans diuersa & contraria est sm essentiam & formam diuisibile, sed sm subiectum, hoc est sm materiam, est indiuisibile. vt dicimus de pomo quod est indiuisibile subiecto, & diuisibile sm essentiam diuersam in eo, sm quod habet colorem, & odorem, & saporem.

Iudicãs diuersa & contraria ẽ sm essentiã & formã diuisibile, sed secũdũ subiectum & numerũ ẽ indiuisibile ex quo patet, idẽ sm subiectum posse eẽ plura de numero. consimile 1. Ph. 47. idẽ. 1. Ph. 15. & 6. Ph 54. & 4. Ph. 106. de pũcto, & instanti. idẽ hic in cõ. sequ.

a Aut non possibile: potentia quidem enim idem & indiuisibile & cõtraria, & secundum esse autem, non. sed in operari diuisibile,

& impossibile est albũ & nigrum esse simul. quare neque species pati ipsorum, si huiusmodi est sensus & intelligentia. D

SOPH. *An fieri non potest: potentia enim idem diuisibile, & indiuisibile, & contraria est: ipso autem esse nequaquam: sed patiendo diuisibile est: nec potest simul album & nigrum esse: quare nec eorum species pati, si talis est sensus & intellectus.*

Dicamus igitur quòd hoc est impossibile. Est enim idem indiuisibile duo contraria potentia, esse autem non, sed est actu diuisibile. & impossibile est ut insimul sit album & nigrũ. quapropter necesse est vt neq; formas eorum recipiat, si sentire, & intelligere sint talia.

148 Cùm posuit illum modum ad dissoluẽdum prædictam quæstionem, reuersus est modo ad narrandum ꝙ non sufficit in dissolutione, & d. Dicamus igitur ꝙ hoc est impossibile, &c. i. dicamus igitur ꝙ hoc est impossibile, s. vt ista virtus sit vnica in subiecto, & plures ſm essentias, & formas. E Non. n. est possibile vt idem sit indiuisibile subiecto, & recipiens cõtraria insimul, nisi in potentia, non in actu & esse v. g. ꝙ idem corpus possibile est dici esse calidum & frigidum insimul potentia, actu autẽ non, nisi ſm ꝙ est diuisibile, s. quia quædam pars eius est calida, & quædam frigida. Et hoc intendebat, cùm d. sed est actu diuisibile, &c. Et, cùm declarauit hoc, d. quapropter necesse est vt neq; formas eorum recipiat, &c. i. quapropter necesse est vt ista virtus non recipiat formas sensibilium cõtrarias, si ista virtus eadem sensitiua est talis, s. vnica in subiecto, & plures in essentia. Et d & intelligere: quia intelligere in hac intentione simile est ad sentire, s. quia in vtroq; est virtus recipiens, & iudicans contraria insimul, vt declarabimus in virtute rationali. Et intendit per omnia hæc declarare ꝙ hęc virtus non est eadem ſm ꝙ est in potentia, sicut est prima materia, sed est vnica in intellectu & in esse in actu, & multa secundum instrumenta, vt post declarabimus. F

Nõ ẽ possibile ut idẽ sit diuisibile subie. & recipiẽs cõtraria insimul nisi i potentia, nõ i actu. ꝓ hoc vi. 10. Meta.

Sed sicut quod uocãt quidam punctum, aut unum, aut duo, sic & indiuisibile, sic autem & diuisibile. Secundũ ꝙ quidem igitur indiuisibile, unum discernens est & simul: secundum uero ꝙ diuisibile, bis utitur eodem signo simul. Inquantum quidẽ igitur pro duobus utitur termino, duo iudicat & separata sunt ut in separato: inquantum vero vnum, vno & simul. De principio quidem igitur secundum quod dicimus sensitiuum esse animal, sic determinatum hoc modo.

SOPH. *Sed ut id quod punctum nonnulli uocant, qua unum & qua duo, eatenus etiam diuisibile est. ergo quatenus indiuisibile est, unum est id quod iudicat, ac simul. quatenus uero diuisibile, non unum: bis n. eodem utitur signo simul. quatenus igitur duobus utitur termino, duo iudicat*

& sepa-

A *& separata, cum ipsum quodammodo sit separatum. quatenus uero unum, uno & simul. Ac de principio quidem quo dicimus animal esse sensitiuum, sic expositum sit.*

Sed illud, quod dicitur à quibusdam punctus vnius, secundum ꝙ est duo est diuisibile. Secundum igitur ꝙ est indiuisibile iudicans, est vnum: & secundum ꝙ est diuisibile utitur eodem puncto bis, Secundum igitur ꝙ vtitur extremo pro extremis duobus, iudicat duo, quę sunt diuersa. hoc igitur erit per diuisibile, & secundum ꝙ est vnũ per vnum. Hoc modo igitur determinemus principium, quo dicimus animal esse sentiens.

149 Cùm narrauit quòd impossibile est vt hæc potẽtia sit vna in subiecto, & multa in virtutibus, incœpit dare modum, secundùm quem est vna, & modum secundum quem est multa. &, quia hoc difficile est ad dicẽdum, & est magis leue ad declarandum per exemplum, induxit sermonem in B via exempli, & d. Sed illud, quod dicitur, &c. idest sed ista virtus est vna & multa, vt punctus, qui est centrum circuli, quãdo ab eo fuerint ductæ multæ lineæ à centro ad circunferentiam. & hoc intendebat, cùm d. punctus vnius, hoc est punctus, qui continetur ab vna linea. D. d. sm ꝙ est duo est diuisibile. i. sm igitur ꝙ ista virtus est duo, & plures per sens⁹, qui copulant̃ cum ea: quemadmodum punctus est duo, & plures per extrema linearũ exeuntium ab ea, est diuisibile ad patiendum à sensibilibus diuersis. D. d. Secundum igitur ꝙ est indiuisibile iudicans, est vnum, &c. i. & secundum ꝙ ista virtus est aliquod indiuisibile, scilicet secundum ꝙ est finis motuũ sensuum à sensibilibus, quemadmodũ punctus est indiuisibile aliquod, secundum ꝙ est finis linearum exeuntium ad ipsum à circumferentia, potest iudicare diuersa, quæ copulantur cum ea à sensibilibus. Et, cũ declarauit modum, secundum quem potest intelligi ꝙ ista virtus est indiui C sibilis, & modum, secundum quem potest intelligi ꝙ est diuisibilis, incœpit distinguere opus eius, sm ꝙ est diuisibilis, & eius opus, secundum ꝙ est indiuisibilis, & d. Secundum igitur ꝙ est diuisibile, vtitur, &c. idest, secundum igitur ꝙ ista virtus est diuisibilis per sensus, operatur per istud vnum, quod est de ipsa quasi punctus duabus operationibus diuersis insimul. & secundum ꝙ vtitur rebus, quæ sunt de ea quasi extrema de lineis, s. sensibus, inquantum habent hanc consimilitudinem, iudicat res diuersas iudicijs diuersis: & secundum ꝙ est vna, iudicat res diuersas vnico iudicio. Et quasi opinatur ꝙ virtus primi sentientis melius est vt dicatur esse vna forma, & multa instrumentis copulatis cum ea, quę transeunt motus sensibilium, quousq; copulentur cum ea, quàm dicere ipsam esse vnam in subiecto, & multa secundum formam, quæ describuntur in ea. illud n. esse est dignius ei secundum ꝙ est iudicans, illud autem sm ꝙ est recipiẽs, sed tamen, cùm non ponimus illic eandem intẽtionem propter formam, non

Hic innuit ꝙ res difficiles ad dicẽdũ melius exemplo manifestant̃. ꝙ hoc uide. 1. Ph. c. 81. & quę ibi.

Quō punctus sit indiuisibilis. uid. 6. Ph. 24. & 4. Ph. 106.

non possemus inuenire aliquid, per quod iudicet diuersa esse diuersa. iudicium.n.dignius est attribui isti potentiæ secundum ꝙ est actus, quàm fm ꝙ est potentia, quemadmodum motio eius passiua à sensibus dignior est attribui fm ꝙ est recipiens subiectum. est enim apud ipsum vt videtur recipiens fm sensus, & agens fm iudicium. recipere enim aliquid est aliud à iudicare illud. & hæc duo debent inueniri in aliquo duobus modis diuersis. Et ideo videmus ꝙ illa virtus iudicat intentiones, quas proprie recipit, & earum priuationes Et similiter est de virtute rationabili. sed differunt in hoc, ꝙ ista virtus est intentionum materialium : illa autem est intentio non mixta cum materia, ut post declarabitur. D

Recipere aliquid aliud est a iudicare illud.

SVMMA SEPTIMA.

Ponitur differentia inter intelligere, sapere, ac ipsum sentire: inuestigaturq; ipsius imaginationis essentia.

Non esse idem intelligere, ac sapere cum ipso sentire. Cap. 1.

QVoniam autem duabus differentijs diffiniunt maxime animam, motu qui secundum locum, & in eo quod est intelligere, & discernere, & sentire: videtur autem intelligere & sapere tanquam quoddam sentire esse: in vtrisq; enim his anima iudicat aliquid & cognoscit eorum quę sunt. Et antiqui sapere & sentire idem esse aiunt, sicut Empedocles dixit. Ad presens enim voluntas augetur in hominibus. & in alijs. Vnde eis semper sapere altera præstat. Idem autem his vult & id quod est Homeri. Talis enim intellectus est in terrenis hominib9, qualē ducit in die pater uirorumq; deorúmq;. E

SOPH. *Quoniam autem duabus potissimum differentiis describunt animam .s. motu loci, & intelligendo, & iudicando, ac sentiendo: videtur autē intelligere & sapere quasi sentire quoddam esse: his.n. vtrisq; Anima iudicat & cognoscit aliquid eorum quæ sunt. Atq; etiam prisci idem esse sapere & sentire asserunt, ut etiam Empedocles dixit,* F

Nam viget ad præsens hominum sapientia semper.
& alio loco.
Effigies rerum varias prudentia monstrat.
Hoc idem sibi vult illud Homeri.
Talis enim mens semper adest mortalibus ægris,
Quales ipse dies dat diuûm hominúmq; creator.

Et, quia determinabant animam his duabus differentiis proprie .s. moueri in loco, & intelligere & iudicare & sentire, existimādo ꝙ intelligere quasi est sentire corpus quoquo modo. Anima.n. in his duobus modis efficitur aliquid, & cognoscit ipsum. Et Antiqui

tiqui

A tiqui dicebant ꝙ intelligere idem est cum sentire, ut Empe. cum dixit. Cũ consilium in hominibus recipit ſm pręsens. & dixit in alio loco. Propter hoc transmutatur intellectus in eo semper. Et hoc idem intendebat Home. cum dixit ꝙ ita est de intellectu, s. ꝙ intelligere corporale est sicut sentire.

150 Quia antiqui conueniunt in definiendo animam per has duas differẽtias proprie, s. per motum localem, & per cognitionem, & comprehensionem, quæ videtur esse intelligere & sentire. D. d. existimando ꝙ intelligere, &c. idest & existimabant ꝙ intelligere est genus sensus, qui est aut corpus, aut corporalis, anima. n. in his duobus iudicat res, & cognoscit eas. Et, quia Antiqui dicebant ꝙ intelligere & sentire sunt eiusdem virtutis, oportet nos perscrutari de hoc, D. d. vt Empe. &c. i. vt dixit Empe. ꝙ intellect⁹ in hominibus iudicat rem præsentem sensibilem. & in alio loco dixit ꝙ sensus est idem cum intellectu, & propter hoc intellectus semper transmutatur in eis, sicut transmutatur sensus. Et intendit per transmutationẽ B errorem qui accidit vtrique virtuti, aut obliuionem, & alia accidẽtia, in quibus existimatur habere communicationem. & hoc intendebat Homerus, cum dixit ꝙ sensus similis est intellectui.

Antiq. cõuenerũt in definiẽdo aiam per motũ localẽ, & cognitionẽ. Idem. 1. de Aia. 19.

Primo de Aia. 25.

Omnes enim hi intelligere corporeum opinantur, sicut sentire: & sentire & sapere simile simili: sicut secundum principia rationibus determinauimus, & tamẽ oportuit simul ipsos de deceptione dicere. magis proprium enim est animalibus, & plurimum temporis in hoc perficit aĩa, vnde necesse aut vt quidã dicunt oĩa quæ videntur esse uera: aut dissimilis tactum, deceptionem esse. hoc. n. contrariũ ei, ꝙ simile simili cognoscere. videtur autẽ & deceptio & scientia contrariorum eadem esse.

SOPH. *Hi nanq; omnes intelligere quẽadmodum etiam sentire, corporeum esse autumant: ut initio harum disputationum exposuimus: atqui de deC ceptione etiam oportebat eos dicere: magis. n. propria est animaliũ, & plus temporis in his versatur Anima. Quare necesse est, uel ut quidam dicunt omnia esse uera quæ appareant, uel res dissimilis tactionem esse deceptionem. hoc. n. contrarium est illi sententiæ, simile cognoscere simile uidetur autem & deceptio & scientia contrariorũ esse eadem.*

Omnes igitur isti existimant ꝙ intelligere est corporale, sicut sentire. & sentire & intelligere sunt à simili ad simile, vt prius determinauimus. Quamuis debebant dicere cum hoc in errore etiã. hoc. n. magis proprium est animalibus, & mora animæ in eo est longo tempore. Et ideo necesse est vt sit, sicut quidam dicunt, ꝙ omnia, quæ transeunt per mentem, sunt vera, aut error sit tangere dissimile. hoc. n. est contrarium. & simile cognoscitur per suum simile. & existimatur ꝙ error in contrariis sit idem.

151 Cùm declarauit ꝙ oportet post sermonem de virtute sensus perscrutari de differentia inter hanc virtutem, & virtutem intellectus dixit ꝙ, existimatum, est intellectum esse corporalem, sicut est sensus: & est, quia multi Antiquorum credebant ꝙ sentire, & intelligere idem sunt. Deinde narrat naturam ducentem eos ad hoc dicere, & declarat quantum deficit eis in hoc, & d. Omnes igitur isti existimant, &c. i. isti igitur homines existimabant ꝙ intelligere & sentire vtrunq; corpus est: quia credebant ꝙ sentire & intelligere fiunt per simile. &, quia hæ duę virtutes comprehendũt corpus, necesse est vt sint corporeæ, vt prius determinauimus de hoc in opinione Antiquorum. D. d. Quamuis debebant dicere, &c. idest, quamuis oportet eos dicere causam erroris ex hoc modo. error enim magis inuenitur in animalibus. & anima in maiori tempore inuenitur ignorans, & errans, q̃ sciens. D. d. Et ideo necesse est, &c. idest & propter hoc, ꝙ dant causam in cognitione, contingit eis aut concedere hoc, quod dicũt sophistæ, ꝙ omnia transeuntia per mentem, & omnia imaginata sunt vera: aut dicere ꝙ verum est animam tangere simile cùm est corpus, & error tangere dissimile. dissimile. n. est contrariũ simili, & error est contrariũ uero. Et hoc, quod dixit, manifestum est, s. ꝙ si anima comprehendit res per res existentes in ea, sicut dicunt, contingit eis, si dixerunt eam similem esse omnibus, quia in ea sunt omnia, vt non sit error omnino: aut dicere eã esse compositam ex altero duorum contrariorum existentium in rebus: & sic inueniet veritatem, quando comprehenderit contrarium simile, & errabit quando comprehenderit contrarium dissimile. D. d. impossibile, quod sequitur ex hoc, & d. & existimatur ꝙ error in contrarijs sit idem. i. sed contingit huic opinioni vt error sit in proprio cõtrario ex vnaquaq; rerum contrariarum. sed manifestũ est ꝙ error potest accidere in vtroq; contrario indifferenter, & quod non est proprius vni contrario tantum.

Antiq credebãt sentire & itelligere fieri p simile. Idẽ .1. huiꝰ .25.

Quodquidem igitur non idem sit sapere & sentire manifestũ est. Hoc quidem. n. in omnibus est, illud autem in paucis animalium est: Sed neque intelligere in quo est & recte & non recte, recte quidem. n. prudentia & scientia aut opinio uera. non recte autẽ contraria horum: neq; hoc est idem cũ ipso sentire: sensus quidem. n. propriorum semper verus est, & omnibus inest aĩalibus: intelligere aũt contingit & falso, & nulli inest cui non & ratio.

Ac sentire quidem & sapere non esse idem perspicuum est: hoc. n. cuncta participant animalia, illud pauc at quinimo ne intelligere quidem in quo positum est ipsum recte & non recte. ipsum enim recte prudentia est & scientia, & uera opinio: non recte autem his contrariũ: neq; hoc inquam idem est quod sentire. Sensus enim propriorum uerus semper est, cunctisq; inest animalibus: ratiocinari aũt licet etiam falsò: nulliq; inest, cui non etiam ratio. IOAN.

Dicamus

A Dicamus igitur quod sentire non est intelligere. & hoc manifestum est. hoc enim existit in animalibus omnibus, & hoc nõ inuenitur nisi in paucis animalibus. Neque intelligere, in quo sunt verum, & non verum contraria istis, est idem cum sentire. Sentire enim propria semper est verum, & existit in omnibus aïalibus. distinguere autem potest, falsari, & non est in aliquo animali, nisi existimea

151 Iste sermo potest esse responsio ad hanc particulam, quia, à qua superius incœpit, cùm indiget respõsione. i. & quasi diceret, & quia Antiqui determinabant animam per motum & comprehensionem. & existimatum est quod comprehensio per intellectum & sensum est eadem, cùm vtraque sit cognitio, & etiam multi Antiquorum credebãt hoc propter hoc, quod opinabantur quod simile cognoscit suum simile: &, quia hoc dicebant, dicamus nos quod sentire non est intelligere per intellectum. Et potest intelligi ita quod responsio sit diminuta, & erit iste sermo principium & quasi d. Et, cùm declaratum est quod necesse est perscrutari de hac intentione, dicamus quod sentire non est intelligere. D. d. & hoc manifestum est, &c. i. & hoc, † quod intellectus est alius à sensu, est manifestum per se. sensus enim existit in omnib[us] animalibus, intellectus autem in paucis, s. in homine. Et d. paucis, propter quod plura animalia cõmunicant homini in hac virtute. &, quia hoc nõ fuit manifestum in hoc loco, accepit concessum, & est quod nõ possumus dicere quod omnia animalia intelligunt. &, cùm hæ duæ virtutes sint in subiecto diuersæ: necesse est vt sint diuersæ in esse, quæ. n. differunt in subiecto, differunt in esse. D. d. Neque intelligere, in quo sunt, &c. idest. neque res intellectæ, in quibus est verum in maiori parte, & non verũ in maiori parte, secundum quod sunt contraria, sunt eadem cum cõtrarijs, quę sunt in sensu, scilicet in quorum altero est verum in maiori parte, & in altero error in maiori parte.* Sensus enim semper dicit verũ in rebus proprijs; & falsum in vniuersalibus: intellectus autem econtrario, verum in vniuersalibus, & falsum in proprijs. Et etiam sensus in rebus proprijs magis durat sua veritas quàm intellectus in rebus vniuersalibus. & ideo dixit semper, cùm d. Sentire enim propria verum est semper. & dixit post, distinguere autem potest falsari.

Phantasia enim alterũ est & a sensu & ab intellectu: & hæc non fit sine sensu, & sine hac non est opinio. Quod autem non est eadẽ phantasia & opinio manifestum est. hæc quidem enim passio in nobis est quum uolumus: præ oculis enim est facere, sicut in recordatiuis positi, & idolum facientes: opinari autẽ non in nobis est: necesse enim falsum aut verum dicere.

SOPH. *Phantasia namque diuersum est tum à sensu, tum à dianœa: atque hæc eadem sine sensu non fit: & sine ea non est existimatio. Phantasiam autem & existimationem non esse idem, perspicuum est: nã affectio hæc, cum uolumus, in nobis est. licet. n. ob oculos ponere, quemadmodũ qui,*

† Quod intellectus sit alius a sẽsu, manifestũ ẽ per se. sẽsus. n. existit in omnib[us] aïalib[us]. intellect[us] vero in paucis. Idẽ 3. huius cõ. 1.

* Sẽsus semper dicit verũ in reb[us] proprijs & falsũ in vniuersalib[us], intellect[us] autẽ ecõtrario. vide post hoc. 2. de Anima cõ. 63 & 134. & 161. & lib. de Sẽsu & Sẽsa. & 3. Met. c. 1. & 4. Met. c. 8. de intellectu. quõ nõ decipit circa propria & cõia.

in mnemonicis collocant, & imagines effingunt. opinari uero non est in nobis: necesse.n.est uel fallamur, uel ueritatem assequamur. D

Imaginatio autē est aliud à sensu, & aliud à distinctione. & haec non fit sine sensu, & sine hoc non fit consilium. Quoniam autē nō est cum intellectu, & consilio idem manifestum est. Ista enim passio est nobis, quando voluerimus. possumus enim ponere in directo nostrorum oculorum, sicut res depositę in cōseruatione, & fingere formas. existimari autem non est nobis. necesse.n. est aut verum aut falsum dicere.

151 Cùm declarauit q̄ distinctio non est nisi in habentibus rationabilitatem, incepit declarare q̄ distinctio, quæ in quibusdam animalibus reputatur esse ratio: non est nisi distinctio, quæ fit ab imaginatione, & q̄ imaginatio non est neque sensus, neque intellectus, & d. Imaginatio .n. aliud est à sensu, &c.i. distinguere non inuenitur nisi in habenti rationem. Imaginari.n. aliud est à sentire, & à distinguere per intellectum: & imaginari non absq; sentire, & absq; imaginari non fit consiliari. Et quasi innuit hic alietatem istarum trium virtutum s'm prius & posterius in natura. si.n. sensus fuerit, non sequitur vt sit imaginatio: sed, si imaginatio erit, sensus erit. & similiter, si intellectus erit, erit imaginatio, & nō econuerso. D.d. Q̄m autem non est cum intellectu, & consilio idem, &c.i. & iste sermo manifestus est. D.d. Ista enim passio est nobis, &c.i. imaginatio .n. est voluntaria nobis. cùm.n. voluerimus imaginari res depositas in virtute conseruatiua, quas prius sensimus, poterimus facere. & hoc intendebat cùm d. possumus.n. ponere, &c.i. † possumus etiam per hanc virtutem fingere formas imaginabiles, quarum indiuidua nunquàm sensimus. existimare autem non est voluntarium. & hoc intendebat, cùm d. necesse est enim aut verum, aut falsum. idest contingit enim nobis necessario aut existimare verum, aut falsum: & non est sicut in imaginatione. Et ista est vna rationum, ex quibus apparet imaginari aliud esse ab intelligere. E

Opposiu͂ hēt cō. 1. h° c. 10. v. bi vř velle illas virtutes easdē, eē vide cōtra. Zim. Contradictio hic. & supra cō. 6. m. telligim° dū volum°, ergo imaginatiua in hoc, q̄ imaginatur, cū volumus, nō distinguit ab intellectu. vide cō. 24.

† Per virtutē imaginatiuā possumus fingere formas imaginabiles, quarū indiuidua nō q̄ sēsim°.

Amplius aūt quū opinamur difficile aliquid aut terribile, statim compatimur. similiter aūt est & si confidendū: s'm phantasiā aūt similiter nos habemus, sicut si essemus considerantes in pictura difficilia & confidentia. Sunt aūt & ipsius acceptionis differentię scientia & opinio & prudentia, & contraria horum: de quorū differentia altera sit ratio. F

Praeterea cum opinamur rem aliquam atrocem, aut formidolosam, statim commouemur: itemq; siquid fuerit quod fiduciam afferat: at ex phantasia perinde afficimur, atq; qui spectant in pictura terribilia & fiduciam afferentia. Sunt porrò & ipsius existimationis differentiae scientia & opinio & prudentia, & quae his contraria sunt: de quorum differentia alia sit disputatio.

Et, cùm

A Et, cùm etiã nos existimauerimus aliquod valde timorosum, statim patiemur. & similiter, si existimauerimus aliquod audactiuum per imaginationem. aut dispositio nostra erit, sicut dispositio nostra, si videremus res in formis rerum timorosarum, aut audactiuarũ. Et driæ ipsius consilij sunt scia, & existimatio, & intellect⁹, & contraria istis. & sermo de drijs istorũ fiet in alio loco.

154 Hoc, quod dixit, manifestum est. & est alia ratiocinatio, q̃ imaginatio est alia à consilio, & existimatione. qm̃, cũ nos existimauerimus aliquod timorosum futurum, quoquo modo nos patimur passione, ac si illud timorosum esset præsens. & similiter, cũ nos existimauerimus aliquod audactiuum futurum, statim patiemur, sed non passione, quali, illo audactiuo existẽti in præsenti. cùm autem imaginati fuerimus illud timorosum, statim patiemur quasi esset præsens. Et intendit hic per consilium, fidem. Et locus, in quo promisit loqui de istis differentijs, videtur mihi esse li-

B ber de Sensu & sensato. illic enim loquitur de rebus particularibus istarũ virtutum, & in omnibus accidentibus earum postremis.

Probatur imaginationem nõ esse sensum, nec scientiam, nec intellectum, nec opinionem: traditurq; eius definitio. Cap. 2.

DE eo autem quod est intelligere, quoniam alterum ab eo quod est sentire: huiusmodi autem aliud phantasia: aliud opinio esse videtur: de phantasia determinantes, sic & de altero dicendum est. Si igitur phantasia est fm quam phantasma aliquod nobis fieri dicimus, & si non aliquid fm metaphoram dicimus, vna quædã est potentia horum aut habitus, fm quem discernimus, aut verum aut falsum dicimus. huiusmodi autẽ sunt, sensus, opinio, scientia, & intellectus.

109 PH. *De intelligendo autem, quia diuersum est à sentiendo: huius autẽ*

C *aliud esse phantasia uidetur, aliud existimatio: ubi de phantasia disputauerimus, tunc demum de altera dicemus. Si igitur phantasia est, qua phantasma aliquod nobis fieri dicimus (nec loquor nunc, siquid per trãslationem dicere consueuimus) profecto una earum potentiarum est aut habituum, quibus iudicamus, uerumq; assequimur, aut fallimur. hæc autem sunt, sensus, opinio, scientia, intellectus.*

Et quia intelligere aliud est à sentire, & existimatur q̃ intelligere aliud est imaginari, aliud consiliari, determinandum est prius de imaginatione, deinde loquemur de alia intentione. Dicam⁹ igitur q̃, si imaginatio est, quæ fit, quę dr̃ imaginari non fm similitudinem, est aliqua virtus istarum virtutum, aut dispositio, per quã iuuuimus, & experimentamur, & dicimus verum aut falsum. & ex istis est sensus, & existimatio, & scientia, & intellectus.

155 Cum compleuit sermoné de sensu, incepit post loqui de virtute imaginatiua, & d. Et, quia intelligere, &c. i. &, quia manifestum est, aut prope ꝙ intelligere est aliud à sentire, sed non est ita manifestum ꝙ intelligere est aliud ab imaginatione: existimatur enim ꝙ actionum intellectus, quędam est imaginari, quędam credere: & ꝙ nulla est differentia inter imaginationem, & intellectum: quapropter determinandum est prius de virtute imaginationis, deinde loquemur postea de virtute rationali. D. d. Dicamus igitur ꝙ, si est imaginatio, &c. i. dicamus igitur ꝙ, si est actio, quæ fit in nobis, quæ dicitur imaginatio non sm similitudinem, sicut dicitur sensus falsus multotiens, necesse est vt sit, aut aliqua istarum virtutũ comprehensiuarum distinctarum, s. aut sensus, aut existimatio, aut scientia, aut intellectus, aut virtus alia ab istis virtutibus, & dispositio alia ab istis dispositionibus, per quam experimentamur entia. i. eligimus ea: & est vnum eorum, per quem debemus dicere verum aut falsum. Deinde incepit declarare ꝙ non est aliqua istarum virtutum. Et intendit per intellectum, vt mihi videtur, primas propositiones; & per scientiam illud, quod prouenit ab eis. D E

Nota cũ quare p⁹ tractatũ d̃ imaginatiua icepit tractatũ d̃ intellectu. Hic vt uelle Con. & Aris. quatuor esse habit⁹, quibus discernit verũ a falso. si vide oppositũ. 6. Ethi. c. 4. Vidẽ ca. Zim.

Quodquidem igitur non sit sensus manifestum ex his est. sensus quidem enim aut potentia, aut actus: vt visus & visio: phantasiatur aũt aliquid & nullo horũ existente, ut quę in somnis: postea sm potentiam sensus quidem semper adest viuentibus & nõ orbatis, phantasia autem, non. Si vero ei quod actu idem, omnibus vtiꝗ contigeret bestiis phantasiam inesse. videtur aũt non, ut formicæ aũt api, aut vermi. Postea hi quidem veri semper: phantasię autem plures falsę. Amplius aũt non dicimus quum operemur certe circa sensibile, quoniam videtur hoc nobis homo. sed magis quum non manifeste sentimus, tunc aũt verus, aut falsus. Et quod quidem diximus, apparent & dormientibus uisiones.

SOPH. *At phantasiam quidem non esse sensum, ex his perspicuum est. Sẽsus enim aut potentia est, aut operatio: ut uisus uel uisio: at uero apparet aliquid, etiam cum neutrum horum adsit: ueluti ea quæ in somnis apparent. Deinde sensus semper adest: phantasia non item. Sin autem idem est quod operatio, fieri posset ut in omnibus bestiis phãtasia insit: quod tamen nõ uidetur: ut formicæ, aut api, aut uermi. Deinde illi semper ueri sũt, at phãtasiæ pleraꝗ sũt falsæ. Huc adde quod neꝗ dicim⁹, cum exquisite circa sensibile operamur, hoc nobis apparere hominem: sed potius cum non expresse sentimus: & tunc aut uerus est, aut falsus. Ac denique (quod superius dicebamus) etiam clausis oculis uisa quædam apparere solent.* F

Quoniam

A Quoniam autem non est sensus, declaratum est ex istis rebus. Sensus enim est aut potentia, aut actus, v.g. uisus, aut visio. & quandoque imaginatur aliquid, quod est neutrum, v.g. quod imaginatur in somno. Et amplius sensus semper est præsens, imaginatio autem non. Et, si in actu esset idem, tunc esset possibile vt imaginatio esset in omnibus bestiis, & reptibilibus. quod nõ existimatur, v.g. formicis, apibus, & vermibus. Et amplius ille semper est verus, imaginatio autem est falsa in maiori parte. Et amplius, cùm in rei veritate scimus hoc sensibile esse hominem, nõ dicimus nos imaginari hoc esse hominem. hoc enim non dicimus, nisi quando nõ manifeste fuerit hõ: & tunc erit aut verũ, aut falsum. Et, ex eis, quę prius diximus, est quia ẽt clausis oculis imaginat̃ imaginationibus.

156 Quoniã aũt imaginatio nõ est sensus, declarabitur ex istis rebus, quas dicemus. Quarum vna est quod, quia sensus est duobus modis, aut in potentia, v.g. visus, qñ nõ agitur: aut in actu, v.g. visio. est enim aliqua imaginatio, quæ nõ est sensus in actu neq; in potẽtia. i. imaginatio, quæ est in somno. manifestum est enim quod imaginatio, quæ est in somno, secundum quod est in actu, non est sensus in potentia: & secundum quod iste actus est ei sine præsentia rerum sensibilium, nõ est ẽt sensus in actu. D. d. Et amplius sensus semper est præsens, &c. Hoc est Secundum argumentũ. & est quod sensus semper fit cum præsentia sensibilis: imaginatio aũt nõ, sed cũ absentia. D. d. Et, si in actu esset idẽ, &c. i. Hoc est Tertium argumentũ. Existimatur enim quod nõ oẽ animal imaginatur: & est animal, quod non mouetur ad sensibilia, nisi apud præsentiã eorũ in actu: vt vermes, & muscæ. Apes aũt, & formicæ necessario imaginantur. apes vero propter artificiũ: formicę aũt propter depositionẽ. † sed nõ curatur de exemplo. D. d. Et amplius ille semper est verus, &c. Hoc est aliud argumentum: & est quod sensus sunt veri * semper, i. in maiori parte: imaginatio autem falsa est in maiori parte. D. d. Et amplius, cùm in rei veritate, &c. Hoc est Quintum argumentum: & est manifestum per se. non enim dicimus, quando sentimus aliquid esse tale in rei veritate, quod imaginamur eũ: sed quando sensus vere non cõprehendit ipsum esse talẽ. &, si sensus esset idem cum imaginatione, oporteret quod vbi dicitur sensus, ibi diceret̃ imaginatio. D. d. Et ex eis, quæ prius diximus, &c. i. & alia ratio est, & propinqua prædictis, s. quòd multotiens imaginantur formæ clausis oculis.

Sẽsus duobus modis, actu, & in potẽtia. Idẽ ĩ te. co. 59. 156. & 59. 141. & 142.

† De exẽplo nõ curat, an sit verũ, s. Idẽ supra. cõ. 67.

* Sẽsus sũt veri in maiori parte, sed oppositum. d. supra. c. 152. quod sensus aũt sp̃ vẽi. vide cõ. 2. . .

B

C

At vero neque semper vera dicentium neque vna erit, vt scientia, aut intellectus. est enim phantasia & vera & falsa. Relinquitur ergo videre si opinio sit. fit enim & opinio vera & falsa: sed opinioni quidem inheret fides. non enim contingit opinantẽ, de quibus videntur non credere. bestiarum aũt nulli inest fides. phantasia aũt multis. Amplius omnem opinionem sequitur fides: fidem aũt suasum esse: suasionem aũt sequitur ratio: bestiarum aũt quibusdam phãtasia inest quidem: ratio vero non.

1 OPH. *Neq; uero eorum qui semper ueri sunt ullus erit, ut scientia, aut intellectus: nam est etiam falsa phantasia. restat igitur spectandum an opinio sit: fit.n.opinio & uera & falsa: sed opinionem quidem, sequitur fides (neque enim fieri potest, ut is qui opinatur, ea quae opinatur, non credat) atuero bestiarum nulli inest fides: phantasia multis. Praeterea omnē opinionem sequitur fides: fidem persuasio: persuasionem ratio. at bestiarū nonnullis phantasia inest, ratio non item.* D

Et etiam non est vnum istorum, quę semper iudicant, sicut scia & intellectus. est.n. imaginatio falsa. Remanet igitur consyderare vtrum sit existimatio: cùm existimatio quandoque est vera, qñq; falsa. Sed existimationem consequitur fides. impossibile.n. est vt qui existimat, non credat, quod existimat. & nullum brutum, & reptilium habet fidem. imaginatio aūt est in pluribus eorū. Oēm igitur existimationem consequitur fides. fidem aūt consequitur sufficientia: sufficientiam aūt rationabilitas. & reptilium & brutorum quędam hñt imaginationem, rationem autem non. E

157 Cùm destruxit imaginationem esse sensum, incœpit destruere eā esse scientiam, aut intellectum, aut existimationem, & d. Et etiam non est vnum istorum, &c. i. &, si imaginatio esset scientia, aut intellectus, semper veridicaret: sed non est ita: ergo non est scientia, neq; intellectus. D.d. Remanet igitur, &c. i. remanet igitur consyderare vtrum sit existimatio, cū vtrunque dicatur, veridicans quandoque, & quandoque falsans. & hoc facit existimare eas esse eandem virtutem secundum duas affirmatiuas in secunda figura. D.d. Sed existimationem consequitur, &c. i. sed existimationem semper consequitur fides. Et, si imaginatio esset existimatio, contingeret q; omne imaginans haberet fidem. sed multa imaginantur, tamen non habent fidem. nullum enim brutorum habet fidem, licet plura eorum imaginentur. D.d. Omnem igitur existimationem, &c. i. &, quia omne existimans est credēs: & omne credens sibi sufficit: & omne, quod sibi sufficit, habet rationem: necesse est vt omne existimans habeat rationem. Et, si imaginatio esset existimatio, tunc omne imaginans haberet rationem. sed multa brutorum & reptilium videntur habere imaginationem, sed non rationem omnino: ergo imaginatio non est existimatio. F

Manifestum ergo quoniam neque opinio cū sensu: neq; per sensū, neq; copulatio opinionis & sensus, erit phātasia: & ꝑpter hæc & manifestum q; non alia quædam est opinio: sed illa quæ quidē est cuius est & sensus. Dico autem ex albi opinione & sensu copulatio, phantasia est. non enim ex opinione quidem albi est, ex sensu autem boni. Apparere igitur est opinari quod quidem sentitur non secundum accidens.

Constat

sopr. *Constat ergo nec opinionem cum sensu, neq; per sensum, neq; connexionem opinionis & sensus, esse phantasiam: tum propter hac, tum certè, quia nō alia quedam opinio est: sed eiusdē illius, cuius et sensus est: uerbi causa connexio ex albi opinione et sensu, phantasia est: neq; enim ex opinione quidem boni erit, sensu autem albi. Apparere igitur est opinari, quod sentit non per accidens.*

A Et manifestum est q imaginatio impossibile est vt etiam sit existimatio cum sensu, neque compositio existimationis & sensus ex istis rebus. Et ex hoc manifestum est q, existimatio non est alicuius alterius ab eo, cuius est sensus ē t, s. si compositio, quę fit ex existimatione albi, & sensu eius, qd est imaginatio. impossibile est. n. vt fit ex existimatione boni, & sensu albi. sed imaginatio est existimatio eius, quod sentitur, non accidentaliter.

158 Cùm declarauit q impossibile ē vt imaginatio sit existimatio, aut sensus, aut scientia aut intellectus, & vniuersaliter aliqua virtutum rationis,
B incœpit declarare & q non est compositum ex existimatione & sensu, vt dicebant quidam Antiquorum, & d. Et manifestū est, &c. i. manifestum est q imaginatio non est existimatio coniuncta cum sensu, neque virtus composita ex existimatione & sensu ex sermonibus prædictis, in quibus declarauimus q imaginatio nō est aliqua istarum virtutum, quoniā, si esset composita ex eis, contingeret vt vere dicerentur de ea proprietates illarum virtutum, ex quibus componitur modo medio. compositum enim ex aliquibus necesse est vt in eo existant quoquomodo existētia in componentibus. Et ex hoc etiam manifestum est q existimatio vere non esset alicuius, nisi eius, cuius est sensus, sed deberet esse eiusdem rationis, s. si compositio, quæ fit ex existimatione albi & eius sensu, vt quidam dicebant, esset imaginatio. & innuit Platonem opinantem, vt reputo, q imaginatio est, vt in eodem componantur nobis existimatio, & sensus insimul. D. d. impossibile est enim vt sit, &c. i. existimatio enim est
C boni, & sensus albi. & impossibile est vt imaginatio sit compositio ex existimatione eius, quod est, idē esse album & bonū. Existimatio enim, & sensus secundum hunc modum non erunt eiusdem, nisi accidentaliter. imaginatio autem apud eos est existimatio & sensus eiusdem rei, non accidētaliter. Et est necessarium vt sit ita. quoniam, si imaginatio est eiusdem rei, & hoc manifestum est: & componitur ex existimatione & sensu: necesse est vt existimatio, & sensus sint eiusdem rei essentialiter.

Cōpositū ex aliquibus necesse ē ut in eo existant quoquomō existētia i cōponentibus. Idē 5. Ph. t. 19. 52. Idem 2. Meth. 24. Idē 2. de Ge. 31. vide de consise 3. Ph. ca. 4.

Apparent autem & falsa de quibus simul acceptionem ueram habent. ut videtur sol vnius pedis, sed creditur maior esse habitatione. Accidit igitur aut abiicere sui ipsius ueram opinionē quā habebat saluatam, salua re, non oblitum, neq; decredentem: aut si adhuc habet, eandem necesse est veram esse vel falsam. sed falsa facta est, quum lateat transcendens res.

Sed

SOPH. *Sed apparent etiam falsa, de quibus simul ueram habet existimationem: ut sol appares pedalis, persuasum est tamen, maiorem eum esse uniuersa terra. uel igitur accidit ut suā opinionē amiserit, quā habebat uerā, salua re, non oblitus, neq; de sñia depulsus: uel si adhuc hēt, necesse est eandē uerā esse et falsā. Atqui tūc falsa fit, cū res mutata latuerit.* D

Et imaginamur etiam res falsas, & cum habemus in eis opinionem veram. v. g. quoniam nos imaginamur quantitatē Solis esse pedalem, & credimus ipsum esse maiorem terra. Contingit igitur aut vt homo proiiciat existimationem, quam habebat, & est salua salute rei, sine vigilia, & sine sufficientia econtrario: aut si fuerit pmanēs adhuc in ipsa, necessario, hoc idē erit verū & falsum. sed non efficitur falsa, nisi qñ res transmutatur, absq; eo q; sit pcepta.

159 Et signum eius, quòd existimatio, & sensus non sunt eiusdem rei cōprehendentis, est quod, multotiens contradicunt sibi in eadem re. sentimus E enim res falsas, & cū hoc habemus in eis opinionem veram, verbi gratia, quòd uisibiliter sentimus quantitatē Solis esse pedalem, & cum hoc opinamur vere Solem esse maiorem terra. D. d. contingit igitur aut vt homo proiiciat, &c. i. contingit, si æstimatio & sensus in talibus rebus sint eiusdem comprehensibilis, aut ut homo proiiciat opinionem veram in istis rebus, licet opinio sit salua, non transmutata propter transmutationem rei, de qua est opinio ab aliqua dispositione in aliam, neque propter hoc, quòd opinans etiam transmutatur propter aliquam infirmitatem, aut vigiliam, aut argumentum, quod induxit conclusionem contrarii, sed transmutata per se, cùm sensus & existimatio, quasi sint idem, quia sunt eiusdem: dico vt proiiciat, aut vt remaneat in ea credendo duo contraria insimul, & erit res in se vera, & falsa insimul in eodem tempore. Deinde d. sed non efficitur falsa, nisi quādo res transmutantur. i. & impossibile est vt opinio vera reuertatur, & fiat falsa per se: & non fit falsa nisi quando res transmutatur in se, absque eo q; illa sit percepta. Et, cùm impossibile est vt eadem res sit vera, & falsa: & est impossibile vt verum transmutetur ex se sine transmutatione rei: ergo impossibile est ut existimatio, & sensus sint eiusdem rei. F

Nota ex quot. ekis aliqs uerā opinionem abiicere pn. vide cō. fili t. Post. tn. cō. 49.

Cū īposs. sit vt eadē res vā sit et falsa, im pose est vt verū trāsmutet ex se sine trāsmutatiōe rei.

Non ergo vnum aliquid horum est neq; ex his phantasia. sed quoniam est, moto hoc moueri alterum ab hoc, phantasia autem videtur motus esse, & non sine sensu fieri, sed in his quæ sentiunt, & quorum sensus est, est autem motum fieri ab actu sensus.

SOPH. *Nec ergo horum unum quidpiam, neq; ex his phantasiam esse perspicuum est. Verum quia fieri potest, ut moto hoc, moueatur aliud ab hoc, phantasia autem quidā esse motus uidetur, nec sine sensu fieri, sed sentiētibus: eorūq; esse quorū sensus est, pōtq; fieri motus ab actu sensus.*

Imaginatio igitur non est aliqua istarum, neq; ex eis. Sed, sicut

aliquid

A aliquid mouetur per motum alterius: & imaginatio existimatur esse motus: & impossibile est vt sit sine sensu, sed in eis, quæ sentiuntur, & in eis quæ habent sensum: & fit etiam motus ab actione sensus.

160 Cùm destruxit imaginationem esse aliquam istarum virtutum, aut cōpositum ex eis, incœpit demonstrare substantiam, & essentiá eius, & d. Imaginatio igit, &c. i. declaratū ē igitur ex hoc sermone q̄ imaginatio nō ē aliqua istarū virtutū, neq; cōposita ex eis: sed substantia istius virtutis est quod dico. Qm̄, si sint quædá, quę mouētur ab aliis, & mouent alia: & imaginatio videtur esse uirtus mobilis, & passiua ab alia: & impossibile vt sit sine sensu, sed est in rebus sensibilibus, & in animalibus habentibus sensum pfectū: & possibile est vt motus fiat à sensu, qui ē in actu: necesse est vt imaginatio in actu nihil aliud sit, nisi perfectio istius virtutis per intentiones sensibiles existentes in sensu sm̄ modū, sm̄ quē sensus perficiuntur p sensibilia, quæ sunt extra alam: & q̄ prima perfectio istius partis B alæ sit virtus, quæ innata est se assimilare sensationibus, q̄ sunt in ipso sensu cōmuni. Sed Arist. propalauit in hoc sermone præcedens, & tacuit consequens, quia est manifestum, & post declarabit ipsum modo perfectiori. & ideo dimisit eum in hoc loco.

Et hunc similem necesse est esse sensui, erit utiq; phantasia ipsa motus non sine sensu contingens, neq; non sentientibus inesse. & multa est secundum ipsam facere & pati habens: & esse veram & falsam. hoc autem accidit propter hoc, q̄ propriorū quidem sensus est verus, aut quampaucissimum habens falsum. Secundo autem accidere hoc. & hic iam contingit mentiri. Quod quidem .n. album, non mentitur. si autem hoc album, aut aliud mentitur. Tertio autem communium & consequentium accidentia quibus insunt propria, Dico autem vt motus & magnitudo quæ accidunt sensibilibus: circa quę est maxime iam decipi sm̄ sensum. C motus aūt ab actu factus differt a sensu, qui ab his tribus sensib9. Et primū quidē præsentis sensus verus: alii aūt p̄sentis & absentis erunt vtiq; falsi. & maxime cū procul sit sensibile. Si q̄dē igit nihil aliud habet quæ dicta sunt, nisi phantasia: hoc aūt est quod dictū est: phantasia vtiq; erit motus a sensu secundum actum factus.

IOPH. *eiusq; similem esse sensui necesse est, hic sanè motus eiusmodi fuerit, qui neq; sine sensu, neq; non sentientibus inesse possit: atque fit ut id quod eam habeat, complura per ipsam & agat & patiatur, ac uera sit & falsa. quod eò fit quia sensus propriorum uerus est, aut certè quam minimum habet falsitatis. Secundo eius cui accidunt & hæc, atq; hic demum falsus esse potest. album enim esse, non fallitur: sed an illud album, sit hoc, aut aliud quidpiam, fallitur. Tertio cōmunium, et consequentium accidentia, quibus insunt propria: uerbi causa, motus ac magnitudo, quæ accidunt sensibilibus: in quibus denũ maxime fieri potest ex sensu deceptio. Motus igitur qui fit ab actu sensus, differens erit, videlicet is qui ab his tribus fit sensibus. Ac primus quidem præsente sensu uerus est, cæteri uero & præsente & absente fuerint falsi, præsertim cum procul abest sensibile. Si igitur nihil aliud nisi phantasia quæ iã diximus habet: atq; hoc est quod diximus: profectò phantasia fuerit motus is, qui fit à sensu qui actu est.* D

Et oportet vt iste sit similis sensui. iste enim motus impossibile est vt sit extra sensum, aut sit in carẽte sensu: & vt sit illud, quod habet ipsum agens & patiens multas res: & erit verus & falsus. Et contingit hoc propter hoc, quod narrabo. Sensus rerũ propriarum est verus, & ferè non cadit in ipsum falsitas. Deinde post sensus rei, quem sequuntur ista: & in hoc loco potest falsari. v.g. hoc esse album, in hoc enim nõ falsat: quoniam autem album est E hoc, aut aliud falsatur. Deinde tertius sensus, & est communium consequentium res, quas consequuntur propria, & sunt ea, quorum esse est proprior in eis. & dico motum, & quantitatẽ, & sunt ea quæ contingunt sensibilibus. & in istis proprie cadit error. Sensus igitur, & motus, qui fiunt ab actu, differunt à sensu, & differt ab istis tribus modis sensus. primus igitur quando sensus fuerit præsens, erit verus: & alius falsatur, siue fuerit presens, siue absens, maxime quãdo sensibile fuerit remotum. Si igitur quod narrauimus, non est alio modo quàm diximus: & illud, quod narrauĩ est imaginatio: Imaginatio igitur & motus à sensu, qui ẽ in actu.

161 Et necesse est, si imaginatio est motus à sensu in actu, vt iste motus, qui est imaginatio, sit similis sensui in eis, quæ contingunt sensui, & quòd sit impossibile vt iste motus sit extra sensum, aut extra animalia: & sint ea, quæ habent hanc virtutem ex animalibus, agentia per illam, & patientia F multas res: & si uera & falsa, sicut est de sensu. Deinde dicit. Et contingit hoc, &c. idest & contingit vt in imaginatione accidat verum & falsum, cùm sit motus à sensu, qui est in actu ex hoc, quod narrabo de hoc, quod accidit in sensu. sensus enim quidam est verus in maiori parte, & est sensus, qui est rerum propriarum, verbi gratia hoc est album, aut nigrum: & quidam est falsus in maiori parte, & est duobus modis, sensus sensibilium accidentalium, v.g. q iste albus est Socrates vel Plato: & sensus sensibilium communium, verbi gratia quantitas & motus: quoniam in his duobus modis sensibilium cadit error. Et, cùm ita sit, necesse est vt imaginationi accidat de hoc illud, quod accidit sensui, & plus. Primo autem, quia motus, qui fit in imaginatione à sensu, qui est in actu, differt à motu, qui est in sensu, à sensibilibus apud absentiam sensibilium. & propter hoc accidit falsitas imaginationi. Secundo vero, quia motus istorũ trium mo-

Vide sup. cõ. 134.

dorum

A dorum sensus ad uirtutem imaginatiuam differunt ab inuicem. Imginatio autem, quæ est sensibilium propriorum*, quando sensus cōprehendit ea prius, omni modo est vera. imaginatio autem, quæ est aliorum modorum sensibilium, licet cōprehendat ea, est falsa, cùm sensus erat in eis. Deinde dixit. Sensus igitur, & motus, qui fiunt ab actu, differūt à sensu. idest, vt mihi videtur, comprehensio igitur, & motus, qui fit à sensu in actu, quæ sunt imaginatio, differunt à sensu in actu in eo, quod inuenitur de veritate & in sensu. & intendebant per hoc ꝙ sensus est verus: &, cùm sensibile absentauerit se, forte transmutabuntur illa signa remanentia ex eo in sensu. & hoc erat causa erroris virtutis imaginatiuæ, licet sensus fuerit verus. Deinde dicit, & differt ab istis tribus, &c. idest & differt iste motus, qui fit ex tribus modis sensus in actu, scilicet qui fit in uirtute imaginatiua ab istis tribus modis sensus. Motus igitur, qui fit à sensu, qui fit à primis sensibilibus propriis, erit uerus, quādo sensus fuerit præsens, idest, quādo sensus eorum in actu præcedit imaginationem. Duo autem alii motus, qui fiunt à duobus aliis modis sensus in actu, qui fit à duobus aliis modis

B sensibilium, falsatur: licet sit præsens sensus, & senserit illa ante imaginationem: & maxime, quando* tempus comprehensionis sensibilis à sensu fuerit remotum. Et, quia necesse est, si imaginatio est motus à sensu in actu, vt imaginatio sit similis sensui in omnibus dispositionibus; & vt sit possibile reddere causas omnium apparentium in ea per sensum: &, si fuerit similis sensui in omnibus dispositionibus, vt si motus à sensu in actu. & apparet ꝙ est similis. & iam apparuit etiam ex hoc sermone ꝙ causas omnium apparentium in ea possumus reddere sm̄ ꝙ est motus à sensu, & ꝙ est impossibile reddere eas per aliam virtutem. Et tunc, quia necesse est hoc totum, congregauit omnia, quæ dixit & dedit conclusionē, quā intendebat, & dixit. Si igitur quod narrauimus, &c. idest si igitur, hoc qđ narrauimus de hac parte animæ, videtur esse, & omnia, quæ contingunt in ea, non contingunt in ea, nisi secundū ꝙ est motus à sensu, qui est in

C actu tantum, non per aliam virtutē animæ. sed, si posuerimus ipsā m esse aliam virtutem virtutum animæ comprehensiuarum, aut cōpositum ex pluribus vna earum, continget impossibile: ut declaratum est ex hoc sermone: illud autē, quod narrauimus, est illud, quod dicitur imaginatio in rei veritate: ergo imaginatio est motus à sensu, qui est in actu. Et debes scire ꝙ imaginatio videtur esse motus à sensu in actu per alterū duorum. Quorum vnum est ꝙ, cum fuerit positum ꝙ nō est modus, quem possibile est dicere nisi modi prædicti, scilicet aut scientia, aut intellectus, aut existimatio, aut sensus, aut compositum ex eis, aut motus factus à sensu: & ex omnibus accidit impossibile, nisi ab eo ꝙ sit motus à sensu: ex hoc. n. nullum accidit impossibile: necesse est vt imaginatio sit motus: à sensu in actu. Secundum autem est ꝙ, cum fuerit positum ipsam esse cum sensibili & insensibili, & similem eis in omnibus suis dispositionibus, poterimus reddere causas omnium apparentium in ea ex hoc modo. vnde necesse est vt sit motus à sensu in actu. & Aristo. congregauit ambo, & cōclusit

* al. locus

Epilogus cōmentatoria.

Epilogus iuxta literam.

Documentum.

Prima rō.

Secūda rō

clusit quod necesse est ut substancia imaginationis sit ista substantia. Et sic debemus intelligere sermonem Arist. in hoc loco. D

Quoniam autem visus maxime sensus est, & nomen a lumine accepit: quoniam sine lumine non est videre: & quoniam immanent & similes sunt sensib⁹, multas ecdm ipsas operantur animalia. alia quidem quia non habent intellectum, ut bestiæ: alia vero ex velamento intellectus, aut passione, aut ægritudine, aut somno, vt homines. De phantasia quidem igitur quid est, & propter quid est, dictum sit in tantum.

IOPH. *Porrò autem quia visus præcipue sensus est, ideo etiam nomen duxit ἀπὸ τοῦ φάους, i. à lumine: nimirum quia sine lumine videre non possumus: Ac quoniam immanent, similesq; sunt sensibus, multa per ipsas agunt animalia alia, quòd non habeant intellectum, videlicet bestiæ: alia, quòd interdum intellectus obruitur, aut perturbatione, aut morbo, aut somno: ut homines. Ac de phantasia quidem quid sit, & quamobrem sit, tot exposita sint.* E

Et, quia visus est proprie sensus, deriuatum fuit ei nomen à luce. impossibile enim est videre sine luce. Et, quia sensationes figuntur in eo, & ipse est eodem modo, ideo animal agit per ipsum multa. quorum quædam sunt, quia non habent intellectum, ut bruta: & quædā, quia forte intellectus in eo sincopizatur ab aliquo accidente, aut infirmitate, aut somno, vt homines. Hoc igitur sit finis nostri sermonis, quid est, & quare.

162 Et, quia visus proprie ē illud, quod dr̃ sēsus primo, cū ē nobilissimū sensuū, & nō pficit nisi à luce, ideo nomē isti⁹ virtutis deriuat à nōie lucis ī lingua Græca. Deinde incepit narrare vtilitatē isti⁹ virtutis ī aīalib⁹, f. cām finalē, & dixit. Et, quia sensationes figunt in eo. i. &, quia sensationes figūt, & remanēt in aīali imagināti post absentiā sensibiliū in eo mō, sm̄ quē erāt apud præsentiā sensibiliū, ideo aīal monet ab istis sensationibus per hanc uirtutē apud absentiā sensibiliū, multis motibus ad sensibilia & nō sensibilia, qrendo vtile, & fugiēdo nociuū, quēadmodū mouebat p sensus à sensibilibus: ita quod animal non caret vtilitate in præsentia sensibilium apud absentiam eorum: sed ista virtus remanet in eo modo, sm̄ quem erat apud præsentiā sensibilium. & vlr vtilitas apud præsentiā sensibilium data est huic virtuti apud absentiā sensibiliū, ita quod aīal p hoc habet esse nobilissimū in habendo salutē. D. d. quorū quædā sunt, quia nō habēt intellectū, &c. i. quædā aīalia agunt p hāc virtutē, quia nō habēt intellectū, & habēt istā virtutē, loco intellectus in acquirendo salutē: & quædā agunt p istā, quando intellectus fuerit sincopizatus ab infirmitate, aut alio, & sunt animalia habētia intellectus, vt homines. tunc n. est eis loco intellectus. Hic igitur est sermo de imaginatione, quid, & quare. & hæc duo naliter sunt desyderata. F

3 de Ala 63

Aristotelis

ARISTOTELIS DE ANIMAE

LIBER TERTIVS,

Cum Auerrois Commentarijs.

SVMMAE LIBRI.

In prima agitur de potentia Animae intellectiua.
In secunda de potentia Animae motiua.
In tertia, quae Animae potentiae quibus animalibus sint necessariae declaratur.

SVMMAE PRIMAE Cap. I.

De intellectus possibilis essentia. Ipsius impassibilitatem non esse similem ei, quae sensus. Et quando intellectus hic in actu esse dicatur.

A E parte autem animae qua cognoscit anima & sapit, siue separabili existente, siue non separabili secundũ magnitudinem, sed secundum rationem, considerandum quam habet differentiam, & quomodo quidẽ sit ipsum intelligere.

BOPH. *DE ea autem parte animae, qua anima cognoscit & sapit, siue ea sit separabilis, siue etiam non separabilis magnitudine, sed ratione, considerandum est quam habeat differentiam, & quonam pacto fiat intelligere.*

B

DE parte autem animae perscrutandum est per quam anima cognoscit & intelligit. vtrum est pars differens: aut nõ differens in magnitudine. sed in intentione. Et perscrutandum est, differentia quae sit, & quõ est formare per intellectũ.

1 CVm cõpleuit sermonem de virtute imaginatiua, quae sit, & quare, incoepit perscrutari de rationabili, & quaerere in quo differt ab aliis virtutibus comprehensiuis, scilicet virtute sensus & imaginationis. & hoc in prima & vltima perfectione, & in actione & in passione propria: cùm necesse est vt virtutes diuersae diuersentur in his duobus. Et, cùm in his duobus fuerint diuersae, manifestum est quod necesse est vt, diuersentur in qualitate actionis, si fuerint actiuae: aut passionis, si passiuae: aut in vtroq;, si vtrunq;. Et quia intentio eius est talis, incoepit primo demonstrare quòd esse istius virtutis, scilicet ipsam esse diuersam ab aliis virtutibus animae, manifestum est per se: cùm per hanc virtutem differat homo ab aliis animalibus, vt dictum est in multis locis. & quod hoc, quod est dubium, vtrum differat ab aliis virtutibus in subiecto, sicut in intentione, aut tantum

Intentio vniuersalis.

C

Idẽ 2. huius cõ. 32.

Intentio particularis.

Idẽ 2. huius cõ. 152

Per virtutẽ rõnale differt hõ ab aliis alalib. cõ simile 12. Met. cõm. 38. & 10. Ethi. ca. 7.

tum differat in intentione, non est necessarium ad præsciendum in hac perscrutatione: sed forte ex hac perscrutatione declarabitur quomodo. Et dixit. De parte autem animæ, &c. idest pars autem animæ, qua comprehendimus comprehensione, quæ dicitur cognoscere & intelligere, cùm manifestum est esse diuersa ab aliis virtutibus, & ignorare, primo virū differat ab alijs virtutibus animæ subiecto, & intentione, ut Plato, & alij dicebant quòd subiectum istius virtutis in corpore aliud est à subiecto aliarum: aut non differt ab aliis in subiecto, sed tantum in intentione, non nocet in hac perscrutatione, quam intendimus, modo perscutandū est de differentia, qua ista virtus differt ab aliis. Deinde dixit & quomodo est formare per intellectum. idest & prius perscrutandum est, quomodo est formare per intellectum, vtrum sit actio, aut receptio. scire enim actiones animæ prius est apud nos quàm scire eius substantiam. Et uidetur q intendebat hic per cognitionem, cognitionem speculatiuam: & per intellectum cognitionem operatiuam: cùm intellectus sit communis omnibus, cognitio autem non. D E

Si igitur est intelligere sicut sentire, aut pati aliquid vtique erit ab intelligibili, aut aliquid huiusmodi alterum.

SOPH. *Si igitur intelligere est quemadmodum sentire, aut pati quoddam fuerit ab intelligibili, aut aliquid eius generis aliud.*

Dicamus igitur quòd, si formare per intellectum est sicut sentire, aut patietur aliquo modo ab intellecto, aut aliud simile.

2 Cùm narrauit quòd principiū pescrutationis de substantia huius virtutis est perscritari de genere huius actionis, quæ est formare per intellectum, & scire genus quod præcedit differentiam, incœpit primo dubitare in hoc, vtrum formare per intellectū sit de virtutibus passiuis, sicut & sensus, aut de actiuis. Et, si est de passiuis: vtrum est passiuū propter hoc, quod est materiale quoquo modo, & mixtum cum corpore, idest virtus in corpore, sicut sensus est passiuus, aut nullo modo est passiuum, quia nō est materiale, neque mixtum corpore omnino, sed de intentione passionis tantum habet receptionem. Et dicit. Dicamus igitur quòd, si formare, &c. idest dicamus igitur quòd, si posuerimus q formare per intellectum est sicut sentire, scilicet ex virtutibus passiuis, adeo quòd prima virtus intellectiua recipiat intellecta, & comprehendat ea: quemadmodum virtus sentiens recipit sensibilia, & comprehendit ea: necesse est alterum duorum, aut ut accidat ei aliqua transmutatio, & passio ab intellecto similis transmutationi, quæ accidit sensui à sensato, quia perfectio sensus est virtus in corpore: aut vt non accidat ei transmutatio similis transmutationi sensuum, & passioni eorum à sensato, quia prima perfectio intellectus non est virtus in corpore, immo non accidit ei omnino. Et hoc intendebat, cùm dixit. aliud simile. idest aut nō patiatur passione æquali passioni sensus, scilicet non accidit ei trasmutatio similis transmutationi, F

Continuatio.

Expō līç.

A tioni, quæ accidit sensui: sed solum assimilatur sensui in receptione: quia non est virtus in corpore.

Impassibile ergo oportet esse: susceptiuum autem speciei, & potentia huiusmodi, sed nō hoc: & similiter se habere sicut sensitiuū ad sensibilia, sic intellectiuum ad intelligibilia.

60 F H. *Ergo impatibile ipsum esse oportet: receptiuum uero speciei, & potentia tale, sed nō hoc: & similiter habere, ut sensitiuum ad sensibilia, sic intellectum ad intelligibilia.*

Oportet igitur vt sit nō passiuum, sed recipit formam: & est in potentia, sicut illud, non illud. & erit dispō eius sm̄ similitudinē, sicut sensus apud sensibilia, sic intellectus apud intelligibilia.

a. l. sentiens

3 Cùm narrauit quòd primo necesse est perscrutari de hac actione, quæ est formare per intellectum, vtrum est passiua, aut actiua, incœpit ponere illud, quod vult declarare, scilicet ipsum esse de virtute passiua quoquo modo, & φ est non trāsmutabile, quia non est corpus, neque virtus in corpore. Et dixit. Oportet igitur vt sit non passiuum, &c. idest &, cum bene fuerit perscrutatum de hoc, apparebit quòd necesse est quòd ista pars animæ per quam fit formare, est virtus non transmutabilis à forma, quam comprehendit, sed non habet de intentione passionis, nisi hoc tantum, φ recipit formam, quam comprehendit: & quia est in potentia illud, quod comprehendit, sicut sentiens: non quia est aliquid hoc in actu corpus, aut virtus in corpore, sicut est sentiens. Et hoc intendebat, cùm dixit. & ē in potentia, sicut illud, nō illud. i. & ē in potentia sicut sensus: non quia illa virtus est aliquid hoc, aut corpus, aut virtus in corpore. Deinde dicit. & erit dispositio eius secundū similitudinē, sicut sensus apud sensibilia, &c. potest intelligi sic. & necesse est vt sit de virtutibus passiuis: ita quòd proportio sensus ad sensibilia sit sicut proportio intellectus ad intelligibilia. & secundum hoc in ordine sermonis erit transpositio, & tunc debet legi sic. oportet igitur ut, dispositio eius sit secundū similitudinem, sicut sensus apud sensibilia, sic intellectus apud intelligibilia: & vt sit non passiuū passione, sicut passione sensuum: sed recipit formam, & est in potentia, sicut illud, non illud. Et potest intelligi, & dispositio eius erit secundum hunc modum, sicut sentiens apud sensibilia, sic intellectus apud intelligibilia. idest quòd ponere ipsum non passiuum nō contradicit huic, quod proportio eius ad intellectum sit sicut proportio sentientis ad sensatum. sed forte concedendo ipsum habere hanc proportionem, erit necesse vt sit non transmutabile. Et cogit nos ad illam expositionem hoc, φ intellectum habere hāc proportionem manifestum est per se, aut propè, cū hoc φ est quasi principiū ad sciendū ipsum esse nō passiuū, neq; trāsmutabile.

B Continuatio. — Expositio — Prima expō — C Secūda expō — Rō primę expōnis

Necesse itaq; quoniam omnia intelligit immistum esse sicut dicit Anaxagoras, ut imperet, hoc autem est ut cognoscat, intus apparens enim prohibet extraneum & obstruit.

IOPH. *Necesse igitur est cũ omnia intelligat, non mixtũ esse, ut ait Anaxagoras, ut dominetur siue superet, idest, ut cognoscat: nam [species] se offerens impedimento est alieno & obsepit.* D

Necesse est igitur, si intelligit omnia, vt sit non mixtum, sicut dixit Anaxagoras vt appareat, scilicet vt cognoscat. si enim apparuerit in eo, apparens impediet alienum, quia est aliud.

4 Cùm posuit quod intellectus materialis recipiens debet esse de genere virtutum passiuarum, & cùm hoc non transmutatur apud receptionem, quia neq; est corpus, neq; virtus in corpore, dedit demõstrationem super hoc, & dixit. Necesse est igitur, si intelligit, &c. idest necesse est, si comprehendit omnia existentia extra animam, vt ante comprehensionem sit nominatus ex hoc modo in genere virtutum passiuarum non actiuarum: & vt sit non mixtus cum corporibus, scilicet neque corpus, neq; virtus in corpore naturalis, aut animalis, sicut dixit Anaxagoras. E Deinde dixit vt cognoscat, &c. idest necesse esse vt sit non mixtus, ut comprehendat omnia, & recipiat ea. Si enim fuerit mixtus, tunc erit aut corpus, aut virtus in corpore. &, si fuerit alterum istorum, habebit formam propriam, quæ forma impediet eum recipere aliquã formam alienam.

Et hoc intendebat, cùm dixit, si enim apparuerit in eo, &c. idest si n. habuerit formam propriam rerum, tunc illa forma impediet eum a recipiendo formas diuersas extraneas, quia sunt aliæ ab ea. Sed modo consyderandum est in his propositionibus, quibus Aristo. declarauit hæc duo de intellectu, scilicet ipsum esse in genere virtutum passiuarum, & ipsum esse non transmutabile: quia neq; est corpus, neq; virtus in corpore. nam hæc duo sunt principium omnium, quæ dicuntur de intellectu. Et, sicut Plato dicit, maximus sermo debet esse in principio. minimus enim error in principio est causa maximi erroris in fine, sicut dicit Aristoteles. F

Digressio

Dicamus igitur quoniam, cùm formare per intellectum est aliquo modo de virtutibus receptiuis, sicut est de uirtute sensus, manifestum est ex hoc. Virtutes enim passiuæ sunt mobiles ab eo, cui attribuũtur: actiuæ autem & mouent illud, cui attribuuntur. Et, quia res non mouet nisi secundum quod est in actu, & mouetur secundum quod est in potentia, necesse est inquantum rerum formæ sunt in actu extra animam, vt moueant animã rationalẽ sm ꝙ comprehendit eas: quemadmodũ sensibilia inquantum sunt entia in actu, necesse est ut moueãt sensus idest, vt sensus moueantur ab eis. Et ideo anima rationalis indiget consyderare intentiones, quæ sunt in virtute imaginatiua, sicut sensus indiget inspicere sensibilia. Sed tamen videtur ꝙ formæ rerum extrinsecarum mouent hanc virtutem: ita quòd mens aufert eas à materiis, & facit eas primo intellecta in actu, postquam erant intellecta in potentia. & hoc modo videtur quòd ista anima est actiua, non passiua. Secundum igitur quòd intellecta mouent eã, est passiua: & secundũ quòd mouentur ab ea, est actiua. &

Primo Cę. tex. cõ. 32.

Res non mouet, nisi sm ꝙ è in actu. Idẽ 3. phy. 17. & 9. Meta. 10.

Obiectio.

Solutio.

&

A & ideo dicit Aristoteles post, ꝙ necesse est ponere in anima rationali has duas differentias, scilicet virtutem actionis & virtutem passionis. & dicit aperte ꝙ utraq; pars eius est neq; generabilis, neq; corruptibilis, vt post apparebit. sed hic incepit notificare substantiam virtutis passiuæ, cũ hoc sit necesse in doctrina. ex hoc igitur declaratur quòd hæc differentia, scilicet passionis, & receptionis existit in virtute rationali. Quòd autem substantia recipiens has formas, necesse est vt non sit corpus, neque virtus in corpore, manifestum est ex propositionibus, quibus Aristoteles vsus est in hoc sermone. Quarum vna est, quòd ista substantia recipit omnes formas materiales. & hoc notum est de hoc intellectu. Secunda autem est, quòd omne recipiens aliquid, necesse est vt sit denudatũ à natura recepti: & vt sua substantia non sit substantia recepti in specie. Si enim recipiens esset de natura recepti, tunc res reciperet se, & tunc mouens esset motum. vnde necesse est vt sensus recipiens colorem careat colore: & recipiens sonũ careat sono. & hæc propositio est * vera, & sine dubio. Et ex his duabus sequitur quòd ista substantia, quæ dicitur intellectus materialis, nul-

B lam habeat in sui natura de formis materialibus istis. Et, quia formæ materiales sunt aut corpus, aut formæ in corpore, manifestum est ꝙ ista substantia, quæ dicitur intellectus materialis, non est corpus, neq; forma in corpore: est igitur non mixtum cum materia omnino. Et debes scire ꝙ illud, quod dedit hoc, necessario est: quia ista substantia est, & quia recipiens formas rerum materialium vel materiales non habet in se formam materialẽ, scilicet * cõpositum ex materia & forma. Et neq; est etiam aliqua forma formarum materialium. formæ enim materiales nõ sunt separabiles. Neque ẽ etiam ex formis primis simplicibus. illæ enim non sunt separabiles, & nõ recipiunt formas, nisi diuersas, & sm ꝙ sunt intellectæ in potentia, nõ in actu. est igit̃ aliud ens à forma, & à materia, & cõgregato ex eis. Vtrũ autem hæc substantia habeat formam diuersam in esse à for-

C mis * materialibus, adhuc non declaratur ex hoc sermone. Propositio n. dicens ꝙ recipiens debet esse denudatum à natura recepti, intelligitur à natura speciei illius recepti, nõ à natura sui generis, & maxime remoti, & maxime eius, quòd dictũ est per æquiuocationem. Et ideo diximus ꝙ in sensu tactus inuenitur medium inter contraria, quæ comprehendit, cõtraria enim alia sunt in specie à mediis. Et, cum talis est dispositio intellectus materialis, scilicet ꝙ est unum entium, & ꝙ potentia est abstracta, & non habet formam materialem, manifestum est ipsum esse non passiuum: cũm passiua, scilicet transmutabilia sint formæ materiales, & ꝙ est simplex, sicut dicit Aristote. & separabilis. & sic intelligitur natura intellectus materialis apud Arist. ꝙ post loquemur de eius dubiis.

Infra tex. cõ. 17.

Recipiens debet esse denudatũ a natura recepti. Idẽ 2. de aĩa 67. & 71. & 83. & 3. Cõ. 67.

* al' necessaria.

Docum.

* s. Aliqd sic cõpositũ.

* s. à formis materialibus

3. de aĩa tex. 119.

ANTIQVA TRANSL.

Quare neq; ipsius est esse naturã neq; vnã, sed aut hoc, q̃ possibilis sit, vocat[9] vtiq; animę intellectus, dico autẽ intellectum, quo opinatẽ & intelligit anima, nihil est actu eorũ quę sunt ante intelligere.

SOPH. *Ita ut nulla sit eius natura nisi hæc, quòd possibilis. ergo qui uocatur animæ intellectus, uoco autem intellectũ quo διανοεῖται & existimat anima, nihil est actu eorum quæ sunt, antequã intelligat,*

Et sic nullam habet naturam nisi istã, scilicet q̃ est possibilis, Illud igitur de anima, quod dicitur intellectus: & dico intellectum illud, per quod distinguimus & cogitamus: non est in actu aliquod entium, antequam intelligat,

5 Cùm declarauit q̃ intellectus materialis non habet aliquam formã materialium, incœpit definire ipsũ hoc modo, & d. Et sic nullam habet naturam secundum hoc, nisi naturam possibibilitatis ad recipiendum formas intellectas materiales, Et d. Et sic nullam habet naturam, &c. i. illud igitur ex anima, quod dicitur intellectus materialis, nullam habet naturam, & essentiam, qua constituatur secundum quòd est materialis, nisi naturam possibilitatis, cùm denudetur ab omnibus materialibus, & intelligibilibus.

Quid p̃ intel[l]m vid. 3. cõ. 20. & 1 cõ. 2. D. d. & dico intellectum, &c. idest & intende per intellectum hic virtutem animæ, quæ dicitur intellectus vere

MANTINI TRANSL. D

Commentum hoc Quintum à viro illo doctissimo Iacob Mantino translatum, unà cum Antiqua translatione hic apposuimus, ut clarior ipsius redderetur intelligentia.

Sic ergo nullã habet naturam, E nisi hanc, scilicet q̃ est quid possibile. Ipse igitur intellectus animæ vocatus: dico autem intellectum, quo anima intelligit (seu discurrit) & opinatẽ ipsa anima: nihil actu est ipsorum entium, antequam intelligat.

Posteaq; Arist. exposuit intellectũ materialẽ nullã obtinere formã materialẽ, incipit nũc definire eũ eo pacto, dicens. Sic ergo nullã hẽt na- F turã, nisi naturã possibilitatis, vt possit recipere formas intelligibiles materiales. Cũ itaq; inquit. Sic ergo nullam habet naturam, intelligit eam partẽ animæ, quæ intellectus materialis nuncupatur, nullam utiq; obtinere naturã, neq; essentiam, qua ipse consistat, ea ratione, s. qua materialis existit, nisi naturã potentialitatis (seu promptitudinis, vt ita loquar) cùm sit expers omniũ formarũ materialiũ, atq; intelligibilium.

Mox cùm inquit, dico autẽ intellectum, &c. hoc est, intelligo autẽ, cùm dico intellectum, eam aiæ vim, seu

ANTIQVA TRANSL.

A vere: non virtutem, quæ dicitur intellectus large. [et] virtutem imaginatiuã in lingua Græca: sed uirtutem qua distinguimus res speculatiuas & cogitamus in rebus operationis futuris. D. dixit, non est in actu aliquod entium, anteq̃ intelligat, idest definitio igitur intellectus materialis est illud, quod est in potentia omnes intentiones formarum materialium vniuersalium, & non est in actu aliquod entium. antequam intelliget ipsum.

B

Digressio. Pria pars. Dria inter intellm, & mãm primam.

Et, cùm ista est definitio intellectus materialis, manifestum est q̃ differt apud ipsum à prima materia in hoc, quòd iste est in potentia omnes intentiones formarum vniuersalium materialium: prima autem materia est in potentia omnes istæ formæ sensibiles, non cognoscens, neque comprehendens. Et causa, propter quam ista natura est distinguens & cognoscens, prima autem materia neque cognoscens, neque distinguens est, quia prima mate-

C ria recipit formas diuersas, scilicet indiuiduales, & istas, iste autem recipit formas vniuersales. Et ex hoc

Conclid primum.

apparet quòd ista natura non est aliquod hoc, neque corpus, neque virtus in corpore. quoniam, si ita esset, tunc reciperet formas secundum quòd sunt diuersa. & ista. &, si ita esset tunc formæ existentes in ipsa, essent intellectæ in potẽtia: & sic nõ distingueret naturã formarũ secundum quod sunt formæ: sicut est dispositio in formis idiuidualibus, siue spiritualibus, siue corporalibus.

Et

MANTINI TRANSL.

seu facultatem, quæ vere nominatur intellectus, non eam vim, quã largo vocabulo, seu figuraliter Græci intellectũ vocãt, q̃ est ipsa potẽtia imaginaria, sed intelligo eã facultatẽ, qua discernimus, ac dignoscimus res ipsas cõtẽplatiuas, excogitamusque factiuas, seu practicas, q̃ sunt faciundæ. D. d. nihil actu est ipsorum entiũ, anteq̃ intelliget. ac si diceret ergo definitio ipsius intellectus materialis hæc vtiq; est, nẽpe q̃ est id, quod est in potẽtia ad omnes conceptus formarũ materialium vniuersalium: & non est actu aliquid entium, antequam intelliget ipsas.

Et, si hæc est definitio ipsius intellectus materialis, sequitur ergo intellectũ ipsum differre inq̃; ab ipsa materia prima, atq; distingui, iuxta Aristotelis sententiã. Primo quidẽ, propterea quia intellectus est in potẽtia ad oẽs cõceptus formarũ vliũm materialium, sed materia prima est in potentia ad oẽs has formas, sensibiles. Secũdo vero, quia intellẽs mãlis dignoscit formas, quas recipit, sed ipsa materia prima nihil dignoscit vel apprehendit. Causa aũt, ob quã hæc natura dignoscit atq; discernit, materia vero prima nihil cognoscit vel discernit, est quidẽ, quia prima materia recipit formas diuersas singulares atq; indiuiduas, intellectus vero vles recipit formas. Hinc colligit põt hãc naturã nihil singulare, vel indiuiduũ esse, vũ corpus, vũ ẽt aliquã potẽtiã in corpore, qm, si id fieri posset, tunc reciperet formas, quatenus sunt singulares diuersæ, atque indiuiduæ formæ, ergo, quæ in eo existunt, fuissent vtiq; potẽtia intelligibiles: & sic nõ dignoscere neq;

 distin

ANTIQVA TRANSL.

Secundum correctā.

Et ideo necesse est vt ista natura, quæ dicitur intellectus, recipiat formas modo alio ab eo, secundum quem istæ materiæ recipiunt formas receptionis: quarum conclusio à materia est terminatio primæ materiæ in eis. Et ideo non est necesse vt sit de genere materierum istarum, in quibus prima est inclusa, neque ipsa prima materia. quoniam, si ita esset, tunc receptio in eis esset eiusdem generis. diuersitas enim naturæ recepti, facit diuersitatem naturæ recipientis. Hoc igitur mouit Aristotelem ad imponendum hanc naturam, quæ est alia à natura materiæ, & à natura formæ, & à natura congregati.

Id est 1. c p. de substa orbis & 2. Phy. 69.

Secunda pars The. opio de intellectu posse immortalitate ca. 34.

Et hoc idem induxit Theophrastum, & Themistium, & plures expositores ad opinandum quòd intellectus materialis est substantia, neque generabilis neque corruptibilis. omne enim generabile & corruptibile est hoc. sed iam demonstratum est quòd iste non est hoc, neque forma in corpore. Et induxit eos ad opinandum cum hoc, quòd illa est sententia Aristo. Illa enim intentio, scilicet quòd iste intellectus est talis, bene apparet inuenientibus demonstrationem Aristo. & sua verba. De demonstratione autem secundum quòd exposuimus: de uerbis vero, quia dixit ipsum esse non passiuum, & dixit ipsum esse separabile, & simplex. Hæc enim tria verba vsitantur in eo ab Aristote. & non est rectum, immo est

Intellectus nō passiuus, & simplex 3. de Ala. 12. & 6. Intellectus separabilis 3. de Ala 20. 2. de Ala. 21. 65. & 2. de Ala. 21. 12. Met. 17. quòd impassibilis & his 1. de Ala. 66. vide de hoc in The. ca. 23. 24. 25. 26. 27.

MANTINI TRANSL.

distingueret naturas formarū, quatenus sunt formæ: sicut in particularibus formis fieri solet, siue sint spūales, siue materiales. necessum ergo est hāc naturā, quæ intellectus nūcupatur, recipere ipsas formas, modo quidē diuerso ab illo, quo istæ materiæ recipiunt illas formas, quas recipiunt: quæ quidē ideo cōtinentur, ac retinentur in ipsa materia, quia materia ipsa prima terminatur per eas. Et idcirco nō oportet ipsū esse ex gñe illarū materierū, quibus materia prima cōtinetur, seu terminatur, neque vt sit ipsamet materia prima. nā, si ita res se haberet, tūc eius generis esset res eas recipere. quippe diuersitas naturæ rei receptæ facit diuersitatē in natura recipientis. Hoc igitur coegit Aristotelē ponere hāc naturā distinctā à natura materiæ, atque à natura formæ, atque à natura compositi ex ipsis.

a. L. [illegible] [illegible] [illegible] [illegible] recepi[illegible] formarū [illegible].

Et hac eadem rōne inducti sunt Theophrastus, ac Themistius, aliique plures expositores credere intellectū materialē esse substantiā ingenitā & incorruptibilē, propterea quia oē genitū & corruptibile est singulare indiuiduū. sed nemini latet ipsum intellectū nō esse quid indiuiduū & singulare, & neque corpus, neque potentiā in corpore. Immo ex hoc etiā inducti sunt, ut credant hāc esse Aris. sententiā. Hanc autē suam, nēpe quòd is intellect⁹ ita se habeat, affirmāt illi, qui demonstrationē Aristo. intelligūt, atque eius uerba. Demonstrationē autē, eo mō, quo nos iā exposuimus: verba vero eius: quia dixit ipsum eē impassibilē, & immixtum, atque simplicē. Tribus n. his vt Ari. denotare intellectū atque describere. quod quidē non videtur esse recte dictū, immo

A ANTIQVA TRANSL.

eſt temorum vti aliquo eorum in doctrina demonſtratiua de generabili & corruptibili.

Sed, cum poſt viderũt Ariſt. dicere ꝙ neceſſe eſt, ſi intellectus in potẽtia eſt, ut etiã intellectus in actu ſit, ſcilicet agens, & eſt illud, quod extrahit illud, quod eſt in potentia, de potentia ad actũ: & vt ſit intellectus extractus de potentia in actum, & eſt ille, quẽ intellectus agens ponit in intellectum materialem, ſecũ-

B dum ꝙ artifex ponit formas artificiales in materia artificii. Et cum poſt hoc viderunt, opinati ſunt ꝙ iſte tertius intellectus, quem ponit intellectus agens in intellectum recipientem materialem, & eſt intellectus ſpeculatiuus, neceſſe eſt vt ſit æternus. cum enim recipiens fuerit æternum, & agens fuerit æternum, neceſſe eſt ut factum ſit æternum neceſſario.

C

† Agens, & factũ ſi intelligunt, niſi cũ generatione & tẽp. idẽ 8. Phy. 15. 2. Phy. co. 74. & 4. Ph. c. 129. agẽs, & factũ 1 rebus naturalibus eſt ſm ſimilitudinẽ, cõ 12. 4. co. c. 1. vide & in hoc 12. Met. c. 44. & Phy. c. 36

Et, quia opinati ſunt hoc, contingit vt in rei veritate non ſit intellectus agens, neque factum: cum agens † & factum non intelligãtur, niſi cũ generatione, & tempore. Aut dicatur ꝙ dicere hoc agens, & hoc factum non eſt niſi ſecundum ſimilitudinem. & ꝙ intellectus ſpeculatiuus nihil aliud eſt, niſi perfectio intellectus materialis per intellectũ agentem: ita ꝙ ſpeculatiuus ſit aliquod compoſitum ex intellectu materiali, & intellectu, qui eſt in actu.

MANTINI TRANSL.

immo videtur abſurdum deſcribere his deſcriptionibus, ac denominare ipſum generabile & corruptibile in ſcientia demonſtratiua.

At, quoniam viderũt poſt hoc Ariſtotelem dicere ꝙ, ſi datur intellectus in potentia, oportet etiam vt detur intellectus in actu, qui ſcilicet eſt ipſe intellectus agens, qui quidem eſt, qui extrahit illum intellectum, qui eſt in potentia de ipſa potentia ad actum: & vt detur intellectus eductus de potentia ad actum, qui quidem eſt ille ſcilicet, quem intellectus agens * ponit intellectum materialẽ eſſe intellectum in actu, * a. l. facit ea ratione, qua ipſa ars ponit formas artificiales in materiam ipſius artis. Ex hoc præterea inducti quoque ſunt, vt credant hunc tertium intellectum, quem intellectus agens efficit, atq; reddit intellectum recipientem materialem, qui quidem eſt ipſe intellectus ſpeculatiuus, neceſſario eſſe æternum. quoniam, cum ipſum recipiens ſit æternum, agens quoque æternum, neceſſario id, quod ex eis effectum eſt, erit quoq; æternũ. Sed ex huiuſmodi opinione eorũ ſequeretur reuera ut nullus reperiretur intellectus agẽs, vel intellectus factus, ſeu adeptus, cũ & agẽs ipſe, atq; adeptus, & ꝓductus nõ poſſunt intelligi niſi cũ ipſa generatione, & tẽpore. Vel ꝙ dicatur, ꝙ nõiare illũ agentẽ, illũ uero factum & adeptũ, non niſi ſimilitudine quadam ita nominetur. & ꝙ intellectus ſpeculatiuus nihil aliud ſit quã pfectio, ſiue actus ipſius itellectus materialis per ipſum intellectum agentẽ habita: ita vt intellectus agẽs ſit quid cõpoſitum ex intellectu mãli

ANTIQVA TRANSL.

Vide pro hoc The. 3. de An. cap. 30. & 39. Et hoc, quod videtur, φ intellectus agens quãdoq; intelligit quãdo fuerit copulatus nobis, & quandoq; nõ intelligit, accidit ei propter mixtionem, s. propter mixtionem eius cum intellectu materiali, & φ ex hoc modo tantum fuit coactus Aristo. ad ponendum intellectum materialem, non quia intelligibilia speculatiue sint generata & facta.

Et confirmauerunt hoc per hoc, φ propalauit Arist. φ quando intellectus agens existit in anima nobiscum, videmur denudare vniuersaliter formas à materiis primo, deinde intelligere eas. & denudare eas nihil aliud est nisi facere eas intellectas in actu, postquam erant in potentia. quemadmodum comprehẽdere eas nihil aliud est quàm recipere eas.

Et, cùm viderunt hanc actionẽ, quæ est creare intellecta, & generare ea, esse reuersam ad nostram voluntatem, & augumentabilẽ in nobis secundum augumentationẽ intellectus, scilicet qui est in nobis, scilicet speculatiui: & iam fuit declaratum φ intellectus, qui creat, & generat intelligibilia & intellecta, est intelligentia agens, ideo dixerunt φ intellectus, qui est in habitu, est ipse intellectus. sed accidit debilitas quãdoque, quandoque additio propter mixtionẽ. Hoc igitur mouit Theo- *Impugnatio Them. & Theophrasti.* phrastum, & Themistium, & alios ad opinandum hoc de intellectu speculatiuo, & ad dicendum φ hęc erat opinio Aristotelis.

Et

MANTINI TRANSL.

D. & intellectu actu existente. Ergo φ intellectus agens cũ videatur quãq; intelligere videlicet qñ ẽ coniunctus nobis, quãq; vero nõ intelligat, id quidẽ contingere propterea quod ẽ im mixtus: nempe quia ipsi intellectui materiali immixtus ẽ: & φ ob hanc tm̃ rõnẽ fuit coactus Aristoteles ponere intellectũ mãlẽ: nõ propterea, qđ ipsa intelligibilia speculatiua sint nouiter genita & fcã. Quia insuper, s. φ intellectus speculatiuus nihil aliud sit q̃; intellectus in actu, ideo cõfirmant, quia inueniunt Aristotelẽ E. affirmare intellectũ agentẽ reperiri in anima nrã* cũ videamur expoliare primo formas ab ipsis materiis, *a. l. videntur* mox eas intelligere, q̃ expoliano nihil aliud est, q̃; efficere eas intelligibiles actu, postquã erãt intelligibiles in potẽtia, quẽadmodũ & cognoscere eas nihil aliud est q̃; recipere eas.

Et, cùm viderint huiuscemodi actionem, videlicet creandi, ac generandi ipsa intelligibilia, reuertĩ ac reduci ad nostram uoluntatem, oririq;, ac augeri in nobis ad ortũ, atq; incrementũ ipsius intellectus, qui in nobis existit, hoc est intellectus speculatiui: &, cùm iam sit no- F. tum φ intellectus, qui creat, ac generat illa intelligibilia, q̃ sunt in potẽtia, ita ut ea actu intelligibilia reddat, sit intellectus agens: ideo dixerũt φ intellectus, qui habitu existit (seu adeptus) est ille met intellectus. sed efficitur quandoque imbecillior, quandoque vero ualidior propter ipsam mixtionem. Hoc itaque est, quod induxit Theophrastum, & Themistiũ, & alios opinari hæc de intellectu speculatiuo, affirmareque hanc esse Aristotelis sententiã.

Sed

ANTIQVA TRANSL.

A Et super hoc sunt quæstiones nõ paucæ. Quarum prima est, quòd hæc positio contradicit huic, quod Aristo. posuit, scilicet quòd proportio intellecti in actu ad intellectum materialem est sicut proportio sensati ad sentiens. Et contradicit veritati in se. Si enim formare per intellectum esset æternum, oporteret vt formatum per intellectum esset æternum: quapropter necesse esset vt formæ sensibiles essent intellectæ in actu extra animam, & non materiales omnino. & hoc est contra hoc, quod inuenitur in istis formis.

sed & rõ.

B Et etiam Aristot. aperte dicit in hoc libro quòd proportio istius virtutis distinguentis rationalis ad intentiones formarũ imaginatarum est sicut proportio sensuum ad sensata. & ideo anima nihil intelligit sine imaginatione: quemadmodũ sensus nihil sentit sine præsentia sensibilis. Si igitur intentiones, quas intellectus comprehendit ex virtutibus imaginatiuis, essent æternæ, tunc intentiones virtutum imaginatiuarum essent æternæ. &, si essent

Infra, 39. & supra. c. 2.

C æternæ, tunc sensationes essent æternæ: sensationes enim sunt de hac virtute, sicut intentiones imaginabiles de virtute rationabili. &, si sensationes essent æternę, tunc sensata essent æterna: aut sensationes essent intentiones aliæ ab intentionibus rerum existentium extra animam in materia. impossibile enim est ponere

MANTINI TRANSL.

Sed contra hoc non pauca insurgunt dubia. Primũ, quod hæc positio, & sententia contradicit dictis Arist. qui dicit quod eadẽ est rõ ipsius intelligibilis actu existẽtis ad intellectum materialẽ, quæ est ipsius sensibilis ad ipsum sensitiuũ, (seu sentiens.) Contradicit quoque id ipsi veritati. Nã, si ipsa cõceptio, quę per intellectũ fit, esset æterna, tunc oporteret vt id quoque, quod ab intellectu conceptũ est, esset æternũ, & ob hoc oporteret ipsas formas sensibiles esse actu intelligibiles extra aĩam, atque penitus immateriales. quod quidẽ est cõtra id, quod de huiuscemodi formis apparet. Aristoteles præterea expresse d. in hoc lib. quod eadẽ est rõ huius virtutis distinctiuæ rõnalis ad conceptus, seu imagines, formarum imaginatarum, quæ est ipsorũ sensoriorũ ad sensibilia. & ideo aĩa nihil intelligit sine ipsa imaginatiua vi. quemadmodũ ipsi sensus, seu sensoria nihil sentiunt, nisi res sensatæ, seu sensibiles reperiãtur corã sensu. Si igitur illæ imagines (seu intentiones) quas intellectus ipse adipiscitur ab ipsis* virtutib' imaginatiuis eẽnt æternæ, tunc intentiones illæ, seu imagines ipsarũ virtutũ imaginatiuarũ eẽnt æternæ. &, si hæ essent æternæ, ipsæ quoque sensationes eẽnt æternę. quia ita se hñt sensationes ipsæ ad hãc virtutẽ, sicut intentiones seu imagines imaginatæ ad virtutẽ rõnalem. quod si sensationes eẽnt æternæ, & ipsa quoque sensibilia essent æterna: vel ipsæ sensationes essent aliæ intẽtiones quam sint imagines rerum extra aĩam existentium in ipsa mã. quia impoñe est ponere easdemmet intentiones, vel imagines quãq; esse æternas & incorruptibiles,

*a. l. formis imaginatis.

ANTIQVA TRANSL.

re easdem intentiones quandoque æternas, & quandoq; corruptibiles: nisi esset possibile quòd natura corruptibilis transmutaretur, & reuerteretur æterna. Et ideo necesse est, si istæ intentiones, quæ sunt in anima, fuerint generabilium & corruptibiliũ, vt illæ etiam sint generales & corruptibiles. & in hoc fuit prolixus sermo in aliquo loco.

Hoc igitur est vnum impossibilium, quæ videntur contradicere huic opinioni, scilicet huic, quod posuimus, ꝙ intellectus materialis est virtus non facta de nouo. Existimatur enim ꝙ impossibile est imaginari quomodo intellecta erunt facta, & ista non erunt facta. quando enim agens fuerit æternum, & patiẽs fuerit æternum necesse est vt factum sit æternum. Et etiam, si posuerimus factum esse generatum: & est intellectus, qui est in habitu, quomodo possumus dicere in eo quòd generat, & creat intellecta?

Secũda q̃o

Et est secunda quæstio magis difficilis valde. & est quod, si intellectus materialis est prima perfectio hominis, vt declaratur in definitione animæ: & intellectus speculatiuus est postrema perfectio: homo autem est generabilis & corruptibilis, & vnus in numero per suam postremam perfectionem ab intellectu: necesse est vt ita sit per suam primã perfectionẽ, s. ꝙ per postremã perfectionem de intellectis sum alius à te, & tu alius à me. Et, si non, tu esses per esse mei, & ego per esse tui. & vniuersaliter homo esset ens, ante-

quam

MANTINI TRANSL.

D

ruptibiles, quãq; vero corruptibiles. nisi forte esse posse vt nã ipsius rei corruptibilis trãsmutaret, & efficeretur æterna, & incorruptibilis. Et id, si huiuscemodi intẽtiones in aĩa existẽtes, sint intẽtiones (seu imagines) rerũ gñabilium & corruptibiliũ, necessum erit vt ipsæ quoq; sint generabiles & corruptibiles. sed de hoc iam alibi factus fuit longus sermo.

Hoc igr̃ est vnũ ex ĩpossibilibus & incõmodis, q̃ videnť cõtradicere illi sniæ, q̃ asserebat intellectũ mãlẽ esse virtutẽ nõ factã. Qm̃ impõe videť imaginari ipsa intelligibilia esse E nouiter facta ac* genita, & ipse, s. intellectus mãlis, non sit nouiter factus. cũ necesse sit, si agens sit æternũ, & recipiẽs æternũ, vt id, qd̃ nouiter factũ est, sit quoq; æternum. Ad hæc, si ponamus ꝙ id, quod est factũ, sit genitũ de nouo, quod quidẽ est ipse intellectus in habitu existẽs (seu adeptus) quo pacto ergo poterimus dicere ipm̃ gñare & creare ipsa intelligibilia? Scdm argumẽtum, & dubiũ difficilius valde est. Qm̃, si intellectus materialis est actus primus ipsius hoĩs, vt ex definitione animæ declaratũ fuit: intellectus vero F speculatiuus est eius vltimus actus: hõ aũt est gñabilis & corruptibilis, & vnus numero propter vltimũ actum eius, quẽ ab ipso intellectu obtinet: ergo oportet ipm̃ ita reperiri propter eius actum primũ, nẽpe ꝙ ꝑ vltimũ actum (seu perfectionẽ) vltimã ipsius intellectus ego sũ aliquid, qd̃ nõ es tu, & tu quoq; eris aliquid aliud, qd̃ nõ sũ ego. Alĩ enim tu esses ꝑ esse meũ, & ego essem ꝑ tuũ esse. & tandem hõ erit, anteq̃ sit. Hac ergo ratione hõ esset

ingenitus

* al. intelligibilia

A ANTIQVA TRANSL.

quam esset. Et sic homo non esset generabilis & corruptibilis in eo quod homo: sed, si fuerit, erit in eo quod animal. Existimatur enim quod quemadmodum necesse est quod, si prima perfectio fuerit aliquid hoc, & numerabilis per numerationem indiuiduorum, vt postrema perfectio sit huiusmodi: ita etiam necesse est econuerso, scilicet quod, si postrema perfectio est numerata per numerationem indiuiduorum hominum, vt prima perfectio sit huiusmodi.

Et alia sunt multa contingentia impossibilia huic positioni. Quoniam, si prima perfectio esset eadem B omnium hominum, & non numerata per numerationem eorum, contingeret quod, cum ego acquirerem aliquod intellectum, vt tu etiam acquireres illud idem: & quando ego obliuiscerer aliquod intellectum, vt etiam tu. Et multa impossibilia essent contingentia huic. Existimatur enim quod nulla differentia est inter vtranque positionem in hoc, quod contingit de impossibilibus, scilicet ex hoc, quod ponimus quod postrema, & prima perfectio sunt huiusmodi, s. C non numeratæ per numerationem indiuiduorum. Et, cum nos fugerimus omnia ista impossibilia, continget nobis ponere quod prima perfectio est hæc intentio, scilicet indiuidualis in materia numerata per numerationem indiuiduorum hominis, & generabilis & corruptibilis. Et iam declaratum est ex demonstratione Arist. prædicta quod non est aliquid hoc, neque corpus, neque virtus in corpore, quomodo igitur possumus euadere ab hoc errore: aut qualis est via dissoluendi istius quæstionis?

Alex.

MANTINI TRANSL.

ingenitus & incorruptibilis quatenus est homo: sed, si esset generabilis & corruptibilis, id quidem, tanquam est Animal, fieret. Nam existimari posset, quod quemadmodum est esse necessarium, si primus actus sit aliquid singulare, & indiuiduum, ac numerabile ad numerationem indiuiduorum, vt actus quoque vltimus ita se habeat, sic quoque sit necessarium huius oppositum, nempe quod, si vltimus actus connumeretur ad connumerationem indiuiduorum hominis, vt actus etiam primus ita quoque se habeat. Multaque alia incommoda insurgunt contra hanc positionem, inter cæteraque hoc vnum est. Quoniam, si primus actus esset vnicus in omnibus indiuiduis, & non connumeraretur ad connumerationem eorum, tunc sequeretur quod, si ego assequerer aliquod intelligibile, tu quoque illud idem assequereris: &, si ego obliuiscerer alicuius intelligibilis, tu quoque illius intelligibilis non esses memor. Multaque incommoda sequerentur ad hanc positionem. Nam existimari potest, quod hæ duæ positiones conueniant inter se circa illa impossibilia, quæ contra ipsas insurgunt, nihilque circa id inter se differant, nempe si ponamus primum, atque vltimum actum ita se habere, scilicet quod non connumerentur ad numerationem indiuiduorum. At, si voluerimus euitare omnia hæc incommoda, erimus vtique coacti dicere ipsum actum primum ita se habere, videlicet vt sit quid singulare indiuiduum, existens in ipsa materia, numerabileque ad numerationem indiuiduorum hominis, ac generabile & corruptibile. Sed ex demonstratione ipsius Arist. prædicta iam probatum fuit ipsum non esse quid indiuiduum singulare, neque corpus aut potentiam in corpore. Quo igitur pacto poterimus euitare hoc dubium? aut quæ via vel ratione posset hmoi dubium solui?

Alex.

ANTIQVA TRANSL.

Tertia pro digressione[s] Op. Alex. vide pra & pro de Ala. co. 88.

Alexander autem sustentatur super hunc sermonem postremum, & dicit quòd magis conuenit naturalibus, scilicet sermonem concludentem, scilicet quòd intellectus materialis est virtus generata, ita quòd existimamus de eo quòd opinatur in eo, & in alijs virtutibus animæ esse præparationes factas in corpore per se à mixtione, & complexione, & dicit hoc non esse impossibile, scilicet vt mixtione elementorum fiat tale esse nobile mirabile: licet sit remotum à substantia elementorum propter maximam mixtionem.

Et dat testimonium super hoc esse possibile, ex hoc, quod apparet quòd compositio, quæ primo accidit in elementis, scilicet compositio quatuor qualitatum simplicium, cùm hoc quod est parua illa compositio, est causa maxime diuersitatis in eandem, quod vnum est ignis, & aliud est aer.

1. de Generatione. 16.

Et, cùm ita sit non est remotum vt per multitudinem compositionis, quæ est in homine, & in animalibus, fiant illic virtutes diuersæ in tantum à subiectis elementorum.

Et hoc aperte, & vniuersaliter propalauit in initio sui libri de Anima, & præcepit vt consyderans de anima, primo debet præscire mirabilia compositionis corporis hominis. Et dixit etiam in tractatu, quem fecit de intellectu secundum opinionem Arist. quod intellectus materialis est, virtus facta à complexione. & hæc sunt verba eius.

Cùm

MANTINI TRANSL.

Alexander tñ adhæret huic vltimæ rõni & dicit ipsã magis cõuenire rebus nãlibus, s. eã rõnem, quæ affirmat intellectũ mãlem esse quãdam vim genitã, ita vt idẽ existimemus de hac virtute, quod de reliquis aïæ facultatibus existimaẽ, nẽpe quod reperiãtur quædã præparationes, ac dispõnes in ipsis materijs p se à tẽperatura, & mixtiõe effectæ. Inquitq; hoc facile existimari, ac imaginari posse: nẽpe vt ex hmõi elementorũ miscella, oriatur hmõi ens nobile, atq; admirabile, licet enĩ huiuscemodi substãtia admodũ distet à substãtia elementorũ, tñ pp maximã elementorũ mixtionẽ, nihil prohibet id fieri posse. Quòd aũt id fieri possit, ipse conaẽ probare testimonio eius, quæ ex cõpositione elementorũ, prima inuicẽ oriri solent, nẽpe ex cõpositiõe quatuor qualitatũ simplicium, quę quidẽ cõpositio, licet sit exigua, nihilo secius illa, pfecto cõstitutio est causa diuersitatis maximæ, ita vt eius gratia factum est vnum elementorum ignis, alterum vero aer. E

Si ergo ita res se habet, nihil profecto prohibet quin oriantur virtutes tã diuersæ ac variæ ex substantia elementorũ pp multas cõpositiones, quæ in homine atq; in aĩanib[us] reperiuntur. Hanc aũt expositionẽ tradidit ipse Alex. in initio sui libri de Aĩa, vbi præcipit vt ille, qui de aĩa tractare, ac contẽplare aggreditur, primo debeat præscire & cognoscere mirabilẽ illã humani corporis constitutionẽ. Inquit insuper in eo tractatu, quẽ edidit, de Intellectu. iuxta sententiã Arist. quod intellectus materialis est quædam virtus orta ex ipsa temperatura, in his verbis. F

Ex

A

ANTIQVA TRANSL.

Cùm igitur ex hoc corpore, quando fuerit mixtum aliqua mixtione, generabitur aliquid ex vniuerso mixto, ita ꝙ sit aptum vt sit instrumentum istius intellectus, qui est in hoc mixto, cum sic existit in omni corpore, & istud instrumentum est etiam corpus, tunc dicetur esse intellectus in potentia: & est virtus facta à mixtione, quæ cecidit in corporib', præparata ad recipiendum intellectum, qui est in actu.

B

Imp. Alex. 2. de ala 21. 3. de ala 19. 20. 2. de ala 31. 65. 2. de ala 11. 12 Me. 17. 1. coll. 4.

Et ista opinio in substantia intellectus materialis maxime distat à verbis Arist. & ab eius demonstratione. A verbis autem, vbi dicit ꝙ intellectus materialis est separabilis, & ꝙ non habet instrumentum corporale, & ꝙ est simplex, & non patiẽs, idest non transmutabilis, † & vbi laudat Anaxagoram in hoc, quod d. ꝙ est non mixtus cũ corpore. A demonstratione vero, sicut scitum est in hoc, ꝙ scripsimus.

C

Imago Alex. 1 exponẽdo demõstrationẽ Phi. f. 2. cõ. 4. cap. 26. de intellectu practico, & speculatiuo.

Alexan. autem exponit demonstrationem Arist. à qua conclusit intellectum materialem esse non passiuum, neq; aliquid hoc, neque corpus, neque virtutẽ in corpore, ita ꝙ intendebat ipsã præparationẽ, non subiectum præparationis. Et ideo dicit in suo libro de Anima ꝙ intellectus materialis magis assimilatur præparationi, quæ est in tabula non scripta, quàm tabulæ præparatæ: & dicit quòd ista præparatio potest dici vere quòd non est aliquid hoc, neque corpus, neque virtus in corpore, & ꝙ non est passiua.

Sed

MANTINI TRANSL.

Ex hoc itaq; corpore, cum fuerit aliqua mixtione mixtum, orietur quidẽ ex vniuersa illa temperatura, vel constitutione aliquid, quod erit proprium, aptumq; vt sit instrumentũ huius intellectus, qui in huiuscemodi mixto existit, quẽadmodũ reperit in quolibet corpore, & hmõdi instrumẽtũ est quoq; corpus, & tũc dicetur esse intellectus in potẽtia: & est quædam potẽtia orta ex ipsa cõpositione, facta in illis corporibus, q̃ sunt parata, ac propta recipere intellectum illum, qui actu existit.

Hæc tñ sententia, quæ habet de essentia intellectus m̃alis, est vtique aliena valde à verbis Arist. ac ab ei' demõstratione. A verbis aũt eius, quia ipse dicit intellectũ m̃alẽ eẽ separabilẽ, nullũq; habere corporeũ instrm̃, esseq; simplicem, & impassibilẽ, hoc est inalterabilẽ, seu immutabilẽ cum laudet quoq; Anaxagorã dicentẽ ipsum non esse mixtum cũ corpore. Deuiat vero ab Arist. demonstratione, vt ex his, quæ superius diximus, perspicuũ est. Sed Alex. cum exponit demonstrationẽ Aristo. ex qua concludit intellectum m̃alem esse impassibilem, & non esse quid indiuiduũ, neq; corpus, neq; potentiam in corpore, vult ꝙ Arist. intelligat hoc de essẽtia ipsius aptitudinis, & propititudinis, nõ de subiecto illi' aptitudinis. Et ideo dixit in suo libello de Aĩa ꝙ intellectus materialis similatur magis illi aptitudini, q̃ inest tabulæ rasæ, quàm similatur ipsi tabulæ aptæ ac promptæ: & dicit ꝙ huiusmodi aptitudo põt vere dici ꝙ non est aliquod indiuiduũ singulare nec corpus, neque potẽtia in corpore, neque passibilis quidem est.

Hoc

ANTIQVA TRANSL.

Impu. alex. dem. Sed hoc, quod dicit Alexan. nihil est. hoc enim vere dicitur de omni præparatione, scilicet quod neque est corpus neque forma hæc in corpore. Quare igitur appropiauit Arist. hoc præparationi, quæ est in intellectu, inter alias præparationes, si non intendebat demonstrare nobis substantiam præparati, sed substantiã præparationis? si possibile est dicere quod præparatio est substantia, cum hoc, quod dicimus, quòd subiectũ istius præparationis neq; est corpus, neq; virtus in corpore. & illud, quod conclusit demõstratio Aristot. alia intẽtio est ab ea, secundum quam dicitur quòd præparatio neque est corpus, neque virtus in corpore.

Scda 16. Et hoc manifestum est ex demõstratione Aristo. Propositio enim dicens quod omne recipiẽs aliquid necesse est vt in eo non existat in actu aliquid ex natura recepti, manifesta est, ex eo quod substãtia præparati, & natura eius quærit habere hoc prædicatum, secundum quod est præparatũ. præparatio enim non est recipiens, sed esse præparationis à recipiente est sicut accidens proprium. & ideo, cùm fuerit receptio, non erit præparatio, & remanebit recipiens. Et hoc manifestum est, & intellectum ab omnibus expositoribus ex demonmonstratione Arist.

Aliquid

MANTINI TRANSL.

D Hoc tamen, quod dicit Alex. nihil veri vtiq; habet. quoniam illud idem, quod de hac aptitudine dicit, potest vtiq; dici de qualibet aptitudine. nempe quod de qualibet aptitudine potest dici, scilicet quod ipsa non est corpus, neque forma indiuidua seu singularis, in corpore existens. Cur igitur Aristoteles voluit hoc esse proprium huic aptitudini, quæ in intellectu existit potius quàm reliquis aptitudinibus, si ipse Arist. his verbis suis nolebat declarare nobis substantiam ipsius rei, quæ est subiectum ipsius aptitudinis, sed essentiam ipsius aptitudinis, atque substantiam eius, si ipsam aptitudinẽ E liceat substãtiã nominare. cumq; ergo dicit, subiectum huius aptitudinis non esse corpus, neq; virtutẽ in corpore, quod quidem concludebat demonstratio Arist. aliud quidem significat quàm dicere, aptitudinem ipsam nõ esse corpus, neq; virtutem, seu potentiam in corpore.

Et hoc ex demõstratione Arist. aperte dignosci potest. Nam illa propositio, quæ dicit quod quicquid recipit aliquid, non debet habere in se actu aliquid naturæ ipsius rei receptæ, est vtique manifesta, propterea F quia substantia ac essentia ipsius rei aptæ, & promptæ, atq; eius natura expostulat, vt in reperiatur illud prædicatũ, ea ratione, qua est apta, & parata. nam ipsa aptitudo, non est ipsum recipiẽs, sed natura ipsius aptitudinis se habet ad ipsum recipiens, veluti accidens proprium. idcirco, dum ipsa receptio reperitur, nõ reperietur ipsa aptitudo, cum tamẽ remaneat ipsum recipiens. Et hoc quidem perspicuũ est, ac maxime cõstans apud expositores demõstrationis Aristo.

At, cum

ANTIQVA TRANSL.

Aliquid enim esse non corpus, neque virtutem in corpore dicitur quatuor modis diuersis. Quorum vnus est subiectum intellectorum, & est intellectus materialis, cuius esse demonstratum est quòd sit. Secundus est ipsa præparatio existens in materijs. & est propinquus modo, secundum quem dicitur quòd priuatio simpliciter neque est corpus, neq; virtus in corpore. Tertius autem est prima materia, cuius etiam esse demonstratum est. Quartus est formæ abstractæ: quarum esse est etiam demonstratum. & omnia ista sunt diuersa.

Ca erroris alex. Fundamentum Alex. i suo lib. de aia ca. 5. 2. de aia. t. c. 7.

Et induxit Alexan. ad hanc expositionem remotam manifesti erroris fugere, s. à quæstionibus prædictis. Et etiam videmus Alexan. sustentari in hoc, quòd prima perfectio intellectus debet esse virtus generata sup vniuersales sermones dictos in definitione animæ, scilicet quia est prima perfectio corporis naturalis organici. Et dicit quòd ista definitio est vera de omnibus partibus animæ eadem intentione. & dat rationem super hoc: quoniam dicere quòd omnes partes animę sunt formæ, est vniuocum, aut prope: &, quia forma, in eo, quod est finis habentis formam, impossibile est vt separetur, necesse est, cũ primæ perfectiones animæ sint formæ, quòd non separentur. & per hoc destruit vt in primis perfectionibus animæ sit perfectio separata: sicut dicitur de nauta cũ naue. aut vniuersaliter erit in ea aliqua pars, quæ dicitur perfectio intentione diuersa ab intentione, q̃ dr̃ in alijs. Et hoc quod ipse fingit, quòd ma-

Forma est finis hñtis formã. 1. de. 4. com. 14.

Rñsio ad vnum modum Alex.

MANTINI TRANSL.

At, cũ dicimus aliquid eẽ nõ corpus, neq; potẽtiã in corpore, id quidem quatuor dr̃ modis diuersis. Primo quidẽ mõ dr̃ de subiecto ipsorũ Intelligibiliũ, qd̃ quidẽ est ipse Intellectus mãlis, cuius eẽ iã fuit declaratũ quale nã sit. Scđo dr̃ de ipsa aptitudine, & ppinquitudine, q̃ in materijs eã sit. & is modus nõ ẽ absimilis valde ab eo mõ, quo dicim' ipsã priuationẽ absolutã nõ esse corp', neq; potẽtiã in corpore. Tertio mõ dr̃ de mã prima: q̃ quidẽ quòd sit iã probatũ fuit. Quarto mõ dr̃ de formis separatis: quæ ẽt quòd sint iã probatũ fuit. ij itaq; quatuor modi oẽs inter se differũt.

Lapsus ẽñ fuit Alex. in hmõi expositionẽ distãtẽ, atq; manifeste falsam, ut euitaret illa dubia prætacta. Adde ẽt quòd ipse Alex. vr̃ posse se tueri, ac sibi ipsi fauere per id, quod dr̃, quòd actus primus ipsius intellect' debet esse virtus, atq; facultas genita, ac nouiter orta, iuxta illa, quę vr̃ in definitione aĩæ dicta sunt. nẽpe quòd ipsa est actus primus corporis physici organici. Et d. hanc definitionẽ vere dici de oĩbus partib' aĩe sm eãdẽ rõnẽ. qđ quidẽ hac rõne probat, videlicet, qa, cũ dicimus oẽs partes aĩæ eẽ formas, id quidẽ est vniuoce, vel ꝓpriẽ dictũ: sed, cũ ipsa forma, ea rõne, qua ẽ finis rei, cui' ẽ forma, nõ possit separari, ergo & ipsi actus primi ipsius aĩæ, cũ sint formæ non pñt vtiq; separari. & ex hoc affirmat nõ posse reperiri inter ipsos primos actus, seu pfectiones aĩæ aliquẽ actũ separabilẽ, vt dr̃ d̃ nauta respectu nauis. vel vt possit reperiri ĩ ipsa aĩa in vl̃i vna pars, quę possit dici actus seu perfectio vario modo ab eo, quo dr̃ act' vel perfectio de reliqs partibus. Id

ANTIQVA TRANSL.

2. de Aia. t. cõ. 11.

ꝙ manifestum est de sermonibus vniuersalibus in anima, manifeste. d. Aristo. ꝙ non est manifestum in omnibus partibus animæ. dicere. n. formam, & primam perfectionem est dicere æquiuoce de anima rationali, & de alijs partibus animæ.

Quarta pars digressionis. Op. Auẽpa. & Abubacher.

Abubacher autem, & Auempace videtur intendere in manifesto sui sermonis, ꝙ intellectus materialis ẽ virtus imaginatiua, secundum ꝙ est preparata ad hoc, ꝙ intentiones, quæ sunt in ea, sint intellectæ in actu: & ꝙ nõ est alia virtus substantia intellectus præter istam virtutem. Abubacher autem videtur intendere illud, fugiendo impossibilia contingentia Alex. scilicet quòd subiectum recipiens formas intellectas est corpus factum ab elemẽtis, aut virtus in corpore. quoniam, si ita fuerit, continget aut vt esse formarum in anima sit esse earum extra animam, & sic anima erit non comprehensiua: aut vt intellectus habeat instrumentum corporale, si subiectum ad intellecta sit virtus in corpore, sicut est de sensibus.

Vide ꝓ illo 2. de aia cap. 12. & hic in principio illius cõ. Cõtra Alex. primæ preparationes ad intellecta, & ad alias postremas perfectiones de aia sunt a motore extrinseco secundum Arist. sed vide oppositum 7. Meta. c. 31. contra Th. & aut. ponẽtes alias produci a motore extrinseco vide cõ. 21.

Et magis inopinabile de opinione Alexan. est hoc, quod dixit, ꝙ primę præparationes ad intellecta, & ad alias postremas perfectiones de anima sunt res factæ à complexione, non virtutes factæ à motore extrinseco, vt est famosum ex † opinione Arist. & omnium Peripateticorum. Ista enim opinio in virtutibus animæ comprehensiuis, si est secundum quòd nos intellexerimus, est falsa. à substantia enim elementorum, & à natura eorum non potest

† Opio Arist. regre sup hoc in 2. de Generatione animalium. c. 3.

MANTINI TRANSL.

D Id vero, quod ipse imaginatur esse manifestũ ex definitionibus ipsius aiæ Arist. expresse dicit non esse manifestũ in oĩbus partibus aiæ. ipsũ, cũm dicimus formã, & primũ actũ, id quidẽ æquiuoce dr̃ de rationali anima, & de reliquis animę partib⁹.

Auempace aũt, vt ex eius verborũ apparentia colligi pt̃, vr̃ opinari itellectũ materialẽ esse virtutẽ imaginatiuã, quatenus est apta vt cõceptus, qui in ea existunt, sint actu intelligibiles: & ꝙ nõ datur alia virt⁹, quæ sit subiectũ ipsorũ intelligibiliũ, præter hanc virtutẽ. Auempace E aũt vr̃ eẽ ita imaginatus, vt euitaret illa impossibilia, quæ contra Alexa. insurgebãt, nẽpe ꝙ subiectum recipiens formas intelligibiles esset corpus factum ex elemẽtis, aut vis & potẽtia in corpore, nam, si ita res se haberet, tũc sequeretur vt vel ipsæ formæ ita se haberẽt in aĩa, sicut se hñt extra aĩam, & sic aĩa nihil cõprehẽderet: vel ipse intellect⁹ haberet organũ corporeũ, si subiectũ ipsorũ intelligibiliũ esset potẽtia in corpore, vt fit in ipsis sensibus. Maius autẽ incõueniẽs, quod sequitur ex opinione Alexandri, est id, quod dixit F primas aptitudines ad ipsa intelligibilia, atq; ad vltimos actus ipsius animæ eẽ res ortas ab ipsa tẽperatura, & non vires factas ab ipso motore extrinseco, vt ex sententia Aristo. & omniũ sectatorũ eius manifeste habetur. Hæc tñ opinio, quæ dr̃ virtutibus aiæ apprehensiuis habetur, si ita se habeat, vt vr̃ intelligi, esset vtiq; falsa. quia ex substantia elemẽtorum, ac ex eorum natura non potest oriri virtus discernens, seu diuidẽs, atq; dignoscẽs. qm̃, si ex natura elemen-

ANTIQVA TRANSL.

possit fieri virtus distinguens, aut comprehẽsiua. quoniam, si esset possibile vt à natura eorũ, & sine extrinseco motore fierent tales virtutes, tũc esset possibile vt postrema pfectio, quæ est intellectũ, esset aliquod factũ à substantia eorũ elementorum, vt color, & sapor fiunt. Et ista opinio est similis* opinioni negãtium causas agentes, & non cõcedentium nisi causas materiales tantum: & sũt illi, qui dicunt casum. Sed Alexan. est maioris nobilitatis, quàm vt credat hoc. sed quæstiones, quæ opponebantur ei de intellectu materiali, coegerunt ipsum ad hoc.

*Ario Ph. 2. te. cõ. 6. usque ad 41. 2. Ph. 75. vide idẽ cõtra Ale. 3 de aĩa. 88 imp. opio ne Auẽp.

B Reuertamur igitur ad dictũ nostrum, & dicamus ꝙ forte illæ quæstiones sunt, quæ induxerunt Auẽpace ad hoc dicendum in intellectu materiali. Sed ꝙ accidit ei impossibile, manifestũ est. Intentiones. n. imaginatæ sunt mouẽtes intellectum, non motæ. Declaratur. n. ꝙ sunt illud, cuius proportio ad virtutem distinctiuam rationabilem, est sicut proportio sensati ad sentiens, nõ sicut sentiẽtis ad habitum, qui est sensus. C Et, si esset recipiens intellecta, tunc res reciperet se, & mouens esset motum. Etiam declaratum est ꝙ intellectus materialis impossibile est vt habeat formam in actu: cùm substantia, & natura eius est vt recipiat formas: secundum ꝙ sunt formæ.

Digressionis pars. 5.

Prima qõ sola qõ.

Et, cùm hæc omnia, quæ possunt dici in natura intellect⁹ materialis, videntur impossibilia, præter hoc quod dicit Arist. cui etiam contingunt quæstiones non paucæ. Quarum vna est, ꝙ intellecta speculatiua

MANTINI TRANSL.

elemẽtorum, & absq; motore extrinseco possẽt fieri huiuscemodi virtutes, posset, quoq; vltimus actus, qui est ipsa intellectio esse quid ortũ ex substantia illorũ elemẽtorum, quẽadmodum color & sapor oriuntur ex ipsis. Hæc aũt opinio ẽ vtiq; similis illorũ opinioni, qui negabãt causas agẽtes, & tm̃ causas mãles cõcedebãt: & sunt illi, qui casum, & fortunã cõcedebant. Sed, cũ Alexãder sit longe præstantioris dignitatis ac nobilitatis, nõ est is, qui huiuscemodi opiniones credat. sed fuit coactus id dicere ꝓpter illas rõnes, atq; dubia, q̃ cõtra ipsum insurgebãt circa ipsum intellectum materialem. Reuertamur aũt nunc vñ digressi sumus, & dicamus ꝙ fortasse hæc argumenta induxerunt ipsum Auẽpace, vt diceret illa de ipso intellectu mãli. Sed manifestũ est illud inconueniens, qđ cõtra ipm̃ insurgit. Nẽpe quia conceptus ipsi imaginarij mouent vtiq; intellectũ, & non mouentur. Declaratumq; iã est ꝙ ita se habent ipsi ad virtutem discretiuã rõnalẽ, sicut se hẽt res sensibilis ad ipsum sentiens, nõ sicut sentiẽs ad ipsum habitum, qui est sensus ipse. Si. n. ipse reciperet intelligibilia, tũc res reciperet se ipsam, & ipm̃ mouẽs esset mobile ipsum. Sed iã probatũ fuit intellectũ materialẽ nõ posse habere formam in actu, cũ eius substantię, ac naturę sit recipere formas, quatenus sunt formæ. Et, cum omnia quæ de natura intellectus materialis dici possunt, videãtur esse impossibilia præter id, quod ab Aristotele dictum fuit: cõtra qđ non pauca etiam insurgũt argumẽta, seu dubia. Quorũ primũ est, quia sequeretur ꝙ ipsa in-

ANTIQVA TRANSL.

ma sunt æterna. Secunda autem est
fortissima earum, quod postrema perfe
ctio in homine sit numerata per nu
merationem indiuiduorum hominis: & prima perfectio sit vna nu-
Tertia qō. mero in omnibus. Tertia autem est
quæstio Theophrasti: & est quod pone
re quod iste intellectus nullam habet formam necessariū est: & ponere etiam
ipsum esse aliquod ens necessarium
est. & si non, non esset receptio, neq;
præparatio. Præparatio enim est receptio ex hoc, quòd non inuenitur
in subiecto. &, cùm est aliquod ens,
& non habeat naturam formæ, rema
net vt habeat naturam primæ mate
riæ: quod est valde inopinabile. prima. n. materia neq; est comprehensiua, neq; distinctiua. Et quomodo
dicitur in aliquo, cuius esse sit tale,
quod est abstractum.

Et, cùm omnia ista sint. ideo visum est mihi scribere quod videtur
mihi in hoc. &, si hoc, quod apparet
mihi, non fuerit completū, erit prin
2. Met. tex. cō. 2. cipium complementi. Et tunc rogo
fratres videntes hoc scriptum scribe-
re suas dubitationes. & forte per illud inuenietur verum in hoc, si non
dum inueni. &, si inueni, vt fingo,
tunc declarabitur per illas quæstio-
1. Eth. c. 10 nes. veritas. n. vt dicit Aristo. conuenit, & testatur sibi omni modo.

Quæstio autem dicens, quomo-
[illegible] do intellecta speculatiua erunt gene
8. Phy. 15. rabilia & corruptibilia, & agens ea
& recipiens erit æternum: & quæ est
indigentia ad ponendū intellectum
agentem

MANTINI TRANSL.

telligibilia, speculabilia (seu contēpla
tiua) essent æterna. Secundum, quod est cæte
ris alijs difficilius, est quod vltimus actus
in hoīe numeraretur ad numeratio
nē indiuiduorū hoīs: actus tamen prius
esset vnus numero in cūctis indiuiduis. Tertiū vero est argumentum
Theophrasti, quod affirmat oporte
re dicere hūc intellectum nullā hēre penitus formā, atq; necessariū eē dicere ipsum esse aliquod ens alias. n. nulla daretur aptitudo, neq; receptio.
Nā ipsa aptitudo ē receptio q̄dā, ea
rōne, qua nō reperiunt in subiecto.
manifestū aūt est ipsum intellectum esse
quodā ens, & nō hēre nām formæ. re E
linquitur igr̄ ipsum hēre nām materię
primæ: quod quidē est inopinabile,
propterea quia prima mā nihil cognoscit, nihilq; discernit & distinguit vel diuidit. Quo pacto ergo ea
res, quæ ita se hēt, poterit nominari
res separata, uel abstracta? His itaq;
sic se habētibus, dignū putaui scribe
re de hoc id, quod in mentē meā ve
nit, meūq; iudiciū. &, si id, qd' ego
de hoc negocio sentio, nō fuerit pfe
ctū & integrū, erit saltem initiū pfe
ctionis, atq; cōplementi. Quare rogo atq; obsecro fratres meos, q hęc
mea perspexerint scripta, vt scribant F
& ipsi opiniones suas. fortasse. n. sic
veritas huius negocij reperietur, si
hucusq; nondū fuit repta. &, si iā sit
reperta, vt opinor, mōstrabitur q dē
per illa dubia, atq; manifestabitur.
veritas et enim, vt inquit Arist. cor-
respōdet sibi ipsi, atq; testimoniū de
se vndequaq; perhibet. Dubiū aūt
illud, quod dicit, quonā pacto intel
ligibilia speculabilia possint esse ge
nerabilia, & corruptibilia, cū ipsum
generās atq; recipiēs ipsa sit æternū,
&

A ANTIQVA TRANSL.

agentem & recipientem, si non est illic aliquod generatum, illa quæstio non contingeret, si nõ esset hoc aliquid, quod est causa esse intellecta speculatiua generata. Modo autem quia ista intellecta constituuntur p duo, quorum vnũ est generatum, & aliud non generatum, quod dictum fuit in hoc, est secundum cursum naturalem: quoniam, quia formare per intellectũ, sicut dicit Aris. est sicut comprehẽdere per sensum: comprehendere autem per sensum perficitur per duo subiecta: Quorũ

B vnum est subiectum, per quod sensus fit verus, & est sensatum extra animam: Aliud autem est subiectũ, per quod sensus est forma existens, & est prima perfectio sentientis: necesse est etiam vt intellecta in actu habeant duo subiecta: Quorũ vnum est subiectum, per quod sunt vera, s. formæ, quæ sunt imagines veræ: Secundum autem est illud, per quod intellecta sunt vnum entium in mũdo, & istud est intellectus materialis. Nulla n. est differentia in hoc inter sensum & intellectum, nisi quia subiectum sensus, per quod est ve-

C rus, est extra animam: & subiectum intellectus, per quod est verus, est intra animam. & hoc dictum est ab Aristot. in hoc intellectu, vt videbitur post.

2. de Anima, 60.

Et hoc subiectum in intellectu, quod est motor illius, quoquo modo est illud, quod reputauit Auẽpace esse recipiẽs. quia inuenit ipsum quandoq; intellectum in potẽtia, & quandoque intellectum in actu. & ista est dispositio subiecti recipientis.

Infra. cõ. 39.

MANTINI TRANSL.

& quid cogit ponere intellectũ agentẽ & recipiẽtẽ, si nullũ dat ibi gñatũ. illud inq̃ dubiũ non oriret, nisi daretur aliquid aliud, qđ sit cã, ob quã ipsa intelligibilia speculabilia sint genita aliquo mõ. At cũ hmõi intelligibilia ex duobus cõsistãt, quorũ alterũ genitũ, alterũ vero ingenitũ existit, & hmõi dictũ procedit quidẽ processu nãæ: qm̃, vt inquit Arist. conceptio, q̃ fit p ipm intellectũ, ẽ veluti apprehensio, q̃ fit p sensũ: apprehensio aũt, uel cognitio, q̃ per sensũ fit pficit quidẽ p duo subiecta. Quorũ, vnũ est illud subiectum pp qđ ipse sensus ẽ verus, qđ quidẽ est ipm sensibile extra aĩam exñs: Alterũ vero ẽ illud subiectũ, p qđ ipse sensus est quędã forma exñs, & primus actus ipsi sentiẽtis: ita quoq; oportet dari duo subiecta ipsis intelligibilib' actu existẽtibus. Quorũ vnũ est illud subiectũ, pp quod ipsa intelligibilia sunt vera, nẽpe ipsę formæ. q̃ quidẽ sunt exẽplaria, seu imagines ipsarum rerũ verarũ, & quiditatũ: Alterũ vero est illud subiectũ, pp qđ ipsa intelligibilia sunt vnũ ex entibus mũ. di: & illud quidẽ est ipse intellectus mãlis. Nã nulla existit dĩa circa hoc inter sensũ & intellectum, nisi qđ subiectum ipsius sẽsus, pp quod sẽsus ipse est verus, existit quidẽ extra aĩam: sed subiectũ intellectus, pp qđ ipse est verus, existit vtiq; intra aĩam. & hoc iã fuit dictũ ab ipso Arist de hoc intellectu, vt post hoc apparebit. Et huiusmodi subiectũ ipsius intellectus, qđ quidẽ aliquo pacto mouet ipm, est illud, quod Auẽpace putauit esse recipiẽs, quia inuenit ipsum esse qñq; † intellectũ in potẽtia, qñq; vero * intellectum in actu. subiectũ. n. recipiens

† a. l. intelligibile.
* a. l. intelligibile.

tu.

ita

ANTIQVA TRANSL.

tis, & existimauit conuersionem.

Et ista proportionalitas magis inuenitur perfecta inter subiectum visus, quod mouet ipsum, & inter subiectum intellectus, quod mouet ipsum. Quemadmodum enim subiectum visus mouens ipsum, quod est color, non mouet ipsum, nisi quando per præsentiam lucis efficitur color in actu, postquam erat in potentia, ita intentiones imaginatæ non mouent intellectum materialem, nisi quando efficiuntur intellecta in actu,

Infra com. 18.

postquam erant in potentia. Et propter hoc fuit necesse Arist. ponere intellectum agentem, vt videbitur post: & est extrahens has intentiones de potentia in actum. Et quemadmodum color, qui est in potentia, nõ est prima perfectio coloris, qui est intẽtio comprehensa, sed subiectum, quod perficitur per istum colorem, est visus, ita etiam subiectum, quod perficitur per intellectum, non est intentiones imaginatæ, quæ sunt intellectæ in potentia, sed intellectus materialis, qui perficitur per intellecta: & est eius proportio ad ea sicut proportio intentionis coloris ad virtutem visibilem.

Solo prize pdain.

Et, cum omnia ista sint, sicut narrauimus, non contingit, vt ista intellecta, quæ sunt in actu, s. speculatiua sint, gñabilia, & corruptibilia, nisi pp subiectũ, per quod sunt vera, non pp subiectum, per quod sunt vnum entiũ, s. intellectũ materialẽ.

Scdæ quæstionis examinatio.

Quæstio autem secunda, dicens quomodo intellectus materialis est vnus in numero in omnibus indiuiduis hominum, nõ generabilis neq; cor-

MANTINI TRANSL.

D

ita solet se hře, ipse aũt putauit id posse cõuerti. Hæc tñ similitudo, & rõ, seu ꝓportio exactiꝰ reperiet̃ inter subiectũ sẽsus visus, qđ mouet visũ, & ipm visũ, & inter subiectũ ipsius intellꝰs, qđ mouet ipm, & ipm intellectũ. Qm̃, quẽadmodũ subiectũ ipsius uisus, qđ mouet eũ, qđ quidẽ est color, nõ mouet eũ, nisi ipse color efficiat̃ color actu, postq̃ fuerit color in potentia, & hoc quidẽ per pñtiã ipsius luminis, ita quoq; res se hẽt in ipsis cõceptibus (seu intentionibus) imaginatis, quę qdem nõ mouent intellꝰm mãlem, nisi reddãtur actu intelligibilia, postq̃ fuerint potẽtia intelligibilia. Et ob hoc fuit coactus Arist. ponere intellꝰm agentem, vt post hoc mõstrabit: qui quidẽ extrahit hmõi imagines (seu intẽtiones) de potẽtia ad actũ. Quẽadmodũ ergo color, qui est in potẽtia, nõ est actus primꝰ ipsorũ colorũ, qui sũt imago, (seu intẽtio) & phantasma ipsius sensibilis, sed illud subiectũ, qđ pficitur p illũ colorẽ, est ipse visꝰ, ita quoq; illud subiectũ qđ pficit̃ † p res intelligibiles, nõ sũt illæ itẽtiones imaginatæ, q̃ sunt itelligibiles I potẽtia, sed ẽ ipse intellectꝰ materialis, q pficit̃ p ipsa itelligibilia: quorũ rõ ad ipm est rõ ipsorũ colorũ ad virtutẽ visiuã. Si igit̃ hęc ita se habeant, vt narrauimus, sequit̃ vt illa intelligibilia, q̃ sunt actu, videlicet ipsa speculabilia, nõ sint gñabilia & corruptibilia, nisi rõne ipsius subiecti, I quo sunt vera, non rõne subiecti, in quo sunt vnũ ex entibus, & est ipse intellectus materialis. Illud vero sm dubiũ, qđ dicebat quo pacto possit intellectus materialis esse vnus numero in cũctis indiuiduis hoĩs, & ingenitus

E

† a.l. per intellectã.

F

A MANTINI TRANSL.

corruptibilis: & intellecta existentia in eo in actu, & est intellectus speculatiuus, sunt numerata per numerationem indiuiduorum hominum generabiliũ & corruptibilium per generationem & corruptionem indiuiduorum: hæc quidem quæstio valde est difficilis, & maximam habet ambiguitatem.

Primo probat intellectum esse vnicum.

Si enim posuerimus q̃ iste intellectus materialis, est numeratus per numerationem indiuiduorum hominum cõtinget vt sit aliquid hoc, aut corpus, aut virtus in corpore.

B

Et, tũm fuerit aliquid hoc, erit intẽtio intellecta in potentia. intẽtio aũt intellecta in potentia est subiectum mouens intellectum recipientem, non subiectũ motum. Si igitur subiectum recipiens fuerit positũ esse aliquid hoc, cõtinget vt res reciperet seipsã, vt diximus, quod est impossibile.

Scd̃o probat ipsum esse nõ vnicum.

Et etiam, si cõcesserimus ipsam recipere seipsam, contingeret vt reciperet se vt diuisa. & sic erit virtus intellectus eadem cũ virtute sensus: aut nulla differentia erit inter esse

C

formæ extra animam, & in anima. hæc enim materia indiuidualis nõ recipit formas nisi has & indiuiduales. & hoc est vnum eorum, quæ attestantur Arist. opinari q̃ iste intellectus non est intentio indiuidualis.

Et, si posuerimus q̃ non numeratur per numeratiõẽ indiuiduorum, continget vt proportio eius ad indiuidua existẽtia in sua perfectione postrema in generatione sit eadem. vnde necesse est, si aliquod istorum indiuiduorum acquisierit rem aliquam intellectam, vt illa acquiratur

ANTIQVA TRANSL.

nitus atq; incorruptibilis: & ipsa intelligibilia, quæ in eo existunt actu, q̃ quidẽ sunt ipse intellectus speculatiuus, numerent ad numerationẽ indiuiduorũ hoĩs generentq; atq; corrũpant ad gñationẽ & corruptionẽ ipsorũ hoĩum: hoc itaq; dubiũ est satis difficile, & arduũ. Quare, si cõcedamus hmõi intellectũ materialẽ numerari ad numerationẽ indiuiduorũ hoĩs, tũc sequeret ipm esse aliqđ indiuiduum singulare, siue illud sit corpus, siue potentia in corpore. Et, si fuerit aliquod indiuiduũ, tũc erit cõceptus (seu intẽtio) intelligibilis ĩ potẽtia. cõcept9 aũt intelligibilis in potẽtia est ipm subiectũ, quod mouet intellectũ recipientẽ, & nõ illud subiectũ, quod mouet. Si ergo concedamus intellectũ recipientem esse aliquid singulare indiuiduũ, tũc sequeret q̃ aliqđ reciperet seipm, vt diximus, qđ est impossibile. Et, si concesserimus quoq; ipm recipere se ipsum, tũc oporteret vt reciperet seipsum, quatenus est diuisibilis. & sic virtus ipsius intellectus esset vna, atq; eadẽ cũ virtute ipsius sensus: aut nulla dabitur penitus drĩa inter esse ipsius formæ extra aĩam, & esse in aĩa. quia hmõi* natura indiuidualis nõ recipit formas, nisi particulares, & indiuiduas. & hoc est vnum eorũ, q̃ testimonium præbẽt Arist. existimasse bene intellectum nõ esse indiuiduale cõceptũ. At, si dicamus ipm non numerari ad numerationem indiuiduorũ, tũc sequet q̃ eius rõ ad cũcta indiuidua existẽtia* in vltimo actu in ipsa gñatione erit vna & eadẽ rõ, & sic, si vnũ illorũ indiuiduorũ adipiscatur aliqđ intelligibile, oportebit vt illud met intelligibile, quod adipiscitur

* a. l. materia particularis.

* a. l. quo ad vltimũ actum.

ANTIQVA TRANSL.

tatur ab omnibus illorum. Quoniam, si continuatio illorum indiuiduorum est propter continuationẽ intellectus materialis cum eis, quemadmodum continuatio hominis cũ intentione sensibili est propter continuationẽ primæ perfectionis sensus cũ eo, qui est recipiens intẽtionẽ sensibilem: continuatio autem intellectus materialis cũ omnibus hominibus existentibus in actu in aliquo tempore in perfectione eorum postrema debet esse eadem continuatio. nihil enim facit alietatem proportionis continuationis inter hæc duo continua. quare, si hoc ita est, necesse est, cùm tu acquisieris aliqđ intellectum, vt ego etiam acquiram illud intellectum. quod est impossi.

Excludit tacitã responsionem.

Et indifferenter, siue posueris ꝙ postrema perfectio generata in vnoquoq; indiuiduo subiecta isti intellectui, scilicet per quam intellectus materialis copulat, & est ex ea quasi forma separabilis à subiecto suo, cũ quo continuatur, si aliquid est tale: & siue posueris eã perfectionem esse virtutem uirtutum animæ aut virtutum corporis, idem est in sequendo impossibile.

Alia rõ ad idem. vid. 2. cœ. c. 71.

Et ideo opinandum est ꝙ, si sunt aliqua animata, quorum prima perfectio est substantia separata à suis subiectis, vt existimatur de corporibus cœlestibus, ꝙ impossibile est vt inueniatur ex vna specie eorũ plus vno indiuiduo. quoniam, si ex eis, scilicet ex eadem specie inueniretur plusquàm vnum indiuiduum, v. g. de corpore moto ab eodem motore, tunc esse eorum esset ociosum, & superfluum: cùm motus eorum esset

Oppositũ 2. cœli. c6. 59. vbi dr corpa cœlestia eẽ eiusdẽ spẽi

MARTINI TRANSL.

D

sciteur illud indiuiduum, obtineatur ẽt à cũctis indiuiduis. Quoniã, si assiduitas, & perseuerãtia illoꝝ indiuiduorũ sit ꝓp assiduitatẽ intellus materialis cũ eis, quẽadmodũ coniunctio, & adherẽtia hõis cũ ipso cõceptu, (seu intẽtione) sensibili est quidẽ ꝓp coniũctionẽ primi actus ipsius sẽsus cũ ipso, q̃ q̃dẽ recipit ipsm cõceptũ seu intẽtionẽ sẽsibilẽ: ergo assiduitas ipsius intellus, atq; eius cõiũctio cũ oĩbus indiuiduis, q̃ actu reperiunt in aliquo tpe in suo vltimo actu, debet vtiq; esse eadẽ coniũctio. nihil.n. reperit hic, qđ faciat diuersitatẽ, & distinctionẽ in rõne (seu ꝓportione) E ipsi⁹ cõiũctionis inter illa duo cõiũcta, & sic oporteret vt, cũ tu acquisieris aliqđ intelligibile, vt ego ẽt adipiscerer illud intelligibile. qđ est impossi. Et nihil differt, siue ponas illũ vltimũ actũ, qui in cũctis indiuiduis gñat, eẽ subiectũ illi * intellui, cũ quo cõiũgitur intellus materialis atq; copulatur, & ꝓp ipsum est veluti forma separata à suo subiecto, cũ quo copulatur, si datur aliquid tale ita se habẽs: siue illũ actũ & pfectionẽ esse aliquã virtutẽ aĩę, aut corporis virtutẽ, nihil vtiq; refert ad hoc vt sequat illud impossi, & incõueniẽs. F

* a. l. intelligibili

Et idcirco cõsentaneũ est existimare ꝙ, si reperiant aliqua aĩata, quorũ primus actus sit substãtia separata à suis subiectis, vt existimatur de corporibus cœlestibus, ꝙ impossi erit vt in vna spẽ eorum reperiat plusq̃ vnũ indiuiduũ, nam, si vna specie eorum reperirentur plura indiuidua, exẽpli gratia vt detur aliquod corpus, quod moueatur ab eodem motore, tunc eorum esse esset frustra & temere, cũ eorum motus sit

propter

ANTIQVA TRANSL.

A com. a. t. c. 32. vsq; ad 35. & 12. Me. t. c. 49 Vid. com. [illegible].

set propter eandem intentionem in numero. v.g. q esse plus vna naui in numero vni nautæ in eadē hora est ociosum. & similiter esse plus vno instrumento in numero vni artifici eiusdem speciei instrumentorū est ociosum.

Et hæc est intētio eius, quod fuit dictum in primo de Cœlo, & Mundo, B scilicet q, si esset alius mundus, esset aliud corpus cœleste. &, si esset aliud corpus, haberet alium motorē in numero à motorē istius corporis. &, si hoc esset, tunc motor corporis cœlestis esset materialis numeratus per numerationem corporum cœlestium, scilicet q impossibile est q vnicus motor in numero sit duorū corporum diuersorum in numero. & ideo artifex non vtitur plus uno instrumento, cùm ab eo nō proueniat nisi vna actio. Et vniuersaliter C existimatur q impossibilia, contingentia huic positioni, contingunt huic, quod ponimus, q intellectus, qui est in habitu, est vnus in numero. & iam numerauit plura eorum Auempace in epistola sua, quam appellauit Continuationē intellectus cum homine. Et cùm ita sit, qualis igitur est via ad dissoluēdum istam quæstionem difficilem?

Solo [illegible] [illegible]. † a.l. intellecti. Et intellectus materialis, & intellectus non [illegible]

Dicamus igit q manifestū est q hō nō est intelligēs in actu, nisi propter continuationem † intellect° cū eo in actu. Et est ēt manifestū q materia, & forma copulātur adinuicē, ita q cōgregatum ex eis sit vnicum; & ma-

MANTINI TRANSL.

propter vnicum tantum propositū. vt exempli causa si plures naues numero traderentur vnico gubernatori nauis nam, si tradantur ei in vnico tēpore, erit quidem ociosum ac temere. similiterq; aliquem artificē professorem vnius artis habere plura instrumenta, quæ sint eiusdem generis, erit vtiq; & hoc ociosum. Et hoc est, quod Arist. sentiebat, dum dicebat in primo libro de Cœlo & Mundo q, si reperiretur aliquis mundus, daretur quoq; aliud corpus cœleste. &, si daretur aliud corpus cœleste, illud quidē obtineret motorem numero diuersum ab illo motore mouēte illud aliud corp°, & tūc motor ipsius corporis cœlestis esset materialis, & numeraretur ad cōnumerationē corporum cœlestiū. & hoc iō, quia impossibile est vt idem met motor numero sit motor corporum diuersorum numero. hinc fit q ipse artifex, seu professor alicuius artis non vtitur pluribus vno instrumento, dū non prouenit ab ipso nisi una tantum actio. Tandem existimandum est q illa met incōmoda, quæ sequūtur hanc positionem, sequantur ad illam, in qua posuimus intellectum in habitu (seu adeptum) esse vnum numero. Etiam narrauit Auempace multa illorū inconuenientiū in eo tractatu suo, cui titulū imposuit. De copulatione intellectus cum homine. His itaq; sic se habētib°, dicendū vtiq; est quo nā pacto debeat solui hoc dubiū ita arduū. Dicam° ergo nos manifestum esse ipm hoīem nō esse actu intelligentē, nisi propterea qd copulat cū eo intellectus i actu. Estq; rursum manifestū materiā & formā ita sibi cōiungi & vniri, vt aggre-

ANTIQVA TRANSL.

& maxime intellectus materialis, & intentio intellecta in actu †, quod enim componitur ex eis non est aliquod tertium aliud ab eis: sicut est de alijs compositis ex materia & forma. Continuatio igitur intellecti cum homine, impossibile est vt sit nisi per continuationem alterius istarum duarum partium cum eo, s. partis, quæ est de eo quasi materia, & partis, quæ est de ipso, s. de intellectu quasi forma.

Et, cum declaratum est ex prædictis dubitationibus quod impossibile est vt intellectus copuletur cum vnoquoque hominum, & numeretur per numerationem eorum per partem, quæ est de eo quasi materia, s. intellectum materialem, remanet vt continuatio intellectorum cum nobis hominibus sit per continuationem intentionis intellectæ cum nobis, & sunt intentiones imaginatæ, s. partis, quæ est in nobis de eis aliquo modo quasi forma. Et ideo dicere puerum esse intelligentem in potentia potest intelligi duobus modis. Quorum vnus est, quod formæ imaginatæ, quæ sunt in eo, sunt intellectæ in potentia. Secundus autem, quod intellectus materialis, qui innatus est recipere intellectum illius formæ imaginatæ, est recipiens in potentia, & continuatus cum nobis in potentia.

Declaratum est igitur quod prima perfectio intellectus differt à primis perfectionibus aliarum virtutum animæ: & quod hoc nomen perfectio dicitur de eis modo æquiuoco, econtrario ei,

in actu sit maxime vnum. quia non componitur ex eis non est aliquid tertium aliud ab eis. sed vide oppositum. 12 Met. 51 com. vbi d. quod in intelligentijs quod sit ex intelligibili & intellectu distinctum est ab intellectu. Vide contradict. Zim. † Et hoc furmi solet compositum dicere tertium entitatem à partibus distinctum. vide confisse. 7. Met. 26. 27. & 60. com. & 1. de An. 77. sed vide oppositum primo Phi. 17. & 4. Ph. 41. Vide contra. Zim. Perfectio 1 virtutib. aiæ. dicitur equiuoce. Idem s. in hoc com. contra Ale. & 2. de An. 7. 21. & 30. comm.

MANTINI TRANSL.

D

gregatum ex ipsis efficiatur sit vnum, & præcipue ipse intellectus materialis, & ipse conceptus (seu intentio) intelligibilis in actu, quoniam id, quod ex eis constat, non est aliquod tertium diuersum ab eis, vt res se habet in alijs rebus compositis ex materia & forma. Impossibile ergo est vt copuletur * intellectus, cum ipso homine, nisi per copulationem vnius illarum duarum partium, videlicet illius partis, quæ se habet ad eum veluti materia, & illius, quæ se habet ad ipsum, scilicet intellectum veluti forma. At

E

cum iam per supradicta argumenta probatum fuerit quod intellectus non potest copulari cum omnibus indiuiduis, & vt numeretur ad eorum numerationem per eam partem, quæ se habet ad eum vt forma, videlicet per intellectum materialem, relinquitur igitur * vt copuletur ipse intellectus nobis omnibus hominibus per copulationem conceptuum (seu intentionum) intelligibilium nobiscum: quæ quidem sunt ipsi conceptus imaginati (seu intentiones) imaginatæ, hoc est per illam partem ipsarum, quæ in nobis existit, quæ quodam pacto se habet vt forma. Et ideo, cum dicimus puerum esse intelligentem potentia, potest vtique dupliciter intelligi. Vno quidem modo, quod formæ imaginatæ, quæ in eo existunt, sint intelligibiles potentia. Alio vero modo

F

potest intelligi, videlicet quod intellectus materialis, qui est aptus recipere intelligibile ipsum illius formæ imaginatæ, est vtique recipiens potentia, & copulatus nobis potentia. Ex dictis igitur iam constat primum actum ipsius intellectus differre à primis actibus reliquarum virtutum: & quod hoc nomen actus dicitur de ipsis aliquo modorum æquiuocationis, contra id, quod opinatus est ipse Alex. Et ob hanc causam

* s. l. intelligibile.

* a. l. copulentur intelligibilia.

A ANTIQVA TRANSL.

† Excludit op. Alex. & eiadis op. Auemp. ostēdeo quo intellectus apud ipsum sit numeratus.

ei, quod existimauit Alex.† Et ideo dicit Arist. in definitione animæ ꝙ est perfectio prima corporis naturalis organici: quod non autem est manifestum verum per omnes virtutes perficiatur corp⁹ eodem modo, aut ē ex eis aliqua, per quam corpus nō perficitur, &, si perficiatur, erit alio modo.

Præparatio autem, quæ est in virtute imaginatiua intellectorum, similis est præparationibus, quæ sunt in aliis virtutibus animæ, s. perfectionibus primis aliarum virtutum animæ, s. in hoc ꝙ vtraq; præparatio

B generatur per generationem indiuidui, & corrumpitur per corruptionem eius, & vniuersaliter numeratur per numerationem eius.

Et differunt in hoc, ꝙ illa est præparatio in motore vt sit motor. s. præparatio, quæ est in intētionibus imaginatis. Secunda autem est præparatio in recipiente: & est præparatio, q̄ est in primis perfectionibus aliarū partium animæ.

C

Et propter hāc similitudinem inter has duas præparationes existimauit Auenpace ꝙ nulla est præparatio ad rem intellectam fiendam, nisi præparatio existens in intētionibus imaginatis. Et hæ duæ præparationes differunt sicut terra à cælo. vna enim præparatio est in motore vt sit motor. alia autem est præparatio in moto vt sit motum, & recipiens.

Et

MANTINI TRANSL.

causam dixit Aristot. in definitione animæ ꝙ ipsa est actus primus corporis physici organici: sed non fuit demonstratum, verum per omnes virtutes eodem modo ipsum corp⁹ perficiatur, aut detur aliqua virtutū animæ, qua corpus non perficiatur. vel, si perficiatur per eam, ꝙ tamen vario modo perficiatur, & diuerso.

At illa aptitudo, quæ in virtute imaginatiua ipsorum intelligibiliū existit, similatur quidem illis aptitudinibus, quæ in aliis virtutibus animæ reperiuntur, hoc est ꝙ, sunt primi actus reliquarum virtutum aīæ, nam in vtroq; hoc genere aptitudinis generatur ipsa aptitudo & corrūpitur ad generationem ipsius indiuidui, atq; corruptionem. & tandem numeratur ad eius numerationem.

Veruntamen differūt in hoc, q̄d hæc aptitudo existit quidem in ipso motore, quatenus est motor, illa scilicet aptitudo, quæ in ipsis conceptibus (seu intentionibus) imaginatis existit. Sed secunda aptitudo existit vtiq; in ipso recipiente, & est illa aptitudo, quæ in primis actibus seu pfectionibus reliquarum virtutū animæ existit. Et propterea quòd hę duæ aptitudines sunt inter se similes ideo est opinatus Auen pace ꝙ nulla datur aptitudo ad hoc, vt aliqd fiat intelligibile, nisi illa aptitudo, quæ ī ipsis intentionibus imaginatis existit. Cùm tamē hæ duæ aptitudines differant inter se, sicut differt cælū à terra. propterea quia vna illarum aptitudinum existit in ipso motore, ea ratione, qua est motor. altera vero est illa aptitudo, quæ in ipso mobili existit, ea ratione, qua mobile est, ac recipiens.

Et

ANTIQVA TRANSL.

Et ideo opinandum est ꝙ iam apparuit nobis ex sermone Arist. ꝙ in anima sunt duæ partes intellectus. quarum vna est recipiens: cuius eẽ declaratum est hic. alia autem est agens: & est illud, quod facit intentiones, quæ sunt in virtute imaginatiua, esse mouentes intellectum materialem in actu, postquã erant mouentes in potentia: vt post apparebit ex sermone Arist. & ꝙ hæ duæ partes sunt non generabiles neq; corruptibiles: & † ꝙ agens est de recipiente quasi forma de materia, vt post declarabitur.

† Cõtradictio hic & 12. Me. cõ. 17. q̃a hic d. intellm possibilẽ eẽ mãm intellect⁹ agentis, sed ibi d. ĩpm nõ eẽ mãm, sed locũ. Vide con. Zim.

Et ideo* opinatus est Themist. ꝙ nos sumus intellectus agens, & ꝙ intellectus speculatiuus nihil ẽ aliud nisi continuatio intellectus agentis cum intellectu materiali tantum. Et non est, sicut existimauit. sed opinandum est ꝙ in anima sunt tres partes intellectus. Quarum vna est intellectus recipiens. Secunda autẽ est efficiens. Tertia autem factum. Et duæ istarum trium sunt æternæ, s. agens, & recipiẽs: tertia autem est generabilis & corruptibilis vno modo, æterna autem alio modo.

* Opĩ. Themi. 3. de Aĩa cõ. 17. 18. & 19.

Quoniam, quia opinati sumus ex hoc sermone ꝙ intellectus materialis est vnicus omnibus hoĩbus: & etiam ex hoc sumus opinati ꝙ species humana est æterna, vt declaratum est in aliis locis: necesse est vt intellectus materialis non sit denudatus à principiis naturalibus communibus toti speciei humanæ. s. primis propositionibus, & formationibus

2. de Aĩa c. 34. & 8. ph. 46. & 2. de Gen. 59.

MANTINI TRANSL.

D Et ob hoc consentaneum est credere quod iã appareat nobis ex verbis Aristotelis reperiri ĩ ipsa anima duas partes ipsius intellectus. quarũ vna ẽ, quæ recipit, quæ ꝙ sit, hic fuit probatum. alia vero, quæ agit, & est illa, quæ facit vt illæ intentiones & conceptus, existentes in virtute imaginatiua, moueant intellectum materialem actu, postquam erant mouentes ipsum in potentia, vt post hoc apparebit ex verbis Aristotelis. & apparebit etiam has duas partes esse ingenitas & incorruptibiles: & quod ratio ipsius agentis ad recipiens est E veluti ratio ipsius formæ ad ipsam materiam, vt post hoc probabitur.

Et ideo est opinatus Themistius ꝙ nos sumus intellectus agens, & ꝙ nihil aliud est intellectus speculatiuus, quã copulatio intellectus agentis cum intellectu materiali tãtum. Sed res non ita se habet, vt ipse opinatur. sed existimandum est in anima reperiri tres partes intellectus. Prima est ipse intellectus recipiens. Secunda vero ipse agens. Tertia autem est intellectus adeptus, (seu factus.) Et horum trium duo quidem sunt æterni, nempe agens, & recipiens: tertius vero est partim gene- F rabilis & corruptibilis, partim uero æternus.

Sed, cùm ex hoc dicto nos possumus opinari intellectum materialem esse vnicum in cunctis indiuiduis: possumusq; adhuc ex hoc existimare humanam speciem eẽ æternam, vt in aliis locis declaratum fuit, ideo oportebit intellectum materialem non posse denudari à principiis vniuersalibus natura notis vniuersæ humanæ speciei. dico autem primas illas

ANTIQVA TRANSL.

bus singularibus communibus omnibus. hæc enim intellecta sunt vnica secundum recipiens, & multa secundum intentionem receptam.

Secundum igitur modum, secundum quem sunt vnica, necessario sunt æterna: cum esse non fugiat à subiecto recepto. s. motore, qui est intentio formarum imaginatarum: nec est illic impediens ex parte recipientis. Generatio igitur & corruptio non est ei, nisi propter multitudinem contingentem eis, non propter modum, secundum

B quem sunt vnica. Et ideo, cùm in respectu alicuius Indiuidui fuerit corruptum aliquod intellectum primorum intellectorum per corruptionem sui subiecti, per quod est copulatum cum nobis, & verum, necesse est vt illud intellectum non sit corruptibile simpliciter, sed corruptibile in respectu vniuscuiusq; indiuidui. Et ex hoc modo possemus dicere quod intellectus speculatiuus est vnus in omnibus.

C

Et, cùm consyderatum fuerit de istis intellectis, secundum quod sunt entia simpliciter, non in respectu alicuius indiuidui, vere dicuntur esse æterna: & quòd non intelliguntur quandoque, & quandoque non, sed semper: & quòd illud esse est eis medium inter esse amissum, & esse remanens. secundum enim multitudinem, & diminutionem contingentem eis à postrema perfectione sunt generabilia & corruptibilia: & secun-

MANTINI TRANSL.

illas propositiones, illosq; conceptus proprios particulares, qui cunctis communicant rebus. quoniam huiusmodi intelligibilia sunt vtiq; vnum ratione recipientis, plura vero ratione ipsius conceptus recepti. Ea igitur ratione, qua sunt vnica in ipso, sunt vtiq; æterna: cum ipsum esse non separet ab ipso subiecto recepto, hoc est ab ipso mouente, quod quidem est ipsa intentio (seu conceptus) ipsarum formarum imaginatarum: nullúmq; reperitur ibi prohibens ratione ipsius recipientis. Idcirco nullam habebit generationem, & corruptionem, nisi ratione pluralitatis, quæ eis accidit, & nõ ea ratione, qua sunt vnum in ipso. Et idcirco, si corrumpatur aliquod primorum intelligibilium, seu primarũ notionum, propter corruptionem subiecti ipsius, quo coniungitur nobis, & copulatur, & est verum, & vnũ, rõne, s. & respectu alicuius indiuidui, tunc oportebit illud intelligibile esse absolute incorruptibile, sed corruptibile rõne ac respectu vnius indiuiduorum. Hac ergo rõne possumus dicere intellectum speculatiuum esse vnicum in cunctis indiuiduis.

At, si huiusmodi intelligibilia considerentur, quatenus habent esse absolutum, & non in ratione ad aliquod indiuiduorum, tunc vere dicentur habere æternum esse: & non esse quandoque intelligibilia, quandoq; non, sed eodem modo semper existere. videntur enim habere quoddam esse medium inter esse perpetuum, & caducum, seu rabidum. nã quatenus magis, vel minus obtinẽt de vltimo actu, & perfectiõe, ea quidem ratione generabilia sunt & corruptibilia

ANTIQVA TRANSL.

secundum q; sunt vnica in numero, sunt æterna.

*a. l. si fuerit.

Hoc autem erit, *si nõ fuerit positum ꝙ dispositio in postrema perfectione in hoie est sicut dispõ in intellectis cõibus omnibus .s. ꝙ eẽ mũdi non denudatur à tali indiuiduo esse. Hoc .n. impossibile non est manifestum, immo dicens hoc potest habere rationem, & causam sufficiẽtẽ, & faciẽtem animam quiescentẽ. quũ, cum sapientia, & esse in aliquo modo proprium hominum est, sicut modus artificiorum esse in modis propriis hominum, existimatur ꝙ impossibile est vt tota habitatio fugiat à philosophia: sicut opinandum est ꝙ impossibile est vt fugiat ab artificiis naturalibus. Si enim aliqua pars eius caruerit eis .s. artificiis v. g. quarta terræ septẽtrionalis, non carebunt eis aliæ quartæ. hoc enim declaratum ẽ, ꝙ habitatio est possibilis in parte meridionali, sicut in septentrionali.

Forte igitur philosophia inuenitur perfecta in maiori parte subiecti in omni tempore, sicut homo inuenit ab homine, & equus ab equo. Intellectus igitur speculatiuus est non generabilis neq; corruptibilis sm hunc modum. Et vł'r ita est de intellectu agente creante intellecta, sicut de intellectu distinguente & recipiente. quemadmodum enim intellectus agens nunquã quiescit à generando & creando simpliciter, licet ab hac .s. generatione euacuatur aliquod subiectum, ita est de intellectu distinguente.

Et

MANTINI TRANSL. D

ruptibilia: sed quatenus sunt vnum numero, æterna quidem sunt.

Hoc aũt ita se habebit, si non ponamus vltimum actũ ita se hre in ipso hoie, sicuti se habent intelligibilia illa, quæ sunt cõia cũctis, hoc est ꝙ eẽ ipsius mũdi nõ expoliat ab eõ huiusce indiuidui, neq; est expers eius. Quod aũt hoc sit impoẽ, non est demõstratũ. sed qui hoc affirmauerit, fortasse afferet rõnem satis apparẽtẽ, & probabilẽ, cui animus acquiescet. nã, quẽadmodũ scientia & ipsum eẽ sunt quid ꝓpriũ ipsi hoi, veluti ẽt & artes ipsæ quibusdã modis ꝓpriis vñt inesse ipsi hoi, ideo existimatur vniuersum habitatũ nõ posse esse expers alicuius habitus ipsius philosophiæ: ita quoq; existimãdũ est ꝙ vniuersum habitatũ non põt esse expers artiũ nãliũ. Quõ, licet in aliqua parte defuerint ipsæ artes, exẽpli gr̃a in quadra septentrionali ipsius terræ, non ꝓpea reliquæ quadræ priuabunt eis. nã iã fuit ꝓbatũ, ꝙ in parte meridionali põt eẽ habitatio, quẽadmodũ in parte septentrionali. E Ergo fortasse reperietur philosophia in maiori parte subiecta (seu ferente) oĩ tp̃e, quẽadmodũ homo ex hoie, & equus ex equo gignitur. F Intellꝰ ergo speculatiuus est ingenitus & incorruptibilis hac rõne. Et, vt verbo dicã, ita se hẽt intellꝰ agẽs, qui intelligibilia creat, sicut se hẽt intellꝰ, q discernit, seu distinguit & diuidit, & q intelligibilia recipit. nã quẽadmodũ intellectus agẽs nunq̃ desistit, q n intelligibilia creet, eaq; absolute generet, & si aliqđ subiectũ reperiat exps huiusce gñationis, ita quoq; & ipse intellectus diuidẽs, & discernẽs se hẽt.

Et

A

ANTIQVA TRANSL.

1. de Ala. par. 66.

Et hoc innuit Aristote. in primo istius libri, cũ d. Et formare per intellectũ, & consyderare sunt diuersa ita φ intus corrumpatur aliquid aliud, ipsum aũt in se nullã habet corruptionem. Et intẽdit per aliquid aliud formas imaginatas humanas. & intendit per formare per intellectum receptionem, quæ est semper in intellectu materiali, de qua intendebat dubitare in hoc tractatu, & in illo, cũ d. Et non sumus memores, quia ille est nõ passiuus. intellectus autem passiuus est corruptibilis, & absq; hoc nihil intelligit.

3. de ala t.c. 10.

B

Et intendit per intellm passiuũ virtutem imaginatiuam, vt post declarabitur. Et vr ista intentio apparuit à remotis, s. animã esse immortalem. s. intellectum speculatiuum.

Vnde Plato d. φ vniuersalia sunt neq; generabilia neq; corruptibilia, & φ sunt existentia extra mentem. Et est sermo ver⁹ ex hoc modo, & falsus sm φ sonant verba ei⁹: & est modus, quem Arist laborauit destruere in Metaphysica. Et vniuersaliter

C

ista intentio animæ est pars vera in propositionibus probabilibus, quæ dant animã esse verũq; s. mortalem, & non mortalem. probabilia enim impossibile est vt sint falsæ sm totum. Et hoc apologizauerunt Antiqui: & in representatione illis conueniunt omnes leges.

Solutio qõnis.

Tertia autẽ quæstio, quæ est qũo intellectus materialis est aliqđ ens, & non est aliqua formarum materialium, neq; etiam prima materia, sic

MANTINI TRANSL.

Et hoc voluit Aris. in primo lib. huius, dum dicebat, Intelligere aũt, & cõtemplari marcescunt (seu transmutant) alio quodã interius corrupto, ipsum aũt impassibile est. Intelligit aũt Arist. per hoc, quod dicebat, alio quodam, ipsas formas imaginatiuas humanas: & per id qđ dicebat intelligere, intelligebat ipse illud recipere, quod semp̃ reperitur in intellectu materiali, de qua receptione proposuit dubitare in eo capitulo, in quo ẽt dixit. Neq; nos rememorabimur, quia ẽ quid impassibile. intellectus etenim passibilis ẽ vtiq; corruptibilis, alias n. nihil intelligeret. Et intelligit Aristot. p̃ intellectũ passibile ipsam virtutem cogitatiuã, vt post hoc videbit. Et, vt verbo dicam, hoc vr esse remotũ videlicet aĩam eẽ mortalẽ, ipsum. s. intellectũ speculatiuum. Plato tñ vr dicere, ipsa vlia esse ingenita & incorruptibilia, & reperiri extra animam. Et illud quidẽ est verũ, si sic intelligatur: sed falsum, si intelligatur iuxta sensum literalẽ, & vt verba significant: quẽ sensum conat Arist. destruere in lib. Metaphysicæ. Et, vt paucis rẽ absoluã, hæc sententia, quæ de aĩa hr, est vtique aliqua ex parte vera, videlicet per p̃põnes p̃babiles, quæ quidẽ affirmant animã duplex hrẽ esse, nempe mortale, & immortale, nam propositiones probabiles non possunt esse oĩ ex parte & vndequaq; falsæ. & Antiqui oẽs sequuntur in hoc sententiã Platonis: omnesq; religiones in hac enarratione cõueniũt. Dubiũ uero Tertii, quo dubitat, quare intellect⁹ materialis sit aliquod ens, cũ nõ sit aliqua forma materialis, neq; sit ipsa mate-

ANTIQVA TRANSL.

sic dissoluitur. Opinandum est.n. q illud est quartum gen' esse. quẽadmodum.n. sensibile eẽ diuiditur in formam, & materiam, sic intelligibile esse oportet diuidi in consimilia his duobus, s. in aliquod simile formæ, & in aliquod simile materiæ. Et hoc necesse est in omni intelligentia abstracta, quæ intelligit aliud. & si nõ, non esset multitudo I formis abstractis. & ideo declaratũ est in prima philosophia, q nulla ẽ forma liberata à potentia simpliciter, nisi prima forma, quæ nihil intelligit extra se: sed essentia † eius est quiditas eius: aliæ aũt formæ diuersantur in quiditate, & essentia quoquo modo. Et, nisi esset hoc genus entium, quod sciuimus in scientia animæ, non possemus intelligere multitudinem in rebus abstractis: quemadmodum, nisi sciremus hic naturam intellectus, non possemus intelligere q virtutes mouentes abstractæ debent esse intellectus.

Nulla forma liberata ẽ a potẽtia simpl'r nisi prima forma, q nihil intelligit extra se. Sed vidẽ opp. 3. ph. 3a. 2. Cœli 34. 9. Me. 17. 12. Me. 30. 35. 41. & 44. vbi hẽr q l in æterno nulla ẽ potẽtia oĩo. Vide cõe. 2um.

Et hoc latuit multos modernos, adeo q negauerũt illud, quod dicit Arist. in tractatu sui libri, q necesse est vt formæ abstractę mouẽtes corpora cœlestia sint secundum numerum corporum cœlestium. Et ideo scire de Anima necessarium est in sciendo primam philosophiam. Et iste intellectus recipiens necesse est vt intelligat intellectum, qui est in actu. Cùm enim intellexerit formas materiales dignior est vt intelligat formas nõ materiales & illud, quod intelligit ex formis abstractis, verbi gratia ex intelligentia agente, non impedit

† Essentia primæ intelligẽtię ẽ quiditas eius: sed i aliis diuersãt quiditas ab essentia. Sed vide opp. 3. 1. c. 9. & 7. Me. t. c. 41 vbi dr q l abstractis a mã idẽ ẽ quiditas, & essentia. Vide cõe. 2um.

MANTINI TRANSL.

D materia prima, eius quidẽ solo hæc est. Nẽpe q existimandũ est hoc eẽ quartũ genus essendi, vel entium. & q quẽadmodũ ens sensibile diuidit in mãm & formã, ita quoq; ens intelligibile debet diuidi ĩ ea, quæ his duobus similant, nẽpe in id, quod similat materię, & in id, quod similat formæ. Hoc aũt necesse est ita se habere in oĩ intelligẽtia separata, quæ intelligit aliquid aliud à se alias.n. non daret pluralitas in ipsis formis separatis. & ob id fuit ꝓbatũ in prima philosophia q nulla reperit forma abstracta, quæ sit simpl'r & penitus expers alicuius potẽtiæ, ꝑter primã formã, quæ nihil extra se intelligit: sed eius esse est eius quiditas: in reliqs aũt formis differt, aliquo pacto ipsum eẽ ab ipsa qditate. E Et, si nõ daret hoc genus entiũ, quod quidẽ cognoscimus * de sciẽtia aĩæ, tũc nõ possemus intelligere pluralitatẽ in rebus abstractis: quẽadmodũ et, si ignoraremus hanc nãm ipsius intellectus, haud quaq̃ possemus intelligere q illæ virtutes motrices abstractæ debeant esse intelligentiæ quædã. Et hoc quidem latuit plures recentiorũ, quia negãt id, quod d. Arist. in libro suo primæ philosophiæ, vbi. s. affirmat formas separatas, quæ mouent corpora cœlestia, debere eẽ tot numero, quot sunt ipsa corpora cœlestia. F Et idcirco sciẽtia de Aĩa est quid necessariũ ad sciẽtiã primæ philosophiæ. Iste ꝑterea intellectus recipiens necesse est vt intelligat illũ itellm, qui actu exist. r. Nã, si intelligit formas mãles, longe magis debet intelligere formas immateriales. & id, qđ intelligit de ipsis formis separatis, hoc ẽ de ipso intellectu

* a. l. per scientiã.

A ANTIQVA TRANSL.

impedit ipsum intelligere formas materiales.

Propositio aũt, dicens ꝙ recipiẽs nihil debet habere in actu ex eo, qđ recipit, nõ dr̃ simpl'r. sed cũ conditione. s. ꝙ nõ est necesse vt recipiẽs nõ sit aliquid in actu oĩno, sed vt nõ sit in actu aliquid ex eo, qđ illud recipit, sicut ꝓdiximus. Immo debes scire ꝙ respectus intellectus agentis ad istum intelĺm est respectus lucis ad diaphanum: & respectus formarũ materialiũ ad ipsum est respect⁹

B coloris ad diaphanum. Quẽadmodũ n. lux est perfectio diaphani, sic intellectus agens est ꝑfectio intelĺus materialis. Et, quẽadmodum in diaphanum non mouetur à colore, neque recipit eũ, nisi qñ lucet, ita iste intellectus non recipit intellecta, q̃ sunt hic, nisi fm̃ ꝙ perficitur ꝑ illũ intelĺm, & illuminatur per ipsum. Et, quemadmodũ lux facit colorẽ ĩ potẽtia esse in actu, ita ꝙ possit mouere diaphanũ, ita intellectus agẽs facit intentiones in potentia intellectas in actu, ita ꝙ recipit eas intelĺus

C materialis. fm̃ hoc igitur est intelligendum de intellectu materiali, & agente.

Et, cùm intelĺus materialis fuerit copulatus, fm̃ ꝙ perficitur per intellectum agẽtem, tunc nos sumus copulati cum intellectu agente. & ista dispositio dicitur adeptio, & intelĺs

Com. 16. adeptus, vt post videbitur. Et ille modus, fm̃ quem posuimus essentiã intellectus materialis, dissoluit omnes q̃ões contingentes huic ꝙ ponimus, ꝙ intellectus ẽ vnus & multa. q̃m, si res intellecta apud me, & apud te fuerit vna omnibus modis, contingeret ꝙ, cùm ego scirẽ aliquod intelle-

MANTINI TRANS.

intellectu agente, nihil vtiq; obest ei, neq; ipsum impedit, quin possit intelligere formas mãles. Illa vero ꝓpositio, q̃ dicit ꝙ in ipso recipiẽte nihil dẽt actu reperiri eius, quod recipit, nõ debet intelligi sic simpl'r & absolute, sed cũ cõditione: videlicet, ꝙ nõ est necessarium vt ipsum recipiẽs nihil sit actu absolute oĩno, sed ꝙ nõ sit actu aliqđ eius, qđ recipit, vt superius diximus. Sed scire debes ꝙ eadẽ est rõ ipsius intellectus agẽtis ad hũc intelĺm, q̃ est ipsius luminis ad ipsum diaphanũ. Nã quẽadmodũ lumẽ est ꝑfectio, & actus ipsius diaphani, ita intelĺs agẽs est act⁹ ipsius intelĺs materialis. Et quemadmodũ ipsum diaphanũ non mouet̃ à colore, neq; recipit ipsum, nisi adfuerit ibi lumẽ, ita intelĺs is nõ recipit hæc intelligibilia, nisi ꝑficiat̃ ab illo intellectu, ab eoq; illuminetur. Et quẽadmodũ lumen reddit colorẽ, qui potẽtia existit, colorẽ actu, ita vt possit mouere diaphanũ, ita quoque intelĺs agẽs reddit ipsos conceptus & intentiones, quæ sunt in potẽtia actu intelligibiles, ita vt intelĺs materialis recipiat ea. & hoc modo dẽt intelligi hoc negociũ. s. ipsius intelĺs materialis, & agẽtis. Et, cũ intellectus materialis fuerit cõiunctus nobis, & copulatus pro rõne, qua ꝑficitur ab ipso intelĺu agẽte, tũc nos sumus copulati cũ intelĺu agente. & hæc res seu aptitudo, & dispositio nominatur vocat̃q; habitus, seu adeptio, aut intellectus adeptus, vt post hoc mõstrabit̃. Et hac rõne, qua ex posuimus subſtãm ipsius intelĺs materialis, soluunt̃ oĩa dubia, q̃ insurgebant contra id, quod diximus, ipsum intelĺm esse vnum & plures. propterea

ANTIQVA TRANSL.

Intellectum vt tu scires etiam illud ipsum, & alia multa impossibilia. Et, si posuerimus eum esse multa, continget vt res intellecta apud me & apud te sit vnum in specie, & duæ in indiuiduo. & sic res intellecta habebit rem intellectam. & sic procedit in infinitum. Et sic erit impossibile vt discipulus addiscat à magistro, nisi scientia, quæ est in magistro, sit virtus generãs, & creans sciẽtiam, quæ est in discipulo, ad modũ secundum quem iste ignis generat alium ignem sibi similẽ in specie. quod est impossibile. Et hoc, quod scitum est idem in magistro, & discipulo, ex hoc modo fecit Plat. credere ꝙ disciplina esset rememoratio. Cùm igitur posuerimus rem intelligibilem, quæ est apud me & apud te multa in subiecto, secũdum ꝙ est vera, s. formam imaginationis vnam in subiecto, secundum ꝙ est vna, per quod est intellectus ens, & est materialis, dissoluuntur istę quęstiones perfectè.

Modus autem, quem existimauit Auen pace dissoluere quæstiones aduenientes super hoc, quòd intellectus est vnus aut multa, scilicet modum, quem dedit in sua epistola intitulata, Continuatio intellectus cũ homine, non est modus conueniẽs ad dissoluendum illam quæstionẽ.

Intellectus

MANTINI TRANSL.

D

præterea quia, si id, quod est intelligibile apud me & apud te, esset idem vndequaq;, tunc sequeretur ꝙ ego scirem aliquod intelligibile, tu quoq; scires illudmet intelligibile, & plura alia incõmoda sequerentur. At, si diceremus ipsum intelligibile* multiplicari ad multiplicationẽ ipsorũ scientiũ, — *a. l. esse multa.
tũc sequeretur ꝙ ipm intelligibile esse apud me & apud te vnũ spẽ, & duo numero. & sic vna res intelligibilis haberet aliã rem intelligibilem. & sic res procederet in infinitũ. Et tũc discipulus non posset discere à præceptore. sed ipsa scientia, quę existit in præceptore, erit quędam vis generans, & producens scientiã ipsam, ꝗ existit in discipulo, ea s. ratiõe, qua ignis generat alium ignẽ sibi similem specie, quod quidem est absurdum. Esset q; præterea id, quod sciretur, idem vtriq; in præceptore & in discipulo. & hæc rẽ induxit Platonem, vt crederet ipsum scire esse reminisci. Sed, si concedamus illam rem intelligibilem, quam ego & tu cognoscimus, esse plura subiecto, ea ratione, qua vera existit in eo, quæ videlicet est ipsa forma imaginaria, vnũ vero subiecto, ea ratione, qua est* intellectus existens, & est materialis, sic omnia illa argumenta integre soluentur. — *a. l. vnũ, s. quo ẽ intelligibile quoddam & est materiale.

E

F

Modus vero, quo putauit Auen pace soluere illa argumenta, quæ insurgunt circa id, quod proponebat, verùm. s. intellectus sit quid vnum vel plura, non est satis pro solutiõe huius dubii: videlicet illa via, qua ipse processit in eo tractatu suo, cui titulum dedit, De copulatione intellectus cum ipso homine, nõ est profecto sufficiens vt soluat hoc dubiũ.

Quoniam

A ANTIQUA TRANSL.

intellectus enim, quem demonstrauit in sua epistola esse vnum, quando laborauit in dissoluendo istam quæstionem alius est ab intellectu, quem demonstrat etiam illic multa cum intellectus, quem demonstrauit esse vnũ, est intellectus agẽs, inquantum est forma necessario intellectus speculatiui. intellectus vero, quem demonstrauit esse multa in specie, est intellectus speculatiuus. Hoc autem nomen, scilicet intellectus, æquiuoce dicitur de speculatiuo, & agente.

B Et ideo, si illud, quod intelligit de hoc nomine intellectus in duobus sermonibus oppositis, scilicet concludenti intellectum esse multa, & concludenti intellectum esse vnum, est intentio non æquiuoca, tunc illud, quod post dedit in hoc, scilicet q intellectus agens est vnus, & speculatiuus multi, non dissoluit hanc quæstionem. Et si illud, quod intelligitur in illis duobus sermonibus oppositis de hoc nomine intellectus, sit intentio æquiuoca, tunc dubitatio erit sophistica, non disputatiua.

C Et ideo credendum est q quæstiones, quas dedit ille vir in illa epistola, nõ dissoluunt, nisi ex hoc mõ. si illæ dubitationes non sunt sophisticæ, sed disputatiuæ. Et per istũ modum dissoluetur quæstio, in qua dubitabat in intellectu materiali, vtrũ sit extrinsecus, aut copulatus. Et, cũ hoc sit declaratum, reuertamur ad exponendum sermonem Arist.

MANTINI TRANSL.

Quoniam ille intellectus, quem in ea epistola probauit esse vnum, quãdo conatur soluere hoc dubiũ, est vtique alius intellectus, quàm sit ille, quem probauit ibidem esse plura. nam ille intellectus, quem probat ibi esse vnum, est ipse intellect^{9}, agens, ea ratione, qua est omnino forma ipsius intellect^{9} speculatiui. sed ille intellectus, quem probauit esse plura specie, est intellectus speculatiuus. Hoc autem nomen intellectus æquiuoce dicitur, de intellectu speculatiuo, & de intellectu agẽte. Et idcirco, si id, quod significatur per hoc nomen intellectus in vtraque oratione contraria, nempe in illa, in qua concluditur quod intellectus est quid vnum, & in qua concluditur q sit plura, nõ sit quid æquiuoce dictum, tunc, cũ dicit intellectum agentem esse vnum, & intellectum speculatiuum esse plures, non solueret hoc dubium. Et, si in illis duabus orationibus oppositis id, quod significatur per hoc nomen intellectus, sit æquiuoce dictũ tunc illud dubium erit sophisticũ, non dialecticum. Et ideo existimandum est q illa argumẽta, quæ Auẽpace attulit in illo tractatu suo, non soluuntur nisi hoc modo dicto, si illæ rationes seu argumẽtationes nõ fuerint sophisticæ sed dialecticæ. Et hac quoq; ratione soluetur illud dubium, quo dubitabatur vtrum intellectus materialis* sit externus vel cõnexus. His itaque sic expositis reuertamur ad expositionem nostrã in verba Aristotelis.

*a. l. sine q forte ue niat aut sit nobis co- pulatus.

Vnde neque misceri rationabile est ipsum corpori: qualis enim aliquis utique fiet, calidus aut frigidus, si organum aliquod erit, sicut sensitiuo: nunc autem nullum est. Et bene iam dicentes sunt animam esse locum specierũ: nisi ꝙ non tota sed intellectiua: neque actu sed potentia species. D

SOPH. *Itaque nec admixtum corpore eum esse, rationi consentaneum est: fieret enim cuiusdammodi, nimirũ calidus aut frigidus: atque etiam instrumentum aliquod adesset, quemadmodum sensitiuo: nunc vero nullum est. Atque praeclare sane censent qui dicunt animam esse locum specierũ: nisi quòd neque tota, sed intellectiua: neque actu, sed potẽtia species.*

Et ideo fuit necesse vt non sit mixtus cum corpore. si enim esset admixtus cum corpore, tunc esset in aliqua dispositione, aut calidus, aut frigidus, aut haberet aliquod instrumentum sicut habet sentiens. sed non est ita. Recte igitur dixerunt dicentes animam esse locum formarum, sed non vniuersa, sed intelligens. & formæ non in perfectione, sed in potentia. E

Hæc est alia demonstratio ꝙ intellectus materialis nõ est aliquid hoc, neque corpus, neque virtus in corpore. Et d. Et ideo fuit necesse, &c. i. &, quia natura eius est ista, quam narrauimus recte, & necesse fuit vt non admisceretur cum corpore. i. quòd non est virtus in eo sm ꝙ admiscetur cum corpore, vt declaratum est. D. d. secundam rationem sup hoc, & d. si .n. esset admixtus, &c. i. si .n. esset virtus in corpore, tunc esset aliqua dispositio & aliqua qualitas. &, si haberet qualitatem, tunc illa qualitas, aut attribueretur calido, aut frigido, scilicet complexioni in eo ꝙ est complexio: aut esset qualitas existens in complexione tantum addita complexioni, sicut est de aĩa sensibili, & sibi similibus; & sic haberet instrumentum corporale. D. d. sed non est ita. i. sed non habet qualitatem attributam calido & frigido neque hẽt instrm: ergo non est mixtum cum corpore. Et considerare debemus in consecutione, & destructione, vtrum indigeant demonstratione, aut non. Dicamus igitur. qm̃ consecutio consequentis ad præcedens est vera, manifestum est ex prædictis. Declaratum enim est ꝙ omnis virtus in corpore composito, aut attribuitur primis qualitatibus, s. formæ complexionis, aut erit virtus existẽs in forma complexionali, & sic necessario erit anima organica. Destructio vero manifesta est ex prædictis etiam. Declaratum est enim ꝙ nullum est instrumentum aliud ab instrumentis quinque sensuũ, vbi fuit declaratum ꝙ nullus est sensus sextus. & vlr, si intellectus esset virtus animalis in corpore, tunc aut esset sextus sensus, aut consequens sextum sensum, scilicet aliquid, cuius proportio ad sextum sensum esset sicut imaginatio ad communem sentientem. Quoniam autem intellectus materialis non est virtus attributa F

com-

A complexioni, manifestum est ex prædictis. quoniam, cum anima sensibilis non est virtus attributa complexioni, quanto magis intellectus. Et si esset attributa complexioni, tunc, sicut dicit Aristot. esse formæ lapidis in anima, esset idem cum eis esse extra animam, & sic lapis esset comprehendens. & alia multa impossibilia contingentia huic positioni. Et quidam dubitabit in hoc, quod fuit dictum, scilicet quòd intellectus non habet instrumentum, ex hoc, quod dicitur, quòd virtus imaginatiua est in anteriori cerebri, & cogitatiua in medio, & rememoratiua in posteriori. & hoc non tantum dictum est à Medicis, sed dictum est in Sensu & sensato. Galenus autem, & alij Medici ratiocinantur super hoc, q̄ istæ virtutes sunt in istis locis per locum concomitantiæ. & est locus faciens existimare, non verus. Sed declaratum est in libro de sensu, & Sensato, quòd talis est ordo istarum virtutum in cerebro per demonstrationem dantem esse & causam. Sed istud non contradicit illi, quod dictum est hic. † Virtus enim cogitatiua apud Aristo. est virtus distinctiua indi-
B uidualis, scilicet q̄ non distinguit nisi indiuidualiter, non vniuersaliter. Declaratum est enim illic quod virtus cogitatiua non est nisi virtus, quæ distinguit intentionem rei sensibilis à suo idolo imaginato. & ista virtus est illa, cuius proportio ad has duas intentiones, scilicet ad idolum rei, & ad intentionem sui idoli, est sicut proportio sensus communis ad intentiones quinque sensuum. virtus enim cogitatiua est de genere virtutum existentium in corpore. Et hoc aperte dixit Aristo. in illo libro, cùm posuit virtutes indiuiduales distinctas in quatuor ordinibus. In primo posuit sensum communem, deinde virtutem imaginatiuā, deinde cogitatiuam, & postea rememoratiuam. Et posuit rememoratiuam magis spiritualem, deinde cogitatiuam, deinde imaginatiuam, & postea sensibilem. Licet igitur homo proprie habeat virtutem cogitatiuam, tamen hoc non facit hanc virtutem esse rationabilem disti-
C ctiuam. illa enim distinguit intentiones vniuersales non indiuiduales, & hoc fuit aperte dictum ab Aristo. in illo libro. Virtus igitur distinctiua rationalis, si esset virtus in corpore, contingeret vt esset vna istarum virtutum quatuor, quapropter haberet instrumentum corporale: aut esset alia virtus indiuidualis distincta ab istis quatuor. sed iam declaratum est illic hoc esse impossibile. Et, quia Galenus existimauit quòd virtus cogitatiua est rationalis materialis, fecit ipsum errare in hoc locus consequentis. quia enim virtus rationalis appropriatur homini: & cogitatiua appropriatur ei: existimatur propter conuersionem affirmatiuæ vniuersalis quòd cogitatiua est rationalis. & vnus eorum, qui errauerunt in hoc, est Albelfarag Babyloniensis, in suo commento in lib. de Sensu & sensato. Deinde dicit. Recte igitur dixerunt dicentes animam esse locum formarum idest cùm declaratum sit q̄ nō est mixtus alicui corpori, tunc recte dixerunt describentes animam esse locum formarum, cū non acceperunt in notificando substantiam eius propinquam, illam consimilitudinem, & conuenientiā, quæ est inter ipsam ad spēs, & loci ad locatum.

Dubiū an intell͡s sit virtus organica.

Solutio vide q̄ illa demōne dāte c̄ūa & esse ... uer. super cō. lib. de Memoria & reminiscentia.

† Virt⁹ cogitatiua distinguit indiuidualiter. Id ē J. cō. 20. & 33. Id ē 1. d'a cō. 6.

Error Gal.

Sc̄da pars expositiōis tex.

D. d. sed non vniuersa, sed intelligens. i. sed ista consimilitudo non debet accipi in intelligendo oēs partes animæ, sed cū in anima rationali. aliæ. n. partes animæ sunt formæ in materijs, rationalis aūt non. D. d. & Formæ non in perfectione, sed in potentia. sed locus differt ab anima distinctiua intelligente in hoc, φ locus nihil est eorum, quæ sunt in eo: anima autem rōnalis materialis est formæ existentes in ea non actu, sed potentia. Et fecit hoc, ne aliquis intelligat ex hac descriptione φ genus acceptū in ea sit genus verū, non Rhetoricū. sed cogetur hō in talibus rebus, quæ non intelligūtur nisi per cōsimilitudinē, vt notificet ea per talia gnā Rhetorica. D

Res q̄ non intelligunt̄ nisi p cōsimilitudinē, notificari pñt p gña Rhetorica. cō-siliū cō. 14 & 1. Ph. 81 Id l. 4. Ph. cō. 84. & 1. de anima. 149

* Quoniam autem non similis sit impassibilitas sensitiui & intellectiui, manifestum est ex organis & sensu: sensus enim non potest sentire ex valde sensibili: vt sonum ex magnis sonis: neq; ex fortibus odoribus & coloribus neq; videre, neq; adorare, sed intellectus quum intelligat aliquid valde intelligibile, nō minus intelligit infima, sed & magis, Sensitiuum quidem enim non sine corpore est: hic autem separatus. E

Non esse autem similem impassibilitatem sensitiui & intellectiui, perspicuum est in sensuum instrumentis, & in sensu. nam sensus post uehemens sensibile sentire non potest: uerbi causa, sonum post magnos sonos: nec etiam post uehementes colores & odores, uidere aut olfacere: at uero intellectus ubi aliquid intellexerit uehementer intelligibile, nihilo minus inferiora intelligit, imo etiam magis. nam sensitiuum non est sine corpore: hic uero separabilis est. SOPH.

Quoniam autem priuatio passionis in sentiente, & in formatione per intellectum non est consimilis, manifestum inest sensu. Sensus. n. non potest sentire post forte sensatum: ver. g. post sonos maximos, aut post colores fortes, aut post odores fortes. Sed intellectus, quando intellexerit aliquod forte intelligibilium, tunc nō minus intelliget illud, quod est sub primo, imo magis. sentiens. n. non est extra corpus: iste autem est abstractus. F

Hęc ē cōditio necessaria d̄mōstratiōib⁹ necessarijs, vt apparētia sēsui nō differāt ab eo, qđ vr p rōnē. Id l. 2. Cœ. cō. 22. & 8. Phy. 22. & 26.

* Cūm declarauit φ intellectus materialis non admiscetur materiæ, incœpit notificare φ hoc conuenit apparentibus. Hæc enim est conditio necessaria necessarijs demonstrationibus, s. vt apparentia sensu non differant ab eo, quod videtur per rationem. Et dixit. Qm̄ autem priuatio passionis, &c. i. qm̄ priuatio transmutationis existentis in sensu non est similis priuationi transmutationis existentis in intellectu, vt demonstratum fuit ratione, manifestum est ex apparentibus. Priuatio enim transmutationis in intellectu debet esse pura. & non est ita priuatio transmutationis in sensu, cūm sensus sit virtus materialis. D. d. sensus enim non potest sentire, &c. idest & signum eius est, quoniam sensus nō potest sentire sua sen- 7

sibilia

A sibilia conuenientia sibi, quando senserit aliquod forte, & recesserit ab eo subito ad illud aliud sensibile. v.g. quando sensus auditus recesserit à magno sono, aut visus à forti colore, & olfactus à forti odore. Et causa in hoc est passio, & trasmutatio, quæ accidunt sentienti à forti sensato. Et causa huius transmutationis est, quia est virtus in corpore. Et, cùm demonstrauit hoc, quod videtur de transmutatione in sensu, incœpit notificare q; contrarium est de intellectu, & dixit, Sed intellectus, quando intellexerit aliquod forte, &c. i. intellectus, quando intellexerit aliquod forte intelligibile, tunc facilius intelliget intelligibile non forte. vnde sciuimus q; non patitur, neque transmutatur à forti intelligibili. Et, cùm demonstrauit eos esse diuersos, in hoc dedit causam, & d. sentiens enim nō est extra corpus: iste autem est abstractus. idest & causa in hoc est, q; prius fuit declaratum, scilicet q; sentiens non est extra corpus, intellectus autem est abstractus. Et possumus ponere hunc sermonem demonstrationem tertiā per se, scilicet demonstrationem, quòd, cùm diximus quòd, si intellectus trāsmutatur essentialiter, non accidentaliter, & mediante alio: hoc enim con-
B cessum est in intellectu: necesse est vt transmutatio contingat ei apud suam actionem propriam, quę est intelligere, sicut est in sensu. Et, si non transmutatur per se & essentialiter, necesse est vt nō sit virtus in corpore omnino. oīs.n. virtus recipiens in aliquo corpore, debet transmutari sm̄ q; est recipiens. Et ideo non oportet obijcere huic argumento ex eo, qđ accidit in intellectu de transmutatione propter transmutationem virtutum imaginationis, & maximè cogitationis. in intellectu enim existimatur accidere fatigatio hoc modo. Et non est ita, nisi accidentaliter. Virtus enim cogitatiua est de genere virtutum sensibilium. Imaginatiua autem, & cogitatiua, & rememoratiua non sunt nisi in loco virtutis sensibilis, & ideo non indigetur eis nisi in absentia sensibilis. & omnes iuuant se ad repræsentandum imaginem rei sensibilis, vt aspiciat eam virtus rationalis abstracta, & extrahat intentionem vniuersalem, & postea recipiat
C eam, idest comprehendat eam. Et forte, sicut diximus, induxit hunc sermonem ad verificandum prædictas demonstrationes.

Oīs virtus recipiēs in aliquo corpore, debet trāsmutari sm̄ q; ē recipiens. Idē. 2. de aīa. tex. 6. 123. 143.

Quū autem sic singula fiat ut sciens dicitur qui secundū actū, Hoc autem confestim accidit cum possit operari per se ipsum, est igitur & tunc potentia quodammodo, non tamen similiter & ante addiscere, aut inuenire: & ipse autem se ipsum potest intelligere.

IOPH. *Vbi autem eo modo singula factus fuerit, quo qui actu est sciens appellari solet (quod tum accidit cum per se ipsum potest operari) est quidem tunc etiam quodammodo potentia, non tamen æque ac prius quàm didicisset, aut inuenisset: atq; tunc etiā ipse se potest intelligere.*

Et, cum quodlibet eorum fuerit sic, s. sicut dicitur scientia in actu: & hoc continget, quando poterit intelligere per se: tunc etiā erit in potentia quoquo modo, sed non eodem modo, quo ante erat antequã sciuit, aut inuenit. Et ipse tunc potest intelligere p se. D

8

Dĩa inter virtutes agẽtes ꝓpinquas & remotas.

Intellect⁹ intelligit seipsũ nõ accidẽtaliter. vid. ꝑ hoc cõ. 51. 52. Met.

Vide īfra cõ. 15. & 16.

Et cum in eo fuerit vnumquodque intellectorum tali modo, sicut dicitur in sciente quòd est sciens in actu, idest quando intellecta fuerint in eo entia in actu. & hoc continget intellectui, quando poterit intelligere per se, non quando intellexerit per aliud. Et hoc, quod dixit, est differentia inter virtutes agentes propinquas & remotas. Propinquæ enim actu sunt, quæ agunt per se: & non indigent extrahente eas de potentia in actum: remotæ autem indigent. & ideo dixit q, cùm intellectus fuerit in hac dispositione, tunc erit potentia quoquo modo, idest tunc dicetur de eo hoc nomẽ potentia non vere, sed modo simili. Deinde dicit. Et ipse tunc poterit intelligere per se, idest &, cùm intellectus fuerit in hac dispositione, tunc intelliget se, secundum quòd ipse non est aliud nisi formæ rerum, in quantum extrahit eas à materia. quasi igitur se intelligit ipse modo accidentali, vt dicit Alexan. i. secundum q accidit intellect. is rerum q fuerint ipse, i. essentia eius. Et hoc est econtrario dispositioni in formis abstractis. illæ n. cùm intellectus earũ non est aliud ab eis in intentione, per quã sunt intellecta isti⁹ intellectus, ideo intelligũt se essentialiter, & nõ accidẽtaliter. & hoc perfectius inuenitur in primo intelligente, quod nihil intelligit extra se. Et possumus exponere istum locum, secundum quod Alfarabius dicit in suo tractatu de intellectu, & intellecto. & est q, cùm intellectus fuerit in actu, erit unũ entiũ, & poterit intelligere seipsum per intentionẽ, quam abstrahet à se, secundum q abstrahit intentiones rerum, quæ sunt extra animam. & sic intellectum habebit intellecta. & nos perscrutabimur de hoc, vtrum sit possibile, aut non. E

Quo pacto intellectus potestatis materialia, ac rerum formas, similiter & ea, quæ sunt in abstractione intelligat. Quo etiam pacto intelligat, si est impassibilis. Quomodo se ipsum intelligat. Et cur non semper intelligat. F

Cap. 2.

QVoniam autem aliud est magnitudo & magnitudinis esse, & aqua & aquæ esse: & sic in multis aliis. non autem in omnibus. in quibusdam enim idẽ est esse carnis, & carnem. aut ergo alio, aut aliter habente discernit. Caro. n. non sine materia, sed sicut simum, hoc in hoc.

sod E. *Cum autem aliud sit magnitudo, & magnitudini esse: & aqua, & aqua esse: & sic in multis alijs, sed non in omnibus: in nonnullis. n. idem est carni esse & carnem: aut alio, aut aliter se habente indicat intellectus. caro enim non est sine materia: sed sicut simum, hoc in hoc.*

Et, quia

A Et quia magnitudo est aliquid & esse magnitudinis aliud, & aqua, est aliquid & esse aquæ aliud, & sic in multis alijs: sed non in omnibus, in quibusdam enim esse carnis idem est cum carne: necesse est vt experimentetur aut per duo, aut per diuersam dispositionem. Caro enim non est extra materiam, sicut simitas est aliquid hoc, & in aliquo hoc.

9 . Cum compleuit sermonem de notificatione substantiæ intellectus materialis, & dedit differentiam inter ipsam & substantiam sentientis materialis, incœpit dare etiam differentiam inter intellectum in actu, & imaginationem in actu. Existimatur enim quòd imaginatio ipsa est intellectus: & præcipue, cùm dicimus quòd proportio eius ad intellectū est sicut proportio sensibilis ad sensum, scilicet quòd mouet ipsum: & existimatur quod motor & motum debent esse eiusdem speciei. Et incœpit dicere, Et, quia magnitudo est aliquid, &c. idest &, quia hoc indiuiduum est aliquid, & in-
B tentio per quam hoc indiuiduum est ens, scilicet quiditas, & forma eius est aliud. verbi gratia quòd hæc aqua est aliquid, & intentio, idest forma, per quam hæc aqua est ens, aliud est ab aqua. D. d. & sic in multis alijs. i. & hoc accidit similiter in multis rebus, scilicet in omnibus compositis ex materia & forma. & dixit. sed non in omnibus ad excipiendum res abstractas, & quæ sunt res simplices, & non compositæ. Deinde dicit in quibusdam enim esse carnis idem est cum carne. i. & causa, propter quam hæ duæ intentiones non inueniuntur in omnibus entibus, est quod quiditas & esse essentia in entibus simplicibus est idem verbi gratia quod esse carnis idem est cum carne: quia intentio carnis in eis non est in materia. Et, cùm induxit præcedens in hoc sermone, dedit consequens, & dixit, necesse est vt experimentetur, &c. idest &, cùm fuerit declaratum quòd entia sensibilia diuiduntur in duplex esse, scilicet in hoc singulare, & suam formam, necesse est vt virtus experimentatiua, idest comprehensiua comprehendat eā,
C aut per duas virtutes, aut per vnam, sed duabus dispositionibus diuersis. cum duabus autem virtutibus erit, quando comprehenderit vtrunq; per se, scilicet formam singulariter, & indiuiduum singulariter: per vnam vero virtutem & dispositionem diuersam erit, quando comprehenderit alietatem, quæ est inter has duas intentiones. † Quod enim comprehendit alietatem inter duo, necesse est, vt declaratum est, vt sit vnū vno modo, & multa alio modo. * & ista est dispositio intellectus in comprehendendo alietatem, quæ est inter formam & indiuiduum, comprehendit enim formam per se, & comprehendit indiuiduum mediante sensu. Comprehendit igitur alietatem inter ea per dispositionem, quæ diuersatur, quemadmodum sensus communis comprehendit alietatem inter sensibilia per dispositionem diuersam, scilicet sensus pluralitatem. sed quia istas formas non comprehendit intellectus nisi cum materijs, ideo comprehendit eas per dispositionem, quæ diuersatur. Et, cum notificauit quòd necesse est vt anima comprehendat has duas intentiones per virtutem diuersam,

† Q. cōprehēdit alietatē inter duo, necesse est vt sit vnū vno modo, & multa aliō modo. idē 1. de ala. 14 * aduerte hic quia vt cō. dicere intellectus non cōprehendit singulare, nisi cōparatione ad vlē.

& comprehendat alteram earum per vnicam virtutem, sed secundum diuersam dispositionem, dedit causam, propter quam indiget anima in comprehendendo has duas intentiones diuersa dispositione, & dixit. Caro enim non est extra materiam. i. causa, propter quam forma non comprehenditur ab intellectu nisi cùm materia, quod facit ipsum intellectum comprehendere eam diuersa dispositone, est quod formæ non sunt extra materiam. Forma enim carnis non denudatur à materia, sed semper intelligitur cum materia: sicut simitas cum naso, cum simitas sit aliquid hoc in aliquo hoc. & sic est de formis sensibilibus, scilicet quod sunt aliquid hoc in aliquo hoc. D

Sensitiuo quidem igitur calidum & frigidum iudicat: & quorum ratio quædam caro. alio autem aut separato, aut sicut circunflexa se habet ad se ipsam, quum extensa sit, carnis esse discernit.

SOPH. *Calidum igitur & frigidum sensitiua parte iudicat, & quorum ratio quadam est caro. alio autem, uel separabili: uel ut flexa se habet ad se ipsam cum extensa fuerit, carni esse indicat.* E

Ipsa igitur per sentiens experimentatur calidum & frigidum, & res, quæ sunt in carne, assimilantur eis, quæ sunt illius. Et experimentatur per aliud, aut secundum dispositionem lineæ sphæralis quæ diu durat quid est esse carnis.

10 Dixit. Ipsa igitur, &c. i. & cum necesse est experimentare res diuersas per virtutes diuersas, & per sentiens autem, & per sibi similia experimentatur anima calidum & frigidum, & sibi similia, necesse est secundum exemplum vt res existens in carne, per quam caro est quod est, & non illud, per quod est calida aut frigida, sit similis virtuti comprehendenti eam & vt experimentetur per aliam virtutem. Et dixit, assimilantur eis, quæ sunt illius, quia necesse est vt proportio, quæ est intentionis ad intentionem, scilicet indiuidualis ad vniuersalem, sit sicut proportio virtutis comprehendentis alteram earum ad uirtutem comprehendentem alteram. Et, cum necesse est vt duæ intentiones sint diuersæ, necesse est vt virtutes sint diuersæ. Intelligens igitur non est imaginatiua: cum iam declaratum est quod comprehensio virtutis imaginatiuæ & sensibilis idem est. D. d. Et experimentatur per aliud, aut secundum dispositionem lineæ, &c. i. & necesse est vt forma experimentetur per aliquam virtutem, & hoc erit ex hac virtute, aut per dispositionem similem lineæ rectæ, cùm intellexerit primam formam existentem in hac re singulari: aut secundum dispositionem similem lineæ sphærali, quando fuerit reuersa, quærendo intelligere etiam quiditatem illius formæ, deinde quiditatem illius quiditatis, quousque perueniat ad simplicem quiditatem in illa re. v. g. quod primo intelligit quiditatem carnis, deinde quærit intelligere quiditatem istius quiditatis, deinde quiditatem istius quiditatis: & hoc erit, dum inuenit quiditatem in quiditate, & non cessabit quousque perueniat ad formam simplicem. Et hoc intendebat, cum dixit, quæ diu durat. i. quod illud intelliget Intellectum erit sicut in carne, dum erit possibile in carne quod quiditas eius habeat quiditatem. F

Cum duæ intentiones sint diuersæ, necesse est vt virtutes sint diuersæ. Idem 2. de an. t. co. 33.

Iterum

A Iterum autem in his quæ in abstractione sunt, rectum sicut simum: cum continuo enim est. quod autem quid erat esse, si est alterum recto esse & rectum, alio: sit enim dualitas: altero itaque aut aliter se habente iudicat. Omnino ergo sicut separabiles res à materia, sic & quę circa intellectum sunt.

10 PH. *Rursus in iis quæ in abstractione consistunt, rectum est ut simum: cum continuo enim est. ipsum autem quid erat esse, si diuersum est recto esse & rectum, aliud est: sit enim dualitas: alio ergo aut aliter se habente iudicat. Omnino ut res separabiles sunt à materia, sic etiam intellectus.* a l. alio

Et etiam in rebus existentibus in Mathesi, rectum est sicut simitas. est enim cum quanto continuo. Secundum autem esse, esse recti aliud est ab eo. Si igitur experimentatur, tunc igitur per aliud, & quia dispositio eius sit alia. Et vniuersaliter dispositio rerum, quę B sunt in intellectu, currit sicut res abstractæ à materia.

21 D. Et istud intelligere intellectus non tm̃ inuenitur in rebus * materialibus, sed in mathematicis. Rectum enim quia est in continuo, sicut est simitas in naso, necesse est quemadmodum intellectus intelligat simitatẽ cõpositam ex naso, ita intelligat quiditatem recti compositã cum continuo. Et dixit. Et etiã in rebus, &c. i. & rectum, & esse eius similis ex rebus mathematicis est simile ad esse simitatis in naso; rectum enim est in continuo, sicut simitas in naso. Deinde dixit. Secundum autem esse, esse in recto est aliud à quiditate continui: licet alterum eorum non inueniatur nisi in alio. D. d. Si igitur, &c. idest, cũ igitur posuerimus q̃ in mathematicis etiam sunt duo, quorũ vnum est in altero, tunc anima nõ experimentat ea, nisi per aliam virtutem: aut per eandem, sed tamen per dispositionem, quæ diuersatur, cum non intelligit ea nisi cum re: licet non intelligat ea cum materia sensibili. Sciendum est enim, q̃ dispositio habita ab intellectu, quæ diuersatur in eo, quando comprehendit formas re- *a.l. materialibus.

C rum primas sensibiles, est ei per sensus: & dispositio, quæ diuersatur in eo per comprehensionem quiditatis & formæ, est ei dispositio diuersa in se non per sensus. Et ideo assimilat Arist. ipsum lineæ sphærali in hac dispositione: Plato autem lineæ gyratiuæ. & per hanc dispositionem intelligit formas rerum mathematicarum, cum non accepit intelligendo eas * magnitudinem sensibilem. D. dixit. Et vniuersaliter dispositio rerum, &c. idest, vt mihi videtur, & vniuersaliter dispositio rerum, quas comprehẽdit intellectus, inuenitur in eo in modo, sm̃ quem sunt in se in propinquitate, & distantia, ab abstractione à materia. Quod igitur eorũ fuerit remotum à materia, poterit abstrahi ab intellectu absq; materia: licet non habeat esse nisi in materia: sicut est in mathematicis. & quod eorum fuerit propinquum materiæ non poterit. cum igitur dixit secundum q̃ res abstractæ à materia, intendit sm̃ modum essendi in rebus abstractis à mã in ordine, in quo sunt de abstractione, si iste sermo sit completus in scripto. *a l. materiam. Quod fuerit remotũ à mã, poterit abstrahi ab intellectu à mã licet non habeat esse

Dubitabit

nisi simil. sicut est in mathematicis. & quod fuerit propinqu. materiæ nō poterit

Dubitabit autem utique aliquis, si intellectus simplex est & impassibilis, & nulli nihil habet commune, sicut dicit Anaxagoras, quomodo intelliget: si intelligere pati aliquid est? Inquantum enim aliquid commune utrisque est, hoc quidem agere, illud vero pati videtur. D

SOPH.

Sed quærat quispiam, si intellectus est simplex & impatibilis, nec cum ullo quidquam habet commune, ut dixit Anaxagoras, quomodo intelliget, si intelligere pati quoddam est? nam quatenus commune quidpiam utrisq; inest, alterum agere, alterum pati videtur.

Et dubitat homo quod intellectus est simplex, non patiens, & quod impossibile est ut habeat aliquam communicationem cū alia re, sicut dixit Anaxa. quomodo igitur intelligitur quod formare per intellectum est aliqua passio. quoniam propter hoc, quod aliquid est commune utrique, existimatur quod alterum eorum agit, & alterum patitur. E

12 Cùm dedit differentiam inter intelligere & imaginari, reversus est ad dubitandum de intellectu passibili, & dixit. Et dubitat homo, &c. idest & dubitat homo in hoc, quod dictum est, quod intellectus materialis est simplex & non passibilis: quia non existimatur ipsum habere communicationem aliquam cum re materiali, sicut dixit Anaxa. & sicut declaratum fuit prius. Quæstio autem est: quomodo intelligatur quod formare per intellectum sit passio, idest de genere virtutum passivarum, & nullam habeat cōmunicationem cum re, à qua patitur: quoniam per aliquod commune agenti & patienti existimatur hoc agere, & hoc pati. Nisi enim esset materia non esset passio. &, cum posuerimus intellectum non esse materiam neq; in materia: quomodo igitur intelligemus cū hoc quod intelligere est passio, non actio. Sumus igitur inter duo, aut ut non ponamus quod intelligere est in capitulo passionis: aut ponamus quòd intellectus materialis communicat corpori, quemadmodum forma imaginationis movens ipsum communis est corpori. F

Nisi esset materia nō esset passio. sed quo hoc sit intelligendū vide infra c. 18. & in cō. 14.

Amplius autem si intelligibilis & ipse: aut enim aliis inerit intellectus: si non secundum aliud ipse intelligibilis est, unum autē aliquid intelligibile est specie: si autem sit mistum, aliquid habebit quod facit intelligibilem ipsum, sicut alia.

SOPH.

Præterea an ipse quoq; intelligibilis sit: vel enim cæteris etiam inerit intellectus, si nō ipse per aliud est intelligibilis, ac intelligibile unū quoddam est specie: vel aliquod mixtum habebit, quod eum ut reliqua reddat intelligibilem.

Et etiam verum est in se intelligibile. quoniam autem intellectus erit aliarum rerum, si non est intellectum alio modo, sed illud forma-

tum

A rum per intellectum fuerit vnum in sua forma, aut erit mixtio in eo ab aliquo, quod ipsum fecit intellectum, sicut est de aliis.

13 Ista est secunda dubitatio de intellectu materiali: & est verum est in se intelligibilis, non per naturam existentem in eo, adeo quòd intellectus & intellectum in eo idem erit omnibus modis, sicut est dispositio in rebus abstractis: aut intellectum ex eo est aliud quoquo modo ab ipso. Et dixit. Et etiam verum est in se, &c. i. & etiam verum ipsum est illud, quod est intellectum ex eo. necesse est enim alterum duorũ, aut vt aliæ res, quæ sunt extra animam, habeant intellectum, si intellectus est intellectum ex eo omnibus modis, & non est alius modus de intelligere res, sed intelligere est idẽ in omnibus rebus: aut vt non sit intellectum per se, sed per intentionem in eo, quæ fecit ipsum intelligibilem: sicut est dispositio in rebus, quæ sunt extra animã. & tacuit, vt videtur, illud, quod consequitur hanc positionem: & est quòd intellectus in se est non intelligens. Et abbreuiatio dubitationis est talis, vt videtur, aut enim erit intellectũ sicut aliæ res

B abstractæ intellectę: & sic res, quæ sunt extra animam, erunt intelligentes: aut erit intellectum, sicut aliæ res, quæ sunt extra animam: & sic erit in se non intelligens, neq; comprehendens.

Intelligēs & intellectũ sunt idẽ in abstractis oib' modis. Idem 12. Me. 39. 51.

Aut pati quidem secũdum cõmune aliquid diuisum est prius: quoniam potentia quodammodo est intelligibilia intellectus: sed actu nihil, ante quam intelligat. oportet autem sic, sicut in tabula nihil est actu scriptum: quod quidem accidit in intellectu.

10 T H. *An ipsum quidem pati communi quadam notione superius explicatum est, quòd intellectus potentia quodammodo est intelligibilia, actu vero nullum, antequam intelligat. oportet autem ueluti in codice nihil esse actu descriptum: quæ res accidit in intellectu.*

*a. l. pende aut *oportet atq; in codice in qua nihil actu descriptum est.

Dicamus igitur quòd passio, secundum quòd prius vtebatur, est vniuersalis: & quòd intellectus est in potentia quoquo modo intellecta, perfectione autem non est, quousque intelligat. Et quòd accidit in

C intellectu, debet currere tali cursu, s. sicut tabula est aptata picturæ, non picta in actu omnino.

14 Cùm dedit has duas quæstiones de intellectu materiali, incœpit dissoluere eas, & primo primã dicens, quomodo intelligimus quòd intellectus materialis est aliquid simplex, & non mixtum cum aliquo, opinando quòd intelligere est aliqua passio: & iam declaratum est in vniuersalibus sermonibus quòd ea, quæ agunt, & patiũtur, communicant in subiecto. Et dixit. Dicamus igitur quòd passio, &c. idest ista quæstio dissoluetur in sciendo quòd passio, qua prius vtebamur in quæstione, est magis vniuersalis quàm aliquod dictum in rebus naturalibus quòd sit passiuum. Deinde exposuit quid significat hoc nomen passio in intellectu; & dixit quòd, in-

L. de Gen. & c. c. 41

intellectus

tellectus est in potentia, &c. idest & ista intentio vniuersalis de passione in intellectu nihil aliud est, nisi quod est in potētia intellectum, nō in actu, quousque intelligat. Et dicere etiam ipsum esse in potētia, est alio modo ab eis, secundum quos dicitur quod res materiales sunt in potentia. & hoc est quod diximus prius, quod intelligendum est hic quod hæc nomina, scilicet potentia, & receptio, & perfectio modo æquiuoco dicuntur cum eis in rebus materialibus. Diuersitas enim istius intentionis, scilicet receptionis, quæ est in intellectu, à receptione, quæ est in rebus materialibus res est, ad quam ducit ratio. Vnde non est opinandum quod prima materia est causa receptionis, sed causa receptionis transmutabilis: & est receptio huius singularis. causa autem receptionis simpliciter est ista natura. Et ex hoc modo fuit possibile quod corpora cœlestia reciperent formas abstractas, & intelligerent eas: & fuit possibile vt intelligentiæ abstractæ perficerentur per se ad inuicem. Et, si non, non esset possibile vt illic intelligeretur recipiens, neque receptibile. unde videmus quod illud quod est liberatū ab hac natura est, primum intelligens. Et ponendo istam naturam, dissoluetur quæstio dicens, quomodo intelligitur multitudo, & quomodo intelliguntur multæ ex formis abstractis, & intellectus idem est eis cum intellecto. Et, cum notificauit modum passionis in intellectu & quod æquiuoce dicitur in intellectu in rebus materialibus, incœpit dare ex rebus sensibilibus exemplum, per quod intelligitur ista intentio in intellectu materiali. &, licet non sit verum, tñ est via ad intelligendum. Et iste modus doctrinæ necessarius ē in talibus rebus, licet sit rhetoricus. Et dixit. Et quod accidit in intellectu, &c. i. & intelligendū est hoc, quod diximus de hac intentione vniuersali, scilicet passione, quæ est in intellectu, quæ est tantū receptio sine transmutatione, sicut receptio picturæ in tabula. Quēadmodum.n. tabula nō patitur à pictura, neq; accidit ei ab hac transmutatio: sed tñ inuenitur in ea de intentione passionis, quod perficitur per picturā, postquā erat in potentia picta, ita est dispositio in intellectu materiali. Et hoc exemplū, quod induxit, valde est simile dispositioni intellectus, qui est in potentia, cum intellectu, qui est in actu. Quēadmodum.n. tabula nullam picturam habet in actu, neq; in potētia propinqua actui: ita in intellectu materiali nō est aliqua formarum intellectarum, quas recipit, neq; in actu, neq; in potentia propinqua actui. Et voco hic potentiā propinquam actui, dispositionem mediam inter remotā potentiā & postremam perfectionem, & hoc est vt non sit in eo intentio, quæ sit in potentia intellecta. & hoc est propriū soli intellectui. Perfectio enim prima sentientis est aliquid in actu respectu potentiæ remotæ: & est aliquid in potentia respectu postremæ perfectionis. Et ideo assimilauit Arist. primam perfectionem sensus Geometræ, quando non vtitur Geometria. scimus enim certe quod habemus virtutem sensibilem existentem in actu, licet tūc nihil sentiamus. Declaratus est igitur modus consimilitudinis istius exēpli huic, quod dictū fuit ab Arist. in intellectu materiali. Dicere autem quód intellectus materialis est similis præparationi, quæ est in tabula, nō tabulæ

Pōtia, receptio, & perfectio æquiuoce dīr i reb⁹ materialibus, & abstractis.

Nō ē opinādum quod pria mā ē cā receptionis, sed causa receptionis trāsmutabilis: & est receptio huius singularis. sed cā receptionis simpliciter ē ista nā. Idē supra c. 5. idē in 12. c. 28. quomō formæ abstractæ ad inuicē perficiantur, Vid̄ c. 44 12. Meta.

Sermo rhetoric⁹ in rebus difficilibus ē necessarius. 1. phy. 81. & 4. phys. 84. idem sup. cō. 6.

Digressio cōtra Alex. de eo quod intellectus nō sit præparatio usu.

A tabulæ secundum quod est præparata, vt exposuit Alexand. hunc sermonem, falsum est. Præparatio enim est priuatio aliqua, & nullam habet naturam propriam nisi propter naturam subiecti. & propter hoc fuit possibile vt præparationes diuersentur in vnoquoque ente. O Alex. reputas Aristo. intendere demonstrare nobis naturam præparationis tantum, non naturam præparati: & non est natura istius præparationis, propria ei, si fuerit possibile cognosci sine cognitione naturæ præparati: sed naturam præparationis simplr in quocunque sit. Ego autem verecundor ex hoc sermone, & ex hac mirabili expositione. Si enim Aristo. intendebat demonstrare naturam pparationis, quæ est in intellectu per omnes sermones prædictos in intellectu materiali, necesse est aut vt intendat demonstrare per eos naturam præparationis simpliciter, aut naturã præparationis propriæ. Naturam autem præparationis propriæ in intellectu impossibile est demonstrare sine natura subiecti: cùm præparatio propria vnicuiq; subiecto currit cursu perfectionis, & formæ ex eo. sed oportet necessario per cognitionem nãæ præparationis scire nãm præparati. Et, si intendebat per illos

B sermones demonstrare naturam præparationis simpliciter, tunc illud non est id proprium intellectui. & omne hoc est perturbatio. Omnis enim præparatio in eo quod est præparatio, vere dicitur nihil esse in actu ex eo quæ recipit: & quod est non passibile: & vere dicitur esse non corpus, neque virtus in corpore; quomodo igitur possumus exponere illud, qđ Aristoteles intendebat hic demonstrare nobis de natura intellectus materialis, illud, quod est commune omnibus recipientibus, scilicet in quibus est præparatio ad recipiendum vnumquodque genus formarum, & nõ ad demonstrandum naturam præparati per cognitionem naturæ præparationis propriæ ei, * nisi intellectus materialis esse solummodo præparatio sine aliquo subiecto: quod est impossibile. præparatio enim ostendit præparatum. Vnde Aristote. cum inuenit præparationem, quæ est in intellectu esse diuersam ab aliis, iudicauit præcise quòd natura subiecta ei

C differt ab aliis naturis præparatis: & quod est proprium isti subiecto præparationis, scilicet intellectui, est quòd non est in eo aliqua intentionum intellectorum in potentia, aut in actu. Vnde necesse fuit ipsum non esse corpus, neq; formam in corpore. &, cùm non fuerit corpus, neq; virtus in corpore, non erit et formæ imaginationis. illæ.n. sunt virtutes in corporibus, & sunt intentiones intellectæ in potentia. Et, cùm subiectum istius præparationis neq; est forma imaginationis, neq; mixtum ex elementis, vt Alex. intendit: neque possumus dicere quòd alia præparatio denudetur à subiecto, recte videmus quod Theophrastus, & Themistius, & Nicolaus, & alii Antiquorum Peripateticorum magis retinent demonstrationẽ Arist. & magis conseruant verba eius. Cum enim intuerentur sermones Arist. & eius verba, nullus potuit ferre ea super ipsam præparationem tantum, neque super rem subiectam præparationi: si posuerimus ipsam esse virtutem in corpore, dicendo eam esse simplicem, & abstractam, & non passibilem, & non mixtam corpori. Et, si illud non esset opinio Aristote. oporteret

*al. si n. intell. materialis esset solummodo præparatio, esset sine aliquo subiecto.

oporteret opinari eam esse opinionem veram, sed propter hoc, quod D
dico, nullus debet dubitare quin ista sit opinio Arist. Omnes. n. hoc opinã
tes non credunt nisi propter hoc, quod dixit Arist. quõ ita est difficile hoc:
adeo q, si sermo Arist. non inueniretur in eo, tunc valde esset difficile cadere super ipsum, aut forte impossibile, nisi inueniretur aliquis talis, vt
Arist. credo. n. q iste homo fuerit regula in natura, & exẽplar, quod natu
ra inuenit ad demonstrandum vltimam perfectionem humanam in materiis. Et forte opinio attributa Alex. fuit ficta ab eo solo: & in tempore
eius erat inopinabilis, & abiecta ab omnibus. Et ideo videmus Themistiũ
dimittentem eam omnino, & fugere eam, sicut cauentur inopinabilia. Et
est contrarium ei, quod contingit modernis. nullus enim est sciens, & per
fectus apud eos, nisi qui est Alexandreus. & causa in hoc est famositas istius
viri. & quia credimus, & vere scimus q fuit vnus de bonis expositoribus.
licet Alfarabius, cum hoc q maximus erat in istis, sequitur Alexã. in hac
intentione: & addidit huic opinioni quoddam inopinabile. In li. enim de
Nichomachia videtur negare continuationem esse cum intelligentiis ab E
stractis. & dicit hanc esse opinionem Alex. & quòd non est opinandum q
finis humanus sit aliud quã perfectio speculatiua. Auempace autem ex
posuit sermonem eius, & dixit q opinio eius est opinio omnium Peripateticorum, s. q continuatio est possibilis, & q est finis. Et forte hæc est vna
cãrum, pp quam videmus q consuetudo, & mos plurium dantiũ se Philo
sophiæ in hoc tempore sunt corrupti. & hoc habet alias causas non latentes consyderantes in Philosophia operatiua.

Eam magna de Aristo. vide cõm̃ 1. prœmio Auer. sup. 1. ph. & 2. de Gen. c. 38. & 3. Meteoro. ca. de Iride.

De opinione alfarabii vide 3. c. 36. & Auẽpace et ibidem & 9. Met. cõ. 22.

• Et ipse autem intelligibilis est sicut intelligibilia. In his quidẽ enim quæ sunt sine materia, idem est intelligens, & qđ intelligit. Scientia autem speculatiua & scibile, idem est.

SOPH. *Atq; etiam ipse intelligibilis est, quemadmodum intelligibilia: in iis enim quæ sine materia sunt, idem est id quod intelligit, & quod intelligitur: nam contemplatiua scientia & quod ita scibile est, idẽ sunt.* F

Et est etiam intellectum, sicut intellecta. Formare enim per intellectum, & formatum per intellectum, quæ sunt extra materiã, idem sunt. Scientia enim speculatiua, & scitum secundum hunc modum idem sunt.

35 Cũ dubitauit de intellectu materiali, verum intellectum ex eo est ipse intellectus, aut aliud aliquo modo, & oportet, si intellectus I eo est ipsum intellectum, vt sit intellm̃ per se non per intentionẽ in eo, &, si fuerit aliud aliquo modo vt sit intellm̃ per intentionẽ in eo, incœpit declarare q est intellectum per intentionem in eo, sicut aliæ res intellectæ: sed differt ab eis in hoc, q illa intentio est in se intellectus in actu, & in aliis rebus est intellectus in potentia. Et dixit. Et est etiam intellectum, sicut intellecta. i. & est intellectum per intentionem in eo, sicut res aliæ intellectæ. D. dedit demon-

A de monstrationem super hoc,& dixit Formare enim per intellectum,&c. i.& necesse est vt intellectum sit per intentionem in eo, quia formare per intellectum,& formatum idem sunt in rebus non materialibus. Et, si iste intellectus esset intellectus per se,contingeret vt scientia speculatiua,& scitum essent idem: quod est impossibile.

Non autem semper intelligendi causa consideranda est. In habentibus autem materiam, potentia solum unumquodq; intelligibilium. Quare quidem illis non inerit intellectus: sine materia n. potentia est intellectus talium. Illud autem intelligibile erit.

Causa porro cur non semper intelligat consideranda est. In iis autem quae habent materiā potentia est unūquodq; intelligibilium. quare illis quidem non inerit intellectus: nam intellectus horum talium potentia

B *est sine materia: illi autem intelligibile inerit.*

Et perscrutanda est causa, propter quam non semper intelligit. In eo autem, quod habet materiam, quodlibet intellectorum est in potentia tantum. Istis igitur nō est intellectus. Intellectus enim ad ista, non est nisi potentia istorum abstracta à materia. isti autē quia est intellectum.

16 Et oportet perscrutari de causa, pp quam non semper intelligit, ita q intellecta eius sint in se. Et cū in hoc est, q illud ex intellectis, quod nō habet materiam, suum intellectum est intellectus in se,& ipse semper intelligit: q autem habet materiam, vnumquodq; intellectorū est in ipso in potentia: & ideo res intellectae materiales non intelligunt. Et hoc intendebat, cum dixit. Istis igitur non est intellectus. i.& ideo intellecta materialia non habent intellectum.& quod diminuitur à sermone intelligit per suum oppositum,& per hanc particulā, s. i. quae notat diuisionē. & q. d.

C & cū in hoc est, quia intellectum eius, qd non habet materiam est semper, & in actu, intellectū aūt eius, qd habet materiā, est in potentia. D. d. Istis igitur non est intellectus &c. i. ista igit intellecta pp hoc, s. quia sunt intellecta in potentia, non habent intellm. Intells enim attributus istis nō est nisi formae istorum abstractae à materia,& ideo istae formae respectu eorum non erunt intellectae in actu. i. non comprehensae ab eis, neq; per eas erunt intelligentia: & in respectu illius, quod abstrahat ea à materiis suis, erunt intellecta in actu,& per ea erit intelligens,& illa per illam eandē intentionem erunt non intelligentia. Et hoc est complementum sermonis in dissolutione praedictae quaestionis. Ille enim sermo coegit nos ad alterū duorū. Si n. intells fuerit idem cū intellecto in intellectu materiali, necesse est vt sint aliae res, quae sunt extra aīam intelligentes. Si vero aliud, vt sit intellm per intentionem in eo, quapp indiget in essendo intellectū intellecto,& hoc procedit in infinitum. Dissolutio igitur istius qōnis est, qm intentio, per quā intellectus materialis fit intellectus in actu, est quia Resumit qōnē ppositā t. c. 6. 13. Solutio eiusdem.

est

est intellectum in actu. Intentio vero, per quam res, quæ sunt extra animam, sunt entia, est quia sunt intellectæ in potentia. &, si essent in actu, tunc essent intelligentes. D

De intellectu agente. Cap. 5.

QVoniam autem sicut in omni natura est aliquid, hoc quidem materia vnicuique generi, hoc autem est potentia omnia illa: alterum autem causa & factiuum, quod in faciendo omnia, ut ars ad materiam sustinuit: necesse & in anima has esse differentias.

SOPH. *Quoniam autem ut in uniuersa natura est aliquid, alterum materia cuiq; generi: quod ideo sic est, quòd potentia est illa omnia: alterum causa & effectiuum, eo quòd omnia efficiat: quæ res usu uenit in arte si cum materia comparetur: ita etiam in anima hæ adsint differentias necesse est.* E

Et quia, quemadmodum in natura est aliquid in vnoquoque genere, quod est materia, & est illud, quod est illa omnia in potentia: & aliud, quod est causa, & agēs, & hoc est illud, propter quod agit quidlibet, sicut dispositio artificii apud materiam: necesse est vt in anima existant hæ differentiæ.

17 Cùm declarauit naturam intellectus, qui est in potentia, & qui est in actu, & dedit differentiam inter ipsum & virtutem imaginationis, incœpit declarare quod necessariū est tertium genus intellectus esse: & est intelligētia agens, quæ facit intellectum, qui est in potentia, esse intellectū in actu. Et dixit, quod ita est in ponendo intelligentiam agentem in hoc genere entium sicut est dispositio in omnibus rebus naturalibus. quemadmodum enim necesse est in unoquoque genere rerum naturalium generabilium F
& corruptibilium esse tria ex natura illius generis, & ei attributa, agens, & patiens, & factum, ita debet esse in intellectu. Et dixit. Et quia, quemadmodum in natura. i. & quia ita est hoc sicut in rebus naturalibus. i. & quia consyderatio de aīa ē cōsyderatio naturalis, quia anima est vnum entium naturalium: rebus autem naturalibus commune est vt habeant in vnoquoq; genere materiam, & est illud, quod est in potētia omnia, quæ sunt in illo genere, & aliud, quod est causa & agens, & est illud, propter quod generatur omne, quod est illius generis, sicut est artificium apud materiā: necesse est, vt hæ tres differentiæ sint in anima.

Et est intellectus, hic quidem talis, in omnia fieri: ille vero, in omnia facere: sicut habitus quidam, sicut lumen. quodam. n. modo & lumen facit potentia existentes colores, actu colores.

Atq;

18 t. c. *Atque est quidem intellectus talis, quod omnia fiat: quidam, quod*
A *omnia faciat, ueluti habitus quidam, perinde ac lumen: nam lumen quoque quodammodo facit actu colores, eos qui sunt potentia colores.*

Oportet igitur vt in ea sit intellectus, qui est intellectus, secundum quod efficitur omne: & intellectus, qui est intellectus, secundum quod facit ipsum intelligere omne. & intellectus, secundum quod intelligit omne, est quasi habitus, qui est quasi lux. lux.n. quoquo modo etiã facit colores, qui sunt in potentia; colores in actu.

18 D. Et, cùm necesse est inueniri in parte aīæ, quæ dr̃ intellectus, istas tres differentias, necesse est vt in ea sit pars, quæ dicitur intellectus, fm̃ quod efficitur omne, modo similitudinis, & receptionis: & quod in ea sit etiam secunda pars, quæ dicitur intellectus, secundũ quod facit istum intellectum, qui est in potẽtia, intelligere omnia in actu. Causa.n. propter quã facit intellectũ, qui est in potentia, intelligere omnia in actu, nihil aliud ẽ nisi quod sit I actu.
B hoc enim, quia est in actu, est causa vt intelligat in actu omnia: & quod in ea etiam sit tertia pars, quæ dr̃ intellectus fm̃ quod facit oẽ intellm̃ in potẽtia eẽ intellm̃ in actu. Et dixit. Oportet igit, &c. & intendit per istum intellectũ materialem hęc igit est sua descriptio prædicta. D.d. & intellectus secundũ quod facit ipsum intelligere oẽ. & intendit per istum, illud quod fit, quod est in habitu. Et hoc pronomẽ, ipsum, potest referri ad intellectum materialem, sicut diximus: & potest referri ad hominẽ intelligentẽ. & oportet addere in sermone secundũ quod facit ipsum intelligere omne ex se, & quando voluerit. hæc enim est definitio huius habitus. s. vt habens habitum intelligat per ipsum illud, quod est sibi propriũ ex se: & quando voluerit, absque eo quod indigeat in hoc aliquo extrinseco. D.d. & intellectus, secundum quod intelligit, &c. & intendit per istũ intelligentiã agentẽ. & per hoc, quod dixit intelligit omne, quasi aliquis habitus, intendit quod facit oẽm rem intellectã in actu, postquã erat in potentia, quasi habitus & forma. D.d. qui
C est quasi lux, &c. modo dat modũ, ex quo oportuit ponere in aīa intelligentiã agentẽ. nõ enim possumus dicere quod proportio intellectus agentis in aīa ad intellectũ generatũ est, sicut proportio artificis ad artificiatum omnibus modis. ars enim imponit formã in tota materia absque eo quod in materia sit aliquid existens de intentione formæ, antequã artificium fecerit eam. & non est ita in intellectu. qm̃, si ita esset in intellectu tunc homo non indigeret in cõprehendẽdo intelligibilia sensu, neque imaginatione: imo intellecta peruenirẽt in intellectũ materialẽ ab intellectu agente, absque eo quod intellectus materialis idigeret aspicere formas sensibiles. ¶ Neque etiã possumus dicere quod intẽtiones imaginatæ sint solæ mouẽtes intellectũ materialẽ, & extrahentes eũ de potentia in actũ. Quoniã, si ita esset, tunc nulla differentia esset inter vle, & indiuiduum; & tunc intellectus esset de genere virtutis imaginatiuæ. Vnde necesse est cũ hoc, quod posuimus quod proportio intentionum imaginatarum ad intellectum materialẽ est

Intell. possibilis dicitur ratione similitudinis, & receptionis. Idẽ 5 t.c. 6. & 7. 38.

Definitio habitus.

Ars imponit formã in tota mã, absque eo quod in mã sit aliquid existens de intentione formæ, antequã artificium fecerit eam. Idẽ 6. Eth. ca. 5. & 2. phy. t.c. 8. & 3. & 8. & 5. Idẽ 12. Me. c. 13. & 7 Me. c. 29.

Intentiones imaginatæ non sunt solæ mouentes intellm̃.

D est sicut proportio sensibilium ad sensus, vt Arist. post dicet, ponere aliquem motorem esse, qui facit eas mouere in actu intellectum materialẽ: & hoc nihil est aliud quàm facere eas intellecta in actu, abstrahendo eas à materia. Et, quia haec intentio cogens ad ponendum intellectum agentem alium à materiali, & formis rerum, quas intellectus materialis comprehẽdit, est similis intentioni, propter quam visus indiget luce: cum hoc q agens & recipiens alia sunt à luce: contentus fuit in notificando hunc modum per hoc exemplum. & quasi d. & modus, qui cogit nos ad ponendũ intellectum agentem, idem est cum modo, propter quem indiget visus luce. Quemadmodum enim visus non mouetur à coloribus, nisi quãdo fuerit in actu: quod non completur nisi luce praesente, cum ipsa sit extrahens eos à potentia in actum: ita etiam intentiones imaginatae non mouent intellectum materialem, nisi quando fuerint intellectae in actu: quod nõ perficitur eis nisi aliquo praesente, quod sit intellectus in actu. Et fuit necesse attribuere has duas actiones in nobis aiae, s. recipere intellm, & facere eũ, quãuis agens & recipiẽs sint substãtiae aeternae, pp hoc, quia hae duae actiones reductae sunt ad nram voluntatẽ, s. abstrahere intellecta, & intelligere ea. Abstrahere. n. nihil est aliud q facere intẽtiones imaginatas in actu, postquã erant in potentia. Intelligere aũt nihil est aliud quã recipere has intẽtiones. Cũm enim inuenimus idem transferri in suo esse de ordine in ordinem, s. intẽtiones imaginatas, diximus q necesse est vt hoc sit à cã agente, & recipiente. recipiens igitur est materialis, & agens est efficiens. E

Et, cum inuenimus nos agere per has duas virtutes, cum voluerimus: & nihil agit nisi per suam formã: ideo fuit necesse attribuere nobis has duas virtutes intellectus. Et intellectus, qui est abstrahere intellectum, & creare eum, necesse est vt praecedat in nobis intellectum, qui est recipere eum. F

Et Alex. † dixit quòd rectius est describere intellectum, qui est in nobis per suam virtutem agentem, non per patientem: cum passio, & receptio commune sint intellectui, & sensibus, & virtutibus distinctiuis. actio. n. ẽ propria ei: & est melius vt res describatur per suam actionem. Dico etiã hoc non esse necesse omni modo: nisi hoc nomen passio diceretur in eis modo vniuoco: non enim dicitur nisi modo aequiuoco. Et omnia dicta ab Arist. in hoc sunt ita, q vniuersalia nullum habent esse extra animam: quod intendit Plato. qm̃ si ita esset, non indigeret ponere intellm agẽtẽ.

Digressio. Hae duae actiones re ductae sunt ad nram volun tatẽ, s. abstrahe re intelle cta & intel ligere ea. vide 1. de aia, 60. & hic. 36. mõ legit recipere. Nihil agit nisi p suã formã. idẽ 3. phy 7. 3 de Ge. 51. 7. Me. 20. vide pro hoc. 1. de aia c. 14. & 4 hoc 3. c. 36.

† idẽ infra 36.

Oĩa dicta ab Aristo. sunt ita, q vlia nul lũ hñt eẽ extra aiãs qđ itẽdit Plato. idẽ 1. de aia. c. 8. 1. de aia c. 60. 1. Me ta. 6. 36. 37. 3. Me. cõ. 20. 7. Me. 57. 12 Me. 4. & 14. 11. 17. 18. idẽ 10. Me. c. 6.

• Et hic intellectus separabilis & impassibilis & immistus, substantia actu ens: semper enim honorabilius est agens patiente: & principium materia. Idem autem est secundum actum sciẽtia, rei.

SOPH. *Et hic intellectus separabilis est, & non mixtus, & impatibilis, & sui substantia operatio. semper enim agens patiente, & principium materia nobilius est. Idem autem est scientia quae actu est, quod res ipsa.*

Et iste intellectus etiam est abstractus, non mixtus, neque passibilis, & est in sua substantia actio. Agens enim semper est nobilius

lius patiente, & principium nobilius materia. Et scientia in actu eadem est cum re.

19 Cùm declarauit secundum genus esse intellectus, & est agens, incœpit facere comparationem inter eum & materialē, & dixit. Et iste intellectus etiam, &c. i. & iste etiam intellectus est abstractus, sicut materialis: & est etiam non passibilis, neq; mixtus, sicut ille. Et, cùm narrauit ea, in quibus communicant intellectui materiali, dedit dispositionem propriam intellectui agenti, & dixit & est in sua substātia actio. i. ꝙ nō est in eo potentia ad aliquid, sicut in intellectu recipiente est potentia ad recipiendum formas. intelligentia enim agens nihil intelligit ex eis, quæ sunt hic. Et fuit necesse vt intelligentia agens sit abstracta, & nō mixta, neq; passibilis, secundū quòd est agens omnes formas intellectas. Si igitur esset mixta, non esset agens omnes formas: sicut fuit necesse vt intellectus materialis, sm ꝙ est recipiens omnes formas, sit etiam abstractus, & non mixtus. quīa, si non

B esset abstractus, haberet formam hanc singularem: & tunc necesse esset alterum duorum, scilicet aut vt reciperet se, & tunc motor in eo esset motum, aut vt non reciperet omnes species formarum. Et similiter, si intelligentia agens esset mixta cum materia, tunc necesse esset aut vt intelligeret & crearet se, aut non crearet omnes formas. Quæ igitur est differētia inter has duas demonstrationes in considerando per eas: sunt enim valde consimiles. & mirum est quomodo omnes concedunt hanc demonstrationem esse veram de intellectu, scilicet agente, & non conueniunt in demonstratione de intellectu materiali: & licet etiam sint valde consimiles, ita ꝙ oportet concedentem alteram etiam concedere aliam. Et possumus scire ꝙ intellectus materialis debet esse non mixtus ex iudicio, & eius comprehensione. Quia enim iudicamus per ipsum res infinitas in numero in propositione vniuersali: & est manifestum ꝙ virtutes animæ iudicantes, scilicet indiuiduales, & mixtæ non iudicant nisi intentiones finitas, contingit sm conuersionem oppositi ꝙ illud, quod non iudicat intentio-

C nes finitas, necesse est vt non sit virtus animæ mixta. &, cùm huic coniunxerimus ꝙ intellectus materialis iudicat res infinitas & non acquisitas à sensu, & ꝙ non iudicat intentiones finitas: continget vt sit virtus non mixta. Auenpace autem videtur concedere hanc propositionē esse veram in epistola expeditionis, scilicet ꝙ virtus, per quā iudicamus iudicio vniuersali, est infinita: sed extimauit hanc virtutem esse in intellectum agentem sm manifestum sui sermonis illic. Et non est ita. iudicium enim, & distinctio non attribuitur in nobis nisi intellectui materiali. & Auic. certe vtebatur hac propositione: & est vera in se. Et, cùm notificauit ꝙ intellectus agens differt à materiali, in eo ꝙ agens semper est pura actio, materialis aūt est vtrūq;, pp res, quæ sunt hic, dedit cām finalem in hoc, & d. Agēs n. semper est nobilius patiente. i. & iste semp est in sua substantia actio: & ille inuenit in vtraq; dispōne. Quia iam declaratū est ꝙ proportio intellēs agentis ad intellectum patientem, est sicut proportio principij mouentis

Intelligentia agens nihil intelligit ex eis q sūt hic. Idē Themistius 31.

Per hoc similiter iudicamus infinita in propositione vniuersali. Vide pro hoc. Me. 11. & 13. c. & 12. Me. 14. & 51.

quoquomodo ad materiam motam. agens enim semper nobilius est patiente, & principium nobilius materia. Et ideo opinandum est secundũ Aristo. ꝙ vltimus intellectus abstractorum in ordine est iste intellectus materialis. Actio enim eius est diminuta ab actione illorum: cum actio eius magis videtur esse passio quàm actio: non quia est aliud, per quod differat iste intellectus ab intellectu agente, nisi per hanc intentionem tãtum. Quoniam, quemadmodum nõ scimus multitudinem intellectuum abstractorum, nisi per diuersitatem actionum eorum, ita etiam non scimus diuersitatem istius intellectus materialis ab intellectu agẽte, nisi per diuersitatem suarum actionum. Et, quemadmodum intellectui agenti accidit vt quandoq; agat in res existentes hic, & quandoq; non, ita isti accidit vt quandoq; iudicet res existentes hic, & quandoq; non. sed differũt tantum in hoc, ꝙ iudicium † est aliquid in capitulo perfectionis iudicis: actio autem non est secundum illum modum in capitulo perfectionis agentis. Consydera igitur hoc, quoniam est differentia inter hos duos intellectus, &, nisi hoc esset, nulla esset alietas inter eos. O Alex. si hoc nomen intellectus materialis non significasset apud Aristo. nisi præparationem tantum, quomodo faceret hanc comparationem inter ipsum & intellectum agentem, s. in dando ea in quibus conueniũt, & ea in quibus differunt? D. d. Et scientia in actu idem est cum re. & innuit, vt reputo, aliquod proprium intellectui agenti, in quo differt à materiali, s. ꝙ in intelligentia agente scientia in actu eadem est cum scito. & non est sic in intellectu materiali, cùm suum intellectum est res, quæ non est in se intellectus. Et, cũ notificauit ꝙ sua substãtia est sua actio, dedit cãm sup hoc, & dixit. D

¶ Iudiciũ est aliqd in c. pfectionis iudicis actio vero nõ ẽ in ca. pfectionis agentis. cõ. 2. ph. 19. & 2. de aia. 139. Exclamatio contra Alex.

Quæ vero secundum potentiam prior in vno est: omnino autẽ neq; tempore, sed non aliquando quidem intelligit: aliquando vero non intelligit. Separatus autem est solum hoc quod vere est: & hoc solum immortale & perpetuum est. Non reminiscimur autẽ: quia hoc quidem impassibile: passiuus vero intellectus corruptibilis, & sine hoc nihil intelligit anima. E F

20 F R. *Ea vero quæ potentia est, prior tempore est in uno: *omnino vero ne tẽpore quidem, sed non interdum intelligit, & interdum nõ intelligit. ubi autem separatus fuerit, tunc est solum id quod reuera est: & hoc solum est immortale & æternum: sed non meminimus: quia hoc quidem impatibile est: intellectus autem passiuus corruptibilis, & nihil sine eo intelligit.* *al. legunt simplr.

Et quod est in potentia, est prius tempore indiuiduo. vniuersaliter autem nõ est neq; in tẽpore, neq; est qñq; intelligens, & qñq; non intelligens. Et, cũ fuerit abstractus, est quod est tm̃, non mortalis. Et non rememoramur, quia iste est non passibilis. & intellectus passibilis est corruptibilis, & sine hoc nihil intelligit.

Istud

20 Illud capitulum pōt intelligi tribus modis. Quorum vnus est fm opi-
A nionem Alex. Et secundus fm opinionem Theophrasti, & aliorum expo- Expō alex.
sitorum. Et tertius fm opinionem, quam nos narrauimus: & est magis manifestū fm verba. Potest.n. intelligi fm Alex. q intendebat per intellectum in potentia præparationem existentem in cōplexione humana, s. q potentia & præparatio, quæ est in hoīe ad recipiendū intellm in respectu vniuscuiusq; indiuidui, ē prior tpe intellectu agente: simplr aūt intellectus agens est prior. Et, cùm dixit, neq; est qñq; intelligens, & qñq; nō. intendit intellectum agentem. Et, cùm dixit. Et, cùm fuerit abstractus, est quod est tantum, non mortalis. intendit q iste intellectus, cùm fuerit copulatus in nobis, & intellexerimus per illum alia entia, fm quòd est forma nobis ipse solus, tunc inter partes intellectus est nō mortalis. D. d. Et non rememoramur, &c. hæc est quæstio circa intellectum agētem, fm q copulatur nobis, & intelligimus per illum. Potest.n. quis dicere q, cùm intellexerimus per aliquod æternum, necesse est vt intelligamus per illud
B idem post mortem, sicut ante. & dixit respondendo q intellectus iste non copulatur nobis, nisi mediante esse intellectus materialis generabilis & corruptibilis in nobis: &, cū iste intellectus fuerit corruptus in nobis, neq; rememorabimur. Forte igitur Alex. ita exposuit hoc capitulum: licet nō viderimus expositionem suam in hoc libro. Themistius autem intelligit per intellm, qui est in potentia, intellm materialem abstractum, cuius esse demonstratum est. Et intelligit per intellm, cuius fecit comparationē cum hoc intellm agentem, fm q continuatur cum intellu, qui est in potentia, & hoc quidem est intellectus speculatiuus apud ipsum. Et, cùm dixit. & non qñq; intelligit, & qñq; non intelligit. intelligit agentem, fm q non tangit intellm materialem. Et, cū d. Et, cùm fuerit abstractus, est q ē tantum non mortalis, intendit intellectum agentem, fm q est forma intellectui materiali. & hoc est intellectus speculatiuus apud ipsum. & erit ista qō contra intellectum agentem, fm q tangit intellm materialem: & est Expō Th. 3. de Aia ca. 26.
C speculatiuus, fm q est forma intellectui materiali: & hoc est intellect⁹ speculatiuus. Sed, cùm dixit. Et non rememoramur. dicit q remotum est vt ista dubitatio ab Arist. fit circa intellectum, nisi fm q intellectus agēs est forma in nobis. Dicit enim q ponenti intellectum agentem esse æternū, & intellectum speculatiuum esse non æternum, non contingit hæc qō. s. quare non rememoramus post mortem, quod intelligimus in vita. Et est, sicut dixit. ponere enim istam qōnem circa intellectum agentem, fm q ē adeptus vt Alex. dicit, remotū est. Scientia enim existens in nobis in dispositione adeptionis æquiuoce dicitur cum scientia in nobis existente per naturā, & disciplinam. Ista igitur qō, vt apparet, non est nisi in scientia existente per naturā. Impossibile est.n. vt ista qō sit nisi circa cognitionē æternam, existentem in nobis, aut per naturam, vt dicit Themistius, aut p intellm adeptū in postremo. Quia igit hęc qō apud Themist. est circa intellm speculatiuū, & initiū sermonis Arist. est de intellectu agēte, ideo opinatus fuit q intells speculatiuus est agens apud Arist. fm q tangit intellm

Scientia exi stens in no bis in di spositione ade ptionis equi uoce dr cū scientia exi stente i no bis p natu ram & discipli nam.

materialem. Et testatur super oīa ista ex hoc, quod dixit in primo tracta- D
tu de intellā speculatiuo. Fecit enim illic eandem q̄ōnem, quā hic: & dissoluit eam per hanc eandē dissolutionē. Dicit. n. in principio istius libri.
[1. de aīa t.c. 65. & 66.] Intellā aūt vr̄ esse aliqua substantia exñs in re, & nō corrūpi. qm̄, si corrū-
peret, tunc magis esset hoc apud fatigationem senectutis. Et postea dedit
modum, ex quo possibile est, vt intellectus sit nō corruptibilis, & intelligere per ipsum erit corruptibile, & dixit. Et formare per intellm̄, & cōsyderare sunt diuersa: ita q̄ intus corrūpetur aliquod aliud, ipsum aūt in se nullā
habet occasionem. Distinctio aūt & amor non sunt cāe illius: sed istius,
cuius est hoc sm̄ q̄ est eius. Et ideo ēt, cùm iste corrumpetur, non rememorabimur, neq; diligemus. Themistius igr̄ dicit q̄ sermo eius in illo
[Vid' The. in 3. de aīa ca. 35.] tractatu, in quo dicit, intellectus aūt vr̄ esse substantia aliqua existēs in re,
& nō corrūpi, idem est cum illo, in quo dixit hoc, & cū fuerit abstractus ē
quod est tantum nō mortalis, æternus. & quod dixit hic, & nō rememoramur, quia iste est non passibilis. & intellectus passibilis est corruptibilis. &
sine hoc nihil intelligit, idem est cum eo, quod illic dixit, s. & formare per E
intellectum, & consyderare diuersantur, &c. Et dixit pp̄ hoc q̄ intēdebat
hic per intellectum passibilem partem concupiscibilem animæ. ista enim
pars vr̄ habere aliquā rōnem. auscultat enim ad concedendum illud, quod
respicit aīa rōnalis. Nos aūt, cū videmus opinionem Alex. & Themistii
[Expō Cō.] esse impossibiles, & inuenimus verba Arist. manifesta sm̄ nostram expositionem, credimus q̄ ista est opinio Arist. quam nos diximus, & sunt ver-
[Expō t.c. 19] ba in se uera. Qm̄ aūt verba eius apparentia sunt in hoc capitulo declara-
buntur sic. Cùm enim dixit. Et iste intellectus etiā est abstractus, nō mixt⁹,
neq; passibilis, loquitur in intellectu agente, & nō possumus aliud dicere:
& hæc particula etiam ostendit aliū intellm̄ esse non passibilem, neq; mixtum. Et sīlr comparatio inter eos est, vt manifestum est, sm̄ q̄ est inter
intellm̄ agentē & intellm̄ materialē, sm̄ q̄ intellā materialis cōicat agenti
in multis istarū dispositionum. & in hoc conuenit nobiscum Themistius F
[Expō t.c. 20 Intellā q est in potētia prius cōtinuaṫ cū nobis, q̄ intellā agēs. oppositū dixit I in c.18. & 36. Vide cōt. 2um.] & differt Alex. Et, cùm dixit. Et quod est in potentia, est prius tempore in
diuiduo. potest intelligi per tres opiniones eodem modo. Secundum n.
nostram opinionem, & Themistii, intellectus, qui est in potentia prius cō
tinuatur cum nobis, quàm intellectus agens. & secundum Alex. intellect⁹,
qui est in potentia erit prior in nobis secundum esse, aut generationem,
& non secundum continuationem. Et, cùm dixit. vniuersaliter autem
non est neq; in tempore, loquitur de intellectu, qui est in potentia. quoniam, cùm fuerit acceptus simpliciter non respectu indiuidui, tunc non
erit prior intellectu agente aliquo modo prioritatis, sed posterior ab eo
omnibus modis. & iste sermo cōuenit vtriq; opinioni, s. dicenti q̄ intellectus, qui est in potentia, est generabilis, aut non generabilis. Et, cùm di-
[Pria expō sup illa verba neq; ē qñq; intel ligēs, &c.] xit. neq; est quandoq; intelligens, & quandoq; nō intelligens. impō est
vt iste sermo intelligatur sm̄ suum manifestum, neq; sm̄ Themistium,
neq; sm̄ Alex. Qm̄ hoc verbum est, cū dixit, neq; qñq; est intelligens, &
quandoq; non intelligens, secūdū eos refertur ad intellectum agentem. sed
Themistios

A Themistius, sicut diximus, opinatur ꝙ intellectus agens est speculatiuus, secundum ꝙ tangit intellectum materialem. Alex. autem opinatur quòd intellectus, qui est in habitu, & est speculatiuus, est alius ab intellectu agente, & hoc oportet credere. Artificium enim aliud est ab artificiato & agens aliud ab actio. Secundum autem ꝙ nobis apparuit sermo, est iste secundum suum manifestum: & etiam illud verbum, est relatum ad propinquissime dictum: & est intellectus materialis, cùm fuerit *actu simpliciter, non in respectu indiuidui. Intellectus enim, qui dicitur materialis, secundum ꝙ diximus, non accidit ei vt quandoque intelligat, & quandoque non, nisi in respectu formarum imaginationis existentium in vnoquoque indiuiduo, non in respectu speciei. v.g. ꝙ non accidit ei, vt quandoque intelligat intellectum equi, & quandoque non, nisi in respectu Socratis, & Platonis. simpliciter autem & respectu speciei semper intelligit hoc vle: nisi species humana deficiat omnino, quod est impossibile. & secundum hoc sermo erit secundum suum manifestum. Et, cùm dixit, vniuersaliter autem non est neque in tempore, intendit ꝙ intellectus, qui est in potentia, cùm non fuerit acceptus in respectu alicuius indiuidui, sed fuerit acceptus simpliciter, & in respectu cuiuslibet indiuidui, tunc non inuenitur aliquando intelligens & aliquando non, sed semper inuenitur intelligens. Quemadmodum intellectus agens, cùm non fuerit acceptus in respectu alicuius indiuidui, tunc nõ inuenitur quandoque abstrahens, & quandoque nõ abstrahens: sed semper inuenitur abstrahere, cùm acceptus fuerit simpliciter. idem enim modus est in actione duorum intellectuum. Et secundum hoc, cùm dixit, Et, cùm fuerit abstractus, est illud, ꝙ est tantum nõ mortalis, intendit &, cùm fuerit abstractus secundum hunc modum, ex hoc modo est tantum nõ mortalis, nõ secundum ꝙ accipitur in respectu indiuidui. Et erit sermo eius, in quo dixit. Et nõ rememoramur, &c. secundum suum manifestum. Contra enim hanc opinionẽ surgit quæstio perfecte. Dicet enim quærens. Cùm intellecta cõia sint nõ generabilia, neque corruptibilia secundum hunc modum, quare nõ rememoramur post mortẽ cognitionum habitarum in hac vita. Et dicetur dissoluẽdo, quia rememoratio fit per virtutes cõprehensiuas passibiles. s. materiales: & sunt tres virtutes in hoie, quarum esse declaratum est in Sensu & sensato, s. imaginatiua, & cogitatiua, & rememoratiua. istæ enim tres virtutes sunt in homine ad præsentandam formam rei imaginatæ, quando sensus fuerit absens. Et ideo dictum fuit illic ꝙ, cũ istæ tres virtutes adiuuerint se ad inuicẽ, forte repræsentabũt indiuiduum rei, secundum ꝙ est in suo eẽ, licet aũt nõ sentiamus ipsum.

Et intendebat hic per intellectum passibilem formas imaginationis, secundum ꝙ in eas agit virtus cogitatiua ꝓpria homini. Ista. n. virtus est aliqua rõ, & actio eius nihil est aliud quã ponere intẽtionẽ formæ imaginationis cum suo* indiuiduo apud rememorationem, aut distinguere eam ab eo apud formationẽ. Et manifestũ est ꝙ intellectus, qui dicitur materialis, recipit intẽtiones imaginatas post hanc distinctionẽ. Iste igit intellectus passibilis necessarius est in formatione. Rectè igitur dixit, Et nõ rememoramur, quia iste ẽ nõ passibilis, & intellectus passibilis ẽ corruptibilis, & sine hoc nihil itelligit. i. & sine ꝟtute imaginatiua, & cogitatiua nihil itelligit

Artificiũ aliud est ab artificiato, & agens aliud ab actio.

*a.i. acceptus.

Intellectus materialis, vt diximus non accidit ei quandoque intelligere, & quandoque non, nisi respectu indiuidui nõ respectu speciei. Vide 5 c. 5. & 19.

Virtus cogitatiua est aliqua rõ, & actio eius est ponere rememoratione formæ imaginationis cũ suo indiuiduo apud rememorationem aut distinguere eas apud formationem. Vide commentũ 6.

*a.i. idolo idola [illegible]

intellectus, qui dicitur materialis. hæ enim virtutes sunt quasi res, quæ pre- D
parant materiam artificii ad recipiendum actionem artificis. hæc igitur est vna expositio. Et potest exponi alio modo, & est q, cum dixit, & non est quandoq; ille intelligens, & quandoq; non intelligens, intendit cum non fuerit acceptus, secundum q intelligit, & formatur à formis materialibus generabilibus & corruptibilibus, sed fuerit acceptus simpliciter, & secundum quod intelligit formas abstractas, liberatas à materia, tunc non inuenitur quandoq; intelligens & quandoq; non intelligens, sed inuenitur in eadem forma. v. g. in modo, per quem intelligit intellectum agentem, cuius proportio est ad ipsum, sicut diximus, sicut lucis ad diaphanū. Opinandum est enim q iste intellectus, qui est in potentia, cum declaratum est q est æternus, & q innatus est perfici per formas materiales, dignior est vt sit innatus perfici per formas non materiales, quæ sunt intellectæ in se: sed non in primo copulatur nobiscum ex hoc modo, sed in postremo, quando perficitur generatio intellectus, qui est in habitu, vt declarabimus post. Et secundum hanc expositionem, cum dixit, Et, cū fue- E
rit abstractus est, q est tantum non mortalis, innuit intellectum materialem, secundum q perficitur per intellectum agentem, quando fuerit copulatus nobiscum ex hoc modo, deinde abstrahitur. Et forte innuit intellectum materialem in sua continuatione prima nobiscum. s. continuatione, quæ est per naturam, & appropriauit ipsum per hanc particulā. s. tantum, innuendo ad corruptionem intellectus, qui est in habitu ex modo, p quē est corruptibilis. Et vlt. quando quis intuebitur intellectum materialem cum intellectu agente, apparebunt esse duo vno modo, & vnum alio modo. Sunt enim duo per diuersitatem actionis eorū. actio enim intellectus agentis est generare, istius autem informari. Sunt aūt vnum, quia intellectus materialis perficitur per agentem, & intelligit ipsum. Et ex hoc modo dicimus q intellectus continuatus nobiscum apparent in eo duæ virtutes, quarum vna est actiua, & alia est de genere virtutum passiuarum.

Hic Imit dari ſeā-ctionē idē 1. d Co. 54 & 2. ph. & 4. Meteor. c. 10

Et quā bene assimilat illum Alex. igni. Ignis enim est innatus alterare omne
corpus per virtutem existentem in eo: sed tamē cum hoc patitur quoque F
modo ab eo, quod alterat: & assimulatur cum eo aliquo modo similitudinis. i. acquirit ab eo formam igneam minorē forma ignea alterante. hæc enim dispositio valde est similis dispōni intell. agentis cū passibili, & cum intellectu, quæ generat, est enim agens ea vno modo, & recipiens ea alio modo. Et sm hoc erit sermo, in quo dixit, & non rememoramur, &c. dissolutio q̄ōnis, quæ fecit Antiquos expositores credere intellectum, qui est in habitu, esse æternum: & fecit Alex. opinari intell̄m materialem esse generabilem & corruptibilem, in qua dicebatur q̄do intellēā nobis sunt nō æterna cum hoc q intellectus est æternus, & recipiens est æternū. Et quasi d. respondēdo q cā in hoc est, quia intellectus materialis nihil intelligit sine intellu passibili, licet sit agēs, & recipiēs sit sicut cōprehendere colorē. color. n. nō est, licet lux sit & visus sit, nisi coloratū sit. Et sic sm quā istarū expōnum dicat litera erit cōueniens verbis Arist. & suis demonstrationibus

A bus sine aliqua contradictione, aut exitu à manifesto sui sermonis. Et iō non est recte uti in doctrina verbis æquiuocis, nisi in eis, quæ licet sint diuersa, tamen conueniunt in omnibus intentionibus, de quibus possunt dici. Et demonstrat quod intendebat hic per intellectum passibilem virtutem imaginatiuam humanam hoc, quod cecidit in alia translatione loco eius, quod dixit, quod est non passibilis, & intellectus passibilis, est corruptibilis. Dicit. n. in illa translatione, & quod induxit nos ad dicendum quod iste intellectus non alteratur, neq; patitur, est quod existimatio est imaginatio intellectus passibilis, & quod corrumpitur & non comprehendit intellectum, & nihil intelligit sine imaginatione. Hoc nomen igitur intellectus secundum hoc dicitur in hoc li. quatuor modis. dicitur. n. de intellectu materiali: & de intellectu, qui est in habitu: & de intellectu agente: & virtute imaginatiua. Et debes scire quod nulla differentia est secundum expositionem Themistij, & Antiquorum expositorum, & opinionem Platonis in hoc quod intellecta existentia in nobis sunt æterna, & addiscere est rememorari. sed Plato dixit quod ista intellecta sunt in nobis qnq; & quandoque non, propter hoc, quod subiectum præparatur quandoq;
B ad recipiendum ea quandoque, & quandoque non: & ipsa in se ita sunt: antequam recipiamus, sicut post: & ita sunt extra alam, sicut in anima. Themistius autem dixit. & hoc scilicet quod quandoque sunt copulata, & quandoque non, accidit eis propter naturam recipientis. Opinatur enim quod intellectus agens non est innatus continuari nobiscum in primo, nisi secundum quod tangit intellectum materialem. & ideo accidit ei ex hoc modo diminutio ista, cum continuatio cū intentionibus imaginatis est vno modo quasi receptio, & alio modo quasi actio: & ideo intellecta sūt in eo in dispositione diuersa à suo esse in intellectu agente. Et fiducia in intelligendo hāc opinionem est quod causa mouens Arist. ad ponendum intellectum materialem esse non est, quia est hic intellectum factum: sed cā in hoc est, aut quia, cū fuerit inuenta intellecta, quæ sunt in nobis secundum dispositiones non conuenientes intellectibus simplicibus, tunc fuit
C dictum quod iste intellectus, qui est in nobis, est compositus ex eo, quod est in actu, s. intellectu agente, & ex eo, quod est in potentia: aut quia continuatio eius secundum hanc opinionem est similis generationi, & assimilatur agenti & patienti, s. in sua continuatione cū intentionibus imaginationis. Secundum igitur hanc opinionem agens, & patiens, & factum erūt idem. & est dictum ab istis tribus dispositionibus per diuersitatem, quæ accidit ei. Nos autem opinamur quod non mouit ipsum ad ponendum intellectum agentem nisi hoc, quod intellecta speculatiua sunt generata secundum modum, quem diximus. Consydera ergo hoc, quoniam est differentia inter istas tres opiniones, scilicet Platonis, & Themistij, & opinionem nostrā. & sm expositionē Themistij, nō indiget in istis intellectis nisi ad ponendum intellectum materialem tantum, aut intellectum materialem, & agentem secundum modum similitudinis. vbi. n. non est vera generatio, non est agens. Et nos conuenimus cum Alex. in modo ponendi

Nō est recta vti in doctrina vbis æquiuocis, nisi in eis, quę licet sint diuersa, cōueniūt i oībus intentionib⁹ de quibus pñt dici.

cōfile. 2. de aīa. ch. 30.

Hoc nomē intellectus dr quatuor modis.

Sc. s. Themistium eis est agens, patiens, & factū. Vid. 3. de Aīa cap. 25. in Themist.

di

di intellectum agentem: & differimus ab eo in natura intellectus materia- D
lis. & differimus à Themistio in natura intellectus, qui est in habitu, & in modo ponendi intellectum agentem. & nos etiam quoquo modo conuenimus cum Alexan. in natura intellectus, qui est in habitu, & alio modo differimus. Hæ igitur sunt differentiæ, quibus diuiduntur opiniones attributæ Arist. Et debes scire quod vsus, & exercitium sunt causæ eius, quod apparet de potentia intellectus agentis, qui est in nobis ad abstrahendum; & intellectus materialis ad recipiendum: sunt (dico) causæ propter habitũ existentem per vsum, & exercitium in intellectu passibili, & corruptibili, quem vocauit Arist. passibilem. & dicit aperte ipsum corrumpi. &, si non, contingeret vt virtus, quæ est in nobis agens intellecta esset materialis, & similiter virtus passibilis. Et ideo nullus potest rationari per hoc super hoc quod intellectus materialis admiscetur corpori. Illud enim quod dixit opinans ipsum esse admixtum in responsione istius sermonis in intellectu agente, dicimus nos in responsione eius in intellectu materiali. † Et per istum intellectum, quem vocat Arist. passibilem, diuersantur homines in quatuor virtutibus dictis in Topicis, quas Alfarabius numerauit in E
Elenchis. Et per istum intellectum differt homo ab aliis animalibus. &, si non, tunc necesse esset vt continuatio intellectus agentis & recipientis cũ animalibus esset eodem modo. Intellectus quidem operatiuus differt à speculatiuo per diuersitatem præparationis existentis in hoc intellectu. his igitur declaratis reuertamur ad nostram viam, & dicamus.

Primo Topic. c. 1. vbi numerat quatuor status probabiliũ. vt 2. Top. ca. 12. & 3. Topi. ca. 3 vbi numerat quatuor virtutes morales.
† Per intellectũ, quẽ vocat Aristo. passibilẽ diuersant̃ i quatuor virtutib⁹ dictis in Top. & p istũ intellectũ & hõ differt ab aliis aialibus.

De intelligibilibus, ipsius intellectus obiectis, quibusq; ipsius intellectus operationibus intelliguntur. Cap. 5.

Indiuisibilium quidem igitur intelligentia, in his est, circa quæ non est falsum: in quibus autem & falsum iam & verũ est, compositio quædã iam intellectuum est, sicut eorum quæ vnũ sint, quemadmodum Empedocles dixit, vere multorum quidem capita sine ceruice germinauerunt. postea composita sunt cõcordia: F
sic & hæc, separata, composita suntur assymetron & diametros.

In iis igitur indiuisibilium intellectio est, in quibus non reperitur falsitas: in quibus autẽ reperitur falsitas & ueritas, in iis demum compositio quedam est conceptuum, quasi sint unum: atq; ut Emped. dixit.

Pullulat ampla seges capitum ceruice carentum:
deinde componi Amore: sic etiam hæc cum separata sint, cõponuntur: ut in commensurabile, & diameter.

Formare autem res indiuisibiles erit in istis rebus, s. in quibus non est falsitas. Res autem, in quibus est verum, & falsum, illud est aliqua cõpositio tunc ad res intellectas, secũdum, quod sunt entia.

A Sicut dixit Empedocles, q̃ multa capita, & colla disponuntur in postremo per compositionem amicitię: ita etiam sunt separata per compositionem. verbi gratia dicere asimetrum & dicere diametrum.

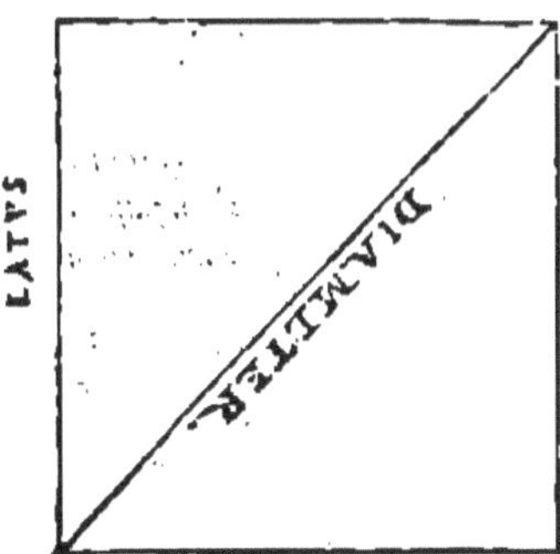

B

21 Cùm compleuit notificare substantiam triom intellectuũ, scilicet materialis, & eius, qui est in habitu, & agentis, incœpit consyderare de actionibus, & proprietatibus intellectus. & hoc est, quod remansit de cognitione istius virtutis. Et, quia famosior differentiarum, per quas diuiditur actio intellectus, sunt duæ actiones, quarum vna dicitur formatio, & alia fides, incœpit hic notificare differentiam inter has duas actiones, & dixit. Formare autem res indiuisibiles, &c. i. apprehendere autẽ res simplices non compositas erit per intellecta, quæ non falsantur, neque verificantur: quæ dicuntur informatio. comprehendere autem ab eo res
C compositas erit per intellecta, in quibus est falsitas & veritas. & contentus fuit prima diuisione sine secunda: cùm oppositum intelligatur per suum oppositum. Deinde dicit, Res autem, in quibus inuenitur verum & falsum. &c. idest intellecta autem, in quibus inuenitur veritas & falsitas, est in eis aliqua compositio ab intellectu materiali. Intellectus quidem primo intelligit simplicia. Si igitur hæc compositio fuerit conueniens enti, erit vera: si non, erit falsa. Et ista actio intellectus ad intellecta similis est ei, quod Empedo. dicit de actione amicitiæ in entia. Quemadmodum enim dixit Empedo. quòd multa capita erant separata à collis, deinde amicitia congregauit ea, & composuit simile cum simili: ita intellecta existunt primo diuisa in intellectu materiali. verbi gratia dicere diametrum quadrati, & dicere assimetrum laterum. intellectus enim intelligit ista primo simplicia, deinde componit ea, scilicet simetrum, aut assimetrum. si igitur composuerit secundum ens, est verum si non, falsum.

[illegible]

Famosior differentiarũ, p quas diuidit' actio intellectus, sunt duę actiones quarũ vna dr formatio, & alia fides. Idē. 5. Meta. 14.

Opposita intelligit' p suũ oppositũ. Idem prio Cœli. 101. & 1. Cœli. 4. cõmmẽ. de aĩa. 61.

Si autem factorum & futurorum tempus cointelligens est & componens: falsum enim in compositione semper est. & namq; si album, non albo: aut si non album albo, componit. contingit autẽ & diuisionem dicere omnia. Sic ergo est non solum falsum aut uerum ꝙ albus Cleon est, sed & quod erat, aut erit: vnum autem faciens hoc intellectus est vnumquodque.

107 M. *Sin autem praeteritorum uel futurorum, tempus insuper intelligens & componens: semper enim falsitas in compositione consistit: etenim si album non album dixeris, non album composuit: porro autem licet ẽt diuisionem omnia dicere: attamen non solum falsum est aut uerum album esse Cleonem, sed fuisse uel fore. quod autem unumquodq; unum facit, id intellectus est.*

Et si fuerint praeterita aut futura, tunc cum hoc intelligit tempus, & componit ipsum. Falsitas enim semper est in compositione. quoniam, cùm dixeris album esse non album, iam composuisti non album cum albo, sicut dicens non album. Et possibile est dicere omnia esse diuisionem. sed non istud solum est verum & falsum, scilicet Socratem esse album, seu cùm hoc fuit, aut erit. Et ꝙ facit hoc, & suum simile vnum est intellectus.

Idest &, si illa intellecta simplicia fuerint rei um, quæ innata sunt esse aut in præterito tempore, aut in futuro, tunc intellectus intelligit cũ illis rebus tempus, in quo sunt, & postea componet ipsum cum eis, & iudicabit ꝙ illæ res fuerunt, aut erunt, sicut iudicat ꝙ diametrum est assimetrũ costæ. Et, quia narrauit primo ꝙ veritas & falsitas inueniuntur in compositione, incœpit declarare ꝙ falsitas est compositio, & non inuenitur in aliqua actionum intellectus, & d. Falsitas. n. semper est in cõpositione. & ratiocinatio super hoc est, qm, cùm dicitur hoc in re alba ꝙ non est alba, est compositio similis ad dicere in re alba ꝙ est alba: licet illud sit falsum, & hoc verum. Et, quia apparet ꝙ affirmatio est magis digna compositioni, & negatio diuisioni, dixit. Et possibile est dicere in eis omnibus, ꝙ sunt diuisio, i. & sic possumus dicere negationem & affirmationem esse compositionem, sicut possumus dicere vtrunq; esse diuisionem: licet affirmatio magis videatur habere hoc nomen cõpositio, & negatio hoc nomen diuisio. qm̃ in affirmatione componitur prædicatum cum subiecto: in negatione aũt primo diuidit intellectus prædicatum à subiecto, & post componit ea. Et, cum declarauit ꝙ veritas, & falsitas accidunt compositioni rerum adinuicem, declarauit ẽt ꝙ hoc idem accidit, quando componit eas cum tempore, & dixit. Sed non istud solum est verũ & falsum, &c. i. & veritas & falsitas non accidunt solum compositioni in propositionibus, in quibus prædicatum est nomen, sed ẽt in eis, in quibus prædicatum est verbum, ver. g. Socrates fuit aut erit. D. d. Et ꝙ facit hoc, &c. i. & ꝙ facit hæc intellecta

A intellecta singularia esse vnum per compositionem, postquam erant multa, est intellectus materialis. Iste n. distinguit intellecta simplicia, & cōponit consimilia, & diuidit diuersa. Oportet enim vt virtus comprehendēs simplicia & composita sit eadem. quā proportio istius virtutis ad intentiones formarum imaginatarum debet esse sicut proportio sentientis cōmunis ad sensibilia diuersa, non sm̄ q̄ apparet de verbis Auempace in initio sui sermonis de virtute rationali, scilicet quod virtus compositiua debet esse alia ab imaginatiua. Oportet ut virtus cōprehendēs simplicia, & cōposita sit eadē.

Indiuisibile autē quoniam dupliciter dicitur, aut actu, aut potētia, nihil prohibet intelligere indiuisibile quum longitudinem intelligat, (indiuisibilis. n. actualiter est) & in tempore indiuisibili. Similiter enim tempus diuisibile & indiuisibile, lōgitudini est. Non igitur est dicere aliquid in medio intelligere utrunq;, non. n. est nisi diuidatur, sed aut potentia: seorsum autē utrunq; intelligēs dimidiorum, diuidit & tempus simul. tunc autem ut si longitudi B nes. si vero est sicut ex vtrisque, & in tempore est quod in vtrisq;.

25. *Cum autem indiuisibile bifariam dicatur, nihil prohibet quominus indiuisibile intelligat, cum longitudinem intelligit (est enim actu indiuisibilis) & in tempore indiuisibili: similiter enim tempus diuisibile & indiuisibile est, atq; longitudo. non igitur dicere potest quid in utroq; dimidio intelligebat: non enim est si non diuidatur, nisi potentia. at cum seorsum utrumq; dimidiorum intelligit, una etiam tempus diuidit: tunc uero quasi longitudines. quod si ut ex utrisq;, & in tempore quod in utrisque.* 2. Intelligit.

Et, quia indiuisibile est duobus modis, aut in potentia, aut in actu, nihil prohibet hoc, q̄ quando intellexerit longitudinem, vt intelligat indiuisibile, & illud indiuisibile in actu, & in tempore indiuisibili. tempus. n. sm̄ hunc modum est diuisibile, & indiuisi C bile, in lōgitudine. Nullus. n. potest dicere q̄ intelligit vtrunq; modum esse aliquod, cum non sit, quousque diuidatur, sed in potentia. Sed, cum intellexerit vtrunque duorum per se, tunc diuidetur tempus etiam. & tunc erunt quasi duæ longitudines congregatæ autem in tempore, quod est super eas.

25 Cūm declarauit q̄ actio intellectus indiuisibilis est in rebus indiuisibilibus, incepit hic declarare ex quo modo contingit ei intelligere diuisibilia, habentia quantitatem intellectione indiuisibili, & in tēpore indiuisibili: & ex quo modo contingit ei vt intelligat ea indiuisibiliter, & in tempore diuisibili, sicut est dispositio in intelligendo res multas, & dixit. Et, quia indiuisibile est, &c. i. & quia indiuisibile dicitur duobus modis, potentia, & actu, possibile est dicere q̄ intellectus intelligit res ex rebus diuisibilibus

bus potentiis indiuisibilibus actu, sicut longitudo, & tempus latens, quod D
est in eis, est indiuisibile in actu: & hoc sic intellectione indiuisibili, & in
tempore indiuisibili: quemadmodum intelligit res indiuisibiles vtroq; mõ,
necesse est n. vt intelligat intentionem indiuisibilẽ indiuisibiliter: siue illa intentio fuerit diuisibilis aliquo modo, aut nullo modo. Et, cùm dixit vt intelligat indiuisibilem, &c. intendit vt intelligat intentionem indiuisibilem. & illud intellectum est indiuisibile, & in tempore indiuisibili. D. d. tẽpus n. sm hunc modum est diuisibile, & indiuisibile. i. tempus n. inuenitur etiam vno modo diuisibile, & alio modo indiuisibile, sicut in longitudine. Et, cùm declarauit ꝙ intellectus intelligit magnitudinem & tempus, & vniuersaliter omne, quod est indiuisibile in actu. & diuisibile potẽtia per intellectionem indiuisibilem, & in tempore indiuisibili: declarauit etiã ꝙ impossibile est aliquem dicere ꝙ intelligere talia sit per intellectionẽ diuisibilem, & in tpe diuisibili, & d. Nullus n. põt dicere, &c. i. nullus igr̃ põt dicere ꝙ, cùm intellectus intelligit lineã, nõ subito intelligit eã, sed primo aliquã partẽ, & secũdo aliã. illæ n. duæ partes nõ sunt duæ actu
in linea, donec linea diuidatur, sed tantum sunt duæ in potentia. &, cùm E
d. vtrunq; modum, intendit vtranq; partem lineæ, & quasi d. nullus igitur potest dicere ꝙ quãdo intellectus intelligit lineam, primo intelligit vtranq; partem per se, deinde totum. illæ. n. duæ partes non sunt in actu, quousque linea diuidatur: sed sunt duæ in potentia. D. d. Sed, cùm intellexerit vtrunq; &c. i. sed accidit ei vt intelligat vtranque partem longitudinis per se, quando diuidit longitudinem, & tunc ita intelligit illam longitudinem, sicut intelligit duas longitudines. & hoc intellexit, cùm d. & tũc erunt quasi duæ longitudines. D. d. congregatæ autem, &c. i. qñ enim intelligit eas congregatas. i. partes, & quasi vnam longitudinem, intelligit eas in eodẽ tempore indiuisibili in eodem instanti, in quo sunt insimul, non in duobus instantibus diuersis. & hoc intendebat, cùm d. vt mihi videtur, in tempore, quod est super ea.

Quod autem non secundum quantitatem indiuisibile est, sed
specie, intelligit indiuisibili tempore, & indiuisibili animæ: secũ- 5
dum accidens autem, & non inquantum illa diuisibilia: quod intelligit & in quo tempore: sed inquantum sunt indiuisibilia. inest autem vtiq; his aliquid indiuisibile, sed forte nõ separabile, quod facit tempus vnum, & longitudinem. & hoc similiter est in omni continuo & tempore & longitudine.

SOPH. *Quod porro non quantitate sed specie indiuisibile est, id in tempore indiuisibili, & indiuisibili animæ intelligit: per accidens autem, &* a. l. quod *non quatenus illa diuisibilia sunt, quo intelligit & in quo tempore, sed quatenus indiuisibilia: nam in his etiam inest aliquid indiuisibile, sed forte non separabile, quod vnũ & tẽpus & magnitudinẽ efficit: & hoc peræque in omni cõtinuo reperitur, tum tẽpore tũ longitudine.*

Illud

A Illud autem, quod non est indiuisibile per quantitatem, sed per formam, intelligit ipsum in tempore indiuisibili, & per indiuisibile animæ, sed accidentaliter. sed ista duo sunt diuisibilia, scilicet illud, per quod intelligit, & tempus, in quo intelligit, quia sunt indiuisibilia. In his etiam est aliquod indiuisibile, sed dignius est vt sit nō separabile ab eis. & est illud, quod facit tempus esse vnum, & longitudinem esse vnam. & hoc eodem modo est in omni continuo, & in tempore, & in longitudine.

34 Cū declarauit modū, sm quē intelligit intellectus qđ est indiuisibile p quantitatē, & est illud, quod est indiuisibile in actu, & diuisibile potētia, incœpit ēt declarare modū, sm quē intelligit illud, qđ est indiuisibile per formā, & hoc ē indiuisibile actu, & pōtia, nisi accñtaliter, & dixit. Illud aūt, qđ nō est indiuisibile, &c. i. quod aūt est indiuisibile forma & qualitate, nō quātitate, qm̄ indiuisibile dr̄ duob' modis, cōprehendit ab intellectu

B in tpe diuisibili, & p intellectionē indiuisibilē. D. d. sed accñtaliter, &c. i. & iste sermo est diminutus, & trāspositus, & sic debet legi. sed ista duo sūt diuisibilia non essentialiter, sed accidentaliter. s. tempus in quo intelligit, & res qua intelligit, aut per quod intelligit. D. dedit causam in hoc, q̄ sunt diuisibilia accidentaliter, & d. quia sunt indiuisibilia, &c. idest, &, quia tempus, in quo intelligit, & res, quā intelligit, sunt indiuisibilia in se, sed tamen sunt in diuisibilibus, s. instās, in quo intelligit, & formā, quā intelligit, indiās, q. est indiuisibile, & ē in tpe, qđ est diuisibile: & forma ē etiā indiuisibilis, & est in magnitudine, q̄ est diuisibilis. D. d. In his ēt est aliquod indiuisibile. i. in magnitudine & in tpe. D. d. sed dignius est ut sit nō separabile ab eis. sed illud, quod est indiuisibile in tpe, & in magnitudine, est nō separabile ab eis & iō sunt diuisibile per accñs. D. d. & est illud, quod facit tpsesse vnū, &c. i. & hoc indiuisibile exñs in istis rebus facit longitudinē esse vnā, & tps esse vnum. &, si non, non intelligeretur hæc vna longi-

C tudo, neq; vnū tempus, si non esset hæc nā in eis. Hæc igr̄ natura est causa in hoc, q̄ istę res sunt vnæ, cū hoc q̄ sunt diuisibiles. &, quia sūt in istis rebus, ideo contingit eis vt sint diuisibiles per accñs. & hoc, q̄ hæc natura est exñs in rebus materialibus, est causa q̄ intelligere fiat in non tpe. hoc est summa eius, quod intendebat in hoc capitulo. Et Deinde, d. & hoc eodem modo est in omni continuo, &c. i. & illa natura existit eodem modo, s. in tēpore, & in lōgitudine, & in alijs speciebus, non separabilis ab eo, in quo existit. qm̄, si separetur, tunc diuisio per accidens non accideret.

• Punctum autem & omnis diuisio, & sic indiuisibile, monstratur sicut priuatio: & similis ratio in aliis est: ut quomodo malum cognoscit aut nigrum: cōtrario. n. aliquo modo cognoscit. Oportet autem potentia esse cognoscens, & esse in ipso. Si vero alicui non inest contrarium ipsum seipsum cognoscit, & actu est, & separabile.

Punctum

109 K. *Punctum autem, omnisq; diuisio, & quod ita indiuisibile est, sicut* D *priuatio cognoscitur. quae ratio similis est in caeteris, scilicet qua malum aut nigrum cognoscit: nam contrario, quodammodo cognoscit. Oportet autem id quod cognoscit potentia esse, & inesse in ipso. Quod si causarum alicui nihil est contrarium, ipsa se ipsam cognoscit, & actus est, & separabilis.*

Punctus autem, & omnis differentia, & quod est indiuisibile hoc modo intelligitur, quasi accidens. & sic de alijs. & secundum hunc modum cognoscit nigredinem, & nigrum. quoniam, quasi per contrarium cognoscit ipsum. Et cognoscens potentia debet esse vnum in se. Si igitur aliquod rerum est, in quo non est contrarietas, illud intelligit se tm̃, & est in actu abstractum.

25 Cùm declarauit quomodo intellectus intelligit indiuisibilia in actu, & diuisibilia potentia, s. magnitudines & quomodo ẽt intelligit indiuisibilia essentialiter diuisibilia accidentaliter, s. qualitates, & formas, incœpit E hic declarare etiam quõ intelligit indiuisibilia, neq; essentialiter, neq; accidentaliter, neq; potentia, neq; actu, v. g. pũctum, & instans, & vnitatem, & dixit, P, unctus aũt, &c. i. intelligere aũt pũctum, & sibi simile ex eis, quae dicuntur esse indiuisibilia, & vniuersaliter omnem dr̃iam priuatiuam, est per accidens, s. sm̃ q̃ ei accidit carere re priuatiua. punctus. n. non intelligitur, nisi q̃ contingit ei de priuatione diuisibilitatis existentis in magnitudine. & similiter de instãti, & alijs. D. d. & sm̃ hunc modum cognoscit nigredinem, & nigrum. ipse. n. quasi per contrarium cognoscit. sic cecidit ablatio in exemplari, s. inter hanc particulam sm̃ modum, & hanc particulam cognoscit. & est sermo completus per se. sed si aliquid deficit forte est sic. sm̃ hunc modum intellectus, aut visus cognoscit nigredinem aut nigrum: & vniuersaliter omnes priuationes non cognoscuntur nisi per contraria, s. per cognitionem habitus, & per cognitionem defectus habitus. F Et hic intendebat per nigredinem priuationem albedinis. ita. n. est de sensibus in istis rebus, sicut de intellectu. Quẽadmodum. n. dictum fuit illic q̃ visus comprehendit obscuritatem per comprehensionem defectus lucis, ita intellectus comprẽhendit priuationem per comprehensionem defectus formae. D. d. Et cognoscens potentia debet esse vnũ in se. i. & oportet vt intellectus cognoscens habitum, & suam priuationem, sit eadẽ virtus in se. quemadmodum cognoscens obscuritatem, & lucem est eadem virtus visus: & q̃ ista virtus cognoscens comprehendat priuationem cõprehendendo se esse in potentia, cùm fuerit in potentia, comprehendit ex se vtrunq;, scilicet esse potentia & esse actu. & ista est dispositio intellectus materialis. Possumus igitur dicere talem esse praeparationem tantum, & nihil aliud, vt dicit Alex. D. d. Si igitur aliquod rerum, &c. i. si igitur fuerit aliquis intellectus, in quo non est potentia contraria actui existenti in eo. i. si fuerit aliquis intellectus, qui non inuenitur quandoque intelligens

in

A in potentia,& quandoque intelligens in actu, tunc ille intellectus non intelligeret priuationem omnino: imo nihil intelligeret extra se. & hoc est vnum eorum, quibus diuiditur iste intellectus ab intellectu agente, scilicet q in hoc intellectu inuenitur vtrunq;, in agente autem actus tantum, non potentia & ideo recte vocauit Arist. istum intellectum materialem, non quia est mixtus,& habens materiam, vt Alex. opinabatur.

Est autem dictio quidem aliquid de aliquo, sicut affirmatio. & vera aut falsa omnis. Intellectus autem non omnis: sed qui est ipsius quid est, secundum quòd aliquid erat esse, verus est: & non aliquid de aliquo: sed sicut uidere proprii verum est, si autem homo albus, aut non, non verum semper: sic autem se habent quæcunq; sine materia sunt.

10 P N. *Est autem dictio quidem aliquid de aliquo, quemadmodum affirmatio: estq; uera uel falsa omnis: at intellectus non omnis, sed qui est ipsius Quid est ex ipso Quid erat esse, uerus est: & nõ aliquid de aliquo.*
B *sed ut uisus proprii uerus est, an uero hoc album, homo sit, nec ne, non uerum semper est: sic se habent quæcunque sine materia sunt.*

Et dicere aliquid de aliquo, sicut affirmatio, & omne compositum est verum uel falsum. Et non omnis intellectus, sed qui dicit quiditatem rei est verus, non qui dicit aliquid de aliquo. Sed quẽadmodum actiones propriæ sunt ueræ, verum autem nigrũ, aut album est homo, non semper est verum, ita etiam est dispositio eius, quod est abstractum à materia.

26 Idest & prædicare per intellectum aliquid de aliquo, sicut affirmatio & negatio, est compositio per actionem intellectus. & omne compositũ est verum, aut falsum in intellectu. i. in materiali semper inueniuntur veritas & falsitas admixtæ. & hoc est proprium huic intellectui. D. incœpit
C declarare q hoc non est proprium omnibus actionibus istius intellectus, sed tantum actioni, quæ dicitur fides, non formatio,& dixit. Et nõ omnis intellectus, &c. i. & non in omni actione istius intellectus inueniuntur falsitas, & veritas admixtæ: † sed actio quæ est informatio, est semper vera, non actio, quę est prædicare aliquid de aliquo. D. incœpit narrare quòd hoc quod accidit intellectui, est simile ei, quod accidit sensui, & quòd eadem est causa in hoc, & d. Sed quemadmodum actiones, &c. i. sed causa in hoc est eadem cum causa in sensu. Quemadmodum. n. actiones propriæ visui, s. comprehendere colorem sunt veræ in maiori parte: sentire autem album esse Socratem, aut Platonem non semper est verum, sed multotiẽs accidit in eo falsitas: ita erit dispositio intellectus, scilicet q semper est verus in sua actione propria. fides. n. accidit ei, nisi quia intellectum eius est materiale, i. compositum. Et, cũ d. ita est dispositio eius, quod est abstractum à materia. intendebat ita est dispõ intellectus materialis, qui est ab-

Idē. 1. de Aia. 63. 1-14. 112. 3-d1. vid cõ. Zim.

† Actio intelle. q est formatio, ẽ sẽp vera Sed vid op po. 1 c. 21. vbi d. q nõ ẽ vera, neq; falsa. Si vid op po. 5. Met. cõ. 34. vbi di q ẽ aliqua rõ in se falsa, nõ solũ ĩ aliquo falsa.

Pria expõ.

stractus à materia in suis cõprehensionibus. s. quia veridicat in proprijs sibi, s. in formatione, & fallit in eis, quæ non sunt propria. Et põt intelligi sic. ita est dispositio intellectorũ, quorum intellectum est abstractũ à materia in hoc, q semper veridicat: cùm non inueniatur in eis actio, quæ est per accidens, quia suum intellectum est abstractum à materia. C

S:ĉa expõ

Idem aũt est sm actũ scĩa, rei: quę uero sm potẽtiã, tpe prior est in vno. oĩno aũt neq; tempore. Fiunt. n. ex actu ente oĩa quæ fiũt.

SOPH. *Scientia autẽ quæ actu est, idem est quod res: ea uero quæ potentia est, in uno prior est tempore: Omninò uero ne tempore quidem: cuncta enim quæ fiunt, ex eo sunt quod actu existit.*

a. l. simpli

Et scientia, q̃ est in actu, est ipsa res scita. & quæ est in potẽtia, ẽ prior tẽpore indiuiduo. Sed vniuersaliter, neq; in tempore. omne enim quod generatur, generatur ab eo, quod est in actu.

27 Idest & scientia, quæ est in actu, est ipsum scitum: & scientia, quæ est in potentia, est prior tempore indiuiduo, q̃ scientia, quæ est in actu. vniuersaliter autem & simpliciter scientia, quæ est potentia, non est prior scientia, quæ est in actu: cùm scientia exiens de potentia in actum, est generata: & omne generatum generatur ab eo, quod est in actu speciei illius generati. vnde necesse est vt scientia, quæ est in actu, sit prior omnibus modis scientia, quę est in potentia. Et forte intendebat his per hunc sermonẽ inuenire causam, propter quam comprehensio intellectuum separatorũ est formatio tantum & veritas in eo nunquam admiscetur cum falsitate: & est quod scientia illorum est ipsum scitum omnibus modis, econtra dispositioni in scitis intellectus materialis. E

Scĩa gñat a scĩa in actu. oppo. 3. de aĩa t. c. 5. l. solutione 4. quæstionis. Vide cõtra. Zim.

In malis intellectum fugiendo, conuenire. De intellectu practico, ac ipsius à speculatiuo differentia. Quo etiam pacto ea, quæ abstractione dicuntur, intelliguntur. Cap. 5. F

Videtur autem sensibile ex potẽtia existente sensitiuo, actu agens: non enim patitur, neq; alteratur. vnde alia hæc spẽs motus. motus. n. imperfecti actus. simpliciter aũt actus, alter est, qui perfecti. Sentire quidem igitur simile est ipsi dicere solum, & intelligere: quum autem delectabile, aut triste, aut affirmans, aut negans, prosequitur aut fugit.

SOPH. *Videtur autem sensibile ex eo quod est potentia, sensitiuum actu efficere: non enim patitur nec alteratur. quamobrem alia est hæc motus spẽs. motus enim, actus erat imperfecti, at uero qui simpliciter est actus, alius est: is scilicet qui perfecti est. Sentire igitur simile est ipsi dicere solum & intelligere: cum aũt iucundum aut molestum indicauerit, non secus ac si affirmasset aut negasset, persequitur aut fugit.*

Et

A Et videmus sensibile facere sentiens in actu, postquam erat in potentia, neque patiendo alterationem. Et ideo iste est alius modus motus. motus. n. est actio non perfecta. actio aût simpliciter est alius motus, & est actio perfecti. Sentire igitur simile est vt tantum dicatur uerbis, & vt intelligatur per intellectum. Si igitur fuerit delectabile, aut tristabile, sicut affirmatio & negatio eius, quæretur, aut fugietur.

28 Plus, quod hic vult dare de dispositione istius virtutis, s. rationalis, est propter assimilationẽ eius sensui. hęc. n. in quibus assimilatur, manifestiora sunt in sẽsu, q̃ in intellectu. Et primo incepit cõparare inter eas in re, q̃ dr̃ in eis motus, & passio. & d. Et videmus sẽsibile facere, &c. i. &, quia videmus sensibile facere sentiẽs in actu, postq̃ fuit in potẽtia: nõ ita q̃ sentiẽs apud exitũ de potentia in actum transmutatur, aut alteratur, sm̃ q̃ res materiales exeuntes de potentia in actum transmutantur, aut alterantur: sed q̃

B res materiales exeuntes de potentia in actum transmutantur: ideo opinandum est alium modum esse motus, & passionis à modo, qui est in rebus mobilibus. quapropter non est inopinabile hoc, quod dictum est in intellectu, s. q̃ est exitus de potentia ad actum sine trãsmutatione, & alteratione. D. d. motus. n. est actio nõ perfecta &c. i. & causa, propter quã isti motui contingit transmutatio & alteratio, illi autẽ non, est quia iste motus, cui accidit transmutatio, est actio non perfecta, & via ad complementum. ille aũt est actio perfecta, immo complementum. Et quasi intendebat q̃, cũm ita sit, motum esse actionẽ imperfectam, accidit ei propter materiam, non sm̃ q̃ est actio. Et cũ hoc accidit actioni, necesse est aliquam actionem esse liberatam ab hoc accidente. quod. n. accidit alicui per accidens, necesse est vt non sit ei sm̃ q̃ est. &, si non fuerit ei sm̃ q̃ est, necesse est vt separetur ab eo. Et hoc, quod induxit hic, quasi est dissolutio quæstionis, maxime omniũ quæstionum aduenientiũ in hac opinione. Potest. n. aliquis dicere q̃ñ possumus imaginari receptionem in substantia

C nõ mixta cum mã: cum declaratum est q̃ causa receptionis est mã. Et quasi innuit dissolutionem, dicendo q̃ materia non est causa receptionis simpl'r, sed causa receptionis transmutabilis, s. receptionis huius entis indiuidualis. vnde necesse est vt illud, quod nõ recipit receptione indiuiduali, non sit materiale aliquo modo. & sic nõ remanet locus quæstioni. Et cũm declarauit modũ consimilitudinis inter sensum & intellectũ, in hoc modo passionis, & motus, s. q̃ in vtroq; est actio perfecta, incepit notificare consimilitudinem inter sentire & intelligere, & d. Sentire igitur simile est vt tñ dicatur verbis, & vt intelligatur per intellectum, i. & hoc, q̃ sentire sit per se actio perfecta, & sine tempore, & absq; eo q̃ precedat ipsum actio diminuta, simile est ad intelligere intentionem intellectã, q̃ñ illa intentio pronũciatur ab aliquo, s. quia fit ab hoc actio perfecta, absq; eo q̃ præcedat ipsum actio diminuta. & quasi intendit cum hoc declarare causam, propter quam intellectus intelligit sine tempore. Deinde. d. Si

Sẽsibile facit sẽtiẽs i actu, postq̃ fuit i potẽtia. Idẽ 2. de anima. 60.

Vide cõsimile dictũ de motu 2. de aĩa cõ. 57. Idẽ 3. Ph. 4. & 6. Idẽ 5. Phy. 4. & 9.

Vide q̃stiõ 1. Cœl. 14. & 4. Ph. 31. 4. 67. & 2. de Aĩa. 33.

Mã nõ est cã receptionis simpl'r sed solũ est receptionis trãsmutabil. Vide supra cõ. 5

igitur fuerit delectabile,&c. idest, si igitur illud comprehensum fuerit delectabile apud sensum, aut tristabile, erit quasi intell'm affirmare hoc esse hoc, aut negare hoc nō esse hoc: & tūc aut quęret, aut fugietur p cōprehēsionē intellectualem, sicut quæret aut fugietur per cōprehēsionē sensibilē. D

Et est delectari aut tristari, agere sensitiua medietate ad bonū, aut malum, inquantū talia: & fuga aūt & appetitus hæc, quæ sm actum: & non alterum appetitiuum & fugitiuum, neque ab inuicem, neq; a sensitiuo: sed esse aliud est.

SOPH. *Atque est voluptate aut dolore affici, operari sensitiua mediocritate ad bonum aut malum, quatenus talia sunt: & fuga demum & appetitus qui actu est, hoc sunt: nec diuersa sunt appetitiuum & sensitiuum neq; inter se, neq; à sensitiuo: sed eorum esse diuersum est.*

Et delectatio, & contristatio sunt actio mediante sensibili circa bonum aut malum, sm q̄ sunt sic. & hoc est fugere & desyderare quæ sunt in actu. & desyderans, & fugiens non sunt diuersa vnū ab altero, neque à sentiente, sed esse differt. E

29 Et contristatio, & delectatio animæ est actio ei mediante virtute sensibili. & motus eius ex hoc modo circa bonum, aut malum est, sm q̄ mal & est contristabile, & bonum delectabile: non sm q̄ bonum est bonum, aut malum est malum: sicut est dispositio in quærere aut fugere intellectus. D.d. & hoc est fugere, & desyderare quæ sunt in actu, i. in hoc est desyderare rem præsentem, sm q̄ est præsens & indiuidualis, & fugere eam, s. desyderium sensibile. qm̄ hoc est proprium desyderio sensibili, s. q̄ non mouetur nisi cum præsentia sensati in actu, econtrario desyderio intellectuali. D.d. † & desiderans & fugiēs nō sunt diuersa, &c. i. & pars animæ, quæ quærit, & fugit, est eadem pars, non duæ diuersæ, neq; in intellectu, neque in sensu: sed est eadem pars in subiecto, & diuersę in actione. & hoc intendebat, cum d. sed esse differt. & intendit per hoc animam concupiscibilem. F

Idem 3. de cō. 51.

Proprium desyderio sensibili q̄ si mouetur nisi cū presentia sensati i actu. ecōtrario desyderio intellectuali, vide cū ista. 3. de aia cō. 50.

† Pars desyderās & fugiēs nō sūt aliquę diuersę neq; in sēsu, neq; i itellu: sed ē eadē ps i subiecto, & diuersę i actione.

Intellectiuæ autem animæ phantasmata vt sensibilia sunt. quū autem bonum aut malum affirmat, aut negat, fugit aut prosequitur. propter quod nequaquam sine phātasmate intelligit anima.

Dianoeticæ autem animæ phantasmata veluti sensibilia sunt. Cū autem bonum aut malum affirmauerit vel negauerit, tunc fugit aut persequitur. Quapropter nunquam anima sine phantasmate intelligit. SOPH.

Et in aīa sensibili inueniuntur imagines secundum modos sensuum. &, cūm diximus in aliquo ipsum esse malum, aut bonum non secundum affirmationem, & negationē, tunc aut quærimus, aut fugimus. Et ideo nihil intelligit anima sine imaginatione.

Idest

A Idest & in anima sensibili, i. in sensu communi inueniuntur imagines, quarum modi sunt secundum modos sensuum, & sensibilium: ita ꝙ proportio istarum imaginum ad intellectum materialem est, sicut proportio sensibilium ad sensus. & hoc inuenitur in alia trāslatione manifestius. dicit enim, apud autem animam rationalem imago est quasi res sensibiles. D. d. & cùm diximus, &c. i. & cum anima rationalis distinguit imaginem, & iudicat eam esse bonam, aut malam: non secundum ꝙ est nota esse talis, aut non talis tantum: & est differentia propria intellectui speculatiuo: tunc anima concupiscibilis, aut quæret illud, si anima rationalis iudicauerit imaginem eius esse bonam, aut fugiet, si malam. & hoc est simile ei, quod accidit sensui de contristabili, aut delectabili. Deinde dixit, Et ideo nihil intelligit anima sine imaginatione. idest &, quia proportio imaginum ad intellectum materialem est, sicut proportio sensibilium ad sensum, ideo necesse fuit vt intellectus materialis non intelligat aliquod sensibile absque imaginatione. Et in hoc. d. expresse ꝙ intellecta vniuersalia colligata sunt cum imaginibus, & corrupta per corruptionem earum. Et expresse etiam dicit ꝙ proportio intelligibilium ad imagines non est sicut proportio coloris ad corpus coloratum: sed sicut proportio coloris ad sensum visus: non sicut existimauit Auempace. Sed intellecta sunt intētiones formarum imaginationis abstractæ à materia, & ideo indigent necessario in hoc habere materiam aliam à materia, quam habebant in formis imaginationis. & hoc manifestum est per se intuentibus. Et, si intentiones imaginatæ essent recipientes intellecta, tunc res reciperet se, & motor esset motum. Et declaratio Aristo. ꝙ necesse est vt in intellectu materiali non sit aliqua intentionum existentium in actu, siue fuerit intentio intellecta in actu, aut in potentia, sufficit in destructione opinionis. Sed illud, quod fecit istum hominem errare, & nos etiam longo tēpore est, quia moderni dimittunt lib. Aristot. & consyderant li. expositorum, & maxime in anima, credendo ꝙ iste liber impossibile est vt intelligatur. & hoc est propter Auicen. qui non imitatus est Arist. nisi in Dialectica: sed in aliis errauit, & maxime in Metaphysica. & hoc, quia incœpit quasi à se.

Digressio.

Cōtra dimittentes text. Arist. ꝓ quouis ꝯ. 8. Phy. cō. 78. vide cōsiste cōtra Aui. 3. co. c. 67

Sicut enim aer pupillam huiusmodi fecit & ipsa autem alterū; & auditus similiter. sed ultimum vnum: & vna medietas: esse autem ipsi plura. quo autem discernit quo differūt dulce & calidū, dictum est quidem & prius. dicendum autem & nunc. Est enim aliquid unum: sic autem vt terminus.

SOPH. *Quemadmodum autem aer puppillam talem fecit: ipsa uero aliud: sic etiam auditus. extremum autem unum est, & una mediocritas: esse autem est ipsi plura. quo autem iudicat, qua ratione differat dulce ab albo, & superius dictum est, & dicendum etiam est, sic: est enim unū quidpiam: & ita unū, ut terminus.*

Et quemadmodum aer est illud, quod facit visum talis dispositionis, & hoc ab alio, & similiter auditus. vltimum. n. est vnum, & medium vnum, in esse aũt multa. Et iã dictũ est prius p quod iudicamus illud, per quod dulce differt à calido aeri. dicamus igr̃ et sm hunc modum, qm̃ sicut in esse est vnum, ita in definitione. D

31 Cùm demonstrauit similitudinem inter intellectum & sensum in indigentia subiecti, à quo recipiunt intentiones quas comprehendunt, incœpit modo declarare ꝙ proportio istius intellectus materialis ad imaginationes numeratas secundum species sensibiliũ est, sicut proportio sensus communis ad diuersa sensibilia, & d. Et quemadmodum aer, &c. i. & sicut declaratũ est ꝙ aer mouet visum, & mouetur ab alio: & similiter auditus mouetur ab aere, & aer ab alio, quousq; perueniat motus in omnibus sensib' ad vnum finẽ, qui est in illis motibus, quasi punctus, qui est mediũ circuli de lineis exeuntibus à circumferentia: ita est de intellectu mãli cum intentionibus imaginantium intellectis. D. d. vltimum enim est vnum, & medium vnum. i. vltimus enim motuum sensibilium est vnus, & illud, quod est ex eis quasi medium de circulo, est etiam vnum. & hic est sensus communis. D. d. Etiam dictum est prius, &c. idest & vniuersaliter dictum est prius quid est illud, per quod iudicamus diuersitatem sensibilium diuersorum, ver. g. diuersitatem dulcis à calido, & coloris à sono. ergo secũdum illum modum, quo consequebatur illic tale esse in sensu, oportet hic esse in comprehendendo res diuersarum imaginum ab intellectu. Et hoc intendebat, cùm d. quoniam sicut in esse est vnum, ita est in definitione. i. quoniam demonstratum est à sermone prædicto ꝙ sicut iudicans esse diuersum apud sensum debet esse vnum, ita iudicans imagines rerum diuersarum debet esse vnum. Et potest intelligi sic. & sicut in esse rerum diuersarum est vna intentio, quæ facit vt comprehendens eas sit vnum: & est proportio, quam accipit virtus comprehensiua, quando facit comparationem inter duas res diuersas: ita in imaginibus diuersis est vna intentio, quæ facit ꝙ iudicans eas sit vnum. Et potest intelligi sic. idest & causa in hoc, s. in similitudine inter intellectum & sensum in hoc est. quoniam sicut in hoc esse singulari est vnum, quod est ens apud sensum, ita imaginatio est vnum apud intellectum, quod est imaginatum. &, cùm multa fuerint apud imaginatum, erunt multa apud imaginationem, & hoc cõuenientius est sermoni sequenti. E F

Vide 2. de cõ. 149.

Prĩa expõ.

Vide 2. de Aia. 149. Scđa expõ. p qua vid. 2. de Anima. 146.

Tertia expõ. p qua Vid. 2. de Aia. 33.

• Et hoc in proportionali aut numero ens vnũ, hẽt se ad vtrũq;, sicut illa ad inuicẽ. Quo. n. differt non homogenea iudicare, aut cõtraria: ut albũ & nigrũ. Sit igr̃ sicut. A. albũ, ad. B. nigrũ. G. ad. D. sicut illa ad inuicem. Quare & permutatim: si igitur. G. D. vni sunt existẽtia, sic hẽbunt sicut & A. B. idẽ quidẽ, esse aũt non idẽ: & illud similiter. Eadem aũt ratio est si. A. quidẽ dulce sit. B. uero album. ¶ Spẽs quidẽ igit' intellectiuũ in phãtasmatibus intelligit'.

Et hæc

Et hæc unum sunt proportione & numero quem habet ad utrunque, ut illa inter sese, quid enim refert dubitare quomodo ea quæ eiusdẽ generis sunt, iudicet, aut cõtraria: ut albũ ac nigrũ: sit igitur ut A quod est album ad B quod est nigrum, C ad D, ut illa inter se: quare etiam cõmutato ordine. Si igitur C D unum sunt, ita se habebunt, sicut & A B: idem. s. & unum, esse uero non idem: & illud similiter: Eadem etiam ratio est, si A quidem dulce sit. B. uero album. Intellectiuum igitur species in phantasmatibus intelligit.

a. l. illa.

Et hoc inuenitur in numeris proportionalibus: & dispõ eius apud eos est sicut dispositio eorum adinuicem. Nulla. n. est differentia inter figuram, & qualitatẽ consyderationis rerũ inæqualiũ in genere, aut rerũ contrariarũ, v. g. albi & nigri. Sit igitur dispõ
B A albi ad B nigrũ, & C ad D, sicut dispõ illorũ adinuicem, vt inuenitur in rebus contrarijs. Si igitur C. & D, existentes in eadem in re non inueniuntur nisi per A, & B, & sunt in hoc idem. Et, si A fuerit quasi dulce, & B quasi album, tunc intellectus erit quasi intelligens. Intelligit enim formas per primas imaginationes.

Idest & hæc cõsecutio manifesta inuenitur in eis sm proportionalitatem eorum in numero, & dispositio iudicantis ex anima apud utrunque esse. s. sensibile & imaginabile, est sicut dispõ vtriusq; esse adinuicem. D. d. Nulla. n. est differentia, &c. i. & indifferenter, siue iudiciũ fuerit de rebus contrarijs, aut diuersis. figura. n. & qualitas consyderationis debet esse vna eadem apud uirtutem sensibilem, & rationalem in rebus diuersis in genere, & in contrarijs. Et, cum declarauit q̃ nulla est differentia in cõsyderatione illorum duorum generum apud virtutem sensibilem & rationalem, dedit demonstrationẽ super hoc ex proportionalitate, & æqualitate, quam habent in numero secundum imagines rerum cum suis indi-
C uiduis, & d. Sit igitur dispositio A. albi. i. sit igitur A album, & B nigrũ, & C imago albi, & D. imago nigri. erit igitur proportio A ad B, sicut album ad nigrum: & proportio C ad D, sicut imago albi ad imaginem nigri. & hoc intendebat, cũm d. vt mihi videtur, dispositio C apud D, est sicut dispositio illorum adinuicem, ut inuenitur in duobus contrariis, i. vt inuenitur in duobus contrarijs ex imaginibus veris. Et, cũm declarauit q̃ eadem proportionalitatẽ debent habere, dedit consequens conclusionem, & d. Si igitur C, & D, &c. idest &, cũm proportio A ad B est sicut C ad D: & A & B comprehenduntur ab eadem virtute: ergo C & D debent comprehendi ab eadem virtute. & istam conclusionem diminuit ex suo sermone. Deinde dicit consequens illam, & d. Si igitur C & D, &c. idest si igit' C, & D comprehenduntur ab eadem virtute, quia A, & B sunt eiusdem virtutis, tunc duæ virtutes in hac intentione, & ex hoc modo sunt idem, & non diuersantur omnino: licet diuersentur in suis natu-

Figura, & qualitas cõsyderationis dicẽt vna & eadẽ apud virtutẽ sẽsibilẽ & rõnalẽ in reb' diuersis genere, & in cõtrariis. Idẽ supra cõ. præcedẽti.

In. 2. de ala t. cõ. 152. tia. & per hanc similitudinem inter virtutem rationalem, & sensibilem extistimauerunt plures Antiquorum, secundum quod Arist. narrauit in secũdo tractatus quod duæ virtutes sunt eædem. Et, cùm declarauit quòd dispositio earum in comprehendendo res contrarias est eadem, declarauit etiam quod ita est in comprehendendo res diuersas in genere, & dicit. Et, si A fuerit quasi dulce, &c. i. &, si posuerimus loco contrariorum duas res diuersas in genere, verbi gratia dulce & album, tunc etiam intellectus comprehendet eas modo simili comprehensioni earum à sensu. tunc enim intelliget formas earum mediantibus primis suis imaginibus, idest veris: quemadmodum sensus comprehendit intentiones earum per presentiam indiuiduorum ipsorum sensibilium. D

Et sicut in illis determinatum est ipsi, imitabile & fugiendum: & extra sensum quum in phantasmatibus fuerit, mouetur: ut sentiens fugibile, quia ignis communi cognoscit videns quod mouetur, quoniam impugnans est. Aliquando autem quæ sunt in anima phantasmatibus aut intellectibus tanquam videns ratiocinatur, & deliberat futura ad presentia. E

SOPH. *Et quemadmodum in illis præfinitum est ipsi quid persequendum, quidq; fugiendum sit, ita etiam extra sensum, cum in phantasmatibus fuerit, mouetur: ut sentiens facem ignem esse, communi cognoscit videns eam moueri, hostilem esse. Aliquando autem iis quæ sunt in anima phantasmatibus, aut mentis conceptibus quasi uidens ratiocinatur, & consultat de futuris ad præsentia respiciens.*

Et ita est de quæsito, & fugito secundum hunc cursum determinatum in his rebus. & quandoque mouetur sine vsu sensus, cùm fuerit existens in imaginatione. vt quando imaginatur quod ignis inflammatur in turribus ciuitatum. commune est enim quod mouens est ignis, & ipse nunciat præliatori. cogitat enim, quasi videns rem per modos imaginationis, & cogitatio eius in rebus futuris est secundum res presentes. F

33 Idest, & ita est de quæsito, & de fugito apud intellectum, sicut de comprehensione. quoniam, quemadmodum comprehendit res mediantibus formis imaginum, & sensus cõprehendit per præsentiam rerũ sensibiliũ, ita intellectus mouetur à rebus quærendo, aut fugiendo quando formæ imaginum earum sunt presentes. quẽadmodum sensus quærit, aut fugit apud præsentiam ipsius sensibilis. D.d. & quandoque mouetur sine visu sensus, &c. idest & quandoq; mouetur homo ad aliquid, licet non sentiat ipsum, quando imaginabitur ipsum: sicut præliator mouetur, qñ imaginatur ignem inflammari in turribus, licet ignis nõdũ inflãmatus sit. D.d.

ria expõ. cõmune. n. est quòd mouens est ignis, & est principium prælationis. idest

&, cùm

A &, cùm præliator intrinsecus imaginabitur ignem in turribus, statim cogitabit in destruendo illum ignem, & præliator oppositus in inflammando ipsum. & communem habent cogitationem in hoc, scilicet quòd ignis est finis positus, & quæsitus apud ipsos, sed secundum modos duos diversos. Et potest intelligi hoc, quod dixit, commune enim, idest* propositio enim communis, ex qua possumus scire omnia consequentia, est primum consequens existentiam ignis in turribus. & ideo d. est principium per experientias præliatoris, idest principium consyderationis. Deinde d. cogitat enim, quasi videns. idest principium enim suæ cogitationis in rebus erit præsentando modos imaginum imaginationum possibilium esse in illa re, de qua cogitat, adeo ac si videret illud, de quo cogitat. Deinde d. & cogitatio eius in rebus futuris, &c. i. & causa in hoc est, quia homo ponit principium suæ consyderationis in rebus possibilibus de rebus præsentibus, quas videt. & ideo possibile est vt homo cogitet in alia re, adeo quòd inueniet ex eo aliquod indiuiduum, quod ante non sensit: sed B sensit ei simile, non ipsum idem. Et innuit per hoc modum, sm quem potest inueniri per cognitionem imago vera: cuius indiuiduum nunquam fuit sensatum aliquo cogitante. Iam enim posuerat quòd imagines veræ sunt numeratæ secundum indiuidua sensibilia. & quasi declarauit ꝙ iste modus imaginationum inuenitur à cogitatione ex imaginationibus, quæ sunt indiuidua sensibilia. Virtus enim cogitatiua, sicut declaratum est in lib. de Sensu & sensato, quando iuuabit se cum informatiua, & rememoratiua innata est præsentare ex imaginibus rerum aliquam, quam nunquã sensit in ea dispositione, secundum quam esset, si sensisset eam fide, & informatione, tunc intellectus iudicabit illas imagines iudicio vniuersali.

Sensus expõ *a. l. ppõtio.

Hõ ponit principiũ suæ cõsyderationis ĩ reb⁹ possibilibus ex reb⁹ pñtibus quas uidet.

Digressio.

Et intentio cogitationis nihil est aliud, quàm hoc. s. vt virtus cogitatiua ponat rem absentem à sensu, quasi rem sensatam. & ideo comprehensibilia humana diuiduntur in hæc duo. s. in comprehensibile, cuius principiũ est sensus, & comprehensibile, cuius principium est cogitatio. Et iam diximus quòd virtus cogitatiua non est intellectus materialis, neq; intelle- C ctus qui est in actu, sed est virtus particularis materialis. & hoc manifestũ est ex dictis in Sensu & sensato. & oportet scire hoc: quoniam consuetudo est attribuere intellectui virtutem cogitatiuam. Et non debet aliquis dicere ꝙ virtus cogitatiua componit intelligibilia singularia: & iam declaratum est quòd intellectus materialis componit ea. Cogitatio enim non est, nisi in distinguendo indiuidua illorum intelligibilium, & præsentare ea in actu, quasi essent apud sensum. Et ideo, quando fuerint præsentia apud sensum, tunc cadet cogitatio, & remanebit actio intellectus in eis.

Virt⁹ cogitatiua, qñ iuuabit se cũ informatiua, & rememoratiua innata est pñtare ex imaginibus rerũ aliquã, quã nunquã sensit: tũc intellect⁹ iudicat illas imagines iudicio vñi. Idẽ c. 5. & 20. tertii huius.

Cõprehẽsibilia humana diuiduntur ĩ duo.

Cogitatiua ñ cõponit oppositũ vt dicere com. 1.

Et ex hoc declarabitur quòd actio intellectus est alia ab actione virtutis cogitatiuæ, quam Aristo. vocauit intellectum possibilem, & dixit eam esse generabilem & corruptibilem. & hoc est manifestum de ea, cùm habet instrumentum terminatum, scilicet medium ventriculum cerebri: & homo non est generabilis & corruptibilis nisi per hanc virtutem: & sine hac virtute, & virtute imaginationis nihil intelligit intellectus materialis. & ideo

Hõ nõ est gñabilis & corruptibilis, nisi p hãc virtutẽ. s. cogitatiuam.

Vide sõ. z im.

ideo, sicut dicit Arist. non rememoramur post mortem: non quia intelle- D
ctus est generabilis & corruptibilis, sicut aliquis potest existimare.

Et quum dixerit vt ibi lætum aut triste, hic fugit aut imitatur, & omnino in actione. & quod sine actione autẽ verum & falsum, in eodem genere cum bono & malo est: sed in eo quod simpliciter differt, & quodam.

ROD M. *Et cum dixeris ibi esse rem iucundam aut molestam, tum fugit aut persequitur, & omnino in actione versatur. Quinetiam verum & falsum qua sine actione sunt, in eodem sunt genere quo bonum & malum: sed ipso simpliciter differunt, & aliquo.*

Et, cùm iudicamus ꝙ delectabile est illic aut hic, tunc contristabile erit aut fugitum, aut quæsitum: & sic vniuersaliter in actioni- E
bus. Falsitas enim & veritas sunt sine operatione, & sunt ambo in eodem genere, & in bono & in malo: sed differũt, quia dicitur simpliciter, & per terminum.

Idest Et, cùm iudicaueris per sensum quòd delectabile est illic aut hoc,
34 tunc contristabile apud intellectum erit, aut fugitum, si intellectus existimauerit illud esse malum, aut quæsitum, si existimauerit illud esse bonũ. & sic vniuersaliter accidit intellectui cum sensu in omnibus actionibus, scilicet aut contradicere ei, dicendo quòd contristabile est bonum, & quærendo illud, quod fugit sensus: aut conuenire in eo i dicẽdo delectabile esse bonum. Deinde dicit.* Falsitas enim, & veritas sunt sine operatione, & sunt in eodem genere. ita accidit ablatio in scriptura. & potest esse. falsitas enim & veritas sunt, &c. idest falsitas enim & veritas existentes in intellectu speculatiuo, sunt aliæ à falsitate, & veritate existentibus in intellectu operatiuo. Deinde dicit & sunt ambo in eodem genere, & in bono & in malo. potest intelligi quòd hæc duo sunt in eodem genere, quia F
vtrunq; est cognitio: & quia veritas est in genere boni, & falsitas in genere mali. Et potest intelligi hoc, quod dixit in bono & malo, vt sit expositio eius, quod dixit, & sunt in eodem genere. & quasi dicit, & sunt in eodem genere, idest in bono & malo. Et, cùm declarauit quòd ambo collocantur sub bono, & malo, declarauit illud, per quod diuiduntur, & dicit, sed differunt, &c. idest, sed tamen diuiduntur, quia veritas est in intellectu speculatiuo bonum absolute: & falsitas est in eo malum simpliciter. in operatiuo autem veritas est bonum in respectu, & secundum conditionem. & hoc intendebat, cùm dixit & per terminum. falsitas vero est malum in respectu illius finis, qui est inueniẽdus. Et potest intelligi per hoc, quod dixit & per terminum, idest, per finem. s. & diuiduntur, quia hoc est bonum simpliciter, & hoc bonum in respectu finis positi, & intentio propinqua est in illis duabus.

* Falsitas & veritas sunt sine opõne. id t. 1. Me. c. f. j.

Falsitas, & v itas exñ tes i: cellu speculati- uo aliæ st ab his, quę sunt in in tellu pra- cto.

Bonũ & malũ; & verũ & falsum sunt in eodem gñe. Vide opposi. 6. Me. t. c. vi- cesimo, vbi hr ꝙ bonũ & malũ sunt in re ipsa. Vide com. Zim.

Abstra-

A 7 · Abstractione autem dicta, intelligit, sicut simum secundum q̃ simum, non separatum: inquantum autem curuum si aliquod intellexit, actu sine carne vtiq; intellexit. in qua curuum: sic & mathematica non separata tanquã separata sint, intellexit cum intelligat illa.

10 T R. *Quæ vero in abstractione vocantur intelligit perinde quasi simum: quatenus quidem simum, non separate: quatenus vero curuum, si quid actu intelligeret, sine carne intelligeret in qua curuum est: sic mathematica quamuis non separata, veluti separata intelligit, cum illa intelligit.*

Et sciuntur etiam res, quæ dicuntur negatiue. Vt simus, in eo quod est simus, non diuiditur: in eo autem quod est concauum, si intellectus intellexerit, tunc intelliget intentionem concauitatis

B denudatam à carne. sed intentiones mathematicæ non sunt singularia hoc modo: & sicut res abstracta intelligit, intelligit istas res.

33 Intendit per res, quæ dicuntur negatiue, res mathematicas. & intendit per negationem abstractionem à materia. & intendit quòd, quando intellectus intelligit res secundum abstractionem à materia, non facit hoc, quia sunt in se, non in materia, sicut quidam existimauerunt. sed hoc, quod facit, scilicet quòd intelligit ea non in materia, licet sint in materia, est ac si intelligeret simum, in eo quòd est simum, diuisum à materia. sed simus in eo quòd est simus, impossibile est vt diuidatur à materia. genus autem eius, quod est concauitas possibile est vt diuidatur à materia. Et innuit per hoc quòd ista possibilitas in abstractione istorum ab intellectu est cõsequens naturas, & quiditates earum: non quia accidit eis, quia sunt non in materia. Deinde dicit. sed intentiones mathematicæ, &c. idest & modus essendi intentionum mathematicarum extra animam, non est sicut

Pythagoras. 1. Met. 19. vel Plato. 1. Met. 15.

C modus, secundum quem sunt in anima. Et iste sermo potest legi sic. & intellectus etiam potest scire res mathematicas per aliquem modum definitionis. Intelligere enim diuersatur secundum diuersitatem naturæ intellecti. verbi gratia quòd simus, in eo quòd est simus, non diuiditur quando intelligitur: in eo autem quòd est concauitas, tunc, si intellectus intellexerit eum singularem per se, non intelliget intentionem concauitatis, nisi denudatam à carne. Et exemplum, quod induxit, supple illud, quod diminuitur à sermone.

Intellige diuersat' s'm diuersitaté naturæ intellecti.

Omnino

ANTIQVA TRANSL.

Omnino autē intellectus est qui ſm actum res est intelligēs. vtrum autem cōtingat aliquid separatorum intelligere ipsum existentem nō separatum à magnitudine, aut non: considerandum posterius.

SOPH. *Omnino intellectus qui actu intelligit, est res ipsa. an vero fieri possit ut ipse à magnitudine non separatus, separatorum aliquod intelligat nec ne, post cōsiderādū est.*

MANTINI TRANSL. D

Trigesimumsextum etiam commentum, quod transtulit Iacob Mantinus unà cum antiqua eiusdem commenti translatione ut hic apponere visum fuit opportunū.

Illud. n. quod est in actu vl'r, est intellectus, qui est in actu. Et cogitatio nostra in postremo erit. vtrum possit intelligere aliquas rerum abstractarum, cum hoc q ipse* est abstractus à magnitudine, aut non.

*a. l. nō est abstract9.

Intellectus autem est omnino qui actu res ītelligit. Verum autem contingat ipsum intelligere aliquid separatorum, ipso *exi stente separato à magnitudine, vel ne, post hoc consydrabitur. E

*a. l. non existente.

36 Expositio

D. Et quemadmodum res, quæ intellectus abstrahit, fit intellectus, quādo abstrahit, & intelligit ipsam cùm necesse est vniuersaliter in intellectu vt illud, quod est intellectū in actu, fit intellectus in actu, oportet nos perscrutari, & cogitare in postremo, vtrum iste intellectus, qui ē in nobis, possit intelligere aliquid, quod est in se intellectus, & abstractus à materia: sicut intelligit illud, quod facit ipsum intellectū in actu, postquam erat intellectum in potētia. Et d. cum hoc, quòd ipse est abstractus à magnitudine. ita cecidit ī hac scriptura. &, si est vera, sic debet intelligi. idest debemus ī postremo cogitare, vtrum sit possibile, quòd intellectus, qui est ī nobis, intelligat res abstractas à materia, ſm q sunt abstractæ à magnitudine, non ſm compa-

Inquit, & quemadmodū id, quod intellectus abstrahit, efficitur intellectus, cū diuidit ipsum, atq; intelligit ipsum, cū vl'r sit necessariū hoc de ipso intellectu, s. vt id, quod est intelligibile actu, efficiatur intellect9 actu, idcirco cogimur inquirere, & consyderare in posterum, vtrum is intellectus, qui inest nobis, possit intelligere aliquid, quod sit de se intellectus quidam, & separatus à materia. quemadmodū ītelligit id, quod ipse efficit actu intelligibile, quod quidem erat antea potentia intelligibile. Et cū d. ipso existente separato à magnitudine iuxta vnā translationem textus, quā habuimus, quæ si vera sit, sic debēt intelligi verba ei9. Postremum vero perquirendū erit vtrum intellectus, qui inest nobis, possit intelligere res abstractas à magnitu- F

ANTIQVA TRANSL.

comparationem ad alterum. Et cecidit in alia scriptura loco istius sermonis sic. Et in postremo perscrutabimur vtrum intellectus essendo in corpore, non separatus ab eo, possit comprehendere aliquod eorũ, quæ separantur à corporibus, aut non. & ista quæstio est alia à prædicta. Ista enim quæstio est concedentis quòd intellectus, qui est in potentia, intelligit formas abstractas à materia simpliciter, non secundum quod est copulatus nobiscum. & secundum hanc intentionem erit perscrutatio vtrũ

B potest intelligere formas, secũdum quòd est copulatus nobiscum: non vtrũ possit intelligere formas simpliciter. & illa intẽtio est dicta à Themistio in suo libro de Anima. & prima quæstio, quam intendebat in postremo, est dimissa.

3. de Ala te. 51.

Oportet igitur prius perscrutari vtrum sit possibile quod intellectus materialis intelligat res abstractas, aut

C non. Et, si intelligit eas, vtrum est possibile vt intelligat eas, secundum quòd est copulatus nobiscum, aut non. Et ideo possibile est quòd in exemplari, à quo transtulimus hũc sermonem, ceciderit hæc particula, non, ita quòd sic debeat legi. Et cogitatio nostra erit in postremo vtrum possit intelligere aliquam rerum abstractarum cum hoc, quòd est non abstractus à magnitudine, idest secundum quòd est tangens magnitudinem, & copulatus nobiscum, ita quod nos intelligamus illum intel-

Digressio, & est prima pars eiquã promissum, vtrum sit posse intelligere intellectũ ma lẽ res abstractas.

MANTINI TRANSL.

gnitudine, seu à materia, quatenus sunt abstractæ à magnitudine, non quatenus habent rõnem ad aliud. Sed in alia translatione, quam habuimus, litera ita habet. Postremũ vero perquiremus vtrum is intellectus, dum in corpore existit, & non separatur ab eo, possit attingere aliquam ex rebus separatis à corporibus, vel non possit. Et iuxta hanc literã differt hoc dubiũ ab illo, priori. nam hoc dubiũ contingit apud eũ, qui concedit intellectum potentialẽ (seu potentia existentẽ) intelligere formas abstractas à materia simplr, & absolute, & non ea rõne, qua est copulatus nobis. Et iuxta hanc sententiam sic fiet vtriq; quærum, videlicet vtrũ intells nobiscũ existens, possit intelligere formas, quatenus est cõiunctus nobis: & tunc nõ quæretur vtrum possit intelligere simplr formas. & hmõi sententia vr esse Themistii in lib. suo de Aĩa tradita. & tũc illud dubiũ, qđ promiserat scrutari posterius, esset vtriq; prætermissũ.

At primo inuestigandũ vr, vtrũ intellectus materialis possit intelligere res abstractas à materia, vel nõ possit. Et, si eas intelligat, vtrum possit eas intelligere, quatenus est copulatus nobis, vel non. Et ideo forte tota hæc pars scripturæ deerat in illo exẽplari translationis, quã habuim9 ex qua transtulimus hanc orõnem, & debebat sic legi. Et nra consyderatio in postremo, atq; scrutatio erit, vtrũ possit intelligere aliquod abstractorũ, cũ tñ ipse sit nõ separatus à magnitudine, hoc est, cũ ipse contangat magnitudinẽ, & sit nobis cõiunctus, ita vt nos simus intelligẽtes illud intelligibile (seu illum intellm quem

ANTIQVA TRANSL.

Intellectum, quem ipse intelligit. & ista perscrutatio, quam intedit, valde est difficilis, & ambigua. & oportet nos perscrutari de hoc secundũ nostrum posse.

Secunda pars, I qua incipit soluere qõnẽ scdm opioné aliorũ. & primo scdm Alex.

Dicamus igitur ꝙ, qui ponit intellm materialem esse gñabilem & corruptibilẽ, nullũ modũ, vt mihi vr, põt inuenire naturalẽ, quo possumus continuari cũ intellectibus abstractis. Intells n. debet esse intellm oĩbus modis, & maxime in rebus liberatis à materia. Si igiẽ posse eẽt ꝙ substantia gñabilis, & corruptibilis intelligeret formas abstractas, & reuerteretẽidem cum eis, tunc posse esset vt natura possibilis fieret necessaria: vt Alfarabius dixit in Nicomachia. & hoc necessarium est secũdũ fundamenta sapientum.

*a. l. ubi aliquis dixerit.

*Si igitur aliquis dixerit ꝙ illa intentio, quam ĩtẽdit Alex. ẽde existẽtia intellectus adepti, non est informatio facta de nouo Ĩ intellectu materiali, quæ ante non erat, sed ipse copulatur nobiscũ copulatione, adeo ꝙ fit forma nobis, per quam intelligimus alia entia, sicut apparet ex sermone Alex. licet nõ appareat ex eo modus, ex quo illa continuatio fit possis. Qm̃, si posuerimus ꝙ ista cõtinuatio est facta postquã non erat, sicut est necessariũ, cõtinget vt in illa hora, in qua ponitur eẽ, fit transmutatio in recipiẽte, aut in recepto, aut in utroq;. &, cùm impossibile ẽ vt sit in recepto, remanet vt sit in recipiente. &, cùm in recipiente fuerit transmutatio existens, postquã non erat, necessario erit illic receptio facta de nouo, & substantia recipiens facta de nouo, postquã nõ erat. Cũ igitur posuerimus receptionem factam

Pro hoc vid. 8. ph. c. 7. & 8. cõ.

MANTINI TRANSL.

quẽ ipse intelligit. & hoc quæsitum quod ipse proposuit scrutari, est admodũ difficile, & dubiũ. quare nostrum erit officium pro virili nostra ipsũ examinare, ac indagare.

Dicam⁹ itaq; ꝙ, q asserit intellm materialẽ esse generabilẽ & corruptibilẽ, haud quaquã poterit inuenire aliquẽ modũ naturalem, vt mea fert sententia, quo possimus cõiungi cũ intelligẽtiis abstractis. qm̃ ipse intells debet vndequaq; eẽ intelligibilis, oĩbusq; modis, præsertim in rebus materiæ expertibus. Quare, si substãtia gñabilis & corruptibilis posset intelligere formas abstractas, & effici qd vnũ cũ ipsis, tũc oporteret vt ipsa nã posset efficeretẽ necessaria vt d. Alfarabius in Nicomachia. & hoc qdẽ seqẽ ex fũdamẽtis sapiẽtũ. E

Quod si aliqs rñdẽs dixerit ꝙ id, quod Alex. opinaẽ, intellm adeptũ existere, nõ intelligit id eẽ aliquẽ cõceptũ nouiter factũ Ĩ intellu mãli, q antea nõ reperireẽ, sed ꝙ cõiũgitur nobis ita vt sit forma in nobis,* qua adipiscamur reliqua entia, vt ex verbis Alex. colligi põt, licet ex eis non appareat mod⁹, quo hmõi cõiũctio & copulatio fit possis. Dicam⁹ ergo ꝙ, si cõcedamus hmõi cõiunctionẽ eẽ factã, postquã nõ erat, vt necessario res se habet, tũc sequereẽ vt Ĩ eo instãti, in quo ponitẽ ipsum eẽ, & reperiri, oriaẽ trãsmutatio (seu alteratio) in ipso recipiente, aut in re recepta, aut in vtroq;. sed, cũ hmõi alteratio nõ possit oriri in re recepta, relinquiẽ igr̃ ut sit in ipso recipiente. sed, si reperireẽ trãsmutatio aliqua Ĩ ipso recipiẽte, q prius nõ erat, tunc oportebit reperiri ibi receptionem de nouo factã, atq; substãtiam recipiẽtẽ de F

*a. l. postq adepti fuerimus.

ANTIQVA TRANSL.

A Occurrit uelut rñsioni.

ctã de nouo, cõtinget prædicta quæstio. Et, si non posuerimus receptionem propriam nobis, non erit differentia inter continuationem eius nobiscum, & continuationem eius cum omnibus entibus, & inter continuationem eius nobiscum in hac hora, & in alia hora: nisi ponamus continuationem eius nobiscum esse secundum modum alium à modo receptionis. quis igitur est iste modus?

B

Ostendit contradictionem in dictis Alex.

Et pp latentiam istius modi fm Alex. videmus ipsum ambigere in hoc. qñq; igitur dicit φ illud, quod intelligit intellectum abstractũ, nõ est intellectus materialis, neq; intellectus, qui est in habitu. Et hæc sunt verba eius in libro de Aĩa.

In cap. de intellectu agente.

Intellectus igitur, qui intelligit hoc, est ille, qui non corrumpitur: non intellectus subiectus, & materialis. intellectus enim materialis corrũpitur p corruptionem aĩæ, qui est vna virtus illius. &, cũ iste intellectus fuerit corruptus, corrumpetur sua virtus, & sua perfectio.

C

Deide, postquã declarauit φ necesse est vt intellectus, qui est in nobis, qui intelligit formas abstractas, sit nõ generabilis neq; corruptibilis, narrauit φ iste intellect⁹ est intellectus adeptus fm opinionẽ Arist. & dixit Intellectus igitur, qui non corrumpitur, est iste intellect⁹, qui est in nobis abstractus, quẽ vocat Aristo.* deforis, qui est in nobis ab extrinseco: non virtus, quæ est in anima, neq; habitus, per quem, aut per quam intelligimus alias res, & intelligimus etiam istum intellectum.

*i. adeptum

Si

MANTINI TRANSL.

de nouo factã, quæ antea non fuerat. Si concedamus ergo dari receptionẽ de nouo factã, tunc sequet̃ illud dubium superius positũ. Et, si nõ cõcedamus receptionẽ propriã in nobis, tunc nihil differet, siue coniungatur nobis, siue cõiungat̃ cum reliquis oĩbus entibus, & siue copulet̃ nobis in vno tpe, siue in alio tpe, nisi dixerimus aliũ esse modũ copulationis, quo copulatur nobis, & modum receptionis. quis ergo erit huiuscemodi modus?

Et, qm̃ hic modus inter alios modos receptionis latuit Alex. ideo videmus eum circa hoc ambigere: iam vt qñq; inueniamus eum dicentẽ φ id, quod intelligit ipse intellectus abstractus, non est ipse intellectus materialis, neq; ipse intellectus adept⁹.

Inquit.n. ipse in lib. de Aĩa sic. Intellectus aũt, qui hoc intelligit, est intellectus incorruptibilis, neq; ẽẽt intellectus materialis, quia intellˀs materialis corrũpitur ad corruptionẽ alæ, quia ipse est vna ex eius potentiis, seu virtutibus. cũ igit̃ is intellˀus fuerit corruptibilis, corrũpetur etiã eius actus & perfectio, eiusq; virtus & potentia. Et, postquã declarauit φ necesse est vt ille intellˀs, qui inest nobis, qui quidem intelligit formas abstractas, sit ingenit⁹ & incorruptibilis, notificauit φ hmõi intellˀs iuxta solam Arist. est ipse intellectus adeptus, & inquit. Ergo intellˀs incorruptibilis est is intellectus, qui I nobis existit abstract⁹, ac separat⁹, quẽ vocat Arist. adeptũ, qui deforis venit, & non est potentia, seu vis in alã existens. neq; est ẽt habitus, quo intelligimus reliquas res, & intelligimus quoq; hunc intellectum.

Si

ANTIQVA TRANSL.

Si igitur intendebat per intellẽm
adeptum, per quẽ intelligimus intel
ligentias abstractam intelligẽtiã agẽtem, tunc sermo in modo continua
tionis istius intellectui nobiscũ adhuc remanet. Et, si intendebat intellectum abstractũ alium ab agente,
vt apparet ex opinione Alfarabii in
sua ep̃la de Intellẽu, & ſm etiã ꝙ pos
sumus intelligere et manifesto isti᷒
sermonis, tunc qđ etiam in modo
continuationis istius intellectus no
biscum eadem est cum q̃õne in modo continuationis intellectus agẽtis
apud opinantem ꝙ agens est idem
cum adepto. & hoc est manifestius
de sermone Alex. Hæc igitur dixit
de modo continuationis intellẽs, q̃ ẽ
in actu nobiscũ, in suo lib. de Aĩa.

Quod autem dixit in quodã tractatu, quem fecit de Intellectu ſm
opinionem Aristo. vr̃ contradicere
ei, quod dixit in lib. de Aĩa. Et hæc
sunt verba eius. Et intellectus, qui ẽ
in potentia, cùm fuerit completus,
aut augmentatus, tunc intelligent
agentem. q̃m, quemadmodum potentia ambulandi, quam homo habet in natiuitate, venit ad actũ post
tempus, quando perficitur illud, per
quod fit ambulatio, ita intellectus,
cùm fuerit perfectus, intelliget ea,
quæ sunt per suam naturam intelle
cta, & faciet sensata esse intellecta,
quia est agẽs. Et manifestum istius
sermonis contradicit sermoni eius
in libro de Anima, & est ꝙ intellectus, qui est in potentia, intelligit illum, qui est in actu.

Sed

MANTINI TRANSL. D

Si igr̃ intelligebat p intellẽm adeptũ, quo intelligim᷒ intelligẽtias ab
stractas, seu separatas, ipsum ĩtellẽm
agẽtẽ, tũc ei᷒ sñia de copulatione h᷒
intellẽs in nobis remaneret adhuc ĩn
determinata. Sed, si intelligebat p
id aliã intelligẽtiã separatã diuersã
ab ipso intellẽu agente, vt hẽi põt ex
sñia Alfarabii ĩ suo tractatu, quẽ de
Intellẽu edidit, & vt nos ẽt possum᷒
cõiicere ex apparẽtia verborũ eius,
tũc idẽ eẽt dubiũ adhuc de mõ copulationis h᷒ intellẽs nobiscũ cũ dubio, quod accidit de mõ copulationis ipsi᷒ intellẽs agẽtis apud illos, qui E
putãt intellẽm agentẽ eẽ ipsummet
intellẽm adeptũ. & hoc qdẽ vr̃ eẽ id,
quod est magis apparens ex verbis
Alexan. de modo coniunctionis in
tellectus in nobis actu existentis in
suo lib. de Anima.

At id, quod d. in quodã alio suo
tractatu, cui titul᷒ ẽ de Intellẽu, iuxta
sñiam Arist. vr̃ cõtradicere suis verbis, q̃ in lib. suo de Aĩa dixerat. Inq̃t
n. ipse in eo tractatu hæcmet verba.
Intellẽs ĩ potẽtia, cũ pficit̃, & au-
get̃, tũc intelligit intellẽm agentẽ. nã
queãdmodũ potẽtia ad ambulãdũ,
quã hõ hẽt tpe suę natiuitatis, dedu
cit̃ ad actũ post hoc p aliquod tp̃s ĩ F
teruallũ, nempe cũ pfecta fuerit illa
res, p q̃ fit ambulatio, ita quoq; ĩtel-
lect᷒, cũ fuerit pfect᷒, intelligit illas
res, quæ sunt ex natura sua intelligi
biles, & ex ipsis rebus sensibilibus ef
ficit res intelligibiles, quia ipse est ef
ficiens, agensq;. Iam ergo satis constat hæc verba contradicere illis,
quæ in libro de Anima tradiderat, v-
bi dicebat intellectum ĩ potentia exi
stentem intelligere illum intellectũ
quia actu existit.

Sed,

ANTIQVA TRANSL.

Remotio Alex. a cõtradictiõe colligẽdo oĩa dicta sua.

Sed, cùm aliquis intuebitur omnes sermones istius viri, & cõgregabit eos, videbit opinari ipsum q̃ qñ intellectus, qui est in potentia, fuerit perfectus, tunc intelligentia agẽs copulabitur nobiscum, per quã intelligemus alias res abstractas, & per quam faciemus res sensibiles esse intellectas in actu, sm̃ q̃ ipse efficitur forma in nobis. Et quasi intendit p hunc sermonem q̃ intellectus, qui est in potentia, quando fuerit perfectus, & completus, tunc copulabitur

B cum eo iste intellectus, & fiet forma in eo, & tunc intelligemus p ipsum alias res: non ita q̃ intellectus materialis intelligat ipsum, & propter illud intelligere fiat continuatio cũ hoc intellectũ: sed continuatio istius intellectus nobiscum est causa eius, quod intelligit ipsum, & intelligimus per ipsum alias res abstractas.

Cõfirmat illud p verba Alex.

Et potes scire q̃ ista est opinio istius hominis per hoc, quod d. in illo tractatu. Illud igitur intellectum per suam naturam, quod est intelle-

C ctus in actu, cùm fuerit cã intellect' materialis in abstrahendo, & in formando vnamquamq; formarũ materialium ascendendo apud illam formam, tunc dicetur q̃ est adeptus agens, & nõ pars animæ, neq; virtus aĩe, sed fit in nobis ab extrinseco, qñ nos intellexerimus per ipsum.

Expõ verbo Alex.

Manifestum est igitur q̃ intelligit per hunc sermonem, q̃ quando intellectus, qui est in actu, fuerit causa fm formam intellectus materialis in actione eius propria, & hoc erit per ascensionem intellectus materialis apud illam formam, tunc dicetur intellectus adeptus: quoniam in illa di

ſpoſitione

MANTINI TRANS.

Sed, si exacte, quis enucleabit omnia verba huius viri, eaq; in vnũ congregabit, iudicabit vtiq; ipsum existimare q̃, cum intellectus potẽtia existens fuerit perfectus, tunc copulabitur nobis ipse intellectus agens, & p ipsum intelligemus reliquas res abstractas & p ipsum efficiemus vt res sensibiles efficiantur intelligibiles actu, ea rõne, qua ipse ẽ effectus forma in nobis. Per hæc igitur verba vĩ velle q̃, cũ intellˢ potentia existẽs euaserit* pfectus, tunc copulabit' cum eo intellectus agens: & efficietur forma in ipso, & tunc intelligem' p ipsum reliquas res oẽs: nõ vt propterea intellˢ materialis intelligat ipsum, ita vt pp huiuscemodĩ intellectionẽ, qua ipsum intelligat, oriatur hmõi copulatio cum hoc intellectu: immo copulatio huius intellˢ in nobis est causa, vt ipse intelligat eũ, & per ipsum reliquas res abstractas omnes. Quod autem hęc sit sñia huius viri, facile poteris iudicare ex verbis in eo tractatu ab ipso adductis, quæ talia sunt. Illud itaq; intelligibile ex natura sui, qui quidem est intellˢ* in actu, cũ fuerit cã ipsius intellectus materialis, denudãdo omnes formas materiales, atque eas concipiendo, donec peruenerit ad illam formam, tũc dicetur q̃ est intellectus adeptus actu: & non est pars animæ, neq; aliqua virtus animæ, sed oritur in nobis ab extra, & deforis venit, qñ nos intelligimus p ipsum. Ex his itaque verbis constat Alexandrum velle q̃, cùm intellectus, qui actu existit, fuerit cã formalis ipsius intellectus materialis, p suam propriam actionẽ. & hoc quidem fiet, cũ intellectus mãlis ascenderit

*a. l. in actu

*a. l. agens

ANTIQVA TRANSL.

ſpoſitione erimus intelligentes per ipſum. quoniam eſt forma nobis: quoniam tunc erit vltima forma nobis.

Sūma & epilog° opinionis Alex.

Suſtentatio igitur iſtius opinionis eſt ꝙ intellectus agens eſt primo cauſa agens intellectum materialē, & intellectum, qui eſt in habitu: & ideo non copulatur nobiſcum primo: & intelligemus ꝑ ipſum res abſtractas. Cùm igitur intellectus materialis fuerit perfectus, tunc agens fiet forma materialis, & copulabiť nobiſcū, & intelligemus per ipſum alias res abſtractas: non ita ꝙ intellectus, qui eſt in habitu, intelligat hunc intellectum: cùm intellectus, qui eſt in habitu, eſt generabilis & corruptibilis, iſte autem non eſt generabilis neq; corruptibilis.

Q̄ō illi opinioni cō Longone.

Sed huic accidit quæſtio prædicta. & eſt ꝙ hoc, quod modo eſt forma intellectui, qui eſt ĩ habitu, poſtquā non erat, prouenit ab aliqua diſpoſitione facta de nouo in intellectu, qui eſt in habitu, quæ eſt cauſa, quare ille intellectus eſt forma intellectui, qui eſt in habitu, poſtquā non erat. Et, ſi iſta diſpoſitio nō eſt receptio in intellectu, qui eſt in habitu ad intellectum agentem, quid ergo eſt iſta diſpoſitio? quoniam, ſi fuerit receptio, continget vt generatum recipiat æternum, & aſſimileť ei. & ſic generatum fiet æternum: quod eſt impoſſibile.

Et

MANTINI TRANSL.

D derit ad illā formā, tunc vocabitur intellectus adeptus. quoniam in huiuſcemodi diſpoſitione erimus, tūc intelligentes per ipſum, cùm ſit forma in nobis: tunc enim eſt vltima forma in nobis. Huius autem opinionis fundamentum ſumitur ex hoc, ꝙ intellectus agens eſt prima cauſa efficiens ipſius intellectus materialis, atq; ipſius intellectus adepti, ſeu in habitu: & ideo non copulatur nobis ab initio: Intelligimusq; per ipſum res abſtractas. Cùm igiť intellectus materialis perfectus euadet, tunc ipſe intellectus agens efficietur forma materialis, & coniungeť nobis, & intelligemus ꝑ ipſum reliquas res abſtractas, non ea rōne vt ipſe intellectus, qui habitu exiſtit ſeu q adeptus eſt, intelligat hunc intellectum. ſ. agentē: cū intellect° habitu exiſtens ſit generabilis & corruptibilis, is autem intellectus ingenitus quidem ē, atq; incorruptibilis. E

Verſitamen idē dubiū prædictū, inſurget contra hoc dictum, qm̄ id, quod eſt nunc forma ipſius intellectus habitu exiſtentis, poſtquā non fuerat eius forma, ꝓueniet ꝑfecto ab aliqua diſpōne de nouo, facta in ipſo intellectu adepto, habituq; exiſtēte, quæ quidē eſt cā, ob quā ille intellectus ſit forma ipſi intellectui habitu exiſtenti, poſtea quā non fuerat. Et, ſi huiõi diſpō non eſt receptio ipſius intellectus habitu exiſtentis, in quo. ſ. recipiatur intellectus agens, quid igitur erit huiõi diſpoſitio? nam, ſi eſt receptio, tunc ſequeretur ꝙ id, quod eſt genitum, reciperet æternitatem, ſimilareturq; ipſi æterno. & ſic genitum efficeretur æternum: quod eſt impoſſibile. F

Et

ANTIQVA TRANSL.

Cōfirmatio q̄ctnis expositione Alfara.

Et ideo videmus Alfar. in postremo, cùm credidit opinionem Alex. esse veram in generatione intellectus materialis, q̄ fuit necesse apud ipsum secundum hanc opinionem opinari q̄ intelligentia agens non est nisi causa agens nō vnū. & hoc manifeste dixit in Nicomachia. Et est contra suam opinionem in epistola de Intellectu. il

Contradictio in dictis Alfar.

lic enim dixit esse possibile, vt intellect⁹ materialis intelligat res abstractas: & est opinio Auē pace. Istæ igitur sunt quæstiones ponentibus intellectum materialem esse generatum: & q̄ finis est continuari cum abstractis.

B

Et videmus etiam q̄ sequuntur ponentibus ipsam esse virtutem abstractā qōnes nō minores istis, Qm̄ si natura istius intellectus materialis est q̄ intelligat res abstractas, necesse est vt semp in futuro, & in præterito sit intelligens eas. Existimat igitur q̄ sequitur hanc positionem, q̄ statim, cùm intellectus materialis continuatur nobiscum, statim continuabitur nobis intel[illegible]ctus agens: quod est impossibile, & cōtrarium ei, q̄ homines ponunt.

Secta progressionis, in qua ponit dubitationes cōtingentes ponentibus intellm̄ æternum.

C

Sed ista qō pōt dissolui per illud, quod ante posuimus, s. q̄ intellectus materialis nō copulat nobiscū per se, & primo: sed nō copulat nobiscū nisi per suā copulationē cū formis imaginalibus. Et, cùm ita sit possibile est dicere q̄ modus, secundum quē copulatur nobiscum intellectus materialis, est ali⁹ à modo, secundum quē copulatur ipse cū intellectu agēte. Et, si est alius mod⁹, tunc nulla est cōtinuatio omnino. Et, si idē sed primo ē in aliqua dispōne, & post in alia, quid igitur est illa dispo-

Ponit rationē quā īprobat.

MANTINI TRANSL.

Et ob hoc Alfara. tandem, cū existimaret sniam Alexandri esse verā de generatione intellectus materialis, iō conatus fuit opinari iuxta eā sniam q̄ intellectus agens nihil aliud est quam eū efficiens in nobis tantum. & hoc idem dixit manifeste in Nicomachia. Et hoc quidem est cōtrarium suæ sniæ, quam profitetur in illo tractatu de Intellectu. nam ibidem affirmat intellectum materialem posse intelligere res separatas. & hæc est sententia Auen pace. Hæc itaq; dubia insurgunt contra ponentes intellectum materialem generabilem & corruptibilem, eiusq; finem esse, vt copuletur cum rebus separatis seu intelligentiis abstractis. Contra eos vero, qui affirmant huiuscemodi virtutem eē abstractā, insurgūt quoq; dubia, & argumenta non inferiora his dictis. Nam, si de natura huius intellectus materialis esset, vt intelligeret res abstractas, tunc ex hac positione videtur sequi, q̄ ipse semp intelligat eas tam in præterito, quā in futuro. quō statim q̄ intellectus materialis coniungeretur nobis, coniungeretur quoque nobis statim intellectus agens: quod est impossibile, & contra id, quod oēs hoīes asserunt. At hoc dubiū potest solui per ea, quæ paulo ante diximus, nēpe q̄ intellectus materialis non copulatur nobis primo, & per se, immo nō copulatur nobis, nisi propterea quod copulatur formis imaginariis. Si ergo res ita se hēat, possumus vtiq; dicere q̄ ea rō, qua intellectus materialis cōiūgitur nobis, ē quidem diuersa ab ea, qua coniungitur cū intellectu agēte. Et, si esta-lia rō, & modus, tūc nulla daretur copulatio omnino. Sed, si fuerit idem

ANTIQVA TRANSL.

positio? Si autem posuerimus ꝙ intellectus materialis abstractus non habet naturam intelligendi res abstractas, tunc ambiguitas erit maior. Istæ igitur sunt omnes quæstiones contingentes ponentibus ꝙ perfectio humana est intelligere res abstractas.

Et oportet nos etiam narrare sermones, ex quibus existimatur nos consequi ꝙ habemus naturam intelligendi in ultimo res abstractas. isti. n. sermones sunt valde oppositi illis: & forte per hoc poterimus videre veritatem. Causa autem istius ambiguitatis, & laboris est, quia nullum sermonem ab Arist. inuenimus in hac intentione; sed tamen Arist. promisit declarare hoc.

Decimo Eth. ca. 8. & 10. Dicamus igitur ꝙ Auempace multum perscrutabatur in hac quæstione, & laborauit declarando hanc continuationem esse possibilem in sua epistola, quam vocauit Continuationis intellectus cum hoie, & in lib. de Anima, & in aliis multis libris videbatur ꝙ ista quæstio non recessit ab eius cogitatione, neque per tempus motus unius oculi. Et nos iam exposuimus illam epistolam secundum nostrum posse. hoc. n. quæsitum valde est difficile. Et, cum talis fuerit dispositio Auempace in hac quæstione, quanto magis alterius hominis. Et verbum Auempace in hoc est firmius verbis aliorum: sed tamen occurrunt ei quæstiones quas narrauimus. & oportet nos narrare hic vias illius hominis: sed primo quid expositores dixerunt in hoc.

Dicamus

MANTINI TRANSL.

D modus, & ratio, sed primo fit sub una dispositione, & postea sub alia, quid igitur erit illa dispositio? Et, si ponamus intellectum materialem abstractum, non habere naturam, ut intelligat res separatas, tunc maior orietur dubietas. Hæc igitur sunt omnia dubia, quæ insurgunt contra eos, qui asserunt humanam perfectionem consistere in hoc, scilicet ut intelligat in ultimo res abstractas.

E Sed cogimur quoque afferre rationes, ex quibus videtur sequi ꝙ natura huius intellectus est intelligere in ultimo res abstractas. sed hæc verba videntur esse valde contraria illis: sed forsasse per hoc poterimus assequi veritatem. Huius autem ambiguitatis, & laboris causa est, quia non inuenimus Aristotelem fecisse verbum de hoc quæsito: licet ipse promiserit exponere hoc.

Auen pace tamen multum elaborauit in hoc dubio, & disseruit ipsum, in tractatu suo, quem vocauit tractatum de Copulatione intellectus cum homine, & in lib. de Anima, & in multis aliis libris eius. videtur. n. hoc quæsitum nunquam decessisse ab

F eius mente ictu oculi. Nos autem iam exposuimus illum tractatum suum pro virili nostra. est enim hoc quæsitum perdifficile. Et, si Auenpace fuit ita perplexus in hoc quæsito, longe magis erunt perplexi reliqui homines. Sententia vero Auen pace est cæteris aliis firmior circa hoc, & si contra ipsum etiam occurrant, atque insurgant dubia illa, iam superius narrata. conabimur igitur narrare hic methodos ac vias, quibus vsus est hic vir: sed primo quid expositores dixerint circa hoc.

Sententia

A

ANTIQVA TRANSL.

Opinio Them. 3. de aīa ca. 31.

Dicamus igitur ꝙ Themistius sustentatur in hoc per locum à minori. Dicit enim ꝙ, cùm intellectus materialis habeat potentiam ad abstrahendū formas à materiis, & intelligēdi eas, quāto magis hēt facultatē intelligēdi ea, quæ sunt primo denudata à materiā. Et iste sermo aut fiet ita, ꝙ intellectus materialis est corruptibilis, aut nō corruptibilis. scilicet separabilis, aut non separabilis. Secundum autem opinionem dicentium ꝙ intellectus materialis est virtus in corpore & generatus, iste sermo erit

Impugnatio.

B

sufficiens quoquomodo, nō probabilis. Non enim sequitur vt illud, quod est visibile in se, sit magis visibile apud nos, v.g. color, & lumen Solis. Color enim minus habet de intentione visibilitatis quàm Sol, cùm color non sit visibilis nisi per Solem: sed non possumus ita aspicere Solem sicut colorem. & hoc accidit visui propter mixtionē materiæ.

Et hoc patet ꝙ sufficientia est probabilitas.

C

Si vero posuerimus ꝙ intellectus materialis non est admixtus materiæ, tunc iste sermo erit verus. s. ꝙ illud, quod est magis visibile, magis comprehenditur. †quoniam quod comprehendit minus perfectū ex eis comprehendentibus, quæ sunt non admixta materiæ, necesse est vt comprehendat perfectius: & non econtrario. Sed, si hoc est necessariū de natura eius & substantia, contingeret quæstio prædicta, quæ est, quomodo non continuatur nobiscum

Si ponamus intellectum esse quem, nū, esse verū ꝙ illud, quod est magis visibile magis comprehenditur. Sed vide opp. in 2. de ala c. 1. Vide cōm. 2um. Illa eis cū

MANTINI TRANSL.

Sententia Themistij de Intellectu.

Them. sententia

Dicamus itaq; ꝙ sententia Themistij de hoc, est fundata super locū à fortiori, seu à maiori, & continentiori. Inquit n. ipse: si intellectus materialis habet vim abstrahendi formas à materiis & intelligendi eas, lōge magis debet habere naturam vt intelligat res de se primo abstractas à materia. Hoc itaq; dictū idē significabit, quod significat dicere intellectū materialē esse corruptibilem vel incorruptibilē, hoc est abstractū vel non abstractum. Sed iuxta sententiam illorum, qui asserunt intellectum materialem esse virtutē in materia existentē, atq; genitū, tunc hoc dictū esset aliquo pacto apparens, seu sufficiens, & famosum, sed nō probabile. Quoniam, si aliquid vr̄ esse euidens & constare secundum se, non propterea sequitur, ut idem debeat esse euidentius & magis constare apud nos: vt exempli gratia color & lumen Solis. Nā color videtur esse minus visibilis, q̄ sit Sol, cùm ipse color nō videatur, nisi per Solem: tamen non possumus inspicere Solem, quemadmodū inspicimus colorem. hoc aūt accidit ipsi visui, propterea quia est mixtus materiæ. Sed, si concedamus intellectum materialem non esse mixtū cū materia, tūc illa sententia esset omnino vera: nempe quæ dicit, ꝙ quicquid ē magis* intelligibile, magis cognoscatur, q̄ in inter oīa cognoscētia, q̄ nō sunt admixta materiæ, illud quidem, quod cognoscit aliquid minus perfectū, oportet vt cognoscat quod est magis perfectū: sed nō cōuertitur res. Nisi forte hoc sit necessariū ex nā illius rei, atq; eius essentia, & substātia, & tunc sequetur iterū illud dubium pau

*a.l. uisibile.

ANTIQVA TRANSL.

[illegible] hus, quae sunt admixta materiae, quod cōprehendit mixtus perfectū, necesse ē vt cōprehēdas perfectum sed nō mixtu sio.

in principio, vt statim quando intellectus materialis continuatur nobiscum. Si igitur posuerimus q in postremo continuatur nobiscum, non in primo, debemus reddere cām.

Alex. autem sustentatur in hoc q sito super hoc, quod dico. & est q oē ens, quod generatur, quando peruenerit ad finē in generatione, & ad vltimam perfectionem, tunc perueniet ad complementum, & ad finē in sua actione, si fuerit ex entibus agentibus: aut in sua passione, si fuerit ex entibus passibilibus: aut in vtroq; si fuerit vtriusq;. v.g. non venit ad finem in actionem eius, quae est ambulare, nisi quādo venerit ad finem in generatione. Et, quia intellectus, qui est in habitu, est vnum entium generabilium, necesse est vt quando venerit ad finem in generatione, veniat ad finem in sua actione. &, quia actio eius est creare intellecta, & intelligere ea, necesse est vt cum fuerit in vltima perfectione, vt habeat has duas actiones perfecte & perfectio in creādo intellecta est facere omnia intellecta in potentia esse intellecta in actu: & complementum in intelligendo est intelligere omnia abstracta, & non abstracta: necesse igitur est q, quando intellectus, qui est in habitu, venerit ad complementum in sua generatione, vt habeat has duas actiones.

Et

MANTINI TRANSL. D

lo ante positum, quod erat, cur nam non copuletur nobis in initio, statī cum copulatur nobis intellectus materialis. Et, si dicamus ipsum coniungi nobis in vltimo, & nō in principio rei, tūc erimus coacti reddere huius rei cām. Alexādri vero rō, cui ipse annectitur circa hoc quaesitum, haec est. nempe, q̄m quodlibet ens gn̄abile, cū peruenerit ad finem ipsius gn̄ationis, & ad vltimū eius actū & perfectionē, tūc profecto perueniet ad finē, ac perfectionē sui officii, vel actionis suae, si sit ex genere entiū agentium: aut suae passionis, si fuerit de gn̄e entiū patientiū: aut vtriusq;, si fuerit vtriusq; illorū duorū generis. vt exēpli grā id, cuius actio est ambulare, nō perueniet profecto ad illius finē, nisi cū peruenerit ad finē gn̄ationis. Cū igitur intellect^9 adeptus, habitusq;, eius sit vnū ex entibus gn̄abilibus, & corruptibilibus, iddirco oportet vt, cū peruenerit ad finē gn̄ationis, perueniat quoque ad finē sui muneris, & actionis &, cum munus atq; officiū, & actio h^9 intellect^9 sit gn̄are, & creare ipsa intelligibilia, ac intelligere ea, iō oportet vt, cūm ipse fuerit i suo vltimo actu & perfectione, obtineat quidē integre & perfecte haec duo munera, atque duas actiones: illa itaq; pfectio, quae ad creanda intelligibilia attinet, consistit quidē in hoc, vt oīa, q sunt potentia intelligibilia, efficiantur actu intelligibilia: illa vero pfectio, q ad ipsam intellectionē spectat, cōsistit in hoc, q intelligat oīa entia, siue abstracta & separata, siue nō separata: necessum igr ē cū intellēs adept^9 peruenerit ad perfectam sui gn̄ationē q obtineat illa duo munera. E F

Contra

ANTIQVA TRANSL.

Prima rõ. contra Ale.

Et in hoc sunt q̃ões non paruæ. Non.n.est manifestum per se q̃ cõplementum actionis eius, quę est intelligere, est intelligere res abstractas: nisi hoc nomen, quod est imaginari, diceretur de eis & rebus materialibus vniuoce: sicut dicitur hoc nomen ambulare de imperfectiori, & perfectiori.

Secũda rõ.

Et etiam quõ attribuitur actio propria intellectui agenti, quæ est facere intellecta intellectui generabili & corruptibili.s.qui est in habitu: nisi quis ponat q̃ intellectus, qui

B

est in habitu, sit intellectus agens cõpositus cum intellectu materiali, vt dicit Themistius: aut ponat q̃ forma postrema nobis, qua abstrahimus intellecta & intelligimus ea, est composita ex intellectu, qui est i habitu, & intellectu agente: vt Alex. & Auẽpace ponunt: sicut nos reputamus etiam esse apparens ex sermone Aristo.

C

Tertia rõ. Hic ponit intelligentiã abstractorũ esse cõplementum gñabilis. Sed uide oppositũ 12. Me. 17. vbi ponit intelligentiã esse pfectionẽ extrinsecam omnium. Vide cõt. 2um. †Quarta rõ.

Et, si etiam hoc posuissemus esse ita, non contingeret ex complemẽto actionis eius, quæ est creare intellecta, nisi complementum actionis eius, quæ est in intelligendo ea, nõ intelligendo res abstractas: cũ intelligere eas impossibile ẽ vt attribuatur generationi, aut fieri ab aliquo ente generato. v.g. ab intellectu, qui ẽ in habitu, nisi per accidens. & si nõ, tunc generabile efficietur æternum sicut diximus.

†Et cõtingit etiam sermoni dicenti q̃ forma, qua extrahimus intellecta, est intelli, qui ẽ in habitu cõpositus cũ intellectu agente, magna

MANTINI TRANSL.

Contra hoc tamen non pauca insurgunt dubia. Quũ non est hoc de se notũ, videlicet q̃ perfectio actionis ipsius intellectionis consistat in intelligendo res abstractas: nisi forte nomen conceptus, seu imaginationis dicat̃ de ipsis, & de rebus materialibus vniuoce: sicut hoc nomẽ ambulatio dicitur de imperfecta & de perfecta aliquo modo. Præterea, quo nã pacto illa actio, quæ est propria ipsi intellectui agẽti, q̃ quidẽ est creare intelligibilia, poterit referri ad ipsum intellectũm gñabilem & corruptibilem, qui est vtiq; ipse intellũs adeptus: nisi quis affirmet q̃ intellectus adeptus, seu habitu existẽs sit ipsemet intellectus agens, compositus cum intellectu materiali, vt dicit Themistius, vel affirmet illam vltimam formam in nobis existentem, qua abstrahimus ipsa intelligibilia, atq; intelligimus ea, sit quædã forma, quæ ex intellũ adepto, & intellũ agente constet: quemadmodũ affirmant Alex. & Auen pace: & eo modo, quo nos credimus ex verbis Aris. apparere. Et, si nos quoq; idẽ affirmaremus, nõ propterea sequet̃ ex perfectione actionis huius intellectus, quę est gñare ipsa intelligibilia, nisi perfectio illius actionis, quæ est intelligere ea, nõ intelligere res abstractas: cũ illorũ intellectio sit impossis ea rõne, qua referuntur ad ipsam gñationem, vel habeãt ortum ab aliqua re gñata, exempli gr̃a ab intellũ adepto, nisi per accidẽs. alias n. ipsum genitũ efficeret̃ æternũ, vt diximus. Insurgeret quoq; contra eos, q affirmant formã, qua abstrahimus itelligibilia, eẽ intellũm adeptũ compositum cum intellectu

agente

ANTIQVA TRANSL.

Hic u ide CÕ. negat q æternũ indigeat corruptibili, ad hoc vt ex eis fiat vna actio. Sed uide opp. 2. ph. t. cõ. 26. & 8. phy. 15. & Cę. 22. 7. Met. 31. & 5. de A[i]a 38. de intellu agẽte, & phã. tasmatib[us].

gna quæstio. æternum enim nõ indiget in sua actione generabili & corruptibili. quomodo igitur componitur æternum cum corruptibili ita q ex eis fiat vna actio? sed post loquemur de hoc. Videtur.n. q ista positio ẽ quasi pricipiũ, & fundamẽtum eius, quod volumus dicere de possibilitate continuationis cum rebus abstractis sm Arist. s. positio, q forma postrema nobis, qua extrahimus intellecta, & facimus ea per volũtatem nostram, est composita ex intellectu agente & intellectu, qui ẽ i habitu. Hoc igitur vidimus de sermone expositorum Peripateticorũ in hunc finem esse possibile. s. intelligere in postremo res abstractas.

Tertia pars digressionis, in qua ponit opinio Auen pacis & primo pri[m]a eius 26.

Auen pace autem multum loquebatur in hoc, & maxime in epistola, quam appellauit Continuationem intellectus cum homine. Et illud, super quod sustentatus est in hac quæstione est hoc. Primo enim posuit quòd intellecta speculatiua sunt facta. Deinde posuit quòd omne factum habet quiditatem. Deinde posuit quòd omne habens quiditatem, intellectus innatus est extrahere illam quiditatem. Ex quibus concluditur quòd intellectus innatus est extrahere formas intellectorum, & quiditates eorum. & in hoc conuenit cum ipso Alfarabio in libro de Intellectu & intellecto. & inde extraxit hoc Auen pace & cum hoc conclusit quòd intelle-ctus

MANTINI TRANSL.

D

agente, maximũ dubiũ. quod est. s. q æternũ nõ indiget p sua actione aliquo gñabili & corruptibili. quo pacto ergo cõponit æternũ cũ gñabili & corruptibili, ita vt ex eis resultet vna actio? nos tñ loquemur de hoc posthac. Vr.n. q hæc sñia sit veluti principiũ, & fundamentum eorũ, quę volumus determinare circa positatem cõiunctionis intellus nostri cũ rebus abstractis iuxta sententiam Arist. videlicet ea sententia quæ affirmat q vltima forma, quæ in nobis existit, qua denudamus ipsa intelligibilia, eaq; efficimus pro arbitrio ac voluntate nostra, est vtique forma cõposita ex intellectu agẽte & intellu adepto habitu, s. existẽte. Hoc itaq; ẽ id, quod nos vidimus ex verbis expositorũ sectãtiũ ipsum Aristo. circa possibilitatẽ hui[us] sñiis, hoc est q sit possibile intelligere in vltimo res abstractas.

E

Sñia Auen pace de Intellectu.

Auen pace autẽ laborauit multũ in hoc negocio, & præsertim in eo tractatu, cui titulus est de Copulatione intelllis cum hoie. Et eius fundamentum in hoc quæsito tale ẽ. Primo q dẽ ipse supponit, ipsa intelligibilia speculatiua eẽ gñata, ac de nouo facta. Scdo supponit, oẽ gñatum hẽ aliquam quiditatẽ. Tertio supponit, q quicquid habet aliquã quiditatẽ, ipse intellis est natura prõptus abstrahere illã quiditatem, ac denudare. Ex oĩbus ergo his, ipse cõcludit ipsum intellm esse natura aptũ abstrahere formas ipsorum intelligibiliũ, eorũq; qditates. & i hoc cõuenit etiam cũ ipso Alfarabio in suo lib. de Intellectu, & intelligibili. & hinc pronunciauit Auen pace, &

F

A ANTIQVA TRANSL.

ctus innatus est extrahere formas intellectorum, & quiditates eorum.

Et iuit in hoc per duas vias, quarum vna est in epistola, secunda aūt in libro de Anima. & sunt vicinantes se. in libro autem de Anima coniūxit huic ꝙ intellectis rerum non cōtingit multitudo, nisi per multiplicationem formarum spiritualium, cū quibus sustinebunt in vnoquoq; indiuiduo: & per hoc fuit intellectū equi apud me aliud, quam intellectū eius apud te. Ex quo consequitur secundum conuersionem oppositi ꝙ
B omne intellectum non habens formam spiritualem, à qua sustentatur illud intellectum, est vnū apud me, & apud te. Deinde coniungit huic ꝙ quiditas intellecti, & forma eius non habet formam spiritualem, neque indiuidualem, cui sustentatur: cūm quiditas intellecti non est quiditas indiuidui singularis, neq; spiritualis, neque corporalis. intellectum enim declaratum est quòd non est indiuiduum. Ex quo consequitur vt intellectus sit innatus intelligere quiditatem intellecti, cuius intellectus est vnus omnibus hominibus:
C & quòd est tale est substantia abstracta.

Secūda rō. In libro vero de Aīa posuit primo quòd quiditas intellecti, secundum quòd est intellectum, si non fuerit concessum nobis quòd non habet quiditatem, & quòd non est simplex sed composita, sicut dispositio in omnibus quiditatibus factis, & fuerit dictum quòd quiditas illius in-

MARTINI TRANSL.

& conclusit, intellectum esse aptum abstrahere formas intelligibiliū, & eorum quiditates. Et circa hoc usus est duabus rationibus. quarū vna in suo tractatu, ad hoc negociū propriè edito continetur, altera vero in suo lib. de Aīa habetur, quę quidem rōnes sunt inter se satis cōformes. Verum in lib. de Aīa adiecit ad hoc, & subiūxit ꝙ in intelligibilibus entiū, non accidit pluralitas, nisi propter pluralitatē formarū spiritualiū, quibus extant, & consistunt in quolibet indiuiduorū. & iō intelligibile equi, atq; asini in me, est diuersum ab eodem intelligibili in te. Ex hoc ergo sequitur oppositum contradictorij, videlicet ꝙ oē intelligibile, qđ non habeat formā spūalem, super quem sisteret illud intelligibile, erit vtriq; idem in me, & in te. Subiūxit insuper, & addidit huic sententiæ hoc, videlicet ꝙ quiditas ipsius intelligibilis, eiusq; forma non habet formam spiritualē, neq; indiuiduā, cui innitatur, & fulciatur: cū quiditas ipsius intelligibilis nō sit quiditas ipsius indiuidui singularis, nō spiritualis, tum & corporalis. nā iam satis constat ipsum intelligibile nō esse indiuiduū. Sequitur igitur ex hoc ipsum intellectum esse aptum vt intelligat quiditatem ipsius intelligibilis, *quo ipse intellectus est vnicus in oībus hoīb⁹ (*a. l. cuius) id autem, quod ita se habet, est vtiq; substantia separata. In lib. tamen de Anima dixit primo ꝙ quiditas ipsi⁹ intelligibilis, quaten⁹ est intelligibile, si non concedat nobis aduersarius ipsum nō habere quiditatem, neq; esse simplex sed compositum, vt res se habet in cunctis quiditatibus gňatis, & iā fuit dictum ꝙ quiditas huius

ANTIQUA TRANSL.

intellecti, secundum quód est intellectum habet etiam quiditatem, scilicet intellectum istius quiditatis, tunc iste intellectus etiam erit innatus denudari, & extrahere illam quiditatem.

Et, si nõ fuerit cõcessum nobis quod ista quiditas est simplex, & quod ens ex ea est idẽ cũ intellectu, continget in ea quod cõtingit in primo, & est quod etiã habeat quiditatem factã, Et necesse est tũc, aut vt hoc procedat in infinitũ, aut vt intellect' secetur ibi. Sed impossibile est hoc procedere in infinitũ: quia faceret quiditates, & intellectus infinitos diuersos in specie esse. Cum quod quedã eorũ sunt magis liberati à materia quidã: necesse est igitur vt intellectus secet. Et, cũ secabitur, tunc, aut perueniet ad quiditatẽ, quæ non habet quiditatẽ, aut ad aliquid hñs quiditatẽ, sed intellectus nõ habet naturã extrahẽdi illã: aut ad aliquid nõ habens quiditatẽ, neq; est quiditas. Sed impossibile est inuenire quiditatẽ, quã intellect' nõ est innatus extrahere à quiditate: quoniam iste intellectus tunc non diceretur intellectus, nisi æquiuoce: cũ sit positum quod intellectus innatus est abstrahere quiditatem, in eo quod est quiditas: & impossibile est etiam vt intellectus perueniat ad aliquid non habẽs quiditatẽ, & non sit quiditas: quia qđ' nõ est quiditas, neq; habet quiditatẽ, hoc est priuatio simpliciter. Remanet igitur tertia diuisio: & est quod intellectus peruenit ad quiditatem non habentem quiditatem. & quód est tale est forma abstracta.

Qđ nõ est quiditas nec quiditatẽ hñs ẽ pura priuatio.

Et

MANTINI TRANSL.

D

ius intelligibilis, quatenus est intelligibile, hẽt vtiq; quiditatẽ, i. intelligibile illius quiditatis, tunc is quoq; Intellectus erit aptus cõuerti, & abstrahere illã quiditatẽ. At, si aduersarius nõ cõcedet nobis illã quiditatẽ esse simplicẽ, & quod id, qđ' de ipsa reperit, sit idẽ cũ ipso intelligibili, tũc idẽ cõtinget huic qđ cõtingebat priori, nẽpe vt hẽat et quiditatẽ nouiter genitã & factã. Et sequet' tũc ex hoc, vel rẽ in Infinitũ processurã, vel quod intellectus ibi sistatur. Sed procedere rem in infinitum est impossibile, propterea quia efficeret quiditates, atq; * intellectus infinitos diuersos genere essendi, eò quia alij, vel alia eorũ alijs sint magis expertes materiæ: relinquitur igitur vt oporteat intellectũ tunc sisti. Et, si sistat', tunc vel perueniet ad quiditatẽ, quæ nõ habet quiditatem, vel ad quiditatẽ habentẽ quoq; quiditatẽ, attamẽ ipse intellectus nõ habeat naturã denudãdi atq; abstrahẽdi illã quiditatẽ: aut ad aliquid nõ habens quiditatẽ, neq; est & ipsum quiditas aliqua. Sed impossibile est reperiri aliquã quiditatẽ, quam intellectus non sit aptus abstrahere ab habente eã. nã tunc is intellectus non vocaretur intellect', nisi æquiuoce: cũ iam sit sancitũ ipsum intellectũ esse aptũ abstrahere quiditatẽ, quatenus est quiditas: impossibile quoq; est vt ipse intellect' perueniat ad aliquid, quod non habeat quiditatẽ, neq; sit quoque quiditas: quia id, quod nõ est quiditas, neque hẽt quiditatẽ, est quidẽ mera priuatio. Relinquitur igitur tertia pars diuisionis, quæ est videlicet quod intellectus perueniat ad quiditatẽ non habẽtẽ quiditatẽ. id vero, quod ita se hẽt, est vtiq; forma separata. Hãc autem rationem

E

* a. l. intelligibilia infinita varia.

F

nem

A

ANTIQVA TRANSL.

Soluto de aia. tc. cõ. 36. & t. de aia. 90. & 91. & t. de Gener. aia lib. cap. t.

Et confirmauit hoc per illud, quod consuetus est Arist. dicere in talibus demonstrationibus, s. q̄m q̃n necesse est abscindere infinitum, melius est abscindere eum in principio.

Erit igitur conclusio istius demõstrationis eadē cum conclusione demonstrationis prædictæ. Q̄m, si nõ addiderit hoc, poterit aliquis dicere multos intellectus esse medios inter intellectum, qui est in habitu, & inter intellectū agentem: aut vnū, vt intendit Alfarab. in suo tractatu de Intellectu & intellecto, quē vocauit illic adeptum: aut plures vno. Et

B

æstimatur q Alfarabius concedit hoc in suo lib. de Gñatione & Corruptione, ubi d. q̃ūo consumentur isti intellectus medij, s. quorum esse posuimus inter intellectum speculatiuū, & inter intellectū agentē. Istæ igr̃ sunt viæ magis firmæ, per quas iuit iste homo in hac intentione.

Nos autem dicamus, si hoc nomen quiditas dicatur de quiditatibus rerum materialiū, & de quiditatibus intellectuū abstractorum modo vniuoco, tunc propositio dicens q intellect⁹ natus est abstrahere quiditatem in eo q sunt quiditates, erit vera: & similiter dicere quòd intellecta esse composita, & indiuidua esse composita fuerit vniuocum. si autem æquiuocum, tunc demonstratio non erit vera. Quomodo autē, est valde difficile. manifestum est.n. per se q hoc nomen quiditas nõ dicitur de eis pure vniuoce, neq; pure æquiuoce. Verum autē dicatur multipliciter quòd est medium, indiget consyderatione.

C

Manifestū ē per se q hoc nomē q̄ditas nõ dr de abstractis & mãlib⁹ pure vniuoce, nec pure æquiuoce. vide ꝓ hoc 1. Me. c. 10. & 10. Me. c. cõ. vlti.

Sed

MANTINI TRANSL.

nē confirmauit per id, quod Arist. ē assuetus dicere I huiususcemodi demrationibus, nēpe q, cùm cogimur sisti, ne in infinitū procedamus, melius est sisti in principio rei. Sic igr̃ cõclusio huius demrationis erit vtiq; eadē cū cõclusione præcedētis demrõnia. Nā, si non addat̃ hoc ei, tūc poterit quis dicere multos intercedere intellectus inter intellectum adeptū, & intellectū agentē: vel tm̃ vnū, vt voluit Alfarabius in suo tractatu de Intellectu, & intelligibili, quē intellectū vocauit ibi adeptum, seu influxū: vel erūt plures vno, qui intercedūt. Et vr̃ q Alfarabius concedat hoc in suo lib. de Gñatione & Corruptiõe, cū ibi ponat modū, quo dissoluant̃ hmõi intellect⁹ medij, quorū esse diximus intercedere inter intellectum speculatiuū, & intellectum agentē. Hæ itaq; rõnes, seu viæ sunt validiores circa hoc quæsitū, de quibus fecit mentionē hic Vir. Nos aūt dicimus q, si quiditas dicat̃ vniuoce de quiditatibus rerū materialiū, & de quiditatibus* intelligentiarū separatarū, tunc illa propõ, quæ dicit q intellectus est nā aptus abstrahere quiditates quatenus sunt quiditates, esset utiq; vera: similiterq; illa propõ, quæ dicit q ipsa intelligibilia sūt cõposita, & q indiuidua sunt cõposita, si vniuoce dicatur, erit quoq; vera. sed si æquiuoce dicat̃, tunc demratio non erit vera. Sed vtcūq; res se hēat, tandē hoc negociū est admodū difficile. sed maxime de se cõstat hoc nomē s. quiditatē nec mere æquiuoce, neq; mere vniuoce dici. At verū dicat̃ sm̃ pri⁹ & posterius, qui quidē mod⁹ ē medi⁹ Iter vniuocū & æquiuocū modū, Idiget vtiq; aliqua cõsyderatione.

* a. l. intellectuū separatorū.

Sed,

ANTIQVA TRANSL.

Sed, si concesserimus hoc dici vni voce, hic continget prædicta quæstio: & est quomodo corruptibile intelligit quod non est corruptibile secundum opinionem dicentium quòd intellectus materialis est corruptibilis, & est opinio Auẽpace; aut quomodo intelligit intellectione noua, & quòd innatum est semper intelligere ea in futuro & in præterito, secundum opinionem dicentium quod intellectus materialis non est generabilis neque corruptibilis. Et etiã, si posuerimus quod intelligere res abstractas est in substantia, & in natura intellectus materialis, quare igitur ista intellectio nõ currit cursu intellectionum materialiũ nobis? ita quod hoc intelligere sit pars partiũ sciẽtiarum speculatiuarum: & erit vnũ quæsitorum in scientia speculatiua.

Et Auen pace videtur ambigere in hoc loco. D. enim in epistola, quã uocauit Expeditionis, quòd impossibilitas est duobus modis, naturalisq́, & diuina: idest quod intellectio istius intellectus est de possibilitate diuina, non de possibilitate naturæ. In epistola autem Continuationis d. Et, cùm Philosophus ascenderit alia ascensione, consyderando in intellecto inquantum intellectũ, tunc intelliget substantiam abstractam. Et manifestum est ex hoc quod intelligere intellectum secundum illũ, est pars scientiarum speculatiuarum, s. scientia Naturali & hoc apparuit ẽt in illa perscrutatione ab eo.

Et, cùm ita sit, nos omnes homines, quod accidit nobis de ignorantia istius sciẽtiæ, aut erit quia adhuc non scimus propositiones, quæ inducunt

MANTINI TRANSL. D

Sed, si concedamus eã dici vniuoce, tunc sequetur illud dubiũ supius dictum: nẽpe quo pacto, id quod est corruptibile, possit intelligere ipsũ incorruptibile iuxta sententiam illorũ, qui asserunt intellectũ materialẽ esse gñabilẽ & corruptibilẽ, & est sententia ipsius Auen pace: vel quo pacto id, quod est nã aptũ intelligere illa sẽper tã in præterito q̃ in futuro, iuxta sententiã illorũ, qui affirmãt intellectũ materialẽ esse ingenitũ & incorruptibilẽ, possit intelligere nouã intellectionẽ. Præterea, si affirmem' quod de essentia ac nã ipsius intellectus materialis sit intelligere res abstractas, cur ergo hmõi intellectio non se hẽt vt se hñt aliæ intellectiones materiales in nobis? ita vt hmõi intellectio sit vna ex partibus sciarũ speculatiuarũ: & sit quoq; vnum ex quæsitis scientiæ speculatiuæ. E

Auẽ pace aũt vr esse valde perplexus in hoc negotio. Nã, in sua epistola, cui titulus est de perfectione, dixit ipsum psse bifariã dici, nẽpe nãle, & diuinũ: & vult quod intellectio huius intellectus sit quoddã posse diuinũ, non aũt naturale. Sed in sua epistola de Copulatione nõiata, dixit hæc verba. Et, cũ Philosophus ascendit alio ascẽsu, dũ cõsyderat ipsa Intelligibilia, quaten' sunt intelligibilia, tũc intelligit substantiã intelligẽtiarũ separatarũ. Ex hoc aũt satis patet ipsum credere, quod intellectio ipsius intellectus est pars sciarum speculatiuarũ, videlicet pars sciæ Naturalis, & hoc etiam satis apparet ex verbis eius in illa inquisitione. Si ergo ita res habet, sequeret quod nos oẽs hoĩes si ignorauerimus hãc sciam, id quidẽ iõ cõtinget, vel quia nondũ scium' F

illas

A

ANTIQVA TRANSL.

ducunt nos ad hanc scientiam, vt dicitur de multis artificijs, quæ videntur esse possibilia, sed sunt causarum ignoratarum, verbi gratia Archymiæ: aut hoc intelligere hoc, acquiritur per exercitium, & vsum in rebus naturalibus, sed nondum habemus de exercitio & vsu tantum, per quod possumus hoc acquirere hanc intellectionem: aut erit hoc propter diminutionem nostræ naturæ naturaliter.

B

Si igitur hoc acciderit propter diminutionem in natura, tunc nos, & omnes, qui innati sunt acquirere hanc scientiam, dicimur homines æquiuoce. Et, si hoc accidat propter ignorantiam propositionum inducentium in hanc scientiam, tunc sciētia speculatiua nōdum est perfecta. Et forte Auēpace dicit hoc esse inopinabile, sed non impossibile. Et, si hoc accidit propter consuetudinem tunc sermo erit propinquus sermoni dicēti quòd causa in hoc est ignorantia propositionum inducentium in hanc scientiā. & omne hoc, quod dr̄ vr̄ esse remotum, licet non impossibile, quomodo igitur potest euadere ab illis quæstionibus prædictis?

C

Istæ igitur oēs quæstiones sunt contingentes huic quæsito: & sunt ita difficiles sicut tu vides. & oportet nos dicere ꝙ apparuit nobis in hoc. Dicamus igitur quoniam intellectus existēs ī nobis habet duas actiones,

Digressionis pe qo u, in qua

MANTINI TRANSL.

illas ꝓpōnes, quæ ducunt nos in hāc sciam, vt dr̄ ēt de multis artibus, quæ vr̄r posse addisci, cùm tñ adhuc sint incognitæ, & occultę, ꝓpea, quia cognitio cāsarum earū est vtiq; occulta vc̄ gr̄a exempli in arte Fusoria, quæ vulgo Archymia vocatur, euenire solet: vel illud cōtinget, quia hmōi intellectio acquirit̄ per exercitationē & vsum factū in rebus naturalib⁹. sed nondum deuenimus ad tantam exercitationē, & vsum, qui sit satis ꝓ huiuscemodi intellectione acqrenda: vel hoc idem continget, quia natura nostra est naturalr̄ impotens atq; imbecillis vt possit ita adipisci.

Si hoc itaq; proueniat ob nr̄am naturalē impotentiā: naturaleq́; defectū, tunc nos, & oēs hoīes qui sunt natura apti adipisci hmōi sciam, vocaremur hoīes æquoce. At, si hoc eueniat, propterea quia ignorantur ꝓpōnes, quæ in hāc ducunt sciam, sic scia speculatiua nondum esset cōpleta & pfecta. Et fortasse dixit Auēpace hoc nō esse verisimile, neq; opinabile. sed re vera non est inopinabile. Quod, si hoc eueniat propter ipsam exercitationē & vsū, tunc hmōi sententia nō erit absimilis ab illa, q̄ affirmat huius rei causam eē ipsam ignorantiā propositionū, quæ ducunt ad hāc scientiam. Hoc aūt pōt dici esse remotū, seu dissonum, sed non impossibile, quo pacto ergo poterit euitare illa dubia prædicta?

Sententia Auerois de Intellectu.

Hæc igit̄ sunt oīa dubia, quæ possunt afferri in hoc quæsito, quę tu vides esse valde difficilia. nos itaq; cogimur dicere id, quod nobis videtur circa hoc. Dicamus ergo ꝙ, cū intellectus, q in nobis existit, duas habeat

ANTIQUA TRANSL.

ponit opinio Alex. de vltima hois beatitudine.

nes, secundum quod attribuitur nobis: Quarum vna est de genere passionis, & est intelligere: Et alia in genere actionis, & extrahere formas & denudare eas à materijs: quod nihil est aliud nisi facere eas intellectas in actu, postquam erant in potentia: manifestum est quoniam in uoluntate nostra est, cùm habuerimus intellectum, qui est in habitu, intelligere quodcunque intellectum voluerimus, & extrahere quamcunq; formam voluerimus.

Hic Cõ. attribuit extractionem cuiuslibet formę intellectui in habitu. & hõ oppositum s. cõtra Alex. supra. Vide contra Zim.

Et ista actio, scilicet creare intellecta, & facere ea est prior in nobis quàm actio, quae est intelligere: sicut dicit Alexan. Et ideo dicit quòd dignius est describere intellectum per hanc actionem, non per passionem: cùm in passione communicet ei aliud ex uirtutibus animalibus. Sed hoc est de opinione dicentium quòd passio in eis non dicitur aequiuoce.

Et propter istam actionem, scilicet extrahere quodcunque intellectum voluerimus, & facere ipsum in actu, postquam fuit in potentia, opinatus est Themistius quod intellectus, qui est in habitu, est compositus ex intellectu materiali & agête. Et hoc idem fecit Alexan. credere quòd intellectus, qui est in nobis, aut est cõpositus, aut quasi compositus ex intellectu agente, & ex eo, qui est in habitu: cùm opinetur quod substantia eius, quae est in habitu, debet esse alia à substantia intellectus agentis.

Et cùm haec duo fundamenta sint posita, scilicet quòd intellectus qui est nobis, habet has duas actiones, scilicet comprehendere intellecta,

&

MANTINI TRANSL.

D beat actiones, eas, scilicet ratione, qua est relatus ad nos; quarum. Vna est generis passionis, & illa quidem est ipsa intellectio (seu ipsum intelligere:) Altera vero est generis actionis, nempe quę est abstrahere formas, easq; denudare ab ipsis materiis: quod quidem officium, nihil aliud est quàm efficere eas intelligibiles actu, postquàm erant intelligibiles potentia: manifestum est quod, cùm habemus intellectum adeptum, ex nostra utiq; voluntate pendet, intelligere quodcunq; intelligibile voluerimus, & abstrahere quæcunq; formam voluerimus.

E Hæc autem actio, quæ est generare intelligibilia, eaq; efficere, prior existit in nobis, quàm actio intellectionis, ea passio, quo Alex. dicebat. Et ideo dicebat quod conuenientius erat describere intellectum hac actione, & non aliqua passione: cùm ipse intellectus cõicet in ipsa passione cum aliqua ex virtutibus animantium. Veruntamen hoc vt est verum, iuxta sententiam illorum, qui affirmant ipsam passionem non dici de eis æquiuoce. Et propter huiusmodi actionem, quæ est abstrahere quodcunq; intelligibile voluerimus, & illud efficere actu existens, postquam erat potentia,

F est opinatus Themist. intellectum adeptum cõstare ex intellectu materiali, & intellectu agente. Et hoc idem induxit Alex. vt crederet intellectum in nobis existentem esse vt compositum, aut veluti compositum ex intellectu agente, & intellectu adepto: postquam ipse putat substantiam intellectus adepti debere esse diuersam à substantia intellectus agentis. His igitur duobus fundamentis ita positis, nempe quod intellectus, qui in nobis existit, duas obtineat actiones, quę s. sunt cognoscere intelligibilia, & efficere intelligibilia

gibilia

A

ANTIQVA TRANSL.

Intellecta duob' modis fiût in nobis. Idê 1. Cœli. 2. & 2. Met. cõ. 2.

& facere ea: Intellecta autem duobus modis fiunt in nobis, aut naturaliter, & sunt primæ propositiones, quas nescimus quando extiterunt, & vnde, aut quomodo: aut voluntarie, & sunt intellecta acquisita ex primis propositionibus. Et fuit declaratum ꝙ necesse est vt intellecta habita à nobis naturaliter sint ab aliquo quod est in se intellectus liberatus à materia, & est intellectus agens: Et, cum hoc declaratum est, necesse est vt intellecta, habita à nobis à primis propositionibus sint aliquod factũ ex congregato ex propositionibus notis, & intellectu agente. Nõ enim possumus dicere ꝙ ꝓpositiones nõ habent introitum in esse intellectorum acquisitorum. Neque etiam possumus dicere ꝙ propositiones ipsæ solæ sint agentes eas, iam enim declaratum est agens esse vnum, & æternum, vt intendebant quidam Antiquorum, & opinati sunt quòd eum intendebat Aristo. per intellectum agentem.

B

C

Et, cũ ita sit, necesse est vt intellectus speculatiuus sit aliquid gñatum ab intellectu agẽte, & in primis propositionibus. & cõtingit ꝙ iste modus intellectorũ sit voluntarie: econuerso intellectus primis nãlibus. Et oĩs actio facta ex congregato duorũ diuersorũ, necesse est vt alterũ duorum illorum sit quasi materia & instrumentũ, & aliud sit quasi forma, aut agens. Intellectus igitur, qui est in nobis, cõponitur ex intellectu, qui est in habitu, & intellectu agẽte: aut ita, ꝙ propõnes sint quasi materia, & in-

Oĩs actio facta ex cõgregato duorũ diuersorũ, necesse est vt alterũ duorũ sit quasi materia, & alterũ quasi forma. Cõsid. 2. de Aia. 14.

MANTINI TRANSL.

gibilia: Fiũt aũt in nobis ipsa intelligibilia bifariã: nẽpe vel nã, & sunt illæ primæ propõnes (seu prima principia) q̃ quidẽ sũt nobis ignotæ, quã scilicet & vñ, vel qua rõne nobis euenerint: aut sunt intelligibilia volũtate acquisita, q̃ quidẽ sunt illa intelligibilia, q̃ ex illis primis propõnibus, seu principijs acquiruntur: Iã autẽ fuit probatũ ipsa intelligibilia, quæ natura adipiscimur, esse necessariũ, vt reperiãtur & proueniant à re, quæ est de seipsa intellectus denudatus, & abstractus à mã, qui quidẽ est ipse intellectus agens: Cũ ergo sit probatũ ipsa intelligibilia, quæ sunt in nobis adepta ex primis propositionibus, seu primis principijs, oportere esse quid factum aggregatũ ex propositionibus vt per se notis, & ex intellectu agente, non possumus igitur dicere primas propõnes nihil facere ad inuentionẽ intelligibilium acquisitorum & adeptorũ. Sed non possumus quoq; dicere illas tñ propositiones efficere illa intelligibilia: nã iã probatũ fuit ipsum agens esse vnum, & æternũ, vt opinati sũt aliq Antiquorũ, qui quidẽ putarũt Arist. innuere eas, dũ dicebat intellectum agẽtem. Oportet itaq; intellectum speculatiuũ esse quid genitũ ex intellectu agẽte, & primis ꝓpõnib', oportetq; hoc genus intelligibiliũ eẽ voluntariũ: intelligibilia vero prima naturalia cõtrario mõ se hñt. Quælibet aũt actio, quæ ex aggregato duarũ rerũ diuersarum resultat, oportet vtriq; vt vna illarũ duarũ rerũ se habeat veluti mã, & instrũm altera vero veluti forma, aut agens. Intellectus ergo, q in nobis existit, constabit vtriq; ex intellectu adepto, & ex intellectu agente

ANTIQVA TRANSL.

intellectus agẽs est quasi forma: aut ita, quòd propositiones sint quasi instrumentum, & intellectus agens est quasi efficiens. dispositio .n. in hoc est consimilis.

Sed, si posuerimus ꝙ propositiones sunt quasi instrumentum, contingit vt actio æterna proueniat à duobus, quorũ vnum est ęternũ, & aliud nõ æternũ, aut ponat ꝙ instrm sit ęternum: & sic intellia speculatiua erunt æterna. Et hoc ẽt magis cõtingit, si posuerimus eas propositiones quasi materiã. impole est .n. ut aliqđ generabile & corruptibile sit materia æterni. Quomodo igitur poterimus euadere ab hac quæstione?

Impõle ẽ vt aliquid gñabile & corruptibile sit mã æterni.

Dicamus igit ꝙ, si hoc, quod dicimus qđ necesse est ꝙ propõnes sint de intellu agẽte, aut quasi mã, aut q̃si instrm, si hñt ingressum in esse intellectorũ speculatiuorum, non fuit sermo necessariæ consequentiæ, sm ꝙ mã est materia & instrm est instrumentũ, sed sm ꝙ necesse est hic esse proportionẽ, & dispõnem inter intellectũ agentẽ, & propositiones, q assimilant materiæ, & instrm aliquod, nõ quia est mã vera, aut instrumentũ verũ, & tunc vr nobis ꝙ possumus scire modũ, sm quẽ est intellus, qui est in habitu quasi mã, & subiectum agentis. Et, cũ iste modus fuerit positus nobis, forte facile poterimus scire modum, sm quem continuatur cum intellectis separabilib⁹.

Dicamus igitur, sermo autem dicentis ꝙ, si conclusiones acquirũtur à nobis ab intellectu agente, & propositionibus, necesse est vt propositiones sint de intellectu agente quasi materia & verum instrumentũ, ille inq̃ sermo non est necessarius: sed

tamen

MANTINI TRANSL. D

agẽte. & hoc quidem fiet, vel cũ ipsæ propositiones se habuerint veluti instrm, & intellectus agens se habuerit ueluti efficiẽs: aut cũ ipsæ propõnes se habuerint veluti mã, & intellect⁹ agens veluti forma. & in hoc res est satis similis. Verũ, si cõcedamus ipsas propõnes se hrẽ vt instrm, tũc sequetur vt actio ęterna, oriat ex duabus reb⁹, quarũ vna ẽ ęterna, & altera nõ ęterna: aut cõcedamus instrm eẽ æternũ: & sic ipsa intelligibilia speculatiua, seu cõtemplatiua erũt vtq; æterna. Et hoc quidẽ potius cõtinget, si ponamus illas propõnes se hrẽ E veluti mã, qm̃ qđ gñabile est atque corruptibile, non põt esse materia ipsius rei æternæ. Quo pacto ergo poterimus euitare hoc dubium? Nos aũt dicimus ꝙ, si id, qđ dicebam⁹, s. oportere ipsas propõnes se hrẽ ad intellectũ agentẽ veluti mã, aut veluti instrm,* si habeant ingressum in eẽ ipsorũ intelligibiliũ speculabilium, tũc hoc dictũ nõ esset necessario inferẽs conclusionẽ, ea rõne, qua mã ẽ mã, & instrm instrm, sed quatenus est necessarium vt reperiat aliqua proportio, & rõ inter intellectũ agẽtẽ, & ipsas propõnes, quæ similantur cuidã materię & alicui instro, nõ ꝙ F sit verẽ materia, aut vere instrm. & ex hoc vr nobis posse nos scire modũ, quo intellectus adeptus se habeat velut materia, & subiectũ ipsius agẽtis. Hac itaq; via sic nobis posita, fortasse poterimus facile scire modũ, quo copulatur cũ intelligentiis separatis. Et idcirco, cũ dr ꝙ, si propõnes sint nobis acquisitæ & eradicatæ p intellm agẽtẽ, & per propõnes, tunc oporteret ipsas propõnes se hrẽ ad intellectum agentẽ veluti vera materia &

* a. l. q nõ ingrediũt

ueluti

A ANTIQVA TRANSL.

tamen necesse est illic esse respectū, secundum quem intellectus, qui est in habitu assimiletur materiæ, & intellect' agēs assimiletur formæ. Quid igitur est iste respectus, & ex quo accidit intellectui agenti habere hūc respectum cum intellectu, qui est in habitu, cùm vnus est æternus, & alius generabilis & corruptibilis? Omnes enim horum cōcedunt hunc respectum esse. & quasi coget eos hoc, ꝙ intellecta speculatiua sunt existentia in nobis ex his duobus intellectibus, scilicet qui est in habitu, & intellectu agente.

B Sed Alexan. & omnes opinantes intellectum materialem esse generabilē & corruptibilem, nō possunt reddere causam huius respectus. Ponentes autem ꝙ intellectus operans est intellectus, qui est in habitu, cōtinget vt intellecta speculatiua sint æterna: & alia multa impossibilia consequentia hanc positionem.

Nos autē cū posuerimus intellectum materialem esse æternū, & intellecta speculatiua esse generabilia & corruptibilia C eo mō, quo diximus: & ꝙ intellectus materialis cōprehendit vtrūque, scilicet formas materiales, & formas abstractas: manifestū est ꝙ subiectū intellectorū speculatiuorum, & intellectus agentis secundum hunc modū est idem & vnū, scilicet materialis. Et simile huic est diaphanū, quod recipit colorem, & lucē in simul: & lux ē efficiens colorē.

Et, cū fuerit verificata nobis hæc continuatio, quæ est inter intellectum agentem, & intellectum* materialē, poterimus reperire modū, secundum quem dicimus ꝙ intellectus

*i. qui ē in habitu.

MANTINI TRANSL.

veluti verū instrūm, dico ꝙ huiusmodi dictum nō est necessariū: sed hoc tantū est necessariū, nēpe vt detur aliqua proportio & ratio, qua intellectus adeptus similetur materiæ, & intellectus agens similetur formæ. Quænā ergo est huiusmodi proportio & rō propter quā cōtingat intellectū agentem habere illū respectū, & cōparationē cū intellectu adepto, cū vnus eorum sit æternus, & alter sit generabilis & corruptibilis? Oēs autē illi cōcedunt reperiri huiusmodi proportionē & cōparationem. Et forte hoc cogit eos dicere ꝙ intelligibilia speculabilia sunt nobis propter hos duos intellectus, nēpe intellectum adeptum, & intellectum agentem. Sed Ale. & quicunq; putant intellectum materialem esse generabilē & corruptibilem, non poterunt reddere causam illius cōparationis atq; respectus. Sed qui asserūt intellectū practicum esse ipsum intellectū habitu existentem (seu adeptū) tūc sequeretur ex hoc ipsa intelligibilia speculatiua esse æterna: & multa alia impossibilia sequerentur ex hac sententia.

Nos vero, cū affirmemus intellectū materialem esse æternū, & intelligibilia speculatiua esse genita eo mō, quo diximus: & ꝙ intellectus materialis intelligat vtrunq;, videlicet formas materiales & formas abstractas: tūc perspicuū erit ꝙ subiectū intelligibiliū speculatiuorum & intellectus agentis hac quidē rōne erit vtiq; idē atque vnū, scilicet ipse materialis. In hoc enim ita se hēt res sicut in ipso trāsparēte, quod quidē recipit colores, & lumē simul: lumē autem colores efficit. Cū autē verificata fuerit nobis copulatio illa, quæ inter intellectum agētē & intellectum* adeptū habitu existentem existit, poterimus vtiq; inuenire illum mo-

*al. materialem.

ANTIQVA TRANSL.

agens est similis formæ, & quod intellectus in habitu similis est materiæ. Omnia enim duo, quorum subiectum est vnum, & quorum alterum est perfectius alio, necesse est vt respectus perfectioris ad imperfectius sit sicut respectus formæ ad materiam, Et secundum hanc intentionem dicimus quod proportio primæ perfectionis virtutis imaginatiuæ ad primam perfectionem communis sensus est, sicut proportio formæ ad materiam.

Omnia duo, quorum subiectum est vnum, & quorum vnum est perfectius alio, necesse est vt respectus perfectioris ad imperfectius sit sicut respectus formæ ad materiam. Commentum sup. 2. huius c. 24. & c. 4. Com. 34.

Iam igitur inuenimus modum, secundum quem possibile est vt iste intellectus continuetur nobiscum in postremo: & causam, quare non copulatur nobiscum in principio. quoniam hoc posito, continget necessario vt intellectus, qui est in nobis in actu, sit compositus ex intellectis speculatiuis & intellectu agente: ita quod intellectus agens sit quasi forma intellectorum speculatiuorum, & intellecta speculatiua sint quasi materia. Et per hunc modum poterimus generare intellecta cum voluerimus. Quoniam illud, per quod agit aliquid suam propriam actionem, est forma: nos autem, quia agimus per intellectum agentem nostram actionem propriam, necesse est vt intellectus agens sit forma in nobis.

9. Phy. 17. 2. de Anima com. 33.

Et nullus modus est, secundum quem generatur forma in nobis nisi iste. Quoniam, cum intellecta speculatiua copulantur nobiscum per formas imaginabiles: & intellectus agens copuletur cum intellectis speculatiuis: illud enim quod comprehendit eas, est idem, scilicet intellectus materialis: necesse est vt intellectus agens copuletur nobiscum per continuationem intellectorum speculatiuorum.

Et manifestum est, quando omnia

MANTINI TRANS.

D

modum, quo possumus dicere intellectum agentem esse similem formæ, & intellectum adeptum similem materiæ. Nam quæcunque duæ res, quarum subiectum est vnum, & vna earum est perfectior altera, oportet quidem vt ita se habeat perfectior ad imperfectiorem, sicut se habet forma ad materiam. Et hac ratione dicimus et ita se habere primum actum ipsius virtutis imaginatiuæ ad primum actum ipsius sensus communis, sicut se habet forma ad materiam.

Iam ergo inuenimus modum, quo possit iste intellectus copulari nobis in fine. Causa vero, ob quam non copulatur nobis in initio, est quidem propterea, quia ex hac positione sequeretur omnino, vt intellectus, qui in nobis actu existit, esset compositus ex ipsis intelligibilibus speculatiuis & ex intellectu in actu, ita vt intellectus agens sit veluti forma ipsorum intelligibilium speculatiuorum, & ipsa intelligibilia speculatiua erunt veluti materia. Et hac ratione poterimus generare ipsa intelligibilia cum voluerimus. Nam id, quo aliqua res agit aliquid suam propriam actionem, est ipsa forma: nos autem agimus nostram propriam actionem ipso intellectu agente: ergo oportet vt intellectus agens sit nobis forma. Et nullus alius modus potest reperiri, quo possit generari ipsa forma in nobis præter hunc. Quoniam, cum ipsa intelligibilia speculatiua copulentur nobis per formas imaginarias: & intellectus agens coniungitur cum intelligibilibus speculatiuis: & iste intellectus, qui cognoscit ea, est idem, hoc est ipse intellectus materialis: ergo oportebit vt intellectus agens copuletur nobis per copulationem intelligibilium speculatiuorum.

E

F

Palam autem est, quod quandocunque omnia

in-

A nia itellecta speculatiua fuerint exñtia in nobis in potentia, q ipse erit copulatus nobiscũ in potẽtia, & cũ oĩa intellecta speculatiua fuerint existẽtia in nobis in actu, erit ipse tunc copulatus nobis in actu. & cũ quedã fuerint i potẽtia, & quedã i actu, tũc ipse erit copulatus sm partẽ, & sm partẽ non: & tũc dicimur moueri ad continuationem. Et manifestum est, cùm iste motus complebitur, q statim iste intellectus copulabitur nobiscum omnibus modis. Et tunc

B manifestũ est quòd proportio eius ad nos in illa dispositione est sicut proportio intellectus, qui est in habitu, ad nos. Et, cùm ita sit, necesse est vt homo intelligat per intellectum sibi proprium omnia entia, & vt agat actionẽ sibi propriã i oĩbus entibus: sicut intelligit per intellectum, qui est in habitu, quando fuerit cõtinuatus cũ formis imaginabilibus, oĩa entia itellectione propria.

Primum cor. Homo igr̃ sm hunc modũ, sicut dicit Themist. assimilatur Deo in hoc, q est oĩa entia quoquo modo, & sciens ea quoquo modo. Entia n. nihil aliud sunt nisi scia eius, neque causæ entium aliud sunt nisi scientia eius. & quã mirabilis est iste ordo, & q extraneus est iste modus essẽdi.

2m̃ cor. Et sm hunc modũ verificabitur opinio Alex. in hoc, quod d. q intelligere res abstractas fiet per cõtinuationẽ

intelligibilia speculatiua extãt i nobis in potentia, q ipse quoq; est coniunctus nobis potentia. & quotiescunq; omnia intelligibilia merint nobis actu, ipse quoq; copulabitur tũc nobis actu. q si aliqua eorũ fuerint potentia, aliqua vero actu, copulabitur ipse quoq; tunc nobis sm vnam partem eius, sm vero aliam partem nõ: & tunc nos dicemus moueri ad copulationem. Manifestũ aũt est q, cũ huiusmodi motus fuerit completus, q statim copulabitur nobis intellectus iste omni ex parte. † [Constat igitur, q eadem erit tunc proportio & rõ illius intellectus in ea re ad nos, q est ipsius intellectus adepti ad nos.] His itaq; sic concessis, oportebit vt hõ intelligat omnia entia per intellectum sibi proprium, & vt agat in cuncta entia actionẽ sibi propriam: quẽadmodum intelligit oĩa entia p intellectum habitu existentem, qui est copulatus cũ formis imaginarijs propria intellectione. Homo ergo, vt inquit Themistius, in hoc est similis Deo, quia ipse est omnia entia quodam modo, & sciens etiam quoquo modo. Entia n. nihil sunt præter eius scientiam. causa quoq; entium nihil est præter eius scientiam, quam scilicet ipse de ea habet. & huiusmodi ordo est vtique admiratione dignus: hocque genus essendi est valde alienum. Et hac via verificabitur sententia Alexandri, quę affirmat intellectionem rerum abstra-

† a. l. Constat igr̃. q talis erit tũc rõ itellectus ad nos i ea re, qualis est ipsius scię acquisitę intellectũ nihil p intelligibi lia speculatiua, quę fuit genita & acquisita p formas imaginabiles in ipso intellectu; nihil p actionẽ ipsius agẽtis de nouo i spũ intelligibile. hoc n. vocat intellectum adeptum, seu i habitu, cui q sit intellectus agẽs ẽ vel iam forma ppria & hoc. f. sit, qñ intellectus adeptus ẽ pfectus. & tũc intellectus materialis intelliget omnia entia per illum intellectum agentem, sicut intelligit per propriam formam. & ob hoc talis erit proportio & ratio formarum abstractarum absolute a materia ad eum in ea re, qualis est ratio ipsius intellectus adepti ad nos.

ANTIQVA TRANSL.

tionē intellectus nobiscū: non q̄ intelligere inuenitur in nobis postquam nō erat, quod est cā in continuatione intellectus agētis nobiscum, vt intendebat Auēpace: sed cā intellectionis est continuatio: & non econtrario.

Tertium cor. Et per hoc dissoluitur quæstio Antiquorum, quomodo intelligit intellectione noua. Et est etiam manifestum ex hoc, quare non continuamur cum hoc intellectu in principio, sed in postremo. q̄m, dum fuerit forma nobiscum in potētia, erit continuatus nobiscum in potētia: & dum fuerit continuatus nobiscū in potentia, impossibile est vt intelligamus per illum aliquid. cum igitur efficietur forma nobis in actu, quod erit apud continuationem ei[*] in actu, tunc intelligemus per illum omnia, quæ intelligimus, & agem[*] per illum actionem sibi propriam.

Quartum cor. Intellectio in statu adeptionis nō currit cursu scientiarū speculatiuarū. Idē supra I hoc c. & 9. Met. cō. ultimo.

Et ex hoc apparet quod sua intellectio non est aliquid scientiarum speculatiuarum, sed est aliquid currens cursu rei generatæ naturaliter à disciplina scientiarum speculatiuarū. Et ideo non est remotum vt homines adiuuent se in hac intentione, sicut iuuant se in scientiis speculatiuis: sed necesse est vt inueniamus illud currens à scientiis speculatiuis non ab aliis. intellecta enim falsa impos-

MANTINI TRANSL.

D

abstractarum fieri per copulationem huius intellect[*] in nobis: † [nō quod gignatur nouiter in nobis ipsa intellectio, seu ipsum intelligere, postquam non erat.]

Hinc poterit solui illud dubiū, quod cōtra hoc insurgebat, videlicet quo pacto ipsum æternū possit intelligere nouam intellectionē. Et hinc quoq; patebit, cur non copulemur cū hoc intellectu ab initio, sed in fine. propterea quia, dum est forma existens in nobis potentia est cōiunctus nobis potentia: &, dum est coniunctus nobis potētia, nō poterimus intelligere quicquam per ipsū, nisi efficiatur forma in actu. quod quidem fit, cū actu coniungitur: & tunc intelligemus per ipsum omnia illa, quæ intelligimus, & agemus per eum actionē sibi propriā.

E

† [Et hinc potest haberi q̄ eius [*] intellectio nihil scientiarum speculatiuarū existat, sed est quid procedens processū rei natura generatæ ex disciplina scientiarum speculatiuarum. Et ideo non est remotū, vt homines adiuuent sese in hoc negocio, sicut se adiuuant in scientiis speculatiuis:] sed oportet ut reperiatur illa res, quæ procedat processu scientiarū speculatiuarū & non aliarum.

† a. l. non q̄ copuletur intellectus agens in nobis p. nouā intellectionē rerū abstractarū, vt aliarū rerū ea rōne, q̄ cōsequitur intellectus materialis cū agente iuxta sententiā Aris. p nouā intellectionē rerum imaginatarū. Imo res opposito mō se hēt. nēpe q̄ per intellectum agentē, qui copulatur cū intellectu nulli ipsa sunt intelligibilia speculatiua efficientia, fit in nobis intellectio rerum abstractarum, & aliarū, non, q̄ nouiter gignatur in nobis ipsa intellectio, postq̄ non erat. illud n. non est causa, ob quam intellectus agens copuletur nobiscū, ut voluit Auēpace: imo ipsa copulatio est causa ipsius intellectionis, & nō econtra.

† a. l. Hinc haberi potest q̄ suū intelligere non ē aliquid ex scientijs speculatiuis, sed est quid procedens tenore rei genitę naturaliter ex disciplina scientiarum speculatiuarum. & illę scientiæ speculatiuæ perficiunt intellectum adeptum per ipsa intelligibilia speculatiua, adepta & genita in intellectu materiali virtute illa efficiente ipsa intelligibilia, quę sunt potentia vt efficiantur intelligibilia actu. quæ, cum fuerit in intellectu adepto perfecta, tunc efficietur intellectus agens forma I actu. & per illum intellectum agentem ipsa anima intelligit tunc omnia entia separata & non separata. & ideo non est remotum, vt ipsi omnes se adiuuent inter se te in huiuscemodi intellectione, vel in hoc negocio, quemadmodū se adiuuabant in ipsis scientiis speculatiuis.

[*] a. l. intelligere.

A ANTIQVA TRANSL.

impossibile est ut habeant continuationem: quoniam non sunt aliquid currens cursu naturali: sed sunt aliquid, quod non intendebatur, sicut digitus sextus, & monstrum in creatura.

Quintum dub.

Et est etiam manifestum quod, cum posuerimus intellectum materialẽ esse generabilem & corruptibilem, tunc nullam viam inueniemus, secundum quam intellectus agens copuletur cũ intellectu, qui est in habitu copulatione propria, scilicet copulatione

Sextum dub.

B simili continuationi formarum cũ materijs.

Et, cum ista continuatio non fuerit posita, nulla erit diuersitas inter comparare ipsum ad hominem, & ad omnia entia, nisi per diuersitatẽ suæ actionis in eis. Et secundum hunc modum respectus eius ad hominem non erit nisi respectus agentis ad hominem, nõ respectu formę. & contingit quæstio Alfarabij, quã dicit in Nicomachia, Fiducia enim in possibilitate continuationis intellectus nobiscum est in declarando, quòd respectus eius ad hominem

Septimũ dub.

C est respectus formæ & agentis, non respectu agentis tantum. Hoc igitur apparuit nobis in hoc quæsito modo. &, si post apparuerit nobis plus, describemus.

MANTINI TRANSL.

aliarum. quoniam intelligibilia falsa non possunt copulari, seu habere copulationem, quia non sunt quid procedens processu naturali: sed sunt res, quæ nullo proposito reperiuntur, ut est sextus digitus in aliquo natura mutilato & monstro.

Manifestum quoque est quòd, si concedamus intellectum materialẽ esse generabilem & corruptibilem, tunc nullum inueniemus modum, quo intellectus agens copuletur, cũ intellectu adepto vera copulatione, hoc est copulatione, quæ sit similis copulationi formarũ cum ipsis materijs. Et si huiusmodi copulatio non detur, tunc nihil differret, siue referatur ad hominem, siue ad cuncta entia referatur, nisi ratione diuersitatis actionis eius in ipsa. & hoc pacto eius ratio ad hominẽ nõ erit ratio & proportio ipsius formæ, sed ratio ipsius agentis ad ipsum hominem. & sic insurget illud dubiũ Alfarabij positum in Nicomachia. Certificare igitur possibilitatem copulationis ipsius intellectus in nobis consistit in hoc, ut declaretur quod eius ratio & proportio ad hominẽ est ueluti ratio formæ & agentis, nõ veluti ratio agentis tantum. Hoc itaque est id, quod nunc nobis visũ fuit dicere circa hoc quæsitum. & si aliquid aliud, post hoc dicendum nobis videbitur, illud quidem iterum scribemus.

Animam quodammodo esse, omnia, & rerum formas: ipsamque non sine phantasmatibus intelligere. Cap. 5. D

NVnc autem de anima dicta recapitulantes, dicamus iterũ, ꝙ omnia ea quæ sunt quodammodo est anima: aut enim sensibilia, quę sunt, aut intelligibilia. est autem scientia quidem scibilia quodammodo: sensus autem sensibilia.

SOPH. *Nunc quæ de anima dicta sunt in pauca conferamus, rursusque dicamus, animam esse quodammodo omnia ea quæ sunt: Cuncta enim quæ sunt, aut sensibilia sunt aut intelligibilia. ac scientia quidem est quodammodo scibilia: sensus autem sensibilia.*

Congregemus igitur secundum summam, ea quę dicta sunt in anima. Dicamus igitur ꝙ anima est quoquo modo alia entia. Entia enim aut sunt intellecta, aut sensata. Scire vero res intellectas est fm modum sentiendi rem sensatam. E

57 Et, cùm declaratum est quę sunt genera virtutum comprehensiuarum animæ, & ꝙ sunt duo modi, s. sensus, & intellectus, oportet nos modo facere vnam summam de anima, & dicere fm descriptionem ꝙ est quoquo modo omnia entia. Omnia enim entia aut sunt sensibilia, aut intelligibilia. Dispositio autem sensibilium ad sensum est sicut dispositio intelligibilium ad intellectum, & sensus ad sensatum. ergo contingit necessario vt anima sit entia omnia uno modorum, secundum quos possibile est dicere animam esse omnia entia.

Dispõ sensibiliũ ad sensum ẽ sicut dispõ intelligibiliũ ad intellectũ. Idẽ 3. metas t. c. 64.

Qualiter autem hoc, oportet inquirere. Secatur igitur scientia & sensus in res, quæquidem potentia, in ea quæ sunt potentia: quæ vero actu, in ea quæ sunt actu. animæ autem sensitiuum, & quod scire potest, potentia hæc sunt, hoc quidem scibile illud autem sensibile. Necesse autem est ipsa, aut species esse. ipsa quidem igitur non. non enim lapis in anima, sed species. Quare anima sicut manus est: Manus enim est organum organorum: & intellectus species specierum: & sensus species sensibilium. F

SOPH. *Quod quomodo se habeat quærendum est. secatur igitur scientia & sensus in res, quæ potentia est, in ea quæ sunt potentia, quæ actu, in ea quæ sunt actu. sensitiuum autem animæ est scientiale, potentia hæc sunt, alterum scibile, alterum sensibile. Necesse est autem, vel ipsa esse, vel species. at ipsa quidem, nequaquam: non enim lapis in anima est, sed species. itaque anima quasi manus est: nam manus instrumentum est instrumentorum, & intellectus quoque species specierum, & sensus species sensibilium.*

Et

A Et sciendum est quomodo. Dicamus igitur ꝙ scire, & sentire diuiduntur fm diuisionem entium. si igitur fuerint in potentia, erunt potentia: si actu, actu, intellectum, & sensatum. Necesse est enim vt entia sint aut ista, aut formæ. & non sunt istę. lapis enim non existit in anima, sed forma. Et ideo anima est quasi manus. manus enim est instrumentum instrumentis: & intellectus forma formis: & sensus forma sensatis.

38 Cùm declarauit ꝙ anima est quoquo modo omnia entia, incœpit declarare illum modum, & d. Dicamus igitur ꝙ scire, &c. i. ꝙ differentiæ entium, quibus diuiduntur, sunt eædem cum differentijs animę: & sunt potentia & actus. Quemadmodum enim sensus, & intellectus aut sunt potentia aut actu, ita omne sensibile, & intelligibile aut est in potentia: aut in actu. Et cum ita sit, si sentiens fuerit in potẽtia, sensatum erit in potentia: &, si fuerit in actu, sensatũ erit in actu: & similiter est de intellectu cũ intellecto: necesse est vt vere dicatur ꝙ illa pars animæ est illa pars entiũ. Res. n. B quarum differentiæ sunt eædẽ, ipsæ sunt eædem in illo mõ, fm quẽ habẽt easdem differentias. Intellectus igitur est intellectum: & sensus est sensatum. D. d. Necesse est enim, &c. i. quia non sunt nisi duo modi, aut vt intellectus sit intellectum existens extra animam, aut forma eius: & sic sensus cũ sensato: & est impossibile vt ipsum ens sit intellectũ, aut sensatũ. s. per suam formam, & suam materiam, vt Antiqui opinabantur: tunc. n. quando lapidem intelligeret: anima esset lapis, & si lignum, esset lignum: remanet igitur vt illud, quod existit in anima de entibus, sit forma tantum, non materia. Et hoc intendebat, cum d. lapis enim non existit in anima, sed tantum forma eius. Deinde narrauit ꝙ ista est causa, quare anima recipit multas formas diuersas: vt manus, quę est instrumentum recipiens omnia instrumenta, & d. Et ideo anima est quasi manus, &c.

De sensu in potentia & actu vide. 2. de ala. 53. & 55. De intellectu vero vid' hic 16. & 18.

Res quarum differentiæ sunt eædem, ipsæ sunt eædem in illo mõ, fm quẽ habẽt easdẽ differentias.

Vide opinionẽ Antiquo. 1. de Ala. 25 & 27.

Quoniam aũt neq; res nulla est præter magnitudinem sicut vñr sensibilia separata, in speciebus sensibilibus intelligibilia sunt, & C quæ in abstractione dicuntur, & quæcunq; sensibilium habitus & passiones: & ob hoc neq; non sentiens nihil utiq; addiscet, neq; intelliget: & quum speculetur, necesse simul phantasma aliquod speculari. phantasmata autem sicut sensibilia sunt: pręter ꝙ sunt sine materia. Est autem phantasia alterum a dictione & negatione. compositio enim intellectionum est verum aut falsum. primę autem intellectiones quo differẽt ut non phantasmata sint aut neque alia phantasmata, sed non sine phantasmatibus.

IOAN. *Quoniã aũt nulla res, ut uidetur, est præter sensibiles magnitudines, separata, in spẽbus sẽsibilibus intelligibilia sunt, tũ quæ in abstractione uocãtur, tũ quæcũq; sensibiliũ habitus & passiones sũt. quãobrẽ si nõ sẽtiat, nihil discere aut intelligere poterit: & cum speculatur, necesse est*

Sententia verborũ græcorũ ambigua ẽ mag: ex simplicij.

Sentia sic uertendū, est. qm si nulla res ē pter magnitudines separata, eis in simo di videns et sensibilium.

*a.l. an ne hęc quidē.

una cū phātasmate speculetur: phantasmata n. sicut sensibilia sunt: nisi quod sine materia sunt. porrò autem phantasia aliud est à dictione, & negatione: nam uerum uel falsum connexio est mentis conceptuum. at primi conceptus quo different ut non phantasmata sint? an ne rèliqua quidem phantasmata sunt, attamen non sine phantasmatibus. D

Et, quia secundum ꝙ existimatur magnitudo extra sensibilia esse sensibilium, & est species sensibilium singulariter. & intelligibilia sunt, quæ dicuntur modo velocis: res autem existẽtes in sensibilibus sunt sm modum habitus, & passionis. Et ideo qui nihil sentit, nihil addiscit, & nihil intelligit. Si igitur viderit necessario, videt imagines aliquas. imagines enim similes sunt sensibilibus, sed sine materia. Imago enim aliud est ab affirmatione, & negatione. fides enim & non fides inueniuntur per compositionem quarundam creditionum cum quibusdam. Primæ autem creditiones per quid distinguuntur, ita ꝙ non sunt imagines? Istæ enim & si non sint imagines, tamen non fiunt sine imaginibus. E

39 Corp⁹ qđ ē vlīus genus rerū sensibiliū existit in sensibilibus. *a.l. sensibilium.

39 Et quia secundum quòd existimatur quòd corpus, quod est uniuersalius genus rerum sensibilium, existit in ipsis sensibilibus, & est vniuersalis forma sensibilibus: secundum quòd intellectus distinguit, & abstrahit eam à sensibilibus. Deinde dicit, & intelligibilia sunt, &c. i. &, cùm corpus, quod est vniuersalius* intelligibilium, abstrahitur ab intellectu, sed est existens in rebus sensibilibus, necesse est vt formæ sint existentes in intellectu secundum velocitatem, & rem velocis transmutationis non fixā, & quòd illæ eædem formæ sint existentes extra animam in rebus sensibilibus, secundum quòd habitus existit in habente habitum, & res fixa in re patiente. Deinde dicit. <u>Et ideo qui nihil sentit, nihil addiscit</u>. i. &, quia intentio intellecta eadem est cum re, quam sensus comprehendit in sensato, necesse est vt qui nihil sentit, nihil addiscat secundum cognitionem, & distinctionem per intellectum, Deinde dicit. Si igitur viderit, &c. F idest & ista eadem est causa, quare intellectus, qui est in nobis, cùm viderit aliquid, aut viderit aliqua, & intellexerit, ipse non intelliget ipsum nisi coniunctum cum sua imagine. † imagines enim sunt aliqua sensibilia intellectui, & sunt ei loco sensibilium apud absentiam sensibilium: sed sunt sensibilia non materialia. Deinde dicit. Imago enim aliud est, &c. idest & diximus quòd imagines sunt de genere rerum sensibiliū, & non sunt intellectus, quia intellectus habet propriam affirmationem & negationem. affirmatio autem & negatio est aliud ab imaginatione: fides autem, & incredulitas existentes in intellectu non à sensu, sed à ratione fiunt secundum compositionem creditionum, habitarum à sensu adinuicem. Et d. hoc, quia est dubium de propositionibus naturalibus, quas nescimus vnde veniant, aut quando, vtrum sint prouenientes à sensu,

† Imagines sūt aliqua sensibilia intellectui, & sūt ei loco sensibiliū apud absentiā sensibiliū. Idē supra. co. 33. Verū primę propōnes sunt a sensu.

A fu, aut non. & dicit forte non proueniunt à sensu, sicut multæ conclusiones. D.d. Primæ autem creditiones per quid distinguuntur? i. vt mihi videtur, per quid potest aliquis dicere quod primæ propositiones distinguuntur à sensibilibus, & non indiget eis omnino. & ideo sunt aliæ ab imaginatione. primæ enim propositiones, & si concesserimus quod non sunt imaginatio, tamen videntur esse cum imaginatione, & hoc ostendit eas indigere sensu. Et hic est completus sermo de rationali.

SVMMA SECVNDA.

De potentia Animæ motiua.

Redarguitur quædam animæ diuisio, ac dubitatur quid id esse possit, quod motu locali animal mouet. Cap. 1.

Voniam autem anima secundum duas diffinita est potentias, quæ animalium est: & discretiuo, quod intellectiuæ opus est, & sensus: & adhuc in mouendo secundum
B locum motu, de sensu quidem & intellectu determinata sint tanta. De mouente autem quid forte sit animæ speculandum est. vtrum vna quædam pars ipsius sit separabilis, aut magnitudine, aut ratione, aut omnis anima. & si pars aliqua, vtrũ propria sit præter consuetas dici, & dictas: aut harum vna aliqua sit.

IOAN. *Quoniam autem animalium anima duabus definita est potentiis, tum ea qua iudicat, (quod dianœa & sensus officium est) tum ea quæ mouet motu loci: de sensu quidem & intellectu tot exposita sint. De eo autem quod mouet, quid tandem sit anima, considerandum est: vtrum vna quædam sit eius pars, aut magnitudine aut ratione separabilis, an tota anima: & si pars aliqua, vtrum peculiaris quædam, præter eas*
C *quæ dici solent, & quæ dictæ sunt: an earum vna quædam.*

Et quia animæ animalium definiuntur per duas virtutes: quarum vna est distinguens, quod est ad actionem sensus & intellectus, & alia ad motum localem: et iam distinximus sermonem de sensu, & intellectu: & modo oportet loqui in motore, quid sit de anima: & vtrum sit pars vna eius distincta per magnitudinẽ, aut per definitionem, aut est tota aĩa. & si est pars eius, vtrum est aliquod proprium aliud à rebus assuetis dici, aut ista dicta non sunt aliquid istorum.

40 Cùm compleuit sermonem de virtutibus distinguentibus, reuersus est ad sermonem de virtute motiua in loco, & incœpit dare causam, quare incœpit loqui de hac virtute, & d. Et quia animæ animaliũ, &c. i. & quia Vide. 1. de Ala. 19.

Anti-

Antiqui assueti sunt definire animam animalium duabus virtutibus: quarum vna est comprehensiua distinctiua, alia autẽ motiua in loco: & iam determinauimus sermonẽ de virtute distinctiua per hoc, quod diximus de virtute sensus & intellectus: oportet nos modo dicere de motore in loco quid sit de anima. D.d. & vtrum est pars, &c. i. & quaerendum est etiã de hac virtute, vtrum sit pars animae, aut tota anima. &, si est pars animae, vtrum est separata ab aliis in quiditate & loco, vt multi Antiqui opinabãtur: aut tantum differt in quiditate, & diffinitione. Deinde d. & si est pars eius, &c. i. & si ista virtus est pars animae, vtrum est pars earum partium, quae dictae sunt ab Antiquis: aut non est aliqua illarum, sed alia. D

Quò ista enĩ mota fuit. i. de Aia. 90. & in hoc. 3. t. cõ. 1.

Habet autem dubitationem mox, quomodo oportet partes animae dicere, & quot. modo enim quodam infinitę videntur: & non solum quas quidam dicunt determinantes, rationatiuam, irascibilem, & appetitiuam. hi autem rationem habentem, & irrationabilem. Secundum enim differentias per quas separant has: & aliae videntur partes maiorem differentiam his habentes, de quibus & nunc dictum est: vegetatiua autem, quae & plantis inest & omnibus animalibus: & sensitiua, quam neq; sicut irrationabilem, neque sicut rationem habentem ponet quis vtiq; facile. adhuc autẽ & phantastica, quae per esse quidem ab omnibus altera est. E

10 7 H.

Sed oritur statim quaestio, quomodo partes animae, quót q; dicendae sint: modo enim quodam infinitae uidẽtur esse, nec eae solum quas nonnulli inquiunt distinguentes, ratiocinatiuam, & irascitiuam: alii autem ratione praeditam & rationis expertem. nam pro differentiis, propter quas eas distinguunt, etiam aliae uidentur esse partes, his magis distantes, de quibus nunc quoq; diximus: nutritiua scilicet, quae & plantis, & cunctis inest animalibus: & sensitiua, quam neq; ut rationis expertem, neq; ut rationem habentem quispiam facile statuat. phãtasticaq; item, quae ipso quidem esse ab omnibus diuersa est, F

Et cum hoc sermone etiã oritur quaestio, & est quomodo sunt partes animae, & quot sunt. Videntur enim quoquo modo esse infinitę, & quod non sunt illae partes, quas homines numerant apud definitionem. s. rationabilis, & irascibilis, & desyderabilis: & quidã diuidunt eas in rationabilem, & non rationabilem. Diuiduntur enim secundum differentias diuidẽtes eam etiam in partes diuersas: inter quas existit diuersitas maior quàm inter istas, de quibus loquimur. s. uirtutem Nutritiuam existentem in vegetabilibus, & virtutem Sensibilem, quã nullus vult numerare. non est enim irrationabilis, neq; etiam rationabilis. Et virtus etiam, per quam fit imaginatio, differt per se ab aliis.

In

46 In hac perscrutatione oritur quæstio communis omnibus virtutibus
A animæ: & est quomodo partes animæ sunt plures, & vnde, & quot sunt. D.d. modum ex quo difficile cognoscitur quot sunt partes eius, & d. Videtur enim, &c. i. videntur enim, quando aliquis voluerit numerare eas, quod magis sunt infinitæ quàm finitæ, partes enim eius non sunt partes illæ, quas homines assueti sunt numerare, quando definiunt animam. Et d. quoquo modo quia, si aliquis voluerit numerare animam concupiscibilem secundum numerum rerum, quas concupiscit, tunc videtur esse illã infinitam. & innuit Platonem dicentem partes esse tres, rationabilem, & irascibilem, & desyderatiuam. & posuit irascibilem & desyderatiuã duas: & sunt vnius virtutis, s. animæ concupiscibilis. Deinde d. & quidam diuidunt, &c. i. & faciunt in hoc errorem, & peccatum. videtur enim quod anima diuiditur secundum differentias habendas in partes, inter quas est maior diuersitas, quã inter istas partes, in quas diuidunt animam. Deinde nu- Si quis numeraret animã concupiscibilem secundum numerũ rerum quas concupiscit, inueniret eã infinitã esse
B merauit illas partes, & dixit. s. virtutem nutritiuam, &c. i. ver. g. hoc, quod anima diuiditur in virtutem nutritiuam & sensibilem. Nullus enim potest ponere animam sensibilem in virtutem rationabilem, neq; in virtutem irrationabilem, cùm non sit de eis, quæ carent ratione, quia est aliquid cõprehendens: neq; de habentibus rationem, ratio enim non existit in omnibus animalibus. Et intendebat per hoc notificare errorem duorum diuidentium. s. diuidentis eam in rationabilem, & irascibilem, & desyderatiuam: & diuidentium. s. diuidentis eam in irrationabilem, & rationabilem. Qui enim diuidit eam in hæc duo, difficile potest ponere in vtraque illarum virtutes multas, v.g. sensum, & imaginationem. Qui autem diuidit eam in illas tres, peccauit duobus modis. dimisit enim multas differentias, v.g. nutriri, & imaginari. & etiam diuisit eandem virtutem. s. cõcupiscibilem in plures vna. & cùm anima fuerit diuisa tali diuisione, tũc partes animæ erunt infinitæ, sicut innuit primo.

C Cui autem harum eadem vel altera sit habet multam dubitationem, si aliquis ponat separatas partes animæ. Adhuc autem appetitiua, & quæ rõne & potentia altera videtur vtiq; esse ab omnibus, & inconueniens vtiq; hanc sequestrare. in rationatiua enim voluntas fit, & in irrationabili concupiscẽtia & ira. Si autem tria in anima, in vno quoq; erit appetitus.

10 PH. *à quanam autem harum diuersa aut eadem sit, magna quæstio est, si quis separatas partes animæ statuet. Appetitiuaq; item, quæ & ratione & potentia diuersa ab omnibus esse uideatur, & certe absurdum est eam diuellere. nã & in ratione prædito uoluntas fit, & in rõne carẽte cupiditas & ira. Quòd si aĩa tria est, in uno quoq; erit appetitus.*

Et contingit magna quæstio in quacũq; istarum fuerit accepta & vtrum est eadem, aut diuersa: & maxime, si aliquis posuerit quod

tres

tres partes animæ sunt diversę. Et inopinabile est etiam cum hoc, quod diximus, distinguere hoc, quod existimatur esse diversum ab omnibus in definitione, & actione. principale enim existit in parte cogitativa. desyderium autem, & ira inveniuntur in non rationabili. Si igitur anima habet tres partes, tunc desyderiũ invenitur in unaquaq; illarum. D

42 Et contingit nobis questio in quacunq; istarum trium virtutum, aut duarum numeraverimus virtutem imaginationis, s. utrum ista virtus sit una illarum virtutum, in quas divisimus partes animæ, aut est diversa ab eis. & maxime, si aliquis posuerit quod partes animæ sunt diversæ in definitione, & loco. D.d. Et inopinabile est, &c. i. & inopinabile est dividere hanc virtutem, quæ existimatur esse diversa ab omnibus in actione, & definitione: & intendit virtutem desyderativam: & ponere eam in habente rationem, & in carente ratione, & non ponere eam propriam alteri duorum modorum, sicut est dispositio de aliis virtutibus animæ, sed in utroque. Virtus enim principalis non existit nisi in * anima rationali. & hoc intendebat, cùm dixit, in parte cogitativa: & non principalis sicut desyderium, & ira existit in non rationabili. Sed nos videmus istam virtutem numerari secundum numerum virtutum ita quòd, si partes animæ fuerint tres, tunc desyderium invenietur in omnibus earum. Et hoc intendebat, cùm d. Si igitur anima, &c. E

*a. l. ab alij.

Et etiam de quo nunc sermo instat quid forte movens secundũ locum animal est? secundum quidem enim augumentum & decrementũ motu, quod omnibus inest videbitur utiq; movere, generativum & vegetativum. De respiratione autem & expiratione, & somno & vigilia posterius perspiciendum: habent enim & hæc dubitationem multam.

TEXT. R. *Iam vero de quo nunc instituta est disputatio, quid est quod loco movet animal? motu enim auctionis et diminutionis, qui omnibus insunt, id quod omnibus inest, nempe generativum & nutritivum, movere videatur. De respiratione autem & expiratione post considerandum est: nam de his quoq; non levis est questio.* F

Illud autem, ad quod pervenimus in sermone, est quid est illud quod movet animalia de loco in locum. Et existimatur quod motus, qui est secundum augmentum & diminutionem existit in omnibus. & illud, quod existit in omnibus est illud, quod existimatur movere generativũ & nutritivũ. Et post considerabimus de anhelitu, & somno & vigilia. in istis enim sunt multæ q̃ones.

43 Idest, sed nos non intendebamus istas quæstiones in hoc loco. intentio enim nostra est perscrutari illud, quod movet animal in loco, quid sit.

D.d.

A D.d. Et existimatur q motus, &c. i. & existimatur q motus animalis secundum augmentum, & diminutionem existit in omnibus animalibus: & quod est tale, attribuitur virtuti, quę mouet ad generandum, & ad nutriendum. Et intendebat per hoc notificare q iste motus est alius à motu locali existenti à motu locali: licet vterq; sit in loco: &, q motor in eis é diuersus. D.d. Et post cōsyderabimus, i. & postquā locuti fuerimus de hac virtute, consyderabimus de anhelitu, & somno & vigilia: cùm vtrunq; sit ab anima motus, & habeat multas quæstiones. Id. l. 1. de aia. 4. 2. & 1. de ca. 19 & 41.

Sed de motu secundum locum quid mouens animal secundum processiuum motum, considerandum. q̄d quidem igitur non vegetatiua potentia manifestum. semper enim propter aliquid motus hic: & aut cum phantasia, aut cum appetitu est. nihil enim nō appetens, aut fugiens, mouetur, sed aut violentia. Amplius & plantæ vtiq; essent motiuæ: & vtiq; haberent aliquam partem organi

B cam ad motum hunc.

30 PH. *Verum de motu loci quid sit quod moueat animal motu incessus, cōsiderandum est. Constat igitur non esse nutritiuam potentiam: semper enim alicuius gratia motus hic est: atq; uel cum phantasia, uel cum appetitu: nihil enim nisi appetat uel fugiat, mouetur, nisi ui. Praeterea ēt plantis hic inesset motus, ac partem aliquam organicam ad hunc motum haberent.*

Cōsyderemus igitur de motu locali, & quid est illud, quod mouet animal motu locali. Et manifestum est q hoc non est à virtute nutritiua. Ista enim virtus semper attribuitur illi: ista autem aut est cum imaginatione, aut cum desyderio. nihil enim mouetur nisi aut per desyderium ad aliquid, aut per fugam ab ipso: nisi mot⁹

C eius sit violentus. Et, si ista esset etiam dispō plantarum, essent motæ, & haberent membrum organicum iuuans hunc motum.

44 Idest, & quia actio virtutis nutritiuæ est semper, & attribuitur vegetabilibus: actio autem istius virtutis non est semper neq; est in vegetabilibus: & ille motus, qui est in loco, semper est cum imaginatione, & desyderio ad aliquid. nihil enim mouetur voluntariè, nisi aut desyderando aliquid, aut fugiendo ipsum. Si igitur iste motus esset ab anima nutritiua, cōtingeret vt ista anima esset desyderans, & imaginans. Et, si virtus nutritiua esset mouens in loco, contingeret vt plantæ mouerentur in loco. & si plantæ mouerentur in loco, tunc haberent hāc dispositionem, scilicet imaginationem, & desyderium, & haberent etiam membrum organicum, per quod fit motus. Vide 1. lib. cō. 5. & 50. Nihil mouet voluntarie, nisi aut desiderādo aliquid, aut fugiēdo ipsum.

Similiter autem neq; sensitiuum. multa enim animalium sunt quæ sensum quidem habent, manentia autem & immobilia sunt

per

per finem. Si igitur natura nihil facit frustra: neq; deficit in necessariis, nisi in orbatis & in imperfectis: huiusmodi autem animaliũ perfecta & non orbata, signum autem est quia generatiua sunt & augmentum habent & decrementum: quare & haberent vtique partes organicas processionis. D

10 P n. *Pari quoq; modo nec sensitiuum: extant enim plæraq; animalia, quæ sensum quidem habent, attamen stabilia ac immobilia perpetuo sunt: Quòd si natura neq; facit frustra quidquam, nec aliquid necessariorum prætermittit, nisi in mutilis & imperfectis: ac eiusmodi animalia perfecta & non mutila sunt, argumento quòd generandi uim habeant & statum & diminutionem, sanè & organicas incessus partes haberent.*

Et etiam secundum hunc modum est aliud à sensu. multa animalia enim habẽt sensum, & sunt quiescentia in eodẽ loco, & non mouentur omnino. Si igitur natura nihil facit ociose, & perfecte operatur in rebus necessariis, nisi sit in rebus monstruosis, quę nõ sunt perefectæ, talia. n. animalia sunt perfecta, non monstruosa: & signũ eius est, ꝙ generant, & habent ascensum & descensum: & iõ non habent membra organica, per quæ fit motus localis. E

41 D. Et oportet etiam sm hunc modum vt ista virtus mouens in loco sit alia à sensu. multa enim animalia sentiunt, sed non mouentur omnino. Et necesse est vt ista animalia non moueantur omnino. quoniam, cũ natura nihil facit ociose, i. nullum membrum facit sine iuuamento, neq; diminouit in rebus necessariis, i. neq; abstulit animali membrum, in quo habet iuuamentum necessarium, nisi hoc sit propter occasiones contingentes in minori parte, vt digitus sextus. Et ista animalia non mota non habent instrumentum ambulandi, & sunt cum hoc perfecta non monstruosa. & signum eius est, ꝙ generant sibi similia, & habent in sua vita ascensum & descensum, sicut alia entia naturalia, quorum esse est naturale. ergo necesse est vt sint animalia non mota: & ideo non habẽt membra motus. Et debes scire ꝙ non vtitur in loco communicantiæ in destruendo has virtutes esse motiuas, nisi ita, quia suum quæsitũ est causa propinqua motus. &, si non, tunc sensus est vna causarum istius motus, sed est remota. F

Oĩa entia nãlia, quorũ eẽẽ nãle, habent ascensum & descensum. Vide ꝑ hoc 2. de Ge. & cor. te. c. 57. & I. 2. Meteor. ca. 1. Auer.

At vero neq; rationatiua & vocatus Intellectus est mouens. speculatiuus quidem enim nihil speculatur actuale: neq; dicit de fugibili & prosequibili. semper autem motus aut fugientis, aut prosequentis aliquid est. sed neq; quum speculatus fuerit aliquid huiusmodi, iam præcipit aut prosequi, aut fugere: puta multotiens intelligit terribile aliquid aut delectabile, non iubet autem timere: sed cor mouetur. si autem delectabile, altera aliqua pars.

Quia

A *Quin ne intellectiuum quidem & quod uocatur intellectus est id qui mouet. Contemplatiuus enim nihil agendum contemplatur, neq; de fugiendo & persequendo quicquā dicit: at motus semper aut fugientis aliquid, aut persequentis est. Neq; uero cum aliquid eiusmodi considerat, iā iubet uel persequi uel fugere: uerbi causa saepe intelligit aliquid formidolosum aut iucundum, nec iubet timere, cor autem mouetur: si iucundum, pars aliqua alia.*

Sed illud, quod mouet, non est pars cogitatiua, neq; illa, quae dicitur intellectus. Pars enim cogitatiua non videt illud, quod facit, neq; dicit aliquid in fugito, neq; in quaesito. motus.n. semper inuenitur aut in fugiente, aut in quaerente. Neq; est etiam ex eis, quę quando viderint rem talem, mittent ad quaerendum, aut fugien-
B dum. vt multotiens opinamur aliquid esse delectabile, aut timorosum, & non mittimus ad timorem. cor autem mouetur, quando aliud membrum delectatur.

46 Potest intelligi per partem cogitatiuam, intellectus speculatiuus: & p partem, quę dicitur intellectus, intellectus operatiu⁹. Et ideo d. Pars enim cogitatiua non videt, &c. i. pars speculatiua non considerat de rebus operatiuis, neq; de aliqua re vtili quaesita, neq; de aliqua re nocēte fugita: motus autem in loco non inuenitur nisi aut in quaerente, aut in fugiente. (Idē. 1. Me. t.c. 3.) D. d. Neq; est etiam ex eis, &c. i. neq; est etiam pars intellectus, qui innatus est considerare in quaesito, & fugito: & excitat membrum mobile ad motum ad rem delectabilem, aut membrum mobile in timore ad motū vt accidit nobis, qñ imaginamur aliquod delectabile aut timorosum, φ membrum proprium illi delectabili mouetur in nobis, & cor constringitur tunc ex illo timoroso: & intellectus nihil videt ex hoc: sed videmus ip-
C sum moueri ex illo timoroso, aut ad aliud delectabile. Et hoc intendebat cùm d. cor autem, &c. ita cecidit in scriptura. Et forte diminuitur ex ea tantum, φ intentio esset ista, scilicet cor autem mouetur ex timore, aut ex delectatione, quando aliud membrum delectatur. & demonstrat hoc, φ inuenimus in alia translatione. scilicet multotiens cogitat intellectus in aliquo timoroso, aut in aliquo delectabili, sed nō propter hoc erit timor, aut delectatio, cor autem mouetur motu timoris, sed non ex intellectu, & cùm cogitauerit in aliquo delectabili, tunc membrum aliud à corde mouetur motu delectationis.

Amplius & praecipiente intellectu, & dicente intelligentia fugere aliquid, aut prosequi: non mouetur, sed secundum concupiscentiam agit, vt incontinens. Et totaliter autem videmus quoniam habens medicatiuam non sanatur: tanquam alterius quidem sit proprium agere secundum scientiam, sed non scientiae.

Praeterea

107 M. *Praeterea quamuis intellectus iubeat moneatq; dicatue fugere aliquid aut persequi, non mouetur: sed ex cupiditate agit, quemadmodum incontinentes. deniq; uidemus eum qui medendi scientiam teneat, non mederi, utpote cum aliud quidpiam sit quod habeat potestatem agendi ex scientia, & non scientia. Neq; uero penes appetitum est huius motus potestas: nam continentes quamuis appetant & cupiant, non tamen ea agunt quae appetunt, sed parent intellectui.* D

Et, cùm intellectus miserit, & cognitio affirmauerit fugere aliquid, aut quęrere aliquid, non mouebitur, sed facit illud, quod cõuenit delectationi, s. ꝙ non potest se retinere. Et vniuersaliter videmus habentẽ artem Medicinæ non sanare: quia aliud est principale actionum, quæ fiunt per cognitionem.

47 Et videmus etiam ꝙ intellectus multotiens mittit ad quaerendum aliquid aut fugiendum, sed tamen homo nõ mouetur ab eo, quod affirmat intellectus, sed ex eo, quando conuenit delectationi: vt accidit viro voluptuoso, qui non refrenat se vt deberet. D.d. Et vniuersaliter, &c. i. & vniuersaliter videmus multotiens ꝙ multi scientes aliquam artem, non agũt per illam artem, sicut videmus multos Medicos, qui non curant se, cùm infirmantur. & hoc non est, nisi quia alius motor est principalis actionis illarum actionum, quæ aguntur per cognitionem, & artem. &, si non, contingeret vt omne habens cognitionem alicuius operationis, non ageret nisi illam rem, quam scit. E

At vero neq; appetitus huiusmodi motus dominus est. abstinẽtes enim, appetentes & concupiscentes non operantur, quorum habent appetitum: sed sequuntur intellectum.

Quòd intellectus, ac uoluntas causa sint localis motus in animalibus. Item quo pacto fiat iste motus. Cap. 2. F

VIdentur autem duo hæc mouentia, aut appetitus, aut intellectus: si quis phantasiam posuerit sicut intelligentiam quãdam. multa enim præter scientiam sequuntur phantasias: & in aliis animalibus non intelligentia, neq; ratio est, sed phantasia. vtraq; ergo motiua secundum locum, intelĺs & appetitus.

107 H. *Videtur igitur duo haec mouere, aut appetitus aut intellectus: si quis phantasiam statuat uelut intellectionem quãdam. in multis enim posthabita scientia sequimur phantasias: & quidem in caeteris animalibus, nec intellectio inest, neq; ratio, sed phantasia. Ambo igitur haec motiua sunt motu loci, intellectus & appetitus.*

Principalitas

A Principalitas igitur in hoc motu non est cognitionis, neque etiam desyderii. eremitæ enim desyderant, & concupiscunt, sed non agunt ea, ad quæ mouentur per desyderium, quia consequuntur intellectum. Apparet igitur quod illud, quod facit motum, est hæc duo, desyderium s. & intellectus, & si aliquis posuerit quod imaginatio est similis desyderio. in pluribus enim rebus consequimur imaginationem sine cognitione. alia enim animalia nõ habent existimationem, neque cognitionem, sed imaginationem. Hæc igitur duo, s. desyderium, & intellectus, sunt mouentia de loco in locum.

48 Quid igitur dominatur in isto motu, & appropriatur ei non est cognitio, cũ multotiens moueamur à desyderio, licet intellectus videat nos non debere moueri. Neque etiam quod dñatur in isto motu est desyderium: quia multi hoĩes desyderant, sed non prosequuntur desyderiũ, sed intellectũ. Et, cùm declarauit quod motus localis, impossibile est attribui alteri istarum virtutũ B singulariter, & apparet etiam quod vtraque illarum habet introitũ in mouendo: motus. n. non fit sine desyderio, neque sine intellectu, aut imaginatione d. d. Apparet, &c. i. apparet igitur ex hoc, quod diximus, quod agens motum est duo, intellectus, scilicet & desyderium, aut imaginatio, quæ est similis desyderio. In pluribus enim rebus mouemur ab imaginatiõe sine aliqua cogitatione, sicut animalia mouentur. alia enim animalia non habẽt cogitationem, sed in loco cogitationis habent imaginationem. Istæ igitur duæ virtutes sunt mouentes de loco in locum, scilicet desyderium, aut intellectus, aut imaginatio.

Intellectus autem qui propter aliquid ratiocinatur, & qui practicus est: differt aũt à speculatiuo, fine. & appetit* pp aliquid oĩs est. cuius. n. appetitus, hoc principium practici intellect*. vltimũ autem principium actionis est. quare rationabiliter hæc duo vĩr C mouentia, appetitus & intelligẽtia practica. Appetibile enim mouet & propter hoc intelligentia mouet: quia principium huiusmodi quod appetibile.

60 PH. *Intellectus (inquam) qui alicuius gratia ratiocinatur, et actiuus: differt autem à contemplatiuo fine. Appetitus etiam omnis, alicuius est gratia: cuius enim est appetitus, id principium est actiui intellectus: at quod ultimum est, principium est actionis. Quamobrem meritò hæc duo uidentur esse ea quæ moueant, appetitus & dianœa actiua. nam appetibile mouet, & propterea dianœa mouet: quia principium eius est appetibile.*

Et intellectus operatiuus, & est cogitans in re, differt à speculatiuo in perfectione, Et omne desyderiũ est desyderiũ ad aliquid. desyderiũ. n. non est principiũ intellectus speculatiui, sed ille alius *a. I. appetituum.

est principium intellectus. Et ideo necessario apparet q; haec duo sunt mouentia. s. desyderiū, & cogitatio apud actionē. desyderatū enim mouet: & ideo cogitatio mouet, quia est desyderatiua. D

49 D. & intellectus, per quem agitur, & est cogitatiuus, operatiuus, differt à speculatiuo in perfectione, & fine. finis enim speculatiui est scire tantū: operatiui autem operari. D. d. Et omne desyderiū, &c. i. &, quia omne desyderium est desyderium ad aliquid, ideo desyderium non est principiū mouens intellectum operatiuum: sed illud desyderatum mouet intellectum, & tunc desyderabit intellectus: &, cū desyderauerit, tunc mouebit homo. s. à virtute desyderatiua, quae est intellectus, aut imaginatio. D. d. Et ideo necessario, &c. i. & quia principiū motus est ex desyderato, apparet q; haec duo mouent hominem. s. desyderium, & consensus, qui sunt erga operationē secundum hunc modum. s. q; faciens desyderare, & mouere, quod est intellectus, idem sunt: sed est mouens, quia facit desyderare rem. Et hoc intendebat, cùm d. desyderatum enim, &c. i. *desyderatum enim, quia ipsum est quod mouetur ad rem, quam comprehendit, & est intellectus operans aut imaginatio, & intellectus, qn̄ comprehēdit aliquid desyderabit per scientiam & mouebit per desyderiū: necesse est vt ipse intellectus sit mouens, secundum q; est desyderans, non secundum q; est cōprehēdens, neq; secundum q; desyderium est alia virtus ab intellectu: quae est etiā mouēs, secundum q; ipse declarabit post. Et hoc, quod ipse d. de intellectu operatiuo, intelligendum est de imaginatione. animalia. n. vlt mouentur ab imaginatione. si igitur forma fuerit imaginata ex cogitatione, tunc motus attribuetur intellectui operatiuo. &, si nō fuerit ex cogitatione, tunc attribuetur ipsi virtuti imaginatiuae. E

Finis intellectus speculatiui est scire tm: practici vero operari. Vide. 2. Met. t. cō. 3. & hic l. 1. cō. 34.

*a. l. desyderium.

Intellectus est mouens secundum q; est desyderans, nō secundum q; est comprehēdens. Idē 3. ... cō. 23.

Et phantasia quum moueat, non mouet sine appetitu. vnū igitur mouens quod appetibile. si. n. duo intellectus & appetitus mouebant, secundum cōem vtiq; aliquā speciē mouebant. nunc aūt intellectus non videtur mouens sine appetitu. voluntas. n. appetitus est. quū aūt secundum rationem mouetur, & secundum voluntatem mouetur. appetitus autem mouet praeter rationem. concupiscentia quidem enim appetitus quidam est. F

IO P H. *Quinetiam cum phantasia mouet, non sine appetitu mouet. unum igitur quidpiam est quod mouet primò, uidelicet appetitiuum: nam si duo, intellectus nimirum & appetitus mouerent, communi aliqua specie mouerent: nunc autem intellectus non uidetur sine appetitu mouere: nam uoluntas appetitus est. cum autem ratione mouetur, uoluntate etiam mouetur: appetitus autem sine ratione mouet: cupiditas enim appetitus est quidam.*

Et principiū huius erit in tpe, in quo mouetur imaginatio. nullus igitur motus erit extra desyderiū. Motor igitur est vnus. s. desyderans

A syderans, mouens. n. si esset duo, s. intellectus & desyderiū, tūc mouerent modo cōi. modo aūt intellectus non videtur mouere post desyderium. voluntas. n. & desyderiū, quando mouetur in cogitatione, tunc voluntas mouet. & desyderiū mouet motu, qui non intrat cogitationem. & desyderium est aliquis appetitus.

Idest. Et principium huius motus, qui est ex re desyderata, erit in tempore, in quo imaginatio mouetur à re desyderata sine appetitu. Imaginatio. n. primo cōprehendit desyderatū, s. patitur ab eo sm cōprehēsionē: &, cū cōprehēderit ipsum, forte desyderabit: & cū desyderauerit, & nō erat illic aliqd desyderiū cōtrariū, neq; alia virtus aīæ cōtraria, tūc mouebit aīal in loco ad illud desyderatum. D. d. Motor igitur est vnus. i. motor igitur, q est desyderatū, quia est vnus, continget vt illud, quod mouet ab ea, quod est mouens aīal, s. virtus desyderatiua, sit vna etiam: & hoc est aut intellectus, aut imaginatio, sm q vtrunq; est desyderans. &, si mouens animal esset duo, s. intellectus per se, & virtus desyderatiua per se, sm q sunt diuersa, B tunc motus aīalis non proueniret ab eis nisi accidentaliter, s. per naturam communem istis duabus virtutibus, quæ esset alia ab vtraq; illarum. D. d. modo aūt intellectus. i. &, si ita esset, cōtingeret vt intellectus per se moueret animal, & etiam desyderium per se & nō est ita. intellectus. n. non videtur mouere nisi voluntarie: sicut imaginatio non videtur mouere sine desyderio. Et differentia inter voluntatem & desyderium est, quia, quando voluntas, & desyderium mouent, tunc voluntas mouet sm cogitationem, desyderium autē mouet non sm cogitationem. D. d. & desyderium est aliquis appetitus. ita accidit in scriptura, & est falsum, & debet legi, & appetitus est aliquod desyderium. i. q pars animæ desyderans est mouens vniuersaliter. Si igitur desyderauerit per cogitationem, dicetur voluntas &, si fuerit sine cogitatione, dicetur appetitus. & demonstrat hunc errorē alia translatio, in qua dicitur, appetitus autē mouet sine cogitatione, quia appetitus est modus desyderij.

Dfia inter voluntatē & appetitum.

C Intellectus quidē igitur oīs rectus est, appetitus aūt & phantasia, recta, & non recta. vnde semp quidē mouet appetibile, sed hoc est bonū, aut apparens bonū. non aūt oē, sed actuale bonū. actuale autem est contingens & aliter se habere.

PH. *Ac intellectus quidem omnis rectus est: appetitus autem & phantasia, & recta & non recta. itaq; fit ut semper quidem appetibile moueat, id uero est uel bonum, uel apparens bonum, non omne tamen, sed agendum bonum: agendum autem bonum est, quod potest etiam aliter se habere.*

Oīs igit intells est rectus: appetit⁹ aūt & imaginatio qńq sunt recti, & qńq nō. Et iō pars appetitiua mouet semp. sed hoc aut ē bonū, aut existimabit esse bonū, sed nō in oībus. illud. n. actuale ē laudabile, & actuale est illud, quod posse est vt hēat rē alio modo.

51 D. & omnis actio ex intellectu est recta: actiones aūt quæ fiunt ex appetitu & imaginatione quandoq; sunt rectæ, quandoq; non. Et ideo pars appetitiua mouet semper, quia mouet ad rectum, & nō rectum. intellectus autem non mouet nisi ad rectum tantum: & ideo non mouet semper. D. d. sed hoc, aut ē bonū, &c. sed hoc, erga qđ mouet virtus appetitiua, aut est bonū, aut existimat esse bonū, sed non est. Et hoc bonū, ad qđ mouet ista virtus, nō est bonū cōe omnibus. illud enim bonū, qđ est in actu semper, est laudabile simpliciter. Et hoc intēdebat, cū d. sed nō in omnibus, illud enim actuale est laudabile. i. & illud bonum existēs in oībus. illud. n. bonum, quod semper est actuale, est laudabile. D. d. & actuale est illud, quod posse est, &c. i. & bonum, qđ est pura actio, est bonū, quod mouet alio modo à modo, fm quem mouent ista bona, quæ qñq; sunt potentia, qñq; actu. Et potest intelligi per hoc, quod d. sed non in oībus. i. & bonū, ad quod mouet ista virtus, nō est bonū fm totū. i. semp & simplr. illud. n. bonum, qđ ē actu, ponitur esse laudabile. Vel aliter, sed non in oībus. i. sed bonū, quod cōprehendit ista virtus, nō est bonū existens laudabile ab oībus. sed bonū intellectui operatiuo est laudabile apud illam virtutem: & bonum, qđ potest inueniri alio modo ab eo, fm quem est bonum. bonū autem cōe omnibus est bonum purum. Et intentio in istis est propinqua & quasi ista postrema videtur conuenientior.

Bonū, qđ sp ē actuale est laudabile oppositū. 5. Eth. c. 16. Vide com. 2um.

Quodquidem igitur huiusmodi potentia animæ mouet, quæ vocatur appetitus, manifestum est. Diuidentibus autem animæ partes, si secundum potentias diuidant & separent, valde multæ fiunt. vegetabile, sensibile, intellectiuum, consiliatiuum, adhuc appetitiuum. hæc enim plus differunt ab inuicem, quàm concupiscibile & irascibile.

60 PH. *Eiusmodi igitur animæ potentiam, quæ uocatur appetitus, mouere palàm est. ex eorum autem sententia qui partes animæ diuidunt, si eas per potentias diuidant ac separent, permulta euadunt: nutritiua, sensitiua, intellectiua, deliberatiua, atq; etiam appetitiua. hæc enim plus inter se differunt, quā concupiscitiua & irascitiua.*

Iam igitur apparuit q̄ talis virtus animæ mouet, & est, quæ dr̄ appetitiua. Et diuidentes animam, si diuidunt eam fm virtutes, tunc inueniūt multas partes valde, s. nutritiuam, & sensibilem, & intelligentē, & cogitatiuā, & desyderatiuā. istæ. n. distinctæ sunt abinuicem, & magis desyderatiua. & similiter irascibilis.

52 Idest, iam apparuit ex hoc sermone q̄ talis virtus virtutū alæ, quę comprehendit rē, & desyderat ipsam, est virtus mouens alal, & est quæ dicitur appetitiua. Et illi, qui solent diuidere alam in tres, aut in duas partes, oportebat eos, si intendebant diuidere illam fm virtutes habendas, diuidere eas

in

A In plures partes: cùm plures habeat partes illis tribus. v.g. nutritiuam, sensibilem, intelligibilem, & cogitatiuam.

Quoniam autem appetitus sunt contrarii ad inuicem. hoc autē accidit quum ratio & concupiscentia contrariæ fuerint: sunt autē in ipsis sensum habentibus. intellectus quidem enim propter futurum retrahere iubet: concupiscentia autem propter ipsum iam. videtur enim ꝙ iam delectabile & simpliciter delectabile & bonum simpliciter. propterea ꝙ non videtur quod futurum.

10 P H. *Sed quia appetitiones mutuo sibi contraria fiunt, quod tunc accidit, cum ratio & cupiditas contrariæ fuerint: fit autem in his quæ temporis sensum habent. nam intellectus propter futurum reluctari iubet, cupiditas vero propter id quod iam est: uidetur enim quod iam iucundum est, etiam simpliciter esse iucundum, & bonum simpliciter: propterea quòd non uidet futurum.*

B Et propter diuersitatem appetitus contrariantur sibi adinuicē, & accidit hoc, quando modi appetitus fiunt oppositi. & hoc non erit nisi habenti sensum per tempus. & intellectus coget nos ad prohibendum propter rem futuram. & appetitus propter rem præsentis voluptatis. existimatur igitur ꝙ res præsentis voluptatis ē voluptas simpliciter, quia non aspicit rem futuram.

53 Potest intelligi & propter diuersitatem appetituum, qui sunt in anima concupiscibili, contradicunt sibi in motu ab inuicem. Vel aliter. i. & propter diuersitatem appetitus animæ concupiscibilis ab intellectu contradicūt sibi adinuicem. & hoc est manifestius. D.d. & accidit hoc, &c. i. & hoc accidit in eadem re, quando modi appetituum in ea fuerint oppositi. & iste modus contrarietatis non inuenitur nisi in animali, quod comprehēdit tempus: quia comprehendit aliquid magis ex re in præsenti tempore, quā illud, quod est ex ea in futuro. v.g. ꝙ in eadem re iudicat quod modo est voluptabile, & in futuro contristabile. D.d. & intellectus coget ad prohibendum. & intendebat demonstrare diuersitatem duorum modorum
C in appetitu. s. appetitum intellectus, & appetitum animæ concupiscibilis. Anima enim concupiscibilis mouet ad rem, quæ est in actu voluptuosa: anima autem rationalis multotiens prohibet. & hoc propter nocumentum futurum, v.g. coitus & crapula. Deinde d. existimatur igitur, &c. id est, multi igitur existimant ꝙ res præsentis voluptatis est voluptuosa simpliciter, & nunquā contristabilis: quia virtus concupiscibilis non inspicit contristationem contingentem in futuro.

Ala cōcupiscibilis mouet ad rem, q est actu voluptuosa, sed rationalis multotiēs prohibet.

Specie quidem igitur vnum erit mouens, appetibile aut appetitiuum: primum autem omnium appetibile: hoc enim mouet, quum non mouetur, eo ꝙ sit intellectum aut imaginatum. numero autem plura mouentia. Qm̄ autem tria sunt, vnum quidē mouens: fm quo mouet: & tertium quod mouetur: mouēs autem duplex, aliud quidem immobile, aliud autem quod mouet & mouetur. Est autem immobile, actuale bonum. mouens autem & quod mouetur, appetitiuum. mouetur enim quod appetit, fm q̄ appetit: & appetitus actus aut motus quidam est. quod autem mouetur animal est. quo vero mouet organo appetitus, iam hoc corporeum est. vnde ĩ communibus corporis & animæ operibus considerandum de ipsis. D

SOPH. *utiq. unum specie fuerit quod mouet, uidelicet appetitiuum quatenus appetitiuum: primum autem omnium appetibile, (hoc enim mouet & non mouetur; quod intellectu aut phantasia apprehensum fit) numero autem plura sunt ea quæ mouent. Sed cum tria sint, unum quod mouet: secundum quo mouet, tertiumq. item quod mouetur: atq. id quod mouet duplex sit, partim immobile: partim quod moueat & moueatur. est autem immobile quidem, bonum agendum: quod uero mouet & mouetur, appetitiuum (mouetur enim quod appetit, quatenus appetit, ac appetitus motus quidam est aut operatio) quod uero mouetur, animal. instrumentum uero quo mouet appetitus, id demum corporeum est: quamobrem in communibus corporis & animæ muneribus de iis considerandum est.* E

Et mouens est appetitum, fm q̄ est appetitum. appetitum. n. præcedit alia. hoc enim mouet & non mouetur, quia mouet imaginationem, & intellectum. Mouentia autem sunt multa in numero, quia res, per quas fit motus, sunt tres. Quarum vna est motor, & alia res, per quam mouet, & tertia motum. & motor est duob[us] modis, iste autem est non mobilis, ille vero est mobilis. Non motū autem est bonum intellectum. motor autem & motum est appetitiuum. mouet enim illud, quod mouetur, secundum quòd est appetitiuum; quia appetitus est motus. i. qui in actu. & quod mouetur est animal, & instrumentum mouens est appetitus, & ista sunt corporalia. Et ideo quærenda sunt in actionibus communibus animæ & corpori. F

54 Idest & primus motor in hoc motu est res appetita, secundum q̄ est appetita. res enim appetita præcedit alia mouentia animali in hoc motu: quia ista mouet, & non mouetur. & ista est dispositio primi motoris. D. dicit quia mouet imaginationem, & intellectum. idest & est motor, quia mouet imaginationem, quando appetitus fuerit partis imaginatiuæ: aut intellectum, si appetitus fuerit istius partis animæ. Deinde dicit. Mouentia autem sunt multa in numero. idest mouentia autem, quibus fit iste

Ex hoc patet omnem mouere ut efficiens. idē 12. Me. cō. 16. Dispō primi mo

motus

8.Phy.35. motus sunt plura vno. Deinde dicit, quia res, per quas fit motus, &c. idest & cùm contingit vt motor sit plures vno, propter hoc, quod declaratum est in sermonibus vniuersalibus, s. quod omnis motus fit per tres res, s. quarum vna est motor, qui non mouetur, & alia illud, per quod mouet, & hoc est motor & motum, tertia autem est motum & non motor. D. d. & motor est duobus modis, &c. i. & declaratum fuit illic quod motor est duobus modis, s. motor non motus, & iste est primus: & motor qui mouetur, & hoc est, per quod mouet primus motor. Dixit, demonstrauit quid est vnumquodque istorum trium in hoc motu, & d. non motum autem est bonum intellectum, &c. i. illud autem, quod est in hoc motu mouens non motum, est bonum intellectum, quod comprehendit anima appetitiua: motor autem & motum est res appetitiua, idest corporis membrum, in quo est ista pars animæ, appetitus autem est motus, quia est à re appetita per intellectum in actu. Et forte hoc intendebat, cùm d. quia appetitus est motus, scilicet qui in actu. i. appetitus, qui est à re appetita in actu. Vel aliter, idest

B appetitus, qui est appetitus in actu: motum autem, & non motor, qui est tertia res in hoc motu est animal. D. d. & instrumentum mouens est appetitus, &c. i. & quia illud mouens, per quod mouet primus motor, necesse est vt sit corpus cùm sit motum, vt declaratum est in vniuersalibus sermonibus: & appetitus hic est illud, per quod mouet primus motor; ergo 8.Phy.35. res appetitiua, per quam mouetur animal est corpus, & appetitus est forma eius. Et ideo oportet quærere ea, per quæ fit iste motus, vbi loquitur de actionibus communibus animæ & corpori. i. in parte scientiæ naturalis, in qua loquitur de istis actionibus communibus, vt in somno & vigilia. Et ipse locutus fuit de hoc in tractatu, quem fecit de Motu animalium. sed iste tractatus non venit ad nos: sed quod trāsferebatur ad nos fuit modicum de abbreuiatione Nicolai.

Nunc autem vt in summa dicatur, mouens organice vbi principium & finis idem: velut ginglymus, hic enim gibbosum & concauum, hoc quidem finis, illud vero principium, vnde aliud qui-

C dem quiescit, aliud vero mouetur, ratione quidem altera entia, magnitudine vero inseparabilia, omnia enim pulsu & tractu mouentur. propter quod oportet sicut in circulo manere aliquid, & hinc incipere motum.

SOPH. *Nunc autem ut summatim dicam id quod mouet organice, est vbi principium & finis est idem, uelut cardo. hic enim conuexum & concauum, alterum finis: alterum principium est. idcirco alterum quiescit, alterum mouetur: cū ratione diuersa, magnitudine inseparabilia sint. cuncta enim pulsu & tractu mouentur. quapropter oportet ueluti in circulo, aliquid maneat, & inde incipiat motus.*

Et dico modo vniuersaliter quod corpus mouetur motu cōsimilitudinis. vbi. n. est principiū, illic etiam est finis. sicut motus gyratiuus. in hoc. n. inuenitur gibbositas, & concauitas: illud aūt est finis: hoc autem principium. Et ideo hoc est quiescēs, hoc vero motum: quāuis in definitione sint diuersa, in magnitudine autē non sunt distincta. omne enim, quod mouetur, mouetur secundum aliquam gibbositatem. Vnde necesse est vt res quiescat, sicut illud quod est in circulo, & ꝙ principium motus sit ex hoc. D

55 Cùm notificauit ꝙ quærere de rebus, per quas fit iste motus, conueniētius est in alio loco, incœpit hic narrare quandam rem vlem, & d. Et dico modo vlr, &c. i. & dico modo ꝙ corp' mouetur à primo instro, ita ꝙ primum instrm, quod mouet ipsum, quod est subiectum animæ desyderatiuæ est in corpore animalis in vno loco, à quo expellūtur partes partis motæ animalis, & ad quā attrahūtur partes illius partis ab illo instro. omnis enim motus compositus ex attractione & expulsione, necesse est vt principium, à quo est expulsio, sit finis, ad quem est attractio. Et ideo. d. sicut motus gyratiuus. motus. n. gyratiuus compositus est ex attractione & expulsione. Quoniam autem motus animalis compositus est ex attractione & expulsione, manifestum est quoniam, quando pars dextra mouetur à nobis, & sustentati fuerimus super sinistram, tunc quædā partes illius partis erunt expulsæ ad interius, & quædam attractæ, & sunt partes, quæ sunt posterius: & attractio & expulsio earum nō est rectitudine, sed sm lineas non rectas, magis curuas quā rectas: & ideo assimilatur gyro. & instrm, p quod corpus desyderat primo, & vlt, non est cognitum à nobis. Et in loco huius sermonis inuenimus in alia translatione sermonem manifestiorem sic. Dicamus igitur breuiter ꝙ motor est quasi habēs eandem dispōnem in suo principio, & suo fine: sicut illud, quod dr̃ Grece gigglysmus. E enim in eo gibbositas, & concauitas: et vnū eorū est finis, & aliud principium. D. d. in hoc enim inuenitur gibbositas, & concauitas, i. in omni. n. quod mouetur sm expulsionem & attractionem, non recte conuenit eē concauitatem & gibbositatem, ita quòd gibbosum sit quiescens, à quo erit principium expulsionis, & ad quod fit finis attractionis: & concauum sit motum, sicut est dispositio corporis moti circulariter. Omne. n. corp', quod mouetur circulariter, motus eius componitur ex attractione, & expulsione, sicut dictum est in Septimo Phy. D. d. illud autem est finis, hoc autem principium, &c. i. & ista pars quiescens est per motum attractionis finis, & per motum expulsionis principium. & ideo necesse est, vt gibbosum, aut illud, quod est loco gibbosi, sit quiescens aut concauum: aut illud, quod est loco concaui, sit motum: licet principium & finis in hoc motu sint diuersa in definitione, in magnitudine aūt idē sunt, sicut centrū. & hoc est econtrario de motu recto, s. ꝙ principiū, & finis sint in eo diuersa in definitione, & in magnitudine, & mēbrū quod est tale in animali, est cor sm ipsum. D. d. omne enim, quod mouetur, mouetur sm aliquā gibbositatem. i. & fuit necesse vt in animali sit tale membrū quiescens: quia est principium motus expulsionis, & finis attractionis, propter hoc, ꝙ omne, quod E F

Om̄e corpus qđ mouet circulr, motus ei9 componit ex attractiōe & expulsione. considera de motu cœli. In motu recto principiū & finis sunt diuersa i definitione,

A quod mouetur s*m* attractionem & expulsionem, necesse est vt sit in eo aliquod gibbosum quiescens, ad quod peruenit motus attractiuus, & à quo incepit motus expulsiuus. & ideo necesse est vt in omni tali sit aliquod fixum, quod sit principium & finis, sicut centrum in circulo. Et iste sermo ædificatur super duas propositiones: quarum vna est q*uod* motus animalis in loco componitur ex expulsione & attractione. secũda est q*uod* omnis motus compositus ex attractione & expulsione habeat rem quiescentem, ex qua sit principium motus expulsiui, & ad quem sit finis attractiui. Apparet enim q*uod* necesse est in omni motu vt illud, à quo est motus, & ad quod est motus, sit quiescens. cùm igitur motus fuerit compositus ex expulsione & attractione, continget vt hoc quiescens sit idem. Cum igitur hæ duę propositiones fuerint concessæ, consequitur ex eis q*uod* in animali est membrum quiescens, à quo incipit motus expulsiuus, & ad quod peruenit. Et, quia videmus q*uod* vltimum membrum, quod quiescit in motu locali, est cor, necesse est vt eius principium sit ex eo. Sic igitur est intelligendus istę B locus, & istæ propositiones sunt manifestæ, & apparẽtes: sed verificare eas per inductionem, & dare causas apparentium in hoc, proprium est sermonis de motu animalium locali.

Dorum en um.

& i magnitudine, in circulari definitiõ ... Cõsi 8. ph. c. 73 & 2. cœ. c. 6. 35.

Appet en. necesse est in o*mn*i motu, ut id, a quo e*st* motus, & ad quod est motus, sit quiescens necessario Idẽ. 4. ph. 43. & 8. Phy. c. 84. & 21.

Quid sit mouens in imperfectis animalibus & quomodo eis insit.

Cap. 3.

OMnino quidem igitur sicut prædictum est, inquantum appetitiuum animal, sic ipsius motiuum est. appetitiuum autem non sine phantasia. phantasia autem omnis, aut rationalis, aut sensibilis est. hac quidem igitur & alia animalia participant: considerandum autem & de imperfectis quid mouens est, quibus tactus solum inest sensus: vtrum contingat phantasiã inesse his, aut non, & concupiscentiam. videtur enim lætitia & tristitia inesse. si autem hæc, & concupiscentiam necesse. Phanta- C sia autem quomodo vtique inerit: aut sicut mouetur in determinate, & hæc insunt quidem, indeterminate autem insunt.

60 PR.

Ad summam sicuti diximus, animal qua appetitiuum est, eatenus sui ipsius motiuum est. appetitiuum autem sine phantasia non est, phantasia porrò omnis, aut ratione prædita est, aut sensitiua. atq. hanc quidem reliqua etiam animalia participant: sed de imperfectis etiam considerandum est, quid sit quod ea moueat, quibus sensus duntaxat tactus inest: vtrum fieri possit ut phãtasia et cupiditas in iis insit, an nõ? nã & dolorẽ & uoluptatẽ inesse apparet. quod si hæc insunt, & cupiditatem inesse necesse est. Atqui phantasia quomodo inerit: an quemadmodum mouentur indefinitè: ita hæc etiam, insunt illa quidem, uerum indefinitè insunt.

Et

Et vniuersaliter sicut diximus, quia res, secundum quod est animal D
habet appetitum, sic per illam intentionem mouet se. & desyderium non est extra imaginationem: omne enim imaginatum, aut est sensibile, aut cogitabile: hoc enim inuenitur in aliis animalib9. Consyderemus igitur in animalibus non perfectis quid moueat ea, in quibus sensus non est nisi per tactum tantum. Dicamus igitur vtrum sit possibile vt habeant tristitiam & delectationem. & si hæc duo habent, de necessitate, habent appetitum. Quomodo igitur erit imaginatio? Aut forte, sicut mouentur motu interminato, sic etiam existit in eis. est enim in eis, sicut diximus cum imaginatione sensati non terminati.

56 D. & quia res, secundum quod est animal, habet appetitum, necesse est vt per illam intentionem moueat se. & omnis appetitus non est sine imaginatione: omne enim imaginans aut habet illam formam imaginatiuam, à qua mouetur ex sensu, aut habet eam ex cogitatione. in homine autem habetur E
ex cogitatione: in aliis vero animalibus ex sensu. Et, cum posuerimus quod omnis appetitus sit ex imaginatione: imaginatio autem sit ex quinque sensibus in animalibus perfectis, oportet consyderare quomodo mouean-
Dubium. tur animalia imperfecta, quæ non habent nisi tactum tantum. Et manifestum est quod, si ista habent delectationē & tristitiam, necesse est vt habeant
Idē secūdo. appetitū. sed, si posuerimus ea habere appetitum, necesse erit vt habeant
de ala. 10. imaginationem. sed ista existimantur non habere imaginationem, cùm non moueantur ad sensibilia nisi apud presentiam eorum, aut mouean-
Solutio. tur motu non terminato. Sed quocunque modo sit, dicamus quod quemadmodum mouentur motu non terminato, idest ad intentionem non terminatam, ita videtur quod imaginantur imaginatione non terminata, cùm sentiant sensu non terminato.

Sensibilis quidem igitur phantasia sicut dictum est, & in aliis animalibus inest: deliberatiua autem in rationalibus. vtrum. n. F
ageret hoc aut hoc, iam rationis est opus, & necesse uno mensurare: maius enim imitatur: quare potest vnum ex pluribus phantasmatibus facere. & causa hæc eius quod non putari opinionē habere, quoniam eam quę ex syllogismo non habet: hæc autem illam: propter quod deliberatum non habet appetitus. uincit autem aliquando, & mouet deliberationem. aliquando autē mouet hęc ipsum sicut sphæra, appetitus appetitum, quum in continentia fuerit. natura autem semper quæ sursum, principalior est, & mouet: ut tribus lationibus iam moueatur.

SOPH. *Sensitiua igitur phantasia (quemadmodum dictum est) reliquis etiam inest animalibus: deliberatiua uero in iis quæ rationē habent. utrum enim hoc aget an illud, id iam rationis officium est. atque necesse est*

A *uno quodam semper metiri, maius enim persequitur: quare potest ex
pluribus phantasmatibus unum facere. atq; hac est causa cur non habe
re opinionem uideatur: nimirum quia eam quæ ex syllogismo proficisci
tur, non habet: proinde deliberatiuum appetitus non habet. uincit ta-
men interdũ, & mouet uoluntatem: nonnunquã hæc illum, ueluti sphæ
ra: appetitus. s. appetitum, cum incontinentia fit. quæ uero superior est,
semper est natura dominantior, & mouet: ita ut tribus demũ latio-
nibus moueatur.

Et hoc etiam inuenitur in alijs animalibus. Virtus autem cogi
tatiua est in rationabilibus tantũ. eligere autem facere hoc, aut
hoc est de actione cogitatiua. & numerat ipsum vnum de necessi
tate. mouetur enim erga maius: ita q potest ex multis imaginatio
nibus vt agat. Et hæc est causa existimationis. non enim habet co
B gitationem, quia nõ habet rem, quæ fit à ratione. & hoc est, quod
est illius propter delectationem: quia non habet virtutem cogita
tiuam. Dominatur igitur, & mouet quandoq; illud, & quandoq;
aliud. appetitus. n. mouet appetitũ secundũ sphæram, quando ha
buerit intentionẽ continentiæ: est enim secundum naturã prior & motor, ita q sint motæ erga motum.

57 Dicit & imaginatio existit in alijs animalibus, cogitatio aũt in rationabilibus. Eligere enim facere hoc imaginatũ & non hoc, est de actione
cogitationis, non de actione imaginationis. Iudicans enim q hoc imaginatũ est magis amabile q̃ hoc, debet esse eadem virtus de necessitate, quæ
numerat imaginationes, & in quibusdam iudicat magis delectabilius.
Et hoc intendebat, cum d. & numerat ipsum vnum de necessitate. & est
secundum q reputo, & necesse est vt illa virtus numeret illas imagines,
C donec comprehendat ex eis magis amatam: sicut vnum numerat numeros inæquales, donec comprehendat ex eis magis maiorem. Similiter cogitatio numerat imagines, & comparat inter eas, donec possit pati ab ima
ginatione alicuius earum. Et hoc est causa, quare animal rationale habet
existimationem. existimatio enim est consensus, qui prouenit à cogitatio
ne. Deinde dixit. non enim habet cogitationem, &c. i. præter animal ratio
nale nullum habet cogitationem, quia non habet rationem: & motus ani
malium est propter delectationem, & est motus simplex non diuersus,
quia non habet virtutem cogitatiuam cum appetitu, ita q hæ duæ virtu
tes dominarẽtur sibi adinuicem, adeo q moueretur animal quandoque
propter voluntatem, sicut in animali rationali. Deinde dicit, appetitus. n.
mouet appetitum, &c. idest, accidit enim in habenti plus q̃ vnum appetitum, vt animal moueatur in quibusdam locis à duobus appetitibus in simul, quando acciderit vt vnus appetitus fuerit dominans & continens secundum: tunc. n. inducet ipsum ad suum motum, quando appetitus dominatus

Differẽtia inter phãtasiã hoĩs, & aliorũ aĩalium.

minatus remanet motus in suo motu proprio, sicut accidit in corporibus D
Idem . 12. Me. 17. & 44. & 2. Coeli. 58.
coelestibus. Vnusquisq; enim orbium stellarum erraticarum videtur moueri per appetitum orbis stellarum fixarum motu diurno: licet cum suo appetitu proprio moueantur motu proprio. Deinde d. est enim secundum naturam, &c. i. & accidit huic sphaerae continenti alias, s. dominari super eas propter hoc, quia est prior natura aliis & mouens eas: ita vt p hoc accidat vt aliae moueantur ab ea.

. Scientificum autem non mouet, sed manet. Quoniam autem haec quidem vniuersalis existimatio & ratio: alia uero particularis. haec quidem enim dicit, ꝙ oportet talem, tale agere. haec autē ꝙ hoc quidem tale, & ego talis: etiam haec mouet opinio, non quae vniuersalis: aut utraque: sed haec quidem quiescens magis: haec autem non.

SOPH. Aliter hunc locum interpretari possumus hoc modo verum haec opinio mouet, non illa vniuersalis an ambae.

Scientiale autem non mouet, sed manet. Sed cum existimatio ac ratio, quaedam sit rei uniuersalis: quaedam, singularis: altera nanq; dicit oportere hunc talem, hoc tale agere: altera, hoc esse tale, & me etiam talem: haec demum opinio mouet, non illa uniuersalis: An utraq;, sed illa quiescens potius: haec, non item? E

Virtus autem scientialis non mouetur, sed quiescit: quia illa est existimationis, & iudicij vniuersalis insimul, ista autem est particularium. illa. n. facit ꝙ oportet tale facere talem actionem: & illud est, quia ista res est secundum hunc modū, ego etiam sum secundum illum. hoc. n. etiā mouet, sed non vniuersale. aut vtrunq; sed illud est quiescens, istud autem non.

Dicit, Virtus autem, quae comprehendit vniuersale, non mouetur ad
58 comprehensum: quia ista virtus est existimationis tm̄, & comprehensionis rei vniuersalis, res autem vniuersalis non mouet omnino, cūm nō sit aliquod hoc, idest singulare. virtus enim, quae comprehendit particulare, F est particularium, & mouetur, quando mouet. Intendebat igitur hic per virtutem, scientialem virtutem comprehendentem rem vniuersalē. D. d. illa enim facit, &c. i. virtus enim, quae comprehendit vniuersale, affirmat ꝙ oportet omne tale agat talem actionem: virtus autem particularis est, quae comprehendit exemplum sibi sm̄ hāc dispositionē quā affirmauit, si esset sciens ut ageret illam actionem. Proueniet igitur à comprehensione istarum duarum virtutum congregatio per quam fit actio. Deinde dixit. hoc enim etiam mouet, &c. i. intentio enim particularis mouet: motio autem ad vniuersale non est ei. Aut dicamus ꝙ motio est vtriq; . sed est vniuersali, quia est quiescens, & particulari quia est motum. & hoc intendebat cum d. sed illud est quiescens, istud autem non. i. sed si vniuersale fuerit mouens, erit secundum ꝙ est quiescens, aliud autem particulare, secundum ꝙ est motum.

Summa

A SVMMA TERTIA.

Quæ animæ potentiæ quibus animalis necessario insint.

Nutritiuam animam omne viuens necessario habere: sensum vero tactus ipsum animal: atq; etiam gustum, cum sit tactus quidam. Cap. I.

VEgetabilem quidē igitur animam necesse est habere omne quodcunque viuum & animā habet, a generatione vsq; ad corruptionē. necesse est. n. quod generatur, augmentum habere & statum & decrementum. hoc autem sine alimento impossibile. necesse igitur inesse vegetabilem potentiam in omnibus generatis & corruptibilibus.

Necesse igitur est quidquid viuit & animam habet, nutritiuam
80 PH. 3 *habere animam ab ortu usq; ad interitum suum: quod. n. genitum est,*
B *habere auctionem & statum & diminutionem necesse ē: quæ sine nutrimento haberi nequeunt. ergo necesse est nutritiuam potentiam omnibus ijs inesse quæ oriuntur & intereunt:*

Necesse est igitur vt anima nutritiua sit in omni, & vt anima existat in eis de generatione vsq; ad corruptionem. Necesse est. n. vt omne generatum habeat principiū, & finē, & descensum, quæ non possunt esse sine nutrimento. ergo de necessitate, virtus nutritiua est in omnibus rebus augmentabilibus & diminuibilibus.

59 Cùm compleuit sermonem de omnibus virtutibus animæ vniuersalibus, vult demonstrare quæ est ex eis in animalibus propter necessitatem, & quæ propter melius, & d. Necesse est igitur vt anima nutritiua sit in oī viuo de prima generatione vsq; ad corruptionem. Necesse est enim vt 2. de An.
C omne habens animam, habeat crementum & diminutionem: cū impos- 14. 3. d ai a
sibile est vt subitò veniat ad suam perfectionem postremam, sed descen- 44. 8. Ph. 20.
dendo paulatim, & intrando in senectutem. Et, quia causa crementi nihil aliud est q̄ nutrimentum, & causa diminutionis nihil aliud est q̄ defectus cibi, & eius paucitas: necesse est vt anima nutritiua sit in omni, quod crescit, & senescit. & quia oē viuū est tale, necesse est vt oē viuū sit nutribile.

Sensum autem non necesse in omnibus viuentibus. neque. n. quorumcunq; corpus simplex, contingit habere tactum. neq; sine hoc possibile est esse nullum animal. neq; quæcunq; non susceptiua specierum sine materia. animal autem necesse sensum habere, si nihil frustra facit natura. propter. n. aliquid omnia quę sunt natura, subsistunt, aut concidentia sunt eorum quæ sunt propter aliquid. Si igitur omne processiuum corpus non habet sensum, corrumpetur vtique, & ad finem non vtique veniet, qui est naturæ

opus

opus. quomodo enim aletur? manentibus quidem enim existit quod vnde nata sunt. D

SOPH. *sensum omnibus inesse viuentibus, necesse non est: neq. n. ea quorũ corpus est simplex, possunt tactum habere: neq. sine eo ullum animal esse potest: neq. itẽ ea quæ non sunt receptiua specierum sine materia. at animal necesse est sensum habeat, si nihil frustra facit natura. cuncta. n. quæ natura sunt, alicuius sunt gratia: aut sunt casus eorum quæ alicuius gratia sunt. ergo si corpus quodq. gressile non haberet sensum, utique corrumperetur, & ad finem non perueniret, quod naturæ opus & officium est. quo. n. pacto nutrietur? iis. n. quæ stabilia sunt, hoc adest in eodem illo loco unde orta sunt.*

Et non est necessarium sensibilem esse simpliciter. Et impossibile est sine ista vt animal sit viuũ: neq; etiã in rebus, quæ non recipiunt formã sine materia. Necesse est igitur vt sensus sit in animalibus, si natura nihil facit ociosum. omnia enim existentia per naturam aut sunt propter aliquid, aut sunt accidentia consequentia, quę sunt propter aliquid. omne. n. corpus ambulans sine sensu corrumpitur, & non venit ad finem, cum fuerit de actione naturæ. Notũ est igitur q de necessitate inuenietur sensibilis in aĩalibus. est. n. secundum modum motus sine sensu, sed iste etiam est in eis, quæ innata sunt quiescere. E

60 Et non est necessarium vt virtus sensibilis sit simpliciter, idest in omnibus rebus, quæ crescunt & corrumpuntur. Sed in animalibus tantũ est necesse vt sit virtus sensibilis. impossibile enim est sine hac virtute vt aliquid sit animal: & hoc est in rebus recipientibus eam non in materia. hoc enim nomen † vita, dicitur de eis & istis æquiuoce: & innuit corpora cœlestia. Deinde dixit. Necesse est igitur vt sensus sit in animalibus, &c. i. & apparet q necesse est vt sensus sit in omni animali, & hoc, quia natura nihil facit ociose. Omnia * enim naturalia aut sunt propter aliquid, aut sũt accidentia consequentia naturã de necessitate, & non intenduntur. v. g. pili, qui oriuntur in locis non determinatis in corpore. & , cùm ita sit, si animal non haberet sensum, cùm hoc q est ambulans, statim corrumperetur anteq̃ perueniret ad complementum: & tunc natura ageret ociose, cùm incœpit generare entia, quæ non possunt peruenire ad finem in maiori parte, aut omnino. Notum est igitur q necesse est, vt virtus sensibilis sit in animalibus ambulantibus de necessitate, scilicet quærentibus nutrimentum. Deinde dicit. est enim secundum modum motus sine sensu. idest quoniam, si inueniretur aliquid moueri in loco sine virtute sensibili, tunc illius esse est modo diuerso ab esse generabilium & corruptibiliũ. & innuit corpora cælestia. Illa enim, quia non sunt generabilia neq; corruptibilia, F

Vide. 12. Met. 34. & 2. Cœ. 61. & 2. de Anima. 15.

† Vita æquiuoce dr de supioribus, & inferioribus. Consimile. 2. Cœ. 60. & 71.

* Oĩa nãlia aut sũt pp aliqd. aut sunt accidentia cõsequẽtia nãm & necessitate. Idẽ. 2. Ph. c. cõ. 68.

A ruptibilia, si haberent sensum, tunc natura ageret ociose: quemadmodũ, si illa mobilia generabilia & corruptibilia non haberent sensum, tunc natura ageret ociose. Deinde dicit. sed iste etiam est in eis, quæ innata sunt quiescere. idest sed priuatio sensus debet esse de generabilibus & corruptibilibus in eis, quę innata sunt quiescere, & non moueri ad nutrimentum, scilicet in vegetabilibus.

Non potest autem corpus habere quidem animam & intellectum discretiuum, sensum autem non habere: non mansiuum existens, generabile autem: at vero neq; ingenerabile. quare .n. non habebit: aut .n. animæ melius, aut corpori. nunc autem neutrum est. hoc quidem enim non magis intelliget. hoc autem nihil erit magis propter illud.

SOPH. *Fieri autem non potest ut corpus ullum habeat quidem animã & intellectum iudicandi ui præditum, sensum vero non habeat, quod nõ*

B *stabile sit, sed generabile [quinimo ne ingenerabilẽ quidem] cur .n. nõ habebit? nam aut animæ melius erit, aut corpori: nunc autem neutrũ est. illa .n. nõ magis ĩtelliget: hoc vero nõ ideo magis erit propter illud.*

In aliquibus desũt hęc verba. — * a.l. cur enĩ habebit.

Et impossibile est vt corpus habens animam & intellectum, & iudicium sit sine sensu, cùm non sit remanẽs, siue fuerit generatũ, siue non fuerit generatum etiam. Causa enim, propter quam habet hoc, est q̃ non iuuatur per illud corpus, & anima. Modo autẽ non est aliquod istorum etiam. & illa autem, quia in maiori parte non intelligit: & ista quia in maiori parte non est.

61 D. Et impossibile est vt corpus habeat animum & intellectum sine sensu, cùm illud corpus non est remanens, sed generabile & corruptibile,

C siue fuerit simplex siue compositum. Et hoc intendebat, cùm d. vt reputo generatum, aut non generatum. causa enim, propter quam debet esse corpus animatum intelligens sine sensu, si potest esse, est quia illud corpus animatum non adiuuatur per sensum neque in anima, neque in corpore. Sed si posuerimus corpus animatum intelligens esse non generabile, neq; corruptibile, manifestum est quòd non indiget sensu: cùm non haberet sensus in ipso aliquod iuuamentum. iuuamentum enim, quod est per animam, non habet, quia anima sensibilis impedit in maiori parte, idest intellectum. & hoc intendebat, cum dixit, & illa autem, quia in maiori parte non intelligit. i. virtus autem sensibilis, quia in parte maiori non intelligit animali intelligenti. Iuuamentum autem virtutis sensibilis, quæ est per corpus, non habet etiam, quia sensus in maiori parte non est causa longitudinis vitæ & durationis. Et hoc intendebat, cùm d. & ista, quia in maiori parte non est. idest & sensus in maiori parte est causa, quare res non sit, idest vt corrumpantur. & ideo sensibilia sunt minoris vitæ, quàm multæ plantæ.

Vide. 2. Cœ. 61. Et 8. Met. c6. 12. Et 12. Met. 36. A a sensibi.' ipedit in maiori parte. Idẽ 2. de Ani. 151.

Nullum

51 D. & omnis actio ex intellectu est recta: actiones aũt quæ fiunt ex appetitu & imaginatione quandoq; sunt rectæ, quandoq; non. Et ideo pars appetitiua mouet semper, quia mouet ad rectum, & nõ rectum. intellectus autem non mouet nisi ad rectum tantum: & ideo non mouet semper. D. d. sed hoc, aut ē bonũ, &c. sed hoc, erga qđ mouet virtus appetitiua, aut est bonũ, aut existimat esse bonũ, sed non est. Et hoc bonũ, ad qđ mouet ista virtus, nõ est bonũ cõe omnibus. illud enim bonũ, qđ est in actu semper, est laudabile simpliciter. Et hoc intẽdebat, cũ d. sed nõ in omnibus, illud enim actuale est laudabile. i. & illud bonum existẽs in oĩbus. illud. n. bonum, quod semper est actuale, est laudabile. D. d. & actuale est illud, quod pōse est, &c. i. & bonum, qđ est pura actio, est bonũ, quod mouet alio modo à modo, ſm quem mouent ista bona, quæ qñq; sunt potentia, qñq; actu. Et potest intelligi per hoc, quod d. sed non in oĩbus. i. & bonũ, ad quod mouet illa virtus, nõ est bonũ ſm totũ. i. semp & simplr. illud. n. bonum, qđ ē actu, ponitur esse laudabile. Vel aliter, seu non in oĩbus. i. sed bonũ, quod cõprehendit ista virtus, nõ est bonũ existens laudabile ab oĩbus. sed bonũ intellectui operatiuo est laudabile apud illam virtutem: & bonum, qđ potest inueniri alio modo ab eo, ſm quem est bonum. bonũ autem cõe omnibus est bonum purum. Et intentio in istis est propinqua & quasi ista postrema videtur conuenientior. D E

Bonũ, qđ sp̄ ē actuale est laudabile oppositũ. 5. Eth. c. 16. Vide com. 2um.

Quodquidem igitur huiusmodi potentia animæ mouet, quæ vocatur appetitus, manifestum est. Diuidentibus autem animæ partes, si secundum potentias diuidant & separent, valde multæ fiunt. vegetabile, sensibile, intellectiuum, consiliatiuum, adhuc appetitiuum. hæc enim plus differunt ab inuicem, quàm concupiscibile & irascibile.

SOPH. *Eiusmodi igitur animæ potentiam, quæ uocatur appetitus, mouere palàm est. ex eorum autem sententia qui partes animæ diuidunt, si eas per potentias diuidant ac separent, permulta euadunt: nutritiua, sensitiua, intellectiua, deliberatiua, atq; etiam appetitiua. hæc enim plus inter se differunt, quã concupiscitiua & irascitiua.* F

Iam igitur apparuit q̃ talis virtus animæ mouet, & est, quæ dr̃ appetitiua. Et diuidentes animam, si diuidunt eam ſm virtutes, tunc inueniũt multas partes valde, s. nutritiuam, & sensibilem, & intelligentẽ, & cogitatiuã, & desyderatiuã. istæ. n. distinctæ sunt abinuicem, & magis desyderatiua. & similiter irascibilis.

52 Idest, iam apparuit ex hoc sermone q̃ talis virtus virtutũ aĩæ, quę comprehendit rẽ, & desyderat ipsam, est virtus mouens aĩal, & est quæ dicitur appetitiua. Et illi, qui solent diuidere aĩam in tres, aut in duas partes, oportebat eos, si intendebant diuidere illam ſm virtutes habendas, diuidere eas

in

A In plures partes: cum plures habeat partes illis tribus. v.g. nutritiuam, sensibilem, intelligibilem, & cogitatiuam.

Quoniam autem appetitus sunt contrarii ad inuicem. hoc autē accidit quum ratio & concupiscentia contrariæ fuerint: sunt autē in ipsis sensum habentibus. intellectus quidem enim propter futurum retrahere iubet: concupiscentia autem propter ipsum iam. videtur enim q̄ iam delectabile & simpliciter delectabile & bonum simpliciter, propterea q̄ non videtur quod futurum.

10 P M. *Sed quia appetitiones mutuo sibi contrariæ fiunt, quod tunc accidit, cum ratio & cupiditas contrariæ fuerint: fit autem in his quæ temporis sensum habent. nam intellectus propter futurum reluctari iubet, cupiditas uero propter id quod iam est: uidetur enim quod iam iucundum est, etiam simpliciter esse iucundum, & bonum simpliciter: propterea quod non uidet futurum.*

B Et propter diuersitatem appetitus contrariantur sibi adinuicē, & accidit hoc, quando modi appetitus fiunt oppositi. & hoc non erit nisi habenti sensum per tempus. & intellectus coget nos ad prohibendum propter rem futuram. & appetitus propter rem præsentis voluptatis. existimatur igitur q̄ res præsentis voluptatis ē voluptas simpliciter, quia non aspicit rem futuram.

51 Potest intelligi & propter diuersitatem appetituum, qui sunt in anima concupiscibili, contradicunt sibi in motu ab inuicem. Vel aliter. i. & propter diuersitatem appetitus animæ concupiscibilis ab intellectu contradicūt sibi adinuicem. & hoc est manifestius. D. d. & accidit hoc, &c. i. & hoc accidit in eadem re, quando modi appetituum in ea fuerint oppositi. & iste modus contrarietatis non inuenitur nisi in animali, quod comprehēdit tempus: quia comprehendit aliquid magis ex re in præsenti tempore, quā illud, quod est ex ea in futuro. v. g. q̄ in eadem re iudicat quod modo est voluptabile, & in futuro contristabile. D. d. & intellectus coget ad prohibendum. & intendebat demonstrare diuersitatem duorum modorum in appetitu. s. appetitum intellectus, & appetitum animæ concupiscibilis. Anima enim concupiscibilis mouet ad rem, quæ est in actu voluptuosā: anima autem rationalis multoties prohibet. & hoc propter nocumentum futurum, v. g. coitus & crapula. Deinde d. existimatur igitur, &c. id est, multi igitur existimant q̄ res præsentis voluptatis est voluptuosa simpliciter, & nunquā contristabilis: quia virtus concupiscibilis non inspicit contristationem contingentem in futuro.

Aīa cōcupiscibilis mouet ad rem, q̄ est actu voluptuosa; sed rationalis multoties prohibet.

Specie quidem igitur vnum erit mouens, appetibile aut appetitiuum: primum autem omnium appetibile: hoc enim mouet, quum non mouetur, eo q̄ sit intellectum aut imaginatum. numero autem plura mouentia. Q̄m autem tria sunt, vnum quidē mouens: fm quo mouet: & tertium quod mouetur: mouēs autem duplex, aliud quidem immobile, aliud autem quod mouet & mouetur. Est autem immobile, actuale bonum. mouens autem & quod mouetur, appetitiuum. mouetur enim quod appetit, fm q appetit: & appetitus actus aut motus quidam est. quod autem mouetur animal est. quo vero mouet organo appetitus, iam hoc corporeum est. vnde i communibus corporis & animæ operibus considerandum de ipsis. D

SOPH. *utiq, unum specie fuerit quod mouet, uidelicet appetitiuum quatenus appetitiuum: primum autem omnium appetibile, (hoc enim mouet & non mouetur; quod intellectu aut phantasia apprehensum sit) numero autem plura sunt ea quæ mouent. Sed cum tria sint, unum quod mouet: secundum quo mouet, tertiumq; item quod mouetur: atq; id quod mouet duplex sit, partim immobile: partim quod moueat & moueatur. est autem immobile quidem, bonum agendum: quod uero mouet & mouetur, appetitiuum (mouetur enim quod appetit, quatenus appetit, ac appetitus motus quidam est aut operatio) quod uero mouetur, animal. instrumentum uero quo mouet appetitus, id demum corporeum est: quamobrem in communibus corporis & animæ muneribus de iis considerandum est.* E

Et mouens est appetitum, fm q est appetitum. appetitum.n. præcedit alia. hoc enim mouet & non mouetur, quia mouet imaginationem, & intellectum. Mouentia autem sunt multa in numero, quia res, per quas fit motus, sunt tres. Quarum vna est motor, & alia res, per quam mouet, & tertia motum. & motor est duob⁹ modis, iste autem est non mobilis, ille vero est mobilis. Non motū autem est bonum intellectum. motor autem & motum est appetitiuum. mouet enim illud, quod mouetur, secundum quod est appetitiuum; quia appetitus est motus. s. qui in actu. & quod mouetur est animal, & instrumentum mouens est appetitus, & ista sunt corporalia. Et ideo quærenda sunt in actionibus communibus animæ & corpori. F

Ex hoc patet omnia immediate mouere vt efficiens. idē 12. Me. cō. 36. Dispō primi mo

54 Idest & primus motor in hoc motu est res appetita, secundum q est appetita. res enim appetita præcedit alia mouentia animali in hoc motu: quia ista mouet, & non mouetur. & ista est dispositio primi motoris. D. dicit. quia mouet imaginationem, & intellectum. idest & est motor, quia mouet imaginationem, quando appetitus fuerit partis imaginatiuæ: aut intellectum, si appetitus fuerit istius partis animæ. Deinde dicit. Mouentia autem sunt multa in numero. idest mouentia autem, quibus fit iste motus

4.Phy.38. motus sunt plura vno. Deinde dicit quia res, per quas fit motus, &c. idest Ioth est vt moueat & moue

A & cùm contingit vt motor sit plures vno, propter hoc, quod declaratum est in sermonibus vniuersalibus. s. quòd omnis motus fit per tres res, s. quarũ vna est motor, qui non mouetur, & alia illud, per quod mouet, & hoc est motor & motum, tertia autem est motum & non motor. D.d. & motor est duobus modis, &c. i. & declaratum fuit illic quòd motor est duobus modis, s. motor non motus, & iste est primus: & motor qui mouetur, & hoc est, per quod mouet primus motor. Dicit, demonstrauit quid est vnum quodq; istorum trium in hoc motu, & d. non motum autem est bonum intellectum, &c. i. illud autem, quod est in hoc motu mouens non motũ, est bonum intellectum, quod comprehendit anima appetitiua. motor autem & motum est res appetitiua, idest corporis membrum, in quo est ista pars animæ. appetitus autem est motus, quia est à re appetita per intellectum in actu. Et forte hoc intendebat, cùm d. quia appetitus est motus, scilicet qui in actu. i. appetitus, qui est à re appetita in actu. Vel aliter, idest Idē.8. ph. 42.51.78

B appetitus, qui est appetitus in actu: motum autem, & non motor, qui est tertia res in hoc motu est animal. D.d. & instrumentum mouens est appetitus, &c. i. & quia illud mouens, per quod mouet primus motor, necesse est vt sit corpus cùm sit motum, vt declaratum est in vniuersalibus sermonibus: & appetitus hic est illud, per quod mouet primus motor: ergo res appetitiua, per quam mouetur animal est corpus, & appetitus est forma eius. Et ideo oportet quærere ea, per quæ fit iste motus, vbi loquitur de actionibus communibus animæ & corpori. i. in parte scientiæ naturalis, in qua loquitur de istis actionibus communibus, vt in somno & vigilia. Et ipse locutus fuit de hoc in tractatu, quem fecit de Motu animaliũ. sed iste tractatus non venit ad nos: sed quod trãsferebatur ad nos fuit modicum de abbreuiatione Nicolai. 8.Phy.55.

Nunc autem vt in summa dicatur, mouens organice ubi principium & finis idem: velut ginglysmus. hic enim gibbosum & cõcauum, hoc quidem finis, illud vero principium. vnde aliud quidem quiescit, aliud vero mouetur, ratione quidem altera entia,

C magnitudine vero inseparabilia. omnia enim pulsu & tractu mouentur. propter quod oportet sicut in circulo manere aliquid, & hinc incipere motum.

IOPH. *Nunc autem ut summatim dicam id quod mouet organice, est ubi principium & finis est idem, ueluti cardo. hic enim conuexum & concauum, alterum finis: alterum principium est. iccirco alterum quiescit, alterum mouetur: cũ ratione diuersa, magnitudine inseparabilia sint. cuncta enim pulsu & tractu mouentur. quapropter oportet ueluti in circulo, aliquid maneat, & inde incipiat motus.*

Et dico modo vniuersaliter quòd corpus mouetur motu cõsimilitudinis, vbi, n. est principiũ, illic etiam est finis. sicut motus gyratiuus.in hoc.n.inuenitur gibbositas,& concauitas:illud aūt est fi-nis:hoc autem principium.Et ideo hoc est quiescēs,hoc vero motum:quāuis in definitione sint diuersa,in magnitudine autē non sunt distincta . omne enim, quod mouetur, mouetur secundum aliquam gibbositatem. Vnde necesse est vt res quiescat,sicut illud quod est in circulo,& q principium motus sit ex hoc. D

55 Cùm notificauit q quærere de rebus,per quas fit iste motus, conuenientius est in alio loco,incœpit hic narrare quandam rem vlem,& d. Et dico modo vlt,&c.i.& dico modo q corp⁹ mouetur à primo instro,ita q primum instrm,quod mouet ipsum,quod est subiectum animæ desyderatiuæ est in corpore animalis in vno loco,à quo expelluntur partes partis motæ animalis,& ad quā attrahūtur partes illius partis ab illo instro. omnis enim motus compositus ex attractione & expulsione,necesse est vt principium,à quo est expulsio,sit finis , ad quem est attractio. Et ideo.d.sicut motus gyratiuus.motus.n.gyratiuus compositus est ex attractione & expulsione. Quoniam autem motus animalis compositus est ex attractione & expulsione,manifestum est quoniam, quando pars dextra mouetur à nobis,& sustentati fuerimus super sinistram,tunc quædā partes illius partis erunt expulsæ ad interius,& quædam attractæ,& sunt partes, quæ sunt posterius:& attractio & expulsio earum nō est rectitudine, sed fm lineas non rectas,magis coruas quā rectas:& ideo assimilatur gyro.& instrm, p quod corpus desyderat primo,& vlt,non est cognitum à nobis. Et in loco huius sermonis inuenimus in alia translatione sermonem manifestiorem sic. Dicamus igitur breuiter q motor est quasi habēs eandem dispōnem in suo principio,& suo fine:sicut illud,quod dr Grece gigglysmus. ē enim in eo gibbositas,& concauitas:et vnū eorū est finis,& aliud principium. D.d.in hoc enim inuenitur gibbositas,& concauitas,i.in omni.n. quod mouetur fm expulsionem & attractionem, non recte conuenit eē concauitatem & gibbositatem,ita quód gibbosum sit quiescens, à quo erit principium expulsionis,& ad quod fit finis attractionis: & concauum sit motum,sicut est dispositio corporis mon circulariter. Omne.n.corp⁹, quod mouetur circulariter,motus eius componitur ex attractione,& expulsione,sicut dictum est in Septimo Phy. D.d.illud autem est finis,hoc autem principium,&c.i.& ista pars quiescens est per motum attractionis finis,& per motum expulsionis principium . & ideo necesse est , vt gibbosum,aut illud,quod est loco gibbosi,sit quiescens aut concauum : aut illud,quod est loco concaui,sit motum:licet principium & finis in hoc motu sint diuersa in definitione,in magnitudine aūt idē sunt,sicut centrū. & hoc est ecōtrario de motu recto,s.q principiū & finis sint in eo diuersa in definitione, & in magnitudine,& mēbrū quod est tale in animali , est cor fm ipsum. D.d.omne enim,quod mouetur,mouetur fm aliquā gibbositatem.i.& fuit necesse vt in animali sit tale membrū quiescens: quia est principium motus expulsionis,& finis attractionis,propter hoc,q omne quod E F

Oē corpus qđ mouetᵉ circulr , motus eiᵒ componiᵗ ex attractiōe & expulsione . considera de motu cæli. In motu recto principiū & finis sunt diuersa i definitione ,

A quod mouetur fm attractionem & expulsionem, necesse est vt sit firmum aliquod gibbosum quiescens, ad quod peruenit motus attractiuus, & à quo incepit motus expulsiuus. & ideo necesse est vt in omni tali sit aliquod fixum, quod sit principium & finis, sicut centrum in circulo. Et iste sermo Argumentum. ædificatur super duas propositiones: quarum vna est q motus animalis in loco componitur ex expulsione & attractione. secũda est q omnis motus compositus ex attractione & expulsione habeat rem quiescentem, ex qua sit principium motus expulsiui, & ad quem sit finis attractiui. Apparet enim q necesse est in omni motu vt illud, à quo est motus, & ad quod est motus, sit quiescens. cùm igitur motus fuerit compositus ex expulsione & attractione, continget vt hoc quiescens sit idem. Cum igitur hæ duę propositiones fuerint concessæ, consequitur ex eis q in animali est membrum quiescens, à quo incipit motus expulsiuus, & ad quod peruenit. Et, quia videmus q vltimum membrum, quod quiescit in motu locali, est cor, necesse est vt eius principium sit ex eo. Sic igitur est intelligendus iste
B locus, & istæ propositiones sunt manifestæ, & apparẽtes: sed verificare eas per inductionem, & dare causas apparentium in hoc, proprium est sermoni de motu animalium locali.

&l magnitudine, in circulari definitiõe tẽu. Cõsule 8. ph. c. 71 & 2. cœ. c. cõ. 35.

Appet q necesse est in oĩ motu, ut id, a quo ẽ motus, & ad quod est motus, sit quiescens necessario idẽ. 4. ph. 43. & 8. Phy. c. 84. & 21.

Quid sit mouens in imperfectis animalibus & quomodo eis insit.

Cap. 3.

OMnino quidem igitur sicut prædictum est, inquantum appetitiuum animal, sic ipsius motiuum est. appetitiuum autem non sine phantasia. phantasia autem omnis, aut rationalis, aut sensibilis est. hac quidem igitur & alia animalia participant: considerandum autem & de imperfectis quid mouens est, quibus tactus solum inest sensus: vtrum contingat phantasiã inesse his, aut non, & concupiscentiam. videtur enim lætitia & tristitia inesse. si autem hæc, & concupiscentiam necesse. Phanta-
C sia autem quomodo vtique inerit: aut sicut mouetur in determinate, & hæc insunt quidem, indeterminate autem insunt.

10 TX. *Ad summam sicuti diximus, animal qua appetitiuum est, eatenus sui ipsius motiuum est. appetitiuum autem sine phantasia non est. phantasia porrò omnis, aut ratione prædita est, aut sensitiua. atq; hanc quidem reliqua etiam animalia participant: sed de imperfectis etiam considerandum est, quid sit quod ea moueat, quibus sensus duntaxat tactus inest: vtrum fieri possit ut phãtasia et cupiditas in iis insit, an nõ? nã & dolorẽ & uoluptatẽ inesse apparet. quod si hæc insunt, & cupiditatem inesse necesse est. Atqui phantasia quomodo inerit? an quemadmodum mouentur indefinitè: ita hæc etiam, insunt illa quidem, uerum indefinitè insunt.*

Et

Et vniuersaliter sicut diximus, quia res, secūdum q̃ est animal D
habet appetitum, sic per illam intentionem mouet se. & desyderium non est extra imaginationem: omne enim imaginatum, aut
est sensibile, aut cogitabile: hoc enim inuenitur in aliis animalib⁹.
Consyderemus igitur in animalibus non perfectis quid moueat
ea, in quibus sensus non est nisi per tactum tantum. Dicamus igitur vtrum sit possibile vt habeant tristitiam & delectationem. &
si hæc duo habent, de necessitate, habent appetitum. Quomodo
igitur erit imaginatio? Aut forte, sicut mouentur motu intermina
to, sic etiam existit in eis. est enim in eis, sicut diximus cum imaginatione sensati non terminati.

56 D. & quia res, sm̃ q̃ est animal, habet appetitum, necesse est vt per illā
intentionem moueat se. & omnis appetitus non est sine imaginatione: o-
mne enim imaginans aut habet illam formam imaginarium, à qua mo
uetur ex sensu, aut habet eam ex cogitatione. in homine autem habetur E
ex cogitatione: in aliis vero animalibus ex sensu. Et, cum posuerimus q̃
omnis appetitus fit ex imaginatione: imaginatio autem fit ex quinque
sensibus in animalibus perfectis, oportet consyderare quomodo mouen
Dubium. tur animalia imperfecta, quæ non habent nisi tactum tantum. Et manife
stum est q̃, si ista habent delectationē & tristitiam, necesse est vt habeant
Idē secūdo appetitū. sed, si posuerimus ea habere appetitum, necesse erit vt habeant
de ala. 20. imaginationem. sed ista existimantur non habere imaginationem, cùm
non moueantur ad sensibilia nisi apud presentiam eorum, aut mouean-
Solutio. tur motu non terminato. Sed quocunque modo sit, dicamus q̃ quemadmodum mouentur motu non terminato, idest ad intentionem non terminatam, ita videtur q̃ imaginantur imaginatione non terminata, cùm
sentiant sensu non terminato.

Sensibilis quidem igitur phantasia sicut dictum est, & in aliis
animalibus inest: deliberatiua autem in rationalibus. verum. n. F
ageret hoc aut hoc, iam rationis est opus, & necesse uno mensura
re: maius enim imitatur: quare potest vnum ex pluribus phantasmatibus facere. & causa hæc eius q̃d non putari opinionē habere, quoniam eam quę ex syllogismo non habet: hæc autem illam:
propter quod deliberatum non habet appetitus. uincit autem ali
quando, & mouet deliberationem. aliquando autē mouet hęc ip
sum sicut sphæra, appetitus appetitum, quum in continentia fuerit. natura autem semper quæ sursum, principalior est, & mouet:
ut tribus lationibus iam moueatur.

SOPH. *Sensitiua igitur phantasia (quemadmodum dictum est) reliquis ēt
inest animalibus: deliberatiua uero in iis quæ rationē habent. utrum
enim hoc aget an illud, id iam rationis officium est. atq; necesse est*

A *unũ quendam semper metiri, maius enim persequitur: quare potest ex pluribus phantasmatibus unum facere. atq; hac est causa cur non habere opinionem uideatur: nimirum quia eam quæ ex syllogismo proficiscitur, non habet: proinde deliberatiuum appetitus non habet. uincit tamen interdũ, & mouet uoluntatem: nonnunquã hæc illum, ueluti sphæra: appetitus. s. appetitum, cum incontinentia fit. quæ uero superior est, semper est natura dominantior, & mouet: ita ut tribus demũ lationibus moueatur.*

Et hoc etiam inuenitur in aliis animalibus. Virtus autem cogitatiua est in rationabilibus tantũ. eligere autem facere hoc, aut hoc est de actione cogitatiua. & numerat ipsum vnum de necessitate, mouetur enim erga maius: ita ꝙ potest ex multis imaginationibus vt agat. Et hæc est causa existimationis. non enim habet co-
B gitationem, quia nõ habet rem, quæ fit à ratione. & hoc est, quod est illius propter delectationem: quia non habet virtutem cogitatiuam. Dominatur igitur, & mouet quandoq; illud, & quandoq; aliud. appetitus. n. mouet appetitũ secundũ sphæram, quando habuerit intentionẽ continentiæ: est enim scḋm naturã prior & motor, ita ꝙ sint motæ erga motum.

57 Dicit & imaginatio existit in aliis animalibus, cogitatio aũt in rationabilibus. Eligere enim facere hoc imaginatũ & non hoc, est de actione cogitationis, non de actione imaginationis. Iudicans enim ꝙ hoc imaginatũ est magis amabile q̃ hoc, debet esse eadem virtus de necessitate, quæ numerat imaginationes, & in quibusdam iudicat magis delectabilius. Et hoc intendebat, cum d. & numerat ipsum vnum de necessitate. & est secundum ꝙ reputo, & necesse est vt illa virtus numeret illas imagines,
C donec comprehendat ex eis magis amatum: sicut vnum numerat numeros inæquales, donec comprehendat ex eis magis maiorem. Similiter cogitatio numerat imagines, & comparat inter eas, donec possit pati ab imaginatione alicuius earum. Et hoc est causa, quare animal rationale habet existimationem. existimatio enim est consensus, qui prouenit à cogitatione. Deinde dixit. non enim habet cogitationem, &c. i. præter animal rationale nullum habet cogitationem, quia non habet rationem: & motus animalium est propter delectationem, & est motus simplex non diuersus, quia non habet virtutem cogitatiuam cum appetitu, ita ꝙ hæ duæ virtutes dominarẽtur sibi adinuicem, adeo ꝙ moueretur animal quandoque propter voluntatem, sicut in animali rationali. Deinde dicit, appetitus. n. mouet appetitum, &c. idest, accidit enim in habenti plus q̃ vnum appetitum, vt animal moueatur in quibusdam locis à duobus appetitibus insimul, quando acciderit vt vnus appetitus fuerit dominans & continens secundum: tunc. n. inducet ipsum ad suum motum, quando appetitus dominatus

Differẽtia inter phãtasiã hois, & aliorũ alalium.

mineatur remanet motus in suo motu proprio, sicut accidit in corporibus cœlestibus. Vnusquisq; enim orbium stellarum erraticarum videtur moueri per appetitum orbis stellarum fixarum motu diurno: licet cum suo appetitu proprio moueantur motu proprio. Deinde d. est enim secundum naturam, &c. i. & accidit huic sphæræ continere alias, s. dominari super eas propter hoc, quia est prior natura aliis & mouens eas: ita vt p hoc accidat vt aliæ moueantur ab ea. D

Idem. 12. Me. 37. & 44. & 2. Cœli. 58.

Scientificum autem non mouet, sed manet. Quoniam autem hęc quidem vniuersalis existimatio & ratio: alia uero particularis. hæc quidem enim dicit, φ oportet talem, tale agere. hęc autē φ hoc quidem tale, & ego talis: iam hęc mouet opinio, non quæ vniuersalis: aut utraque: sed hæc quidem quiescens magis: hæc autem non.

Scientiale autem non mouet, sed manet. Sed cum existimatio ac ratio, quædam sit rei uniuersalis: quædam, singularis: altera nanq; dicit oportere hunc talem, hoc tale agere: altera, hoc esse tale, & me etiam talem: hæc demum opinio mouet, non illa uniuersalis: An utraq;, sed illa quiescens potius: hæc, non item? E

SOPH. Aliter hunc locum interpretari possumus hoc mō vt uū hęc opinio mouet, nō illa vlis: an ambæ.

Virtus autem scientialis non mouetur, sed quiescit: quia illa est existimationis, & iudicij vniuersalis insimul, ista autem est particularium. illa. n. facit φ oportet tale facere talem actionem: & illud est, quia ista res est secundum hunc modū, ego etiam sum secundum illum. hoc. n. etiā mouet, sed non vniuersale. aut vtrunque: sed illud est quiescens, istud autem non.

58 Dicit, Virtus autem, quæ comprehendit vniuersale, non mouetur ad comprehensum: quia ista virtus est existimationis tm̄, & comprehensionis rei vniuersalis, res autem vniuersalis non mouet omnino, qm̄ nō sit aliquod hoc, idest singulare. virtus enim, quæ comprehendit particulare, est particularium, & mouetur, quando mouet. Intendebat igitur hic per virtutem, scientialem virtutem comprehendentem rem vniuersalē. D. d. illa enim facit, &c. i. virtus enim, quæ comprehendit vniuersale, affirmat φ oportet omne tale agat talem actionem: virtus autem particularis est, quæ comprehendit exemplum sibi sm̄ hāc dispositionē quā affirmauit, si esset sciens ut ageret illam actionem. Proueniet igitur à comprehensione istarum duarum virtutum congregatio per quam fit actio. Deinde dixit. hoc enim etiam mouet, &c. i. intentio enim particularis mouet: motio autem ad vniuersale non est ei. Aut dicamus φ motio est vtriq;. sed est vniuersali, quia est quiescens, & particulari quia est motum. & hoc intendebat cum d. sed illud est quiescens, istud autem non. i. sed si vniuersale fuerit mouens, erit secundum φ est quiescens, aliud autem particulare, secundum φ est motum. F

Summa

A SVMMA TERTIA.

Quæ animæ potentiæ quibus animantis necessario insint.

Nutritiuam animam omne uiuens necessario habere: sensum vero tactus ipsum animal: atq; etiam gustum, cùm sit tactus quidam. Cap. I.

VEgetabilem quidẽ igitur animam necesse est habere omne quodcunque viuum & animã habet, a generatione vsq; ad corruptionẽ. necesse est.n. quod generatur, augmentum habere & statum & decrementum. hoc autem sine alimento impossibile. necesse igitur inesse vegetabilem potentiam in omnibus generatis & corruptibilibus.

H. *Necesse igitur est quidquid uiuit & animam habet, nutritiuam habere animam ab ortu usq; ad interitum suum: quod.n. genitum est*
B *habere auctionem & statum & diminutionem necesse ẽ: quæ sine nutrimento haberi nequeunt. ergo necesse est nutritiuam potentiam omnibus ijs inesse quæ oriuntur & intereunt:*

Necesse est igitur vt anima nutritiua sit in omni, & vt anima existat in eis de generatione vsq; ad corruptionem. Necesse est.n. vt omne generatum habeat principiũ, & finẽ, & descensum, quæ non possunt esse sine nutrimento. ergo de necessitate, virtus nutritiua est in omnibus rebus augmentabilibus & diminuibilibus.

59 Cùm compleuit sermonem de omnibus virtutibus animæ vniuersalibus, vult demonstrare quæ est ex eis in animalibus propter necessitatem, & quæ propter melius, & d. Necesse est igitur vt anima nutritiua sit in oĩ viuo de prima generatione vsq; ad corruptionem. Necesse est enim vt 2. de Ala.
C omne habens animam, habeat crementum & diminutionem: cũ impossibile est vt subitò veniat ad suam perfectionem postremam, sed descendendo paulatim, & intrando in senectutem. Et, quia causa crementi nihil aliud est q̃ nutrimentum, & causa diminutionis nihil aliud est q̃ defectus cibi, & eius paucitas: necesse est vt anima nutritiua sit in omni, quod crescit, & senescit. & quia oẽ viuũ est tale, necesse est vt oẽ viuũ sit nutribile. 14.5. d ais 44. 8. Ph. 80.

Sensum autem non necesse in omnibus viuentibus. neque.n. quorumcunq; corpus simplex, contingit habere tactum. neq; sine hoc possibile est esse nullum animal. neq; quæcunq; non susceptiua specierum sine materia. animal autem necesse sensum habere, si nihil frustra facit natura. propter.n. aliquid omnia quæ sunt natura, subsistunt, aut concidentia sunt eorum quæ sunt propter aliquid. Si igitur omne processiuum corpus non habet sensum, corrumpetur vtique, & ad finem non vtique veniet, qui est naturæ

opus

opus. quomodo enim aletur? manentibus quidem enim exiſtit quod vnde nata ſunt. D

SOPH. *ſenſum omnibus ineſſe uiuentibus, neceſſe non eſt: neq. n. ea quorũ corpus eſt ſimplex, poſſunt tactum habere: neq. ſine eo ullum animal eſſe poteſt: neq. itẽ ea quæ non ſunt receptiua ſpecierum ſine materia. at animal neceſſe eſt ſenſum habeat, ſi nihil fruſtra facit natura. cuncta. n. quæ natura ſunt, alicuius ſunt gratia: aut ſunt caſus eorum quæ alicuius gratia ſunt. ergo ſi corpus quodq. greſſile non haberet ſenſum, utique corrumperetur, & ad finem non perueniret, quod naturæ opus & officium eſt. quo. n. pacto nutrietur? iis. n. quæ ſtabilia ſunt, hoc adeſt in eodem illo loco unde orta ſunt.*

Et non eſt neceſſarium ſenſibilem eſſe ſimpliciter. Et impoſſibile eſt ſine iſta vt animal ſit viuũ: neq etiã in rebus, quæ non recipiunt formã ſine materia. Neceſſe eſt igitur vt ſenſus ſit in animalibus, ſi natura nihil facit ocioſum. omnia enim exiſtentia per naturam aut ſunt propter aliquid, aut ſunt accidentia conſequentia, quę ſunt propter aliquid. omne. n. corpus ambulans ſine ſenſu corrumpitur, & non venit ad finem, cum fuerit de actione naturæ. Notũ eſt igitur ꝙ de neceſſitate inuenietur ſenſibilis in aĩalibus. eſt. n. ſecundum modum motus ſine ſenſu, ſed iſte etiam eſt in eis, quæ innata ſunt quieſcere. E

60 Et non eſt neceſſarium vt virtus ſenſibilis ſit ſimpliciter, ideſt in omnibus rebus, quæ creſcunt & corrumpuntur. Sed in animalibus tantũ eſt neceſſe vt ſit virtus ſenſibilis. impoſſibile enim eſt ſine hac virtute vt aliquid ſit animal: & hoc eſt in rebus recipientibus eam non in materia. hoc enim nomen † vita, dicitur de eis & iſtis æquiuoce: & innuit corpora cœleſtia. Deinde dixit. Neceſſe eſt igitur vt ſenſus ſit in animalibus, &c. i. & apparet ꝙ neceſſe eſt vt ſenſus ſit in omni animali, & hoc, quia natura nihil facit ocioſe. Omnia * enim naturalia aut ſunt propter aliquid, aut sũt accidentia conſequentia naturã de neceſſitate, & non intenduntur. v. g. pili, qui oriuntur in locis non determinatis in corpore. & cùm ita ſit, ſi animal non haberet ſenſum, cùm hoc ꝙ eſt ambulans, ſtatim corrumperetur anteꝗ perueniret ad complementum: & tunc natura ageret ocioſe, cùm incœpit generare entia, quæ non poſſunt peruenire ad finem in maiori parte, aut omnino. Notum eſt igitur ꝙ neceſſe eſt, vt virtus ſenſibilis ſit in animalibus ambulantibus de neceſſitate, ſcilicet quærentibus nutrimentum. Deinde dicit. eſt enim ſecundum modum motus ſine ſenſu. ideſt quoniam, ſi inueniretur aliquid moueri in loco ſine virtute ſenſibili, tunc illius eſſe eſt modo diuerſo ab eſſe generabilium & corruptibiliũ. & innuit corpora cœleſtia. Illa enim, quia non ſunt generabilia neq; corruptibilia, F

Vide. 12. Met. 34. & 2. Cœ. 61. & 2. de anima. 15.

† Vita æquiuoce dr̃ de ſuperioribus, & inferioribus. Con ſimile. 2. Cœ. 60. & 72.

* Oĩa nãlia aut sũt pp aliqd, aut ſunt accidentia cõſequẽtia nãm & ne ceſſitate. Idẽ. 2. Ph. t. cõ. 68.

A rupcibilia, si haberent sensum, tunc natura ageret ociose: quemadmodũ, si illa mobilia generabilia & corruptibilia non haberent sensum, tunc natura ageret ociose. Deinde dicit. sed ille etiam est in eis, quæ innata sunt quiescere. idest sed priuatio sensus debet esse de generabilibus & corruptibilibus in eis, quę innata sunt quiescere, & non moueri ad nutrimentum, scilicet in vegetabilibus.

Non potest autem corpus habere quidem animam & intellectum discretiuum, sensum autem non habere: non mansiuum existens, generabile autem: at vero neque ingenerabile. quare .n. non habebit: aut .n. animæ melius, aut corpori. nunc autem neutrum est. hoc quidem enim non magis intelliget, hoc autem nihil erit magis propter illud.

SOPH. *Fieri autem non potest ut corpus ullum habeat quidem animã & intellectum iudicantẽ: nõ praeditum, sensum uero non habeat, quod nõ*
B *stabile sit, sed generabile [quinimo ne ingenerabilẽ quidem] cur. n. nõ*
In aliquibus desũt hęc verba. *habebit? nam aut animæ melius erit, aut corpori: nunc autem neutrũ* * al. cur enĩ habebit.
est. illa .n. nõ magis ĩtelliget: hoc uero nõ ideo magis erit propter illud.

Et impossibile est vt corpus habens animam & intellectum, & iudicium sit sine sensu, cùm non sit remanẽs, siue fuerit generatũ, siue non fuerit generatum etiam. Causa enim, propter quam habet hoc, est quia non iuuatur per illud corpus, & anima. Modo autẽ non est aliquod istorum etiam, & illa autem, quia in maiori parte non intelligit: & ista quia in maiori parte non est.

61 D. Et impossibile est vt corpus habeat animum & intellectum sine sensu, cùm illud corpus non est remanens, sed generabile & corruptibile,
C siue fuerit simplex siue compositum. Et hoc intendebat, cùm d. vt reputo generatum, aut non generatum. causa enim, propter quam debet esse corpus animatum intelligens sine sensu, si potest esse, est quia illud corpus animatum non adiuuatur per sensum neque in anima, neque in corpore. Sed si posuerimus corpus animatum intelligens esse non generabile, neque corruptibile, manifestum est quòd non indiget sensu: cùm non haberet sensus in ipso aliquod iuuamentum. iuuamentum enim, quod est per animam, non habet, quia anima sensibilis impedit in maiori parte, idest intellectum. & hoc intendebat, cum dixit, & illa autem, quia in maiori parte non intelligit. i. virtus autem sensibilis, quia in parte maiori non intelligit animali intelligenti. Iuuamentum autem virtutis sensibilis, quæ est per corpus, non habet etiam, quia sensus in maiori parte non est causa longitudinis vitæ & durationis. Et hoc intendebat, cùm d. & ista, quia in maiori parte non est. idest & sensus in maiori parte est causa, quare res non sit, idest vt corrumpantur. & ideo sensibilia sunt minoris vitæ, quàm multæ plantæ.

Vide. a. Cõ. 61. Et 8. Met. cõ. 12. Et 12. Met. 36. A. a sensibi.' ipedit in maiori parte. Idẽ 2. de An. 151.

Nullum

A Et hoc scitur de istis rebus. Quia aĩal est corpus aĩatũ: & oẽ corpus est tangibile: & oẽ tãgibile est sensibile tactu: ergo corpus animalis necesse est vt sit tãgibile, si aĩalia innata sunt euadere. Et alij sensus residui sentiunt mediantibus aliis rebus, v. g. olfactus, & visus, & auditus. Si igitur tangibile non inuenitur in sensu, impossibile est vt recipiat quædam, & fugiat quædam, & sic impossibile est vt animal saluetur. Et propter hanc causam gustus est sicut tactus. est enim nutrimenti. & nutrimentum est corporis tãgibilis.

63 Et hoc scitur de his propositionibus. Quoniam omne animal est corpus animatum: & omne corpus est tangibile: & omne tangibile est sensibile per tactum: ergo corpus animalis, si debet saluari, & euadere ab occasionibus necesse est vt habeat tactum. Et alij sensus residui, quos habet, comprehendunt alia sensibilia mediãtibus aliis corporibus à suis propriis sensibilibus, verbi gratia, auditus, olfactus, & visus. Si igitur animal non sentit corpora tãgibilia, tunc impossibile est vt veniat ad quædã corpora, & vtatur eis in aliquo iuuamento, aut vt fugiat quædam nocentia.

B Et, cum ita sit, impossibile est vt animal saluetur. Deinde dicit. Et propter hanc causam, &c. i. & propter hanc necessitatem sensus gustus est necessarius in animalibus, sicut est tactus. Gustus. n. est propter nutrimentum, scilicet ad cognoscẽdum conueniens ab inconueniente. & nutrimentum est in corpore tangibili. & ideo necesse est vt gustans sit tangens, sicut declarauimus prius. 2. de. Ala. 101. 2. de. Ala. 101.

Sonus autem & color & odor non alunt, neq; faciunt augmentum, neq; decrementum. Quare & gustum necesse est tactũ quendam esse, quia tãgibilis & vegetatiui sensus est. Hi quidem igitur necessarii sunt aĩali: quo & manifestum, q; non possibile sine tactu animal esse, alii aũt propter bonum, & generi animalium iam nõ cuicunq;, sed quibusdã, vt processiuo, necesse inesse. Si. n. debet saluari animal, non solum tactum oportet sentire: sed & de longe.

C 603 H. *Sonus autem & odor & color non nutriunt, neq; auctionẽ aut diminutionem efficiunt: ideo etiam gustum tactum esse quendã necesse est, quia rei tactilis & sensitiuæ sensus est: Atq; hi quidẽ animali necessarii sunt, & perspicuũ est fieri non posse ut sine tactu animal sit: reliqui uero gratia eius quod bene est, ac generi demum animalium non cuilibet, sed cuidam, ueluti gressili, necesse est insint: nam si saluum futurũ est animal, nõ solũ oportet tangẽdo sentiat: uerum etiam è longinquo.*

Sonus autem, & color, & odor non nutriunt neq; fit ex eis augmentũ, aut diminutio. Et propter hanc causam gustus de necessitate fuit aliquis tactus, quia sensus non est nisi tangibilis, & nutribilis. Isti aũt sunt animalium de necessitate, & manifestum est q;

impossibile est animal esse sine sensu. Isti aũt alij sunt vt sint meliores. & hoc non accidit cuilibet generi animalium, sed quibusdam. & sicut est necessarium, vt istud sit ambulans, si innatum est saluari: & non vt sentiat, quando tetigerit tantum, sed à remoto etiam.

64 D. Sonus autem, & color, & odor non nutriunt corpus, quando veniũt super ipsum, neq; faciunt in corpore additionem, aut diminutionem, sicut facit nutrimentum. Et propter hanc causam, quam dicit, gustus de necessitate est aliquis tactus, idest quia sensus gustus est alicuius tangibibilis nutrientis. & hoc intendebat cùm d. quia sensus non est nisi tangibilis. Deinde dicit. Isti autem sunt animalium de necessitate, & intendebat sensum tactus, & sensum gustus. Deinde dicit. Isti autem alij, idest tres sensus alij. D.d. & hoc non accidit, &c. & isti tres sensus non inueniuntur in quolibet genere animalium sed in quibusdam. D.d. & sicut est necessarium vt istud sit ambulans, &c, idest & sicut animal, cùm necesse est ei, vt sit ambulans, si innatũ est saluari, perfectius est ei vt non comprehẽdat sensibilia nociua, & vtilia de propinquo tñ, & per tactũ, sed extremoto ẽt: quia per istos duos modos sentiendi saluabitur perfectius, & melius. E

Hoc autem erit si per medium sensitiuũ fuerit, eo q & illud quidẽ a sensibili patiatur & moueatur, ipsum aũt ab illo. Sicut.n. mouens sm locum, usq; alicubi permutari facit. & depellens alterum facit ut pellat, & est per medium motus. & primum quidem mouens, depellit & nõ depellitur: ultimum autem solum depellitur, non depellens. medium autem vtrũq; (multa autẽ media) sic in alteratione: preter q vnum manens in eodem loco, alterat. vt si in cerã tinxerit aliquis, vsq; ad id mota est, usq; quo tinxit: lapis aũt nihil: sed aqua vsq; quo procul: aer aũt ad plurimum mouetur, & facit & patitur, si maneat & vnus sit. vnde & de repercussione est melius q visum egrediendo repercuti, aerem pati a figura & colore, vsque quo quidem sit vnus (in leni aũt est vnus) propter quod iterum hic visum mouebit: sicut vtique si in ceram sigillum ingrederetur usque ad finem: F

SOPH. *Quod quidem fiat, si per intermedium sensitiuum fit: eò quòd illud quidem à sensibili patiatur & moueatur, ipsum autem ab illo. Quemadmodũ.n. quod loco mouet, quadantenus transmutari facit: & quod pepulit aliud efficit ut pellat, & est per mediũ motus: ac primũ quidẽ mouens, pellit nec pellitur: ultimũ uero duntaxat pellitur, nõ pelles: mediũ aũt horũ utrunq; (multa aũt sunt media) sic ẽt in alteratione: nisi quod in eodẽ loco manentia alterant: ut si quis in cerã mergat quidpiã, usq; eò mota est, quò tinxit. lapis aũt nihil prorsus: at aqua lõgius: aer uero lõgissime mouetur, & agit & patitur, si permaneat & unus sit.*

proinde

A *protendi de refractione rectius censendũ est, aerẽ pati à colore & figura, donec sit unus, (in leui aũt est unus) quàm uisionẽ egredientẽ refringi. quãobrem rursus is quoq; uisum mouet, non secus ac si signum quod in ceram imprimitur, usq; ad imam ceram transmitteretur.*

Et hoc nõ erit, nisi quando fuerit sensibile per mediũ, quia aut illud patitur à sensibili & mouetur, hoc uero ab illo. Et, sicut illud, quod mouet in loco, agit quousq; transmutetur, & similiter quod expellit aliud, donec expellatur, & erit motus per mediũ, primũ aũt mouet, aut expellit absq; eo ꝙ expellitur, aliud aũt expellitur tñ & nõ expellit, mediũ aũt habet vtrunq;, & media sunt multa, & sic est de trãsmutatione, sed quiescẽs in eodẽ loco. Et, sicut q̃ ĩprimit in cerã, imprimit q̃diu mouet, & ad locũ ad quẽ ꝑuenit ĩpressio. lapis. n. nõ imprimit oĩo. sed aqua ĩprimit in remoto spatio &
B aer mouetur multum, & agit & patitur si remanet, & est idem. Et propter hanc causam melius est vt aer patiatur per conuersionẽ à corpore, & à colore, quod possibile fuerit aut visus per trãsmutationem, & cõuersionẽ, & est idẽ in rebus lenibus. Et ideo hoc mouet visum ẽt, sicut sigillũ existens in cera redditur ad vltima eius.

65 D. & hoc sentire, quod est ex remoto, fit, quando sensibile mouerit sentiens per medium. quoniam quando illud, quod est medium, patitur, & mouetur à sensibili: & hoc, quod est sensus, patitur à medio. Deinde dicit, Et sicut illud, quod mouet in loco, &c. i. &, quemadmodum corpus mouens in loco indiget in hoc, quod moueat, vt agat, quousque moueatur & transmutetur: & similiter illud, quod expellit aliud, indiget vt expellatur,
C & tunc expelletur: & sic motio in talibus rebus componitur ex tribus ad minus, s. primo motore, & medio, & postremo moto. primus autem motor expellit & mouet, & non mouetur: postremũ aũt motum expellitur & mouetur, & non mouet: medium autem facit vtrunq;, s. mouet & mouetur: mediũ autem potest esse vnũ, & põt esse plus vno. D. d. & sic est de transmutatione, &c. i. & fm dispositionẽ, quã narrauimus de motu in loco, s. ꝙ cõponitur ex tribus rebus, ita est de hac transmutatione, quæ fit à sensibilibus sensuum per media. Sensibilia. n. mouent & non mouentur, & media inter ea mouẽt sẽsus & mouent à sensibilib⁹, & sẽsus mouent & nõ mouẽt. Sed est dña inter ea, ꝙ ista trãsmutatio, q̃ est in istis reb⁹ media est, & mediũ ꝑmanẽs in eodẽ loco, & nõ trãsfert ab eo: illic aũt mediũ trãsfertur, & fit postremũ motũ. Et cũ declarauit ea, in quib⁹ cõicat ista trãsmutatio cũ transmutatione in loco, & in quibus distinguitur ab ea, dedit exemplũ in hoc, & d. Et sicut qui imprimit in cerã, &c. i. & iste motus, qui est medij in suis partibus à sensibili, valde est similis impressioni sigilli in cerã: & quẽadmodũ cera mouet cũ suis partibus à sigillo: & ille motus peruenit in cerã ad quodcunq; põt ꝑuenire virtus imprimentis: & cera permanet in oĩbus suis partibus, ita est dispõ in motu medij cũ sensi-

Octa. Phy. 34. & 35.

Vide ps. lo 6. 2. de Ala. 113.

CC ij bilibus,

sensibilibus, s. ꝙ exprimitur ab eis, & expellitur ad omne, ad quod peruenit expressionis virtus: & est permanens in suo loco non motum. D. d. lapis aũt, &c. i. & iste motus non adaptatur in omni corpore: lapis autem, & sibi simile non exprimitur omnino, sed exprimitur illud, quod est sicut aqua. aqua. n. vĩ exprimi in remoto spatio, & similiter aer. multotiens. n. vĩ agere & pati ab expressione, qñ fuerit fixus fm totũ, non motus neq; diuisus. D. d. Et pp hanc cãm melius est vt aer patiat, &c. i. &, quia in medio possibilis est hæc impressio, iõ melius est dicere in cõuersione, q̃ fit in audibilibus & uisibilibus, ꝙ nihil aliud est nisi quia aer conuertitur per illũ motum, qui est in eo, & illã passioné, quæ fit ex sensibilibus & visibilibus, qñ occurrerit aliquid, in quo non potest pertransire ille motus fm rectitudinem ad sensus, melius est quàm dicere conuersionem esse corporũ extra visum: sicut dicunt quidam Antiquorum, & concedunt Perspectiui, cùm nulla sint illic corpora extrinseca. Deinde dicit. & est idem in istis rebus lenibus, &c. idest & iste motus est idem in rebus humidis. & hoc intendebat per lenibus. & ideo aer mouet visum etiam. quemadmodum si sigillum existens in cera redderetur ad postremum finem, adeo quòd moueret aerem in parte secunda, ita sensibile mouet aeré, ita ꝙ pertransitur p ipsum ad superficié tangentem sensum, & sic mouet sensum. B E

Animalis corpus simplex esse minime posse: cùm sensus tactus sit ei necessarius, alij uero sint ad bene esse. Cap. 2.

QVod autem impossibile sit simplex aĩalis corpus esse, manifestũ est. Dico aũt puta igneum, aut aereũ. Sine quidẽ. n. tactu, neq; vnum contingit animalium sensum habere. corpus. n. tactiuum, animatũ omne, sicut dictum est. Alia autem per altera sensitiua quidem vtiq; fierent, omnia autem eo ꝙ per alterum sentire, faciunt sensum, & per medium. tactus autem est in tangendo ipsa. propter quod & habet hoc nomen. & tñ alij sensus tactu sentiunt, sed per altera. hic autem videtur solus per ipsum. Quare huiusmodi elementorum nullum vtiq; erit corpus animalis: neq; itaq; terrenum. Omnium. n. tangibilium tactus est sicut medietas, & susceptiuus sensus non solũ quæcunq; differentiæ terræ sunt: sed calidi & frigidi & aliorum omniũ tangi possibilium. & propter hoc ossibus & capillis, & hmõi partibus, nõ sentimus, quia terræ sunt, & plantæ etiam ob hoc neq; unum habent sensũ, quia terræ sunt. sine aũt tactu, neq; vnũ possibile est esse aĩalium. hic aũt sensus non est, neq; terræ, neq; alius elementorũ nullius. F

IOPH. *Perspicuum igitur est fieri non posse ut simplex sit corpus animalis, uerbi causa igneum aut aereum: nam sine tactu, nullus alius sensus habere potest: omne enim animatum corpus, tactiuum, ut diximus est. Reliqua uero præter terram sensoria quidem fieri possunt, cuncta uero*

per

A *per aliud sentiendo sensum efficiunt, & per intermedia. at tactus in tangendo ea consistit. quamobrem etiam nomen hoc habet. at qui et alia sensoria tactu sentiunt, sed per alia: hic aūt uidetur solus per se. Quare nullum eiusmodi elemētorum fuerit corpus animalis. Neq; uero terreum. tactus.n. quasi mediocritas est omnium tactilium. atq; sensorium hoc, non solum differentiarum, quæ terræ sunt receptiuum est, uerum etiam calidi & frigidi, ac reliquorum omnium tactilium. quo fit ut nec ossibus nec pilis nec id genus aliis partibus sentiamus, quia terræ sunt. & plantæ, propterea nullū habent sensum, quia terræ sunt: at sine tactu, nullus alius esse potest. hoc autem sensorium neq; terræ est, neq; ullius alterius elementorum.*

Manifestum est igitur ꝙ impossibile est vt corpus animalis sit simplex, sicut ignis, aut aer. Impossibile est. n. vt habeat vnū aliū
B sensum præter tactum. oē. n. corpus animatum est tangibile, fm̄ ꝙ diximus. Et illa alia sunt instrumenta sensus præter terram. ossa. n. faciunt sensus, quia sentiunt per aliud, & per medium. tactus. n. fit tangendo: & ideo vocatur hoc nomine. Et hoc est, ꝙ alia instrumēta sensus non sentiant, nisi mediante tactu, sed hoc est per alia media: illud autem existimatur contentū per se. Et ideo nullum istorū elementorum est corpus animalis. Neq; terra. tactus. n. est quasi medium aliis sensibilibus. & instr̄m recipiens non congregat tātum mutationes terrestres, sed & calidum, & frigidum, & alia tangibilia. Et ideo non sentimus per ossa, & pilos, & per tales partes. Et ideo vegetabilia nō habent aliquem istorū sensuum, quia sunt ex terra. Impossibile est. n. vt alius sensus sit sine tactu, & hoc in-
C strumentum, qđ est sensui, non est ex igne. neq; ex aliquo illorum aliorum elementorum.

66 D. Impossibile est vt corpus animalis sit simplex. impossibile est enim vt animal habeat aliquem trium sensuum sine tactu. omne enim animatum debet esse tangēs. D. d. Et illa alia, &c. i. & corpora simplicia sunt instrumenta trium sensuum, præter terram, quæ non est instrumentum alicuius sensus. & hoc fuit, quia omnes isti sensus. s. tres, agunt sensum, quia indigent simplicibus instrumentis, & medio extrinseco. i. denudatis à sensibilibus. s. vt instrumentum in visu, & medium non habeat colorem, neque in olfactu odorem, neq; in auditu sonum. Et quæ denudātur ab istis, aut sunt corpora simplicia, aut in quo dominantur corpora simplicia. sed tactus differt ab istis sensibus, quia comprehendit suum sensibile sine medio. & ideo nullo elemento medio vtitur in extrinseco. Et, cùm declaratū est hoc de sensu tactus, necesse est vt suum instrumentum nō sit simplex. Et vniuersaliter vult declarare hoc, quòd tactus in hoc differt ab aliis sensibus.

Id&. 2. de Aīa. 130.

Tactus cōprehendit suū sensibile sine medio.

Opp. 2. de

Ala. 107. 108. usq; ad. 115. Vide cōe. Zim. sibus. Alii enim sensus, si possent denudari à tactu, tunc possibile esset q̃ corpus animalis habentis illos sensus esset simplex. tactus autem est econtrario. s. q̃ impossibile est q̃ suum instrumentum sit simplex. Omne. n. instrumentum debet denudari à sensibili. &, quia impossibile est vt aliquod corpus denudetur à quatuor qualitatibus, necesse est vt instrumentum istius sensus sit medium. i. admistum ex elementis. Et, cùm ita sit, contingit vt ista virtus sit causa essentialis, quare corpus animalis est compositũ. D

D. d. Et hoc est, q̃ alia instrumenta sensus, &c. i. &, cùm alii sensus vtunt̃ elementis tribus pro instrumentis & mediis, necesse est vt tactus non vtatur aliquo eorum, & q̃ suum instrumentum sit compositũ non simplex: licet instrumenta, quibus illi vtuntur, non possint denudari à tactu, & ex hoc modo sunt composita. &, si hoc nõ esset, necesse esset vt essent simplicia. D. d. sed hoc est per alia media. i. sed indigentia eorum à tactu non est indigentia eius, quod comprehendit suum sensibile per illum sine medio. sed per alia media, & per alia instrumenta. D. d. Et ideo nullum istorum elementorum, &c. i. & propter hoc, quod diximus, nullum istorum est corpus animalis. Neq; terra etiam, sin q̃ est simplex, aut proprie simplex. cùm alii sensus vtantur elementis quasi instrumẽto, & medio: & ista est alia virtus ab illis: quapropter non vtitur elementis pro instrumento, cùm suum instrumentum debet esse medium inter tangibilia, cùm non possit denudari à qualitatibus tangibilibus, neque posset comprehendere tangibilia, si esset tangibilis simplex. i. in fine alicuius qualitatis tangibilis. E

Vide. 1. de ala. 118.

D. d. & instrumentum recipiens non congregat, &c. i. & instrumentum recipiens tactum non de necessitate habet qualitates terrestres tantum, sed calidum, & frigidum, & alia tangibilia. & ideo necesse fuit, vt recipiens tãgibile sit medium: cùm non possit denudari ab omnibus: neq; etiam posset sentire, si aliqua alia qualitatum tangibilium denudaretur in eo. & ideo non sentimus per ossa, neq; per pilos propter dominium qualitatum terrestrium in his corporibus. Et ideo vegetabilia nõ habent sensum tactus, quapropter neq; aliquos sensus: quia impossibile est alios sensus inueniri sine tactu: & instrumentum tactus neq; est ignis, neq; aliud corpus elemẽtorum, neq; est corpus attributum eis secundum dominium. F

Manifestum igitur q̃m necesse hoc solo priuata sensu animalia, mori. neq; .n. hunc impossibile est habere, non aĩal existens: neq; cum sit animal, alium necesse est habere præter hunc. Et propter hoc quidẽ alia sensibilia excellentiis non corrũpunt animal, vt color & odor & sonus, sed solũ sensus: nisi s̃m accidens. puta si simul cum sono, depulsio fiat, & ictus: & à visis & odore alia mouentur quæ tactu corrumpunt. & humor autem s̃m q̃ accidit simul tactiuũ esse, sic corrumpit. tangibilium aũt excellentia vt calidorũ & frigidorum & durorum corrumpit animal.

IOPH. *Non ergo dubium est quin animalia, cum hoc solo sensu priuantur, necessario moriantur. neq; enim fieri potest ut cum habeat quod non sit*

animal:

A *animal: neq; si sit animal alium praeter eum habeat necesse est. Quamobrem caetera quidem sensibilia animal excessibus non corrumpit suis, ut color, ut odor, ut sonus, sed sensoria tantummodo: nisi forte per accidens, uerbi causa si unà cum sono, pulsus fiat & ictus: & à quibusdam uisis & ab odore alia moueantur, quae tactu corrumpant. Quinetiam sapor, qua simul accidit ut tactilis sit, eatenus corrumpit: at tactiliũ exuperantia, ut calidorum, frigidorum, durorum, corrumpit animal.*

Declaratum est igitur ꝙ aīalia moriuntur necessario, quando caruerint hoc sensu tantũ, & ꝙ est impossibile vt non sit in animalibus. aīalia.n. non de necessitate habent alium sensum, nisi istum. Et ideo alia sensibilia non corrũpunt animalia per dominiũ, v.g. color, & sonus: & olfactus: sed tantum corrũpunt instrumenta sen
B sus, nisi hoc sit per accidens. v.g. ꝙ cum sono sit magna percussio. oēs.n. isti corrumpunt animalia, sed per accidens. & ideo sapores etiam nocent animalibus mediante gustu, gustus.n. est aliquis tactus. Dominium autem tangibilium, v.g. calidi, & frigidi, & duri corrumpunt animalia.

67 D. Declaratum igitur est ex hoc sermone ꝙ animalia moriuntur, quando caruerint tactu, & ꝙ impossibile est vt iste sensus non existat in animali, dum animal est animal: quod non est de aliis sensibus. non enim est necessarium vt animal habeat alium sensum praeter tactum. & propter hoc, dominium & vigor aliorum sensibilium non corrumpunt animal, v.g. fortis color, & fortis sonus, & fortis odor: sed tantum corrumpunt sua instrumenta propria: nisi per accidens, verbi gratia, quando cum sono fuerit magna percussio. & similiter de colore, & odore. sapores autem nocent animalibus essentialiter mediante gustu: gustus enim est aliquis tactus.
C sed qualitates corrumpentes animalia sunt tangibiles, verbi gratia calidũ, frigidum, & durum.

Omnis quidem.n. sensibilis superfluitas corrũpit sensum: quare & quod tangi potest tactũ: hoc aũt determinatum est viuere. Sine aũt tactu monstratũ est ꝙ impossibile est animal esse. Vnde tangibiliũ excellentia non solum corrumpunt sensum, sed & aīal. quia necesse est solũ habere hunc. Alios aũt sensus habet animal sicut dictum est. non propter esse, sed propter bene esse, vt visum, quia in aere & in aqua, vt videat. oīno autē quia in diaphano. gustũ autem propter delectabile & triste, vt sentiat quod in alimento, & concupiscat & moueatur. Auditum aũt, vt significetur aliquid ipsi. Linguam aũt, quatenus significet aliquid alteri.

10 F H. *Nam sensilis cuiusuis exuperantia corrũpit sensoriũ: quamobrē tactile etiam tactum. hoc autem animal definitum est: est sensum namq;*

est

est fieri non posse, ut sine tactu animal sit. itaq; fit ut tactilium excessus non solum sensorium, sed animal etiam corrumpant. quandoquidem necesse est animalia hunc solum habere. Reliquos autem sensus habet ut diximus animal, non ut sit, sed ut bene sit: uelut Visum, quandoquidem in aere & in aqua & omnino in translucido uersatur, ut uideat: Gustatum, propter iucundum & molestum, ut id quod in alimento est, sentiat, idq; cupiat ac moueatur. Auditū, ut ei aliquid significetur. Linguam, ut ipsum quidpiam alteri significet.

Et dominiū cuiuslibet sensibilis expellit instrm̄ sensus. & ideo tangibile expellit tactum. & per istum fuit definitum .s. viuere, animal. n. impossibile est vt sit sine tactu. Et ideo dominiū tangibilis non tantum corrūpunt instrm̄ sensus, sed etiā & animal. quia est necessariū animali vt sit ens, non vt sit in meliori dispositione. Illi aūt alii sensus sunt in aīali propter melius. Visus aūt vt aspiciat in aere, & aqua. Et similiter de gustu, vt sentiat delectabile, & tristabile, & vt habeat appetitū & moueat. Et silr de olfactu. Auditus aūt, vt audiat rem. Lingua vero, vt significet rem alio modo.

68 Idest, Et dominium omnis sensibilis, quando fuerit intensum, corrūpit suum instrumentum proprium, siue fuerit tactus, siue alterius. D.d. & per istum fuit definitum, &c. i. & per hanc virtutem, s. tactum, definitur animal. & causa in hoc est, quia impossibile est vt animal sit sine tactu. Et ideo accidit ꝙ tangibile intensum non tantum corrumpit instrumētum sensus, sed animal essentialiter: quia sensus tactus est de rebus necessariis animali. s. vt sit ens, non secundum ꝙ sit esse melioris, sicut est de aliis sensibus residuis. D.d. Visus autem, vt aspiciat in aere, & aqua. Et similiter de gustu, s. ꝙ primo est propter appetitum cibi. Auditus, autem vt audiat rem. i. sonos, & intelligat per eos in animalibus rationabilibus, & in aliis brutis: in animalibus rationabilibus, vt intelligant intentiones, quas significant verba. Lingua autem, vt notificet rem alio modo. & innuit, vt puto, iuuamentum, quod est in verbis, non gustus. hoc enim iuuamentū magis apparet propter melius quàm in gustu: quoniam gustus reputatur eē necessarius propter suam vicinitatem tactui. alii autem sensus sunt propter melius: & precipue visus, & auditus. & hoc est manifestum.

Librorum Trium de Anima finis.

MARCI ANTONII ZIMARAE.

Solutiones Contradictionum in dictis Aristotelis, & Auerrois.

Super Primo de Anima.

1. de an. tex. 1.

Ontradictio est super tex. primo. Aristote. enim & Commenta asserunt scientiam alteram altera præstabiliorem & nobiliorem esse ex subiecti nobilitate. Sed huius oppositum habetur ab Auerr. in primo de partib⁹ animalium iuxta finem, vbi habet ꝙ scientia Naturalis plus apparet in materia viliori, quàm in alia nobiliori. Et confirmat hoc ex arte, vbi ingenium artificis, & ars magis ostenditur in materia vili quàm in materia nobili, vt testatur etiā cōmenta. 12. meta. cō. 18. authoritate Themistij. Dixerunt nonnulli, ad pauca respicientes, non fuisse ex intentione Philosophi vnquam scientiam sumere nobilitatem à subiecti differentia. Sed mirum est de istorum audacia, ne dicam temeritate, qui vt aliquid inanis nominis sibi vendicarent, conati sunt contradicere patribus Antiquis, & veritati. Nam etiam Themistius hoc idem asserit, quod Commenta. & exempla Commenta. sunt exempla Themist. vt patet. Nā Aristo. 9. meta. tex. cō. 13. ostendit ꝙ actus præcedit potentiam nobilitate, & ꝙ scientia in actu est nobilior scientia in potentia, & 6. meta. tex. cō. 1. ostendit scientiam honorabiliorem esse honorabilioris generis. & quomodo imaginari potest ꝙ altera alteram excellat in nobilitate, & non differat ab eadem. omne enim ens omni enti comparatum, aut est idem, aut diuersum, vt patet.

Solutio. Dicamus igitur ꝙ secus est de natura & arte, & secus est de scientijs speculatiuis, quas nos habemus de rebus. Natura.n. facit naturalia, & ars artificialia. & ita etiā ars magis fulget in materia vili, q̄ in materia nobili propter duas causas, quia, vt dicit Themistius, vt recitat Comment. 12. meta. cō. 18. magis debemus mirari de ingenio artificis facientis aliquid ex luto, quàm ex auro: quia nobilitas materiæ obumbrat vigorem artis præferendo apud communem hominum cognitionem, qui ab extrinsecus iudicant, vt dicebat Anaxag. referente Arist. in 10. ethi. cap. 10. qui dicere consueuit nequaquam mirari si absurdus multitudini videretur. nam multitudo solum iudicat à rebus externis. sapientes autē magis admirantur artem, quàm materiam arti subiectam. & sic intelligitur dictum Themist. & hæc est prima causa. Secunda causa est ex impossibilitate materiæ, quia materia vilis ex sui impossibilitate cum maiori difficultate recipit impressionem artis, aut naturæ, & difficilior redditur generatio. & hāc causam tetigit Commen. in allegato loco. Sed habet dubium contra se. quia tunc generatio animalium ex materia putri esset difficilior quàm animalium ex semine genitorum, quod non concedimus, quia citius, & facilius generarētur, vt dicta experiētia. sed prima causa Themist. magis placet. Et ideo in talibus, vt est natura & ars, quia sunt causæ rerum, secus se habet quia in operationibus naturæ, & artis sapientes magis exercitantur in contemplando scientiam Naturalem, id est à qua natura dirigitur, quàm ex rebus nobilioribus, vbi in eorum generationibus patent res particulares. Sicut Philosophi plus admirantur de generatione animalium ex putri materia generatorum, quomodo talia generentur, & qualis sit eorum generatio à sibi simili vel cōuenienti, quàm in generatione animalium, quæ ab vniuoco generantur, vbi causa proxima est nota ad sensum licet animal tale plus ex se perfectionem diuinam repræsentet, & participet, quàm animal vile. quia distantiæ entium sunt diuersæ valde, sed in scientia nostra secus est quia est causata à scibilibus rebus, & intelligere nostrum sequitur naturā & nobilitatem rei intellectæ, & ordinem rerum, vt dicit Commenta. in libro destruct. in disputa. 6. & 12. in plerisque locis, & 12. meta. cōmen. 51.

1. de an. tex. 8. Secunda contradictio est in tex. 8. Arist. dicit in hoc tex. ꝙ animal vniuersale, aut nihil est, aut posterius est. Sed huius oppositum habetur, 12. metaphysi. cōmen. 27. authoritate Alexan. vbi dicitur, ꝙ vniuersalia sunt priora in intellectu particularibus, quæ cum auferuntur, auferuntur particularia. & ideo existimantur esse substantiæ.

Solutio Auerr. Soluitur. Auer. locum illum interpretatur de illo vniuersali Platonico separato secundum esse à singularibus, dicens, illud, aut nihil esse, aut si sit, nihil proficere ad definitiones rerum: quia res possunt sciri per definitionem, non cogitando aliquid de tali vniuersali separato. Pro illa expositione

Auer. ad idem Philosophi in 7. metaph. cap. 7. in fine capituli, satis ad propositum. Sol. Alex. Alexander autem satis subtiliter interpretatus est locum illum in 1. libro naturalium quaestionum, quaest. 11. & breuiter sua interpretatio in hoc consistit, quod animal vt vniuersale conceptum siue vt genus posterius est. ista enim sunt de secundo intellectu, & talia non significant aliquam veram naturã, aut substantiam, sicut animal bene est significatiuum substantiae cuiusdam, quia significat substantiam animatam sensitiuã, & est res aliqua, & aliqua natura, cui accidit vniuersalitas & generalitas. sunt enim ista accidentia, semper autem accidens est posterius natura, cui accidit. Et ideo Aristo. animaduertens ad hoc, quòd animal vniuersale, idest sub intentione vniuersalitatis, vel sub intentione generalitatis, vt sic aut nihil est, quia non significat vt sic naturam aliquam subsistentem extra animam, quia talis intentio est ens in anima tantum, & diminutum: aut posterius est, quia vt sic, significat intentionem accidentem rei & naturae, cui accidit vniuersalitas, & generalitas. nam, si vnum solum animal in natura subsisteret, adhuc natura illa, quae est substantia animata sensitiua remaneret: tamen non esset illud vniuersale praedicabile de pluribus. & ideo vt sic est aliquid posterius. Dicit enim Commentator in septimo primae philosophiae commen. 46. definitiones vniuersalium habent aliquam dispositionem dispositionum substantialium existentem extra animam, & qualitatem accidentem eis: significans nobis per hoc quòd vniuersale potest sumi dupliciter, videlicet pro natura & re, quae est fundamentum, & pro qualitate, quae est intentio & accidens, fundatum in illa re. & sic quò ad qualitatem vel animal sub illa qualitate conceptum, quatenus sic concipitur, aut nihil est, aut posterius. Et ita locus ille potest legi secundum mentem Aristot. Sed qualitercunque sit, quantum ad propositam contradictionem, isto modo respondetur, quòd vniuersalia possunt dupliciter comparari ad particularia, vno modo quò ad esse, alio modo, quò ad intellectum. ista est distinctio Auerro. authoritate Alexand. in 12. metaphysi. commen. 27. quòd si comparentur quò ad esse, sic sunt posteriora. vnde Aristote. dicit in praedicamentis, quòd ablatis primis substantijs impossibile est aliquid aliorum remanere. sed quò ad intellectum secus est. Hoc dicit Cõmenta. expressè ex intentione Alexandri in cõmen. vigesimoseptimo, duodecimo primae philosophiae: ita etiam dicit dominus Albertus. 11. primae philosophiae, tractatu primo capit. secundo.

Tertia contradi. est in tex. 16. Aristote. & Commen. ponunt differentiam inter Physicum & Dialecticum, quia Dialecticus definit per formam, & Naturalis per materiã. Sed oppositum habetur ex primo physico. cõm. 1. vbi dicitur quod Mathematicus solum genus causae formalis considerat, & ita omnes definitiones mathematicae erunt dialecticae & vanae, aut assignetur causa diuersitatis inter Dialecticum & Mathematicum. 1. de ala. tex. 16. Solutio. Soluitur. ideo definitiones dialecticae sunt per formam, quia forma est subiectum vniuersalitatis & communitatis, vt dicit Commenta. primo coeli cõm. 92. & ideo non faciunt scire. Amplius autem licet forma sit causa alicuius effectus, non tamen ab ipso Dialectico consyderantur, vt est causa talis effectus, alioquin non solum per formam, verum etiam & per materiam definiret, vt appetitus vindictae, licet sit causa accensionis sanguinis circa cor, non tamen Dialecticus in definiendo iram per appetitum vindictae, definit, vt per causam accensionis: quia talis definitio esset relatiua, & non absoluta, sicut sunt definitiones naturales. vnde Commenta. dicit dispositiones absolute consyderatas. quod propterea dicit ad differentiam Naturalis, qui definit per formã, vt est causa materiae: secundi physicorũ in 26. & 91. Sed dialecticus definit per formã absolute consyderatam, non consyderando vt est causa materiae, nec alicuius materialis proprietatis. vnde cum in rebus plurimis haec tria sint, materia, & forma, & causa, per quam forma est in materia, omnia ista ponuntur in definitionibus naturalibus. & hoc est, quod dicit Arist. 15. tex. quia ira, & quaelibet passio animae concupiscibilis definitur, vt est in materia ab hoc, & huius gratia. sed Dialecticus per solam formam debet definire. Mathematicus autem licet consyderet formam, quae sm esse est in materia, non tamen consyderat causam propter quã forma est in tali materia trãsmutabili, quia hoc consyderat naturalis. & isto modo dicitur solum genus causae formalis Mathematicus consyderare, tamen bene Mathematicus istam formam consyderat, vt est causa proprietatum fluentiũ à tali forma, vt in tali esse abstractionis consyderatae sunt, Geometer. licet non consy-

derec

Mathematicus est à cōseformiam consyderat ei vt est finis vide The. 2. phy. super 74. & Auerr. ibi.

deret figuram triangularem, vt habet causam, quia est in materia sensibili, puta vel in ære aut ligno, consyderat tamen causam proprietatum illarum, & vt habet talem causam, videlicet quia habet tres, & per illam demonstrat. Secus autem est de Dialectico, quia Dialecticus non solum non cōsyderat formam abstrahendo ab hoc, quod est habere causam sui esse in materia sensibili, immo etiam neque consyderat ipsam, vt est causa, vel habens causam alicuius effectus, vel alicuius proprietatis. & ideo cōsyderatio eius est absoluta communis, & vana per consequens, pro quanto non potest esse medium in demonstratione, quæ est per causam, propter quam res est, & quoniam illius est causa. quia, licet Dialecticus definiat per illud, quod est causa, non tamen sub illa ratione, quæ causa, sed vt est vnum entium absolute. Et nota bene hoc, quia pauci admodum ante nostra tempora intellexerunt istud. Et adde quòd vltra prædictam causam idem Dialecticus dicitur artifex absolute consyderans, quia circa ens simpliciter tres artifices versantur. 4. primæ philosophiæ tex. cō. 5. primus Philosophus, Dialecticus, & Sophista de omnib[us] enim Dialecticus disserit ex communibus, & probabiliter.

2. de ani. tex. 16.

Quarta contradi. est in eodem tex. Quia Philosophus ponens differētiam inter Physicum & dialecticum, dixit quod physicus definit per materiam, & Dialecticus per formam. Sed huius oppositum habetur in tex. immediate sequenti, videlicet 17. vbi dicit quòd non est aliquis artifex, qui per solam materiam definiat.

Solutio.

Soluitur. illa differentia est intelligenda cum præcisione. nam Dialecticus definit per solam formā sine materia, sed Physicus per materiam & formam: & qui per materiam & formam definit, dicitur per materiam definire, quia igitur illud, quod discernit Physicum à Dialectico, materia est & non forma, ideo in tali discrimine materia exprimitur. Nam expressa sententia Arist. ibi est, q. nullus artifex per solam materiam definire potest. Vnde hoc etiam elicitur ex intentione Philosophi ibidem nam, cum triplex possit definitio assignari, per materiam solum, per solam formam, & per materiam & formam: quæ istarum inquit Philosophus definitio Naturalis erit? Et solutio est, quòd illa, quæ est ex vtrisque. & ista est melior solutio, quæ dari potest in illo loco. quia materia in Naturali Philosophia relatiue cognoscitur, vt est ad formam, & vt est materia formæ. 2. phy. 26. & per consequēs Physicus vt Physicus per solam materiam definire non potest. Differentia illa est cum præcisione intelligēda, quia Dialecticus per formam tantū, sed physicus per materiā & formam simul. &, quia in materia est ratio, in qua Dialectic[us] distat à physico, illud fuit expressum, sicut est in simili, artes & scientiam Naturalem. Nam Medicina, quæ est ars mechanica, vt dicit Cō. est n. de artibus operatiuis, circa quædam est, quia est circa quædam corpora, i. humana. Naturalis vero est de omnibus corporibus, tam simplicibus quàm mixtis, tā animatis, quàm inanimatis. Similiter Medicina sanitatis & ægritudinis quasdam causas consyderat, s. particulares, seu propinquas: sed Naturalis omnes causas & propinquas & remotas. & quia remotæ à Medico non cōsyderantur, sed à physico, ideo Aristo. in principio libri de sensu & sensibilibus illas expressit, dum dicit quòd Physici est sanitatis prima & ægritudinis inuestigare principia. Et si dicatur quòd exemplum Aristote. est in oppositum de ira, quia dicit quod Physicus dicit quòd est accensio sanguinis circa cor, Dialecticus vero, quòd est appetitus vindictæ, Soluitur eodem modo, quia Aristote. expressit illud, in quo est differentia inter Physicum & Dialecticum. nam, cum Physicus definit iram, dicit illam esse accensionem sanguinis circa cor propter appetitum vindictæ, & iam dixerat hoc supra quòd passiones animæ sunt communes animæ & corporis, & per consequens sunt coniunctæ, tex. commen. decimoquinto. & quòd est motus talis corporis ab hoc gratia huius. & ideo Physicus de omni tali anima, & passionibus, quæ sine materia non sunt, definit, & dat exemplum de ira, q. est accensio sanguinis in tali corpore ab hoc, huius gratia. vbi expresse dicit omnes causas in ea poni & qui dicit totum, dicit & partes. vnde non dicit tex. q. physicus per solā materiā definiat, sed per materiam. & hoc est multum differens. Alij dicunt q. definitiones per solam materiam datæ sunt naturales, sed imperfectæ. & est solutio Themistij, & aliorum. Sed hoc non probatur, quia Arist. dicit nullum artificem per solam materiam definire. & præterea definitiones naturales sunt media in demonstrationibus, sed materia, circumscripta forma, non est causa alicuius naturalis proprietatis, sed vt est coniuncta formæ, vnde materia

Solutio aliorū.

abstracta à forma non est naturalis considerationis, vt alias declaraui. quia omnis conceptus habitus de materia à naturali, est terminatus: & ideo nullo pacto Naturalis definit per solam materiam. esset enim vana ista definitio, cum ex ea non posset concludi aliquod accidens proprium. Et considera subtiliter hic, & hic siste gradum. quia, si quaeratur quid prohibet, vt quemadmodum Dialecticus definiens per formam, non definit per eam, vt est causa alicuius, nec vt habet causam sui esse in materia, sed solum vt est res quaedam, eodem modo etiam non definire queat per solam materiam, non vt est causa, nec causam habens, propter quam sit sub tali forma, sed potius vt est res quaedam. non enim per vitam meam videtur esse ratio diuersitatis in hoc inter materiam & formam. quia dialecticus circa entia simpliciter versari patet ex. 4. primae philosophiae. & est dubium satis arduum, sicut vides. Nisi esset quod ideo Philosophi genus definiendi per formam appropriauerunt Dialectico, quia causa communitatis est forma, & Dialecticus ex communibus disserit. Et ideo animaduerte quod definitio per solam materiam nullius artificis est scientifice definientis, neque esse poterit aliquis communis per communia differentia. quia communitas non est à materia, vt materia distinguitur contra formam sua proprietate, nisi subiret modum formae, & sub tantum communitatem, sed hoc non erit ratione, qua materia. Et ideo videtur mihi sine praeiudicio melioris sententiae, quod Dialecticus verum quae possit efficere, & vt definiat per solam formam, & per solam materiam, vt verusque consyderantur, vt est res quaedam, quia non video, quare hoc non possit efficere. tamen semper ista consyderatio erit per communia. & quia communitas est à forma, ideo materia illo modo posita in dialectica definitione habebit modum formae, quia non consyderatur sub ratione propria, sed sub ratione communi. Tamen animaduerte quod vt dicit Arist. in 2. phy. in fine. definitiones omnes naturales dantur per materiam, vel apparenter, vel consecutiue, ita etiam omnes definitiones naturales habent formam, vel apparenter, vel consecutiue. Vnde illa ira definitio naturalis est, quae dicit iram esse accensionem sanguinis circa cor: sed non est data per solam materiam, vt tu fingebas in argumento. quia, vt dicit in tex. 12. & vniuersaliter opera, & passiones animae sunt talis corporis, & talis animae. non enim sunt

Solutio.

cuiuslibet corporis, sed corporis physici potentia vitam habentis, & hoc est animatum corpus. vnde sanguis est pars similaris corporis animati, vt dicitur in. 2. de partibus animalium. cap. 2. cor est pars dissimilaris. non enim sanguis extractus à vena dicitur sanguis, nec cor in cadauere existens dicitur cor. ecce igitur quod apparet consecutiue forma in illa definitione. Sed, si quis interrogetur vtrum imaginando istam definitionem irae per sanguinem, & cor data, non vt sanguis est vere sanguis, & cor verum cor, sed vt sunt substantiae quaedam corporeae absolute, non in ordine ad corpus animatum, cuius sunt partes, non est dubium quod illa definitio taliter consyderata esset per communia, & dialectica, & vana ex consequenti. O quantum placet mihi per vitam meam. Deo laus illustranti intellectum. dicitur etiam Physicus materiam consyderare, quia omnem causam consyderat secundum esse, quod habet in materia. Vt de causam mouentem consyderat, vt mouet materiam ad formam secundum esse, quod habet in materia; & finem, secundum quod est terminus motus, per quem mouetur materia. & materiam secundum quod est subiectum formae secundum esse, quod habet forma in materia, vt dicit Albertus in digressione. vide Commenta. 2. physico. in quo est materia, sunt omnes causae.

Quinta contradi. est super eod. tex. Arist. & Auer. dicunt Physicum definire per materiam. Sed huius oppositum scribit Thom. in. 2. phy. tex. co. 11. vbi dicit quod definientes rem naturalem in definitionibus vtuntur materia, sed definiet per formam. Soluitur. sine dubio scientiae speculatiuae distinguuntur ex diuersis modis definiendi, vt patet. 6. primae philosophiae in tex. co. 2. & quia in definitionibus rerum naturalium dicitur apparere natura: quia res naturales contribuuntur per naturam, sicut artificiales per artem: sic definitiones naturales dantur per materiam sensibilem, quia in eis apparet natura, quae est principium motus, & omnium qualitatum sensibilium. sed cum duplex sit natura, videlicet materia, & forma: secundum Peripateticos autem forma est tota quiditas, materia autem est veluti vehiculum & fundamentum deferens quiditatem: ideo in definitionibus rerum naturalium, apparere dicitur materia, non quia ad quiditatem pertineat: sed pro quanto forma definiri dicitur huiusmodi secundum dispositiones, in quibus existat, vt dicit Commenta. 2. de anima com. 16.

1. de a[n]a. tex. 16.

cōm. 16. Sic igitur Themistius dixit, definitiones naturales dari per formam, quia definitio exprimit quidditatem, & forma est quidditas. materia autem neq; quidditas est, neque habens quidditatem, quia non est neque forma, neque formatum. sed quia est necessaria in definitionibus propter causam praedictam, ideo Themistius illo modo dixit. vnde aequiuocatio est in dubio. quia Physicus definit per materiam sensibilem modo praedicto, sed sermo Themistij est in comparando materiā, quę est natura, ad formā, quae est nobilior natura, propter quam materia est in effectu.

1. de aia. Sexta contradi. est in cō. 24. Habet Auer.
com. 24. q; intellectus non eodem modo existit in omnibus hominibus. istud autem videtur repugnare vnitati intellectus, quam ponit
Solutio. cōm. 5. tertij. huius. Soluitur sm ipsum. Nā hic loquitur de intellectu particulari, qui est virtus cogitatiua: ista enim non eodem modo perpetuata inuenitur in oībus hoīb⁹, sed intellectus, de quo loquit cōm. 5. dicens ipsum vnum esse, & intellectum abstractum à materia vniuersaliter comprehēsiuum. & in illo non est varietas, sed, si quæ apparet varietas, hoc est in relatione cogitatiuę sibi deseruientis ad intelligere nostrum.

1. de aia. Septima contradi. est in cōmen. 30. Dicit
com. 30. Auer. ignem esse manifestum est. Sed oppo
Solutio. situm. 4. coeli cō. 32. quia esse eius ibi demō stratur. Soluunt aliqui, esse ignis manifestū est, & non demonstratur: sed esse ignis in loco suo proprio hoc latet, & hoc est, quod demonstratur. Solutio non sapit viam Auer. quia Commen. in cō. illo. 32. dicit illam esse demonstrationem ad demonstrandum esse ignis, qui est species, & pars subiectiua
Alia solu. subiecti illius libri, quod raro cōtingit. Ideo aliter soluo. ignis duplex, teste Auer. & Alexan. 2. de generatione cōm. 21. & 4. coeli. 32. scilicet inferior, & superior, qui est in vicino continentis. Et primus quidem ignis manifestus est ad sensum: sed secundus nullo sensu comprehenditur, sed ratione, & discursu demonstratur.

1. de aia. Octaua contradi. est in cō. 32. Nullus, in-
com. 32. quit Commen. & Philosophus, posuit terram esse principium. Oppositum habetur
Solutio. de Hesiodo. 1. meta. tex. cō. 14. Soluitur. intelligitur de naturaliter loquentibus, quorum nullus posuit solam terram esse principium. instantia de Hesiodo cessat, quia ipse fuit leges instituens, & Theologiam metrice composuit, vt est famosum.

1. de aia. Nona contradi. est in. 37. cō. Quia dicit,
com. 37. q; motus essentialiter attribuitur homini per pedes. Oppositum. 6. phy. 53. & 7. physi. cō. 4. de corde. Solutum fuit. 7. physi. cō. 4. Solutio. sed illi solutioni addo, q; licet motus progressiuus attribuatur homini essentialiter per pedes, quia motus progressiuus habet per pedes fieri, tamen radix istius motus est à corde.

Decima contradictio est in cōmen. 43. 1. de aia. com. 43.
Motus est transmutatio rei in sua substantia. Oppositum. 1. phy. 53. & 5. phy. tex. cō. 7.
Solutio. argumentum est ad hominem, Solutio.
nam Antiqui posuerunt animam esse motū: ergo non nisi substantialem, quia anima est substantia. & ideo contra illos ibi arguitur, & dictum Auer. ex ipsorum mente sequitur, & prolatum videtur.

Vndecima contradi. est in tex. 48. Arist. 1. de aia. tex. 48.
& Commen. videntur dicere quietem esse magis propriam animæ, quàm motum. & Alexan. in paraphrasi cap. 6. vbi probat animam sm se mobilem esse, expresse dicit q; magis proprium magisq; sm animæ naturam esse videtur sui potius quietem, quàm motum. Sed huius oppositum habetur à Themistio in principio libri de anima cap. 1. inquit animam esse fontem & initium omnium motuum. Item oppositum huius habetur ab Auerr. lib. destructio destructionum, disputa. 15. in solutione primi dubij. vbi inquit q; intellectus apud homines est ipsemet motus, in eo q; est motum perfectio animati, in eo q; est animatum est motus: quod non esset verum, si anima, per quam viuunt viuentia, esset magis causa quietis, quàm motus. Amplius mot⁹ est tanquam vita omnibus natura constantibus. & ipse Cōmen. exponit hoc de motu coeli. sed ille, cum sit circularis, est animat.
Solutio. Nisi esset, q; mot⁹ animæ alij sunt veri, alij existimati, vt dicit Commenta. 1. de anima cōm. 47. motus veri sunt localis, alterationis, & augmenti. motus existimati sunt sensatio, & intellectio, & isti dicuntur. 8. physi. motus aequiuoce. Arist. igitur & Alexan. auctoritates habent sic intelligi, q; animæ motus existimati magis perfecte sunt nobis quiescentibus, quàm motis, vnde iudicium sensus & intellectus impediuntur ex tali motu & alteratione corporis, vt patet in ebrijs, infirmis, & id genus. Non igitur est sensus q; natura animæ ponit est initium quietis & motus priuatio in corporib⁹ animatis, quàm motus sed eo modo, quo diximus. Arguitur enim contra Antiquos hic, qui animæ essentiam definiebant per mo-

tum, ita quòd sit eius quiditas in motu constituta.

2. de aia. tex. 48. Duodecima contradi. est super eod. tex. Aristo. scribit quòd intelligentia assimilatur potius statui, quàm motui: vbi Themis. & alij expositores colligunt motum esse magis alienum à natura animæ quàm statum. Sed huius oppositum habetur à Themistio primo de anima, vbi dicit animam esse originem & fontem omnium motuũ.

Solutio. Soluitur. Aristo. Arguit contra Antiquos, qui ponebant motum esse de essentia animæ, ita quòd constituitur per motum. sicut venti & flu[illegible]j, quorum essentia cõsistit in motu. & Aristo. improbat, quia motus impedit propriam animæ actionẽ, & quies magis perficit. vnde intellectio, quæ est præcipua animæ operatio, magis perficitur in quiete, quàm in motu. vnde sobrij, & senes; & corpore quieto, & in silentio, motus melius intelligimus, quàm ebrij, iuuenes, & qui lacessito sunt corpore, & qui interdiu intelligunt. cum hoc tamen stat, vt anima sit fons omnis motus, præsertim quia motus animæ est circularis, qui est fons & origo omnium aliorum motuum, vt patet ex octauo physico. Vnde anima vt inquit Cõmen. est principium omnium motuum, tam verorum, quàm existimatorum. tamẽ animæ actiones, præsertim intellectus magis impediuntur à motu corporeo, quàm à quiete. vnde consectum est vt sedentes iudicent.

2. de aia. com. 51. Decimatertia contradi. est in cõmen. 51. dicit Commen. quòd causa, propter quam cœlum moueri melius sit quàm vt quiescat, & q̃ circulo moueatur meli⁹ sit quàm motu recto, primæ philosophiæ est. Sed oppositum secundi patet. 2. cœli tex. cõmẽ. 12.

Solutio. Soluitur. quid inconuenit idem ingredi diuersas scientias speculatiuas, sm̃ diuersas consyderationes? certe nihil. patet. 2. physi. cõ. 71. Dico q̃ principia sensibilium à Diuino consyderantur, & causæ, sed altiori modo quàm sit modus naturalis. vnde quare aliquid meliorem rationem habeat. hoc potest consyderari ab artifice consyderante finem, & præcipuè primum finem, qui est ratio bonitatis in omnibus, talis autem à Diuino consyderatur. Naturalis autem assignat istorum rationes sensibiles, & existentes in motu. Vide ergo bene & consydera dicta Commentato. 12. metaphysi. commen. 5. 6. & 29. vide commento. 5. & 9. septimi meta. & commen. 3. tertij metaphysico. & sic intelliges quod diximus nisi fortasse nobis loca vbi ostenderemus. non oportet omnia scribere. breuitati indulgere volumus.

Decimaquarta contradi. est in cõmen. 64. Motus sensationis huius ē⁹ est in anima, & principium eius est ab extra. Oppositũ patet commen. 3. huius primi de anima. 1. de aia. com. 64.

Soluitur. hic comparat sensationes animæ eiusdem rationis. nam sensationes interiores quædam rectæ fiunt, & quædam reflexæ. vnde prima incipit ab obiecto, & terminatur vltimate in vltima virtute sensitiua, quæ est memoria, deueniendo per sensus extrinsecos & intrinsecos, tanquam per media, sed sunt quædam, quæ reflexo gradu ac retrogrado procedunt. & istæ incipiunt ab anima, & terminantur ad extra, in tantum quòd, vt dicit Commentator in tertio colliget, cap. 38. ex hoc potest reddi ratio visionum, quæ contingunt melancholicis, & mulieribus dicentibus se videre mortuos, aut dæmones, aut aliquid huiusmodi. Sed hoc dixit ipse, quia non credidit Deo, nec veritati. sit maledictus. quia etiam veræ visiones angelorum formis non tantũ imaginatæ: licet hoc quandoque possit esse ex sola imaginatione, & defluxu idoli formati vsque ad exteriorem sensum, sic igitur intelligitur dictum eius hic. Sed in commento tertio primi huius comparauit sensationes diuersarum rationum, quarum quædam magis tenent se ex parte corporis, sicut somnus & sensatio, quæ in somno sit. ista enim accidentia ligant animam. & ideo terminantur ad ipsam: quia à re corporali essumante causatur somnus, & ligamentum fit in sensu communi. similiter motus ille est à circumferentia ad centrum. vigilia autem est accidens formalius. & ideò tenet se magis ex parte animæ: quia est solutio ligamentorum, & est ratio, propter quam anima operatur, & in ea fit motus de centro ad circumferentiam. Et ideo dicit Commenta. quòd sensus, & imaginatio, quæ in vigilia fiunt, incipit ab anima, et redundat in corpus.

Decimaquinta contradi. est in commen. 69. Scribit ibi Commenta. quòd si in aliquo corpore sola quantitas remaneret, possibile est ibi imaginari motum & motũ. Huius oppositum sequitur ex dictis suis quarti physicorum commen. 71. ibi enim dicit quod elementa possent in vacuo non possent moueri: & tamen in casu ibi esset quantitas. Soluitur. dico q̃ dictum suum hic sequitur ad hominem. nam illi, contra 1. de aia. com. 69.

quos

qui eos arguit, dicebant, q̄ puncta illa erant corpora, & cum non sint elementa, sequitur q̄ essent ex elementis causata. talia autem bene possunt imaginari posse remoueri, sola quantitate remanente; cum habeant intrinsecam resistentiam. Motus etiam imaginarius est res ampla satis. dicunt enim Mathematici punctum ex sui fluxu causat lineam, & fluxus lineæ causat superficiem: & superficies fluens causat corpus. omnia autem ista ad imaginationem vera sunt, non autem secundum rem ipsam.

2. de ala. tex. 78. Decimasexta contradi. est in cōm. 78. Dicitur q̄ impossibile est vt substantia sit elementorum aliorum oppositum. 12. metaphy. 12. Fulcitur etiam hoc idem. 4. metaphy. cō. 2. vbi dicitur substantiam esse causam omnium non sm agens & finem, sed

Solutio. sm subiectum. Soluitur. principia duplicia, propinqua, & remota. principia remota possunt esse eadem respectu omnium prædicamentorum. sed principia propinqua minime. glosa est Auer. cō. 22. iam allegato in 12. meta. hic autem loquitur Cōm. de principijs propinquis, quando dicit q̄ substantia non est elementum aliorum, & reddens causam subdit, dicens, principia. n. non substantiæ sunt non substantiæ.

Decimaseptima contradi. est super tex.

2. de ala. tex. 79. 79. Dicit Aristo. hic, q̄ ossa non sentiunt. Sed huic aduersatur Gale. in 2. de crisi, vbi ponit differentiam inter rigorem tertianæ, & quartanæ, vbi dicit q̄ in rigore quartanæ fit læsio vsque ad ossa, ita q̄ quidam conquesti sunt se dolere in ossibus. Hoc etiam contradicit sensui in laborantibus morbo gallico, qui plurimum conqueruntur se do-

Solutio. lere in ossibus. Nisi esset q̄ sensus communicatur ossibus mediante panniculo inuoluente illa, sed sm sui substantiam sensu carent. sicut est de substantia cerebri, pulmonis, & hepatis, quibus sensus illo modo cōmunicatur sm peritos Medicos.

SOLVTIONES Contradictionum in dictis Arist. & Auerrois,

Super Secundo de Anima.

2. de ala. tex. 2.

PRima contradi. est super tex. 1. Aristo. diuidit substantiam in membra diuisione, videlicet in materiam, formam, & in substantiam compositam ex materia & forma. Sed oppositum habetur 7. metaphy. tex. commen. 44. vbi dicit, q̄ [illegible] &c. ita, anima [illegible] vt Commen. in 8. metaphy. [illegible] c. 1. Soluitur: diuisio substantiæ, alia est sm famam, alia sm rei veritatem. diuisio sm famam est quatuor membris, quia vltra tria membra, quæ sunt materia, forma, & compositum ex materia & forma, est quartum, & est vniuersale, quod sm Antiquos erat substantia. quia autem Ari. in 7. voluit inquirere de hac opinione, vt dicit Cōm. in cō. 44. vtrum vniuersalia sint substantiæ rerum particularium, immutauit ibi ipsam diuisionem, quæ famose dicitur de quatuor: non quia ita sit opinio sua, nam ibi iam probat nullū vniuersaliter dictorum substantiam esse. [illegible] igitur loquitur ex mente propria diuidit substantiam in materiam, formam, & congregatum: sed quando loquitur sm famam diuidit substantiam in materiam, formam & congregatum, & vniuersale.

Secunda contradictio est in commen. 2. 2. de ala. com. 2. Dicitur q̄ per formam individuū sit hoc; oppositum apparet 7. meta. 44. & 1. cœli. 92. & 7. meta. cō. 60. vbi patet q̄ per materiam. Soluitur. à forma indiuiduali habe- Solutio. tur principaliter indiuiduum hoc, quod est. Et est ista sententia eius manifeste 7. meta. cō. 1. vbi dicit q̄ Philosophus loquitur de principio indiuidui, & dicit q̄ talis est substantia, quæ est forma, & per illam substantiæ demonstratæ sunt substantiæ, & vnum. Materia autem concurrit, tamen minus principaliter quàm forma. Accedit ad hoc q̄, vt declarauimus prolixe in quæstione nostra de principio indiuiduationis, alia est indiuisio entitatiua, & alia quantitatiua. vnde entitatiuam indiuisionem principaliter habet à forma, quantitatiuam autem appropriate videtur habere à materia, cum quantitas videatur materiam consequi. Sed de his latius dictum est à nobis in quæstione illa, & illic vide.

Tertia contradictio est in tex. 5. Ari. dicit 2. de ala. tex. 5. q̄ corpora maxime videntur esse substantiæ, & horum naturalia. quod Cō. in cō. & Ammonius, referente Philopono ibidem dicunt habere veritatem, sm q̄ est famosum magis, & vt apud multorum hominū cognitionem, vt dicit Philoponus. sed huius oppositum inuenimus apud Auer. in epitoma, seu paraphrasi meta. tract. 1. cap. de substantia, vbi dicit q̄ magis famosa ex significationibus substantiæ est illa, quæ dicitur de indiuiduo substantiæ, & reddit causam, quia omnes Philosophi iudicant illud esse sub-

substantiarum. igitur videtur q; non fm vulgus. immo etiam fm Philosophos indiuidua, & corpora naturalia composita dicuntur substantiae. Solutio. Solvitur. Auer. eo separat ibi ad significationes substantiae alias positas ab eo ibi, videlicet ad prædicata, quæ sunt genera & species, vel differentia, quæ nouificant quiditatem indiuidui prædicamenti substantiæ, & ad aliam significationem, vbi substantia capitur pro omni, quod indicat quælibet definitio, siue sit definitio substantiæ, siue accidentium. & illa ratione Philosophi indicant solum iudicium prædicatorum substantiæ ex rebus ad prædicamentum substantiæ, & aliorum prædicamentorum esse substantiam in relatione ad prædicata vniuersalia, quæ sunt in prædicamentis quibusl ibet. quia voluerunt ex mente Arist. 7. meta. tex. com. 44. & infra numerum vniuersalem substantiam esse. Vnde Cōmē. 1. meta. cō. 45. dicit Arist. opinabatur q; intellectu rerum notificantia notificant substantias rerum, sed non sunt substantiæ earum. Et ista consyderatione substantia etiam apud Philosophos vere non dicitur de aliquo vniuersali, sed de particularibus, quia verus respectus est particularis, & non vniuersalis. 12. meta. tex. cōm. 17. authoritate Alexan. & 1. de gene. & corru. tex. cō. 59. melius est esse fm indiuiduum, quàm fm speciem. Sed, si comparatio Philosophorū fiat ad partes componentes istud indiuiduum compositum ex materia & forma, in hoc est discordia apud vulgus & sapientes, quia vulgus ignorat materiam & formam. Vnde Commen. authoritate Alexā. dicit in. 2. phy. cō. 9. & habetur in primo meta. genus causæ formalis latuit vsque ad tempora Socratis. nam Antiqui credebant omnes formas esse accidentia. Similiter natura primæ materiæ latuit vere omnes vsque ad tempora Platonis & Aristo. præsertim. Plato enim, vt inquit Cōmen. 3. cœli nihil sciuit de prima materia. sic igitur apud vulgus maxime famosum est substantiam dici de corporibus compositis naturalibus, quæ sunt indiuidua prædicamenti substantiæ. sed Philosophi dicunt q; etiam causæ illorum sunt substantiæ, vt materia, & forma. sed an magis forma, in hoc est quæstio etiam apud sapientes. quia Cō. & sequaces tenent formam. & Albertus etiam hic: sed Alex. & Simplicius. 1. physi. tenent compositum. sed de hoc alibi dixi.

2. de a[n]i[m]a. tex. 5. Quinta contradi. est super eod. tex. Ari. & Cō. dicunt q; illud dicimus habere vitam, quod habet per se, siue essentialiter alimentum & augmentum. Sed huius oppositum habetur. 1. de anima tex. cō. 59. vbi dicitur nihil esse essentialiter motum ex se in motu augmenti & alterationis: quia motū ex se non est nisi in loco, vt habetur etiam. 8. phy. cō. 60. & in. 2. de anima cō. 50. sed fm hoc sequitur vt embryo non sit viuus, quia non nutritur per seipsum, i. per sua organa, sed per venā vmbilicalē. Nisi esset q; primo de aīa ostenditur aīam non mouere seipsam essentialiter, neq; motu alterationis, neq; motu augmenti: quia motus alterationis attribuitur corpori per se, & formæ nō nisi p accidens: & similiter augmentatio attribuitur eodem rationi partium. & hoc sufficit Arist. contra Antiquos ibi ad probandum animā non posse mouere se essentialiter, neq; motu alterationis, neq; augmēti. hic vero illud dicit viuum per se, quod habet per se nutrimentum & augmentum, i. quod habet intrinsecum principium istorum motuum in quantum tale. Quomodo autem in motu locali sit motum ex se vere, & quo in alijs motibus aliquo modo, & potest esse motū ex se, dicemus infra in. 2. de anima. cōm. 50. Ad id autem, quod de embryone dicebatur respondetur q; viuit, quia non potest esse augmentum sine vita & nutritione. cū enim igitur augeatur, nutritur necessario Tamen dicamus, q; cum sit alligatus matrici, nutritur mediante vena vmbilicali, quæ attrahit sanguinem à matrice, & defertur ad mēbra eius. in quibus digeritur & demandatur ad reliqua membra. Vnde membra matricis præparant sibi nutrimentum, sicut etiā matres infantibus masticant cibum, tamē nutritio fit per se in membris proprijs infantibus, & à proprijs virtutibus. & hoc sufficit. Verum autem embryo in illo casu sit animal, dubium est. quia quæ habent solum sensum tactus, prius dicuntur zoophyta, quàm animalia. Amplius animal est substantia animata sensitiua: sed fœtus non est in vtero aptus exire in vsum omnium sensuum, vt clarum est. igitur non videtur propriè animal esse. Et confirmatur, quia animalium propium videtur posse mouere seipsum in loco fm totū, & quiescere se, vt dicitur. 8. phy. tex. cō. 19. sed fœtus alligati in matrice, si mouentur, non mouentur ex se, quia sunt coniuncti cum matrice, sicut fructus cum arbore. Vnde sicut animalia ostreacei generis affixa petris, licet dum pungantur, mouentur, non tñ propriè animalia sunt, sed zoophita. i. ancipitis naturæ

ex inte inter plantas & animalia. Respondetur, vt habetur ab Arist. 2. de generatione animalium cap. 3. Anima vegetatiua prius tempore precedit sensitiuam & sensitiua rationalem, non enim simul animal est & homo, aut equus. vnde natura gradatim procedit ab inanimatis ad animata. vnde factus semine in matrice, quando fit conceptus, & aggregatur menstruum & semen maris, & coagulantur ante animationem, tunc aliud est in genere inanimatorum, sed adueniente anima est in genere plantarum, & viuit vita animæ, quæ inuenitur in plantis. postea, quia viuit, quod nutritur, augetur, mouetur. est in matrice, tamen quia est colligatus ferme mediantibus cotyledonibus, seu acceptabulis, dicitur esse zoophitum. quando vero est extra, & potest se mouere, est animal perfectum. vnde dato quod non possit generare, dummodo possit se de loco ad locum mouere, hoc sufficit vt sit animal perfectum. Nam multa etiam animalia perfecta sunt, quæ generare non possunt, vt muli, & id genus, licet omne, quod generatur, sit animal perfectum, sed non conuertitur. Et ita proprie loquendo fœtus animatus in vtero potius dicitur esse in genere illorum, quæ a Græcis zoophita dicuntur, quam in genere animalium simpliciter & absolute dictorum.

1. de ala. com. 3. Quinta contradict. est super eodem tex. Quia Arist. hic vitam appellat, & describit sic, quæ per ipsum fit nutritio & augmentatio. Sed huius oppositum habetur infra in tex. cõ. 13. vbi dicit viuere autem multipliciter dicitur. Amplius corpora cœlestia sunt viuentia. 2. cœli tex. commen. 60. & debet dicere vita intellectualis. 12. met. te. cõ. 39.

Solutio. Nisi esset, quod non ideo Arist. vitam illo modo describit, quia opinetur nõ aliam esse vitam, nam imo vita sensitiua, & appetitiua, & intellectiua vitæ sunt, & in altiori gradu quam nutritiua. nec ideo illo modo describit vitã, quia sola illa viuere dicuntur, quæ augentur & nutriuntur. nam cœlestia, vt arguebatur, mouent, & non augentur, nec nutriuntur, nec aliqua alteratione passiua transmutantur. 1. cœli. 20. & infra. Sed vel hic ideo fecit, quia in mortalibus, de quibus est sermo eius in lingua Græca hoc est famosum, vt dicit Cõmen. vel quia conuenit cum Platone, quod proprium animatorum est ex intrinseco moueri, vt patet. 8. phy. tex. cõm. 29. & habetur. 1. de anima tex. cõ. 19. ideo vltimã in talibus sumpsit vitam, ostendens etiam talem participare motum quendam, nam est mutatio quedam secundum qualitatẽ & quantitatem nutritio & augmentatio, vt dicit Simplicius.

Sexta contradi. est in cõ. 3. Non dicitur mortuum, nisi animal, quod caret principio nutritiuo & sensus simul, non principio sensus & motus tantum. 1. de a a. com. 3. Sed oppositum videtur primo de anima cõ. vlti. vbi dicit quod non dicitur mortuum, nisi animal, quod caret principio. s. vitæ. non principio sensus & motus simul. In vno. n. loco vult ex sola carentia vitæ. s. vegetabilis, animal mortuum dici, in alio vero ex carentia eius & sensus simul. Solutio, quod hic loquitur secundum suum idioma, quia dicit in Arabico, &c. sed primo de anima secundum idioma Græcorum, qui volunt mortem esse carentiam nutritiuæ animæ. vnde & in plantis mors reperitur. Solutio.

Septima contradi. est in eodem. cõ. Pandetur Cõm. quare Philosophus dixit quod corpora viua habent principium essentialiter se augendi. dicit quod illud dixit, propter aliqua, quæ non sunt viua, & in talibus videtur esse aliquid simile augmento, sicut est lapis, de quo etiam patet. 4. cœli. cõ. 22. & 1. de generatione. 19. videtur igitur Cõm. velle aliquid esse, quod habeat principium essentialiter se augendi. Sed huius oppositum patet infra in tex. cõ. 38. primi huius, vbi habetur quod nihil augetur essentialiter ex se. Solutio, quod ibi intelligitur, quod nihil augetur essentialiter. s. sine alio motu precedente. quia augmentatio debetur partibus per alterationẽ & motum precedentem, loci vero attribuitur rationi partium. & hoc fuit falsa Arist. contra Platonem, ibi, quod anima non est primus motor in augmento a se ipsa. In hoc vero loco intendit quod corpora viuentia habent principium essentiale, s. intrinsecum, per quod augent. & sic sedatur discordia hic, & ibi. 1. de ala. com. 3. Solutio.

Octaua contradi. est in cõ. 4. Dicit Cõm. subiectum accidentis esse ens in actu. Illius tamen oppositum sentit ipse primo cap. de substan. orbis, vbi ponit dimensiones interminatas fundari in materia prima, quæ est ens in pura potentia. Dicendum, quod aliqui ex ista authoritate moti ponere conati sunt de intentione Auer. formam corporeitatis substantialem materiæ primæ coæternam, quia volunt subiectum cuiuslibet accidentis esse ens in actu. Et ista positio bene fuit Auic. vnde Cõmen. 4. cœli. cõ. 40. expresse habet ista verba. & similiter est de tribus dimensionibus cum prima materia, sed quod sint primæ formarum existentium in ea in actu. & ideo putauerunt quidam quod corporeitas est substantia. Ecce quod ex intentione aliorũ Cõmen. 2. de ala. com. 4.

Commen. dicit primam formam materiae esse corporeitatem substantialem: sed secundum ipsum prima forma est corporeitas, quae est trina dimensio. Dicamus igitur q accidentia duplicia sunt, terminata & interminata. tunc dico q dictum Auerro. hic habet locum de terminatis: dictum verum suum in primo capitulo de substantia orbis est de interminatis. conueniens enim est, q terminata non habeant consimile subiectum, quale habent interminata, nisi actus fieret potentia, & forma esset materia quod impossibile est. nam terminatio insequitur formam & actum. 7. meta. 49. sed

Instantia. interminatio potentiam & materiam. Sed magnificentia tua fecit replicam subtilem meo iudicio hac, quia tunc saltem forma substantialis non differret ab accidentibus interminatis: quia, sicut subiectum formae substantialis est ens in potentia, ita per se accidentium interminatorum est ens in potentia. Et sic differentia, quam ponit Commen. inter formam substantialem & accidentalem, est vniuersaliter vera tam de accidentibus terminatis, quàm de accidentibus po-

Solutio. tentialibus, & interminatis. Soluitur. nam Auerro. non solum ponit differentiam inter formam substantialem & accidentalem penes hoc, verum etiam penes aliud, quod est quòd forma substantialis est pars substantiae, non autem forma accidentalis. per fundari igitur in subiecto, quod est pura potentia, distinguitur ab accidentibus terminatis forma substantialis: & per esse partem substantiae, vniuersaliter ab omnibus distinguitur: siue terminata, siue interminata fuerint.

2. de an. tex. 6. Nona contradictio est in tex. 6. Arist. declarans quomodo plantae habent instrumenta, dicit q folia sunt cooperimentum eius, quod est circa fructum. Sed in. 2. physi. tex. commen. 80. expresse dicit folia esse regimen

Solutio. fructus. Facilis est solutio. nam Arist. hic loquitur de illo, cui immediate deseruit folium & est id, quod est circa fructum, sed in. 2. de anima de illo, ad quod principaliter & mediate, & est fructus ipse. quia propter quod vnumquodque tale, & illud magis est. Vnde volui notare tibi hoc propter duo. Primum, vt scias intentionem naturae in generatione plantarum & animalium maxime sollicitam esse de seminibus, in quibus consistit virtus influxae diuinae, ex quibus fit perpetuatio in specie secundum successionem, & omnia ad illa videtur natura dirigere. nam & herba, & stipula, & glumae, vt inquit Themist. in secundo physicorum, caeteraque id genus multo ingens formae, quae antequàm maturesceret triticum, subinde aliae post alteras cerebantur, videntur a deo omnes ad triticum procul dubio accedisse id simul atque consecratae sunt, quies quaedam & veluti status innascitur, vt manifestum sit ea omnia tritici grana praecessisse. Et idem contingit in multis animalibus insectis, vbi est varia formarum successio, tendens ad vnum finem, vt videre potes in. 5. de natura animalium, cap. 16. vbi etiam vide exemplum de bombyce, ex quo fit sericum. Secundum est, vt scias apud Aristo. & Graecos differentiam esse inter carpon & pericarpion. quia carpon est semen ipsum, sed pericarpion est id, quod est immediate circumfusum & complectens ipsum semen. verbi gratia in fico, parua illa semina, quae simo instar grani milij, sunt fructus secundum Arist. qui carpos graece dicitur. sed totum illud humidum, circunstans illa semina vna cum pelle illa exteriore appellatur pericarpion; quod Latini pulpam appellant. & Plin. plerunque dicit carnem, vt caro mali cotonei, & id genus.

Decima contradictio est in commento. 7. Scribitur q non est dubium, quo ex anima & corpore fiat vnum. Sed oppositum fuit per tex. cō. 92. vbi contra Platonem fuit dubitatum, quo ex anima & corpore vnum fiat. 2. de an. com. 7.

Solutio. Soluitur. dubium esset quo ex anima & corpore vnum fiat, si animae plures essent in eodem distinctae loco & subiecto, sicut imponitur Platoni dubium etiam esset, si anima ipsa esset corpus. sed apud tenentem animam esse formam non compositam ex materia & forma, & per consequens actum, & tenendo corpus esse potentiam, nullum est dubium, quo ex materia & forma vnum fiat, quia hoc est, quia hoc actus, illud vero potentia. 8. meta. tex. cōm. 15.

Vndecima contradi. est in eodem cō. dicit Cōm. q ens & vnum per prius de forma dicitur, q de congregato. Huius oppositum dixit supra cō. 3. 2. de an. com. 7.

Solutio. Soluitur. composita sunt magis entia secundum famositatem, quia omnibus nota sunt: sed secundum veritatem forma est per prius ens, & vnum, q compositum. 7. meta. tex. cō. 7. Nec videatur tibi hoc mirabile, quia in simili Cō. 1. meta. cō. 16. dicit q ista mixtura sunt magis naturalia secundum famositatem, cum tamen clarum sit q secundum naturam superiora sint naturalia magis.

Duodecima contradi. est in cōm. 8. Scribit Commen. q cum auferuntur formae naturales. 2. de an. com. 8.

naturales, consequentur materiae. oppositum primo phy. 82. ubi dicitur quod est aeterna, & non destruitur destructis formis, quarum nulla est ibi perpetua, de substantialibus loquendo.

Solutio. Solvitur. intelligitur de materia secunda, quae rectius subiectum quam materia dicitur. talis enim est habens formam, & ideo talis non est natura, sed habens naturam. 2. physico. commen. 10. materia autem prima, quae vere materia dicitur, non corrumpitur corruptis formis particularibus, quia non dependet in esse ab hac forma vel illa, sed à forma secundum speciem successive in ea succedente. semper enim stat cum aliqua. & si esset sine omni forma, tunc non ens actu esset ens actu secundum vim eius. 1. physicorum commen. 82. Unde 12. metaphysi. commen. 14. materia ab omni forma separata non est ens extra animam, sed est ens rationis.

2. de ala. cōm. 6. Decimanona contradictio est ibidem. Dicit Commen. quod nomen in rebus artificialibus primo dicitur de materia, secundo de congregato ex materia & forma. Oppositum huius habetur. 5. metaphysi. commen. 14. contra Avic. ubi vult quod denominativa per prius significant formas, & secundario subiectum. cuius oppositum Avicen. dicebat. Aliqui dixerunt super hoc, quod ibi loquitur de prima significatione et primo modo significandi, unde concretum accidentale ex primo modo significandi importat formam, et secundo modo significandi importat subiectum. & hic loquitur de primo significato, quia primum significatum est congregatum, vel ipsum subiectum. Istam solutionem non intelligo, quia non est modus significandi, nisi respectu rei significatae. & ideo responsio ista semper tam intricata, sicut vides, quia nihil diversum dicit, nisi quantum ad verba. Iohannes autem de Ianduno multa etiam dicit in 5. metaphysi. quae quia confusa, & sine fundamento ex maiori sui parte dicuntur, omitto. Dico autem ego quod, si volumus videre quid nomen significat, oportet nos cognoscere actum & distinctionem actus. Nam ut scribitur. 9. metaphysi. tex. commen. 7. Nomen vero actus, qui ad perfectionem annectitur, advenit etiam in aliis, maxime ex motibus. & 8. meta. commen. 7. nomen imponitur rei secundum quod est in actu. Actus autem duplex est, & accidentalis, & substantialis. primus dat esse simpliciter, secundus dat esse secundum quid. accidentalis vero est duplex, quidam a natura inductus, & quidam ab arte. Nam secundum Aver. 2. physi. 15. omnes formae artificiales sunt accidentia. in rebus igitur compositis ex materia & forma substantiali nomen primo significat formam substantialem, compositum est in actu simpliciter. secundario autem significat compositum. Nomina autem compositorum ex materia, & forma accidentali à natura producta videntur primo significare formam, secundario materiam, quia talia composita ut sic non habent esse, nisi per formam accidentalem. nam licet Socrates simpliciter habeat esse per formam substantialem, tamen esse album habetur ab albedine, quae est actus secundum quid perficiens. Et ideo nomina denominativa talium accidentium, cum importent talem compositionem ex subiecto & accidente, sicut patet primo physico. commen. 15. album significat albedinem & recipiens albedinem, ideo primo significat albedinem, secundario subiectum, sicut patet contra Avicen. 5. metaphysi. in com. 15. Sed in nominibus rerum artificialium dubium est quid primo significent talia nomina. Nam, si hoc fundamentum imitari voluerimus, quod nomen imponitur rei secundum quod est in actu, videtur quod nomina artificialium primo importent formam, & secundario materiam. Nam, sicut scribit Commen. in secundo physico. super tex. com. 15. formae artificiales, licet sint accidentia in corporibus naturalibus, tamen constituunt res artificiales, secundum quod sunt artificiales: quemadmodum formae naturales constituunt res naturales. & subdit. Si igitur naturalia sunt substantiae, necesse est, ut formae naturales sint substantiae. quemadmodum artificialia secundum quod artificialia sunt accidentia, ideo formae artificiales sunt accidentia. & hoc apud me est clarum. Quicquid dicant alii, dico de intentione Aver. artificiale duobus modis concipi posse, uno modo, ut est individuum substantiae, & ut habet esse in actu simpliciter & absolute. Nam hoc nomen scamnum videtur importare ex communi hominum acceptione aliquid in actu, sicut hoc nomen lignum & lapis. alio modo potest sumi scamnum, ut est res artis, & primo quidem modo loquitur Cō. 2. de anima cō. 6. quando dicit quod nomina rerum artificialium primo significant materiam, & secundario formam artificialem, nam talia actualitatem habent de se ut quod, licet ut quo, ratione formae substantialis. & quia tale individuum substantiae comparatur ad formam artificialem, ut materia

ad

ad actum. quia formæ artis fundantur in composito ex materia & forma à natura producto, ideo nomina talium artificialiũ, vt sunt nomina indiuiduorum substantiæ primo significant substantiam quàm accidens, quia per substantiã talia sunt in actu simpliciter, non per accidens. sed, si talia nomina sumantur vt sunt nomina rerum artis, quia vt sic quiditatiue sunt accidentia, sic talia primo significant formam, à qua habent tale esse s̃m quid. quàm substantiam. non enim video quomodo formæ artificiales, cùm sint de quiditate rerum artificialium, quare non importabunt primo eas. Et dictum Auer. non contradicit huic sententiæ, si bene aduertas. Nam hic dicit in rebus igitur artificialibus significat nomen indiuiduum substantiæ s̃m suam primam significationem, quia significat materiam, & in rebus naturalibus demonstrat ipsum secundum suam primam significationem. quoniam significat formam. ecce q̃ considerat nomen rei artificialis, vt est indiuiduum substantiæ, cui forma artis inhæret. & ista est syncera veritas, nec aliter dicere posset ipse Auer. si vult à contradictione remoueri, etiam si ab inferis reuiuisceret. Dicta autem Modernorum hic nullam prorsus vim habent, sicut tu poteris ex dictis nostris iudicare. Recto enim & ipsum, & obliquum cognoscimus, sicut dicit Philosoph⁹.

1. de ala. tex. 10.

Decimaquarta contradi. est in te. 10 Ari. dicit q̃ animal est corpus & anima, sicut oculus pupilla & visus. Sed huius oppositũ habetur in. 7. primæ philosophiæ in tex. cõ. 60. vbi dicitur q̃ syllaba Ba non est B & A, nec caro ignis & terra. Et confirmatur per rationem. quia ratio vnius cuiusq; & substãtia est id quod semel. quia omne per se vnũ est vnum per vnam formam. 5 metaphysi. tex. commen. 19. vbi dicitur q̃ sex non est bis tria, neque ter duo.

Solutio.

Nisi esset q̃ totum dicitur esse suæ partes simul iunctæ integratiue. Vnde per cõparationẽ ad causas ꝓpinquas, aĩal non est nisi corpus & anima, quia istæ sunt duæ causæ propinquæ adæquatæ, ex quibus componitur, tamen ratio animalis formaliter est distincta à ratione corporis & animæ, etiam simul iunctarum quia animal formaliter non est corpus & anima propter iam assignatam rationem. Si enim totum quantitatiuum dicit rationem formalem distinctam à partibus etiam simul iunctis, multo fortius est de toto essentiali.

1. de ala. tex. 13.

Decimaquinta cõtradict. est super tex. 13. Arist. ibi enumerans potentias, seu potentias animæ, non enumerauit appetitiuam: & tamen tertio de anima tex. cõ. 52. Appetitus est potentia animæ, & concurrit vt efficiens in animalibus vnà cum imaginatione ad causandum motum progressiuum, vt ibi dicitur. & similiter in. 2. de anima tex. cõ. 27. enumeratur.

Solutio.

Nisi esset q̃ ad intellectũ debet reduci appetitus intellectiuus, qui est voluntas, & ad sensum debet reduci appetitus sensitiuus. nã vbi est sensus, ibi etiã est dolor, & voluptas: vbi autem hæc sunt necessario est desyderium. 2. de anima. tex. commen. 20. Etenim Peripateticorum sententia est, q̃ virtus cognoscens & appetens est vna secundum rem, & differunt s̃m q̃d quid erat esse, i. secundum rationes formales. Vnde lucidissimus Themistius in tertio de anima cap. 46. super tex. cõmen. 29. expresse dicit quòd appetitio, sensus concupiscentia, & desyderium dicitur: appetitio intellectus voluntas, ac subiecto quidem idem est sensus & appetitio eius, sed ratione cogitationeque discrepant. Eodem modo intellectus & voluntas idem sunt, sed diuersitatem essentiæ & definitiones exercẽt. Idem tenet Commen. in. 3. de anima, in cõ. 49. Et aduerte hic, vt notat Ammo. q̃ in isto tex. 13. Aristot. diuidit animam in suas potestates cuius argumentum est, quia dicit vt intellectus & sensus. & licet dicat de motu s̃m locum, & statu, & motu alimenti, per hoc debet exponi, id est principia istorũ motuum. & licet Cõmen. in com. videatur dicere q̃ illa diuisio est de operationibus virtutum animæ, ab ipsa tandem veritate coactus in principio cõm. 15. vbi ponit continuationem, expresse testatur diuisionem istã esse de virtutibus animæ, quod nota.

2. de ala. com. 16.

Decimasexta contradictio est in cõmẽ. 16. Viuere dicitur de nutrimento & augmento solum. Sed oppositum dixit supra tex. commen. 13.

Solutio.

Solutio. hic sumitur nomen vitæ pressius, ibi vero latius.

2. de ala. tex. 20.

Decimaseptima contradict. est super tex. 20. Aristo. & Commen. asserunt, q̃ vbi est sensus, ibi est imaginatio, & appetit⁹. quod probant quia vbi sensus, ibi dolor, & voluptas consequitur, vbi autem hæc sunt, necessario & desyderium est. & ita videtur q̃ nõ possit esse sensus sine appetitu. Huius tamẽ oppositum memini me legisse apud Alex. in paraphrasi de anima, in cap. de impulsu, & vi impulsoria. vbi inter alias dĩas, quas ponit inter appetitũ & vim sensualem, hæc est vna, q̃ olim ante appetitum sensus semper

est

affirmati. semper autem post sensum est appetitus. quod si ita se habet, non vbicumque altera harum potestatum est, ibidem semper alteram esse contingit, & est expressa

Solutio. contradictio, sicut vides. Nisi esset quod Alex. loquitur de appetitu, qui est principium motus localis determinati in animalibus perfectis iturentes. Vnde illa se habent per ordinem, imaginatio, assensus, impulsio, actio. stat. n. esse imaginationem sine assensu, vt imaginemur Solem esse pedalem, & tamen non assentimus. Similiter non omnem assensum sequitur impulsio. nam, qui cuipiam, quod album sit, assentit, non continuo in id impulsu trahitur. & si Socratem esse eum, qui obiter progreditur, assentimus, nō protinus ad rem quapiam appetitione & impulsu trahimur. Accidit etiam vt plerunque impulsione, atque appetitu paratum nihil agamus, quoties appetitui neque consilium, neque deliberatio suffragatur, vt asserit idem Alexan. in cap. de phantasia, in para. de anima. & ita patet quod loquitur de appetitu determinato & perfecto. Aris. autem loquitur de appetitu imperfecto, & imaginatione imperfecta, quae est respectu obiecti praesentis, vt notat Commen. ibi in commen. & omnes expositores.

2. de a[n]i[m]a. com. 20. Decimaoctaua contradictio est in com. 20. dicit quod omne animal habet imaginationem. Oppositum infra. 116. Soluitur. loquitur

Solutio. hic de imaginatiua absolute, siue perfecta, siue imperfecta: ibi vero de imaginatiua perfecta tantum.

2. de a[n]i[m]a. com. 22. Decimanona contradictio est in co. 22. Dicit quod sentire est actio. Oppositum infra.

Solutio. com. 51. vbi dicitur quod est pati. Nisi esset quod sumpsit actionem pro passione. aut si verius dicamus, non est formaliter actio, neque formaliter passio, sed assimilatur illis, & hoc Deo duce in. 3. de anima declarabimus, vbi videbimus in simili quomodo intelligere sit pati. sed pro nunc recurre ad. 11. quaestionem quodlibetorum Scoti. artic. 3. & ibi videbis veritatem.

2. de a[n]i[m]a. tex. 24. Vigesima contradi. est in tex. 24. Aristo. & Commen. videntur dicere formam esse actum agentis in patiente & disposito. Sed huius oppositum habetur in. 7. meta. tex. commen. 26. vbi dicitur quod agens non facit in alio aliud. non enim facit in materia formam, sed ex materia formatum. Solutio.

Solutio. generatio, & omnis motus dupliciter potest considerari. Vno modo, vt est extra animam in effectu. & sic quod per se generatur, est compositum ex materia & forma, illud enim terminat in esse reali actionem agentis. & isto modo Arist. loquitur in. 7. primae philosophiae. Alio modo consideratur vt est in abstractione animae, vt refertur ad sua principia ex quibus constat, & sic sunt materia, forma, & priuatio, quorum duo sunt per se, & vnum per accidens. vnde sic in ratione generationis illa tria apparent, scilicet terminus, & subiectum. nam generatio est transmutatio ex non esse ad esse. nam ex hoc, quod est transmutatio, apparet subiectum, & cum transmutatio est actus transmutabilis, & non esse est priuatio, & esse est ipsa forma. & sic intelligitur dictum Philosophorum, dum dicunt formam esse actum agentis, secundum rationem consyderata generatione. Aut dic quod compositum est terminus totalis, sed forma partialis.

Vigesimaprima contradi. est in co. 24. Habetur quod actio attribuitur primitus formae. oppositum est. 1. de anima. co. 3. vbi dicit aliqua accidentia primitus attribui corpori quam animae. Soluitur, quod illa accidentia, quae dixit Com. primitus attribui corpori quam animae, non intellexit de corpore in quo est anima, sicut forma in materia, sed de corpore existente in loco, sicut est vapor respectu formae aut aliquid huiusmodi, & sic nō est ad propositum. Sed adhuc dubitatur. quia actio videtur primo composito attribui in procemio met. & primo de anima. 64. Soluitur. composito vt quod, formae vt quo. & hoc non negat hic Commen. quia dicit quod actio attribuitur primitus enti propter formam. 2. de a[n]i[m]a. com. 24. Solutio.

Vigesimasecunda contrad. est in tex. 26. Aristo. in praesenti loco laudat illos, qui opinati sunt animam sine corpore nō esse. Sed hoc videtur inferre animam intellectiuam sine corpore non esse. Sed huius oppositum videtur ex. 2. de anima, vbi dicitur, quod separatur, sicut perpetuum à corruptibili. & est contra id, quod demonstratur in. 3. de anima, quod nullius corporis est actus. Nisi esset quod hoc dictum locum habet de anima vegetatiua, & sensitiua, quae sunt formae organicae constitutae, sicut formae, quae constituuntur per subiecta. tales enim sunt inseparabiles, & separatio earum à materia est corruptio earum, vt dicit Commen. 4. phy. co. 18. Fallit autem de intellectiua. quia Aristo. de illa superius dixit quod est aliud genus animae, & quod separatio eius non est per corruptionem, sed sicut perpetuum à corruptibili, quia est separatio secundum maximam distantiam in essentia & natura. Sed contra istam solutionem, quae licet sit Aueroo. in praesenti loco, 2. de a[n]i[m]a. tex. 26. Solutio.

ri loco. est replica. quia Aristo. hoc infert ex his, quæ in tex. 24. & 25. demonstrata sunt videlicet quòd anima est actus corporis. sed hoc est commune omni animæ, vt patet per Aristote. supra tex. commen. 5. vbi dicit q. si quid igitur commune est omni animæ, anima vtique erit actus corporis instrumentalis potentia vitam habentis. Et confirmatur, quia actus, & perfectio dicitur in relatione ad id cuius est, & relatiua non possunt absolui nec in esse, nec intellectu. ideo aliter soluo q. anima rationalis dupliciter concipi potest, vt anima, & vt intellectiua. Magna enim differentia est inter animam & intellectum, vt patet per Aristo. in primo de anima tex. commen. 21. vbi impugnat Democritum non distinguentem inter animam & intellectum. vnde anima cùm definiatur per corpus, nulla anima quatenus anima, potest esse sine corpore, quia est actus corporis. Sed in hoc est differentia inter animam intellectiuam, & animam plantæ, & sensitiuam, quia istæ sunt actus corporis constituti in esse per corpus, & dependens à corpore, & quò ad essentiã, & quò ad operationem, sed anima intellectiua solum est actus dans operari, & vt sic non est separabilis à corpore. vnde Commenta. dicit expresse primo de anima. commen. 12. quòd ista est sententia Aristote. de intellectu materiali quòd est abstractus secundum essentiam. quia non est virtus organica, & q. nihil intelligit sine imaginatione, & per consequens quò ad operationem est coniunctus. Et hoc intellige vt intellectus consyderatur vt est pars animæ. si vero consyderetur vt intellectus, sic non dependet à phantasia nec concernit corpus: immo sic est intellectus, quæ intelligit abstracta, sicut aliæ intelligentiæ. vnde sicut nauta dupliciter consyderari potest. vt nauta videlicet. & sic dicit respectum ad nauim, & non potest sub illa ratione sine naui esse & vt homo, & sic separatur à naui, ita intellectiua anima, vt anima est, importat respectum ad corpus, sed vt est intellectiua, est separabilis. Et ex ista solutione patet solutio ad Achillem illorum, qui credunt demonstrare secundum Aristote animam intellectiuam esse inseparabilem à corpore. quia, si esset separabilis, haberet aliquam operationem sibi propriã, sed propria operatio, si qua est, quæ attribui potest animæ intellectiuæ, maximè videtur intelligere, si autem intelligere est imaginari, aut non est sine imaginatione, nec ipsum sine corpore esse potest. frustra autem est essentia, quæ non habet operationem sibi propriam. Et istud est argumentum, in quo sibi Alexandrei fortiter confidunt, & dicunt secundum Aristote. Animæ intellectiuæ essentiam esse mortalem secundum Aristote. & inseparabilem. Dicimus nos quòd æquiuocatio decepit eos, & locus communis. quia non distinxerunt inter animam intellectiuam in ratione animæ, & in ratione intellectus. Vnde licet argumentum eorum concludat animam intellectiuam in quantum anima est, non esse sine corpore, non sequitur ad simpliciter, igitur essentia animæ est inseparabilis simpliciter. nam, vt inquit Auicen. in. 6. naturalium. cap. 1 nomen animæ non est nomen essentiæ. Et licet Aristo. in. 3. de anima locutus sit de intellectu, vt est pars animæ. & sic dicit nihil ipsum intelligere sine imaginatione, innuit tamen Aristo. intellectum etiam habere aliam consyderationem, vt intellectus in se consyderatur, vt patet in tertio de anima, vbi mouet quæstionem, & licet non absoluerit eam, tamen Peripatetici, & sequaces eius dicunt illud esse de intentione eius.

Contra ponentes mortalitatem animæ.

Vigesimatertia contradi. est in com. 17. Artifex non potest probare subiectum esse, neque species subiecti. Oppositum primi patet primo elementorum, vbi probatur syllogismum elenchum esse. Oppositum secundi patet. 4. celi. commen. 31. Soluitur. diffuse pertractata illa in speciali quæstione, quam feci de hac materia. pro nunc dico breuiter q. aliqua subiecta adeo nota sunt, q. scientiæ despiciunt ea, nullam prorsus mentionem facientem de ipsis. aliqua vero subiecta non sunt adeo ignota, quòd demonstrari queant. quia, sicut diximus superius in. 4. cæli. super. 31. commen. implicat, quòd aliquod subiectum demonstretur in scientia, in qua est subiectum. tamen si fuerit aliquod subiectum, quod indigeat aliqua modicula declaratione, tale bene superficietenus à scientia illa, in qua est subiectũ, potest notificari & persuaderi: sicut est syllogismus hypotheticus per materiam, & sicut est via inductionis vel exempli, vnde Auerro. primo priorum, cap. de syllogismo hypotetico inquit quòd per syllogismos hypotheticos per naturam ostenduntur ea, quæ sunt minus occulta, quàm sint occulta per naturam, sicut esse animæ per suas operationes sicut fecit Auicenna. in. 6. naturalium, qui ex operationibus animæ notificauit esse animæ. non quòd illa sit ratio demon-

2. de an. com. 17.

Solutio.

demonstratiua, sed est syllogismus hypotheticus per naturam, in quo antecedens est notum per se, & consequens etiam est per se notum, & sequela est per se nota. & talis syllogismus nihil simpliciter probat, sed est sola persuasio quædam, & superficialis notificatio. Et ideo dixit bene Commentator in .4. cœli in commen. 22. vbi dixit, quod alia est latentia, quæ indiget syllogismo, videlicet cathegorico: & alia est latentia, quæ indiget inductione. vnde hoc idem sentit Themist. super secundo poste. cap. 13. in sua paraphrasi. Et sic dico, quòd ratio illa Philosophi in libro elenchorum non est ratio demonstratiua ad probandum esse subiecti illius libri, sed est quædam persuasio exemplaris & similitudinaria. De partibus vero subiectiuis, an in scientia possint demonstrari, nec ne, iam diximus commen. trigesimosecundo: quarto de cœlo diffuse: & tu illuc recurras.

2. de aïa. tex. 29. Vigesimaquarta contradictio est in tex. 29. Aristote. dicit quòd in animalibus habentibus tactum, manifestum est, quod insit etiam appetitus. De imaginatione autem immanifestum, posterius autem considerandum. Sed huius oppositum dixit supra in tex. commen. vigesimo. vbi inquit quòd vbi

Solutio. sensus, ibi est imaginatio & appetitus. Solutio est, vt inquit Simplicius, non est inconueniens si per imaginationem intelligamus indeterminatam, & quæ est respectu tangibilium præsentium, quia hoc est clarum. sed per per imaginationem hic intelligitur determinata, quæ est respectu absentium, & cum memoria est coniuncta. vnde animalia imperfecta bene sentiunt iucundū, & triste, sed non per imaginationem. siquidem imaginatio est nobilior & altior sensibus, vt notat Amuto. in præsenti loco. Pro quo nota quòd secundum Aristote. in secundo de anima in tex. commen. 156. Sensus ab imaginatione distinguitur, quia sensus inest omnibus animalibus, non autem imaginatio. Et ex hoc scire potes quòd animalia imperfecta si sentiunt & appetunt, hoc non est per virtutem altiorem quàm sit sensus, sicut est in perfectis habentibus imaginationem distinctam à sensu, & nobiliorem & determinatam. & ideo spongia marina, & id genus appetunt, & delectantur, & contristantur circa iucundum, & triste, per sensum, & non per imaginationem, quæ sit virtus superior quàm sit sensus. & hoc teneas.

2. de aïa. com. 31. Vigesimaquinta contradict. est in com. 31. Dicit Commenta. quòd intellectus speculatiuus non est anima, nec pars animæ, sed commento primo, tertij de anima dicit oppositum. Soluitur. intellectus

Solutio. speculatiuus secundum ipsum quandoque supponit pro operatione animæ, quæ est intellectio: & talis nec anima est, nec pars animæ, sed est accidens maxime de nostra intellectione. quandoque sumitur pro intellectu potentiæ, qui est pars animæ nostræ, quo mediante intelligimus, & sapimus. primo modo hic, secundo modo sumit' ibi.

2. de aïa. tex. 37. Vigesimasexta contradict. est in tex. 37. Aristote. & Commen. in commē. dicunt, quod anima est causa efficiēs corporis. vbi Com. inquit quòd est causa omnium motuum, tam verorum, quàm existimatorum. Sed huius oppositum inuenimus apud Alexan. in paraphrasi de anima, in cap. de impulsu. & vi impulsoria, vbi dicit quod non proprie moueri corpus ab anima dixeris. Soluitur,

Solutio. formæ sunt in duplici differentia. quædam sunt formæ abstractæ à corpore, & per se subsistentes, sicut sunt intelligentiæ separatæ. & tales per se mouere dicuntur, quia in mouendo non mouentur, neque per se, neque per accidens, tales enim habent esse perfectum in se & cōpletum in specie, quæ tota saluatur in vno supposito secundum Peripateticos, & habent vnitatem numeralem perfectam, & natura priorem suo corpore. Et ideo Commen. in primo cœli. in com. 31. dicit quod cœlum est semper mobile per principium extrinsecum, quod non est corpus, neque virtus in corpore. Sunt iterum aliæ formæ, quæ sunt actus corporis, sicut anima quæ est corporis actus, quæ in mouendo mouentur per accidens. & tales formæ non proprie dicuntur mouere corpus, quia non habent subsistentiam separatam extra corpus. vnde, si anima dicitur mouere corpus, est propterea, quia anima intercedente mouetur corpus est enim ratio, quia corpus mouetur. sed non est id, quod proprie per se mouet. motus enim & generationes sunt suppositorum. anima autem, quæ est forma dans esse corpori, non est suppositum, sed est ratio, propter quam suppositum est in actu. vnde forma est actus, sed suppositum est in actu propter formam, & ista est mens Alexandri ibi. inquit enim omnis entelechia, & actus per se immobilis est. animam autem entelechiam siue actum monstratum est. quapropter neque corpus ab anima moueri proprie dixeris. id enim proprium est

est in his demonstratis rebus, in quib⁹ id quod mouetur, ab eo quod mouet, abiunctum est, velut à bob⁹ moueri plaustra dicuntur. sed quia communiter dicitur ab aliquo moueri id, quod interueniente aliquo mouetur: sic enim artifex ab arte mouetur, quia per artem, sic ignis à leuitate, sic ipsum animal ab anima moueri dicitur, quia per animam, siue interueniente anima mouetur. motio enim eiusmodi animali ex parte competit, quâ animatum est, non autē qua graue, aut leue, aut calidum, aut frigidum, album, aut nigrum. Sic igitur intellexisti, q̄ supposita sunt, quæ vere mouentur, & quæ proprie mouent, sed formæ suppositorum sunt ratio, per quam fit motus sicut artifex est, qui proprie mouet materiam artis, sed ars est ratio mouendi.

2. de aia. com. 38. Vigesimaseptima contradi. est in cō. 38. Dicit Cō. q̄ caput est principium sensationis. Huius oppositum habetur in libro de sensu & sensi. vbi dicitur q̄ cor. Soluitur. quicquid dicant alij, veritas est ista. cor est principium omnis sensationis, cerebrū nullius sensationis principium est, sed natura produxit ipsum ad contra operandum cordi per sui frigiditatē in contemperando cordis calorem. ista est Aristo. via, istud sensit Cō. in cō. suo super libro de somno & vigilia in secunda columna, vbi declarat q̄ sensus communis organice est in corde, & q̄ cerebrum non concurrit, nisi tanquam instrumentum ad contemperandum calorē

Instantia à calocord. cordis, vt sit proportionatus pro operationibus sensitiuis. Sed Medici instant ratione sensata q̄ sensus sint organice ī cerebro, q̄ a stante nocumento in prima parte cerebri, sit nocumentum in virtute imaginatiua, & in sensu communi, sicut illo, qui præcipiebat q̄ obiicerent debererent, excludi à domo propter impedimentum, quod sibi inferebant. stante nocumento in medio fit nocumentum in virtute cogitatiua: sicut fuit ille, qui proijciebat vasa argētea per fenestrā. quidam autem habent nocumentum in parte posteriori cerebri: & illi non possunt memorari alicuius rei præteritæ. ergo videtur q̄ ista instrumenta talium sensationū sunt in cerebro, & non in corde. hoc est ar-

Solutio. gumentum contra philosophos. Nos dicimus pro Philosophis q̄ hoc nihil mouet. Nam ista contingunt propter impedimentum, quod est in corde. nam facta læsione in cerebro in aliqua sui parte, impedit̄ mensura illa caloris determinati in tali virtuti in corde organice existentis, vnde cerebrum fm diuersas sui partes contemperat calorē cordis tali, vel tali virtuti deseruientem. & inde est q̄ facto nocumento in parte media cerebri impeditur temperamentum, & mensura caloris naturalis existentis in corde quod temperamentum, & quæ mensura est instrumentum virtutis cogitatiuæ in corde organice existentis. & ista est sententia Philosophi in. 2. de partibus animalium cap. 7. & sic de alijs dicas consequenter. alia sunt ex præcordijs Antiquorum Peripateticorum, & à crustatoribus minime intellecta, quorum doctrina non consistit, nisi in multitudine verborum. volunt. n. facere nouas sectas, & miscere Græca Latinis, & medicinalia, & Platonica cum Aristo. & nesciūt attingunt. sicut cuilibet parum exercitato in Philosophia Arist. patere potest.

Vigesimaoctaua contradi. est in tex. 40. 2. de aia. tex. 40. Arist. & Cō. volunt solum ignem videri ex elementis nutriri & augeri. Sed huius oppositum habetur in. 2. cœli. tex. cō. 21. vbi dicit q̄ omnia corpora physica, quæ alterantur fm passiones, videntur habere augmentum & decrementum, puta animalium corpora, & partes ipsorum, & plantarum, & similiter elementorum. Et confirmatur. quia certum est q̄ augmentum ignis est improprie dictum, cum augmētum verum sit animatorum, vt patet. 1. de genera. & corrup. tex. cō. 33. & 2. de anima: & per consequens augmentum improprie dictum ita competit terræ & aquæ, sicut igni. non igitur solum

Solutio. ignis maxime videtur augeri & nutriri. Nisi esset q̄ tametsi augmentum in rebus simplicibus, sicut sunt elementa, sit improprie dictum, in hoc tamen est differentia inter ignem & alia elementa. quia ignis, aut est alterans alia, aut in eo magis dominatur alterare, quàm in cæteris, est. n. formalissimū inter omnia elementa, vt dicitur in. 2. de genera. & corru. tex. cō. 50. solus. n. & maxime speciei est ignis, & 4. meteo. tex. cō. 5. oīa putrescunt elementa, excepto igne. ex sua autem acuitate contingit, q̄ ea, quæ non sunt eiusdem speciei, transmutat in sui naturam, vt ligna. & in hoc augmentum eius videtur magis assimilari vero augmento, quod fit in viuentibus, vbi etiam nutrimentum mutatur in substantiam aliti. & istud est motiuum istorum in præsenti tex. in secunda figura ex duabus affirmatiuis, vt dicit Cō. Sed augmentum aquæ, & terræ manifeste fit per iuxta positionem consimilis in specie. quia aqua addita aquæ, & terra terræ reddunt aliquid maius. Latet igitur

ignis

ignis non sit verum augmentum, vt dicitur in .1. de gene. & corrup. propter defectum illarum trium conditionum positarum in .1. de gene. & corru. tex. co. 35. tamen magis assimilatur maioratio eius augmento viuentium, quàm maioratio aliorum elementorum propter causam praedictam. Vnde licet ignis etiam augeri possit per iuxta positionem alterius ignis, vt dicitur in .2. de gene. & corru. tex. co. 38. Ignis. n. augetur igne & aliis rebus, & in hoc conuenit cũ augmẽto per iuxta positionem facto cum aliis elementis, tamen etiam habet alium modum, vbi per appositionem plurium lignorum videtur resultare maior ignis, quod nõ habent caetera elementa, quae non sunt ita alteratiua & actiua. & hac ratione solum ignis videtur inter alia elementa nutriri & augeri, cum tamen vere neque nutritio sit, neque augmentum, quia non permanet, vt dicitur in .2. de gene. & corrup.

2. de ani. tex. 41. Vigesimanona contradi. est in tex. 41. Arist. in paruo spatio sibi contradicit hic. Nam vult omnium natura constantium terminum esse magnitudinis & augmenti, & postea immediate subdit ignis augmentum in infinitum procedi, quousque combustibile fuerit. & cum ignis sit vnum eorum, quae natura constant, & animalia, & partes ipsorum, vt dicitur in principio .2. phy. eius debet esse terminus magnitudinis & augmenti, & sic vniuersalis interimitur per instantiam particularis aperte, vt dicitur in libro priorum. Hanc autem contradictionem Egidius Roma. conatur soluere, dicens sermonem Philosophi esse de naturalis augmentabilibus, sicut sunt ea, quae proprie augentur, sicut sunt animata. Vnde iste motus est finitus & terminatus, qui est in corporibus animatis, quae vere augentur: sed augmentum ignis non est terminatum: igitur in figura secunda sequitur quod motus augmenti veri non est ab igne. Vnde Cõm. per terminos capit vltima naturalia, quae inueniuntur in corporibus augmentabilibus, s. animatis. Et postea praefatus doctor inquirens resoluere causam augmenti in reb⁹ naturalibus dicit, quod potest esse triplex, forma, materia, & modo vniuersi. De forma patet, & est concessum ab omnibus Peripateticis. sed de materia inquirens, quod cum aliquid constat ex tota sua materia, tale non potest esse nisi vnum in vna specie, vt colligitur .1. coeli. tex. commen. 91. vbi dicitur quod mundus quia constat ex tota sua materia, vnus est numero: quia autem materia passiuorũ & actiuorum terminata est, ideo etiam nõ crescit de facto ignis in infinitum. Vnde Aristo. vult magis terminationem ignis esse à materia quàm à forma, inanimatis autem est econtra, quia est propter animam magis quàm propter materiã. Tertio dicit terminatum imponi ex vniuersi natura, quia elementa continentur à coelo, vnde est quod sibi imponitur terminus, quia quibusdam temporibus dominantur sidera calida, quandoque frigida: motus .n. Solis in obliquo circulo est causa istius vicissitudinis, vt dicitur in .2. de genera. & corrup. Ista sunt dicta eius.

Solutio Egidij.

Impugnatio. Videtur in .2. dicto esse contradictio, quia Commen. in .3. phy. in co. 60. dicit expresse quod infinitas est à materia, & finitas est à forma, & per consequens non videtur quod naturaliter terminatio sit à materia. Et quod dicit, quod in rebus constantibus ex tota sua materia vnum indiuiduum est in vna specie, & in illo non potest esse augmentum, patet quod aequiuocatio est in sermone, quia per te sermo est de augmento, quod est in quantitate continua, sic. n. augmentum animatorum est ad terminatum, & augmentum ignis non est ad terminatum, sed modo loqueris de augmento in quantitate discreta. Amplius licet res constantes ex sua materia sint terminatae in numero, tamen non est illud principaliter, sed per viam signi & causae secundariae, vt alias declarauimus, quia potius forma limitat materiam, quàm materia formam, vt alibi demonstrauimus.

Solutio propria. De maximo & minimo. Dico cum distinctione in hoc quaesito, praesupponendo primo quod Philosophi deuenerunt ad hoc, vt asserant in rebus generabilibus, & corruptibilib⁹ dari extrema & media, s. maximum & minimum ex duobus. Primo ex operationibus formarum, quia inuenerunt eas esse terminatas, & requirere dispositiones terminatas quantitatiue & qualitatiue, & sub terminatum tempus, & hoc experientia docuit. Vnde Medici de causis sterilitatis loquentes, dicunt quandoque prouenire propter magnitudinem virgae. & Aristo. dicit hoc in libris de generatione animalium, quod habentes penem immoderatum sunt infoecundi & etiam propter paruitatem. & ideo datur maximum & minimum, cum latitudine quadam in istis. Et similiter deuenerunt ad hoc ex cognitione generationum, quae fiunt in determinatis temporibus, vide .2. coeli. tex. com. 35. datur tempus minimum in non excedere, ita de qualitatiuis dispositionibus, vt pulchre dicit Commen. in .6. phys. commen. 91.

de embryonibus habentibus quantitatem maximam & minimam, & de quantitatibus hominum, & vniuersaliter dicit quòd actio cuiuslibet entis perficitur per quantitatem & qualitatem terminatam. vnde primo cap. de substantia orbis dat exemplum de aqua, dum conuertitur in aerem, & econtra. Secundo deuenerunt ad istud ex rebus artis. ars enim est simila naturae, & naturam imitatur. & viderunt in arte, quòd ipsa est, quae imponit terminum rebus in mensura & figura, non instrumenta, vt patet inductiue in omnibus. Et ita etiam dixerunt quòd sit in natura, quòd forma naturalis est, quae imponit terminum & figuram rebus non instrumenta. Nota tamen quòd est distinctio in istis formis. quia quaedam sunt propinquae primae materiae, sicut sunt formae elementariae, quae secundum viam Auer. ex hoc habent vt sint quodammodo media inter substantiam & accidentia. Et ex hac ratione concludit, quòd istae multum participant de proprietate materiae. vnde nullam sibi requirunt terminationem, & figuram, vt est demonstratum in tertio coeli, tex. commen. 67. Figura enim, vt scribit Commen. in eod. 67. associatur in hoc formis substantialibus perfectis in hoc, quòd non recipit diuisionem. & ideo caret motu alterationis, vt dictum est in septimo physicorum, & ideo elementa in sua natura considerata infigurata sunt, & interminata per consequens. & ideo, quia sunt primae materiae formae eorum propinquissimae. & ideo sic habent proprietatem materiae, quae est eadem interminationis & infinitudinis. vnde etiam propter suam imperfectionem recipit quandam penetrationem in suis partibus, vt notat Commenta. in octauo physicorum co. 81. Et propterea concluditur quòd possunt esse simul in eodem puncto, vel parte materiae in mixto, quod non possunt facere formae animatorum perfectae, quae appropriant sibi certam quantitatem terminatam, & figuram: sed bene tales formae recipiunt terminationem insequentem formam mixti, & per illam terminantur, & non per proprios terminos, quibus carent ex se, & qui contemperantur in mixtione, si quos habuerunt, dum existebant separata. Et ideo animaduerte, frater mi, quòd elementa aliter se habent, vt in sua natura considerantur, aliter, vt iam existunt & sunt partes mundi, primo modo termino carent & figura, sed secundo modo habent terminum, quia vniuersum terminatum est & non infinitum, vt est demonstratum in tertio physicorum, & magis in speciali adhuc in primo de coelo. vnde sic figurantur à continente. Ista igitur ratione ignis augmentum in natura sua consyderatum simpliciter vt est agens principale, & non instrumentum animae intellectiuum est, apposito combustibili. quia vt sic, vltra desinat, non habet. Si autem consyderatur vt est pars mundi, vt sic terminum habet. maxima enim diminutio, quam recipit materia, est illa, quam habet sub forma ignis, & minima illa, cum qua stat forma terrae, vt dicit Commenta. in secundo de anima. commento 97. & sic ignis in existentia naturae est determinatus per maximum & minimum. Sed in hoc est differentia inter ignem & alia simplicia ex vna parte, & reliqua mixta perfecta, quia illa habent terminationem extrinsecus deriuatam propter continens, & ratione qua sunt partes. sed mixta vltra rationem generalem habent intrinsecam causam suae terminationis, & est sua forma, & quae ex sui perfectione, cùm sit eleuata magis à materia, & accedat magis ad actum & formam, est terminata, & imponens causam terminationis in entibus. vnde secundum quòd magis & magis eleuantur, sic sunt perfectiores & magis ad vnitatem accedentes. Vnde quidam viri magni tenuere animas perfectorum animalium esse indiuisibiles, tamen via Auer. licet diuisibiles sint omnes formae eductae de potentia materiae, sunt tamen magis vnitae perfectiorum animae. vnde in animalibus perfectioribus propter istam causam partes diuisae non mouentur neque viuunt. & ideo licet detur ignis maximus & minimus, & aqua, hoc est secundum quòd existit in natura, sed in se non habet terminum. Et ideo in hoc bene dicit Egidius Romanus, quòd terminatio in igne non est à forma sua, sicut est in animatis, si ipse respexit ad istam differentiam originatam ex propinquitate materiae & distantia. 3. coeli, commento trigesimo secundo esse elementorum propinquum materiae: sed non est absolute concedendum terminationem esse à materia, sed à forma principaliter. vnde magis est rationis & formae, quam materiae. quia, si materia est terminationis causa, non est ratione suae essentiae, sed quatenus est formata, & actuata per formam. Et ideo nota bene differentiam inter generabilia simplicia & maxima perfecta, quia licet de facto omnia terminata sint maximo & minimo, tamen secus est in simplicibus

&

& factis in mixtis, quia in simplicibus est anima extrinseca, in mixtis vero intrinseca est causa intrinseca, & est ratio formæ suæ, quæ perfecta est, & requirit figuram & terminationem terminatam, cuiusmodi non sunt formæ simplices. Et ex hac ratione scire potes quare formæ elementares in mixto possint se penetrare & simul esse in eadem parte materiæ, quod non possunt formæ mixtorum perfectorum. assimulantur enim accidentibus & qualitatibus in hoc, sicut sapor, odor, & color, qui sunt in eodē subiecto, quia non habent diuersos terminos, sed vna quantitate terminata subiectum insequente terminantur, iuxta illud, tanta est albedo quanta est superficies, et præd[illegible] camentes, ita formæ elementares in mixtis habentes esse ligatum, habent extēdi & terminari per quietem & terminatam insequentem mixtum & formam eius, & non habent diuersas terminationes, sicut sunt formæ mixtorum. ideo Cōmen. 8. physi. cō. 8 [illegible] expresse dicit q̃ elementa recipiunt quā dam penetrationem in suis partibus.

2. de a'a. com. 41. Trigesima contradi. est in cōm. 41. Dicit Cōm. q̃ ignis dominatur in corporibus nutribilibus. Sed oppositum patet 2. de generatione in te. cō. 49. & in 4. meteo. vbi scribitur q̃ omnia residentia circa medium à predominio sunt terrea. Soluitur. sm̃ molem terra dominatur, ignis aūt sm̃ virtutē, & præcipue in nutribilibus, nam generatiuū est prima participatio animæ in calido naturali, & vita est eius permansio. Et ideo dixerunt sapientes q̃ frigiditas non ingreditur opus naturæ igneæ. namque anima omnia operatur. 2. de anima. tex. cō. 41. & 130. (Solutio.) Replicari posset, in maiori quantum est maior virtus. si igitur terra dominatur quantum ad molem, igitur quantum ad virtutem. Soluitur. intelligitur propositio in his, quæ sunt eiusdem speciei, sicut plus ponderat gleba terræ, & velocius descendit quam ista [illegible] gleba. falsa in his, quæ sunt diuersarum rationum. similiter intelligitur propositio illa, quo ad virtutem insequentem talem molem, non autem quo ad alias virtutes quæ illam molem non insequuntur, sic dico, quod, cum terra quo ad molem dominetur in mixtis, talia mouentur ad medium. Et ideo cum proiectus de turri descendit, virtute elementi dominantis in eo, sed quo ad suum motum, qui est ab anima, & quo ad alias operationes virtutis nutritiuæ, & [illegible] ignis dominatur, sicut [illegible] est ab omnibus suis capitis.

Trigesimaprima contradi. est in cō. 48. Dicit Commen. virtutes corporum cœlestium conseruatiuas esse secundum omnem dispositionem, & sm̃ omnes partes. Oppositum videtur in vltimo cap. de substantia orbis, vbi dicit q̃ cœli permanentia non est à virtute. Soluitur, negat ibi virtutem extensam ad extensionem subiecti, concedit hic virtutem abstractam à mā. & est permanentia cœli & motus æternitas. 2. cap. de substantia orbis. & 8. physico. commen. [illegible] æterna enim habent causam necessariam conseruantem, & dantem esse. — 2. de a'a. com. 48. — Solutio.

1. de a'a. com. 51. Trigesimasecunda contradi. est super tex. 51. Aristote. in 2. de anima tex. commen. [illegible] scribit quod sensus in ipso moueri & pati aliquid accidit, sicut dictum est, videtur enim quædam alteratio esse. Et Cōmen. in cōmen. dicit q̃ hoc est primum considerandum de sensu, vtrum sit de virtutibus actiuis vel passiuis. & q̃ Aristote. posuit sensum in genere virtutum passiuarum. Sed huius oppositum habetur per Alexand. in sua paraphrasi de anima, in capitulo de intellectu practico & speculatiuo, vbi dicit q̃ sentire non est pati, sed iudicare, atque discernere. Nisi dicas, quod, vt scribit Aristot. in septimo physicæ auscultationis tex. cōm. 12. Sensus qui alterantur, patiuntur enim. actio etiam ipsorum motus est per corpus, patiente aliquid sensu. pro quanto igitur sensatio non fit nisi per impressionem specierum sine materia in sensorio resultantem, sic sentire consistit in quodā motu & in quadam passione. sed illa receptio & passio nō est sensatio formaliter, sed iudicium & cōprehensio sensibilis in specie relucentis. Et ideo bene loquitur Alexand. quod sentire, non est pati, sed iudicare, atq; discernere. Quod etiam ratione fulcimus. quia potest esse pati & receptio speciei in sensorio, & tamen non erit sentire, dicit enim Philosophus ad plus fortiter intenti delata sub oculis non videmus. Amplius sequeretur virtutes sensitiuas, in genere, potentias esse viliores simpliciter virtutibus vegetatiuæ, vt est nutritiua actiua, & generatiua, quia illæ sunt actiuæ & illæ passiuæ, & agens est nobilius passo. Et ideo non est credendum operationem sensus esse passionem, formaliter loquendo, licet sine passione quadam fieri non possit. Nec est credendum sensum formaliter esse de virtutibus passiuis inquantum sensus, sed vt est operatiuus per organum. sic enim Aristote. dicit in septimo patiente aliquid sensu per corpus. & — [illegible] — Solutio.

Isto modo sunt glosanda dicta Auer. & reducenda in bonum intellectum. Et qui nō vult illo modo intelligere, vadat via sua ar bitrij enim nostri non est q; quasque loquatur. Subtilis doctor in quolibetis quaestione. 13. in arti. 2. in responsione ad secundū, dicit q; sicut esse album est habere formaliter albedinem, sic sentire est habere formaliter sensationem. sed hoc non est vniuersaliter verum. quia stat aliquid formaliter denominari ab aliqua forma, licet illa formaliter nō inhaereat. vt communiter dr de his principijs ab extrinseco denominantibus.

2. de ani. com. 51. Trigesimatertia contradictio est in com. 51. dicitur sensum esse de virtutibus passiuis. Videtur autem oppositum probasse Philosophus superius in tex. cōm 37. vbi declarat animam effectiue concurrere ad omnes motus tam veros quàm existimatos, vt
Solutio. dicit ibi Commen. in commento. Soluitur. Dico q; opinio illa Alberti Magni in. 2. de anima iudicio meo est multum rationi cōsona. q; sensus, licet vt est in potentia ad recipiendum speciem sit passiuus, fit autem actiuus, postea quàm specie illa informatus fuit respectu sensationis. illi autem, qui posuerunt motorem separatum concurrere immediate ad sensationem causandam aliqua speciali influentia, multum, vt mihi videtur, excedunt limites istius artis. Et licet Commen. 2. de anima. comen. 60. moueat istam quaestionem, quae omnino dubia est, & ab eo cum difficultate appareat solutio, tamen talem motorem separatū non ponit, sicut expositores eius dicunt. impossibile enim est q; sensatio effectiue fit ab intelligentia, tanquam à causa efficiente, propinqua aliqua speciali influentia concurrente. Nam secundum Auer. 7. meta. cō. 31. ad finem, quod mouit Aristo. ad ponendū motorem separatum à materia fuit factio virtutum intelligentium: quia virtutes intellectuales apud ipsum sunt non mixtae cū materia. omne. n. nō mixtū cū materia fit à mixto cū materia simpliciter: quemadmodū omne mixtum cū materia generatur à mixto cum materia. & primo meta. cō. 31. materiale non transmutatur nisi à materiali. Et confirmatur. Aristo. in plerisque locis damnat Antiquos, quia effectum sensibilium ponebant causas insensibiles, sicut patet primo meta. 19. 22. 23. 25. & 26. modo, si Commen. ponat intelligentiam esse immediatam causam sensationis, tunc ipse incidit in foueam quam fecit. quia effectus sensibilis erit immediate ab insensibili & abstracta causa. Amplius. quomodo videtur quòd aliquid nouum immediate proueniat ab antiquo? Forte dices q; hoc facit mediante obiecto, quod concurrit dispositiue & non effectiue. Contra. quia tunc soluuntur argumenta Aristot. contra Platonem de ideis, & Auer. contra Auicen. qui ponebat datorem formarum: quia tales etiam ponebant ista agentia inferiora concurrere dispositiue. Amplius quomodo causa vniuersalis erit effectus particularis causa immediata non video. hoc autem sequitur euidenter, si intelligentia concurrat solum vt efficiens, & obiectū vt disponens. Amplius. Aristo. in secundo de anima. 52. 59. & 60. reddit causam, quare non sentiunt sensus se, & quare non sentimus dum volumus, reducit hoc ad istam causam, quia sensus non possunt sentire sine motore extrinseco, tale autem est obiectum, vt omnes dicunt. Amplius, 59. & super commento libri de somno & vigilia habetur q; prima perfectio sensuum fit ab intelligentia agente, quae declaratur in libro de animalibus, sed ista postrema perfectio fit à sensibilibus. haec & alia adduci possunt. quae gratia breuitatis omitto. Dico igitur, siue species sensibilis idem sit cum sensatione, siue non idem, quaestionem istam ab Auer. motam esse propter speciem, non propter sensationem. quia miratur ipse, vnde habet obiectū producere spiritualius esse quàm sit suum esse. non à medio, vel ab organo potest esse ista maior spiritualitas in specie quàm in obiecto quia medium concurrit vt materia tantum in receptione speciei. effectus autē potius insequitur agens, quàm materiam. Et ideo videtur esse ponendus extrinsecus motor. & hoc non potest negari. sed non modo, quo Moderni ponunt. Nam intelligentia ipsa secundum Aristo. concurrit ad omne opus mundi huius: ideo enim mundum hunc oportet superioribus lationib⁹ continuum esse, vt omnis virtus eius gubernetur inde, mediante primo. vnde, sicut in generatione animalis virtus informatiua existens in semine in virtute animati, scilicet caelestis corporis & intelligentiae non errantis, à qua gubernatur, producit animal, sic obiectum sensibile extra quantumque materiale esse habeat in virtute intelligentiae, cuius ipsum est quasi instrumentum, producit speciem sensibilem habentem spiritualius esse quàm habeat ipsa. sensus autem specie informat⁹ virtute obiecti sit primi sit actiu⁹ ad sensationis productionem.

sensibile

sensibile enim sensum agere facit ex mente Philosophi in libro de sensu ex obiecto enim & potentia pariter motiua. Et hoc videtur velle Commentat. secundo de anima commen. trigesimoseptimo, vbi dicit animam esse causam esse [illegible] omnium motiuorum [illegible] existentium in anima. Et ista eadem sententia est eiusdem .2. de anima commen. 149. & non habeo pro inconuenienti hoc, quod idem in [illegible] ratione alterius. & sit passiuum in ratione propria, vnde sicut in intellectibus possibilis est actiuus & passiuus teste Auer. 3. de anima. commen. 19. sic imaginatur de ipso sensu. Et in hoc iudicio meo recte dixit Albertus, nec rectius dici potuit. Et hoc fuit in causa, sicut mihi videtur, quare Aristote. non posuit expresse motorem istum extrinsecum in sensu, sed bene in intellectu, quia motor ille concurrit vniuersali influentia vna cum obiecto, quod est causa proxima non dispositiua, sed effectiua particularis respectu speciei sensibilis. In intellectione autem, in qua fit transitus de ordine in ordinem, & huic potentia intellecta actu intellecta, fuit necessarium ponere illum intellectum agentem: quia ibi manifestum erat quod productio speciei intelligibilis non poterat reduci ad phantasma, cum esset ordine & [illegible] sensibilium, sed in sensu, vbi manet [illegible] ordo, non videtur aliquem motorem separatum appropriatum ponere: sed vniuersalis eius influxus sufficit, sicut etiam in aliis est. Et hoc voluit dicere Commen. vt mihi videtur, dum dixit, scil. Aristote. tacuit motorem istum extrinsecum in sensu, & propalauit in intellectu, quia in sensu latet, & in intellectu manifestum est. Sic cognouisti iam quomodo sensus est de virtutibus passiuis, & quomodo de actiuis, & respectu cuius, & qualiter.

2. de a'a. tex. 52. Trigesimaquarta contradictio est super tex. 52. Aristote. & Commen. videntur tenere in hoc loco quod sensus non sentiunt se. Sed huius oppositum memini me legisse apud Alexand. in suo tracta. de intellectu, capitulo quarto, vbi agit de intellectu in habitu, vbi inquit quod eodem modo sensus seipsum sentire dicitur, quando hoc fecit, quae actu sibi eadem [illegible], vt dicitur, sensus in actu est ipsum sensibile, cum & sensus & intellectus formati receptione absque materia, quae sibi propria sunt participans.

Solutio. Dicimus non quod intellectus & sensus in aliquibus conueniant, & in aliquibus differunt. Conueniunt quidem, quia vterque percipit per speciem, tertio de anima. commen. 2. intelligere est sicut sentire. conueniunt etiam, quia sicut sensus & sensibile est vnus & idem actus secundo de anima. tex. commen. 141. sic & intellectus & intelligibilis secundum actum est vnus & idem actus, & quo ad istam similitudinem sensus potest dici quod sentiat se, sicut intellectus, pro quanto est vnus actus vtriusque, scilicet obiecti & potentiae actu operantis. Differunt autem, quia licet sensus percipiat recipiendo species sine materia, non tamen sicut intellectus, quia intellectus recipit species sine materia, & sine conditionibus materiae: quia obiectum relucens in specie intelligibili est abstractum a materia & a praesentia materiae, & ab omnibus circumstantiis & appendiciis materiae. secus autem est de sensu, quia sentit cum hic & nunc. & ideo intellectus est commensurans vnus supra suum essentiam per veram reflexionem. et dicitur in primo de anima, quod non potest facere sensus, cum virtus organica sit, & isto modo sensus non potest sentire seipsum. Et illud est ex mente Alexand. in paraphrasi de anima, in capitulo de intellectu secundum actum, vbi formaliter isto modo dicit. Itaque intellectus in actu, qui idem sit cum intellecta specie, non immerito sese intelligere dicitur, ergo sese intelligit, quia hoc idem, quod intelligitur, sic species eius abstractas a materia intelligit. non enim singulariter apprehendit hoc, sed in singulari id, quod est, esse intelligit, sicut verum dictum est. Neque tamen ex pari ratione sensus seipsum sentire dixeris, licet ipse quoque species sensibilium rerum excipiat, ea de causa, quia sentit quaecunque sentit, velut addita materiae, [illegible] & singularia sunt. Quo sensus est, non fit autem idem sensus cum rei sensili specie, quoniam non more materiae species excipiat: materiales enim formae sensilesque fiunt a sensu, sicut ab intellectu [illegible], & vide caetera, quae sequuntur.

Trigesimaquinta contradictio est super eodem tex. Aristoteles quaerit quare sensus non sentiunt se, & soluit, quia sensibile est in potentia & non actu ipsum sensibile, & nihil mouetur de potentia ad actum, nisi a motore extrinseco. & est locus allegatus, quod sensus seipsos non sentiunt. Sed huius oppositum memini me legisse apud Alexandrum in tractatu de intellectu, cap. 4. vbi agit quomodo intellectus in habitu 2. de a'a. tex. 52.

ipsum intelligit. vbi expresse dicit, quod eodem modo sensus seipsum sentire dicitur, quando haec sentit, quae actu eadem sibi sunt. Dico quod in praesenti textu Commentator aliter legit textum, quàm Graeci expositores. Vult enim Aristot. adducere rationem, per quam probat sensum esse de virtutibus passiuis & non actiuis. Nam, si sensus esset de virtutibus actiuis, cum virtutes actiuae ex se absque extrinseco motore possint operari, sequeretur quòd sensus sine sensibilib[us] possent sentire se, & sua organa, & elementa ipsa sensoria componentia. Sed secundum Graecos, dubitatio Aristote. est, quia, si sensus est de virtutibus passiuis, nam sentire in quodam pati & moueri consistit secundum omnes, vt dicitur in primo de anima te. commen. 79. vbi dicit sentire autem & moueri & pati aliquid ponunt: tunc contra hoc suppositum ab omnibus concessum insurgit illa dubitatio. cum sensus sint passiui, & habeant sensibilia secum inseparabiliter, organa constant ex elementis, quae secundum seipsa sensibilia sunt, aut secundum accidentia ipsorum: quare igitur, sicut sensus patiuntur à sensibilibus remotis, à coniunctis non patiuntur: nec oculos ipsos ob cernimus & oculorum colores, sicut per oculos cetera cernimus? Et solutio Aristo. consistit in hoc, quòd sensorium est in potentia ad sensibile, & non in actu, sicut cremabile est in potentia combustibile, & non actu. quia si actu esset, non indigeret eo, qui est extra, igne in actu, vt dicit, ad hoc vt combureretur. Et est locus satis ardens & difficilis sicut vides, maxime quòd Plutarchus, vt refert Simplicius, voluit hanc dubitationem protendere contra Empedoclem, & non contra sententiam Aristotelis, & in hanc sententiam est diuus Thomas in praesenti loco. Et in veritate, qui tenent in via Aristotelis elementa formaliter non remanere in mixto, isto modo habent necessario exponere locum istum. Sed isti aduersantur Simplicius, & Themistius, & Alexand. & Ammonius, & Commentator. vnde volunt ista intelligi secundum viam Aristotelis. Sed quomodo ex hac solutione patet responsio clare ad obiectionem, difficile est videre. Dicit Ammonius in hoc loco tres causas. Prima est quòd sensus secus se habet circa sensibile, & secus circa intelligibile se habet intellectus. quia intellectus in intelligendo intelligibile non indiget organo, & seipso sufficit, nec aliquid ad hoc habet impedimentum, sed sensus indiget organo, & ideo non potest conuerti supra suum organum, nec supra se. Secunda causa, quia sensus cognoscit spiritualiter & indiget medio, puta aere, vel aqua, vt patet in tribus sensibus, & etiam medio debite disposito, & ideo est ratio, quare visus non potest videre colorem sui organi, & tamen colorem extrinsecum potest. Tertia causa, quae est verior inter omnes, quia id, quod sentit, est totum compositum ex virtute & organo, & totum hoc concurrit vt patiens. & quia nihil à seipso pati potest, ideo indiget sensibili extrinseco. Vnde dato quòd elementa sint in organo, quia tamen organum componitur ex elementis, sicut ex materiali causa, & totum organum vnà cum sentiente virtute fit passiuum, omnia, quae in organo sunt concurrunt etiam vt materia, & non vt agens. & ideo necesse est, quòd deducatur ad actum ab extrinseco motore. Accedit, vt dicit Themistius in hoc loco, quòd à iunctis inuexisque nulli ictus eueniunt. Vnde forma existens in subiecto non alterat subiectum, quia alteratio fit per contactum. & ideo oportet quòd alterans sit distinctum loco, & subiecto ab ipso alterato. Vnde Aristote. in primo de generatione & corruptione in tex. com. 73 continuum quidem igitur vnumquodque, & vnum esse impassibile. similiter autem & non appropinquantia. Et illa est ratio, quare ethica febre laborantes non sentiunt febrem suam, licet calor ille extraneus sit intensior quàm sit calor in alijs febribus dependentibus ab humoribus, vt sunt putridae, vel à spiritibus, vt sunt ephemerae. quia humor & spiritus sunt corpora distincta à membris sentientibus: sed caliditas febris ethicae est formaliter & subiectiue in ipsis membris. Sed quò ad authoritatem Alexand. qui videtur contradicere huic sententiae, respondetur q. nõ est intentio Alexand. dicere quòd sensus sentiant se, aut organa sua: quia alibi ipse oppositum tenet, sicut est rei veritas. sed dicit similitudinem inter intellectum in actu & sensum i[n] actu, penes hoc quia, sicut intellectus in actu & intelligibile in actu vnum sunt, quia vnus & idem est actus vtriusque: sicut in simili dicitur in tertio physic. quòd vnus & idem est actus motoris actu mouentis, & mobilis actu moti: sic etiam est de sensu in actu & sensibili in actu. & sic dicunt verba eius, quia dicit. Similiter autem sensus seipsum sentire dicitur, quando haec sentit, quae actu sibi eadem sunt & non dicit q. sensus se

conuer-

Solutio.

Quare ethica febre laborantes nõ sentiunt se febrire.

conuersiuus supra suam essentiam, aut supra organum suum. Vnde Auicen. dicit in 6. naturalium q; virtus imaginatiua, quae est spiritualior, quàm sensus extrinseci, & quàm sensus communis, non potest imaginari organum suum.

2. de aia. com. 52. Trigesimasexta contradictio est in cõm. 52. Scribitur sensationem exterioris sensus non posse fieri sine praesentia obiecti. Huius tamen oppositum meminimus nos inuenisse in dictis eius super commentum libri de somno & vigilia, vbi dicit in somno visionem, & gustus sensationem, vel aliquid huiusmodi posse fieri. Solutio. Soluitur, quòd talis sensatio non sensus est exterioris, sed est sensus communis, qui vtitur intentionibus pro rebus, vnde illa sensatio non est sine praesentia obiecti: obiectum enim praesens est species in organo sensus exterioris, quã apprehendit sensus communis, & non sensus exterior: quia sensus exteriores in somno sunt ligati. nam secundum Auer. in praedicto tractatu somnus est ligamentum sensuum exteriorum. Et ista est solutio Gregorij Ariminensis in primo sententiarum. 3. distin. primi, quaest. prima art. 2. in solutione secundae experientiae Aureoli. & dicit istam solutionem esse de mente Comment. praedicto loco. Miror maxime de tanto doctore quomodo plerunque allegat tot, & tantas Commen. authoritates, quas aut nõ intelligit, aut fingit se non intelligere. ipse dicit in primis sensationes istas non posse fieri à sensibus exterioribus, quia sensus exteriores sunt ligati: & allegat Cõmen. ibi. sed contra sensus communis etiam in somno ligatus est: & ligamentum non attribuitur sensibus exterioribus, nisi propter ligamentum prius existere in sensu communi. nam, vt dicit Philosophus, somnus est passio primi sensitiui: primum autem sensitiuum appellat sensum communem. Dicamus igitur pro nobis & pro ipso q; sensationes dupliciter fiunt. quandoque per lineam rectam: & ista incipit à sensibilibus extrinsecis, & terminatur ad virtutem rememoratiuam. alia est per lineam reflexam & retrogradam: & ista incipit à virtute rememoratiua, & terminatur ad sensus exteriores. In somno autem potest fieri retrograda sensatio, nam virtus imaginatiua per intentionẽ, quam recepit ab obiecto extrinseco, vel à virtute rememoratiua, mouebit sensum communem, et sensus communis mouebit sensum particularem, & sic fit talis sensatio. vnde ista sensatio est sensus particularis tanquam subiecti, & non est sensus communis, nisi tanquã agentis. Sed illud, quod decepit Gregoriũ, fuit, quia non potuit imaginari quomodo sensatio ista posset esse sensus exterioris, cum ipsi sint ligati, sed, vt dixi, ipse incidit in Scyllam cupiens vitare Charybdim, nam quomodo potest esse sensus communis, cum ipse sit primo ligatus? Soluimus igitur quod in somno perfecto ligati sunt sensus illi, & sensus communis, & praecipue à sensibilibus communiter occurrentibus: & in tali somno nõ fiunt istae sensationes. est & alter somnus imperfectus, & in tali fiunt istae sensationes. & licet sensus exteriores in tali somno ligati sint respectu sensibilium exteriorum communiter occurrentium ab extrinseco, tamen respectu alterius sensationis, vt ita dicam, per quam itur ad sensum communem, non sunt ligati, & respectu illius incitari possunt. Illud sentit Auerr. ibi in littera. Et ne videatur iste studio contradicendi dixisse, addamus verba eius formaliter. inquit. quomodo autem accidit quòd homo in somno videt, quòd sentiat per quinque sensus absque eo, quòd ibi sit aliquod sensibile extrinsecum: & soluit dicens. Hoc accidit per contrarium motũ ei, qui fit in vigilia. in vigilia. n. sensibilia extrinseca mouent sensum, & sensus cõmunis mouet virtutem imaginatiuam: in somno autem quando virtus imaginatiua imaginata fuerit intentionem, quam accepit ab extrinseco, aut a virtute rememoratiua, reuertetur & mouebit sensum communem, & sensus communis mouebit virtutem particularem: & sic accidit quòd homo cõprehendit sensibilia, licet non sint extrinseca, quia intentiones eorum sunt in instrumentis sensuum. haec ille formaliter. Vide etiam pro hoc ipsum tertio colliget capit. 38.

Trigesimaseptima contradictio est in cõmen. 60. Dicit Cõment. q; melius est q; diuersitas formae sit causa diuersitatis materiae, quam econtra. Sed huius oppositum habetur ab ipso octauo physico. commen. 46. vbi ex diuersitate materiae probat diuersitatem formarum. Soluitur. diuersitas materiae est causa diuersitatis formae: sed diuersitas materiae est signum diuersitatis formae, non causa. Ratio igitur quam facit 8. physi. 46. est à signo, non à causa. 2. de aia. com. 60. Solutio.

Trigesimaoctaua contradictio est super tex. 61. Aristoteles definiens sensitiuum dicit, esse tale potentia, quale sensibile est iam actu. & subdit, quòd patitur non 2. de aia. tex. 61.

simile est, passum autem assimilatum est. videtur igitur sensibile in principio esse contrarium sensitiuo, & in fine simile. Ex hoc igitur sequitur sensationem esse alterationem in contrarietate fundatam. Huius tamen oppositum Aristote. supra iam declarat in tex. commen. 57. vbi distinxit ipsum pati & alterari, asserens aliud esse corruptionem quandam, aliud autem salutem potius. & ita similiter concludebat, quod alteratio, qua secunda potentia deducitur ad actum, est ex secundo genere alterationis, sic quando sciens in habitu exit ad actum considerandi; & similiter quando sensus exit in actum sentiendi. Soluitur, vt dicit Aristote. quia non habemus propria nomina, quibus nominare possumus huiusmodi immutationes factas à sensibilibus in sensum, oportuit vti nominibus istis tanquam propriis, scilicet ipso pati & alterari. Sed aduerte quod in alteratione proprie sumpta, quae est corruptio quaedam, talis est inter terminos contrarietas, est in vero motu, qui est de contrario in contrarium. Sed huiusmodi contrarietas non inuenitur in sensitiuo, quia non mutatur de forma contraria in formam contrariam: nec sic assimilatur sensibili vt fiat eius materia. ex hoc enim, quod sensitiuum visus mouetur à colore, non albescit, neque nigrescit, sicut iam fit in alteratione vera, vbi passum est materia agentis, sed solum formam eius recipit: hoc enim est vniuscuiusque sensus proprium, susceptiuum esse specierum sine materia. & propterea neque pati, nec alterari proprie dicitur. Sed istud est aliud alterationis genus, quod in perfectionem desinit, pro quanto ista receptio est solius formae, quae tandem terminatur in iudicium & cognitionem. quemadmodum enim dicimus ceram excipere sigillum, & imaginem auream, non tamen quatenus aurea est, cera enim sine auro, aut aere symbolum excipit, vt dicit lucidissimus Themistius. Et subdit quod nulla materia de forma sibi accidente, hactenusque iudicium ferre possit, quoniam materia suapte ingenio incipiens bruta irrationabilisque efficitur, vero non de aliis iudicat, cum ratione & forma rationem & formam apprehendit: sensus vero species, & ratio ea est, quae sedem in primo instrumento sentiendi habet. Et hinc scire poteris propter quam causam ethicus non sentiat febrem suam, quia febrilis ille calor realiter est, & materialiter in membris. & ideo membra, cum sint caloris illius materia, non possunt de illo afferre iudicium, sed bene de calore, quod est in humoribus, aut spiritibus iudicare poterunt, quia ab illis possunt decidere species sine materia in organo tactus, sed à proprio calore nihil patitur, sicut combustibile à seipso non comburitur, vt dicit Aristo. in secundo de anima, in tex. commen. 51. Et hoc pulchre notauit Themist. in. 2. de anima in tex. 62. vbi inquit quod sensum proprie pati & alterari à sensilibus, cum pateat quod, si visus exalbuit, alba non percipit, si manus recaluit, calida non sentiet, si palatum indulcuit, dulcia non dignoscit, aures strepitu familiarem obaudiunt. Ad formam igitur contradictionis dic quod in alteratione & passione vera passum mutatur de habitu contrario in habitum contrarium, & passum fit materia agentis. sed in alteratione perfectiua, qualis est sensitiui, non est de contrario habitu in contrarium, nec id, quod patitur fit materia formae agentis, sed solum desinit in iudicium & cognitionem mediante receptione solius formae circumscripta materia. forma enim sola sensibilis est, quae sensorium percutit. Solum igitur hic est salus, quia sensitiuum, antequam primatur à sensibili, non habet formam secundum quam fit assimilatum, sed facta passione habet. vnde ex non formato fit formatum, & ex non cognoscente in actu fit cognoscens. sensibilia enim extra actiua sunt huius operationis, vt dicit Aristote. in. 2. de anima in tex. commen. 59. quod qualiter sit intelligendum superius declarauimus. non valet autem quod, si sensitiuum ante pati non est simile, igitur est contrarium, quia negatio affirmationem non infert. Vel dic quod est priuatiua contrarietas, ex quo existens simile fit simile, sed non positiua, sicut est in vera.

Solutio.

Quare ethicus febrem suam non sentiat.

Trigesimanona contradi. est super eodem tex. Aristo. inquit quod sensitiuum est tale in potentia, quale est sensibile actu, & passum est tale, quale est illud. Sed huius oppositum sequitur ex his, quae scribuntur infra ab eodem in tex. commen. 121. vbi dicitur quod proprium est vniuscuiusque sensus susceptiuum esse specierum sine materia. Manifestum est autem quod sensibile actu, quod mouet sensum, est forma in materia, sed sensus, seu sensitiuum nunquam actu, vbi passum fuerit, habebit formam sensibilis in materiali & naturali esse. Et tunc iterum concesso quod ista receptio fit secundum speciem, restat quomodo sit facta assimilatio inter sensibile habens esse materiale, & ipsum sensum.

2. de ani. tex. 61.

Soluitur,

Solutio. Soluitur, vt tradit Aristo. in tex. commen. 57. contractio potentiæ secundæ ad actum secundum fit ab eo quod est actu, & simili sic, sicut potentia ad actum. non est enim necesse vt passum assimiletur agenti in natura, aut in forma, aut in modo essendi simpliciter. non in natura, alioquin coelum nõ posset agere in ista inferiora, quæ sunt distantis naturæ: nec in forma, alioquin Sol non posset generare hominem: nec in modo essendi, sicut est in casu nostro. sed vt scribit etiam Com. 12. meta. c. 18. ista similitudo debet esse talis, qualis est inter potentiam & actum, potentia enim est ordo & habitudo ad actum. quotiens igitur currit inter agens & passum talis proportio, vt tale sit passum in potentia, quia pati possit ab agente, quale est in actu agens, vt possit agere, tunc semper prouenire potest actio, nisi aliquid impediat. Et hoc præcipue etiam verificatur in casu nostro, vt allegatum est ex mente Philosophi. licet igitur sensibile extra habeat esse materiale, & sensus recipiat secundum esse spirituale, est tamen talis proportio, vt sensus à sensibili sic pati possit, sicut sensibile potest agere. Verum autẽ sensibile virtute propria adæquate, an cũ concurrẽte extrinseco motore causet illud esse spirituale, dubitatio ardua est, & mota per Auer. in commen. 60. quæ indiget perscrutatione separata, de qua infra dicam. Sic igitur intelligere potuisti, qualis similitudo currit inter sensibile & sensitiuum, quia est talis, qualis est inter potentiam & actum. Sed, quia intellectus adhuc nõ quiescit, dicamus, aliud quoddam reperientes, q forma rerum sensibilium habet duplex esse, naturale, & extraneum, naturale in materia, extraneum vero in medio, vel in anima sicut scribit Commen. in 2. de anima in cõmen. 97. Et, quia anima est primo diuersa à materia, est alter modus receptionis animæ & alter materiæ. vt scribit Comment. 3. de anima. commen. 5. in principio. Sic enim anima quodam modo dicitur esse omnia, quia p sensum est omnia sensibilia, & per intellectum est omnia intelligibilia. 3. de anima. tex. commen. 37. vnde Commenta. in libro destructio destructio disputa. 3. in solu. 18. dubij. dicit, q quælibet forma habet esse duobus modis, videlicet esse intelligibile, quando comprehendit separatam à materia ab intellectu, & esse sensibile, videlicet id, quod habet actualiter in materia. verbi gratia lapis formam habet materialem extra actum, & aliam formam, quæ est intellectio, & comprehensio facta in anima, prout anima rationalis capit eam separatam. quia igitur forma quælibet, dicit, habet duplex esse in anima, & extra animam ex formis sensibilibus istis, sicut materia est in potentia ad talem formam in esse naturali, sic anima est in potentia ad eandẽ formam in esse spirituali, quia lapis non est in anima, sed forma lapidis, vt dicit in tertio de anima. &, sicut agens transmutans materiã in esse naturali, assimilat sibi passum in tali esse, sic sensibile mouens sensum in esse spirituali assimilat sibi ipsum in tali esse, vel per se, vel concurrente extrinseco motore. Et ad hoc animaduertens Philosophus in. 2. de anima. in tex. commen. 138. dicit q videns quodammodo coloratum est. sensoriũ enim vnumquodque susceptiuum est specierum sine materia. Vides igitur clare quomodo sensitiuum sit simile, vbi passum est à sensibili. Et hoc est, quod Commenta. notat in commen. 62. vbi inquit q sentiens innatum est perfici per intentionem rerum sensibilium, non per ipsas res sensibiles. Et, si non, tunc esse coloris in visu & in corpore esset idem. Et, si ita esset, tunc esse eius in visu nõ esset comprehensio. vbi patet hanc esse differentiam inter esse coloris in visu, & esse eiusdem in corpore colorato, quia in visu est comprehensio, sed in corpore colorato non est comprehensio. Et propterea inquit Commen. q Arist. animaduertens ad hanc differentiam dixit q sentiens est illud, quod est in potentia, sicut sensatum est in perfectione. & non dixit q est in potentia sensatum: quoniam, si ita esset, idem esset esse coloris in visu & in sua materia. ex quo patet colorem in visu non esse, sicut forma in materia, sed sicut cognitum in cognoscente.

Quadragesima contradi. est super eodẽ tex. Aristo. dicit q sensitiuum patitur non simile existens, passum autem assimilatum est. Sed ex hoc sequitur, vt sensatio fiat in tempore, quod tamen est falsum. est enim subita mutatio, & in talibus non differt fieri à facto esse, nec pati à passo esse, vt demonstratur in 6. physi. auscultationis. Soluitur. intelligitur isto modo q sensitiuum ante receptionem speciei à sensibili non est assimilatum illi, sed post receptionem. sic .n. anima est omnia sm receptionem, & similitudinem, vt dicit Commenta. in tertio de anima. i. per receptionem similitudinum. 2.de a[n]i[m]a. tex. 62. Solutio.

Quadragesimaprima contradi. est in cõ. 62. Sensibile non agit in sensum, nisi quando est 2.de aia. cõ. 62.

do est contrarium. Oppositum secundo de anima. 57. Solutio. Soluitur secundo de anima. 57. ubi distinguitur de duplici alteratione, perfectiua, & corruptiua. licet igitur in sensatione non sit vera contrarietas ad agendũ actione corruptiua, est tamen aliqualis, talis qualis requiritur inter mouens & motũ, & alterans & alteratum alteratione perfectiua. vide ibi, & intelliges.

2. de aia. tex. 63. Quadragesimasecunda contradi. est in tex. 63. Aristote. describens sensibile proprium inquit. Dico autem sensibile proprium, quod non contingit altero sensu sentiri, & circa quod non contingit decipi. Circa autem hanc secundam conditionem est contradictio. quia Commentator dicit hoc esse verum in maiori parte, sed nõ expressit in quibus casibus est verum, & in quibus nõ. Themistius autem volens hoc specificare in secundo de anima cap. vigesimoprimo, super expositione presentis loci assignat tres conditiones, videlicet quòd organum sit incolume, quod non sit perturbatum mediũ, & quod sit debita distantia. & cùm hac glosa omnes ferè Latini interpretantur locum istum. Nos aũt inuenimus Alexan. in paraphrasi de anima in capitulo .12. vbi declarat, quæ sunt sensibilia per se, & quæ per accidens, quod assignat quandoque. inquit. n. In proprijs autẽ sensibilibus sensus potissime veri sunt, vbi sensibus ea seruantur illæsa, quibus eum sensilia suscipi data sunt. Quorum primum, atque præcipuum est, vt secundum naturam valentia & sana sensoria sint. Deinceps vero rei sensibilis situs. neque enim res retro positas visus cernere potest. Tertio loco æquabilis interualli mẽsura necessaria est. nõ enim ex omni spatio sensoria res sensibiles excipere possunt. Preter hæc autem opus est medio, quo intercedente ad sensoriorum nobilitatem, commoda, & apta sensibilium susceptio præbeatur. neque enim visio fieri potest, nisi colluminato perspicuo. Postremo nihil oportet, quod sensum interpellat & turbet. neque enim audire possumus, cùm soni vehementiores obstrepunt, & sensum inturbant. An igitur Themistius est diminutus, aut Alexand. superfluit. Dicimus quòd Alexandi Themistius dicitur abbreuiator, vt notat Commenta. duodecimo metaphy. commento secundo, & ideo duæ illæ conditiones expressæ per Alexand. reducuntur & virtualiter continentur in illis tribus expressis per Themist. nam debita distantia sensilis ad sensum præsupponit etiam debitum situm, & includit illum, quia non dicitur sensibile esse in debita distantia: quando non est in situ conuenienti ad hoc vt sentiatur, sensile etiam dicitur in respectu ad sensum, cuius est inuitatiuum. Similiter vltima conditio, vt non sit aliquis motus fortior, qui impediat, reducitur ad illam, videlicet quòd medium non sit perturbatum & ideo quod Alexan. pluribus expressit, Them. paucis perstrinxit. Quod si dicat vltra istas cõditiones requiri aliã, videlicet quòd virtus non sit distracta, quia ad alia fortiter intenti delata sub oculis non videmus, vt dicit Philosophus in libro de memo. & remini. Dic q̃ continetur in prima illa cõditione Themistij. quia in distractione mentis ad aliora reuocatur sensus communis, & spiritus ad interiora, vt notat Cõmenta. in commento super libro de somno & vigilia. & sm Alexand. reducitur ad postremã conditionem adductam per ipsum. quia motus maiores impediunt minores. & ideo, quando virtutes interiores vigorantur in suis actibus, exteriores debilitantur, & econtra.

Quadragesimatertia contradi. est in cõ. 65. Dicit Cõmen. q̃ sensibilia communia sunt propria sensui communi. Huius oppositum patet infra cõmen. 133. vbi dicitur q̃ non sunt propria alicui sensui. 2. de aia. com. 65. Soluitur. per sensum communem non intelligit hic virtutem aliquam distinctam ab alijs sensib⁹, sicut imponit sibi sanctus Doctor hic: sed intellexit cõmunitatem sensuum, quia sensibilia cõmunia possunt sentiri à pluribus, quàm ab vno sensu. & ideo dixit quòd sunt propria sensui communi. Et tu vide Themistium in. 2. de anima super. 133. Et sic argumenta Sancti doctoris nulla, & sic etiã patet q̃ nulla sit contradictio. Solutio.

Quadragesimaquarta contradictio est in com. 72. Dicit q̃ color vniuscuiusque visibilis videtur in luce, siue illud visibile videatur in obscuro, siue videatur in luce. Sed ex verbis istis in eodem cõ. videtur oppositũ istius sequi. quia ibi habet q̃ color non est visibilis, nisi mediante luce. Soluitur. dictũ eius verificatur de visibilibus, quæ videntur in obscuro, & in medio illuminato: sicut sunt noctiluca, & quercus putrefacta, quæ & die & nocte videri possunt. sũ rõne alterius videntur in die, & ratione alterius videntur in nocte, nã in nocte videntur merito lucis, in die merito coloris, & non merito lucis subiectiue existẽtis in visibili, quia tamen maius obfuscat minus, cùm hoc tamen

2. de aia. com. 72.

Solutio.

men stat ꝙ talia videantur, vt colorata in medio actu lucido, & mediante luce contingentis. Et sic propositio est vniuersaliter vera, ꝙ omnis color in quolibet visibili existens non videtur, nisi mediante luce.

2. de aia. com. 72. Quadragesimaquinta contradi. est in eodem cõ. Cõ. habet ꝙ color non est visibile nisi mediante luce. Oppositũ. 2. de anima. cõ. 67. vbi habet ꝙ color non est visibilis per aliquam formã sibi contingentem, sed est visibilis per se. Solutio. Soluit. visibilis est color mediante luce, quantum ad actum immutandi diaphanũ, & organũ sensus mediante luce, lux igitur est diaphani dispositio pro formis colorum recipiendis & pro visu. nõ.n. colores in obscuro videri possunt, licet sint actu colores etiam in obscuro existentes. visibilitas igitur competit colori per se in secundo modo: quia forma coloris est causa visibilitatis eius. Sic igitur patet contradictionis sedatio, si recte vides.

2. de aia. com. 76 & 79. Quadragesimasexta contradi. est in cõ. 76. & 79. Quia in. 76. dicit ꝙ medium in sono est aer, non aqua: sed in 79. dicit oppositum. Solutio. Soluitur. in aqua non fit sonus realiter, sicut fit in aere, sed solũ spiritualiter, & sic etiam intelligitur dictum eius in cõ. 81. infra. in prin. commen.

2. de aia. com. 84 Quadragesimaseptima contradi. est in cõ. 84. Dicit Cõmen. aerem in aure semper moueri, & tamen in 83. dixit ipsum quiescere. Solutio. Soluitur in eodem. 84. quia motus aeris existentis in aure est motus proprius: sed motus in aere extraneo, & non organico est motus extraneus, cum hoc igitur ꝙ talis aer organicꝰ mouetur motu proprio, stat ipsum quiescere quiete opposita motui extraneo, sic soluitur, vt vides, instantia. sicut enĩ ignis in sphaera propria potest dici motus, & quiescens diuersimode.

2. de aia. cõ. 91. Quadragesimaoctaua contradict. est in commen. 91. Dicitur ꝙ non habere pulmonem sit causa remota non respirandi, Et tamen primo poster. dicitur ꝙ est causa propinqua. Solutio. Soluitur. dictum eius in posterioribus habet veritatem respectiue, non absolute: quia non habere pulmonem est causa ꝓpinqua respectu non animalis, tamen simpliciter propinqua non est.

2. de aia. tex. 92. Quadragesimanona contradi. est in tex. 92. Aristoteles, & Commenta. videntur dicere, quòd differentiae odorum male, & cũ difficultate apprehenduntur ab homine. praue enim odorat homo. Ex aduerso autem scribit Auerro. in commento libri de sensu & sensi. in capitulo quinto, quod homo apparet quòd melius distinguit differentias sensibilium olfactus, quàm caetera animalia. Solutio. Soluitur per doctrinam Aristotelis in quinto de generatione animalium capitulo secundo. Nam acute videre, audire, & olfacere bifariam dicitur, aut quia distincte percipiendo differentias illorum sensibilium, aut procul, & à remotis attingendo ipsa. primum prouenit ex synceritate & temperamento organi. & quia complexio humana est magis temperata alijs complexionibus brutorum, sic omnes sensus hominis sunt perfectiores alijs. vnde distinctius percipit omnes differentias sensibilium, quàm faciant caetera. sed percipere à remotis obiectum prouenit ex situ organi, vnde qui habent oculos profundos, & palpebras grossas à remotis inspiciunt, illi autem qui habent oculos eminentes, non possunt ad longam distantiam. sic animalia multa procul olfaciunt ex situ organi. vnde catelli Laconici, qui habent porrectas nares, eminus olfaciunt. homo igitur in hoc à quamplurimis animalibus vincitur, sed non vincitur indistincte iudicando differentias sensibilium. Et hoc etiam fatetur Commentator in libro de sensu & sensi. dicit enim: quòd apparet, quòd homo melius distinguit differentias sensibilium olfactus, quàm caetera animalia, & tamen multa animalia comprehendunt fortius odores à remotis. Hoc etiam innuit in praesenti commento nonagesimosecundo prope finem.

2. de aia. com. 94. Quinquagesima contradictio est in commento, & in prooemio metaphysicorum. Nam hic videtur sensus tactus praecedere alios sensus, & per consequens visus: ibi vero visus alijs praefertur sensibus. Solutio. Soluitur. priora generatione via perfectionis posteriora sunt, sic dicemus prioritatem tactus ad alios sensus esse prioritatem secundum subiectum & materiam, sed prioritas visus ad tactum est prioritas formae & finis. Et hoc etiam confirmat Commenta. in secundo de anima commento septuagesimoseptimo, vbi dicit quòd Aristoteles videtur ordinare considerationem de virtutibus sensus secundum nobilitatem, non autem secundum naturam, prius enim egit de visu, quàm de alijs. sed Auicen. sexto naturalium ordinauit talem considerationem secundum naturam: quia prius egit de tactu, quàm de alijs. Pro hoc vide secundo de generatione & corruptione textu commenti septimi.

Quinqua-

2. de an. com. 97.

Quinquagesima prima contrad. est in cō. 97. Dicitur quod raritas ignis est maxima. Oppositum. 4. physi. 72. vbi dicit quod crescit in infinitum.

Solutio. Soluitur. est maxima secundum naturam, prout consequitur formam existentem in materia. terminatio enim est à forma: sed prout in materia absolute est, in infinitum tendit, cum infinitudo sit à materia. 3. physicor. 60.

2. de an. com. 98.

Quinquagesima secunda contradi. est in cō. 98. & 101. Quia hic dicit quod omnes sensus indigent medio etiam gustus, & tactus. tamen de gustu & tactu oppositum apparet in cō. 101.

Solutio. Soluitur. ibi negat requiri medium extrinsecum. & hoc per se: nam in sensu tactus, & gustus non concurrit medium extrinsecum per se, sed per accidens. vide pro hoc cō. 115. secundi de anima. Et ideo Cōm. in princi. cō. 116. secundi de anima dicit quod aer & aqua in talibus sensibus sunt media, si debent dici media, ex hoc enim apparet quod illa non sunt vere media, sed sunt media per accidens, vt ipse declarauit in cō. 115. Et eodem modo soluitur contradictio Iudicis eius super cō. libro de sensu & sensi. vbi dicit quod sensus, tactus, & gustus, non indigent medio. & tamen in hoc. 98. dicit quod indig. nt medio. Soluitur. ibi negat tales sensus indigere medio extrinseco in ratione per se, & veri medij: hic concedit eos indigere vero & per se medio intrinseco. sensibile enim positum supra sensum non causat sensationem, secundum Aristo. quicquid dicat Auicen. in hoc.

2. de an. cō. 100.

Quinquagesima tertia contrad. est in cō. 100. Dicit quod amplitudo venarum & vier [illegible] anhelitus est propter necessitatem, & non propter melius.

Solutio. Oppositum in simili scribitur in 2. phys. 82. & 88. contra Antiquos. Pondera, quia non asseritur, sed dubitatiue loquitur, & cogita.

2. de an. cō. 108.

Quinquagesima quarta contradict. est in cō. 108. Dicit graue & leue esse substantias, & 5. meta. 18. dicit quod sunt quantitates, & 1. coeli. 17. dicit quod sunt substātiae. etiam in 2. de gene. & cor. & 7. phy. 11. & 2. de partibus animalium. cap. 1. habetur quod sunt qualitates. Vide quae scripsi super. 7. physi. in cō. 11.

Solutio. Et, si vis curiosius videre. vide Conciliatoré in differentia. 42. in tertio dicendorum.

2. de an. cō. 116.

Quinquagesima quinta contradict. est in cō. 116. Dicit carnem esse medium, & non instrumentum tactus. Sed in commento super libro de sensu & sensi. & in secundo colliget. capit. de iuuamentis carnis, & in capitu. de iuuamento tactus, dicit oppositum. Vide Conciliatorem differentia. 42. in. 3. dicendorum de hac materia. quia quādo dicit Cōmē. quod caro est organum tactus, intelligitur de carne cordis, quia in corde secundum Philosophum est radix istius sensus, & organum. quando dicit quod est medium, loquitur de alia carne. Alij per carnem intelligunt carnem neruosam esse tactus instrumentum: & ponunt neruos esse partiale instrumentum tactus, sicut ipsemet Conciliator tenet. Et huic opinioni fauere videtur Cōm. 2. de anima. cō. 108. vbi dicit quod tempore Aristo. quo scripsit librum de animalibus, non erāt noti nerui, sed post per anatomiam apparuit. illud enim, quod sciuit Aristote. ratione sciuit post per sensum. nā vult quod Philosophus per illud, quod est inter carnem, intelligat neruum: & tale est organum tactus partiale. & ista est via Auerr. sine dubio. Sed salua reuerētia Auer. eius positio non videtur esse de intentione Aristo. Nam dicere, quando Aristo. composuit librum de partibus animalium, in quo expresse ponit organum tactus in corde esse, sicut est videre in. 2. lib. cap. 10. & in lib. de sensu & sensi. quod tunc non fuerunt cogniti sibi nerui, quia scientia sectionis erat tunc ignota, illud in veritate esse videtur vnum magnum mendacium. Nam Philosophus plerunque de neruis loqui videtur in libro illo, sicut in ca. 6. vbi agit de carne, & de his, quae vice carnis habent. & in libro de historijs animalium plerunque de neruosa carne meminit, vt in. 3. cap. 5. Nec est verisimile quod tantus Philosophus, qui fuit solertissimus naturae rimator, librum illū sine anatomia conscriberet. quomodo enim de cordis ventriculis, deq; alijs minutissimis mēbris conscripsisset ita solerter, nisi proprijs oculis vidisset singula? Nerui autē non sunt adeo minutissima corpora, quòd propter sui paruitatem non possint videri. Praeterea sententia Philosophi fuit sensum tactus medietatem contrarietatum obtinere. Et ideo dicit in. 2. de anima in tex. cōm. 124. plantae non sentiunt, quia non habent medietatem. sunt enim complexionis multum terrestris. & 3. de anima. tex. com. 66. ait Philosophus. omnium enim tangibilium tactus est, sicut medietas & susceptiuum sensus, non solum quaecunque differentiae terrae sunt, sed calidi & frigidi, & aliorum omnium tangi possibilium. & propter hoc ossibus & capillis, & huiusmodi partibus non sentimus, quia terrae sunt. & plantae etiam ob hoc neque sensum vnum habent. quia

Digressio contra Auerr. de instro sensus tactus.

ſentire ſunt. Arguitur ergo ſic. nerui ſunt terreſtris complexionis, ſicut omnes Medici, & Philoſophi teſtantur. ergo talibus nõ ſentimus. patet conſequentia, quia manente cauſa, manet effectus. quõ ergo Auer. exponit ꝙ illud, ꝙ eſt organum tactus eſt illud, quod eſt intus: & per illud quod eſt intus exponit neruum, cum nullo modo neruo ſentiamus? Cõfirmatur authoritate Philoſophi, quæ non recipit gloſam. 1. de anima. 79. tex. ſcribit enim ibi Philoſophus, quæcunque enim inſunt in animalium corporibus ſimpliciter terræ, vt oſſa, nerui, pili, nihil ſentire videntur. quare dicendum eſt illud, quod intus eſt, eſſe organum ſenſationis: & tale eſt ipſum cor. Iſta eſt veritas, & ita Simplicius, & Antiqui expoſuerũt locum illum. Et in hoc nolo cum Auer. eſſe quia, vt mihi videtur, in hoc quæſito dimiſit præceptorem ſuum, & imitatus eſt potius Medicos. Nam, ſicut ſcribit Philoſophus 1. ethico. cap. 7. pro defenſione veritatis etiã propria impugnare oportere, præſertim Philoſophos, magis æſtimandum eſt. nã cum ambo amici ſint, pium eſt veritatem in honore præferre. Excuſare ipſum poſſum, de errore defendere non poſſum. nam litera ſua in. 1. de anima non loquitur de neruis, ſed de oſſibus ſolum. Similiter ſermo Medicorum, in quibus etiam verſatur, fecerunt ipſum à veritate deuiare. Hæc notauimus hic propter errorem communem impugnantium Ariſt. illud, quod negat expreſſe. & illud non prouenit, niſi quia vident expoſitores, & de tex. nihil.

2. de aia. cõ. 129. Quinquageſima ſexta contradi. eſt in cõ. 129. dicit ꝙ demonſtratio illa Philoſophi fundatur ſuper propoſitionem: quarum vna eſt, ꝙ omne, quod ſentit animal, aut ſentit ipſum per contactum, aut mediante corpore extraneo. ſi iſta diſiunctiua datur per oppoſita, ſequitur aliquam ſenſationem ſine contactu fieri: cuius oppoſitum patet. 7. phyſi. tex. cõm. 12. vbi habetur ꝙ omnis alteratio perfectiua fit per contactum. ſi non datur per oppoſita, non eſt diſiunctiua, per Boetium in libro diuiſionum.

Solutio. Soluitur. per contactum intelligit medium intraneum. & ſic ſenſus eſt ꝙ omnis ſenſatio, aut fit per medium intrinſecum, aut per medium extrinſecũ. Et iſta bene opponuntur, ſicut vides.

2. de aia. tex. 130. Quinquageſima ſeptima contradi. eſt in tex. 130. Dicit Ariſtot. aerem eſſe auditus, aquã vero viſus, ignẽ aũt aut nullius, aut omnibus communem, quia nihil ſine calore ſenſitiuum eſt. Sed huius oppoſitum habetur ab Auer. in. 2. colliget. cap. 36. vbi dicit, ꝙ auditus eſt aeris, aqua viſus, olfactus attribuitur igni. Amplius videtur ꝙ organum olfactus, cum ſit in anteriori parte cerebri, ꝙ ſit frigidum & humidum, & ita erit aquæ tantum, & non aeris, aut aquæ. vt Ariſtot. dicit hic. Solutio eſt, ꝙ non eſt intentio Ariſto. dicere ibi eſſe organum alicuius ſenſus ex vno tantum ſimplici conſtans elemento, quia animal & membra eius ex quatuor conſtant elementis: ſed ſua intentio eſt aliqua ſenſoria elementis ſimplicibus attribui, in quibus ipſa mixtio non eſt manifeſta, & ſic pupilla attribuitur aquæ, auditus, aeri. vnde ſi pungatur oculus, non exit niſi aqua, & in auribus, appoſito cornu, ſentitur aer complantatus, vt dicitur in. 2. de anima. Olfactus autem propterea dicitur eſſe alternus iſtorum, vt notant Cõmen. & Græci expoſitores, non ratione organi, ſed ratione animalium, quorum quædam olfaciũt per aquam, vt piſces. & quædam per aerem, vt animalia degentia in aere. Ignis autem propterea dicitur, aut nullius eſſe, aut omnibus communis, quia ignis, qui eſt feruor, & combuſtio, corrumpit organa ſenſitiua & animalis: calor eſt elementalis, qui regulatur ab anima. & ſic calor ille eſt naturalis, vt ab anima regulatur, & ſic eſt omnibus cõmunis. vnde proportio calo ſibi ſenſus & organi ad ignem ſub ratione, qua ſunt in actu ſentiendo, eſt proportio tanquam ad formam, & proportio ad alia elementa præter ignẽ, vt ſic, eſt ſicut ad materiam, quia ſemper in ſpeciebus imperfectioris ad perfectius eſt reſpectus materiæ ad formam, aut inſtrumenti ad agens. 3. de anima cõ. 36. ſed quando Auerro. dicit organum olfactus eſſe ignis, hoc intelligit ex parte modi, quo multiplicatur intentio odoris, qui aut eſt fumalis euaporatio, aut non ſit ſine ea: & non intelligit quantum ad organum.

Quinquageſimaoctaua contradi. eſt ſuper tex. 133. Ariſt. & Cõm. dicunt ꝙ numerus cognoſcitur negatione continui. Sed hoc videtur eſſe contra id, ꝙ habetur in. 10. meta. tex. cõ. 2. vbi dicitur ꝙ omnis numerus vno cognoſcitur, & ibidem tex cõ. 4. numerus ſm ꝙ eſt compoſitus ex vnitatibus, menſuratur per vnitatem. Amplius eſt dubitatio, q̃do numerus eſt priuatio continui, vt dicit Commen. in cõmento. Paulus Venetus dicit ꝙ ſumitur priuatio pro contrario minus perfecto, vt nigredo dicitur priuatio albedinis. & quia in multiplicando ſenſum, vnum eſt dictum ſentitur, & eodem [illegible] multiplicando 2. de aia. tex. 133.

idem

Ideo dicitur quòd numerus est priuatio continui. Sed hoc non potest stare, quia litera dicit ꝙ numerus cognoscitur negatione continui, & Commentator etiam in commento videtur ꝙ talia se habent vt priuatio & habitus, quia loquitur vniformiter hic, sicut de quiete respectu motus. Et ideo dicimus nos pro Cõ ꝙ sicut de quiete dicebatur ꝙ sensus non comprehendit quietē, nisi post comprehensionem motus, ita etiā sensus non cognosceret numerum, qui causatur ex diuisione continui, nisi prius cognouisset ipsum continuum, quod est vnū. Et hoc est, quod dicit Cõm. ꝙ comprehēsio multitudinis, & numeri est per comprehensionem priuationis continui, quod est multitudo. Vbi aduerte, vt habetur in .4. phy. numerus diuiditur per vnitates, sed non continuatur per vnitates. & ideo in numero est priuatio continuationis. & isto modo sensus cognoscit naturam negatione continui, pro quanto cognoscit multa, quæ non sunt vnita in vno continuo. & si sensus non precognouisset vnum continuum, non posset illud iudicare in ratione numeri. & sic numerus cognoscitur negatione continui. vnde, vt dicit dominus Albertus hic, sensus oppositorum est idem essentialiter, vbi vt sani, essentialitas se tenet ex parte potentiæ cognoscentis. Simplicius autem dicit in præsenti loco ꝙ non est intelligendum numerum cognosci negatione continui, sicut tenebra à visu per priuationem lucis, ex hoc ꝙ non mouet visum. quando quidem numerus est per se sensibilis, sicut vnum. sed quoniam opponitur vnum multitudini, & quia multitudo congregat insimul vnum continuum secundum vnumquodque eorum, ex quibus multitudo componitur, quoniam in sensibilibus vnum, vt continuum, est vnum, non autem in multitudine manifestatur, & in cōgregatione ipsum continuum, quamuis & vnus sit numerus secundum diuisam collectionem: & vnus est, & cognoscitur, sed non vt continuus, & hoc manifestat continui negatio, videlicet, ꝙ numerus non cognoscitur solum vt vnū, hoc enim in sensibilibus solum continuum est, sed in collectione istorum talium, collectione recusante continuationem. & est expositio satis subtilis in veritate. & in hoc credo verum esse quod dicit. quia numerus dicit formam positiuam. & non est pura priuatio, sicut quies. Vbi animaduerte, quòd numerus mathematicus, qui ex vnitatibus indiuisibilibus resultat, vt sic, non cadit sub sensu, sed sub imaginatione. & vt sic, pertinet ad Mathematicum. sed numerus, qui est sensibile commune, resultat ex vnitatibus corporalibus sensibilibus idem enim est dicere res sensibiles & corporales, vt dicit Simplicius in prologo physicorum. Et illa ratione vnitas sensibilis est vnum, quod est continuum. non illud, quod præcise est indiuisibile, & est principium numeri mathematici, quia illud pertinet ad imaginationem. Ita mihi videtur pro nunc dicere. quare licet in istis sensibilibus communibus conueniat Naturalis & Mathematicus, tamen alio & alio modo. quia Naturalis considerat de istis, vt sunt coniuncta sensibilibus proprijs, & vt mouent sensus aliquo motu, & ipsis proprijs. sed Mathematicus abstrahit ab illo motu istorum, vt coniunctus est proprijs, & sic non pertinet sua consyderatio ad sensus istos, nec est sensibilis, sed imaginabilis tantum. Et per hoc patet solutio ad ea, quæ in oppositum adducebantur. quia Aristoteles in decimo metaphysicorum tractat de numero, vt est quantitas discreta ex vnitatibus indiuisibilibus præcise resultans. & de hoc est verum quòd numeratur per vnitates, vt cōponitur ex eis, & cognoscitur per vnitatis reiterationem. sed ille est numerus formalis. sed numerus sensibilis constat ex vnitatibus sensibilibus, & per illarum iterationem cognoscitur, vt dicit Aristoteles in quarto physicorum tex. commen. 134. & cognoscitur etiam negatione continui secundum alterum dictorum modorum, vel secundum Auer. vnde numerus sensibilis & naturalis est ille, qui causatur ex diuisione continui. & quia continuum non componitur ex indiuisibilibus, vnitates istæ sunt res continuæ, sed mathematicus numerus causatur ex vnitatibus indiuisibilibus. Ex hoc patet solutio ad obiectiones, quæ possunt fieri: quomodo numerus dicit priuationem vnitatis & continuationis, & tamen oppositū habetur, decimo metaphysi. vbi tex. cōmē. octauo dicitur, quòd vnum opponitur priuatiue multitudini. & confirmatur, quia vnum dicit indiuisionem secundum Auer. quæ priuatio quædam est, & per consequēs numerus non est priuatio vnitatis, sed econtra. Solutio. est æquiuocatio in sermone. quia in decimo metaphysic. agitur de vno transcendenter sumpto: & tale opponitur priuatiue multitudini. & etiam loquendo de vno, quod est principium numeri dicit indiuisionem, quæ est priuatio multitudi-

nis.

nis. tamen hic est sermo de numero sensibili, qui imponit negationem continui, ex cuius diuisione resultat, & non sumitur pro numero mathematico, qui est quantitas discreta ex vnitatibus indiuisibilibus causata quia talia vt sic sunt separata à sensibus. Vnde potest dari alius intellectus subtilis illius authoritatis in te. com. 133. omnia illa motu sentimus, i. motus contrahit & specificat ista entia ad esse sensibile, & contingitur ipsi materiæ sensibili, vt dicit dominus Albert⁹ in quæstione de homine. Sed licet hoc sit verum in se, non tamen est ad propositũ quia tunc esset æquiuocatio in paruo spacio de motu qui Philosophus in tex. habet statum, quiescens autem eo quòd non mouetur. & tunc non esset verum omnia sensibilia communia contrahi ad esse sensibile per motum, quia fallit hoc in quiete. Nisi esset quòd Albertus diceret quietem etiam contrahere ad esse sensibile illa, quia natura est principium motus & quietis. Sed magis placet alter illorum sensuum, videlicet Themistij, & Auerro. per motum, intelligendo motum spiritualem, vel sicut exponit Simplicius. Et aduerte quòd discretio numeri, vt numerus est sensatum commune, communis est ad omnem diuisionem partium continui, secundum quam diuisionem diuersa cognoscitur sensata, quæ sunt in ipsis, & sic numerus cognoscitur negatione continui ratione illius diuisionis, seu discretionis partium coniunctarum in separatione consistentium, & includentium negationem vnius continui.

2. de aia. com. 133.

Quinquagesimanona contradi. est in cõ. 133. Dicit Commenta. q id, quod inuenitur vni accidentaliter, inuenitur alij essentialiter. Vide oppositum secundo physicorum. com. 48. Soluitur, q id, quod est accidentaliter vni naturæ, est essentiale alteri naturæ sed id, quod est accidentale vni naturæ non potest esse essentiale alicuius eiusdem rationis cum illa natura. primo modo intelligitur authoritas Commentatoris hic: secundo modo intelligitur authoritas eiusdem in secundo physicorum, in commento allegato.

Solutio.

2. de aia. com. 133.

Sexagesima contradi. est in eodem com. Dicit priuationem essentialiter cognosci. sed supra cõmen. 120. dixit quòd accidentaliter cognoscitur. Soluitur. supra dixit hoc comparando ad habitum. hic vero dixit oppositum comparando ad potentiam. eadem enim est potentia respectu priuationis & habitus essentialiter, licet habitus per se cognoscatur, & priuatio illius habitus per accidens.

Solutio.

Sexagesimaprima contradi. est in cõmẽ. 134. Dicit Cõmẽ. q virtus, comprehendens istum esse Socratem, aut filium hominis, est superior virtute sensus. Huius oppositũ scribit ipse in. 2. de aia in cõ. 63. vbi dicit q cogitatiua hominis comprehendit intentiones indiuiduales decem prædicamentorum. Nisi esset quod dictum eius hic intelligitur completiue: sed dictum eius supra in. 63 intelligit' inchoatiue. Aut hic loquit' respectu sensus exterioris. virtus ista est superior, qua comprehendimus substantiam, aut relationem: & ista virt⁹ est cogitatiua. & hoc non contradicit Auer in illo loco.

1. de aia. cõ. 134.

Solutio.

Sexagesimasecunda contradict. est ibidẽ. Auer. habet q quando coniunguntur duo sensus ad iudicandum super eandem rem ipsam esse eandem, iudicium est vtriusque sensus, & non alterius tantum. Sed vide oppositum infra cõ. & tex. 146. Soluitur dictũ eius hic procedit de initio, & occasione iudicij, sed dictum eius infra procedit de cõplemento iudicij, vnde sensus exteriores respectu sensus communis sunt sicut testes, qui examinantur à iudice, qui dicitur audire iudicium vtriusque partis, & postea proferre sententiam.

2. de aia. cõ. 134.

Solutio.

Sexagesimatertia contradi. est in te. 141. Dicit Aristo. q vnus est actus sensibilis & sensitiui. Sed huius oppositũ inuenimus apud Alexan. in paraphrasi de anima in capitu. de intellectu in actu, vbi dicit q sensus non fit idem cum rei sensibilis specie. Soluitur intendo Philosophi est quòd, cũm sensibile concurrat sicut motor, & sensorium sicut motum, & quia idem est actus motiui & mobilis, & motus est in mobili non in motore, sic actus sensibilis & sensorij idem est, & est in sensorio non in sensibili. Intentio autem Alexand. est quòd sensus non sentit se, sicut intellectus seipsum intelligit post aliorum intellectionem. & illa ratione Alexand. dicit q sensus non fit idem cum rei sensibilis specie, quia post speciem rei sensibilis non est conuersiuus supra seipsum, vt seipsum sentiat, sicut est de intellectu.

2. de aia. tex. 141.

Solutio.

Sexagesimaquarta contradictio est in te. 146. Aristoteles dicit sensum communem cognoscere alteratam inter sensibilia diuersorum sensuum, & in eodem instanti. vbi Com. dicit in cõ. quòd alietas est quædam relatio, & relatiua insimul existunt in actu. Sed ex hoc sequitur sensum communem apprehendere relationem. Sed huius oppositum

2. de aia. tex. 146.

sicuti colligitur ex sententia Comment. in 2.
de anima commen. 134. vbi dicit q virtus,
quae comprehendit istum esse Socratem,
aut filium Socratis, est superior ad virtutem sensitiuam. & ita videtur quòd relatio
Solutio. non cognoscatur à sensu communi. Soluitur dictum Commenta. intelligitur de sen
su exteriori, quia ille non cognoscit substan
tiam, neque relationem, sed sensus hominis
interiores possunt haec cognoscere. vnde intentio Commenta. est ibi ponere differentiam inter illos modos duos, secundum
quos aliquid dicitur sensibile per accidens.
vnus est non simpliciter, & est quando sensibile vnius sensus comparatur ad aliú sensum, ex quo accidit vt sit coniunctum cum
sensibili proprio illius sensus. vt si pomum
fuerit coloratú & dulce, dulce dicitur sensi
bile per accidens respectu visus. nam hic est
accidentalitas duorum sensuum exteriorú,
qui sunt in eadem latitudine, quia ambo
sunt exteriores, & vnus non est superior altero. Sed secundus modus per accidens sen
sibilis est, quando aliquod obiectú per accidens est coniunctum sensibili per se alicuius sensus, quod tamen nó est obiectum
alterius sensus eiusdem ordinis, sed superio
ris sicut si albú accidat vt sit filius Socratis.
vnde ista relatio accidit albo, & non pertinet nec ad visum, nec ad alium sensum exteriorem, sed bene potest pertinere ad sensum cómunem, qui est virtus superior ad vi
sum, & ad reliquos sensus exteriores. immo vt dicit Themi. est princeps aliorum, &
alij sunt sicut famuli & ministri eius. Et ne
videatur tibi mirum, vt relatio sensibilium
tamen sensu percipiatur, vt est sensibilis. ná
Arist. hoc expresse dicit in 2. de anima. in
tex. có. 145. q quia nos vnumquodq; sensibilium ad vnumquodque comparando discernimus & sentimus, & sentimus q diffe
runt, necesse est vtique sensu. sensibilia n.
sunt. vbi Commenta. dicit quòd differentia est sensibilis, quae est inter sensibilia, licet enim intellectus etiam differentiam
inter sensibilia agnoscit, tamen in vniuersali & non singulare, & sensibiliter. vnde vide
tur mihi relationem istam posse agnosci,
à sensu communi, & non solum à cogitatiua, vt aliqui voluerunt: aliter ratio Aristot.
in tex. 146. non procederet, in qua demonstrat virtutem sensus communis in eodem
tempore indiuisibili apprehendere, & proferre iudicium de diuersis, vel contrarijs
2. de ani. sensibilibus.
tex. 151. Sexagesimaquinta contradic. est, super
tex. 151. Arist. in hoc textu dicit q deceptio
est magis propria animalibus. & in hoc plu
rimum tempus perficit anima. Sed vtrúq;
videtur falsum esse. quia cognitio veritatis,
cùm sit animae perfectio, videtur esse magis
propria animae. Secundú etiam falsum esse
videtur, quia tépus dispositionis naturalis,
& praeter naturam aequale esse non potest,
vt patet in 2. coeli. tex. có. 58. vbi Commenta.
dicit in paraphrasi q tempus sanitatis est
prolixius tempore aegritudinis. & 2. coeli te.
có. 15. quae praeter naturam sunt, citissime
corrumpuntur. Nisi esset q istud Arist. de- Solutio.
clarauit quo sit magis proprium, videlicet
ex parte temporis, non quia sit magis natu
rale. Et quando arguitur q tempus non po
test esse aequale dispositionis naturalis, &
praeter naturam: Respondetur, q hoc locú
habet in dispositionibus, quae immediate
insequuntur formam ab agente mediante
forma. nam illud, agens quantum dat de
forma, tantum dat de accidentibus consequentibus formam, mediante tamen forma. sed cognitio non datur ab agente dan-
te animam, sed causatur ab obiecto & potentia cognoscente. & licet anima pluri té-
pore versetur in ignorantia, quàm in scientia, tempus tamen illud breue eligibilius
est, quo versatur in scientia, quàm tempus
prolixum in quo versatur in ignorantia. sicut praeponendum est tempus breue in fe-
licitate, quàm prolixum in miseria, & ita
adhuc non est aequalitas, si bene conside-
res. proprium igitur hic sumitur, quo ad
quando, & non aliter. nam multis modis
proprium dicitur, vt patet in 4. topi.

Sexagesimasexta contradi. est in có. 151. 2. de ani.
Dicit virtutem imaginatiuam distingui ab com. 155.
alijs virtutibus. in có. 20. huius secundi dicit oppositum. Soluitur. hic loquitur de per Solutio.
fecta imaginatiua, quae est in determinata
parte corporis, & quae est non solum respectu praesentis obiecti, verum etiam respectu
absentis. sed ibi loquitur de imaginatiua
imperfecta, quae solum in imperfectis animalibus, & solum circa praesentia obiecta
actum habet, quae disseminata est per totú
animalis corpus.

Sexagesimaseptima contradic. est ibidé. 2. de ani.
Dicit imaginationem differre ab intellectu com. 155.
& consilio, quia imaginamur dum volum9.
Sed fuit oppositum. q hoc est nihil, quia à
pari intelligimus cùm volumus. Soluitur. Solutio.
bene intelligimus dum volumus, sed non
intelligimus verum cùm volumus, sicut est
de sensu & imaginatione.

2. de a\ia. tex. 155. Sexagesimaoctaua contradi. est in te. co. 155. Ponunt sibi quatuor habitus. Sed oppositum habetur, 6. ethi. cap. 4. vbi sex ponit tur habitus. Soluitur. Philosophus hic distinxit solum habitus, qui non erant ab Antiquis vsq; ad sua tempora, sed in sexto ethi. enumerauit omnes habitus, quos ipse ex puris naturalibus ratus.

2. de a\ia. tex. 156. Sexagesimanona contradi. est in tex. 156 in eodem et enim. dicitur sensus esse verus in maiori parte. Et tamen oppositum dicit supra in. 152. vbi habetur q; sunt semper veri. Soluitur. supra loquebatur de sensu, vt mouetur à sensibilibus verè loquitur, vt ex se componit. Sed contra. nam etiam sensus vt mouetur à sensibili, non est semper verus, sed frequenter, sicut patet. 2. de anima. co. 63. & ideo forte simpliciter semper supra, id est in maiori parte. Vel si vis q; ly semper sumatur, vt distinguitur contra frequenter, dicas q; illud est verum, seruatis illis tribus conditionibus positis à Themistio in 2. de anima, super tex. 63. Et Auer. seipsum glosat consimiliter. 4. metaphy. commen. 26. vbi habet haec verba. Comprehensio autem, quae fit vno sensu, & vno modo sensus, & in eadem dispositione est vera semper. Haec de secundo dicta sufficiant.

SOLVTIONES Contradictionum in dictis Arist. & Auerrois,

Super Tertio de Anima.

3. de a\ia. tex. 1. Ontradictio est in textu primo. Aristot. in hoc tex. videtur dicere q; per intellectum materialem, qui possibilis est vocatus, homo intelligit, sic n. exponit Themi. & Commen. illud, quod dicitur hic. De parte vero animae, qua anima intelligit & sapit, id est per quem homo intelligit & sapit. Sed huius oppositum scribit Alexan. in tracta. de intellectu cap. 1. vbi habet q; intellectus agens est effectiuus intellectionis. & videtur esse etiam de sententia Commen. 3. de anima, com. 19. vbi dicit q; comparatio intellectus agentis ad materialem est comparatio quodammodo principii mouentis ad materiam motam. Soluitur intellectus agens, siue Deus sit, vt posuit Alexan. siue sit pars animae nostrae, vt voluit Themist. & Commen. pro tanto dicitur esse effectiuus intellectionis, quia comparatio eius ad intellectum materialem est sicut comparatio lucis ad diaphanum. n. comparatio autem intentionum imaginatarum ad ipsum est sicut comparatio coloris ad visum. & sicut lux est perfectio diaphani, sic intellectus agens est perfectio intellectus materialis. & sicut diaphanum non mouetur à colore, neque recipit ipsum, nisi quando lucet, ita intellectus materialis non recipit intellecta, quae sunt hic, nisi secundum q; perficitur per istum intellectum & illuminatur per ipsum. & sicut lux facit colorem in potentia esse in actu, ita q; possit mouere diaphanum, ita intellectus agens facit intentiones intellectas in potentia esse actu intellectas, quas recipit intellectus materialis. Ratione igitur specierum intellectarum intellectus agens dicitur esse effectiuus intellectionis, tamen iudicium ipsum & discrimen, quo de obiecto intellecto iudicamus fit per intellectum possibilem. nam, si sensus habet virtutem, per quam discernit sensibile, multo magis intellectus materialis. Vnde teneo intellectionem formaliter, qua intelligimus & iudicamus, immediate produci ab intellectu materiali illuminato per intellectum agentem, & informato specie intelligibili, sed dicitur ab intellectu agente causari ratione speciei, quia illa est ab intellectu agente effectiue. Et ista videtur esse sententia Auer. in 3. de anima in co. 19. vbi dicit ponendo differentiam inter intellectum agentem & passibilem, q; differunt in hoc, q; in isto dictum est aliquid in capitulo perfectionis iudicis, actio autem non est secundum illum modum in capitulo perfectionis agentis. Et etiam, si opinio opposita vera esset q; intellectio immediate produceretur ab intellectu agente in nobis, non propterea sequeretur hominem formaliter intelligere per intellectum agentem, sed per intellectum materialem, quia eo formaliter anima intelligit & sapit. nam omnes expositores sunt concordes in hoc, q; intellectus, de quo Aristot. loquitur in hoc principio. 3. de anima, est intellectus materialis. vnde, licet motus effectiue sit à motore, non tamen formaliter est in motore, nec formaliter motor denominatur moueri, sed mobile. ita est etiam de intellectione, quae est quidam motus, licet aequiuoce dictus. & hoc tangit Commen. in praeadducta differentia. Et, si replicetur in oppositum per authoritatem Themist. in 3. de anima. cap. 27. vbi dicit hominis essentiam esse intellectum agentem, & quomodo actio inde deriuatur & dicatur. Sol. Them. vt ita dicit Commen. 3. de anima. co. 20. opinatus

est intellectum materialem & agentem, & speculatiuum esse vnum subiecto, & differre secundum modum. Et licet hoc teneat Them. aduerte tamen quod in via eius iudicium formaliter attribuitur nobis per intellectum materialem, non quatenus ex potestate cōstat, sed quatenus agens est intellectus, quia illinc omnis actio ducitur, atque deriuatur. Quod si intellectus materialis non accipit indiuisibiliter ea, quae intellectus agens tradit indiuisibiliter, nihil est quod miremur, quando huius rei illud exemplum exploratum habemus, quod affectiones corporum, candor, nigror, & eius generis caetera, quanquā propria rōne & suapte natura indiuisibiles atque insecabiles sint in materiam, tamen diuisibiliter & secabiliter recipiuntur. Et ex isto capite recte perpenditur secundū Themistium intellectum agentem & materialem esse vnum subiecto quod bene Commenta. videtur intellexisse. Et sic habes quid in via Alexand. Commenta. & Themistij sit dicendum in hoc quaesito audio, sicut vides.

3. de aīa. tex. 2. Difficultas quo pacto intellectus intelligat. Solo Scoti

Secunda contradictio est super tex. 2. Aristote. & Commen. videntur dicere intelligere esse sicut sentire, & quod sit pati. Sed huius oppositum memini me legisse apud Alexandrum in tract. de intellectu. vbi cap. 5. dicit. Intellectum peculiare esse actum esse. & intellectio, vt inquit, est ei actio, & non passio. Subtilis doctor perscrutans circa hoc in quaestione 13. quolibetorum in artic. tertio dicit quod non est sensus, quòd intelligere sit pati formaliter, ita quod sit de genere passionis, sed quòd formaliter denominatur per hoc, quod recipitur in aliquo subiecto. sic sensus, intelligere est recipere intellectionem, & sic etiam sentire est recipere sensationem. Vnde, si obiectum vel Deus causaret sensationem, non diceretur sentire. similiter, si intellectus causaret effectiue in se intellectionem, non propterea diceretur ex hoc intelligere. sed potius ex

Cōfutatio

hoc quòd recipit intellectionem. Sed ista declaratio non bene exprimit sensum Arist. nec aperit aliquid proprium sensationi & intellectioni, in quo distinguantur ab alijs formis denominantibus. nam hoc est commune omnibus formis denominantibus ab intrinseco, quòd sunt per informationem in re denominata, immo & motus ipse denominat mobile, in quo est formaliter & non denominat motorem. Praeterea stat aliquid denominate aliquid, in quo tamen non est per inhaerentiam; sicut

communiter dicitur de sex principijs. Dicamus igitur, vt alias diximus, quod sensus & intellectus materialis sunt de virtutibus animae passiuis secundum sententiam Cōmentu. in 2. de anima commen. 51. & 3. de anima commen. 4. potentiarū autem passiuarum proprium est moueri ab obiecto, cui attribuuntur. & quia sensus mouetur à sensibili, & intellectus ab intelligibili, ideo intelligere est si sicut sentire. Nota tamen, quod in passione vera sunt duo. vnum est contrarietas, merito cuius est aliqua corruptio: secūdo est receptio formae. sentire & intelligere de passione non habent nisi receptionem tantū, quia in eis non est vera contrarietas merito cuius concomitetur aliqua corruptio, & ideo est alterum genus alterationis & passionis ipsa sensatio, quàm sint verae alterationes, quae fiunt secundum veras passiones & passibiles qualitates, vt dicitur secundo de anima textu commen. 57. & 58. & in tertio de anima textu commen. 18 In talibus enim est exitio & perfectio, vt dicit Commen. etiam in commen. & Themi. in eodem loco super. 2. de anima dicit idē. Vnde, quia sensatio praesupponit receptionem specierum, & intellectio receptionem specierum intelligibilium, sic sentire, & intelligere consistunt in quodam pati, tanquam in necessario praesupposito ad hoc, quod sit sentire & intelligere. Sed intelligere & sentire formaliter non sunt receptio specierum. quia, vt scribit Commenta. in 2. de anima. commen. 149. recipere aliquid est aliud à iudicare illud. Et Alexand. dixit in paraphrasi de anima, in illo capit. vbi agit de intellectu practico & specu. quanquam per corporeas affectiones sensuum functio fiat, sentire tamen nō est pati, sed iudicare, atque discernere. Et ideo Alexan arctius loquens in via Peripateticorū voluit potentias animae distingui in actiuas & iudicatiuas, appellans actiuas potentias animae vegetatiuae: reliquas vero vt sensus & intellectus in numero potentiarū iudicatiuarū, quia istae sunt virtutes discernentes & iudicantes. vnde secundo de anima tex. commē. 150. videntur autem intelligere & sapere tanquam quoddam sentire esse, in vtrisque. n. anima iudicat aliquid & cognoscit. Aduerte tamen quod licet secundum Auer. & Alex. tā in intellectione, quàm in sensatione concurrat specierum receptio, quae est passio quaedam, differenter tamen est ista passio in sensu & in intellectu. quia sensus patitur, patiente aliquid corpore, vt dicitur. 7. physi. tex.

Propria solutio.

tex. commen. 12. sed intellectus non patitur pati citra organum, quia nullius organi est actus, tertio de anima. tex. commen. 5. Sed nunc est difficultas apud viam Theo. & Themi. negantium specierum receptionem in intellectu materiali vere, quomodo sit similitudo ista intelligendo, in hoc, quod Aristote. dicit intelligere esse sicut sentire, & quomodo sit quoddam pati. Dicamus nos quòd in via istorum ista sunt in intellectu intelligenda secundum similitudinem & nó vere. vnde in substantia intellectus materialis vere non recipitur aliqua species, sicut in sensorio recipit species, sed quia accidit substantiæ intellectus materialis propter mistionem, inquantum videlicet tangit magnitudinem, vt intelligat ea, quæ sunt hic, sicut sensus in sentiendo per speciem dependet ab obiecto sensibili, sic intellectus à phantasmate, tertio de anima. tex commen. 30. intellectiuæ animæ phantasmata vt sensibilia sunt. sicut igitur sensus, ad hoc quod sentiat, mouetur à sensibili: sic intellectus materialis ad hoc vt intelligat, oportet vt quidditatem enim phantasmatibus speculetur. tertio de anima. tex. commen. 32. species in intellectiuas in phantasmatibus speculatur. Sed nunc est difficultas, si intellectus nó intelligit per receptionem speciei sicut sensus, quomodo igitur intelligere est pati secundum istá viam? & quomodo Aristo. dixit intellectum locú esse specierum. 3. de anima. commen. 6. vbi laudat Antiquos? &, 3. de anima, tex. cõ. 38. lapis non est in anima, sed species? Soluitur secundum viam similitudinis. Nam intellectus, vt intelligit, sic discernit & iudicat, & intelligere formaliter non est pati, sed iudicare & discernere obiectum intellectum, sed, quia hoc iudicium quod affert de istis, non competit sibi inquantum intellectus est, sed inquantum est tangens magnitudinem: nullus enim intellectus abstractus vere a magnitudine intelligit aliquid eorum, quæ sunt hic. vt dicit Themist. tertio de anima. cap. 45. & est etiam sententia Commé. tertio de anima. commen. 19. sic igitur intelligere intellectus materialis fit de rebus sensibilibus, quæ sunt potentia intellecta pro quanto fit in phantasmatibus, sicut sentire fit respectu sensibilis. &, quia hoc sibi ex passione contingit, vt magnitudini est connexus & iunctus, sic intelligere est quoddam pati, quia huic intellectui vt moueatur ab obiecto, quod est hic in phantasmate relucens hoc sibi accidit. & sic est passiuus non vere, non solum quia non per organum, verum etiam quia neque vere in sua substantia aliquid recipit per informationem, sed solummodo prædicto per viá similitudinis. Sed tunc est in hoc difficultas, quia intelligere videtur esse actio transiens. & non immanens. Dic quòd iudiciú est in iudice. Commenta. tertio de anima commen. 19. iudicium est in capitulo perfectionis. licet igitur actus intelligendi intelligatur quodammodo transire in obiectum, hoc est pro quanto terminatur ad ipsum: tamen iudicium est actus iudicis, & virtutis discernentis. Et hoc voluit Alexan. in prædicta authoritate, quæ in principio contradictionis adducebatur, quod intellectus actiuus est, & intellectio est ei actio & non passio. Scis igitur ex sententia Peripateticorum, quod intellectio non est passio formaliter, sed iudicium. & quia iudiciú attribuitur formæ & agenti, potius est actio quám passio. verissime tamen est qualitas, quæ est in ipsa virtute iudicante. Et, quia non inconuenit vnam & eandem formam posse spectare ad diuersa prædicata secundum diuersas habitudines, qualitas. n. est pro quanto quales esse dicuntur: &, quia ab intellectione dicitur intellectus intelligens, & sensus à sensatione dicitur sentiens: sic sentire & intelligere sunt qualitates. Si hoc intellexeris Scotus ille subtilis, bene dixit Si vero considerentur, vt præsupponunt receptionem specierum, quæ receptio est passio quædá, sic sunt in capitulo passionis. Si considerentur in ordine ad potentiam elicientem istos actus, sic sunt actiones. Sic concordá dicta sapientum. Si quæratur in via Theophrasti & Themist. cur sensus non potest sentire sine receptione speciei, & intellectus materialis potest. Dic, quia intellectus est substantia immaterialis, cui competit receptio vera sensus vero est materialis, & virtus organica. & licet recipiat sine materia, alteratur tamen quodam modo, & patitur patiente organo. vnde sensibilia excellentia corrumpunt sensum. tertio de anima. tex. commen. 7. sensus enim consistit in quadam consonantia & ratione. 2. de anima. tex. commen. 141. Sed intellectus, cùm nullius organi sit actus, non opus est, vt intellectio fiat per contactum, sicut sensatio. Hac enim ratione ostendit Aristote. in. 7. physico. quòd in sensatione alterans, & alteratum sunt simul, quia alteratio quædam sensus esse videtur. tex. commen. 12. Sed intellectus, cum non sit corpus, neque virtus in corpore, potest iudicare de obiecto sine receptione vera speciei in sua substantia facta. Unde, ut dicebatur ex sententia Philosophi 2. de anima. tex. cō. 150. intelligere & sapere videtur tanquam quoddam sentire esse; propterea quia in utrisque anima iudicat aliquid, & cognoscit aliquid eorum, quae sunt. Hoc n. argumento decepti sunt Antiqui, arguentes in secunda figura ex duabus affirmativis. Non est igitur similitudo penes formalem receptionem specierum utrobique, sed penes iudicium, sicut vides. Sed differt iudicium intellectus à iudicio sensus. quia sensus ad hoc ut iudicet, praesupponit in sensorio passionem à sensibili respectu speciei sine materia. sed intellectus hoc non requirit: ideo potest dijudicare sine receptione speciei in sua substantia, sed in parte sensitiva, in qua recipiuntur phantasmata. & sic alteratio est in parte intellectiva, non ratione subiecti, sed ratione virtutis sensitivae, quae est coniuncta ei, cui accidit ut sic, ut tangat eam, ex parte, qua intellectus est. Et hoc fuit in causa quod Arist. in 2. de anima loquutus de virtute sensitiva in genere, praemisit sentire in quodam pati & moveri consistere, in tex. cō. 51. sicut iā concessum erat ab Antiquis, ut patet. 1. de anima. tex. cō. 79. Et ideo, quia mens eius non erat hoc sane dictum simpliciter, sensum pati & moveri, & ab alio agere, seu in actu esse, ideo ibi in tex. cō. 54. apponit corrigendo hoc dictum, primum quidem tanquam idem sit moveri, & pati, & agere dicimus, & motus est actus quidam, imperfectus tamen. Ubi, ut notat lucidissimus Them. innuit differentiam inter moveri & agere, & inter pati, & agere. licet n. sensus patiatur & moveatur à sensibili, ut dictum fuit, non tamen agit ratione sensibilis in hoc, quod iudicium sumit de sensibili, sed hoc habet ex se & sua ratione formali. in plus enim est agere, vel in actu esse, quàm sit motus, aut passio. n. ut dicit Themist. ibi, ita actus excedit motum, sicut genus excedit speciem, nam motus est actus quidam imperfectus: ratio autem actus generalior est. Et, si instetur contra hoc authoritate Philosophi in lib. de sensu & sensi. ubi habet quod sensibile sensum agere facit: & in. 2. de anima. tex. cōm. 59. ubi dicit, quod activa operationis sensibilis sunt extra. Dic quod facit ipsum esse in actu, quò ad speciei receptionem, pro quanto sensus patitur aliquid patiente organo, ut dictum est: sed non facit ipsum agere in hoc, quod discernit, & iudicat, quia hoc habet ex sua intrinseca ratione. sensus n. & intellectus sunt ex virtutibus animae, quae habent discernere & iudicare, sed sensibile solum quò ad hoc habet virtutem sensitivam excitare. & est sibi occasio non causa principalis ferendi iudicij. organum etiam non patitur à sensibili passionem corruptivam, neque passivè n. albescit, nec nigrescit, ut patiuntur corpora: immo talis alteratio in perfectionem terminatur, quia est receptio specierum sine materia, & sensitivam etiam operatur non ut potentiae passivae, sed secundū iudicium & cognitionem.

Tertia contradi. est super cō. 4. & 5. Cō. tenet intellectum materialem esse abstractum, & immortalem. Sed huius oppositū habetur in. 3. de anima. tex. cōm. 20. ubi loquens de intellectu agente dicit quod ipse solus est immortalis. & patet quod hoc non potest absolute intelligi. quia ultra intellectū agentem etiam intelligentiae moventes orbes sunt abstractae, & immortales. igitur hoc intelligitur comparative, in ordine videlicet ad caeteras animae virtutes & potestates. & ita intellectus possibilis non est immortalis. Solutio. inter virtutes animae sunt duae, quarum una est omnia fieri, alia est omnia facere: sed illa, quae est omnia facere, est praestantior ea, quae est omnia fieri, & sic in supremo gradu abstractionis sola essentia intellectus agentis pervenit: sicut si quis dicat Solem esse magis abstractum, quam lucem. Ex hoc tamen non sequitur quin intellectus possibilis etiam abstractus sit, quia abstractio & immortalitas non consistit in puncto, sed habet latitudinem magnam. quia distantia corporum sani valde diversi 2. coeli. cō. 64. unde intellectus materialis est in infimo gradu abstractorum. 3. de anima. cōm. 19. concordat Them. 3. de anima ca. 36. & sic elicio solutionem istam. aliter etiam dici potest, ut notatur in tabulis.

3. de aīa. cō. 4. & 5

Solutio.

Quarta contradi. est in cō. 5. Aver. ubi reprehendit Alexand. qui, sicut sibi imponit, posuit intellectum materialem causatum ex mixtione elementorum, & universaliter omnes alias virtutes animae, dicit quod hoc est contra Aristo. quia sententia Arist. fuit primas perfectiones animae esse à motore extrinseco. Sed ipse non recordatur similiter sui per. 7. meta. cō. 31. ubi reprehendit Avic. ponentem datorem formarum, & Themistium ponentem motorem extrinsecum respectu animalium ex putrefactione generatorū. Solutio. memini me diffuse dixisse de hac materia super quaestione nostra de speciebus intelligibilibus. sed pro nunc dico quod

3. de aīa. com. 5.

Solutio.

via

via Auic. & via Alexan. sunt duæ viæ extremæ. sed via Auerro. est media, & partim discrepat ab vtroque, & partim cum vtroque conuenit. Auicen. ponebat, sicut Plato in simili dicebat, q motor separatus erat causa adæquata productionis formarum. vnde Co. ibi contra eos dicit q, si ita esset, non opus esset materia in generatione. nam materia est, ex qua fit aliquid inexistente. si autem tales formæ non educuntur de potentia materiæ, sed totaliter sunt ab extrinseco, videt secundum ipsum q materia superflua, quia secundum expositione tales formas esse per se subsistentes. Alexand. vero videtur esse in alio extremo, vt sibi imponit Com. quia ipse voluit animam intellectiuam hominis, & animas brutorum, & vniuersaliter omnes materiales formas esse causatas ex diuersa mixtione elementorum tanquam ex causa adæquata sicut est de qualitatibus secundis. vt est color, & sapor, qui causantur ex primis qualitatibus elementorum. vnde dicit Cõ. q ista positio est quasi positio negantium agens, & concedentium materiam tantum: & sunt illi, qui ponunt casum: sicut patet. 2. physico. Sed via Auer. est in medio. quia ipse tenet q formæ istæ animatorum, sicut est anima cogitatiua hominis, & omnes inferiores animæ sunt eductæ de potentia materiæ, non tamen insequuntur mixtionem elementorum tanquam causam effectiuã adæquatam, immo elementorum mixtio concurrit in genere causæ materialis. sed illud, quod concurrit effectiue, est virtus informatiua existens in semine, & est motor extrinsecus. qui est intelligentia separata, à qua remememoratur talis virtus. & ita Cõmẽ. medium tenens extrema dimisit, sibijpsi non obuiando.

3. de ala. com. 5. Quinta contradict. est in eodem com. 5. Dicit q in corporibus cœlestibus nõ sunt plura indiuidua in eadem specie. Oppositũ videtur. 2. cœli. cõ. 59. vbi ponit omnia corpora cœlestia esse eiusdem speciei. Soluitur. Solutio. multoties dixi tibi speciem aliam vniuocam, aliam analogam esse, sicut est de genere & differentijs. sic in proposito negat hic in corporibus cœlestibus esse plura indiuidua in vna specie vniuoce dicta, concedit tamen in talibus esse plura indiuidua in specie analogice dicta, quæ est secundum prius & posterius.

3. de ala. com. 5. Sexta contradictio est in eodem com. 5. Superius vbi iam diximus in solutione secundæ quæstionis, ipse declarans quomodo ex intellectu & intelligibili fiat maxime vnum dicit, quia non fit aliud ab eis, sicut est in compositis ex materia & forma. Sed huius oppositum sentire videtur. 12. meta. cõ. 51. vbi habet q in solo intellectu diuino intelligibile & intellectum vnum sunt. Dico, quicquid dicant Moderni, q intellectus Auer. iste est, q ex intelligibili & intellectu fit maxime vnum, quia esse intelligibilis & esse intellectus sunt vnum & fiunt vnum. Solutio. Nam quid melius quàm Auer. per Auer. interpretari? Dicit seipsum declarando. 12. meta. cõ. 39. intellectum, cùm intelligitur, fit idem cũ eo. secundum intellectu. Et subdit, & intellectus est illud, quod intelligitur. & propter hoc dicitur q intellectus fit res intellecta. Et hoc est conformem viæ Aristotelicæ. nam ipse. 3. de anima habet q anima est quodammodo omnia. 37. cognitum. n. fit vnum cum potentia cognoscente, & esse rei cognitæ, vt sic est esse rei cognoscentis. Ista igitur identitas vniuersaliter reperitur in omni potentia cognoscente. & quanto potentia cognoscens abstractior fuerit, tanto maior est identitas cogniti cum natura, quæ cognoscit. Et suprema virtus abstracta à materia, & à qualibet imperfectione est intellectus primi entis. hinc est q ibi intellectus & res intellecta sunt idem omnibus modis secundum viam Auer. Vnde, cum res intellecta ibi sit diuina essentia, in qua est omnis perfectio, omnis bonitas sine aliqua dependentia vel potentia, vel quasi potentia, illic est mare indeficiens bonitatum, & perfectionum, inde sparguntur flumina & riuuli entibus, secundum quod vniuscuiusque dispositio requirit. Et hoc est, qd̃ dixit Ari. in. 1. cœli in te. cõ. 100. Ideo intellectus diuinus essentiã diuinam aspiciens omnia videt, quia videt illud, quod est omnia eminenter, nam videt illud quod est ens per essentiam. nil aliud videt secundum Auer. perfidum, nisi suam essentiam: sicut loquitur ipse 12. meta. cõ. 51. si quis cognosceret naturam caliditatis existentis in igne, non diceretur ignorare naturam caliditatis in alijs rebus calidis. vnde 4. physi. cõ. 108. dicit. Si illud, quod est calidum simpliciter, est ignis simpliciter, illud, quod est aliquod calidum, est aliquis ignis. sic, cum Deus sit ens per essentiam, alia entia sunt entia per participationem, alia entia aliquid diuinitatis participant, sicut patet etiam. 2. de anima. te. cõ. 34. & 2. cœli. te. cõ. 64. & 2. physi. 81. Solum igitur in intellectu primi intellectus intelligibile est idem simpliciter & omnibus modis, quia ibi est vnitas per essentiam solum. & in nullo

solo intellectu, quia in alijs est participatio entitatis, & non est formalis plenitudo solū enim vnum est ens simpliciter perfectum, & illud Deus est. 5. meta. cō. 21. Noluit igitur Cō. absolute q intelligibile non fiat idem cum intellectu in alijs intelligentijs, sed voluit q omnimoda, & simplex identitas nō est nisi in solo primo intellectu. Et ideo dixit. 12. met. 51. q Deus intelligit entia eo modo, quo non est fas homini: immo eo modo, quo nullius alius intellectus potest intelligere, disputatione. 3. in solutione. 18. dubij contra Algazelem in libro destructionū. Et ideo fuit opinio eius, sicut ibi patet q in alijs intellectibus citra primū quilibet intelligit aliquid extra se. vnde intellectus secundae intelligentiae intelligit primum extra se, quia ipsa prima intelligentia non eminenter continetur in essentia secundae, sed potius econtra. Et quia secunda intelligentia eminenter continet posteriores, immo omnia alia, dicimus q non intelligit ea s̄m ipsum extra se quia videndo seipsam videt illud, quod est omnia infra ipsam. Et ideo voluit solum primum intellectum esse incausatum, in quo intelligibile & intellectus sunt idem per essentiam omnibus modis. sed in alijs intellectibus ex parte est identitas, & ex parte diuersitas: ex parte est actualitas, & ex parte potentialitas. sicut infra declarabimus magis. Nota ista, quia multi cristato capite non potuerunt ascendere ad hoc, vt intelligerent quomodo ex intellectu & intelligibili non fit aliud, sicut ex materia & forma: & quomodo solum in primo intellectu est verum omnibus modis, & in alijs s̄m quid: & hoc respectu primi. Quia igitur materia nunquam fit forma, neque forma vnquam fit materia, sed ex materia & forma fit aliud, quod non est neque materia, neq. forma, & illud est compositum ex materia & forma. &, quia intelligibile fit intellectus, & intellectus fit intelligibile, ideo nō fit aliud ab eis, ideo fit maxime vnum ex eis. Et licet in omni intellectu locum habeat, simpliciter de solo intellectu verificatur omnibus modis. Et hoc declarabitur statim, qn declarabimus, qūo in oībus intelligentijs est potētia citra primā.

5. de ala. com. 5.

Septima contradi. est in eodem cō. 5. Scribit Cōm. reddens causam, quare ex intellectu & intelligibili fit maxime vnum, dicit quia illud, quod fit ex eis, non est aliud ab eis, sicut est compositum ex materia, & forma. videtur velle, compositum substantiale dicere tertiam naturam habere distinctam à partibus. Cuius tamen oppositū videtur sentire. 2. phy. 17. Soluitur ibi à me, & illic vide. dico enim q ibi loquitur de toto integrali, vt patet in litera. sed de composito substantiali non possum videre quomodo non habeat aliquam vnitatem per se, & entitatem distinctam ab entitate partium. Dicant alij quicquid velint, dico q mēs Auer. est ista, sicut ibi late probatū est.

Solutio.

5. de ala. com. 5.

Octaua contradi. est in eodem cōmē. 5. est contradictio. Quia dicit intellectum agentem esse quasi formam, & intellectum passiuum esse quasi materiam. Sed oppositum scribit ipse. 12. meta. cōmē. 17. vbi dicit q intellectus possibilis respectu intellectus agentis est quasi locus eius, non quasi materia. Soluitur. in materia duae sunt conditiones. Vna q de potentia eius forma materialis deducatur ad actum. Et quantum ad istam conditionem respiciens dixit Cō. in. 12. met. in cō. 17. q est locus, nō materia intell. possibilis, respectu agentis intell. cū intellectus agens nō est eductus de potentia intellectus possibilis. Alia est conditio materiae, q ipsa sit informabilis per formam, & perfectibilis per eam. & quantum ad istam conditionem intellectus possibilis habet rationem quasi materiae, non materiae, quae formam mediantibus dimensionibus & qualitatibus recipit, sed habet proportionem materiae abstractae. quae cōparata ad suum actum est sicut potentia, nā via eius fiunt ex intellectu potestatis, & ex intellectu agente vnam intelligentiam resultare, quae merito intellectus possibilis passiua est, & receptiua. sed merito intellectus agentis est productiua.

Solutio.

5. de ala. com. 5.

Nona contradi. est in cō. 5. in solutione 5 qōnis. Cō. dicit q eū, ens diuidat in ens sensile & intellectile, & sensile in materiam & formā, ita ens intellectuale pariformiter videtur diuidi in aliquid proportionale materiae, & in aliquid proportionale formę & intellectus materialis est in tali modo, videlicet q est ens proportionale materiae. Huius tñ oppositum scribit Alexā. in tractatu de intellectu cap. 1. vbi declarat quare intellectus materialis dicatur, non quia est subiectum aliquod, vt materia, quae per praesentiā formae potest hoc aliquid fieri. sed quia materia habet essentiam suam in potentia, quia omnia potest, ad quae habet potentiam. id enim, quod est potentia quatenus huiusmodi est, materiale est. Et parum infra ponens differentiam inter sensum, & intellectum materialem, inquit q sensus,

tatem per corpora fiant, non sunt hæc, quæ percipiunt, sunt tamen actu alia quædam. est enim sensus facultas corporis cuiusdã. idcirco & corporis patientis est aliquid sensuum perceptio. & ex hac causa non omnino omnis sensus est perceptiuus, est enim & ipse iam aliquid actu. intellectus vero cum nec per corpus aliquid percipiat, nec corporea facultas sit, nec patiatur, nullum omnino eorum actu est, nec est hoc aliquid potens, sed est simpliciter potestas quædam huius perfectionis & animæ, specierum et notionum susceptiua. Amplius idem Alex. in paraphrasi de anima in cap. de intellectu practico & speculatiuo expresse dicit intellectum rectius comparari agrapho, idest in scriptionis carentiæ, quàm ipsi tabellæ. tabella enim est in numero entium. vbi expresse vult intellectum non esse in numero entium, sed priuationem quandam. Soluitur opinio Alexan. est multum remota in hoc ab opinione aliorum Peripateticorum. Theophrastus enim, & Themistius, & Cõ. volunt intellectum esse æternum & immortalem: immo volunt prædicti q non est potestas animæ, in qua sunt aliæ potestates, sed est substantia superior anima, quam contingit separari, sicut perpetuum à corruptibili. ita notat Themistius in .2. de anima commen. 31. & Commenta. comme. 21. & 31. & in .3. de anima commen. 5. Et tunc secundum istos viros intellectus materialis dicitur esse potentia, & nullam dicitur habere naturam, nisi quia possibilis est vocatus tertio de anima. tex. commen. 5. ista ratione, vt refert Themistius in tertio de anima cap. 19. authoritate Theophrasti. inquit enim, cum intellectus homini extrinsecus accedat, cuique tanquam appositus intellectusque sit, quæritur quemadmodum cõgenitus nobis dicatur, deinum, quæ nam confirmatio natura vt eius sit. Certe id, qđ dicitur, nihil actu esse intellectum ad potestatem, omnia recte hactenus dicitur, quatenus & in sensu, non tamen vsque eò ad viuum resecãda res est, neq; tam nihil actu probandus, vt neque ipsemet sit. calumnia hæc esset & oratio contentiosa cauilloque proxima. Sed ita intelligendum, quod vt in animo talis quædam sui generis potentia sit pro subiecto formarum, ac gremio, quales in rebus materialibus facultas illa est, quæ constitutioni earum, & concretioni substernitur. Vbi patet secundum istos viros intellectum materialem esse in numero entium, & esse subiectum omnium formarum in esse intelligibili, sicut materia est subiectum omnium formarum in esse sensibili. Et quod dicitur non esse aliquid actu, hoc referendum est ad ipsam priuationem, & potentiam, seu carentiam formarum talium, vbi sic consideratur. Alexander autem tenuit animam intellectiuam esse vnam formam dantem esse homini formaliter, & eductam de potentia materiæ, in qua sunt omnes virtutes, scilicet altrix, sensibilis, motiua, appetitiua, intellectus, & voluntas. verũ in hoc est differẽtia, quòd omnes animæ humanæ potentiæ sunt organicæ, excepto intellectu materiali qui est suprema animæ humanæ potentia, secundum quam anima transcendit corpus, ita quod huiusmodi potestas non est alligata organo corporali, sicut sunt aliæ potestates. vnde ex alijs potestatibus animæ & organo corporeo resultat aliquod in actu, & demonstratum: etenim ex oculo & visu fit aliquod actu videns, & sic de singulis. non sic est de intellectu, quia nullius partis corporis actus est, sed est potestas animæ, & perfectio eius, quæ est gremium formarum & notionum. Alia etiam differentia est inter sensum & intellectum materialem. quia sensus, cum per corpora fiat, patitur patiente corpore, intellectus autem per corpus non intelligit, quia nec actus corporis est, nec patitur patiẽte corpore. Et ideo Alexander omnes demonstrationes Aristotelis, & verba eius interpretatur isto modo, quòd videlicet intellectus non est corpus, nec virtus in corpore, quia non est individuum demonstratum in actu, sicut sunt corpora composita ex materia & forma; nec etiam est virtus in corpore, quia non est virtus affixa organo, sicut sensus. vel patitur patiente corpore sicut sensus, quia forma existens in subiecto patitur passione subiecti, cum autem intellectus non sit virtus organica, ideo non est virtus corporea. Et eadem ratione dicitur simplex, & eadem ratione dicitur immortalis, quia non accidit sibi mors ratione, qua sit virtus organica. & ideo dicit intellectum à principio recte cõparari agrapho, i. carentiæ inscriptionis s. tabellæ, q̃ tabellæ non scriptæ. quia tabella dicit aliquod ens in actu cõpositum ex materia & forma per se subsistens, cuiusmodi non est intellectus, vt diximus: quia non est aliquod subiectum, ex quo & forma suscepta possit fieri aliquod per se subsistens in actu, sicut ex prima materia, & forma substantiali fit aliquid per se vnum

Solutio.

in actu per se subsistens. vnde, si materialis dicitur, est, quia est in potentia ad omnia intelligibilia, quia omnia quae sunt, intelligi possunt, & potentia reducitur ad materiā, vt testatur etiam Commen. 12. meta. cō. 26: Vbi animaduerte quod Cōm. non videtur bene habuisse mentem Alex. nec ex consequenti impugnatio Commenta. procedit contra mentem Alex. Nam non vult etiam Alex. intellectum materialem esse formaliter nō ens & priuationem puram, sicut sibi imponit Commen. alioquin quomodo Alex. faceret intellectum materialem esse susceptiuum notionum & formarum? Vnde in paraphrasi de anima ita scribit in cap. de intellectu practico & speculatiuo. Nihil igitur est ex his, quae sunt actu, materialis intellectus, sed omnia potestate. cum enim ante intellectionem nihil sit actu, vbi quid intelligit, id quod intelligitur fit, siquidem illi in intellectio. cùm aduenit quod intelligibilis rei speciem habet. Solum igitur intellectus materialis, formalis, & promptitudo quaedam est ad formas excipiendas, tabellae nondum scriptae persimilis, quinimmo ipsius tabellae agrapho, hoc est inscriptionis carentiae, quàm tabellae similior. tabella enim iam in entiū numero est. quapropter anima ipsa, & id, quod anima praeditum est, tabellae potius comparari potest, ipsa vero inscriptionis carentia ferè intellectus materialis est promptitudo & facultas quaepiam, excipiendis inscriptionibus accommodata. sicut igitur in tabella accidit, vt ipsa quidem, in qua aptitudo ipsa, & facultas est inscriptionis excipiendae, vbi quid inscriptum est, pati aliquid videatur, cùm aptitudo ipsa & facultas in actum prompta nihil omnino patiatur: nec enim subiectum vllum est, eodem pacto intellectus nihil patitur, cùm nihil sit eorum, quae sunt actu. In libro autem de intellectu cap. de intellectu materiali seipsum melius declarat. quomodo intellectus materialis nihil sit actu. inquit enim. Intellectus, cùm non per corpus aliquid percipiat, nec corporea facultas sit, nec patiatur, nullum omnino entium actu est, nec est hoc aliquid potens, sed est simpliciter potestas quaedā huiꝰ perfectionis, & animae specierum, & notionum susceptiua. vbi patet intellectum materialem non esse actu aliquod entium eorum, quae recipiuntur in intellectu, nec est aliquod potens, idest aliquod subiectum in actu, sed est potentia animae susceptiua notionum, Sententia igitur Alex. est quod intellectus materialis aliud est ex parte, qua materialis, & aliud ex parte, qua intellectus est. materialis dicit potentiam, quae est priuationi coniuncta, & sic est priuatio omnium intelligibiliū actu. sed quia ista priuatio fundatur in essentia, in cuius illa essentia est aliquid ex natura rei, quia est potentia animae, quae est gremium formarum, & quia ista potentia, quae est subiectum formarum, non est corpus, nec virtus in corpore, nec ex ipsa, & organo fit aliquid demonstratū, ideo dicitur non pati patiente corpore. Voluit igitur Alexā. intellectum materialem esse simpliciter priuationem, sed quò ad formale dicit priuationem, sed connotat aliquid reale, & est potentia, quae est gremiū specierum intelligibilium. nam & Alexan. in paraphrasi de anima ostendit modum, quomodo intellectus materialis potest seipsum intelligere post aliorum intellectionem, quod non fecisset, si pura priuatio est apud ipsum.

Decima contradictio est in eodem com. 3. de aīa. cōm. 5. In solutione tertiae quaestionis. Dicit nullam formam liberatam esse à potentia, nisi primam formam, & per consequens in omnibus intelligentijs citra primam aliqua est potentia. Huius tamen oppositum habetur. 3. physi. 32. vbi dicitur quod in aeternis non differt posse ab esse. & 12. meta. com. 30. vbi dicitur quod in ente aeterno nulla est potentia omnino. & idem habetur ibidem. 35. 41. & 44. & 2. coeli. 32. 33. & 34. vbi habetur quod in ente aeterno possibilitas est necessitas. Soluitur. potentia duplex pro nunc. quaedam realis & physica, quod ista semper cum actu habet compositionem facere. alia est potentia, quae nihil reale dicit, & ista communi vocabulo potentia logica nuncupatur. Dico autem potentiam logicam ens rationis, per actum collatiuum intellectus, causatā ex non repugnantia terminorum, secundum quod, non repugnant. Dico nunc quamlibet intelligentiam citra primam dupliciter considerari posse, & sub ratione generis, & sub ratione speciei. nam intelligentia Saturni potest concipi, & inquantum ens, & inquātum tale ens. si autem considerata fuerit inquantum ens est, non repugnat sibi quod maiorem perfectionem habeat, quàm sit illa, quam actu possidet. quia, si sibi latitudo maioris perfectionis repugnaret inquantū ens, ita quòd ratio formalis entitatis esset per se causa illius repugnantiae, tunc cuilibet enti istud repugnaret, & per consequēs primo enti: quod falsum est, & impossibile. & est simile. si talpe repugnaret visio, inquantum

quantum

quam non animal, tunc cuilibet animali repugnaret. & ideo sub ratione generis secunda intelligentia potentiã, & priuationem aliquam includit, quæ tamen nihil reale dicit, sed solum non repugnantiam. Si autem consyderata fuerit sub ratione speciei, inquantum scilicet est tale ens in tali gradu entitatis ordinatũ, sic secundum Philosophos omnis perfectio apta nata sibi competere sub ratione, qua talis ab æterno sibi inest. Et secundum hunc sensum dixerunt in æternis non differre potentiam ab actu. Et, quia sola prima intelligentia habet omnem perfectionem possibilem reperiri in habitu entis, cũ sit verius entium quàm ens, vt videbimus statim, inde est quod in ea nulla est potentia, nec ratione generis, nec ratione speciei. omnia ea autem circa primam priuatæ sunt gradu aliquo entitatis, & bonitatis sub ratione entis. nulla autem sub ratione talis entis potentiam aliquam habet sub ratione, qua talis. sic igitur applica singula singulis, & solue & concorda ea, quæ in apparentia dissonare videntur.

3. de ala. com. 5. Vndecima contradictio est ibidẽ. Dicit Auer. quod solum in prima intelligentia quiditas & essentia idem sunt, in alijs autem differt quiditas ab essentia. Sed huius oppositum nos inuenimus in. 3. de anima. tex. commen. 9 vbi absolute Philosophus in abstractis videtur vniuersaliter concedere quiditatem, & essentiam idem esse, &. 7. meta. tex. commen. 41. hoc idem habetur. Debes scire pro solutione Auerro. voluisse quiditatem, & essentiam non esse nomina synonyma, quia talia secundum ipsum non vtuntur in doctrina demonstratiua, nisi forte ad exponendum: tamen in præsenti loco distinguuntur, quia sub proprijs rationibus sumuntur. Vnde scias quiditatem esse abstractiùs quàm sit essentia. vnde quiditas solum actum dicit, & ab actu nomen quiditatis est deriuatum. vnde secundum ipsum. 7. meta. tex. &. 34. tota quiditas est à forma, essentia autem est maioris ambitus, quia competere potest & entibus in actu, & entibus in potentia. Et ideo secundum principia ipsius habemus concedere materiam essentiam esse, seu naturam. quiditatem vero minime. similiter habemus concedere materiam esse de essentia compositi non habemus autem concedere materiã esse de quiditate compositi. vnde. 1. phy. cõ. 5. in fine commen. dicitur quod materia & forma sunt partes qualitatiuæ, idest partes essentiales compositi, non tamen tam materia quàm forma sunt partes quiditatis compositi, sed tota compositi quiditas forma est. Illud igitur, quod in rebus istis ex materia & forma compositis facit quiditatem ab essentia differre, est materia, quæ est radix potentialitatis. Sic pariformiter manuducam intellectum tuum à simili procedendo, vt intelligas quomodo solum in prima intelligẽtia est quiditas, & essentia vnum & idẽ omnibus modis. Reuoca in memoriam ea, quæ pauloante dixi, videlicet quòd sola prima intelligentia & sub ratione generis, & sub ratione speciei consyderata est actus purissimus: omnes aliæ citra primam, aliquã potentiam habent, saltem sub ratione generis quia igitur ratio in rebus materialibus, per quã quiditas ab essentia differebat, erat potentia annexa cum actu, si in primo sit actus sine potentia solum, sequitur ibi solũ quiditatem, & essentiam idem esse. in alijs autem, cùm sit compositio ex actu & potentia, non sicut ex positiuo & positiuo, sed sicut ex positiuo & priuatiuo, vt supra declaratum fuit, & longe ante nos subtilissimus Doctor in octaua distinctione primi quæstione. 2. pulcherrime declarauit, sequitur ergo quod in talibus quiditas & essentia quoquo modo, vt dicit Com. idem nõ sunt. Sed intellectus subtilizans dubitare posset propter quid dixit, quoquo modo non sunt idem. Soluitur. in rebus compositis ex materia & forma simpliciter, & sine additione aliqua, concedendum est quiditatem, & essentiam non eadem esse. Sed in intelligentijs citra primam absolute illud non concedit Commen. sed cùm ly quoquo modo, quæ est dictio distractiua. Et ratio est ista, quia in istis inferioribus est vera compositio ex potentia vera reali & forma. & in talibus sequitur, quòd essentia & quiditas non sunt idem simpliciter. sed in abstractis quia ibi non est physica potentia, sed logica tantum, quæ est ens rationis: pro tanto dixit quod quoquo modo in eis quiditas & essentia non sunt idem. Dixit etiam quoquo modo, quia in talibus non est potentia, & nisi sub ratione generis, non sub ratione speciei. & ideo aliquo modo in eis quiditas & essentia idem sunt, & aliquo modo non idem. sed in rebus materialibus tam sub ratione generis quàm sub ratione speciei quiditas & essentia non sunt idem. Et, quia in solo primo ente, vt diximus, quiditas & essentia idem sunt, ideo dixit Auer. in libro destructio destructionum disputa. 6. in solutione. 6. dubij quod prima causa est quiditas simpliciter,

simpliciter, & omnia alia entia quidditatẽ habent ea mediãte. Et his applica, & solue.

3. de ãia. tex. 17. Duodecima contradictio est in tex. 17. Arist. in illa demonstratione aperte testatur animam intellectiuam esse naturam quandam, vt notat Commen. in com. dum dicit. Et quia consyderatio de anima est cõsyderatio naturalis, quia anima est vnum entium naturalium. Sed huius oppositum habetur in primo de partibus animalium, vbi querit verum de anima omni sit consyderatio naturalis, & determinat oppositum. Et inter alias rationes adducit istam, quia non omnis anima est natura. Solũo quorundam. Aliqui ad pauca respicientes enunciauerunt Arist. ibi locutum fuisse superficietenus, & probabiliter, & dicunt rationes eius ibi non tenere. Nam prima ratio reflectitur, dum dicit, si Naturalis consyderat de intellectu, tunc igitur de omni intelligibili consyderaret, & sic sola scientia Naturalis omnia consyderaret, nam oportet Philosophum concedere aliquam scientiam de intellectu consyderare, & tunc idem dicam sibi, sicut ipse dicit de Naturali. Amplius, vt aiunt, ipse assumit propositiones falsas, quia dicunt, q non omnis anima est natura, quia non intellectus. Sed huius oppositum scribit in praesenti demõne, vbi probat q oportet ponere intellm agentẽ, quia in omni natura est aliquid, qd est oia fieri, & aliquid, qd est oia facere. patet aũt q minor est, q anima intellectiua est natura quedam. Amplius sua probatio falsa est, dum asserit non omnem animam esse naturam, quia non omnis anima est principium motus, quia non intellectus. Sed huius oppositum scribit Philosophus in tertio de anima. tex. com. 49. vbi dicit quod ista duo sunt principia motus intellectus & appetitus. & idem dicit in tex. sequenti. Vnde sm viam istorum non solum Arist. non facit rationes demonstratiuas, immo neq; probabiles, cũm fundentur super propositionibus falsis. Et ita oportet secundum mirabilem istorum phãtasiam Aristotelis sophisticis rationibus paralogizare. Scribit enim Commen. in 1. phy. cõ. 10. q tales sunt sermones vani, qui peccant in materia & forma. Et sic accidit Philosopho, quia propositiones eius sunt falsae, & peccant per aequiuocationem, cũm natura aliter sumatur, vt patebit. Reprobatio solutionis Dicimus nos q non est credendum magistrum primum aliquid dixisse sine forti ratione, & ita est de quolibet verbo eius, vt scribit Commenta. in primo de generatione, & corruptione, com. 38. Mirum est profecto mirum de tam crassa hominum istorum ignorantia & temeritate, immo maxima incontinentia, qui inueniunt locum in Aristote. vbi ex intentione determinat illam quaestionem & satis diffuse, & in loco proprio, attinebat enim illa quaestio illi libro, vt clarum est, & dicunt Aristotelẽ non esse tenendum, immo, quod plus est, asserunt ipsum fundari in propositionibus falsis. Sed videamus ipsum in omnibus libris eius, quod doctrina est consona in dictis eius. Vnde. 6. primae philosophiae, vbi ponit distinctionem scientiarum speculatiuarum penes quidditatiuam consyderationem, ex triplici modo definiendi & abstrahendi, dum asseruit naturalem definire per materiam secundum esse, & definitionẽ, innuit in tex. secundo ibidem quod Physici est de quadã anima consyderare, & non de omni. Patet autem q hoc dicit propter intellectum, de quo dixit. 2. de anima q videtur esse genus aliud animae, & hoc solum contingere separari, sicut perpetuum à corruptibili. & 6. primae philosophiae dicit q non omnis forma, de qua Naturalis consyderat, cum materia est. & Cõm. dicit, q illud fuit dictũ propter intellectum. & 7. meta. tex. cõ. 35. idem habet Philosophus, q Physici non interest de omni anima differere. Dicamus igitur q differentia est inter animam & intellectum. Solutio ppria. in hoc enim excusauit Arist. Antiquos in. 1. de anima. Anima. n. in propria significatione dicitur quicunque corporis actus, seu perfectio prima est, & sine corpore esse non potest. Vnde Arist. in. 2. de anima. tex. cõ. 16. laudat Antiquos, qui dixerũt animam non esse corpus, nec sine corpore esse. Intellectus autem dicitur, qui nullius corporis actus est. vnde sine corpore esse potest, cum sua essentia non dependeat à corpore. Vnde illae animae propriae sunt quidditatiuae consyderationis Naturalis, quaecũque propriae sunt animae. Scribit. n. Aristote. illam vniuersalem propositionem in principio. 3. de caelo, q oẽs naturales substãtiae aut corpora sunt, aut cum corporibus generantur & corrumpuntur, si aũt intellectus cũ corpore non generatur, neq; corrumpitur: non igitur intellectus erit substãtia naturalis. Substantiae. n. naturales intelliguntur, quaecũque quidditatiue à Naturali consyderantur, non sm esse aliquin, nec primus motor à Naturali consyderaretur. Dico igitur Arist. illam fuisse indubitatã sententiam de anima intellectiua, q sit aeterna & abstracta, & quae

quę experimentis aduenit nobis, vt patet in 2 de gene. animalium. cap. 3. & tunc à Naturali non consyderatur, nisi inquantum est principium, per quod homo intelligit & appetit appetitu intellectiuo. Vnde rectè dicit Cõ. q̄ illa animę definitio non vniuocè cõpetit intellectiuę, & alijs. Vnde, sicut intelligentia consyderatur à Naturali, inquantum est anima orbis, pro quanto dat sibi motũ, & sic, vt scribit Commen. assimulatur formę naturali, pro quanto autem non diuiditur ad eius diuisionem, assimilatur abstractę formę. propter hoc tamen non dicitur intelligentia quiditatiuè à Naturali cõsyderari. Eodem modo intellectus, vt est anima hominis videlicet vt per ipsum homo intelligit, quodãmodo assimilatur formę naturali, & sic intellectus natura dici potest: pro quanto autem non diuiditur ad diuisionem hominis, dicitur assimilari formis abstractis, propter hoc tñ non sequitur intellectũ quiditatiuè à Naturali consyderari, sicut neq; sequebatur de intelligẽtia. Sed replicabis q̄ est ratio diuersitatis. quia intelligentia habet aliam operationem natura priorem, in qua non dependet à corpore, videlicet intelligere & velle, sed anima intellectiua non habet, quia Aristoteles dicit in primo de anima. Intelligere, siue sit imaginari, siue non fieri possit sine imaginatione, non contingit absque corpore esse. & ita cùm anima intellectiua non habeat aliquam operationem sibi propriam, non poterit à corpore separari, & ita quiditatiuè à Naturali consyderabitur, intelligentia vero solùm quò ad quia est. Sed, si hoc argumentum demonstrat, tunc igitur non est differentia inter intellectum & animam: & ita male Aristoteles taxauit Antiquos in hoc, & male asseruit ipsum solum à corpore separari. Dicamus igitur quòd tenendo, sicut tenendum est secundum Aristotelẽ q̄ intellectus sit virtus abstracta à materia, vt fuit opinio etiam Theophrasti, qui fuit auditor Aristotelis, & opinio Themistij, & Cõmenta. q̄ de necessitate habet intellectionẽ perpetuam, per quam intelligit in se consyderatus substantias sempiternas: & est semper fęlix in se. Vult enim Commenta. q̄, si noster intellectus non potest intelligere substantias abstractas, q̄ nullus intellectus posset etiam intelligere quia in talibus, vt dicit. 3. de anima. cõ. 36. quicquid intelligit vilius intelligit nobilius, & non econtra. Licet igitur intelligere in nobis, quod cõmuniter experimur, & de quo Aristoteles egit in tertio de anima, cum imaginatione fiat: & sic talis intellectus dicitur anima & natura, quia assimilatur animę & formę naturali, quia vt sic est motor coniunctus tangens hominem, sicut intelligẽtia orbem, tamen in se consyderatum, cum non diuidatur ad hominis diuisionem, sed sit substantia abstracta, sic habet intelligere ęternum supra tempus, & supra omne corpus. Et de taliter consyderato intellectu & intellectione non pertinet ad Naturalẽ. cuius argumẽto est quòd Aristoteles mouens hanc quęstionem in tertio de anima, non soluit ibi, sed dixit quòd de hoc erit posterius consyderandum, quia videbat hoc spectare ad scientiam Diuinam, quę est posterior via doctrinę cęteris scientijs. Vnde & 9. primę philosophię de tali intuitiua cognitione intellectus respectu substantiarum separatarum dicit q̄ non est in nobis, sicut cęcitas. Et beatus Thomas ab ipsa veritate coactus concessit ibi: & notauit illud de mente Philosophi. videlicet q̄ intellectus hominis habet quoddam intelligere, non dependens ab imaginatione, sicut est intuitiua cognitio intelligentiarum. quod quidem intelligere homini secundum Peripateticos, licet non contingat nisi in postremo, in se tamen consyderatus intellectus semper habet illud. Et hoc etiam notauit Commen. in primo de anima, commen. 12. si bene animaduertis. Dic igitur resolute intellectum consyderari à Naturali quò ad quòd est modo prędicto, quiditatiuè vero à scientia Diuina. Et ita non est contradictio in dictis Aristotelis alicuius mouenti. Ad rationes respondetur, quòd bene ratio procedit de Philosopho Naturali, & non de Diuino. quia scientia Naturalis est scientia specialis, ad quam spectat consyderare quiditates rerum sensibilium in particulari, & sub particulari ratione formali, quia inquantũ sensibiles sunt: sed scientia Diuina est scientia communis, ad quam spectat omnia cõsyderare in ratione communi & transcendenti, vt dicit Philosophus in procemio Metaphysi. & clarissime in. 11. metaphysi. ca. 2. vel. 3 ad finem. Si igitur Naturalis quiditatiuè consyderaret intellectum, igitur omnem intellectum abstractum consyderaret quiditatiuè, quia non est maior ratio de vno, quàm de alio, in eo quòd est intellectum & abstractum, & ex alia parte consyderaret quiditatiuè omne sensibile: ista autem sunt extrema, quia vnum est secundũ esse & rationẽ in materia, aliud vtroque

modo

modo abstrahit. sed qui considerat quiditatiue extrema, debet etiam & media considerare. & ita etiam Naturalis quiditatiue consyderaret entia imaginabilia: quia si de quo minus ergo & de quo magis. Si enim Naturalis per se abstracta vtroque modo quiditatiue consyderat, multo magis minus abstracta consyderabit. sed non valet de Diuino, quia licet Diuinus omne abstractum & intellectum quiditatiue consyderat, non tamen omne intelligibile consyderat quiditatiue, nisi sub ratione transcendenti. sed vltra illam rationem remanet specialis, quæ est scientijs specialibus propria. Dices, scientia Naturalis & Diuina consyderant de omni anima: igitur nulla alia remanebit scientia. quia Naturalis per se cōsyderat vegetatiuam & sensitiuam, & Diuinus intellectiuā & qui consyderat de omni tali, consyderat de omni sensibili: & de omni intelligibili: igitur scientia Mathematica non erit. Respondetur, negando consequētiam. quia licet scientia Naturalis quiditatiue consyderet omne sensibile, & Diuina omne intelligibile quiditatiue, hoc tamen est sub ratione communi. & ideo restat specialis consyderatio entis imaginabilis ipsi Mathematico. hoc autem isti videre non potuerunt. Si replices, dicam pariformiter de Naturali, quia ponam ꝙ consyderat quiditatiue omne sensibile, cum consyderet de sensu, & dico etiā ꝙ quiditatiue consyderat de intellectu. sed dicam quòd consyderat de omni intelligibili, inquantum intelligibile est, & sic non superfluunt aliæ scientiæ. Respondetur, ꝙ hoc non potest dici. quia Naturalis est artifex specialis, & ratio sua formalis est consyderare res, vt concernunt materiam sensibilem, & motum. quia non abstrahit à materia sua consyderatio, quæ est principium sensus & motus. Vnde Cōment. 7. meta. & Aristotelis dicit ꝙ homo nō potest intelligi sine carnibus & ossibus. vbi Commen. in commen. dicit ꝙ impossibile est intelligere quiditates naturales sine sensu & motu: sed ratio intellegibilis, inquantum intelligibile est, & ratio intellectus inquantū intellectus est, abstrahunt à sensu & motu: & ideo illa ratio formalis consyderandi non potest esse Naturalis, sed est sciētiæ Diuinæ appropriata. Vnde ratio entis inquantum ens non est magis abstracta, quam ratio intellectus inquantum intellectus, aut ratio intelligibilis inquantum intelligibile, sunt enim rationes transcendentes, res enim sicut se habent ad entitatem, ita et ad veritatem, ex. 2. primæ philosophiæ, tex. cō. 4. Et confirmatur per Boetium in primo de Trinitate, vbi ponens differentiam inter istas tres scientias speculatiuas penes modos formales consyderandi, inquit ꝙ in Naturalibus proceditur rationabiliter, quia est de rebus sensibilibus contingentiæ & variationi subiectis, in quibus rara est certitudo: in Mathematicis disciplinabiliter, quia procedimus per imaginationem, in Diuinis autem intellectualiter. Idem etiam confirmat dominus Albertus in principio suæ meta. & sententia Arist. expresse in. 6. primæ philosophiæ, in tex. cō. 2. nam cum scientia Diuina illa dicatur, si alicubi autem, vt asserit, diuinum aut honorabile existit, in tali natura existit, videlicet, quæ est abstracta vtroque modo. modo omne tale est intellectus, & intelligibile. & ista ratio est Diuini, non naturalis, licet etiā sit de abstractis sēm indifferentiam. Sic igitur patet ꝙ intellectus inquantum intellectus, pertinet ad Diuinū, & omne intelligibile inquantum intelligibile, sicut omne ens inquantum ens. & ita hoc non est Naturalis. Ad aliud respondet ꝙ sit æquiuocatio. nam natura quandoque sumitur pro omni essentia & substantia, & quandoque sumitur proprie, vt de ea consyderat Naturalis, vt est principium motus. Aliter enim consyderatur natura in scientia Diuina, & aliter in scientia Naturali, vt scribit Commen. in. 5. meta. cō. 5. Dico igitur ꝙ in. 3. de anima. cō. 17. dum Arist. dicit in omni natura dari vnum, quod est omnia facere, sumitur pro omni substantia, seu essentia. Vnde sic in natura est intra est vnū, quod est omnia fieri vt materia, & vnum, quod est omnia facere. & illo modo prim⁹ motor natura dicitur: quia vt scribit Cōm. 12. meta. cō. 17. omnes formæ sunt in potentia in prima materia, & sunt in actu in primo motore: tamen primus motor non est natura, vt definit in Physicis, immo ex hoc excluditur à consyderatione Naturalis quidditatiua, quia non habet in se principium motus, vt patet. 2. physico. commen. 71. illo modo etiam intelligentia dicitur natura. Vnde Com. in principio libri de substantia orbis inquit. Declaratum est corpora cœlestia esse composita ex duabus naturis, sicut corpora generabilia & corruptibilia componuntur. Sed in libro de partibus animalium, quando Philosophus dicit ꝙ non omnis anima est natura, sumit naturam proprie, vt est definita in Physicis. quia intellectus medium illo modo natura non est.

immo

sermo proprie loquendo etiam non est anima, quia vt diximus, differentia est inter animam & intellectum. Ad illud autem, in quo dicebatur probationes Arist. non valere, quia probat per hoc non omnem animam esse naturam, quia non omnis anima est principium motus, cuius oppositum ipse dixit de intellectu. 3. de anima. comm. 48 & 49. pariformiter dicitur quod negauit intellectum esse principium motus, sicut natura definitur, quae est principium intrinsecum ipsi nato, in quo est per se: sed intellectus & quaelibet intelligentia non est principium intrinsecum; etiam principia debet de animalibus Naturalis intelligere, quia ista est intentio Philosophi ibi, sed extrinsecum. Vnde Commen. 8. caeli. co. 32. inquit, cum corpus sit semper motum, necesse est, vt moueatur per principium extrinsecum non corporeum, neque vt sit virtus in corpore. Vt natura igitur naturales, definitur in libro physicorum, sunt corpora, aut virtutes in corpore, cuiusmodi non est intellectus. Vnde Commen. in. 12. disputa. contra Algazelem inquit in solutione dubij primi. quod creatio Dei benedicti secundum naturam, neque secundum Philosophos recte loquentes non est secundum naturam, neque secundum voluntatem, quae est in nobis. Et ista isti hallucinati sunt non intelligentes veritatem, neque mentem Arist. Albertus autem cognomento Magnus in libro. 11. tract. 1. cap. de animalibus, dicit rationes Arist. procedere de intelligentijs communiter, & non de intellectu hominis. Sed eius intentio non bene dicit. quia Arist. ibi loquitur de intellectu, qui refertur ad intelligibile, sicut sensus ad sensibile. patet autem quod ille est intellectus passibilis. 3. de anima co. 2. Si igitur est intelligere sicut sentire. Amplius Aristo. ibi adducit tertiam rationem ad eandem conclusionem, vbi probat scientiam Naturalem quidditatiue non considerare de intellectu. Et videtur mihi, quod super locum à maiori negatiue, & est confirmatio nostrorum dictorum. nam scientia Naturalis nullam rem abstractam à materia secundum definitionem considerat, sicut sunt entia mathematica. Et hanc probat, quia Naturalis considerat ea, quae à natura fiunt, in talibus autem est ratio boni & finis. demonstratum est autem 2. physi. quod natura agit propter finem, sed in talibus entibus in abstractione consistentibus non est ratio boni neque finis, vt asserit. & habetur etiam in. 3. meta. sequitur igitur quod multo minus poterit considerare intellectum, qui est omnino abstractus. Vnde et modo loquendi illa est tertia ratio: aliter sermo eius non esset continuus. Et ista est confirmatio omnium dictorum nostrorum superius, quia verum vero consonat ex omni parte. Si dicatur quod Commen. 2. physi. co. 26. dicit quod quidditatiua consyderatio se extendebat vsque ad vltimam formarum materialium, & primam abstractarum. Dic quod per vltimam intellexit cogitatiuam: & hoc inclusiue vsque ad materiam abstractarum exclusiue: quia illam quidditatiue non consyderat, quia intellectiua est primus terminus, in quem desinit exclusiue, & ipsa cogitatiua inclusiue. Vnde in sua media dicit, quod de anima intellectiua consyderat scientia Naturalis, vt est proportionata materiae, non igitur absolute & in se. Sic glosa dictum eius 3. de anima. co. 17. & 1. de anima. co. 12.

Decimatertia contradi. est in co. 20. Dicit Auer. quod intellectus in potentia prius applicatur nobis, quàm agens. Huius oppositum patet co. 18. & 36. Nisi esset quod intellectus possibilis est prior origine: sed intellectus agens est prior prioritate perfectionis. Aut aliter, cum intellectio, quae fit in nobis duplex sit, & per intellectum speculatiuum, & per intellectum adeptum, intellectus possibilis quo ad primam intellectionem, praecedit intellectum agentem quo ad secundam. quia secunda primam supponit. 3. de anima 36. licet, vt dictum est, secunda longe perfectior est prima secundum ipsum. 3. de a[nim]a. com. 20. Solutio.

Decimaquarta contradi. est in co. 20. Intellectus secundum Auerro. in libro de anima dicitur quatuor modis videlicet, de intellectu materiali, & de intellectu in habitu, & de intellectu agente, & de virtute imaginatiua. Huius tamen oppositum scribit Alexand. in tracta. de intellectu, qui in principio inquit quod intellectus apud Arist. est trinus. primus enim est intellectus materialis, secundus in habitu, & tertius est intellectus agens. Soluitur intellectus proprie, qui est vniuersalium, triplex est, & sic loquitur Alexand. extensiue autem imaginatiua etiam dicitur intellectus respectu particularium. vnde etiam intellectus passiuus dicitur. 3. de anima. tex. co. 20. & sic accipit intellectum etiam Arist. ibidem in tex. co. 48. vbi dicit. Videntur autem duo haec mouentia. aut appetitus, aut intellectus, si quis imaginationem posuerit, sicut intelligentiam quandam. 3. de a[nim]a. com. 20. Solutio.

Decimaquinta contradi. est in com. 26. Dicitur quod formatio intellectus est semper vera. Sed oppositum habetur in com. 21. vbi dicitur quod formatio intellectus non est vera 3. de a[nim]a. com. 26.

neque falsa. Debes scire quod Commen. per formationem hic intellexit primam operationem intellectus, qua quiditas ipsa simplex in se apprehenditur per intellectum. & quia quiditas ipsa forma est, ideo ab ipsa formatio dicitur: aut quia intellectio talis mediante specie fit, quae apud Arabes etiam forma nuncupatur. sicut alias declaraui. Circa autem talem intellectionem distinctum est. nam aut illud, quod apprehenditur, est conceptus simpliciter simplex, & talis in se cõsyderatus non habet aliquid, per quod possit sciri, & aliquid per quod possit ignorari: & circa talem nulla potest esse deceptio in intellectu, immo ibi veritas est. talis autem veritas in prima operatione intellectus cõsistens non est formalis veritas, quae scilicet i cõpositione, vel in diuisione consistat, sed solum consistit in hoc, quòd obiectum ita se offerat potentiae cognoscenti, sicuti ipsum est in se. si autem conceptus fuerit simplex, qui simplici actu intelligentiae concipi possit, sit tamen conceptus ille resolubilis in quid, & in quale, in talibus potest contingere falsitas virtualis, puta si intelligeretur homo irrationalis. & de hoc loquebatur Philosophus quinto metaphysi. tex. com. 34. quando dicebat quod falsa in se ratio nullius est simpliciter ratio, ibi enim falsitas virtualis. virtualem autem falsitatem appello, quando obiectum concipitur in actu simplicis intelligentiae, sub aliqua ratione sibi repugnante. sed quando esset copula formalis, tunc etiam esset falsitas formalis. Ad propositum ergo prima operatio intellectus est semper vera, seruatis illis conditionibus. & veritas illa consistit in hoc, quòd obiectum ita praesentet se intellectui sicuti est. veritas enim est adaequatio rei ad intellectum. quando autem dixit Commen. quòd non est vera, neque falsa, intellexit de veritate & falsitate, quae in compositione, & diuisione consistit, quia talia solum in secunda intellectus operatione habét fieri.

3. de a[n]i[m]a. com. 27. Decimasexta contradictio est in commento 27. Habet Auerr. quod scientia in potentia generatur à scientia in actu. Sed huius oppositum habet tertio de anima, commen. 5. in solutione tertiae quaestionis vbi habet hoc pro inconuenienti, quia tunc scientia, quae est in magistro, esset generans scientiã, quae est in discipulo. sicut ignis generat alium ignem sibi similem. Debes scire, quod Auerro. hanc consequentiam, & rationem accepit à Themistio super tertio de anima. cap. 32. & 33. & Themistius autem videtur deduxisse illud ex sententia Platonis. inquit enim cap. 32. Quòd si cui extrema opinio incredenda videatur, omnes homines, qui ex actu & potentia conditi dicimur, ad vnicum intellectum agentem referri, vnde cõsistimus formosque homines, nihil est; quamobrem auersari absterrive debeas, vnde enim communes illae animi conceptiones, praenotionesque communes omnibus haberentur? vnde ingenita illa impressaque omnium mentibus primorum noticia cõstitisset natura doce, nulla ratione, nulla doctrina? vnde postremo intelligere mutuo & intelligi vicissim possemus, nisi vnus singularisque intellectus fuisset, quem cõmunem omnes homines haberemus. Qua circa verissime illud apud Platonem legitur. Nisi inquit hominibus communia essent multa, sed proprium quid aut impromiscuum contineretur in singulis, non esset aduo. . .rum facile ostendere, & significare alteri voluntatem suam. haec ille. Nos autem alias declarauimus Platonis authoritate non procedere de intellectus vnitate, cum totum studium Academicorum sit in purificatione & immortalitate animarum humanarum. sed illud dictum Platonis erat propter ideas ponendas, nam nisi esset vna communis idea, in qua homines conuenirent, non facile alter alteri suos conceptus posset exprimere. Ista autem ratio Themist. & Auerr. vt alias declaraui, multas habet instantias, quas afferre possem. sed quidquid sit pro nunc, dico secundum ipsum, scientiam non posse generari à scientia, sicut ignis generatur ab igne. hoc autem sequitur secundum ponentes pluralitatem intellectus, vt ipse opinatur. quod quomodo declarauerit, non est praesentis negocij, si quis tamen est declaratio, vide quae dicit Them. & isto modo negauit ipse generari scientiam à scientia. tamẽ quod scientia absolute alia via non possit generari quantum ad indiuiduã nullibi ipse dixit hoc: immo praesens commentum est contra illos, qui ponunt nostrũ scire esse reminisci secundum Auerro. sed videantur quaeso com. 2. primi poster. & com. 48. & 49. primi metaphy. & 7. meta. cõ. 58 & in fine 2. poster. & in cõ. super lib. de sensu & sensi. in columna 3. & 3. de anima cõ. 5. & 20. & 6. ethic. cap. 4. & tunc videbunt verũ ista fuerit opinio Auer. nec ne. Ista voluimus notare, ne verbositas aliquorũ mentem Auerro. peruerteret.

Decimaseptima contradictio est in cõm. 19. Habetur quod delectatio non est in intellectu. 3. de a[n]i[m]a. cõm. 19.

lecto. Sed huius oppositu habetur. 12. meta. tex. co. 39. Soluitur in intellectu non est delectatio eiusdem rationis cum illa, quae est in sensu, sed bene alterius rationis potest delectatio esse. Vide Themistium in. 3. de anima cap. 47. & intelliges hoc.

Solutio

3. de ala. com. 29. Decimaoctaua contradi. est in eodē cō. Fuit oppositum nobis. nam ibi dicit Cō. q proprium appetitus sensitiui & desyderij sensibilis est cum praesentia obiecti sensati: econtra autem est de appetitu intellectuali. Sed huius oppositum inducebatur de animalibus perfectis, quia talia habent imaginationem & desyderium respectu absentiū sensatorum, sicut patet. 2. de anima. 156. & 20. Nec valet si dicatur q ibi loquitur de imaginatione, non autem de desyderio. nā desyderium consequitur imaginationem, sicut vmbra consequitur corpus. Soluitur. ista differentia intelligitur cum praecisione: sicut dicitur in simili de vniuersali & singulari, vt sunt obiecta sensus & intellectus.

Solutio.

3. de ala. com. 33. Decimanona contradi. est in com. 33. dicit Commen. q cogitatiua non componit intelligibilia singularia. Huius oppositum patet in hoc. 3. cōm. 20. & 22. Confirmatur quia cogitatiua apparet intellectus particularis, eo quia homo per ipsam particulariter discurrit. Soluitur, dictum Cō. hoc intelligitur sano modo. & sensus est iste: cogitatiua non cōponit singularia, idest terminos simplices, qui tamen vniuersales sunt, quia hoc pertinet ad intellectū, qui est superior cogitatiua. singulare hic non sumitur, vt distinguitur contra vniuersale, vt intelligit contradicens, sed vt distinguitur contra compositum.

Solutio.

3. de ala. com. 34. Vigetima contradi. est in cō. 34. Dicit q bonum & malum, verum & falsum sunt in eodem genere. Sed oppositum huius patet. 6. meta. tex. cō. vltimo. vbi habet q bonum & malum sunt in rebus, sed verum & falsum sunt in intellectu. Soluitur, q bonum & malum dupliciter possunt sumi. vno modo vt mouent in genere causae efficientis alio modo vt mouent in genere causae finalis. si primo modo, sic bonum & malum sunt in anima sicut verum & falsum: & sic sunt in eodem genere, quia vtrunque est cognitio. nam. 12. meta. cōm. 36. balneum in anima mouet vt efficiens, & balneum extra animam mouet vt finis. & ideo, si consyderentur vt mouent in ratione finis, sic habent esse in rebus. de hoc tamen latius dicemus in commento vltimo: sexto metaphysicorum.

Solutio

3. de ala. com. 36. Vigesimaprima contradi. est in cōm. 36. Auer. in recitando opinionem Themi. dicit q ponendo intellectum abstractum, tunc hoc verum est q id, quod est magis visibile, magis comprehenditur. Sed oppositū huius patet. 2. meta. cō 1. Soluitur. dictum eius hic intelligitur sic, q si intellectus abstractus intelligit res materiales imperfectas, multo magis aptus est intelligere res abstractas perfectas. hoc tamē non est sibi facile, sed difficile, & ita dicit. 2. meta. cōmen. 1. q exemplum illud Philosophi de visu nocturnae respectu luminis diei non ostendit impossibilitatem, sed difficultatem. dico per locū à minori q, si intellectus ista imperfectiora intelligit, multo magis aptus est intelligere res ipso perfectiores, sicut Deus est & abstractae substantiae. hoc tñ non est sibi facile, sed laboriosum propter ipsum in cognitione nostra naturali dependere à sensatis.

Solutio.

3. de ala. com. 36 Vigesimasecunda contradi. est in eo. cō. 36. In illa parte, in qua reprehendit Alexā. videtur habere pro inconueniens q aeternum in sua actione indigeat aliquo corruptibili, ita q ex eis fiat vna actio. Sed huius oppositum patet. 3. de anima. cō. 18. de intellectu agente & phantasmate. similiter. 7 meta. com. 31. & 2. physico. tex. com. 26. vbi dicitur q Sol & homo generant hominem. Soluitur. Cō. negat aeternum non posse coniungi corruptibili, eo modo, quo Alexand. ponebat. quia sicut sibi imponit Auer. ipse Alexan. tenuit intellectum possibilem essē generabilem & corruptibilem, & posuit intellectum agentē abstractum esse, qui apud Alex. Deus est: & dixit q in copulatione intellectus adepti Deus vniebatur formaliter intellectui possibili. hoc aūt non potest intelligere Cōm. nam, si aliquod abstractum informaret corruptibile, aliquo modo à corruptibili dependeret. & ideo caueant, qui ad intentionem eius tenent animam intellectiuam dare esse formaliter homini. Illud autem, quod de phantasmate & hoīe allegabaf, nihil mouet: tū quia phantasma non est materia intellectus agentis, nec virtus informatiua hoīs est materia respectu Solis in hominis productione, sicut intellectus possibilis erat materia fm Alex. respectu intellectus agentis in copulatione: tum etiam, quia phantasma Socratis & Platonis nō est primum instrumentum intellectus agētis, sed secundariū & extraneū quoquo modo, sicut patet. 3. de anima. 5. 19. & 20. cō. Nā sicut dicit Auic. species est in prima intentione naturae, non indiuiduum, nisi

per

per accidens. & ita dicendum puto de Sole & homine. sed de hoc latius vide. 8. phy. co. 15. vbi declaratur quomodo nouitas sit in effectu denouata à voluntate antiqua, & quomodo non.

3. de a[n]i[m]a. com. 36. Vigesimatertia contradic. est in eodem sermone. 36. In illa parte, in qua ponit opinionem suam, dicit quod intellectus in habitu est, per quem extrahimus intellecta. Huius tamen oppositu supra dixerat contra Alexan. hoc idem opinantem.

Solutio. Soluitur ibidem vbi contra Alexan. arguit, & contra Auempace ibi. n. dicit. & etiam quomodo attribuitur actio propria intellectus, quae est facere intellecta intellectu generabili & corruptibili, s. qui est in habitu. Nisi quis ponat quod intellectus, qui est in habitu, sit intellectus agens compositus cum intellectu materiali, vt dicit Them. aut ponat quod forma postrema nobis, qua abstrahimus intellecta, & intelligimus ea, est composita ex intellectu in habitu, & intellectu agente, vt Alexan. & Auempace ponunt. sicut nos etiam reputamus esse apparens ex sermone Arist. in intellectu in habitu. ergo non discordat ab Alexan. nisi pro quanto ponebat intellectum materialem qui est pars ipsius, esse corruptibilem non autem in modo ponendi.

Vigesimaquarta contradi. est in com. 51. 3. de a[n]i[m]a. com. 51.
Dicit Auerro. quod bonum actuale commune omnibus est laudabile Oppositum. 1. ethi. Solutio.
cap. 16. Soluitur. sumitur laudabile ambiguum. 1. ethicorum quam hic. quia ibi sumitur vt distinguitur contra honorabile, hic autem lato vocabulo sumptum est.

Vigesimaquinta contradi. est in com. 66 3. de a[n]i[m]a.
Dicit Commen. quod tactus comprehendit sen- com. 66.
sibile suum sine medio. Huius tamen oppositum patet. 2. de anima. com. 107. 108. 115. Solutio.
Soluitur. tactus quantum est merito receptionis non indiget medio, sed per accidens & merito contactus nihil prohibet ipsum medio indigere.

FINIS.

www.ingramcontent.com/pod-product-compliance
Lightning Source LLC
Chambersburg PA
CBHW051239300426
44114CB00011B/803